Capital social y reducción de la pobreza en América Latina y el Caribe: en busca de un nuevo paradigma

Compiladores

Raúl Atria (CEPAL)
Marcelo Siles (MSU)
Irma Arriagada (CEPAL)
Lindon J. Robison (MSU)
Scott Whiteford (MSU)

Comisión Económica para
América Latina y el Caribe

Universidad del Estado
de Michigan

Santiago de Chile, enero de 2003

Equipo de trabajo CEPAL - Universidad del Estado de Michigan (MSU)

CEPAL	MSU

Compiladores

Raúl Atria
Sociólogo, Consultor de CEPAL,
ratriab@entelchile.net

Irma Arriagada
Socióloga, Oficial de Asuntos Sociales
División de Desarrollo Social,
iarriaga@cepal.cl

Marcelo Siles
Codirector Iniciativa de Capital Social en
el Centro de Estudios Avanzados para el
Desarrollo Internacional.
siles@pilot.msu.edu

Lindon J. Robison
Codirector Iniciativa de Capital Social en
el Centro de Estudios Avanzados para el
Desarrollo Internacional.
robison@pilot.msu.edu

Scott Whiteford
Director del Centro de Estudios
Latinoamericanos y del Caribe.
whitefol@msu.ed

Agradecimientos

Este libro ha sido posible gracias a la colaboración de las siguientes instituciones y personas:
Gobierno Italiano Proyecto ITA/02/049 Capital Social y Reducción de la Pobreza.

Francisca Miranda (consultora, CEPAL)
Manuel Silva (editor de español)
Doris Hernández (traductora al español)

Oficina del Provost
Centro de Estudios Latinoamericanos y del
Caribe
Centro de Estudios Avanzados para el
Desarrollo Internacional
Estación Experimental Agrícola de Michigan
Instituto de Agricultura Internacional
Instituto de Investigación Julian Samora
Fundación Hewlett
Danny Layne (Diseño)
Arwyn Carroll (Editora de inglés)
Linda Apsley (Editora de inglés)

Diseño de portada: Gilabert&Domeyko Ltda.

Michigan State University – Social Capital Initiative
306 Berkeley Hall
East Lansing, Michigan 48824-1111
Tel. 517/432 7034 Fax 517/353-4840
Correo electrónico: presmail@msu.edu
http://www.msu.edu

Publicación de las Naciones Unidas
LC/G.2194-P
ISBN: 92-1-322101-0
Copyright © Naciones Unidas, enero 2003. Todos los derechos reservados
N° de venta: S.03.II.G.03
Impreso en Naciones Unidas, Santiago de Chile

Índice

Resumen

El conjunto de textos reunidos en este libro representa un producto palpable de la Conferencia internacional "Hacia un nuevo paradigma: Capital social y reducción de la pobreza en América Latina y el Caribe", organizada, en Santiago de Chile, por la Comisión Económica para América Latina (CEPAL) y la Universidad del Estado de Michigan, en septiembre de 2001.

Este libro, que contiene 19 artículos de conocidos especialistas, se organiza en siete secciones que abordan el análisis del capital social y su relación con el desarrollo, las políticas públicas, la pobreza urbana, la dimensión de género, el mundo rural y la sostenibilidad ambiental. Las perspectivas teóricas y analíticas, así como los enfoques disciplinarios, son heterogéneos, diversidad que enriquece este texto. Su publicación constituye una importante contribución para investigadores, académicos, estudiantes y trabajadores en terreno, involucrados en el desarrollo de la teoría del capital social y su aporte al diseño y puesta en marcha de políticas y programas orientados a la reducción de la pobreza.

Entre los principales desafíos futuros planteados por este libro, se encuentra la necesidad de explorar la formación y mantención de capital social en las sociedades de América Latina y el Caribe, que son altamente desiguales y segmentadas. Asimismo, de examinar las mejores formas de eslabonamiento entre organizaciones de base y Estado para eliminar aspectos negativos del desarrollo latinoamericano, como son el clientelismo y la corrupción. En ese desafío adquiere extrema importancia el fortalecimiento de los actores sociales más débiles y el rendimiento de cuentas de la gestión pública en sus niveles municipales, regionales y nacionales. Entre los actores principales que hay que considerar se encuentran las mujeres pobres urbanas y rurales, así como grupos rurales e indígenas largamente excluidos de los procesos de desarrollo.

Introducción

Marcelo E. Siles

Lindon J. Robison

Scott Whiteford

La Universidad del Estado de Michigan y la Comisión Económica de las Naciones Unidas para América Latina y el Caribe (CEPAL) firmaron en abril de 2000 un memorando de entendimiento para una colaboración amplia en actividades de mutuo interés. Una de las actividades conjuntas acordadas en el memorando fue la organización de una conferencia internacional sobre el capital social y la reducción de la pobreza.

Como resultado de este acuerdo, la Universidad del Estado de Michigan y la CEPAL organizaron la Conferencia «En busca de un nuevo paradigma: capital social y reducción de la pobreza en América Latina y el Caribe». La Conferencia se llevó a cabo en la sede de la CEPAL de Santiago de Chile, entre el 24 y el 26 de septiembre de 2001. El objetivo principal de esta Conferencia fue facilitar un intercambio de ideas y experiencias relacionadas con el capital social y sus aplicaciones en los esfuerzos por reducir la pobreza en América Latina y el Caribe.

Los organizadores establecieron los siguientes objetivos específicos para la Conferencia:

i)   examinar cómo el capital social puede ser utilizado para mejorar la efectividad de las políticas diseñadas para reducir la pobreza;

ii)   proveer un foro para investigadores, personas que trabajan en programas destinados a combatir la pobreza y miembros de agencias internacionales interesados en las aplicaciones del capital social en la reducción de la pobreza, como también en los esfuerzos de comunicación y coordinación para avanzar en el logro de dicho objetivo.

Con el propósito alcanzar la meta y los objetivos de la Conferencia, más de 400 participantes asistieron a la sesión inaugural. El Secretario Ejecutivo de la CEPAL, José Antonio Ocampo, y el Presidente de la Universidad del Estado de Michigan, Peter McPherson, inauguraron la reunión y dieron la bienvenida a los participantes. El Presidente de Brasil, Fernando Henrique Cardoso, a través de una transmisión en vivo vía satélite, y el ex Presidente de los Estados Unidos, Jimmy Carter, con un mensaje pregrabado, congratularon a los organizadores de la Conferencia por su enfoque sobre el capital social y la reducción de la pobreza. Los discursos de apertura estuvieron a cargo de Francis Fukuyama, Norbert Lechner y Hernando de Soto.

En la primera sesión plenaria, investigadores de la Universidad del Estado de Michigan, del Banco Mundial y la CEPAL exploraron las conexiones entre la reducción de la pobreza y el capital social. Las áreas sustantivas de la Conferencia fueron discutidas en cuatro sesiones simultáneas, que estuvieron enfocadas en: capital social y pobreza urbana; capital social y pobreza rural; capital social, condiciones de género y pobreza de hogares; y capital social, gestión del medio ambiente y recursos naturales. Otras sesiones plenarias se abocaron a instituciones, redes y flujo de recursos; voces de la sociedad civil; políticas públicas y programas para la reducción de la pobreza en América Latina y el Caribe; y participación del sector privado en programas regionales para la reducción de la pobreza.

En este libro, que representa un producto tangible de la Conferencia "En busca de un nuevo paradigma: capital social y reducción de la pobreza en América Latina y el Caribe", se incluyen algunos de los trabajos expuestos en ella. A continuación presentamos un breve sumario de los trabajos seleccionados para ser incluidos en este libro.

En su discurso inaugural, que luego fue revisado para ser publicado como el primer trabajo de este libro, José Antonio Ocampo enfatiza la importancia de la Conferencia en la que convergen intereses de una institución académica y una organización regional. La Universidad del Estado de Michigan ha orientado parte de sus actividades de investigación y enseñanza al desarrollo del enfoque analítico del capital social. Por su parte, la CEPAL, una organización regional, está comprometida con el desarrollo de América Latina y el Caribe, donde la persistencia de la pobreza y la desigualdad requiere de urgentes políticas de carácter ético, que actúen eficientemente en la solución de los principales problemas de la región.

Desde la perspectiva de la CEPAL, el capital social se entiende como el conjunto de relaciones sociales basadas en la confianza y los comportamientos de cooperación y reciprocidad. Cuando la riqueza y el ingreso no están distribuidos equitativamente en una sociedad, surge una pregunta importante para la Conferencia: ¿Cuál es la contribución que se puede esperar de los instrumentos de desarrollo y movilización del capital social para sustentar y aplicar políticas sociales efectivas destinadas a la reducción de la pobreza?

Ocampo considera que la persistencia de la pobreza, que tiende a ser endémica en la región, constituye un grave obstáculo para el logro de la igualdad. También enfatiza el importante papel que la educación y la fuerza de trabajo juegan en la solución de este problema. La educación es un requisito previo para el desarrollo equitativo y democrático, la consolidación de la ciudadanía y el desarrollo personal. Debido a las importantes y permanentes innovaciones tecnológicas, la adaptación de la mano de obra a estos cambios es otro factor decisivo que requiere consideración.

La movilización del capital social dentro de los sectores más pobres deberá ponerse en marcha conjuntamente con un sistema económico dinámico e incluyente, además de un amplio sistema sociopolítico que sea consistente con los objetivos de inclusión. Esta estrategia deberá estar orientada al diseño de instituciones formales de asociación y participación. La capacitación de los beneficiarios para su propia gestión nunca alcanzará sus objetivos, a menos que las instituciones socioculturales informales de confianza, cooperación, liderazgo y prestigio sean reconocidas como temas de política pública.

Finalmente, Ocampo sugiere otro importante tema como causa del fracaso de los programas tradicionales de reducción de la pobreza, que incluyen las relaciones tecnocráticas y paternalistas entre las agencias de desarrollo y la población a la que éstas sirven. El capital social comunal complementa a los servicios públicos de varias formas. Primero, la participación en un nivel comunitario asociativo puede ser clave para articular servicios públicos con los hogares, lo que es muy importante en programas orientados a reducir la pobreza. Por otra parte, la movilización del capital social comunal puede contribuir a que estos programas sean más eficientes y promover microempresas urbanas y la producción campesina.

Francis Fukuyama, en su discurso de apertura de la Conferencia, analizó la conexión entre el capital social y el desarrollo. Fukuyama comenzó describiendo las políticas económicas irónicamente denominadas «Consenso de Washington», cuyo fracaso puede ser atribuido a la ausencia de capital social. Fukuyama señala que el desarrollo económico requiere de un Estado competente, fuerte y efectivo, de un conjunto de instituciones que permitan el cambio de las políticas, y de la predisposición adecuada de los actores sociales y políticos.

Fukuyama también expresó su preocupación respecto de las agendas del capital social y el desarrollo. Primero, nota la ausencia de un consenso sobre la definición del capital social. Su conceptualización de éste incluye normas y valores que promueven la cooperación social. Fukuyama también expresa su preocupación por la falta de medidas y metodologías del capital social que propongan medios para su empleo en el desarrollo, sus conexiones a externalidades y una estrategia para su aplicación en política. Finalmente, Fukuyama pide más ejemplos de medios que permitan crear capital social; una mejor comprensión de las instituciones formales y legales que promueven el capital social; un mejor entendimiento de la conexión entre el capital social y la corrupción política y entre aquél y los cambios culturales; y una mayor atención a la intersección del capital social con la democracia y las reformas económicas.

Para una mejor comprensión de cómo el capital social puede ser usado en la reducción de la pobreza, Robison, Siles y Schmid presentaron el paradigma del capital social. Éste incluye al capital social, las redes, los bienes socioemocionales, los valores de arraigo, las instituciones y el poder. El capital social es la simpatía de una persona o grupo hacia otros. La distribución del capital social puede ser descrita por las redes. El capital social tiene valor debido a su habilidad para producir beneficios económicos y, si es ignorado, desventajas económicas. Además, el capital social crea valor debido a que produce bienes socioemocionales, los que satisfacen necesidades de la misma índole. Algunas veces los bienes socioemocionales están enraizados en objetos. Cuando esto ocurre, cambia el significado y valor de éstos, creando valores de arraigo. Las instituciones son las reglas que ordenan y dan significado a los intercambios. Cuando las instituciones adquieren valores de arraigo, es más probable que ellas sean cumplidas que cuando su cumplimiento depende del poder derivado de incentivos o amenazas.

Robison, Siles y Schmid concluyen que los componentes del paradigma del capital social son interdependientes y necesarios para comprender y prescribir soluciones para la reducción de la pobreza. El resto de su trabajo introduce prescripciones para el combate a la pobreza basadas en las implicaciones del paradigma del capital social.

Norman Uphoff comienza su ponencia con un cuidadoso análisis sobre el concepto del capital social. Nos recuerda que el capital social es una reserva (*stock*), que produce un flujo de beneficios y una acción colectiva mutuamente beneficiosa. Uphoff asocia al capital social con amigos, ya que la palabra "social" se deriva de la palabra latina "amigo". Identifica dos clases de capital social: capital social estructural, que proviene de estructuras y organizaciones sociales; y capital social cognitivo, que consiste de estados sicológicos o emocionales. El capital social estructural facilita la acción colectiva mutuamente beneficiosa, mientras que el cognitivo predispone a la gente a dicha acción. Ejemplos provechosos incluidos en la ponencia de Uphoff ilustran la importancia de cada tipo de capital social.

Uphoff responde a las críticas acerca de que el capital social no puede ser medido o administrado. Sostiene que han sido desarrolladas medidas del capital social que pueden tener tanto un valor de predicción como explicativo. Finalmente, muestra cómo las inversiones de capital social en Sri Lanka mejoraron la productividad de un proyecto de administración participativa de irrigación y concluye su ponencia con varias inferencias sobre esfuerzos para la reducción de la pobreza.

El artículo de Durston comienza con un seguimiento de la genealogía del capital social y los debates alrededor de ésta. Durston define al capital social como el contenido de ciertas relaciones sociales mejor expresadas en actos de confianza, reciprocidad y cooperación, que proveen mayores beneficios a aquellos que cuentan con capital social que a los que no cuentan con él. Este autor examina la importancia de conceptos como los de parentesco, amistad y prestigio, en su condición de instrumentos del cambio social. También nota que el capital social se activa solamente en tiempos de necesidad, riesgo u oportunidad. Finalmente, Durston reconoce la naturaleza dinámica del capital social cuando éste se relaciona con proyectos particulares que requieren de la movilización de diferentes aliados.

También relaciona el capital social con el problema de la distribución desigual de recursos. Reconoce la influencia del capital social dentro de grupos sociales empobrecidos y grupos privados dominantes, pero también en unidades gubernamentales que contribuyen al "clientelismo" y "grupos de cabildeo". Durston sostiene que los diseñadores de política nunca proveerán políticas efectivas para la reducción de la pobreza mientras no incluyan al capital social como una parte de sus debates internos y políticas. La relación Estado/sociedad civil tiene que ser reevaluada, concluye Durston, para poder reconocer aspectos tanto positivos como negativos del trabajo del capital social, el que facilita o impide la participación colectiva y el empoderamiento de los pobres.

Flores y Rello sostienen que no se debe confundir al capital social con lo que éste puede lograr. Por ejemplo, el capital social no es simplemente una colección de normas, instituciones y redes. Los autores sostienen que al confundir esta diferencia se está cometiendo un error muy común, que conduce a investigadores a considerar las mejoras en la teoría y la práctica del capital social no como un resultado del capital social, sino de otros procesos, creando, por lo tanto, falsas expectativas en relación con este concepto.

Eric Uslaner nos recuerda que la corrupción es una calamidad, que transfiere riqueza de los pobres a los ricos. Dicha lacra fija impuestos adicionales, produce menos servicios públicos, restringe el comercio, cierra mercados e impide el crecimiento económico. Al contrario de la corrupción, Uslaner observa que la confianza hace que promovamos nuestra disposición a tolerar a la gente de diferentes razas y grupos étnicos, nos conduce hacia la empatía, redistribuye recursos de los ricos hacia los pobres, incrementa las inversiones en programas sociales, mejora la eficiencia de los gobiernos, baja las tasas de criminalidad y promueve el crecimiento económico. Uslaner pregunta, ¿cómo podemos reducir la corrupción e incrementar la confianza?

Este autor discute dos enfoques dirigidos a la reducción de la corrupción y el incremento de la confianza. El primero intenta reducir la corrupción en los niveles altos ("un pez comienza a podrirse por la cabeza"). Este enfoque asume que una menor corrupción incrementa la confianza. El segundo, intenta el desarrollo de una cultura de la confianza desde abajo —la tesis de la "recomendación" (raccomandazione)—, debido a que el incremento de la confianza reduce la corrupción. Uslaner sostiene que resultados estadísticos de muchos países apoyan ambos enfoques, pero enfatizan el efecto destructivo de la corrupción sobre la confianza. Sin embargo, datos que muestran cambios en la confianza a lo largo del tiempo, constatan que la corrupción declina en aquellos países con altos niveles de confianza, pero que esta última no se incrementa en países que se han convertido en menos corruptos. Finalmente, Uslaner examina las relaciones entre desigualdad, confianza, corrupción, mercados cerrados, crecimiento económico y calidad de gobierno.

Diaz-Albertini describe cómo el capital social puede conducir a un desarrollo sostenible sólo si los lazos verticales en cada sociedad nacional proveen a los pobres de acceso a los recursos sociales. Diaz-Albertini observa que por naturaleza el capital social es exclusivo. La confianza, las normas y las redes tienden a pertenecer a grupos con límites muy bien definidos. El desafío para el empleo del capital social en favor del desarrollo es la extensión y alargamiento de las redes de capital social, a fin de incluir a la gente más necesitada.

Guillermo Sunkel comienza su ponencia identificando temas que frecuentemente aparecen en muchos estudios relacionados con el capital social. Estos temas incluyen: la participación en redes, la reciprocidad, la confianza, las normas sociales, y la proactividad. Asume que estos elementos son dimensiones que son usadas en investigación empírica en comunidades selectas y promueven oportunidades para la acumulación de capital social.

La ponencia de Sunkel intenta relacionar la discusión del capital social con aquella sobre pobreza urbana. Para facilitar el entendimiento de la pobreza urbana, analiza tres puntos importantes: i) la definición de pobreza y cómo la línea de pobreza puede ser utilizada como criterio para esta definición; ii) el capital social como una visión positiva de la capacidad de la gente para superar las limitaciones de la pobreza; y iii) el capital social como una premisa que permitirá el establecimiento de criterios orientados al fortalecimiento de la integración social.

Sunkel también analiza algunas características comunes en los procesos de exclusión social de los pobres urbanos. Entre éstos, identifica los siguientes temas: i) la urbanización de la pobreza, ii) la segmentación del trabajo, y iii) la segregación socioespacial. La última parte de su estudio demuestra el fortalecimiento del capital social entre los pobres urbanos, la producción de capital social, la participación de los sectores populares en programas sociales, y contrasta el capital social de abajo hacia arriba con el capital social de arriba hacia abajo.

El trabajo de Carlos Lacayo describe el importante papel del Fondo de Inversión Social de Emergencia (FISE) en el diseño y puesta en marcha de programas dirigidos a la reducción de la pobreza en Nicaragua. Comienza su ponencia enfatizando el importante progreso alcanzado por la Estrategia Reforzada para la Reducción de la Pobreza (ERRP). Los pilares fundamentales de esta estrategia son: i) crecimiento económico, ii) inversiones en capital humano, iii) protección social, y iv) gobernabilidad. Además, dicha estrategia incorpora elementos transversales entre los que se incluyen: la vulnerabilidad del medio ambiente, la equidad social y la descentralización. El Fondo de Inversión Social de Emergencia es uno de los actores principales en la aplicación de la ERRP. También sostiene que el papel del FISE es: i) financiar infraestructura básica social multisectorial, ii) proveer asistencia técnica y capacitación para la planificación, iii) la gestión de proyectos sociales mediante un modelo de fortalecimiento municipal y comunitario que promueva la participación ciudadana, iv) el control social, y v) la transferencia de capacidades a los gobiernos municipales y comunitarios.

Lacayo también describe muy claramente el Programa de Fortalecimiento Municipal y Comunitario (PFMC) del FISE y sus cuatro instrumentos: 1) la micro planificación participativa, 2) el diseño y gestión de proyectos descentralizados, 3) el fondo de mantenimiento preventivo, y 4) el entrenamiento de miembros comunitarios.

Finalmente, presenta un detallado análisis de la estrategia para la aplicación de este programa y las principales lecciones aprendidas durante este proceso. La contribución más importante del PFMC es su capacidad para generar el cambio social, nuevas culturas ciudadanas y capacidades locales que promuevan un plan de producción más sostenible para la administración y mantenimiento de la infraestructura social básica de las jurisdicciones municipales.

Sonia Montaño comienza su ponencia con una evaluación de la incidencia de la pobreza femenina y la gravitación de la pobreza en los hogares encabezados por mujeres. Sostiene que existe una información empírica contradictoria, que no permite aseverar que las mujeres constituyen dos tercios de los pobres. Sin embargo, sí es posible adscribir el concepto de la pobreza femenina a una representación desproporcionada de las mujeres que participan en la lucha contra la pobreza. Existen muchos programas orientados al alivio de la pobreza que son apoyados por los gobiernos, las ONG y las organizaciones para el desarrollo en las que la presencia de las mujeres es crucial. La autora sostiene que el desarrollo y fortalecimiento de las redes sociales, actualmente reconocidas como capital social, constituye un recurso gratuito que no es suficientemente reconocido.

Montaño también asume que el concepto de exclusión social desde una perspectiva de género, articulada con empoderamiento y autonomía, provee un modelo que muestra la complejidad de la pobreza. Ella afirma que es crucial mantener la distinción entre estos aspectos que son constituyentes de la pobreza y aspectos instrumentales que apoyen el empoderamiento de la mujer.

Silvia Núñez describe en su ponencia el progreso realizado por la legislación mexicana en temas de género. La legislación mexicana en favor de la mujer ha estado siempre en la vanguardia del progreso, cuando es comparada con legislaciones similares en varios países de América Latina. Las primeras medidas que incluyen a la mujer como sujeto legislativo en el ámbito nacional, se originaron durante el período revolucionario, como resultado de la Constitución Mexicana de 1917, que estableció derechos individuales igualitarios para hombres y mujeres. Núñez también presenta datos estadísticos históricos que demuestran la alta concentración de la pobreza entre las mujeres, y las grandes desigualdades que ellas tienen que afrontar especialmente en el mercado de trabajo, donde en promedio el ingreso de las mujeres es 35% menor que el de los hombres. Más aún, en las áreas rurales, 75% de las mujeres que participan en el mercado laboral no reportan ningún ingreso.

Finalmente, Núñez ilustra los más importantes programas sociales mexicanos que tienen un enfoque de género y sus especificaciones. Demuestra también cómo cada uno de éstos se relaciona con el capital social. La mayoría de estos programas comenzaron durante la administración del ex Presidente Salinas de Gortari (1989-1994), que se caracterizó por un proceso rápido de cambios económicos e institucionales.

Martine Dirven sostiene que hay una considerable brecha entre la realidad y las ideas utópicas asociadas con el capital social en América Latina, especialmente pronunciada entre los campesinos. Sobre la base de estudios de caso y otros análisis realizados por la CEPAL, el artículo identifica niveles limitados o inexistentes de capital social en las familias campesinas, entre pequeños agricultores y el personal de asistencia técnica, entre pequeños agricultores y las compañías de negocios agrícolas y, finalmente, dentro de las asociaciones comerciales de agricultores. Las políticas de ajuste del desarrollo han reconocido correctamente la importancia del capital social, pero han dado por supuesta su existencia. Esto se ha traducido en programas y proyectos con serios problemas de funcionamiento. Dirven concluye su ponencia con una recomendación a observar prácticamente la existencia del capital social.

David y Ortiz comparten su preocupación con respecto a que mientras el capital social puede ser visto como un "lubricante" que incrementa la cooperación, todavía depende de otras formas de capital para desarrollarse, particularmente de capital humano y financiero. En su análisis, David y Ortiz implican que el emergente interés en el capital social, que ha sido construido bajo la suposición de un mejoramiento por sus propios medios, es el resultado de las mismas ideas neoliberales responsables del desmantelamiento del Estado benefactor. Si bien David y Ortiz reconocen los positivos aspectos que estos procesos pueden promover, tales como la inclusión social en los procesos de toma de decisiones (democratización de la esfera política), puntualizan que los proyectos y programas de capital social que no cuenten con una activa participación del Estado y el sector privado, son proyectos condenados al fracaso.

Anthony Bebbington en su ponencia evalúa dos temas importantes: i) un reflejo de las diversas tendencias de cambios ambiental y socioeconómico en la región de los Andes, y ii) un reflejo de los roles de los diferentes actores de la sociedad civil. El enfoque principal de Bebbington se refiere a las organizaciones campesinas en los procesos de intensificación de la producción agrícola, y el uso de recursos y estrategias de vida. Considera que el capital social, que está basado en las redes sociales y formas asociativas de la sociedad civil, puede tener considerables efectos en las funciones del mercado y gubernamentales. Bebbington también muestra el impacto de estas redes en la sociedad civil, como asimismo en la tasa de distribución de los beneficios sociales del crecimiento económico. Sugiere dos opciones futuras para reducir las altas tasas de pobreza y degradación en los Andes. La primera predice una continuación de la migración rural hacia los centros urbanos, que tiene una repercusión directa en el proceso de declinación de las organizaciones, estructuras y formaciones económicas tradicionales en la región de los Andes. Este proceso tendrá un efecto directo en la recuperación ecológica y la disminución de la presión demográfica. La disponibilidad de recursos financieros, provenientes de las migraciones, redundará en un uso menos intensivo de la tierra. La otra opción se relaciona con una intensificación significativa en el uso eficiente de los recursos naturales, que fortalece la productividad de la tierra y la mano de obra.

Finalmente, Bebbington presenta algunos estudios de caso en comunidades de Bolivia, Perú y Ecuador como ejemplos exitosos de "islas de intensificación sostenible". Éstas son islas donde los círculos viciosos de la pobreza, la degradación y la inmigración han sido transformados en círculos virtuosos. Estos círculos sinérgicos de organizaciones sociales promueven el crecimiento, la acumulación, la intensificación y la recuperación de recursos degradados.

Linda Smith, Gerente General del Centro para Extensión Humanitaria e Intercambio Inter-Cultural (CHOICE), describe cómo su organización ha utilizado el concepto del capital social por casi 20 años en muchos proyectos exitosos de desarrollo comunitario alrededor del mundo, que comienzan con pedidos de las comunidades. CHOICE ofrece entrenamiento y recursos con el fin de ayudar a estos pueblos a desarrollar su capacidad de trabajar en forma conjunta en la comunidad y establecer relaciones fuera de los límites comunitarios para acceder a nuevos recursos. La base de la filosofía en que se sustentan los esfuerzos de CHOICE fue desarrollada por James Mayfield, quien asevera que la identidad social y el acceso a recursos son esenciales para un efectivo funcionamiento social. Las herramientas destinadas a una autoevaluación, desarrolladas por Mayfield, son esenciales para que los pueblos establezcan metas mutuamente beneficiosas.

Smith describe varios proyectos apoyados por CHOICE cuyo éxito se basa en el capital social. El acceso a capital social fuera de las comunidades fue muy importante para proyectos exitosos de mejoramiento sanitario y alfabetización en México. El establecimiento de capital social con los dirigentes del pueblo ayudó al programa "Mi Escuelita" en Bolivia a obtener el apoyo necesario destinado a la enseñanza de habilidades para la supervivencia a los niños de los pueblos rurales. El capital social fue también instrumental para que los pobladores de Kenya ganaran acceso a varios comercios y servicios en su área. Finalmente, un aspecto único del capital social utilizado por CHOICE Humanitarian es aquel desarrollado por medio de expediciones de voluntarios estadounidenses, quienes trabajan con los pobladores de pueblos rurales en completar aquellos proyectos iniciados por su comunidad.

La ponencia de Gómez-Cruz y otros, se centra en el estudio de la presencia, en diferentes grados, del capital social en dos regiones rurales productoras de leche del centro-occidente de México: los Altos de Jalisco y Aguascalientes. La zona constituye un área de concentración de pequeños productores lecheros, quienes han sido afectados por los ajustes estructurales de liberalización de la agricultura y ganadería mexicanas. El estudio observa y analiza la diferenciación en contenidos del capital social de las dos comunidades, y establece los impactos derivados de su acumulación. Este estudio también examina el papel del Estado y los recursos propios —familiares— de los productores para reducir su pobreza en esta zona.

Jan Flora y Cornelia Flora comienzan su ponencia describiendo la intersección de áreas de influencia, que incluyen el mercado, el Estado y la sociedad civil. El mercado intercambia bienes y servicios por una ganancia. El Estado, que incluye a los poderes judicial, legislativo y administrativo del gobierno, posibilita el mercado. La sociedad civil, conformada por grupos formales e informales de ciudadanos, define el bien común. Los autores describen luego las intersecciones de estos tres sectores desde una perspectiva del capital social. Ellos encuentran que es muy beneficioso distinguir entre capital social de lazos (*bonding*) y de puente (*bridging*). Definen al capital social de lazos como las conexiones entre individuos y grupos homogéneos, que pueden ser familiares entre sí en múltiples contextos. El capital social de puente, como los autores lo definen, conecta a diversos grupos dentro de una comunidad con grupos fuera de la comunidad. Los autores ilustran la importancia de cada tipo de capital social y examinan su relevancia para el desarrollo, utilizando ejemplos de Ecuador.

Raúl Atria, en su ponencia, examina el concepto de capital social, las dimensiones o ejes principales que constituyen este concepto y discute posibles estrategias para promover su desarrollo, orientado a la reducción de la pobreza en grupos sociales que viven en la indigencia y la pobreza en la región. Basado en las ponencias presentadas en la Conferencia, observa dos dimensiones en las que las diferentes definiciones de capital social pueden ser alineadas. La primera se relaciona con la capacidad específica de movilización de grupos de determinados recursos y la segunda, con redes de relaciones sociales.

Atria define al capital social de grupo como una capacidad efectiva para movilizar productivamente recursos asociativos localizados en varias redes sociales a las que los miembros del grupo tienen acceso. Entre estos recursos asociativos, que son importantes para medir el capital social de un grupo o comunidad, cita las relaciones de: i) confianza, ii) reciprocidad y iii) cooperación. Combinando estas dos dimensiones, Atria muestra cuatro diferentes formas de capital social, que varían desde el capital social restrictivo hasta el capital social ampliado.

Atria presenta dos posibles enfoques con relación al punto de vista del capital social restrictivo-ampliado. El primero se refiere al empoderamiento de las acciones orientadas a incrementar la capacidad de movilización de un grupo mediante la transformación del liderazgo existente. El segundo es una estrategia de asociatividad, o de acciones orientadas a expandir y fortificar el alcance de las redes en las que los miembros de un grupo participan promoviendo la cooperación del grupo con otros grupos mediante la conexión de sus redes.

En la parte final de su ponencia, Atria evalúa la conexión entre capital social y pobreza. Él relaciona la distribución de capital social con la distribución del ingreso. Usando un gráfico, ilustra cómo los diferentes niveles de pobreza e ingreso están relacionados con la capacidad de movilización y recursos asociativos de un grupo o comunidad. En grupos con extrema pobreza, hay una escasa pero creciente dotación de recursos asociativos, como también una mejor capacidad de movilización al principio, pero luego esta capacidad disminuye. En aquellos grupos con altos niveles de ingreso, la capacidad de movilización se incrementa considerablemente y disminuye la importancia de los recursos asociativos. Atria concluye su ponencia presentando varias implicaciones de empoderamiento y asociatividad para políticas sociales.

Esperamos que este libro, que representa un resultado concreto de la Conferencia Internacional "Capital social y reducción de la pobreza en América Latina y el Caribe: en busca de un nuevo paradigma", proporcione a profesores, investigadores, estudiantes y gente en terreno una referencia para el continuo desarrollo de la teoría del capital social y el diseño y aplicación de proyectos y políticas orientados a vincular el capital social con la reducción de la pobreza. Más aún, dada la acogida que tuvo la Conferencia, la Universidad del Estado de Michigan y la CEPAL se han comprometido a seguir desarrollando en forma conjunta el enfoque analítico del capital social y el diseño de políticas orientadas a reducir la persistente pobreza y desigualdad en América Latina y el Caribe, que constituyen serios obstáculos para el desarrollo regional.

Primera parte

Capital social y desarrollo

Capítulo I

Capital social y agenda del desarrollo

José Antonio Ocampo[*]

Quiero, en primer término, dar la más cordial bienvenida a los participantes procedentes de diversos países de la región y del hemisferio y ofrecer a todos nuestra acogida y hospitalidad. De manera especial, deseo saludar a los participantes de los Estados Unidos y expresarles nuestros hondos sentimientos de solidaridad frente a los trágicos hechos ocurridos recientemente en su país, que han sacudido nuestras conciencias.

Hace poco más de un año establecimos, con nuestros colegas y amigos de la Universidad del Estado de Michigan, lazos de cooperación cuyos primeros frutos se recogen en esta Conferencia, la que nos congrega para dialogar con espíritu constructivo y a la vez crítico acerca de los posibles usos del capital social, como una herramienta destinada a incrementar la eficacia de las políticas de lucha contra la pobreza. El tema de esta reunión permite, de este modo, una convergencia de intereses entre una institución académica, que ha orientado parte importante de sus labores de investigación y docencia a desarrollar el enfoque analítico del capital social, y una organización comprometida con el desarrollo de una región donde la persistencia de la pobreza y la desigualdad plantea urgencias éticas y políticas para actuar eficazmente en la superación de uno de sus principales problemas.

---

[*]   Secretario Ejecutivo de la Comisión Económica para América Latina y el Caribe (CEPAL), jaocampo@eclac.cl

Me parece, por lo tanto, oportuno compartir con ustedes, en esta ocasión, algunas reflexiones sobre el tema de la Conferencia desde la perspectiva de la CEPAL. Entendemos el capital social como el conjunto de relaciones sociales caracterizadas por actitudes de confianza y comportamientos de cooperación y reciprocidad. Se trata, pues, de un recurso de las personas, los grupos y las colectividades en sus relaciones sociales, con énfasis, a diferencia de otras acepciones del término, en las redes de asociatividad de las personas y los grupos. Este recurso, al igual que la riqueza y el ingreso, está desigualmente distribuido en la sociedad. De allí surge la pregunta central de esta reunión: ¿Cuál es la contribución que se puede esperar de instrumentos de creación y movilización de capital social para poner en marcha políticas sociales efectivas de reducción de la pobreza?

Para responder esta pregunta es necesario plantearla en el contexto del debate amplio y promisorio que se ha producido en los últimos años en torno de la agenda del desarrollo. Este debate ha venido emergiendo como expresión de una insatisfacción respecto de los resultados de las reformas inspiradas por el modelo de desarrollo prevalente a escala global, junto con una agudización de las tensiones y brechas distributivas que caracterizan a nuestra región y, por qué no decirlo, al mundo contemporáneo.

El debate intelectual sobre la agenda del desarrollo tiende a ordenarse alrededor de dos ejes principales y complementarios: por una parte, la búsqueda de un nuevo equilibrio entre el mercado y el interés público y, por otra, la concepción de las políticas públicas como formas de acción en favor de objetivos de interés común, que no se limitan a las acciones estatales. De esta manera, se pone de relieve la necesidad de abrir nuevas oportunidades para la participación de la sociedad civil y de superar, por ese camino, la crisis del Estado que repercute por igual en los mundos desarrollado y en desarrollo.

Las reflexiones de la CEPAL sobre este debate han quedado consignadas en nuestro documento estratégico del año 2000, *Equidad, desarrollo y ciudadanía*. Ahí hemos plasmado la necesidad de abordar, en forma integral, un nuevo enfoque de la estabilidad macroeconómica, la revaluación de las estrategias de desarrollo productivo, el mejoramiento de los encadenamientos entre desarrollo económico y social, y el fortalecimiento de la ciudadanía.

A la luz del tema de esta Conferencia, quisiera concentrar mi atención en el mejoramiento de los encadenamientos sociales. Éstos, en nuestra visión, deben orientarse a desarrollar una política social de largo plazo que incremente la equidad y garantice la inclusión, basada firmemente en los principios de universalidad, solidaridad y eficiencia; en un patrón de crecimiento económico que genere un volumen adecuado de empleos de calidad; y en una reducción de las brechas productivas entre la pequeña y gran empresa, y entre distintos sectores económicos.

La persistencia de la pobreza, que tiende a ser endémica en la región, es un enorme obstáculo para alcanzar la equidad, imperativo ético y estratégico del desarrollo. En esa perspectiva, la CEPAL ha insistido en que la política social debe tener la capacidad de influir en los determinantes estructurales a través de los cuales se reproducen la pobreza y la desigualdad de generación en generación: la mala distribución de las oportunidades educativas y ocupacionales, la pronunciada desigualdad en la distribución de la riqueza, la elevada dependencia demográfica, y las dimensiones étnicas y de género que las acompañan.

A partir de este análisis, hemos destacado el papel prioritario que desempeñan la educación y el empleo. La educación es una vía obligada para el crecimiento equitativo, el desarrollo democrático, la consolidación de la ciudadanía y el desarrollo personal. Sin embargo, este conjunto de relaciones virtuosas no debe ocultar el hecho de que, en una sociedad segmentada, la educación es también un instrumento de segmentación social, y que ella no puede ser abordada al margen de la influencia de los demás factores estructurales señalados, en especial, la generación de empleos de calidad que hagan efectivamente posible la utilización del capital humano.

Desde el punto de vista del empleo y en medio de las enormes y permanentes innovaciones tecnológicas que existen hoy en día, la capacidad de adaptación de la mano de obra es otro factor decisivo. De ahí la prioridad que debe otorgarse a los programas de capacitación y recalificación de la mano de obra, a aquellas instituciones que favorecen la cooperación entre empresarios y trabajadores, al desarrollo de sistemas adecuados de protección social, tanto de carácter permanente como de emergencia, y a una razonable política salarial. Como es obvio, la creación de empleo no puede considerarse al margen de un entorno macroeconómico estable y un crecimiento dinámico.

Estas consideraciones acerca de la interacción entre la educación y un empleo de calidad y las características del entorno económico, son suficientes para ilustrar el imperativo de avanzar hacia el diseño de marcos integrados de política, que tomen explícitamente en cuenta las interrelaciones de los factores estructurales de reproducción de la pobreza. Los programas integrados de erradicación de la pobreza deben ser la fiel expresión de este marco de política.

La experiencia parece indicar que una de las causas principales que impiden la adopción de marcos integrados de políticas es la carencia de instituciones adecuadas. Éstas deben caracterizarse por una activa participación de los diversos actores sociales; una capacidad real de intervención en los sectores más pobres de la población; y la promoción de sistemas eficaces de coordinación entre las autoridades económicas y sociales, que garanticen que las prioridades sociales se incorporen efectivamente en la política económica.

Una importante consecuencia de las visiones renovadas sobre la agenda del desarrollo es que el sistema económico debe estar subordinado a objetivos sociales más amplios que el solo bienestar material de las sociedades. Sentido de pertenencia, identificación con propósitos colectivos y necesidad de crear lazos de solidaridad, parecen ser en la actualidad algunas de las principales metas a las que debe encaminarse el desarrollo económico. Por ello, hemos afirmado que uno de los objetivos básicos de nuestro desarrollo, acrecentado por el debilitamiento de las redes de cohesión social en nuestros países, es "crear sociedad".

Esta afirmación nos conduce directamente al tema de la Conferencia, ya que la asociatividad, que está en la base de la noción de capital social, puede constituirse en un medio privilegiado para "crear sociedad". Proponemos, en consecuencia, que esta potencialidad del capital social sea un elemento ordenador del diálogo que vamos a comenzar hoy.

Existe aún un amplio margen de dispersión en la conceptualización de capital social, lo que sin duda se relaciona con la convergencia de diversos acentos y lenguajes disciplinarios en torno de este concepto. Esperamos avanzar durante esta Conferencia en la construcción de un enfoque más integrado, que permita hacer un mejor uso del capital social en la búsqueda de soluciones a los problemas de pobreza y desigualdad que enfrenta la región.

La materia prima para construir capital social existe en todas las sociedades del mundo, con las particularidades propias de cada cultura. Todas las personas lo usan en sus estrategias y en la satisfacción de las necesidades económicas, sociales y afectivas. En todas las sociedades existen la habilidad de trabajar en equipo, la ayuda mutua basada en una identidad compartida, y la capacidad de articular organizaciones para el logro de ciertas metas comunes a las colectividades y grupos sociales involucrados. Pero también existen, en un mismo medio social, normas culturales informales que responden a lógicas y modos diversos y hasta contradictorios con este impulso asociativo. Esto es sobre todo palpable en naciones muy segmentadas económica y socialmente, como son las sociedades latinoamericanas.

Como ya hemos señalado, el capital social no está igualmente distribuido en la sociedad. Por ello, este concepto sirve para analizar aquellos activos o recursos de los sectores pobres que no están siendo plenamente utilizados, pero también para estudiar la desigualdad existente en nuestros países. Investigaciones y estudios recientes muestran que la institucionalidad asociativa es mayor en el empresariado que en ningún otro sector socioeconómico. Esto es plenamente consistente con lo destacado por la CEPAL en sus informes sobre la situación social de la región, donde se demuestra que, en general, la estratificación de los circuitos educativos es un factor clave en la transmisión desigual de las oportunidades de vida, mediante mecanismos culturales y sociales propios del capital social que son activados por grupos y estratos privilegiados.

La movilización del capital social de los sectores más pobres debe ser complementada con un sistema económico dinámico e incluyente, como ya lo hemos mencionado, pero también con un sistema sociopolítico más amplio que sea coherente con este objetivo de inclusión. De esta manera, el diseño de instituciones formales de asociación y participación, y la capacitación de los supuestos beneficiarios en su gestión, nunca lograrán sus objetivos a menos que las instituciones socioculturales informales de confianza, cooperación, liderazgo, prestigio y clientelismo sean también temas de la política pública. Estas formas "positivas" y "negativas" de capital social siguen dinámicas cuya capacidad de determinación de resultados es mayor que la de las lógicas formales.

Por ello, como señala John Durston en su aporte a esta Conferencia, "si el Estado se limita a canalizar nuevos recursos a través de los canales institucionales existentes, aunque sea para algo llamado 'capital social', estos recursos serán capturados y distribuidos a través de las relaciones informales y según las reglas no escritas del clientelismo pasivo. Para fortalecer el capital social de sectores excluidos y transformarlos en actores sociales válidos, es necesario que el Estado tome un rol mucho más proactivo, incubando a las organizaciones embriónicas en sus primeros años".

No obstante lo anterior, de ahí surge asimismo la oportunidad que brinda el contexto más amplio para que la formación del capital social de los pobres les permita renegociar las relaciones desiguales de poder, que constituyen justamente el capital social de actores y grupos sociales más favorecidos.

El marco teórico del capital social carece aún de un consenso suficiente, como para que haya la claridad necesaria sobre el tipo de indicadores cuantitativos adecuados y la forma de interpretar esas mediciones. Sin embargo, los estudios empíricos están revelando constantes generalizables, que permiten evaluar cualitativamente relaciones socioculturales específicas en los sectores y grupos sociales en condición de pobreza, haciendo posible mejorar el diseño de programas y proyectos, potenciando la confianza y la cooperación existentes y evitando conflictos entre los diversos agentes involucrados. Ello exige la integración de una visión del sistema sociocultural específico de cada comunidad en el modelo manejado por las agencias de desarrollo. De hecho, una conclusión de estos análisis es que parte importante de la falla de los programas tradicionales de lucha contra la pobreza reside precisamente en las relaciones tecnocráticas y paternalistas que las agencias del desarrollo mantienen con la población que atienden. En un sistema estatal en que el cumplimiento de órdenes jerárquicas es el principal elemento de evaluación positiva, una visión de los pobres como carentes de fortalezas es, de hecho, funcional a esta rendición de cuentas hacia arriba. Parte de esta percepción denota una tenaz ceguera frente al capital social y el capital humano presentes en las comunidades pobres.

Frente a esta visión, las posibilidades de una vinculación del capital social con los programas y políticas públicas destinados a reducir la pobreza surgen de algunas investigaciones recientes sobre programas de servicios sociales estatales orientados a la población pobre, especialmente en el campo de la educación y la salud, en los que el agente externo modifica su relación con los grupos atendidos. Estas transformaciones incluyen nuevos mecanismos por cuya vía se rinde cuentas a la población atendida; se identifica a una comunidad de personas concretas, en donde el agente público se reconoce como un miembro más de ésta; y se desarrollan relaciones de coproducción de bienes en que convergen la agencia estatal y el conjunto de las comunidades atendidas.

Es un hecho que el capital social comunitario complementa a los servicios públicos de diversa manera. En primer lugar, la participación a nivel comunitario asociativo puede ser clave para articular los servicios públicos con el hogar, lo que resulta especialmente importante para los programas destinados a la superación de la pobreza. Por otra parte, la movilización del capital social comunitario puede contribuir a hacer más eficaces los programas orientados a fomentar las microempresas urbanas y la producción campesina. En ambos casos, la contribución decisiva del nuevo enfoque es su capacidad para integrar el recurso de las redes interpersonales que compenetran las relaciones Estado-sociedad, en sustitución del más clásico enfoque de estos dos estamentos como distintos y aislados entre sí.

En resumen, las experiencias en programas de superación de la pobreza en la región permiten sustentar el juicio de que no es posible crear y fortalecer capital social, ni nutrir relaciones sinérgicas entre el agente público y las comunidades pobres, sin actuar en el entorno local y regional en que están inmersas. Hay ya suficientes lecciones sobre la eficacia de los programas asociativos de microempresas, de los aportes comunitarios a la construcción y gestión de infraestructura social, y del papel que pueden desempeñar las asociaciones cívicas que actúan en la arena política como grupos de presión, para asegurar que los beneficios de los programas de reducción de la pobreza lleguen efectivamente a sus destinatarios reales. Las actividades de las Juntas de Acción Comunal, existentes en los sectores más pobres de muchas de las ciudades latinoamericanas, son un ejemplo del uso del capital social de una comunidad pobre en la búsqueda de soluciones a sus problemas comunes.

No obstante, estas fuerzas asociativas no son suficientes en sí mismas para producir un impacto eficaz y romper el círculo vicioso de reproducción de la exclusión y la pobreza. Sus efectos tienden a extinguirse en el tiempo, en ausencia de un contexto económico y sociopolítico más amplio que sea funcional al propósito de reducir la pobreza y la desigualdad. Expresado en los términos de esta Conferencia, aunque efectivamente estas redes asociativas pueden fortalecer la «integración» de la comunidad, barrio u organización, no bastan para crear suficiente capital social que vincule, a modo de «puente», dicha integración con los sistemas sociopolíticos local, regional y nacional, que son precisamente los ámbitos en los que el capital social de los grupos más favorecidos es usado en estrategias para mantener las condiciones de privilegio, de una generación a otra.

He querido destacar lo que a mi juicio son algunos de los temas más significativos que deberán ser abordados en las diversas reuniones de trabajo programadas a lo largo de esta Conferencia, a fin de avanzar hacia una visión integrada de la relación entre el capital social y la reducción de la pobreza, desde la doble perspectiva de la agenda actual del desarrollo y de un nuevo enfoque de las políticas públicas, sus principios orientadores y la crucial relación entre los agentes públicos encargados de aplicar los programas de reducción de la pobreza y los grupos pobres que son la razón de ser de éstos. Estoy seguro de que con la activa participación de todos ustedes, las deliberaciones que tendrán lugar en estos días serán fructíferas y aportarán luces para el mejor aprovechamiento del capital social en el combate a la pobreza y la desigualdad en nuestra región.

Capítulo II

Capital social y desarrollo: la agenda venidera

Francis Fukuyama[*]

El tema que quisiera abordar en esta ocasión se refiere a cuál es el lugar que ocupa hoy el concepto de capital social, cómo se ha incorporado en nuestro conocimiento del desarrollo, y cuál es la agenda para el futuro que permitirá utilizarlo con el fin de promover el crecimiento y aliviar la pobreza.

El término "capital social" fue reincorporado al léxico de las ciencias sociales por James Coleman (1990) en los años ochenta y alude a la capacidad de las personas de trabajar en grupo. El autor considera preferible definir el concepto en sentido amplio y emplearlo en todas las situaciones en que la gente coopera para lograr determinados objetivos comunes, sobre la base de un conjunto de normas y valores informales compartidos. Actualmente, muchos consideran que el capital social es un componente fundamental, tanto para el desarrollo económico como para la estabilidad de la democracia liberal.

En la última década, el volumen de las investigaciones sobre el capital social y sus relaciones con el desarrollo económico ha sido enorme. Buena

[*]   Profesor de Economía Política Internacional, The Paul H. Nitze School of Advanced International Studies, Universidad Johns Hopkins, fukuyama@jhu.edu.

parte de esta labor ha tenido un carácter conceptual, es decir, ha tratado de comprender qué es el capital social, cómo funciona y cómo se origina. Para el futuro, será preciso dejar de lado los estudios históricos y abordar una agenda más pragmática que incluya el análisis de ciertos aspectos, tales como determinar dónde se ha logrado crear capital social, las condiciones jurídicas e institucionales necesarias para su desarrollo, su relación con la corrupción en el plano político, los cambios culturales que afectan al capital social (por ejemplo, la conversión a otras religiones) y la forma en que pueden diseñarse las instituciones democráticas a fin de desarrollar al máximo el capital social. No obstante, primero es preciso determinar cuál es el lugar del capital social en la agenda más amplia del desarrollo.

1.   Replanteo del concepto de desarrollo

En la última parte de la década de 1990, se ha producido un profundo replanteo del problema del desarrollo, que incluye una mayor toma de conciencia de la importancia de los factores culturales que inciden en el crecimiento económico y su incorporación a los modelos de desarrollo. El capital social no es otra cosa que el medio para reconceptualizar el papel que desempeñan los valores y las normas en la vida económica.

Los años noventa comenzaron, en cierto sentido, con el llamado "Consenso de Washington", como el enfoque dominante de las instituciones financieras internacionales con respecto al problema de las economías en desarrollo y en transición. El Consenso de Washington comprendía una serie de políticas económicas liberalizantes que procuraban librar de la inercia opresiva del Estado a las economías en desarrollo y en transición. Dichas políticas fueron aplicadas con mayor o menor éxito en diversos países desde Europa oriental y la ex Unión Soviética hasta América Latina, Asia, Asia meridional y otras partes del Tercer Mundo.

En muchos casos, estas políticas han fracasado en su propósito de producir un crecimiento económico sostenido, lo que ha generado una reacción contra lo que irónicamente se denomina "neoliberalismo". En ninguna parte esto es más cierto que en América Latina. Sin embargo, la acusación de que el Consenso de Washington ha sido un revés generalizado es errónea; de hecho, hubo algunos éxitos clave en países como Estonia, México y Polonia. El fracaso del Consenso de Washington fue por omisión, y no de las políticas en sí. La privatización de activos nacionalizados ineficientes, la reducción de las barreras al comercio y la inversión, la baja de los subsidios que distorsionan los precios de mercado, la desregulación y la integración de las economías nacionales en la economía mundial, son todas políticas comunes y corrientes, que a la larga serán necesarias para el crecimiento económico. Cualquier reformulación del problema del desarrollo no debe incluir el rechazo de estas políticas como objetivos de largo plazo.

El problema del Consenso de Washington no es que fuera mal encauzado, sino que fuera aplicado de modo incompleto, entre otras razones, porque no se tomó en cuenta el capital social. Es decir, la capacidad de implementar políticas liberalizantes presuponía la existencia de un Estado competente, poderoso y efectivo, una serie de instituciones en cuyo seno podían ocurrir cambios de políticas, y las predisposiciones culturales apropiadas de parte de los actores económicos y políticos. El problema del Consenso de Washington como vía al desarrollo fue que, en muchos países, se aplicó en ausencia de las precondiciones políticas, institucionales y culturales adecuadas y necesarias para que la liberalización fuera efectiva. Por ejemplo, el término de los controles al capital puede provocar una grave inestabilidad financiera si se implementa, como ocurrió en Tailandia y la República de Corea, en países sin una regulación adecuada del sector bancario. La privatización de los activos estatales puede deslegitimar todo el proceso de reformas en las sociedades, si ésta es realizada por organismos estatales corruptos y propensos al "amiguismo".

En consecuencia, lo que hemos aprendido durante la última década no es que la liberalización sea inoperante, sino que la política económica per se no es suficiente para conseguir el desarrollo. Sea cual sea la política económica existente, tiene que llevarla a cabo el Estado, un Estado con un radio de acción limitado, pero poderoso en cuanto a su capacidad de hacer que se respete el imperio de la ley, competente en la formulación de políticas, transparente en sus actuaciones con los ciudadanos que son sus electores, y con la legitimidad necesaria para tener la autoridad de tomar decisiones económicas dolorosas. En otras palabras, la agenda del desarrollo no puede abstraerse de la política y de las instituciones políticas.

La mayoría de los economistas aceptan plenamente la importancia de las instituciones para el desarrollo. No obstante, son muchos menos los que están convencidos de que los factores culturales como el capital social desempeñan un papel importante. Antes, solía abusarse de lo cultural para explicar la pobreza o la falta de desarrollo económico, en circunstancias que lo que faltaba no eran los valores apropiados, sino más bien el conjunto adecuado de instituciones, tales como el imperio de la ley o un sistema de tribunales comerciales que permitieran que ocurriera el crecimiento. Las instituciones pueden modificarse, en tanto que los valores culturales son mucho más difíciles de manipular mediante las políticas; por lo tanto, la apelación a los factores culturales parecía a menudo inconducente.

Pero la relación entre cultura e instituciones es mucho más compleja que eso, pues la formación de estas últimas es algo que requiere en sí de capital social. Es evidente que no toda sociedad es capaz de formar burocracias estatales que sean iguales en términos de eficiencia, transparencia, profesionalismo, entre otros. Son pocos los países en desarrollo capaces de establecer un organismo público como el Ministerio de Industria y Comercio Internacional de Japón, o la Oficina de Planificación Económica de la República de Corea, para gestionar una política industrial altamente compleja y políticamente sensible. De hecho, cabe sostener que una de las razones principales de que América Latina haya alcanzado tasas de crecimiento global menores que Asia oriental en las dos últimas décadas, tiene menos que ver con la clase de políticas económicas seleccionadas (o sea, orientadas al mercado en lugar de proteccionistas), y más con la calidad de las instituciones.[1] En las sociedades en que la gente tiene la costumbre de cooperar y trabajar en conjunto en grandes instituciones, son mucho mayores las probabilidades de que surjan instituciones estatales poderosas y eficientes.

Existe otra manera en que el capital social incide en el desarrollo y es cuando actúa como apoyo decisivo de la democracia. La opinión sobre la relación entre democracia y desarrollo ha cambiado notablemente en los últimos años, así lo atestiguan los escritos de figuras como Amartya Sen (1999). Hace una o dos generaciones, muchos observadores propiciaban la denominada "transición autoritaria", en que una dictadura iluminada tecnocráticamente empleaba su poder para imponer políticas económicas impopulares pero necesarias, mientras aplazaba cualquier movimiento de corto plazo en favor de la democracia. Ahora, es mucho más difícil que un país en desarrollo emule transiciones autoritarias como las de Chile, República de Corea o Taiwán. Esto no se debe a que las democracias sean indefectiblemente buenas para el crecimiento económico, sino más bien a que es muy difícil hallar alternativas a la democracia como fuentes de legitimidad para los países en desarrollo. Gran parte del poder de un Estado proviene de la legitimidad que goza entre sus ciudadanos. Hemos visto muchos Estados que parecían fuertes por fuera, pero que demostraron ser débiles por dentro debido a una falta de legitimidad; por ejemplo, la ex Unión Soviética e Indonesia bajo Suharto. A la inversa, un número apreciable de democracias, como Polonia o la República de Corea después de 1997, han logrado emprender reformas económicas aflictivas. La democracia es ahora una realidad para la mayoría de los países en desarrollo: el desarrollo político se dará en paralelo con el desarrollo económico, no después de éste.

El capital social es decisivo para el éxito de la democracia. El sociólogo Ernest Gellner (1994) lo planteó sin rodeos: sin sociedad civil no hay democracia. El capital social es aquello que permite que los individuos débiles se agrupen para defender sus intereses y se organicen en apoyo de sus

---

[1]   Se ha presentado este caso con mayor extensión en Francis Fukuyama y Sanjay Marwah (2000).

necesidades colectivas; el gobierno autoritario, por el contrario, prospera en función de la atomización social. Si se quiere que la democracia liberal sea el contexto en que la mayoría de los países en desarrollo procuren promulgar sus políticas y estimular el crecimiento, entonces el capital social resulta decisivo para la fortaleza y estabilidad de ese marco político. Las democracias más vigorosas y bien consolidadas se hallan en mejor situación de encarar los desafíos del desarrollo.

Por tanto, si bien el capital social no es la única cosa que falta en el Consenso de Washington, sigue apareciendo en varias dimensiones del desarrollo. Dicho capital influye directamente en la capacidad de las personas de organizarse con fines económicos; es importante para que las sociedades sean capaces de crear instituciones y hacer cumplir la ley; y es un puntal indispensable de la democracia, que es la fuente de legitimidad y el marco político en que se da el desarrollo.

2.   ¿Qué se entiende por capital social?

Una de las objeciones al concepto de capital social es, como veremos, que todavía no existe un acuerdo general sobre qué se entiende por tal. Emplearé mi propia definición: el capital social son normas o valores compartidos que promueven la cooperación social.[2] Dentro de esta perspectiva, el capital social es una manera utilitaria de mirar la cultura. La cultura tiende a considerarse como un fin en sí misma, lo que es innegable, o como una forma de expresión creativa. Pero también desempeña un papel funcional muy importante en toda sociedad, ya que es el medio por el cual grupos de individuos se comunican y cooperan en una gran variedad de actividades. Si bien nos resulta difícil juzgar la cultura como un fin en sí mismo, la funcionalidad de la cultura en términos económicos es algo mucho más mensurable. Por cierto que no todas las normas y valores, y por tanto no todas las culturas, son creadas iguales en lo atinente a su capacidad de fomentar el crecimiento económico. O, para decirlo en una jerga más economicista, no todas las sociedades tienen la misma reserva (stock) de capital social.

Puedo ilustrar esta afirmación con respecto a América Latina. Este viaje constituye mi decimonovena visita a la región durante la última década, y con suma frecuencia he sido invitado a hacer uso de la palabra sobre el problema de la confianza. Rara vez he hallado un público en América Latina

---

[2]   Para un análisis más acabado, véase Francis Fukuyama (1999 y 2001, pp. 7-20).

que no pensara que su sociedad adolecía de una grave crisis de confianza. Esta crisis se manifiesta en diversas formas. En la economía, la mayoría de los países latinoamericanos están en una situación en que el grueso de su producto interno bruto (PIB) es producido por empresas de propiedad familiar, que en su gran mayoría pertenecen a un círculo relativamente reducido de 10, 20 ó 30 familias prominentes. Estas empresas suelen estar interconectadas mediante redes de conglomerados de crecimiento descontrolado, que vinculan compañías dispares en sectores como el comercio al detalle, las manufacturas, los seguros y la banca y que no poseen ninguna sinergia obvia. La razón de que existan estas redes es que ellas se basan en el parentesco; al expandirse las empresas familiares, éstas recurren al trabajo de hijos, hijas, primos y sobrinos para dotarlas de personal.

En otras palabras, la vida empresarial de gran parte de América Latina sigue siendo familística: los lazos de confianza más firmes y fidedignos se dan entre familiares, o entre círculos relativamente reducidos de amigos íntimos. Es decir, el capital social radica sobre todo en redes de parentesco, y en muchos sentidos tales redes constituyen un activo social importante. Cuando en México, en 1995, o ahora en Argentina, sobreviene una recesión y alto desempleo, las redes familiares aúnan recursos y sirven de protección en épocas difíciles en sociedades que carecen de una red de seguridad social bien desarrollada financiada por el Estado.

Pero según lo explicó Edward Banfield (1958) hace más de 40 años, el familismo también constituye un lastre, pues denota una falta de confianza con los extraños. Significa que a las empresas familiares a menudo les cuesta crecer hasta llegar a convertirse en empresas grandes, impersonales, gestionadas profesionalmente con una propiedad pública dispersa. En definitiva, esto impone límites al crecimiento económico. Y el familismo en la empresa reduce también la transparencia: a los inversionistas externos o socios comerciales suele resultarles difícil entender las estructuras y relaciones de propiedad bizantinas de las empresas de propiedad familiar. El hecho de mantener un juego de libros contables para la familia y otro para el recaudador de impuestos o los inversionistas externos, no es una práctica tan desusada en las sociedades con bajos niveles de confianza.

Las ramificaciones políticas del familismo tienen tal vez mayores consecuencias. El hecho de que exista una falta de confianza con los extraños significa que las relaciones de confianza más firmes están reservadas para la familia y los amigos íntimos, y que se crean las condiciones culturales para un sistema de moral doble en que se tienen pocos reparos en comportarse como un oportunista con los demás. En esas condiciones culturales, un político elegido para un cargo público experimenta a menudo la obligación categórica de abultar sus cuentas a nombre de su familia, o de ascender a familiares y clientes en desmedro de personas más calificadas elegidas con criterios objetivos. Gran parte de la crisis de corrupción política que sufre el grueso de América Latina se funda en esta estructura de doble moral. Si bien se han conseguido avances importantes en la creación de instituciones para combatir la corrupción en los últimos años, las mejores instituciones serán inoperantes si las personas situadas en la cúpula de las jerarquías políticas que las dirigen se sienten con derecho a saquear el erario público.

América Latina no es la única parte del mundo que sufre de familismo. Tal como he sostenido en mi libro *Trust: The Social Virtues and the Creation of Prosperity,* la desconfianza de aquellos que no son parientes está omnipresente en aquellas partes de Asia con presencia china, y de hecho fue probablemente una condición general de la humanidad durante gran parte de la historia hasta hace pocos cientos de años en Europa septentrional (Fukuyama, 1995). En realidad, el familismo puede considerarse como una respuesta racional a una sociedad en que el Estado es arbitrario y rapaz. Por ejemplo, en China tradicional, tanto la familia como la empresa familiar han sido consideradas como un bastión defensivo contra un Estado corrupto y que no es de fiar. En China moderna, algunos observadores han llegado a sostener que la familia se ha vuelto más fuerte pese a los esfuerzos del maoísmo por debilitarla, pues la lección que deja la historia de China del siglo XX es que sólo se puede confiar en los parientes. Al respecto, el familismo puede considerarse como un sustituto imperfecto del imperio de la ley, que tuvo la flexibilidad y fuerza suficiente para respaldar el milagro económico de posguerra en Asia oriental, pero que al final resultó autolimitativo en un mundo globalizante.

3.   ¿Qué lugar ocupa hoy el concepto de capital social?

La presente Conferencia nos ofrece la oportunidad de estudiar detenidamente qué lugar ocupa hoy el concepto de capital social, y qué hay que hacer en el futuro para emplearlo de manera práctica en promover el desarrollo. A pesar de la amplia aceptación que el concepto ha recibido, el panorama no parece del todo positivo.

A mi juicio, hasta ahora el capital social ha revestido mayor importancia en un sentido negativo. Es decir, ha servido para realzar nuestro conocimiento de los factores culturales presentes en el desarrollo, y las razones de por qué instituciones idénticas en diferentes sociedades suelen tener resultados completamente distintos. El concepto de capital social sitúa a las políticas e instituciones en su contexto cultural adecuado, y nos evita albergar ciertas expectativas ingenuas de que una fórmula política relativamente sencilla conduzca inevitablemente al crecimiento económico.

Sin embargo, una revisión franca de la literatura sobre el capital social revela algunos puntos débiles del concepto. El primero es metodológico.

Cabe recordar que hoy no existe una definición de capital social que tenga amplia aceptación, y por lo tanto carece de un estándar comúnmente aceptado para medirlo o incorporarlo en los modelos económicos convencionales. Ya he formulado mi propia definición de capital social, que es más amplia e incluyente que la de muchos otros, pero hay otras. Para algunos, el capital social es colindante con la sociedad civil o el sector de las organizaciones no gubernamentales (ONG); para otros, es una cuestión de redes; algunos observadores consideran que la familia o el Estado son fuentes de capital social, pero otros no lo estiman así.

Incluso si hubiera un acuerdo sobre la definición de capital social, subsistirían graves problemas para medirlo y usarlo como insumo en los modelos económicos, tal como se usa actualmente el capital físico y humano. Robert Solow (2000) adujo una vez que el uso del término "capital" en el capital social es engañoso: estaba dispuesto a admitir la importancia de las "relaciones sociales" para la vida económica, pero capital implica un bien homogéneo, fungible y por consiguiente mensurable, lo que evidentemente no era el caso del capital social.[3] Solow tiene razón: hay una dimensión cualitativa importante del capital social vinculada no sólo a la existencia de una relación social, sino también a su calidad y fuerza que son decisivas para su funcionalidad en promover la cooperación social. Una familia, una comunidad étnica, un club de jardinería, y una habitación para charlar por Internet suponen la cooperación social, pero la clase de finalidades y propósitos que persiguen difiere radicalmente.

Otro problema con el concepto de capital social se refiere a las externalidades. Partha Dasgupta señaló una vez, acertadamente, que si bien el capital social no es —como algunos han sostenido— un bien público, es un bien privado preñado de externalidades positivas y negativas (Dasgupta, 2000). El capital social dentro de un determinado grupo o red puede producir externalidades positivas, enseñándole a la gente virtudes sociales como la honradez, la reciprocidad y el cumplimiento de los compromisos, que luego pueden aplicar a otras personas. La educación profesional moderna, por ejemplo, produce una abundancia de capital social como subproducto de la formación de médicos, abogados, ingenieros eléctricos, y otros. Por otra parte, los seres humanos tienden a ser solidarios dentro del grupo a expensas de los grupos externos o individuos heterogéneos: así, las sociedades con muchos grupos o redes férreamente unidas pueden verse fragmentadas y divididas por conflictos y hostilidades al considerarlas en su conjunto. Incluso los grupos inocuos, que no producen externalidades claramente negativas, pueden ser autorreferentes y cerrarse a la información, la innovación o las ideas del exterior.

---

[3]   Véase el capítulo de Solow en Serageldin y Dasgupta (2000).

Naturalmente que el capital físico y el capital humano producen externalidades. El capital físico puede emplearse para fabricar rifles de asalto, desechos tóxicos y otros males sociales; el capital humano contenido en un diplomado en química puede utilizarse para armar bombas. El problema es que el capital social en su conjunto tiende a producir más mediante externalidades que estas otras formas de capital, y estas externalidades suelen aplastar la utilidad del capital social subyacente en ellas.

Por ejemplo, es indudable que un clan o tribu tradicional de un país en desarrollo constituye una forma de capital social; logrará mayor cooperación social que un número comparable de individuos desorganizados. Por otra parte, este clan o tribu puede estar en guerra con sus vecinos, o resistir con fiereza la importación de nuevas tecnologías, o encarnar un sistema de jerarquía y discriminación social que impide la distribución equitativa de los beneficios colectivos. La mera suma del número de tales grupos ofrecerá una visión agregada muy engañosa de la reserva de capital social de la sociedad en general, porque las externalidades negativas son demasiado grandes.

Conviene recordar la observación del sociólogo Dennis Wrong sobre los lazos débiles: a menudo es el miembro heterogéneo de una red, o aquel con lazos débiles y afinidades rotas, el que sirve de conducto para las nuevas ideas e información en un grupo cerrado (Wrong, 1961). Una sociedad con muchas redes sueltas y superpuestas puede ser económicamente más eficiente que otra con muchas redes estáticas y autorreferentes. Un lugar de trabajo férreamente unido como la empresa japonesa, con sus prácticas de empleo vitalicio y salarios por antigüedad, puede producir altos niveles de cooperación y eficiencia en una época determinada y bajo cierto conjunto de condiciones tecnológicas, pero se alza como un obstáculo insuperable a la reforma y el progreso económico en otra.

Tropezamos constantemente con este problema en la política democrática. Si bien puede ser cierto que la democracia no es posible sin la existencia de la sociedad civil, la presencia excesiva de la sociedad civil puede ser a menudo la pesadilla de la democracia. Los grupos de interés pueden proteger a los individuos débiles de un Estado opresivo, pero también pueden conducir a la parálisis, el autoelogio y el cinismo acerca de la política.[4]

Dado el carácter heterogéneo del capital social, las dimensiones cualitativas de las relaciones sociales y lo invasivo de las externalidades positivas y negativas, no debería extrañar que haya resultado difícil producir un estándar de capital social único y aceptable, o un medio convenido de incorporarlo en modelos formales. Esto rige incluso para el estudio del capital

---

[4]   Para un análisis de la política estadounidense de este estilo, véase Jonathan Rauch, 1994.

social más ambicioso realizado hasta ahora, *Bowling Alone* de Robert Putnam (2000): pese a un esfuerzo impresionante de recopilación de datos, el autor todavía no ha demostrado de manera convincente cuál ha sido el coeficiente de la tasa de variación del capital social estadounidense en los últimos 40 años, o ni siquiera si su signo debería ser positivo o negativo.[5] Si esta clase de incertidumbres existen con respecto al país con mayor riqueza de datos del mundo, es probable que los problemas de analizar sociedades en desarrollo más pobres con información mucho menos abundante sean de gran envergadura.

4.   Capital social y políticas

Una de las mayores dificultades de trabajar con el concepto de capital social es saber cómo insertarlo en las políticas. Conviene tener presente que este concepto ha sido de singular utilidad para ampliar nuestro conocimiento del contexto cultural del problema del desarrollo, e identificar los obstáculos a la reforma institucional. Pero no resulta tan claro cómo generar capital social en sociedades donde éste no existe. Esto por cierto es comprensible: el capital social entendido como las normas y valores que promueven la cooperación se origina con frecuencia en fenómenos como la religión, la experiencia histórica compartida y otras tradiciones culturales muy arraigadas que sólo pueden configurarse con gran dificultad.

La situación más difícil de abordar desde el punto de vista de las políticas son aquellas sociedades que carecen por completo de confianza social, las que lamentablemente no son pocas en el mundo de hoy. En algunos casos, como Colombia, la desconfianza es el resultado del conflicto y quiebre social. En el ex mundo comunista, el marxismo-leninismo se centró deliberadamente en tratar de minar la sociedad civil y atomizar a los individuos, de manera que no es de extrañar que el vacío de un Estado colapsado haya sido llenado por la desconfianza y el cinismo. En otras áreas como los Balcanes, el Oriente medio y muchas partes del África subsahariana, el capital social ha sido minado por la explosión de conflictos étnicos y sectarios en la última década.

En estos casos, el fracaso económico tiene claras raíces culturales y sería extremadamente ingenuo suponer que un conjunto relativamente sencillo de intervenciones de política económica, o incluso los esfuerzos destinados a la formación y reforma institucional puedan revertir hábitos y modos de pensar profundamente arraigados. Prácticamente, no hay nada que un organismo financiero externo o un gobierno puedan hacer para

---

[5]   Véase también la crítica a Putnam (y la aseveración de que obtuvo el coeficiente de signo errado) en Ladd, 1999.

mitigar las dimensiones **culturales** del problema. De hecho, es erróneo y engañoso pretender que puedan intentarlo siquiera.

En tales casos, el único enfoque posible para crear capital social en toda la sociedad es fortalecer políticamente el imperio de la ley y las instituciones estatales fundamentales en que se apoya, que es algo que todo aquel que quiera promover el desarrollo debe procurar hacer en cualquier caso. El problema que encaran la mayoría de las sociedades con bajo nivel de confianza no es la carencia absoluta de capital social, sino más bien el hecho de que el radio de confianza promedio de los grupos cooperativos tiende a ser reducido. La clase de familismo ya señalado que caracteriza al grueso de América Latina y a aquellas partes de Asia con presencia china, es una manifestación de ello; también lo es el etnonacionalismo de los Balcanes. Lo que se necesita en estas circunstancias es incrementar el radio de confianza de los individuos de los diversos grupitos aislacionistas que comprenden estas sociedades, y posibilitar la apertura de relaciones de cooperación en la economía y la política entre grupos que tradicionalmente han tenido poco que ver entre sí.

El imperio uniforme y transparente de la ley fue la manera como las sociedades en vías de modernización de Occidente ampliaron históricamente el radio de confianza e hicieron posible la cooperación entre extraños. Nadie se ofrecerá de voluntario para trabajar en una organización vecinal si la policía no puede garantizar ahí la seguridad pública; nadie confiará en el gobierno si los funcionarios públicos son inmunes a la acción judicial; nadie suscribirá un contrato comercial con un extraño si no existe una legislación sobre delitos civiles y contratos válidos.

Si nos remontamos en la historia a cómo sucedió esto en países como el Reino Unido y los Países Bajos, vemos que los vínculos causales entre cultura e instituciones eran realmente bastante complicados. No se trata simplemente de que estas sociedades decidieran un día crear instituciones legales modernas; estas instituciones ya estaban arraigadas culturalmente en tradiciones como el derecho romano y el derecho consuetudinario, y como explicaba Max Weber, surgieron también del ímpetu religioso protestante de romper las cadenas de la parentela o familia (Weber, 1951). Una vez establecidas, las instituciones formales reforzaron entonces las tendencias culturales hacia un mayor radio de confianza. Sean cuales fueren las complejidades de su evolución histórica, sabemos ahora que tales instituciones formales deberían asemejarse, y su construcción y reforma es un proyecto que se entiende bien conceptualmente (aunque es difícil de ejecutar en la práctica). La puesta en funcionamiento de tales instituciones es la única forma que conozco de generar un radio más amplio de confianza a nivel agregado en toda la sociedad.

El camino más realista para crear capital social mediante la aplicación de políticas no pasa por el nivel macro, sino por los niveles micro. Tanto en las aldeas como en las burocracias, las empresas o los departamentos, se observan muchos casos en que las organizaciones crean capital social en forma intencionada. El área de las microfinanzas es un ejemplo de una de las instancias más exitosas de creación y aprovechamiento del capital social.

Todos los tipos de financiamiento constituyen un servicio basado en la información, en que el crédito se asigna a los prestatarios sobre la base de criterios como la confiabilidad, las garantías y la evaluación de las perspectivas del negocio. El problema del financiamiento en los países pobres es que la asignación de créditos se ve facilitada por las economías de escala. La verificación de los requisitos para obtener un crédito con la debida diligencia toma tanto tiempo cuando se trata de una gran empresa, con una amplia trayectoria pública, como en el caso de una familia pobre, carente de antecedentes en esta materia. En el cobro de las obligaciones crediticias se observan problemas similares. Aun si una familia pobre merece recibir un crédito y tiene la capacidad necesaria para pagarlo, los prestadores no dispondrán de los recursos adecuados a fin de reunir la información requerida para que el otorgamiento del crédito valga la pena.

Este es un aspecto en que el capital social desempeña un papel importante, pues las redes sociales tienen una capacidad excelente para difundir, precisamente, información sobre quién es suficientemente confiable como para recibir el crédito y quién no. En los últimos años, buena parte del microfinanciamiento se ha destinado a las mujeres que, en muchas sociedades, son soslayadas por la estructura jurídica formal y carecen de acceso a las mismas instituciones crediticias que los hombres. Sin embargo, las redes de mujeres poseen capital social, y el microfinanciamiento aprovecha dichas redes con el objeto de obtener la información necesaria para adoptar las decisiones correspondientes. Muchos de los que no pertenecen a las organizaciones de microfinanciamiento también ayudan a sus clientes a crear lo que, de hecho, son asociaciones crediticias autorrenovables, que pueden conceder y cobrar créditos y de esta manera crear capital social.

En el ámbito de la organización, la creación de capital social no es tan diferente de la creación de capital humano: esto se consigue mediante la educación, y por lo tanto, exige inversiones en capacitación y una infraestructura institucional donde pueda impartirse. A diferencia del capital humano convencional, que entraña la transmisión de ciertas aptitudes y conocimientos específicos, el capital social exige inculcar normas y valores compartidos, y esto suele conseguirse mediante el hábito, la experiencia compartida y el ejemplo de liderazgo. Cabe recordar que la educación convencional suele producir capital social como un subproducto —por ejemplo, cuando se imparten a ingenieros o contadores normas profesionales compartidas—, pero las organizaciones pueden tratar de producir capital social como producto primario.

Lo que esto supone cuando se aplica en el contexto del desarrollo resulta complejo. No es suficiente ir a una aldea, tomar nota de la existencia de redes, etiquetarlas de capital social y dictaminar que es algo bueno. En realidad, casi todos los países en desarrollo poseen una abundancia de capital social en la forma de grupos de parentesco o grupos sociales tradicionales como linajes, tribus, cofradías o asociaciones comunales. Lo que les falta son organizaciones más modernas de amplio radio, que traspasen las fronteras tradicionales étnicas, de clase o de condición social y sirvan de base para las organizaciones políticas y económicas modernas. Mirados desde esta perspectiva, muchos grupos tradicionales que encarnan una forma de capital social pueden de hecho ser obstáculos para el desarrollo, porque son demasiado aislacionistas o resistentes al cambio. De modo que lo que a menudo se necesita es cierta destrucción creativa del capital social, y la ampliación gradual del radio de confianza de parte de las organizaciones más modernas.

5.   Aspectos futuros

Esta Conferencia marca otro adelanto en la evolución del capital social desde un concepto académico a un objetivo normativo práctico, y esperamos con ansias conocer las experiencias de los diversos profesionales que han procurado usar el concepto y formar capital social en el terreno. A nuestro juicio, hay al menos cinco áreas importantes donde los nuevos adelantos serían bien recibidos.

En primer lugar, necesitamos más información compartida sobre los casos en que el capital social ha sido creado con éxito, y donde no lo ha sido. Hay muchos países en desarrollo que han experimentado de hecho lo que Lester Salamon ha denominado una "revolución asociativa", en que las ONG modernas complementan y en algunos casos reemplazan a los grupos sociales tradicionales (Salamon, 1994). Por otra parte, hay otros casos en que los organismos de financiamiento externo han procurado estimular la sociedad civil, y sólo han creado un grupúsculo de personas que se tornaron adeptas a dirigir solicitudes de donación a las fundaciones y organismos de ayuda occidentales. En otras palabras, la sociedad civil "prende" en algunas sociedades con mayor facilidad que en otras, y necesitamos conocer mejor las condiciones ambientales que fomentan este crecimiento.

Segundo, también necesitamos conocer mejor las condiciones formales legales-institucionales para promover el capital social. Como dije antes, la promoción del capital social a nivel macro o agregado se superpone notoriamente con la agenda existente de implementar el imperio de la ley. Pero existen varias cuestiones de política que se relacionan concretamente con la promoción del capital social. Por ejemplo, muchos países carecen de leyes que prescriban normas de rendición de cuentas para el sector de las ONG, tales como requisitos de auditoría y transparencia. En algunos países, las organizaciones o grupos delictivos que promueven el fraude han conseguido hacerse pasar por las ONG, minando la legitimidad del sector de estas organizaciones en su conjunto. Este es un problema que tiene una solución relativamente directa.

Tercero, también tenemos que examinar con mayor detalle la cuestión del capital social y la corrupción política. El problema de la corrupción ha recibido una extraordinaria atención en los últimos años, y varios países como Argentina y Perú han tomado medidas valientes para que los líderes políticos tengan que rendir cuentas. El grueso de la investigación destinada a combatir la corrupción se ha centrado en soluciones institucionales y reformas administrativas. Pero como ya se señaló, la corrupción tiene un componente cultural importante. Muchos funcionarios corruptos no persiguen transgredir las normas sociales; más bien, las normas de su sociedad les exigen ayudar a la familia y amigos **antes** de velar por el interés público general. El nepotismo es en muchos sentidos uno de los impulsos humanos más naturales. Por lo tanto, tenemos que estudiar detenidamente una agenda más amplia de cambio cultural, que debe abordarse mediante la educación, la capacitación y el refuerzo de las normas.

Cuarto, necesitamos conocer mejor la relación entre capital social y cambio cultural. Una de las revoluciones culturales más grandes que ocurre actualmente es también una de las menos reconocidas: no es el fundamentalismo islámico, sino más bien la expansión del protestantismo evangélico, sobre todo en América Latina. Aunque ésta es naturalmente una cuestión delicada desde el punto de vista político, también entraña grandes implicaciones para América Latina. Según lo expresado por el prominente sociólogo Peter Berger, "Max Weber está vivo y reside en América Latina".

La última área en que necesitamos tener mayor claridad en el futuro se refiere a la intersección entre capital social, democracia y reforma económica. Ya he señalado que el capital social era decisivo para el éxito de la democracia, y que la democracia era un componente inevitable de la vida política para la mayoría de los países en desarrollo. Sin embargo, esto no significa que estas diferentes dimensiones de la vida social vayan a calzar siempre a la perfección o que sirvan necesariamente para apuntalarse recíprocamente. La reforma económica es a menudo políticamente dolorosa, y puede ocurrir que una sociedad con una sociedad civil más fuerte y grupos de interés más desarrollados resista las reformas necesarias con mayor eficacia que otra atomizada. Este no es un argumento para revivir la transición autoritaria pues, como ya se ha señalado, la democracia debe considerarse como algo bueno en sí y un factor concomitante del desarrollo. Sin embargo, sí significa que necesitamos estudiar detenidamente qué clase de instituciones democráticas son las más adecuadas para tomar opciones de política duras. Hay algunas materias importantes de diseño institucional en las democracias, como son las normas electorales, la opción entre sistemas presidencial o parlamentario, la independencia de las burocracias, la reforma del financiamiento de las campañas, y otras similares que pueden servir para minimizar las disfunciones potenciales de la política democrática y maximizar su legitimidad.

Este es sólo un listado preliminar de temas que requieren de mayor estudio, reflexión, investigación, y sobre todo, de medidas prácticas. Estoy seguro de que también es bastante incompleta, y espero que los resultados de esta Conferencia nos ofrezcan nuevas orientaciones para conocer y cultivar el capital social.

Bibliografía

Banfield, Edward C. (1958), *The Moral Basis of a Backward Society*, Glencoe, Illinois, Free Press.

Coleman, James (1990), "Social capital", Foundations of Social Theory, James Coleman (comp.), Cambridge, Massachusetts, The Belknap Press of Harvard University Press.

Dasgupta, Partha (2000), "Economic Progress and the Idea of Social Capital", *Social Capital: A Multifaceted Perspective*, Ismail Serageldin y Partha Dasgupta (comps.), Washington, D.C., Banco Mundial.

Fukuyama, Francis (2001), "Social capital, civil society, and development", *Third World Quarterly*, vol. 22.

___(1999), *The Great Disruption: Human Nature and the Reconstitution of Social Order*, Nueva York, Free Press.

___(1995), *Trust: The Social Virtues and the Creation of Prosperity*, Nueva York, Free Press.

Fukuyama, Francis y Sanjay Marwah (2000), "Comparing East Asia and Latin America: dimensions of development", *Journal of Democracy*, vol. 11, N° 4, octubre.

Gellner, Ernest (1994), *Conditions of Liberty: Civil Society and Its Rivals*, Londres, Hamish Hamilton.

Ladd, Everett C. (1999), *Silent Revolution: The Reinvention of Civic America*, Nueva York, Free Press.

Putnam, Robert (2000), *Bowling Alone: The Collapse and Revival of American Community*, Nueva York, Simon and Schuster.

Rauch, Jonathan (1994), *Demosclerosis: The Silent Killer of American Government*, Nueva York, Times Books.

Salamon, Lester M.(1994), "The rise of the nonprofit sector", *Foreign Affairs*, vol. 73.

Sen, Amartya K. (1999), *Development as Freedom*, Nueva York, Knopf.

Serageldin, Ismail y Partha Dasgupta (2000), *Social Capital: A Multifaceted Perspective*, Washington, D.C., Banco Mundial.

Solow, Robert (2000), "Notes on social capital and economic performance", *Social Capital: A Multifaceted Perspective*, Ismail Serageldin y Partha Dasgupta (comps.), Washington, D.C., Banco Mundial.

Weber, Max (1951), *The Religion of China*, Nueva York, Free Press.

Wrong, Dennis (1961), "The oversocialized conception of man in modern sociology", *American Sociological Review*, vol. 26.

Segunda parte

Capital social y pobreza: el marco analítico

Capítulo III

El capital social y la reducción de la pobreza: hacia un paradigma maduro[1]

*Lindon J. Robison**

*Marcelo E. Siles***

*A. Allan Schmid****

Ningún hombre es una isla en sí mismo, cada hombre es parte del todo... La muerte (y la pobreza) de cualquier hombre me afecta, porque soy parte de la humanidad; por eso, nunca preguntes por quién doblan las campanas; lo hacen por ti (John Donne, poeta inglés, 1573–1631).

*   Lindon J. Robison, Codirector Iniciativa de Capital Social, Profesor del Departamento de Economía Agrícola, Universidad del Estado de Michigan, robison@pilot.msu.edu.
** Marcelo Siles, Codirector Iniciativa de Capital Social en el Centro de Estudios Avanzados para el Desarrollo Internacional, Profesor del Centro de Estudios Integrados de Ciencias Sociales, Universidad del Estado de Michigan, siles@pilot.msu.edu.
*** Profesor del Departamento de Economía Agraria, Universidad del Estado de Michigan, schmid@msu.edu.
[1] Agradecemos a Amy Damon y Kelley Cormier por sus útiles comentarios.

Introducción

El presente documento tiene por objeto: i) presentar el paradigma del capital social; ii) ofrecer pruebas acerca del importante papel que éste desempeña en la reducción de la pobreza, y iii) proponer varias políticas para generar capital social y utilizarlo en la reducción de la pobreza.

El paradigma del capital social comprende al propio capital social, las redes, los bienes socioemocionales, los valores afectivos, las instituciones y el poder. El capital social es la solidaridad que una persona o un grupo siente por los demás. Se basa en relaciones de solidaridad que pueden describirse mediante el uso de redes.

Hay algunas razones que conducen a valorar el capital social. En primer término, éste puede producir beneficios ecónomicos y, si no es tomado en cuenta, perjuicios económicos. En segundo lugar, puede utilizarse para producir bienes socioemocionales que contribuyan al bienestar socioeconómico de un país. En algunos casos, los bienes socioemocionales están incorporados (embedded) a determinados objetos. Cuando ello sucede, el significado y el valor de esos objetos se modifica. El cambio en el valor de un objeto, como resultado de los bienes socioemocionales incorporados en él, representa el valor afectivo de ese objeto.

Las personas intercambian bienes tanto materiales como socioemocionales. Las instituciones son las normas que ordenan y dan significado a esos intercambios. Las instituciones que tienen un mayor valor afectivo tienden a ser más respetadas que aquellas cuyo cumplimiento depende de incentivos o amenazas de índole económica. Por último, el poder, que es la capacidad de ejercer influencia sobre los demás, depende de los recursos de cada uno, incluido el propio capital social.

En la mayoría de las transacciones personalizadas, las partes intercambian bienes socioemocionales y bienes y servicios materiales. Las cantidades relativas de bienes socioemocionales y de bienes y servicios materiales que se intercambian, cuando se miden en unidades físicas, modifican los niveles y los términos de dicho intercambio. Puesto que la capacidad de una persona de incluir bienes socioemocionales en los intercambios de bienes y servicios materiales depende del capital social que ésta posea, el capital social de la otra parte en la transacción influirá en los términos y niveles de ese intercambio. Quienes posean un gran volumen de capital social estarán en una situación más ventajosa que quienes carezcan de él, ya que podrán intercambiar tanto bienes socioemocionales como bienes y servicios materiales. Además, dado que el capital social altera los términos y niveles del intercambio, y éstos a su vez influyen en la distribución de los ingresos resultantes de dicho intercambio, el capital social también ejerce una influencia importante en la distribución del ingreso de los hogares y la pobreza. Existen algunos elementos de prueba que sugieren la existencia de un vínculo entre la distribución del capital social en las redes y la distribución del ingreso de los hogares.

Quienes proporcionan capital social internalizan los cambios que se producen en el bienestar de las personas que reciben su solidaridad. En consecuencia, quienes poseen capital social tienen la posibilidad de recibir un trato preferencial, incluida la oportunidad de hacer intercambios en condiciones favorables, recibir obsequios, reducir el costo de sus transacciones y evitar ser víctimas de medidas oportunistas.

A medida que aumenta el capital social de una persona, su solidaridad e interés por los demás también crece y puede producir los efectos siguientes. En primer lugar, esa persona puede estar más dispuesta a invertir en bienes con un alto costo de exclusión (a veces también llamados bienes públicos). Toda sociedad debe incurrir en algún gasto para proporcionar a sus ciudadanos determinados bienes y servicios que están a disposición de todos y que sería muy costoso excluir del uso de cualquier persona. Esos bienes pueden ser la educación, la vigilancia del cumplimiento de la ley, algunos servicios de salud y transporte, saneamiento, higiene de los alimentos, defensa, y protección ambiental. En un país rico en capital social, donde los ingresos sean relativamente similares y los ciudadanos se interesen por el bienestar de los demás, los costos y beneficios de los bienes públicos se distribuirán de manera más homogénea que en aquellos países donde el capital social se encuentra más concentrado.

En los países que presentan altos niveles de desigualdad y pobreza, los costos de los bienes públicos a menudo se concentran, mientras que sus beneficios se dispersan. Con frecuencia, esta situación conduce a los países con elevados niveles de pobreza a invertir de manera insuficiente en bienes públicos, e impulsa a los más privilegiados a sustituir los bienes públicos por privados. Por ejemplo, ante la falta de protección pública, las personas adineradas contratan guardias privados; consumen agua embotellada para suplir la falta de una red de abastecimiento de agua potable; recurren a escuelas privadas y preceptores en lugar de utilizar las escuelas públicas; usan vehículos de doble tracción para compensar la falta de rutas adecuadas; asimismo, las carreteras llenas de basura y las corrientes de agua contaminadas son el resultado de la inexistencia de un servicio público de salubridad.

A medida que aumenta el capital social colectivo de un país, sus instituciones gozan de una mayor aceptación general y mejora la capacidad de negociación e intercambio. Por el contrario, en los países que tienen redes limitadas y desconectadas de capital social, las instituciones formales que suelen existir son reemplazadas por instituciones informales que dependen de relaciones personalizadas, y cuyas posibilidades de intercambio son más reducidas. Es más, la dependencia de las instituciones informales a menudo genera corrupción y da lugar a una distribución desigual de los beneficios. Ante la falta total de instituciones formales, se produce el colapso del intercambio organizado.

La teoría del capital social sugiere que, a medida que aumenta el capital social dentro de las redes de participantes en las transacciones, la disparidad de beneficios se reduce y se eleva el nivel medio de beneficios. Esta relación inversa entre la disparidad de ingresos y el promedio de ellos es en parte el resultado de los términos de intercambio en las redes ricas en capital social, que favorecen a los menos privilegiados y reducen la disparidad; de un mayor volumen de inversiones en bienes públicos, que ofrecen oportunidades con independencia del ingreso individual; y de las reglas sociales que aplican quienes comparten el capital social, las que permiten una mayor igualdad de oportunidades.

Hemos participado en estudios realizados en estados y comunidades de los Estados Unidos, en los que se ha confirmado la conclusión general de que existe una relación inversa entre el nivel medio de ingresos y la disparidad de éstos (Robison y Siles, 1999; Robison y otros, 2000). Otros autores han llegado a resultados similares en estudios internacionales. A medida que se eleva el promedio de ingresos, los niveles de pobreza disminuyen (Deininger y Squire, 1997; Banco Mundial, 2001). La enseñanza importante que han dejado estos estudios es que el aumento del ingreso medio y la reducción de los niveles de desigualdad y pobreza son metas complementarias y no excluyentes, que exigen prestar atención a las políticas económicas y a las oportunidades de inversión en capital social.

Si bien resulta claro que el capital social influye en la pobreza, es igualmente evidente que la pobreza influye en las inversiones en capital social. Algunos estudiosos del capital social han sugerido que éste consiste en lo que se invierte mientras se desarrolla una actividad diferente. Si así fuera, la pobreza influiría en la formación e inversión de capital social. Las transacciones en que se puede adquirir capital social a menudo dependen de la disponibilidad de recursos que pueden ser objeto de intercambio. Si los pobres carecen de esos recursos, no podrán participar en muchos intercambios y, por lo tanto, no adquirirán recursos de capital social ni recibirán los beneficios derivados del intercambio de bienes y servicios materiales. Como ejemplos de actividades de las que los pobres pueden verse excluidos, cabe citar las oportunidades de asistir a escuelas privadas, a eventos sociales para los que se requiere un alto nivel socioeconómico, a clubes exclusivos y reuniones políticas y, en algunos casos, a ceremonias religiosas.

La idea central de este documento es que existe una interdependencia entre los esfuerzos dirigidos a reducir la pobreza y la desigualdad, y las iniciativas de inversión en capital social. Los esfuerzos de reducción de la pobreza ejercen una influencia positiva en el capital social de un país, porque disminuyen la segregación. Además, las iniciativas de inversión en capital social, que conectan a personas anteriormente desvinculadas, tienden a aminorar la desigualdad de ingresos y la pobreza que contribuyen a esa segregación.

¿A qué se debe este énfasis en el capital social y la pobreza?

Hay dos razones para destacar la relación existente entre el capital social y la pobreza. En primer lugar, el capital social es un recurso importante que, correctamente administrado, puede utilizarse para reducir la pobreza. En algunos casos, las iniciativas de desarrollo han pasado por alto el papel que desempeña el capital social y, en consecuencia, se cree que han tenido un éxito menor que el que podrían haber logrado. Se reconoce que existen otras formas de capital que son necesarias para la reducción de la pobreza; sin embargo, en las últimas décadas se ha aprendido que la productividad de las formas física, financiera, humana y natural del capital depende del capital social. En segundo lugar, el capital social es un recurso importante que contribuye al bienestar socioemocional de un país. Cuando no existe un volumen suficiente de capital social, los pobres suelen carecer de bienes socioemocionales. Cuando los pobres tienen la oportunidad de expresarse, describen como una de sus mayores carencias la falta de capital social, del que derivan los bienes socioemocionales. Los investigadores del Banco Mundial observaron en Egipto que "[la pobreza] lleva a los pobres a excluirse a sí mismos de las redes sociales que los rodean. ... Mantener cualquier relación cuesta dinero ... Quienes sufren privaciones o se encuentran excluidos no tienen los medios materiales para vivir junto al resto de la población" (Narayan y otros, 2000, p. 137).

La necesidad de centrar la atención en el capital social como un recurso capaz de mitigar la pobreza quizás pueda ilustrarse mejor con una analogía. El movimiento de los planetas está sujeto a la influencia de la ubicación y la masa de los demás cuerpos celestes. En el pasado, cuando no fue posible predecir el movimiento de un planeta, ello se debió a la influencia de un cuerpo celeste no observado hasta entonces. Por ejemplo, el planeta Urano fue descubierto en 1781 por William Herschel.[2] Posteriormente, se observó que la trayectoria orbital de Urano era diferente a la que se había previsto.

---

[2]   Para más información, véase: http://www.solarviews.com/eng/uranus.htm.

Esto condujo a los científicos a descubrir el planeta Neptuno. Como constataron los científicos, Neptuno ejercía sobre Urano un efecto no observado hasta entonces. Creemos que las políticas de desarrollo y las teorías sobre la reducción de la pobreza a menudo han tenido un éxito menor al esperado porque no han reconocido la influencia del capital social.

Preguntas que se plantean en este trabajo

La sugerencia de que el capital social desempeña un papel importante en la reducción de la pobreza hace surgir varias preguntas, entre ellas las siguientes:

- ¿Qué es el capital social, si es realmente una forma de capital?

- ¿Qué es el paradigma del capital social?

- ¿Quiénes son los pobres, y qué relación existe entre su situación y el capital social?

- ¿Qué pruebas existen de que el capital social puede ser utilizado para reducir la pobreza?

- ¿Qué políticas propone el paradigma del capital social?

El resto del presente documento se ha organizado sobre la base de esta lista de preguntas. Cada una de las secciones principales del documento lleva como título una de esas preguntas, y en el texto de cada sección figuran nuestras respuestas a ellas.

A.   ¿Qué es el capital social, si es realmente una forma de capital?

Hanifan fue uno de los primeros en utilizar el término "capital social" en círculos académicos, en 1916. Más recientemente, varios estudiosos han contribuido a popularizar el término y el concepto, entre ellos Bourdieu (1985), Coleman (1988), Fukuyama (1995), Narayan y Pritchett (1997), Portes (1998), Putnam (1995) y Woolcock (1998). Incluso antes de que estos académicos escribieran sobre el capital social, el concepto era conocido por muchos científicos sociales, aunque lo hayan llamado de otro modo. Para muchos, el capital social es como un vino añejo en una botella nueva: un viejo concepto con un nuevo nombre. Lo que ahora resulta diferente es que muchos científicos sociales y analistas reconocen el interés que comparten por el capital social y hablan del tema entre ellos. Esta Conferencia es un ejemplo del interés que despierta el capital social en personas de distinta formación.

El diálogo entre científicos y profesionales de distintas disciplinas y esferas problemáticas sobre sus respectivas aplicaciones e interpretaciones del capital social ha dado lugar al surgimiento de un paradigma más rico y útil. Esta mayor utilidad del paradigma del capital social se ha reflejado en su aplicación a temas tan diversos como el rendimiento escolar, la atención de la salud, la reducción de la delincuencia, la inversión en bienes públicos, la retención de clientes, la publicidad, el desarrollo comunitario, el crecimiento económico y la disminución de la pobreza.

Una de las consecuencias predecibles del hecho de que científicos y profesionales sociales de diversas orientaciones compartan un paradigma común es el surgimiento de distintas definiciones del capital social (Portes, 1998; Woolcock, 1998). No obstante, estas definiciones son lo suficientemente similares como para permitir el diálogo acerca del paradigma del capital social y su aplicación, sobre la base de una interpretación común. La presentación del paradigma del capital social en este documento tiene por objeto proporcionar un vocabulario común sobre los conceptos del capital social, que contribuirá a los esfuerzos de comunicación entre distintas disciplinas y orientaciones prácticas.

Los principales conflictos que se plantean entre las diversas definiciones de capital social son los siguientes:

- Lo que algunos denominan capital social, es lo que otros consideran manifestaciones o productos del capital social.

- Hay quienes estiman que el capital social es un concepto micro. Otros piensan que se trata de un concepto macro.

- Algunos equiparan el capital social a conceptos como las instituciones, las normas y las redes, mientras que otros prefieren identificar estos conceptos en forma separada como elementos del paradigma del capital social.

- En sus definiciones del capital social, hay quienes lo ubican en unidades tales como la sociedad civil, las comunidades y las familias. Otros sostienen que no corresponde hacer referencia a esa ubicación en la definición del capital social.

Nosotros definimos el capital social como los sentimientos de solidaridad de una persona o un grupo por otra persona o grupo. Esos sentimientos pueden abarcar la admiración, el interés, la preocupación, la empatía, la consideración, el respeto, el sentido de obligación, o la confianza respecto de otra persona o grupo.

Nuestra definición equipara el capital social a la solidaridad porque ésta es el recurso esencial necesario para las transacciones interpersonales y el poder social. Según Sally (2000), "Si por capital social entendemos aquellos activos arraigados y valorados en la interacción social, entonces la solidaridad es, también en este caso, el proceso personal esencial…" (pág. 575). Cooley (1902) sostenía que la solidaridad era un requisito del poder social, que sin ella el hombre era un mero animal, sin contacto real con la vida humana; y que al no tener ese contacto con la vida humana, no podía ejercer poder alguno sobre ella (citado por Sally, 2000, p. 107).[3]

David Hume (1740) describió la importancia de la solidaridad en su *Tratado de la naturaleza humana:*

"Las mentes de todos los hombres son similares en sus sentimientos y funcionamiento; ninguno de ellos puede reaccionar ante un afecto frente al que los demás no sean susceptibles en alguna medida. Al igual que las cuerdas de un instrumento que se tensan de la misma forma, el movimiento de uno se comunica a los demás; de una persona a otra, provocando movimientos similares en todas las criaturas humanas" (p. 576).

Sally (2002) cita a varios autores en apoyo del argumento de que la solidaridad amplía el interés personal. Por ejemplo, la solidaridad crea relaciones en las que el interés personal "es indivisible" (Merleau-Ponty, 1969), "se fusiona" (Davis y otros, 1996) o "se superpone" (Aron, Aron y Smollan, 1992). Cooley (1902) escribió: "Aquel por el que no siento antipatía se convierte en mi hermano. Si consideramos que debemos ayudar a otro, es porque ese otro vive y lucha en nuestra imaginación, y por ello es parte de nosotros mismos. … Si pienso en alguien que padece una injusticia, no es el "altruismo" lo que me hace desear corregir esa injusticia, sino un simple impulso humano" (citado por Sally, 2000, p. 115).

Edgeworth (1881) fue el primer economista en postular una función de utilidad específica que incorporaba la solidaridad. Propuso que los agentes maximizaran su propia utilidad sumándola a la utilidad de otra persona, ponderada en función de un coeficiente de solidaridad.[4] El coeficiente de solidaridad refleja el grado de "superposición" entre el **yo** ampliado y la otra persona. Sally (2000) utilizó esta función de utilidad lineal para analizar el juego del "Dilema del prisionero" cuando había solidaridad entre los jugadores. Existen otras aplicaciones del modelo en economía propuestas por Becker (1974), Bruce y Waldman (1990), Montgomery (1991), Rotemberg (1994), Robison y Hanson (1995), y Robison, Myers y Siles (2002).

---

[3] El análisis enciclopédico y las aplicaciones de la solidaridad propuestas por Sally (2000, 2001, 2002) constituyen la base de la mayor parte del resto de este documento, y muchas de las referencias a la solidaridad han sido extraídas de sus trabajos.

[4] Collard (1975) desarrolla este principio.

Adam Smith (1759) definió la solidaridad como "nuestra compañía en el sentimiento de cualquier pasión", que surge de "ponerse en el lugar del que sufre" (p. 6), y sugirió una base para determinar el coeficiente de solidaridad, o lo que algunos hoy denominamos "coeficiente de capital social". Smith consideraba que la solidaridad disminuía dentro de la familia extendida en la misma medida en que se iban diluyendo los lazos de sangre. Decía que estamos más inclinados a solidarizar con nuestros amigos que con nuestros conocidos, y más con los conocidos que con los extraños. Hume (1740) tenía en mente una ecuación similar cuando opinó que "Solidarizamos más con las personas que están cerca de nosotros que con las que están lejos; más con nuestros conocidos que con los extraños; más con nuestros compatriotas que con los extranjeros" (p. 581).

Con respecto a la ubicuidad de la solidaridad, Sally (2000) resumió:

"[La] inclinación a identificarse con otros está arraigada en nuestra naturaleza social, y en la medida en que nos sentimos impulsados a tener éxito dentro de una estructura social, la motivación para ser solidarios se acrecienta. Tenemos la capacidad de captar y predecir los pensamientos y sentimientos de la gente (o por lo menos de generar la creencia de que lo hacemos), no sólo porque la coherencia esencial de la constitución humana determina que situaciones y estímulos similares provoquen las mismas reacciones internas (las cuerdas de Hume), sino además porque nuestros pensamientos y sentimientos están interconectados mediante señales visibles y comprensibles... Finalmente, como veremos más adelante, la creencia de que podemos leer la mente de los demás y dejar que lean la nuestra puede ser una forma de realización personal, especialmente dentro del orden de la interacción. En suma, la solidaridad es tan inseparable de la interacción social y la percepción personal como la vista lo es de la percepción visual" (p. 572).

El capital social ha sido criticado por quienes sostienen que no es realmente una forma de capital, porque no tiene una definición única que sea aceptada por todos los científicos y profesionales, y porque no puede ser medido (Arrow, 1999; Solow, 1999). Sin embargo, estas críticas son las mismas que pueden aplicarse a todas las demás formas de capital. Por ejemplo, no existe una única definición aceptada del capital físico, del mismo modo que no la hay del capital social. Por último, se ha descubierto que medir el potencial de servicio del capital social no es más difícil que medir el potencial de servicio de formas de capital físico tan diversas como los automóviles, las casas, las fábricas y los artículos personales.

Se considera que el capital social es una forma de capital porque reúne los requisitos que, en opinión de la mayoría, debe reunir el capital para ser tal. El capital social tiene el potencial de brindar servicios y, aun así, mantener su identidad (le podemos pedir un favor a un amigo y, aun así, conservar su amistad). El capital social se diferencia de los servicios que presta (distinguimos los sentimientos de solidaridad de un amigo de los favores que éste nos puede hacer). El capital social es duradero (podemos tener amigos por largos períodos de tiempo y, a veces, durante toda la vida). La mayoría considera que los servicios que puede prestar el capital social son valiosos (valoramos las muestras de aprobación e interés que intercambian los amigos, y estamos dispuestos a realizar los mayores esfuerzos para conservarlos). El capital social es flexible (consideramos que los servicios de nuestros amigos son valiosos en distintas situaciones). El capital social es parcialmente fungible (podemos pedir a un amigo que ayude a otro amigo nuestro a quien no conoce).[5] Por último, el capital social a veces sustituye o complementa otras formas de capital (nuestros amigos pueden ayudarnos a mejorar los servicios que obtenemos de otras formas de capital). Hay muchos que vinculan el potencial de servicio del capital físico con su precio. En algunos casos hemos llegado a tener una idea del potencial de servicio del capital social observando su precio. Por ejemplo, el valor del capital social de cada persona podría deducirse en función de la diferencia que existe entre el precio que un vendedor propondría cobrarle a un amigo por un bien, y el precio que le cobraría a un extraño por ese mismo bien (Robison, Myers y Siles, 2002).

En esencia, el capital social es un concepto de capital bien fundamentado, que tiene todo el derecho de ocupar un sitial de honor junto a las demás formas de capital, como el capital físico, el financiero, el humano, el cultural y el natural (Robison, Schmid y Siles, 2002).

Una interrogante que se plantea en relación con el capital social es cuál es su origen. Consideramos que el capital social se origina en rasgos comunes denominados puntos de coincidencia (*kernels of commonality*). Estos rasgos pueden ser adquiridos o heredados, y creemos que son necesarios para el desarrollo del capital social. Son ejemplos de puntos de coincidencia heredados el sexo, la edad, la genealogía, la nacionalidad, la lengua materna

---

[5]   El capital social es parcialmente fungible, porque para proporcionar bienes socioemocionales en general se requiere un capital social personalizado. Un amigo de un amigo puede darnos acceso a bienes y servicios materiales en condiciones preferenciales para complacer a nuestro amigo en común. Sin embargo, ese mismo amigo de nuestro amigo probablemente no podrá darnos bienes socioemocionales, porque éstos requieren de una relación personalizada que en este caso no existe. De manera similar, el capital humano solamente es fungible en parte, debido a que no permitimos la esclavitud o la servidumbre involuntaria.

y las características físicas, para nombrar unos pocos. Como ejemplos de puntos de coincidencia adquiridos pueden mencionarse la educación; los objetos adquiridos; la pertenencia a clubes, organizaciones cívicas y equipos deportivos; los pasatiempos; los lugares de visita y las opiniones políticas y económicas.[6]

El capital social puede existir en forma latente en personas que tienen puntos de coincidencia entre sí, pero que aún no los han descubierto. Para que el capital social latente se convierta en capital social activo debe haber interacciones que permitan descubrir los puntos de coincidencia. Hay otros casos en que el capital social puede crearse durante el proceso de formación de los rasgos comunes adquiridos. Por ejemplo, puede haber estudiantes de muy diversos orígenes que asisten a la universidad y que, al compartir experiencias, crean puntos de coincidencia adquiridos que se convierten en la base de su capital social.

La definición de capital social que se propone en este documento sugiere que existen diversas clases e intensidades de relaciones de solidaridad. Por ejemplo, hay un tipo de capital social que se basa en el afecto y la preocupación por el otro. Existe otra clase de capital social que se basa en los sentimientos de compañerismo y buena voluntad recíproca que pueden existir entre personas de la misma condición e iguales recursos. Finalmente, hay un tipo de capital social que se basa en los sentimientos de

---

[6]   No todos los puntos de coincidencia son igualmente relevantes. La importancia de estas características comunes para la determinación del capital social depende de varios factores. El número de personas que comparten un punto de coincidencia influye en su capacidad de generar capital social. Si hay demasiadas personas que tienen la misma característica, ésta se torna menos importante porque no distingue a un grupo identificable. Un punto de coincidencia adquiere relevancia cuando la gente que lo comparte intercambia bienes socioemocionales y materiales relevantes. La importancia de los puntos de coincidencia depende del número de personas que apoyan o desaprueban ese rasgo común. Por ejemplo, recibir el Premio Nobel de Física es un hecho que despierta verdadera admiración en el mundo y hace que esa característica sea muy relevante, en parte debido a que las personas que la poseen cuentan con la aprobación de tanta gente. La importancia de los puntos de coincidencia depende de su longevidad. Los enfermos de polio padecen sus efectos a lo largo de toda su vida. Es un rasgo relevante, en parte porque sus efectos duran para siempre. Un catarro común termina en unos pocos días y no constituye un punto de coincidencia importante. El costo de compartir bienes socioemocionales con personas que tienen puntos de coincidencia influye en su relevancia para la formación de capital social. Es por ello que cuando un vecino o un amigo se muda a otro lugar, la importancia de sus características comunes suele disminuir. Algunos puntos de coincidencia se tornan relevantes como resultado de la presión para lograr una acción cooperativa. Todo equipo deportivo que desee triunfar debe desarrollar un sentido de buena voluntad; de lo contrario, sus miembros no podrán utilizar las habilidades de los demás para conseguir el mejor resultado posible para el equipo. Por lo tanto, la calidad de miembro de un equipo es un punto de coincidencia importante.

respeto o conciencia de la existencia del otro que puede haber entre personas que mantienen una relación asimétrica de poder e influencia. Para poder distinguir entre las diversas clases de capital social, las definimos como capital social de unión *(bonding social capital)*, de vinculación *(linking social capital)* y de aproximación *(bridging social capital)*.[7]

El capital social de unión (piénsese en un compromiso intenso que puede formalizarse mediante un lazo o un pacto) existe en relaciones socialmente estrechas. Generalmente se basa en puntos de coincidencia heredados o creados como resultado de compromisos para toda la vida y un contacto personal frecuente. El capital social de unión puede caracterizarse por intensos sentimientos de conexión, que pueden incluir sentimientos de preocupación, afecto e interés por el otro como los que existen entre los miembros de una familia, en las parejas comprometidas, entre las personas que han sido socios comerciales durante mucho tiempo o los miembros de una minoría oprimida.

El capital social de vinculación (piénsese en los eslabones de una cadena que tienen el mismo tamaño y resistencia y están sometidos a la misma tensión) existe en relaciones sociales medianamente estrechas y en la mayoría de los casos se basa en puntos de coincidencia adquiridos, a veces derivados de compromisos a mediano plazo. El capital social de vinculación puede caracterizarse por sentimientos moderadamente intensos de conexión, como el respeto, la confianza y el compañerismo que pueden existir entre colegas, compañeros de trabajo, personas que realizan tareas parecidas o que comparten responsabilidades similares, y los miembros de un mismo club, comunidad o equipo deportivo.

El capital social de aproximación (imaginemos un puente que conecta dos masas continentales de diferentes superficies, recursos y poblaciones) existe en las relaciones asimétricas entre personas que tienen pocos puntos de coincidencia, un contacto personal limitado y a menudo diferencias importantes en cuanto a los recursos que poseen. El capital social de aproximación puede caracterizarse por sentimientos asimétricos de conexión, como los que pueden existir entre un empleador y un empleado, un profesor y un estudiante, una persona famosa y un admirador, el gobernante de un

---

[7]   Estas definciones de unión, vinculación y aproximación no deben confundirse con las de Putnam, quien establece una distinción entre el capital social de aproximación, que genera vínculos entre grupos, y el capital social de unión, que crea vínculos intragrupos. En adelante se usará capital social de unión *(bonding)*, capital social de vínculos *(linking)* y capital social de aproximación *(bridging)*. Estos mismos términos también se usan como de lazos, escalera y puente, respectivamente.

país y un ciudadano, una autoridad política y un elector, o un estudiante y una persona notable de tiempos pasados.

La estabilidad de las inversiones en capital social que uno haga en personas de recursos similares está vinculada a la simetría de las relaciones. Si en una relación social las personas se proporcionan mutuamente diferentes niveles de capital social, la persona que recibe mayor cantidad de capital social podrá explotar esa relación. Sin embargo, esa explotación suele traer aparejada una disminución del capital social del explotador, que continuará hasta que existan niveles simétricos de capital social en la relación. Las relaciones de aproximación pueden constituir una excepción al requisito de la simetría, ya que en ellas la desigualdad de recursos sociales y materiales hace posible la persistencia de las relaciones asimétricas. Como ejemplo de relación asimétrica persistente puede mencionarse la existente entre los padres de un niño consentido y éste.[8]

Una de las razones por las que pueden existir asimetrías en las relaciones de aproximación es que a menudo las personas que presentan distintos niveles de recursos sociales y materiales pueden tener diferentes deseos de invertir en capital social. Las personas ricas en recursos podrán mostrarse reacias a incrementar el capital social que brindan a quienes están en una posición inferior en términos de recursos, porque pueden verse obligadas a hacerlo en condiciones preferenciales. En cambio, las personas que tienen menos recursos pueden querer aumentar sus inversiones de capital social en los ricos, porque al incrementar ese capital social tendrán un mayor acceso a los recursos.

Por último, y para que el análisis del tema no quede incompleto, debemos mencionar la forma negativa del capital social: los sentimientos de antipatía. La antipatía suele ser el resultado de la falta de puntos de coincidencia y crea conflictos relacionados con los resultados económicos, los valores, el poder y la información. En este documento se define el capital social negativo como la antipatía que siente una persona o un grupo por otra persona o grupo. Esa antipatía puede abarcar sentimientos de rechazo, falta de interés, hostilidad, desprecio, falta de respeto, falta de responsabilidad o desconfianza hacia otra persona o grupo.

---

[8]   Becker (1981) escribió sobre este tema en su *Tratado de la familia*, en que describe la relación entre un niño consentido y sus padres.

Son consecuencias del capital social negativo la renuencia a compartir, la falta de disposición a prestar ayuda o a participar en intercambios mutuamente beneficiosos, los actos de exclusión, el fraude, la discriminación y la guerra.[9] Mientras la solidaridad genera beneficios adicionales como consecuencia de los esfuerzos constructivos realizados para ayudar a un amigo, la antipatía siente satisfacción cuando se perjudica a un enemigo, aunque ello implique ganarse otro peor.

El capital social y los términos de intercambio

Existen pruebas cada vez más claras de que el capital social altera los términos y niveles del intercambio. Dawes, McTavish y Shaklee (1977) descubrieron que cuando a los participantes en experimentos sobre bienes públicos se les permitía hablar entre sí, cooperaban en un 72% de las veces. En cambio, cuando se les exigía que adoptaran sus decisiones en forma anónima, solamente cooperaban el 31% de las veces. Frey y Bohnet (2001) informaron que la consideración por los demás aumentaba de 12% a 78% cuando se permitía el diálogo antes de iniciar un juego del «Dilema del prisionero». De manera similar, esa actitud de consideración se elevaba de 26% a 48% cuando se permitía el diálogo antes de comenzar un juego del *"Dictador"*. Sobre la base de sus estudios, Frey y Bohnet llegaron a la conclusión de que:

> «Cuando las personas se comunican entre sí, las situaciones de conflicto se atenúan debido a que se manifiesta una mayor «consideración por el otro». Las personas tienden a actuar en forma menos egoísta y toman más en cuenta el interés de los demás participantes. En una situación como la del juego del *Dilema del prisionero,* las personas están dispuestas a contribuir al bien común actuando en forma más cooperativa y menos individualista» (p. 104).

Robison y Schmid (1991) descubrieron que sobre los automóviles usados se aplicaba un descuento de hasta 14% a familiares en situación de pobreza, ninguno a los extraños, y se recargaba un 23% a los vecinos desagradables. Siles, Robison y Hanson (1994) llegaron a la conclusión de que una relación positiva entre los empleados de un banco y sus clientes protegía a los bancos de la competencia en las tasas de interés sobre los certificados de depósito. En

---

[9]   Observamos por primera vez el poder de la hostilidad durante un estudio realizado para medir los descuentos y recargos en la venta de automóviles usados (Robison y Schmid, 1991). Posteriormente, lo confirmamos en otros estudios. Por ejemplo, en un estudio sobre los precios mínimos de venta de terrenos, la hostilidad determinaba un recargo de más del 18% sobre el precio, lo que de hecho impedía el intercambio de tierras entre quienes mantenían esas relaciones de hostilidad (Robison, Myers y Siles, 2002).

un estudio realizado por Robison, Myers y Siles (2002) con respecto a un grupo de 1 500 granjeros del medio oeste de los Estados Unidos, se observó que en las ventas a familiares y amigos se aplicaba un 8% de descuento, mientras que a los vecinos poco amistosos se les cobraba un recargo del 16%. Perry y Robison (2001) constataron que las mejores tierras del condado de Linn, en el estado de Oregón, tendían a comercializarse únicamente entre familiares. Además, descubrieron que un extraño que comprara 80 acres de tierra agrícola sin riesgo de clase II por medio de un corredor inmobiliario tendría que pagar más del 20% de lo que pagaría un vecino.

El capital social tiene, entre otras, las siguientes consecuencias:

- Las personas o los grupos poseen capital social cuando son objeto de los sentimientos de solidaridad de otras personas o grupos.

- Las personas o los grupos aportan capital social cuando experimentan sentimientos de solidaridad hacia otras personas o grupos.

- Quienes poseen capital social tienen acceso a los recursos de quienes proporcionan ese capital en condiciones más favorables que las que cabría esperar en relaciones más distantes.

- El aumento del capital social fomenta la cooperación, altera los términos y niveles del intercambio, fomenta los intercambios, reduce el individualismo, internaliza los factores externos y produce un aumento de las inversiones en bienes públicos o con un alto costo de exclusión realizadas por personas y grupos que poseen capital social.

- El capital social conduce a la creación y el apoyo de instituciones formales y no formales, así como a la creación de redes entre esas instituciones y el capital social.

- El capital social existente dentro de un grupo puede conducir a la discriminación y exclusión de las personas o grupos que no formen parte de él.

- El capital social existente dentro de un grupo puede conducir a determinadas personas o grupos a actuar en detrimento de las instituciones y normas sociales que generan gastos públicos en beneficio de los pocos miembros de sus redes ricas en capital social.

B.   ¿Qué es el paradigma del capital social?

Un paradigma es una descripción de un tema que abarca las definiciones, la identificación y descripción de variables y las relaciones causa-efecto esperadas. A medida que los paradigmas maduran, la opinión propuesta sobre dicho asunto recibe la aceptación general de los expertos en el tema. Un paradigma maduro puede facilitar la acción cooperativa en un ámbito determinado, puesto que reduce los conflictos y gastos inherentes a la concertación de un acuerdo. El paradigma del capital social describe la influencia que ejercen las relaciones sobre las transacciones sociales, emocionales y económicas, y contiene conceptos extraídos de casi todas las ciencias sociales.

La importancia del paradigma del capital social no radica en que sus elementos individuales sean totalmente nuevos, aunque algunos de ellos pueden tener nombres nuevos, sino en que, al reunir los diversos elementos del paradigma y examinar su interdependencia, se ha aprendido mucho más que cuando esos elementos se estudiaban en forma separada. En efecto, al hacerlo se mejora nuestra capacidad de comunicarnos con otras disciplinas y diversas orientaciones prácticas. Esta comunicación más fluida, que se logra merced a un vocabulario común, permite a personas de diferentes orientaciones trabajar juntas en torno de un mismo problema. Por ejemplo, gracias al paradigma del capital social, hoy sabemos mucho más acerca de la pobreza y la forma de reducirla que lo que sabíamos antes, cuando el problema se estudiaba exclusivamente desde la perspectiva de la economía o de alguna otra disciplina.

Los elementos del paradigma del capital social comprenden el propio capital social, los bienes socioemocionales, los valores afectivos, las redes, las instituciones y el poder. A continuación se analiza cada uno esos elementos.

Bienes socioemocionales

El conocimiento de sí mismo y la autoestima son fundamentales para el bienestar socioemocional y físico del ser humano (Whetten y Cameron, 1995). Rogers (1961) sugirió que existía una necesidad humana básica de autoestima que, según observó en sus casos clínicos, era más poderosa que las necesidades fisiológicas. Homans (1971) escribió: "Todas las pruebas indican que para muchos hombres la aprobación social es una recompensa valiosa, y que difícilmente llega a saciarse de ella" (p. 457). Hayakawa (1962) sostuvo que la primera ley de la vida no era el instinto de conservación, sino la necesidad de preservar la imagen de uno mismo. Maslow (1962) señalaba que: "Tendemos a tener miedo de saber todo aquello que nos pueda infundir desprecio por nosotros mismos, o que nos pueda hacer sentir inferiores, débiles, insignificantes, malvados, infames" (p. 57). Harris (1981) observó que, en la mayoría de los casos, el conocimiento de sí mismo se adquiere en contextos sociales que dependen de las reacciones de los demás.

Los bienes socioemocionales son emociones que se expresan entre personas que muestran aprobación, manifiestan interés o brindan información que aumenta el propio conocimiento y la autoestima. Dado que los bienes socioemocionales satisfacen la necesidad fundamental de conocimiento de sí mismo y autoestima del ser humano, son valorados en el intercambio y algunas veces pueden ser canjeados por bienes y servicios materiales. El intercambio de bienes socioemocionales constituye el medio primario de inversión en capital social.[10]

Una de las características importantes de los bienes socioemocionales es que son elegidos, y su elección influye en la asignación de recursos. Al describir la elección entre bienes socioemocionales y otros bienes, Elster (1998) observaba: "... lo que se argumenta no es que las emociones [los bienes socioemocionales] determinan totalmente la elección, o que no existe un intercambio con concesiones recíprocas entre las recompensas emocionales y otro tipo de recompensas, sino que es el propio intercambio el que se ve modificado por una de las recompensas que se canjean" (p. 73).

Los primeros economistas reconocieron la importancia de los bienes socioemocionales, o lo que Becker (1974) llama ingreso social. Nassau Senior, uno de los primeros economistas clásicos, escribió que "el deseo de ser reconocido ... es un sentimiento que, por su universalidad y constancia, por estar presente en todos los hombres y en todas las épocas, por acompañarnos desde la cuna y no abandonarnos hasta la tumba, puede considerarse la más poderosa de todas las pasiones humanas" (en Marshall, 1975, p. 87). Hochschild (1983) describió los esfuerzos de las industrias por producir bienes emocionales mediante el "trabajo emocional".

A pesar de la atención que se prestó muy tempranamente a la importancia de las relaciones sociales, a medida que comenzó a formalizarse la teoría de la demanda por parte del consumidor, conceptos como el de bienes socioemocionales empezaron a recibir menos atención. Becker (1974) describió el proceso de transición durante el cual se iba diluyendo el interés por el ingreso social o los bienes socioemocionales: "A medida que la teoría de la demanda del consumidor se iba impregnando de un mayor rigor, variables como el reconocimiento, un buen nombre o la benevolencia se iban relegando cada vez más hasta desaparecer. En general, se supone que cada

---

[10] Este párrafo se basa en el excelente resumen de Whetten y Cameron (1995) sobre el conocimiento de sí mismo (pp. 56 a 58).

persona o familia cumple una función de utilidad que depende directamente de los bienes y servicios que consume" (p. 1065).

Los bienes socioemocionales merecen ser incluidos en la teoría del intercambio porque casi todos los intercambios personalizados de bienes y servicios materiales incluyen también un intercambio de bienes socioemocionales. Por ejemplo, un empresario puede realizar una operación financiera en un banco y obtener a cambio un beneficio financiero. Si además el personal del banco le brinda una atención cordial que reafirma la autoestima del empresario, el banco le habrá proporcionado a su cliente tanto servicios financieros como bienes socioemocionales que también son apreciados. Los bancos en general reconocen que pueden aumentar la lealtad de sus clientes si les brindan ambas cosas: servicios financieros y bienes socioemocionales (Siles, Robison y Hanson, 1994).

Para producir bienes socioemocionales se requiere capital social (Robison, Schmid y Barry 2002). Por lo tanto, la modalidad de intercambio que incluye tanto bienes y servicios materiales como bienes socioemocionales se verá afectada por la distribución del capital social. Además, los términos del intercambio dependerán de la cantidad relativa de bienes y servicios materiales y de bienes socioemocionales que se ofrezcan a cambio. En algunos casos puede ofrecerse un bien material a cambio únicamente de bienes socioemocionales o de un capital social ampliado. Es el caso de un obsequio que se entrega a una persona en una ocasión especial. Finalmente, y debido a que los bienes socioemocionales pueden sustituir a otros bienes en un intercambio, pueden cumplir la función de la moneda. Las personas que tienen capital social están en condiciones de canjear los bienes socioemocionales por dinero en un intercambio, y reducir el volumen de capital financiero necesario para culminar sus transacciones. Por ejemplo, los vecinos amistosos suelen prestarse cosas como huevos, azúcar o cortadoras de césped. En esos casos, se intercambian bienes materiales por capital social y bienes socioemocionales.

Los términos del intercambio se describen a menudo en función de los bienes y servicios materiales y del capital financiero que son objeto de la transacción. Sin embargo, cuando en un intercambio se incluyen bienes socioemocionales, los términos de dicho intercambio, medidos en bienes y servicios materiales y capital financiero, se modifican de acuerdo con el capital social de las partes en la transacción. Por ejemplo, cuando las partes comparten un capital social de unión, la importancia relativa de los bienes socioemocionales incluidos en el intercambio será mayor que cuando comparten un capital social de vinculación. Además, es más probable que exista simetría en las cantidades relativas de bienes socioemocionales y bienes y servicios materiales que se intercambian cuando se está en presencia de un capital social de unión o de vinculación. En el cuadro III.1 se resume la forma en que los distintos tipos de capital social pueden influir en los términos del intercambio.

Cuadro III.1
POSIBILIDADES DE INTERCAMBIO

Descripción de las posibilidades de intercambio entre las personas A y B cuando existe capital social de unlón, de vinculación y de aproximación

	B brinda a A principalmente bienes socioemocionales	B brinda a A principalmente bienes y servicios materiales
A brinda a B principalmente bienes socioemocionales	Estas transacciones requieren de capital social de unión	Estas transacciones requieren capital social de aproximación
A brinda a B principalmente bienes y servicios materiales	Estas transacciones requieren de capital social de aproximación	Estas transacciones tienen lugar entre personas con capital social de vinculación, o pueden darse entre extraños cuando existen instituciones formales que organizan las transacciones

Fuente: Elaboración propia.

La inclusión de bienes socioemocionales en los intercambios tiene importantes consecuencias económicas. Las modalidades del intercambio de bienes y servicios materiales no necesariamente se ajustan a las pautas que maximizan la eficiencia o los beneficios materiales, ni es probable que eliminen la pobreza si no se modifica la distribución del capital social. Además, es posible que no se produzcan las modalidades de intercambio pronosticadas por el Teorema Coase, que predice la generación de intercambios sobre la base de pautas económicas eficientes (Kahneman, Knetsch y Thaler, 1990).

En las relaciones que se caracterizan por su capital social, los bienes socioemocionales se producen mediante actos de cooperación, entrega de obsequios, intercambio de información, transmisión recíproca de información de apoyo, y uso mancomunado de los recursos. En relaciones distantes u hostiles, las personas tratan de obtener bienes socioemocionales mediante el consumo ostensible, la exclusión y actos competitivos destinados a establecer la superioridad y controlar y reasignar los recursos (Veblen, 1908). Si bien estos actos pueden generar algunos bienes socioemocionales para los ganadores, es inevitable que causen perjuicios socioemocionales a los perdedores, quienes podrán responder con sentimientos de creciente antipatía y el firme deseo de poner al ganador en desventaja en alguna competencia futura. En esencia, el consumo ostensible y otras actividades que apuntan a establecer la superioridad, reducen el capital social de las partes en la transacción, demostrando la falta de puntos de coincidencia.[11]

---

[11] Reconocemos, por supuesto, que el consumo ostensible puede estar motivado por otros deseos, como demostrar que uno está vinculado con determinadas causas, partidos o personas. El hecho de usar una chaqueta de un determinado equipo deportivo constituye un ejemplo de consumo ostensible, que apunta a demostrar apoyo a la vinculación con un grupo en particular.

Uno de los desafíos que plantea la reducción de la pobreza es que no solamente exige una mejor distribución de los recursos, sino también un cambio en las relaciones entre pobres y ricos. La desigualdad y la antipatía acompañan tanto a pobres como a ricos. Es menos probable que quienes sostienen relaciones de antipatía intercambien recursos, ya que en cada intercambio incluirán bienes socioemocionales negativos y aumentarán el volumen de capital financiero necesario para culminar la transacción. En consecuencia, los intercambios entre personas con sentimientos recíprocos de antipatía suelen ser mutuamente desventajosos. Pueden mencionarse como ejemplos los pleitos judiciales, los actos competitivos con intención de empañar la reputación del otro, las acciones de bloqueo dirigidas a impedir a otra persona el uso de determinados recursos, y por último, los actos de violencia entre los que se cuentan la guerra y las lesiones personales.

A continuación se describen algunas de las consecuencias de los bienes socioemocionales que forman parte del paradigma del capital social:

- El valor de un intercambio puede acrecentarse mediante la inclusión de bienes socioemocionales. Sin embargo, como éstos dependen del capital social, en igualdad de circunstancias quienes posean capital social tendrán mayores posibilidades de realizar intercambios que aquellos que carezcan de él.

- Dado que el intercambio se ve facilitado por el capital social de una persona, que puede utilizarse para producir bienes socioemocionales, las modalidades de dicho intercambio reflejan las inversiones realizadas en capital social.

- Los bienes socioemocionales pueden sustituir al dinero y los bienes materiales en un intercambio. Como resultado de ello, el precio en dinero de un objeto que se intercambia quizás no refleje la totalidad de su valor medido en unidades monetarias. Es más, cualquier cambio en la proporción de bienes socioemocionales que se incluyen en un intercambio modificará los términos de éste, medidos en unidades monetarias.

Valores afectivos[12]

Hay ocasiones en que los bienes socioemocionales incorporan a objetos tales como mascotas, poemas, fotos, lugares, promesas, artículos personales,

---

[12]   El término "valor afectivo" fue sugerido por Janet Bokemeier para distinguir los sentimientos de solidaridad por un objeto, de los sentimientos de solidaridad por una persona.

tradiciones y leyes, o están incorporados en éstos. Cuando los bienes socioemocionales se incorporan en un objeto o se asocian con él, modifican el significado y el valor de ese objeto. El valor afectivo es el cambio que se produce en el valor de un objeto debido a los bienes socioemocionales incorporados en él. Las personas que valoran los bienes socioemocionales incorporados en un objeto, probablemente también comparten valores afectivos. Las personas que no valoran los bienes socioemocionales incorporados en un objeto, probablemente tampoco aprecian el objeto por su valor afectivo.

Otra noción estrechamente vinculada al concepto de valor afectivo es lo que Thaler (1980) denominaba "efecto patrimonial", es decir, el mayor valor que adquiere un bien para una persona cuando ese bien pasa a formar parte de su patrimonio individual. En una serie de experimentos cuidadosamente diseñados, Kahneman, Knetsch y Thaler (1990) demostraron que el valor de objetos como tazas de café, bolígrafos y binoculares, aumentaba para las personas una vez que éstas adquirían la propiedad de los mismos. Estos autores asociaban este incremento de valor a una aversión a la pérdida. También señalaban que no todos los objetos demostraban ese efecto patrimonial. Concretamente, no lo demuestran aquellos objetos que tienen sustitutos perfectos, como las monedas u otras unidades monetarias.

Otro concepto relacionado con el valor afectivo es lo que se ha dado en llamar "valores de existencia". Al respecto, Krutilla (1967) escribió: "Cuando se trata de la existencia de una gran maravilla panorámica o de un ecosistema único y frágil, su conservación y continuidad constituyen una parte importante del ingreso real de muchas personas a quienes la extinción de especies o el deterioro de un lugar de gran belleza paisajística causan una profunda angustia y una sensación de verdadero empobrecimiento relativo" (p. 779).

Los efectos patrimoniales y los valores de existencia son compatibles con lo que denominamos valores afectivos. Los bienes socioemocionales pueden incorporarse en un objeto cuando se adquiere la propiedad de éste. En efecto, cuando se tiene la propiedad de un objeto, es probable que la autoestima y el conocimiento de sí mismo que tiene su dueño se asocien con él. Por el contrario, puede suceder que se incorporen bienes emocionales en un objeto sin que se transfiera la propiedad de éste. Por ejemplo, un intercambio de bienes socioemocionales puede estar vinculado a una experiencia vivida con un amigo en el Gran Cañón, lo que incorporará un valor afectivo a esa maravilla de la naturaleza.

Si bien aún falta mucho para llegar a determinar la forma en que se originan los valores afectivos, hemos identificado dos posibilidades. El primer origen posible de dichos valores es la asociación de un objeto con una persona que posee altos niveles de capital social. Si un familiar respetado le da un objeto personal a otro familiar, ese objeto puede adquirir un valor afectivo debido al capital social que existe entre quien entrega y quien recibe el objeto. Unas flores a un amigo, una carta a un admirador o el reconocimiento de un experto son ejemplos de esta categoría. Una segunda posibilidad es la creación de valores afectivos como resultado de la aprobación social. Supongamos que una persona obtiene un título académico, es elegida para un determinado cargo o adquiere una propiedad. La aprobación social que se manifiesta en estos casos produce la incorporación de bienes socioemocionales en ese título, cargo público o propiedad, y les atribuye el valor afectivo correspondiente.

Por último, puesto que los valores afectivos dependen de la creación de bienes socioemocionales y de capital social, los cambios que se produzcan en este último pueden modificar los valores afectivos. Los divorcios suelen traer aparejada la "liquidación" de objetos que una vez fueron de propiedad común de ambos cónyuges, pero que han perdido su valor afectivo. El valor afectivo de los objetos que recuerdan a equipos deportivos o a personas famosas a menudo cambia en función de los triunfos y las derrotas de esos equipos y los éxitos o fracasos de esas personas famosas. A diferencia del efecto patrimonial y los valores de existencia, los valores afectivos pueden variar con el tiempo, dependiendo de los bienes socioemocionales que contribuyan a mantener ese valor.

Los bienes de gran valor afectivo son más difíciles de intercambiar que los bienes cuyo valor está vinculado a sus propiedades físicas, ya que los propietarios de bienes de gran valor afectivo suelen tener dificultades para encontrar compradores interesados que también valoren el objeto por los bienes socioemocionales incorporados en él. Existen algunos objetos, como las obras de arte o los bienes de interés histórico, que tienen efectivamente un alto valor afectivo generalmente aceptado, y para los cuales se pueden encontrar interesados dispuestos a adquirirlos. Sin embargo, los casos más comunes se refieren solamente a un pequeño grupo de personas que comparten el mismo valor afectivo respecto de ese objeto; por lo tanto, las oportunidades de intercambio son limitadas. Otra dificultad que existe para canjear bienes de gran valor afectivo por su precio en unidades físicas, es que algunas veces la transacción trae aparejado un costo de capital social. Mary Todd Lincoln, esposa de Abraham Lincoln, fue vilipendiada por todos cuando vendió las camisas y otros efectos personales de su esposo a fin de reunir dinero para pagar sus deudas personales. "Bienes de tan elevado valor afectivo no deberían canjearse por dinero", se le dijo (Baker, 1987). Es mucho más frecuente que el intercambio de bienes de gran valor afectivo se realice mediante donaciones o legados entre personas con capital social de unión.

A veces adquirimos bienes de escaso valor material, pero pagamos gustosos precios altos que exceden la utilidad física de dichos bienes, con el fin de poder incorporarles bienes socioemocionales. Por ejemplo, uno puede comprar un obsequio de bajo costo que no llega a vincularse a bienes socioemocionales porque su compra representa un sacrificio insignificante. Sin embargo, un obsequio similar, con poca utilidad material pero de un costo elevado, puede adquirir un valor afectivo porque su compra requirió un gran sacrificio. Robert Frank (1999) describe otros ejemplos de esfuerzos por incorporar bienes socioemocionales en objetos mediante su compra a un precio elevado.

El reconocimiento de la importancia de los bienes socioemocionales y de los valores afectivos ha inducido a los fabricantes de determinados productos a contratar habitualmente a personas famosas para vincularlas a esos productos, aumentando así la posibilidad de que esas importantes conexiones incorporen valores afectivos en ellos. El hecho de contar con el auspicio de una persona que posee un capital social destacado resulta esencial para incorporar bienes socioemocionales en determinado objeto. De lo contrario, habrá pocos compradores dispuestos a aceptar el valor afectivo del producto. Por lo tanto, es más probable que compremos un producto asociado a una persona famosa, que el mismo objeto pero sin esa asociación (Tye, 1998).

A continuación se describen algunas características de los valores afectivos:

- Cuando el valor de un objeto se atribuye principalmente a su valor afectivo, los únicos compradores potenciales serán las personas que valoren los bienes socioemocionales incorporados en el objeto.

- Cuando el dueño de un objeto le incorpora una gran cantidad de bienes socioemocionales que probablemente no sean compartidos por los posibles compradores, ese objeto rara vez saldrá a la venta en el mercado. Es por ello que los objetos que se guardan como recuerdo rara vez se comercializan, salvo cuando su dueño fallece.

- Todo aquél que desee comprar un objeto que reviste para él un valor afectivo, estará dispuesto a pagar por ese objeto más de lo que vale materialmente. Hay coleccionistas que han pagado millones de dólares por pelotas de béisbol con valor afectivo, cuando podrían haber comprado pelotas con propiedades físicas similares por unos pocos dólares.

- Los objetos inmateriales pueden adquirir un valor afectivo. Por ejemplo, las leyes y costumbres que se obedecen de buen grado a menudo tienen un valor afectivo. De lo contrario, sería necesario ofrecer otro tipo de motivación para que fueran respetadas. Por ejemplo, hay estados que han promulgado leyes que exigen a los ciclistas el uso de cascos. Dado que para algunas personas esta exigencia contiene un valor afectivo negativo, la ley a menudo no se cumple y es difícil imponerla.

- Cuando asociamos un objeto con una persona que nos desagrada o una causa que desaprobamos, se crean valores afectivos negativos. Como ejemplo de objetos con valores afectivos negativos para algunas personas pueden citarse las estatuas de Buda con siglos de antigüedad destruidas por los talibanes en Afganistán. Con frecuencia, los bienes personales de los individuos o grupos que inspiran rechazo adquieren un valor afectivo negativo. Son ejemplo de ello los bienes personales de las parejas divorciadas, los símbolos del partido nazi y la publicidad de los abogados especializados en juicios por lesiones personales.

En el cuadro III.2 se resumen las relaciones existentes entre el capital social, los bienes socioemocionales y los valores afectivos.

Cuadro III.2
RESULTADOS DE LAS RELACIONES[13]

Descripción de los resultados del intercambio de bienes materiales y socioemocionales entre las personas A y B, vinculadas entre sí por capital social		
	B brinda a A principalmente bienes socio emocionales.	B brinda a A principalmente bienes y servicios materiales.
A brinda a B principalmente bienes socioemocionales	A y B aumentan su utilidad y su consumo de bienes socio emocionales. El capital social de A y B se incrementa. Los objetos asociados al intercambio adquieren valor afectivo para A y B.	B consume bienes socioemocionales. El bienestar económico de A aumenta. El capital social de B que reside en A se incrementa. El intercambio de objetos materiales puede adquirir valor afectivo para A.
A brinda a B principalmente bienes y servicios materiales	A consume bienes socioemocionales. El bienestar económico de B aumenta. El capital social de A que reside en B se incrementa. El intercambio de objetos materiales puede adquirir valor afectivo para B.	Aumenta el bienestar económico de A y B. El capital social de A y B puede incrementarse.

Fuente: Elaboración propia.

Redes

En las relaciones humanas existe capital social (de unión, vinculación y aproximación). Las redes pueden utilizarse para describir las modalidades de las relaciones o el lugar en que reside el capital social de una persona. Por supuesto, la solidez de las relaciones varía, y no todas las redes están conectadas mediante capital social. Por ejemplo, nuestra red puede abarcar a todas las personas empleadas en nuestro lugar de trabajo. Sin embargo, es probable que en esa red no todas las personas estén conectadas por su capital social.

Creemos que lo que han afirmado otros es cierto: a menudo generamos capital social y construimos redes conectadas por éste mientras nos dirigimos hacia otros lugares para desempeñar otras tareas. Por ejemplo, los miembros de un equipo pueden generar capital social cuando cooperan en aras de una

---

[13]   Las filas y las columnas de los cuadros III.1 y III.2 son idénticas; sin embargo, las celdas del cuadro III.2 reflejan resultados, mientras que las del cuadro III.1 describen los distintos tipos de capital social.

meta común. O descubrir entre ellos puntos de coincidencia que no sabían que existían, y convertir el capital social latente en capital social efectivo. De esa manera, las redes no conectadas por capital social pueden transformarse en redes que sí lo están.

Las redes pueden tener muy diversas estructuras, entre ellas la jerárquica, la lineal y la difusa. Una organización puede tener una estructura formal de redes, pero el capital social puede conducir a la creación de redes de facto conectadas por ese capital social. Por ejemplo, una supervisora puede pensar que ella es el centro de la red de empleados, cuando en realidad los empleados poseen una red conectada por capital social que no incluye a esa supervisora. A medida que aumentan las conexiones de capital social dentro de una red, el acceso de una persona a los recursos y la información también se incrementa. Sin embargo, cuando las conexiones que tiene una persona dentro de una red de capital social aumentan, también se eleva el costo de mantenimiento de esos contactos, especialmente si se mide en función del tiempo que se le dedica. Afortunadamente, la existencia de sistemas de comunicación rápidos y de bajo costo, como el correo electrónico y los teléfonos celulares, ha reducido considerablemente el costo financiero de mantenerse en contacto.

Una característica importante de las redes es su permeabilidad. Las redes basadas en puntos de coincidencia heredados son menos permeables que las que se basan en rasgos comunes adquiridos. En algunos casos, las redes impermeables han sido señaladas y criticadas como impedimentos para el progreso económico (Olson, 1982). En otros casos, se ha observado y afirmado que el deterioro de las redes permeables es la causa de la decadencia de las tradiciones cívicas (Putnam, 1995).

La mayoría de las redes conectadas por capital social se mantienen a través del contacto personal y el aprendizaje experimental. A veces, las redes impersonales de capital social pueden mantenerse debido a la presencia de valores afectivos compartidos. Por ejemplo, algunas personas que pertenecen a organizaciones internacionales como iglesias, clubes de servicio, organizaciones políticas y asociaciones comerciales, se sienten conectadas entre sí aunque no se conozcan personalmente. Sus puntos de coincidencia y valores afectivos compartidos les proporcionan un capital social latente, que sólo requiere el contacto personal para activarse. La existencia de ese capital social latente es posible porque todos ellos saben que comparten valores afectivos respecto de determinados credos, conceptos y objetos.

Las redes resuelven el conflicto que existe entre quienes consideran que el capital social es un concepto micro, y quienes opinan que es un concepto macro. En un sentido, el capital social es un concepto micro porque es aportado por personas. Por otra parte, es un concepto macro porque reside en redes que pueden superponerse, y sirve para conectar a diferentes segmentos de la sociedad. También es un concepto macro en el sentido de que la afinidad es algo que se aprende culturalmente (se hereda), y no constituye el resultado de ningún esfuerzo individual consciente. Por último, una red puede ejercer influencias tanto micro como macro, pudiendo desalentar el comportamiento oportunista de uno de sus miembros, porque el costo de no hacerlo le acarrearía la repulsa de todos los demás miembros de la red. Es por ello que las redes pueden desempeñar una importante función en el mantenimiento de las reglas y normas aceptadas.

Cada estructura de red tiene consecuencias para la eficiencia económica y la generación de capital social (Burt, 1992). A continuación se mencionan algunas de las consecuencias de las redes en el paradigma del capital social:

- Es más probable que quienes participan en redes ricas en capital social actúen sobre la base de los intereses compartidos entre los miembros de la red, que en beneficio de personas extrañas a ésta.

- A medida que aumenta el capital social dentro de una red, también crece la productividad y se reducen las diferencias de ingresos entre sus miembros, aunque pueden ampliarse las diferencias en términos de productividad e ingresos entre los miembros de la red y quienes no son miembros de ella. Por esta razón, una de las causas de la pobreza puede estar relacionada con la exclusión de los pobres de las redes productivas.

- Las redes pueden diferenciarse por su grado de permeabilidad. Las que se basan en puntos de coincidencia heredados son menos permeables que las derivadas de puntos de coincidencia adquiridos.

- Cuando para ser miembro de una red se requieren características o puntos de coincidencia heredados, ello puede constituir un obstáculo para el desarrollo y la reducción de la pobreza.

- Cuando para ser miembro de una red se requieren características adquiridas, ello facilita el desarrollo, ya que las redes pueden adaptarse a los cambios demográficos y las nuevas oportunidades.

- Las asimetrías en las relaciones que forman parte de las redes crean obstáculos para el flujo de los recursos. Por ejemplo, si existe capital social entre las personas A y B, y entre A y C, pero existen relaciones hostiles entre B y C, la red será inestable y el flujo de recursos se verá restringido.

Instituciones

Las instituciones son las normas que hacen posible que se realicen intercambios ordenados y significativos. También establecen derechos de propiedad, requisitos para adquirir la calidad de miembro, normas sobre solución de controversias y procedimientos para la creación de nuevas instituciones. Las instituciones son el producto de la reacción colectiva de los miembros de la red ante las acciones de otros. A menudo surgen como consecuencia de normas que establecen responsabilidades. Las instituciones también reflejan la distribución del capital social, e influyen a su vez en la forma en que dicho capital se generará en el futuro. Cuando no hay instituciones, reina el caos.

Las instituciones pueden ser de carácter formal o informal (Stiglitz, 2000). Las instituciones informales desarrollan comportamientos derivados de los posibles aumentos o la amenaza de reducción del capital social. Estas instituciones no están codificadas. En la mayoría de los casos, las instituciones informales existen como normas de comportamiento generalmente aceptadas dentro de una red. Son ejemplos de instituciones informales la manera en que las familias celebran los cumpleaños y otros eventos especiales, las prácticas de duelo aceptadas, el cuidado de niños y ancianos y la responsabilidad por los demás en épocas de penurias.

Las instituciones informales están mejor preparadas para organizar intercambios de bienes socioemocionales y bienes de gran valor afectivo. Los intercambios organizados por instituciones informales no siempre producen eficiencia económica, medida en términos materiales (por ejemplo, el jefe contrata al hijo de su hermana, aunque no sea un trabajador eficiente). Por otra parte, las instituciones informales pueden aumentar la eficiencia económica cuando se pide al jefe que contrate al hijo de su hermana porque éste actuará con lealtad, mientras que otros empleados pueden adoptar una actitud oportunista. Sin embargo, en las economías desarrolladas debemos ser capaces de intercambiar bienes y servicios con personas que no sean miembros de nuestras redes de unión, y cuando esos intercambios se realicen con extraños requeriremos la intervención de instituciones formales.

Las instituciones formales son las normas sociales generalmente aceptadas que se aplican incluso entre extraños. En la gran mayoría de los casos, las instituciones formales se establecen por escrito y se comunican a través de medios públicos, y se aceptan o modifican mediante procedimientos formales. El mantenimiento y la legitimidad de las instituciones formales dependen en parte de su valor afectivo, creado en relaciones de capital social. Si no fuera así, el costo de mantenerlas mediante incentivos materiales o económicos superaría en definitiva sus posibles beneficios. Las instituciones formales pueden amenazar a los transgresores potenciales con la eventual ganancia o pérdida de bienes económicos o con sanciones materiales. Pero éstas sólo son eficaces cuando el porcentaje de transgresores potenciales es reducido.

Una economía desarrollada debe contar con instituciones formales que permitan a los extraños realizar intercambios entre sí. De lo contrario, se limitarían las posibilidades de obtener beneficios a partir de las habilidades y la producción de los demás mediante el intercambio. Si los pobres no aceptan las instituciones formales, se verán excluidos de las ventajas que ofrece la economía formal. No obstante, para que las instituciones formales puedan recibir valores afectivos de los pobres, éstos deben participar en la creación y el mantenimiento de esas instituciones, y obtener algún beneficio de su existencia. Por ello, uno de los desafíos más importantes que enfrentan los países y comunidades en desarrollo es el de incorporar bienes socioemocionales en las instituciones formales. Además, las instituciones formales no deben entrar en conflicto con las instituciones informales.

Una de las principales diferencias entre las instituciones formales y las informales es su radio de aplicación. El radio de las instituciones formales tiene generalmente mayor alcance que el de la mayoría de las instituciones informales, que suele ser de carácter más local. Las instituciones informales cuentan normalmente con el apoyo de redes ricas en capital social. En cambio, las instituciones formales con radios de mayor alcance dependen en más alto grado de los valores afectivos. Sin embargo, las instituciones formales e informales están estrechamente vinculadas entre sí. Las instituciones formales deben ser legitimadas por las instituciones informales si desean mantenerse sin recurrir a la fuerza o la amenaza; y cuando existen instituciones informales que están en conflicto con las formales, puede ser necesario aplicar medidas punitivas para mantenerlas. A fin de ilustrar la conexión existente entre las instituciones formales e informales, consideremos las instituciones formales representadas por los códigos tributarios. Hay quienes aprovechan el alto costo de la vigilancia fiscal para evadir el pago de los impuestos que les corresponden. Sin embargo, en las sociedades desarrolladas, que tienen códigos tributarios apropiados, la mayoría paga sus impuestos porque considera que es lo correcto, no por temor a que lo descubran si incurre en evasión.

Con frecuencia, la creación de instituciones formales va acompañada de conflictos, debido a su necesidad de imponer costos además de distribuir beneficios. De hecho, hay quienes pueden acrecentar su poder prometiendo beneficios a determinados grupos a expensas del erario público. El capital social es fundamental para reducir los conflictos vinculados a la creación y el mantenimiento de las instituciones formales. Las sociedades que carecen de un nivel mínimo de capital social no están dispuestas a trabajar juntas en el marco de las instituciones vigentes, aunque no prevalezca el punto de vista personal. De hecho, uno de los parámetros fundamentales para medir el nivel de capital social que posee un organismo de gobierno es su capacidad de crear y mantener sus instituciones formales, sin provocar insurrección o generar violencia. Las verdaderas democracias son la prueba *prima facie* de la existencia de capital social a nivel general en un país. Los gobiernos coercitivos son testimonio de su inexistencia.

Poder

El poder se refiere a la capacidad que tiene una persona de influir en las acciones de otra (Boulding, 1989). El poder se ejerce mediante recompensas o sanciones potenciales. Algunas fuentes de poder pueden estar vinculadas al capital o a los recursos que controla una persona que ejerce el poder. Por ejemplo, el poder de comprar votos depende del capital financiero que uno tenga. El capital humano puede conferir poder por medio de las habilidades o los conocimientos superiores que tenga una persona. Por otra parte, el capital social puede ser un medio de ejercer una forma distinta de poder, que Boulding denomina el poder del "abrazo".

Es indudable que no todo el capital social de una persona tiene el mismo valor. El capital social de las personas que carecen de otros tipos de recursos puede proporcionar bienes socioemocionales, pero no el acceso a otras clases de recursos en condiciones preferenciales. Si alguien necesita un préstamo, le será útil contar con un amigo en el banco. Si necesita un tratamiento jurídico preferencial, le será útil conocer a un juez.

El poder que se obtiene mediante sanciones también puede adoptar la forma de sanciones financieras. Sería el caso de quien amenaza con negarse a realizar un intercambio o una operación comercial, o con entablar un juicio, o con coartar las posibilidades de percibir ingresos de un competidor. El poder que se logra mediante el uso del propio capital social puede adoptar la forma de pérdida de la calidad de miembro, exclusión, subvaloración y pérdida de prestigio. Finalmente, pueden existir formas ilegales de sancionar, como son recurrir a la violencia física, no respetar los derechos de propiedad de otra persona o utilizar falsos argumentos para aplicar sanciones.

La tragedia de los pobres es que cuentan con muy poco poder para cambiar su situación. Disponen de escasos recursos financieros y su capital social a menudo reside en redes en las que hay pocas personas con poder que puedan ayudarlos. Para la mayoría de ellos, la posibilidad de huir de la pobreza depende de su capacidad de generar capital social con personas muy diferentes a ellos mismos, mediante lo que Granovetter (1973) llamaba lazos débiles.

Los bienes socioemocionales se encuentran a menudo incluidos en el intercambio de otros bienes y servicios. En igualdad de circunstancias, las personas que poseen un capital social que produce bienes socioemocionales tienden a preferir los intercambios que se realizan dentro de sus propias redes de capital social. (En realidad, es probable que los bienes de gran valor afectivo se intercambien solamente dentro de redes ricas en capital social). Debido a que los niveles y términos de esos intercambios son diferentes a los de los intercambios que se realizan con personas que carecen de capital social, no podemos encarar el estudio de la reducción de la pobreza como un estudio de agentes independientes que solamente actúan en aras de su propio interés, como a menudo sugieren los modelos neoclásicos habituales. Por el contrario, debemos ver a los agentes económicos individuales y sus redes de capital social como unidades cuyo análisis reviste una importancia crítica.

C.   ¿Quiénes son los pobres y qué relación existe entre su situación y el capital social?

¿Quiénes son los pobres?

El Banco Mundial ha prestado un valioso servicio al entrevistar a personas pobres y darles la oportunidad de describirse a sí mismas y a su situación. Ellas nos dicen que las penurias que les impone la pobreza no son solamente el resultado de la privación de bienes y servicios materiales, sino también de la falta de estima, respeto e inclusión. La pobreza es, al parecer, consecuencia de la privación tanto de bienes y servicios materiales, como de bienes socioemocionales.

Una de las características de los pobres es que no tienen puntos de coincidencia con la gente de posición acomodada. Con demasiada frecuencia, los pobres y los ricos asisten a distintas escuelas, viven en lugares separados, comen apartados unos de otros, practican sus cultos en momentos y lugares diferentes, contraen matrimonio con personas de su misma condición y reciben atención médica en distintos lugares. La frecuente segregación de los pobres del resto de la sociedad les recuerda que son diferentes.

Una forma de caracterizar a los pobres es utilizar la matriz de actividades y redes que se describe en el cuadro III.3. Entre las actividades descritas en las filas de la matriz se incluyen actos de consumo, intercambios en el mercado, cultos religiosos, obras de beneficiencia, tareas relacionadas con el empleo, eventos deportivos, actividades políticas, celebraciones comunitarias, actividades educativas, esparcimiento y viajes, y actividades

Cuadro III.3
HORAS DE PARTICIPACIÓN EN ACTIVIDADES DENTRO DE DETERMINADAS REDES

Actividades	Red con capital social de unión		Redes con capital social de vinculación y aproximación						Sub-totales
	Redes de familiares inmediatos y de miembros de la familia ampliada	Redes de miembros de clubes deportivos y de servicio	Organzaciones de empleados	Juntas directivas de instituciones	Partidos políticos	Grupos religiosos	Comunidades	Otras redes, por ejemplo mercados	
Actividades de consumo									
Actividades de distribución									
Culto religioso									
Obras de beneficencia									
Actividades productivas									
Actividades políticas									
Celebraciones comunitarias									
Actividades educativas									
Actividades de esparcimiento y viajes									
Actividades diversas									
Horas dedicadas a actividades diversas en redes seleccionadas	X_1	X_2	X_3	X_4	X_5	X_6	X_7	X_8	Total de horas de participación en redes
Porcentaje de tiempo dedicado a actividades diversas en redes seleccionadas	Porcentaje X_1	Porcentaje X_2	Porcentaje X_3	Porcentaje X_4	Porcentaje X_5	Porcentaje X_6	Porcentaje X_7	Porcentaje X_8	100%

Fuente: Elaboración propia.

diversas. Las redes, que se describen en las columnas de la matriz, incluyen redes integradas por familiares inmediatos y miembros de la familia ampliada, clubes deportivos y de servicio, organizaciones de empleados, juntas directivas de instituciones, partidos políticos, grupos religiosos, comunidades y otras redes, incluidas las integradas por máquinas.

Si se completara la matriz con respecto a una persona determinada, las celdas contendrían el número de horas de vigilia de esa persona durante el período de tiempo que dedica a cada una de las actividades que se producen dentro de una red en particular. Las cifras que aparecen en la última fila del cuadro representarían porcentajes y sumarían 100%. Si bien los pobres y los ricos participan en muchas actividades similares, los pobres parecen hacerlo dentro de un menor número de redes, y a menudo en redes integradas por otras personas pobres que carecen de los recursos necesarios para huir de la pobreza. En el cuadro III.3 se podría describir esta concentración del capital social y las actividades de una persona, asignando el tiempo de esa persona a un número de celdas menor que el que correspondería a los ricos.

Entre las personas que suelen formar parte de las redes menos numerosas y de menor cantidad de recursos se incluyen los miembros de hogares encabezados por un solo progenitor (habitualmente la madre) que nunca se ha casado, familias rurales no propietarias de bienes y otros grupos minoritarios que no se han integrado en la sociedad por sus costumbres particulares o sus características comunes heredadas. Por último, puede haber miembros de la población mayoritaria que forman parte de redes menos numerosas y con pocos recursos, porque no se han conectado con personas que comparten características similares a las suyas.

Nuestra premisa es que la pobreza se relaciona en parte con la falta de capital social de una persona dentro de redes ricas en recursos. De acuerdo con nuestra hipótesis, esta ausencia de capital social restringe el acceso de los pobres al capital físico, humano y financiero. Cuando una persona carece de capital social dentro de redes ricas en recursos, no solamente ve limitado su acceso a esos recursos, sino que a menudo, cuando logra acceder a ellos, se encuentra en una posición desventajosa en comparación con quienes gozan de capital social. En la sección siguiente destacaremos la conexión que existe entre el capital social y la reducción de la pobreza.

Causas de la pobreza

Gran parte de la política económica actual se basa en lo que se denomina el modelo tradicional. Este modelo tradicional se fundamenta en principios económicos ampliamente aceptados, ya señalados por Adam Smith en 1776. En la presente sección examinaremos el modelo tradicional, su promesa de prosperidad y los motivos por los que algunos creen que no ha logrado eliminar el problema de la pobreza persistente. A continuación, ampliaremos el modelo tradicional al examinar de qué manera se alteran sus consecuencias cuando se le observa a través de la lente del paradigma del capital social.

El modelo tradicional y la pobreza

En el modelo tradicional se hace hincapié en que el desarrollo y la prosperidad dependen de nuestras oportunidades de especializarnos y realizar intercambios. Adam Smith, reconocido como el padre del pensamiento económico, ilustró este principio con sus observaciones acerca de los fabricantes de alfileres. Observó que un solo trabajador podía fabricar apenas un alfiler por día. Sin embargo, 10 trabajadores, cada uno de ellos especializado en una etapa del proceso de fabricación de alfileres y trabajando en forma conjunta, podían producir más de 48 000 alfileres por día. Actualmente, el principio de que la especialización determina un aumento de la productividad se aplica en todo el mundo.

La especialización incrementa la productividad individual, permitiendo que determinadas habilidades se perfeccionen mediante la práctica reiterada. Por ello, cuando las tareas se dividen y las personas se especializan, no solamente aportan una mayor destreza a cada etapa del proceso de producción, sino que a menudo aportan recursos e información que resultan esenciales para el logro de la eficiencia. Sin embargo, para que haya especialización debe haber instituciones que organicen la coordinación de las tareas y la distribución de los productos. Por supuesto, la creación y el mantenimiento de tales instituciones requiere que exista capital social.

Cuando las personas se especializan, dejan de producir algunos bienes y servicios que son fundamentales para su bienestar. Para obtener esos bienes y servicios que ya no producen, realizan intercambios con los demás. Por lo tanto, si en una economía las personas se especializan, también deben realizar intercambios, y en ese proceso se tornan dependientes de lo que producen otros. También en este caso, las actividades de intercambio exigen la presencia de instituciones que tengan el respaldo de un capital social. A medida que la especialización y los intercambios han ido adquiriendo alcance mundial, el bienestar económico de los países se ha tornado aún más interdependiente. Por lo tanto, la situación económica imperante en un país puede afectar al bienestar de quienes comercian con él. También puede tener los efectos de un seguro, en el sentido de que las condiciones económicas desfavorables en un país pueden compensarse con las condiciones económicas favorables imperantes en otro.

Los países que no confían en otros, o que no reconocen las ventajas de la especialización y el intercambio, adoptan políticas de autosuficiencia. Sin embargo, las enseñanzas del pasado muestran que las políticas de autosuficiencia rara vez tienen éxito. La historia y la experiencia han dado la razón a Adam Smith. La especialización y el intercambio son necesarios para el progreso económico.

Si el intercambio se limitara al trueque, las oportunidades de comerciar se verían sumamente restringidas. Solamente podría realizar un intercambio todo aquel que fuera capaz de encontrar a alguien que produjera lo que él desea y a su vez deseara lo que él produce. Por ese motivo se inventó el dinero. En lugar de limitar las oportunidades de intercambio a quienes producen un artículo deseado, el dinero hace posible el intercambio con casi todas las personas que producen algo de valor. En efecto, el dinero nos permite adquirir lo que deseamos mediante dos operaciones de intercambio. Intercambiamos lo que nosotros producimos por dinero, y luego intercambiamos el dinero por aquello que deseamos y que es producido por otros. El concepto tradicional pone el énfasis en la importancia de los mercados, donde los bienes pueden ser evaluados en términos de dinero y donde las instituciones formales permiten a los extraños comerciar.

Si el intercambio se limitara al dinero en efectivo, las oportunidades de comerciar se verían limitadas, porque rara vez existe una sincronización perfecta entre nuestros ingresos y gastos. Por esa razón se inventó el crédito. En lugar de limitar nuestras oportunidades de comprar e invertir al dinero en efectivo, el crédito se intercambia por fondos prestados para la compra de bienes y servicios que pagaremos en el futuro. El desarrollo de una economía y la posibilidad de prosperidad personal están vinculados a la disponibilidad de crédito.

Finalmente, el concepto tradicional resalta el hecho de que, para que la especialización sea eficiente y el intercambio aumente el bienestar, los participantes deben estar motivados por la posibilidad de obtener un beneficio personal, que en la mayoría de los casos se mide en términos de bienes y servicios materiales y de acceso al poder y a posiciones jerárquicas.

El concepto tradicional del desarrollo ha conducido con frecuencia a la formulación de políticas bastante predecibles. Uno de los aspectos más importantes en los que se ha centrado la atención de la política económica, derivado del concepto tradicional de desarrollo, ha sido el fomento de la especialización y el intercambio. Una forma de promover la especialización y el intercambio es reducir el costo de las transacciones. Como consecuencia de ello, muchas veces se han aprobado normas restrictivas que limitan el comercio y se han reducido los aranceles y los derechos de importación y exportación.

Un segundo foco de atención de las políticas han sido las medidas destinadas a recompensar las iniciativas que apuntan a mejorar la comunicación entre la oferta y la demanda. Los impuestos elevados y las políticas de bienestar social generosas, así como otras restricciones al comercio, suelen generar oposición porque pueden distorsionar las señales provenientes de la oferta y la demanda que se manifiestan en los mercados y que motivan el intercambio, la especialización y la aceptación de riesgos.

Un tercer foco de atención de las políticas, derivado del modelo tradicional, ha sido el de fomentar la adopción de medidas monetarias y fiscales dirigidas a estabilizar las monedas. La finalidad de esta política es proporcionar un medio de intercambio estable y reducir el riesgo de inversión.

Finalmente, hay políticas que apuntan a crear instituciones diseñadas para garantizar el goce de los derechos de propiedad y el cumplimiento de los acuerdos celebrados entre socios comerciales. En algunos artículos que se han escrito recientemente sobre este tema, se sostiene que los pobres pueden estar en situación de desventaja porque sus derechos de propiedad no están garantizados. Por ejemplo, De Soto (2000) aduce que en muchos casos los pobres crean capital en forma de viviendas, pero como no tienen títulos de propiedad saneados, no pueden usar ese capital como garantía para la obtención de otras formas de capital.

El modelo tradicional ha sido reconocido por sus numerosos éxitos y, en la mayoría de los casos, demostrado ser un sistema económico más eficiente que las demás opciones, incluidas las economías centralmente planificadas. Sin embargo, y a pesar de esos éxitos, la pobreza sigue existiendo en forma persistente, incluso en los países desarrollados. Los críticos del modelo tradicional citan varias razones para explicar por qué éste no ha sido capaz de eliminar la pobreza.

En primer lugar, los beneficios derivados de la especialización y el intercambio son recibidos por quienes tienen la destreza y los recursos productivos necesarios, que a menudo son heredados, y no adquiridos o determinados por las fuerzas del mercado. Cuando los trabajadores carecen de recursos, incluidos el crédito y las habilidades que son objeto de demanda en el mercado, se ven excluidos de los beneficios de la especialización y el intercambio. Por supuesto, la solución para un trabajador cuyas habilidades no tengan demanda es la reconversión. Pero en muchos casos, el trabajador carece de los recursos necesarios para adquirir una nueva capacitación.

La globalización y la reestructuración de las modalidades de intercambio dentro de una economía favorecen a los que gozan de movilidad y tienen una adecuada capacitación. Los pobres, que suelen carecer de movilidad y capacitación, a menudo se van quedando atrás, ya que los cambios que se producen en la economía exigen nuevos conocimientos. En ocasiones, las oportunidades de participar en nuevas redes productivas están estructuradas para favorecer a determinados grupos con características heredadas, como grupos étnicos o religiosos, o a los jóvenes. Éstas y otras formas de discriminación a menudo perjudican a los pobres. Por último, los cambios que se producen en las oportunidades económicas, como consecuencia de la globalización de los mercados y la reestructuración de las economías, pueden ser un incentivo para que algunas personas redistribuyan sus inversiones en capital social. Esta redistribución puede tener consecuencias adicionales para los pobres.

Todos los intercambios tienen lugar en un entorno institucional. Las instituciones o las normas que describen las condiciones del intercambio también asignan beneficios y costos, y a menudo son controladas por una elite que las administra en beneficio propio y de sus amigos. Son pocas las conexiones que existen entre los pobres y los poderosos y, por consiguiente, las normas rara vez favorecen a los primeros.

En un mundo interdependiente, los actos de una persona afectan a las demás. Si la persona A utiliza un terreno para construir una casa, ese mismo terreno no podrá ser usado por B con el mismo fin. Lo mismo se aplica cuando A utiliza el aire o el agua para la eliminación de residuos. El modelo tradicional presume que estas oportunidades tienen dueño, y pone el énfasis en los intercambios posteriores. Sin embargo, la índole del desarrollo depende de quién tiene qué para intercambiar. Los pobres sencillamente tienen poco para intercambiar (es decir, tienen pocas cosas que representen un costo para los demás). Aunque consigan los mejores términos de intercambio, seguirán siendo pobres. La transmisión de la propiedad depende fundamentalmente del capital social (es decir, de la estima y el reconocimiento de una persona por otra). Los ricos no cederán sus derechos de privilegio respecto de las oportunidades, a menos que consideren que los receptores son personas valiosas en lugar de objetos que pueden manipularse. Si a los ricos les importan los pobres, sienten realmente un mayor bienestar cuando ceden a los pobres algunos derechos de propiedad.

El paradigma del capital social y la pobreza

La idea central de este documento es que una de las causas importantes de la pobreza persistente es la falta de capital social que tienen los pobres dentro de redes ricas en recursos. Asimismo, partimos de la hipótesis de que cualquier opinión informada acerca del desarrollo económico y la reducción de la pobreza debe tener en cuenta la influencia del capital social en la productividad de otras formas de capital y la distribución de los beneficios. Consideremos ahora la contribución del paradigma del capital social al modelo tradicional y a nuestra interpretación de las causas de la pobreza persistente.

En el modelo tradicional se sugiere que las personas se especializan y realizan intercambios de acuerdo con sus posibilidades de obtener un beneficio material y financiero. El paradigma del capital social añade a esa premisa que los términos y niveles del intercambio dependen no solamente del deseo de una persona de obtener bienes y servicios materiales y activos productivos, sino también del capital social de esa persona y de su necesidad de recibir bienes socioemocionales.

En el paradigma del capital social se reconoce que valoramos e intercambiamos bienes socioemocionales, además de bienes y servicios materiales. En realidad, sostiene que los intercambios casi siempre incluyen algún bien socioemocional. Es más, puesto que el intercambio de bienes socioemocionales tiende a producirse con mayor frecuencia en relaciones ricas en capital social, los términos y niveles del intercambio de bienes y servicios materiales suelen favorecer y alentar la especialización y el intercambio entre quienes poseen capital social. Por lo tanto, el capital social de una persona influye en la productividad de sus recursos materiales y de otro tipo. Según nuestra hipótesis, los pobres, que suelen carecer de capital social dentro de redes ricas en recursos, con frecuencia deben realizar sus intercambios en condiciones desventajosas. Además, muchas veces no disponen de información sobre oportunidades de progreso, porque no tienen contactos de aproximación con redes ricas en capital social.

En el modelo tradicional se predice que, en ausencia de costos de transacción, la producción tiene lugar en condiciones óptimas, en vista de las instituciones existentes y la distribución de recursos en vigor. En cambio, el paradigma del capital social sugiere que las asignaciones de recursos están sujetas a la influencia del capital social, y que la producción de activos materiales puede no ocurrir en forma óptima, ni siquiera en presencia de una distribución predeterminada de los recursos y los derechos (por ejemplo, la contratación de familiares no calificados puede estar motivada por la necesidad de preservar el capital social del contratante, más que por el logro de la eficiencia económica). Además, el paradigma del capital social subraya que la distribución de los recursos no es necesariamente un factor preestablecido, y que los cambios en dicha distribución están en gran parte motivados por los cambios en la distribución del capital social.

En el paradigma del capital social también se establece una conexión entre la distribución del capital social y la del ingreso. Esa conexión es directa. La distribución del capital social altera los términos y niveles del intercambio, y éstos a su vez influyen en la distribución del ingreso. Por lo tanto, la distribución del capital social debe reflejarse en la distribución del ingreso de los hogares. De esta deducción puede extraerse otra nueva conclusión: que la distribución del ingreso de los hogares puede modificarse si se altera la distribución del capital social. Además, la conexión existente entre la distribución del capital social y la del ingreso también permite predecir que las sociedades integradas por personas desconectadas entre sí y carentes de capital social estarán en una situación económica desventajosa, ya que esa falta de capital social desalentará el intercambio y la especialización.

Es un hecho ampliamente reconocido que la inversión insuficiente en bienes con un alto costo de exclusión, como las carreteras, la salud pública y la seguridad, contribuye a la persistencia de la pobreza. El modelo tradicional sugiere que las personas deben estar motivadas por el interés personal para invertir en bienes con un alto costo de exclusión (a veces denominados bienes públicos). En cambio, el paradigma del capital social amplía la definición de los resultados que pueden considerarse beneficiosos para el interés personal. Por ejemplo, una persona puede tener interés en invertir en bienes públicos, si esa inversión beneficia a las personas en las que reside su capital social. Una persona puede invertir también en bienes públicos, si a cambio recibe bienes emocionales. O puede invertir en bienes públicos, si el lugar que apoyará encierra para ella valores afectivos.

Una forma de mejorar la disposición de las personas a invertir en los bienes públicos que reciben sus comunidades, es aumentar su apego a un determinado lugar o a su comunidad. Cuando los miembros de una comunidad comienzan a sentir que están conectados entre sí y se forma entre ellos un capital social de vinculación, se sienten también más dispuestos a invertir en bienes que benefician a la comunidad. Además, a medida que se acrecientan sus intercambios de bienes socioemocionales, es probable que esos bienes se incorporen a su comunidad y atribuyan al lugar un valor afectivo. Cuando no existen sentimientos de conexión y capital social, es menos probable que se produzcan intercambios de bienes socioemocionales y de bienes y servicios materiales, y lo más probable es que no aumente el valor afectivo atribuido a determinados lugares.

El paradigma del capital social también tiene consecuencias para el comercio. En el modelo tradicional, el dinero y el crédito permiten que todos los intercambios se limiten a dos etapas. Se canjean bienes y servicios por dinero, y se usa el dinero obtenido para adquirir otros objetos. En el paradigma del capital social, dicho capital y los bienes socioemocionales pueden cumplir la función del dinero y el crédito. En algunos casos, pobres y ricos logran una mayor eficiencia en sus intercambios al utilizar bienes socioemocionales e inversiones en capital social. Imaginemos por ejemplo que la persona A le hace un favor a la persona B (por ej., la reparación de su automóvil), con la única expectativa de que, en algún momento, B también hará algo por A. Sus expectativas o su confianza funcionan como el crédito. O imaginemos cuánto más sencillo sería obtener ayuda de un amigo para terminar una reparación, utilizando nuestro propio capital social, que tratar de llegar a un acuerdo financiero cuando no existe un mercado establecido que permita asignar un valor a dicha ayuda. En esos casos, el capital social es como el crédito y el dinero, y puede ser utilizado en múltiples intercambios. Es más, debido a que es duradero, puede guardarse hasta el momento en que uno lo necesite, aunque se requiere cierto grado de mantenimiento.

En el modelo tradicional se equipara el bienestar a la posibilidad de acceder a los recursos materiales y financieros, y a veces reconoce el valor que éstos tienen para la obtención de bienes de alto nivel social. En el paradigma del capital social se sugiere que los bienes socioemocionales también son importantes para el bienestar, y que difícilmente pueden ser producidos por uno mismo. Por lo tanto, para la mayoría de las personas los bienes socioemocionales solamente pueden obtenerse mediante intercambios en determinados entornos sociales. Este reconocimiento aporta un elemento adicional de apoyo al énfasis que pone el modelo tradicional en la circunstancia de que todos somos verdaderamente interdependientes, de que cada uno de nosotros es "una parte del todo".

Finalmente, en el modelo tradicional se reconoce que en algunos casos los mercados no prosperan, y que ese fracaso impide el desarrollo económico. El paradigma del capital social sugiere que las fallas del mercado a menudo se relacionan con una ausencia de capital social, y a veces con relaciones hostiles que crean condiciones desfavorables para el intercambio, debido a la existencia de valores afectivos negativos. De hecho, las pruebas indican que entre grupos hostiles se producen pocos intercambios.

En el paradigma del capital social se predice que, en ausencia de instituciones formales y de una sociedad conectada en general entre sí, el capital social sustituirá a otras formas de capital. En esos casos, el capital social de una persona no solamente proporciona bienes socioemocionales, sino que además es el recurso que facilita el intercambio y la supervivencia económica. Por supuesto, el capital social que se utiliza para la mayoría de los fines económicos no resulta tan eficiente como el dinero, pero puede ser usado como un sustituto parcial. La meta es y debe ser pasar de economías dependientes del capital social a economías basadas en instituciones formales, respaldadas por valores afectivos. En efecto, cuando el número de personas que integran las redes de intercambio supera el nivel hasta el cual es posible mantener un capital social personalizado (como debe suceder en todas las economías estructuradas y desarrolladas), es preciso establecer instituciones formales y darles apoyo.

El capital social de los pobres, aunque puede concentrarse y residir en redes de pocos recursos, representa igualmente para ellos un recurso importante que utilizan ampliamente. Por ejemplo, en algunas comunidades de Nicaragua, los pobres utilizan su capital social para cubrir los gastos de los servicios fúnebres. En otros casos, los pobres intercambian su capital social para hacer frente a gastos médicos de emergencia u obtener raciones de supervivencia durante crisis económicas. De hecho, el capital social de los pobres representa para ellos la diferencia entre sobrevivir o no. Los pobres pagan con sus servicios y respeto futuros.

Debido a que el capital social de los pobres suele estar concentrado geográficamente, los pobres se muestran a menudo reacios a intentar siquiera aprovechar las nuevas oportunidades económicas, porque ello les significaría perder las ventajas que les ofrece su red. Esta inmovilidad de los pobres puede constituir un obstáculo importante para su desarrollo económico, puesto que la globalización y otros ajustes del mercado a menudo exigen la reubicación y participación en nuevas redes, y ambas cosas son difíciles para los pobres.

En síntesis, en el paradigma del capital social se reafirma el modelo tradicional y se agregan nuevos elementos de comprensión de las causas de la pobreza. En el paradigma se sugiere que la ausencia de capital social en redes ricas en recursos puede generar términos y niveles de intercambio desfavorables para los pobres, y limitar su capacidad de aprovechar las nuevas oportunidades económicas. Además, en ausencia de capital social, lo más probable es que los propietarios actuales del capital físico y las oportunidades no los compartan con los pobres. Por último, en el paradigma del capital social también se sugiere que, en ausencia de capital social de vinculación, las comunidades tienden a invertir de manera insuficiente en bienes públicos, y que las consecuencias negativas de esa política recaen en forma desproporcionada sobre los pobres. Es más, las pruebas indican que la distribución del capital social altera los términos y niveles del intercambio, y que éstos a su vez influyen en la distribución del ingreso, cuya falta de uniformidad refleja la desigualdad en la distribución del capital social.

D.   ¿Qué pruebas existen de que el capital social puede ser utilizado para reducir la pobreza?

Afortunadamente, en muchas de las "mejores" prácticas de desarrollo ya se utiliza con eficacia el capital social (Smith, 2001) y muchas de ellas tienen elementos en común. Dichas prácticas amplían las redes de los pobres, mejoran su acceso a los recursos en condiciones favorables, aumentan el valor afectivo atribuido a determinados lugares, crean capital social de vinculación y aproximación al conectar a personas de diversos orígenes, incrementan las inversiones en bienes públicos y modifican las instituciones en beneficio de los pobres.

En esta Conferencia se pondrá el énfasis en el uso del capital social para mejorar la situación de los pobres. A continuación, se mencionan algunos ejemplos de la forma en que se ha utilizado el capital social, o de estudios que vinculan el capital social a la situación de los pobres.

- Uno de los primeros estudios que se hicieron sobre el capital social demostró que el nivel de educación alcanzado se relacionaba con el entorno de capital social de los estudiantes (Coleman, 1990).

- Los países con altos niveles de confianza gozan de importantes ventajas económicas (entre ellas, economías de escala), en comparación con las sociedades que tienen bajos niveles de confianza (Fukuyama, 1995).

- Las comunidades con una fuerte sociedad civil y un alto grado de asociación han prosperado más que las que tienen niveles reducidos de participación cívica (Putnam, Leonardi y Nanetti, 1993).

- La disparidad en el ingreso de los hogares parece disminuir cuando aumentan las variables asociadas a mayores niveles de capital social (Robison y Siles, 1999).

- La posibilidad de adquirir tierras de buena calidad depende del capital social de cada uno (Perry y Robison, 2001).

- Existe una relación positiva entre el crecimiento económico nacional y la confianza (Knack y Keefer, 1997).

- A medida que aumentan los contactos de intercambio de una persona, también lo hacen sus ingresos (Fafchamps y Minten, 1998).

- Cuando se otorga a las comunidades el poder de seleccionar y administrar sus propios proyectos de desarrollo, las inversiones tienen mejores resultados y crece el capital social de las comunidades (Robison, Siles y Owens, 2002).

- Abundan los ejemplos de destrucción y pobreza derivadas de la hostilidad o del capital social negativo, que distorsionan e incrementan el costo de las transacciones, y reducen las posibilidades de especialización. La guerra, la delincuencia, la corrupción, las amenazas, la discriminación, los actos de terrorismo y la destrucción del medio ambiente son actos de hostilidad que aumentan la pobreza.

- El éxito de las maquiladoras de Yucatán (México) depende de su capital social (Biles, Robison y Siles, 2001).

- Las prácticas de conservación de recursos utilizadas en el Altiplano han sido asociadas al capital social (Swinton, 2000).

- La formación de capital social trajo aparejada una mejora en el mantenimiento de un sistema de riego y uso compartido del agua (Uphoff, 2000).

- Se han organizado con éxito asociaciones de ahorro e inversión mediante el uso de capital social (Adams y Fitchett, 1992).

- La adopción de tecnologías depende de los lazos sociales (Isham, 1999).

E.   ¿Qué políticas propone el paradigma del capital social?

En una sección anterior se describieron los vínculos existentes entre la persistencia de la pobreza y la falta de capital social en redes ricas en recursos. En esta sección se examinarán algunas políticas de reducción de la pobreza que pueden proponerse en atención a esos vínculos.

Medidas propuestas

Una vez identificada la ausencia de capital social en redes ricas en recursos como causa importante de la pobreza, se proponen a continuación algunas formas de incrementar los recursos de capital social de los pobres.

El aumento del capital social de los pobres no sólo mejora su acceso a bienes socioemocionales, sino que también amplía sus posibilidades de acceder a otros recursos. Muchas de las medidas que se proponen a continuación no sólo permiten aumentar el capital social, sino que también generan otros beneficios, entre los que se incluye un mayor volumen de capital humano, instituciones fortalecidas y un nivel más elevado de intercambios y especialización. En algunos casos se tendrá sencillamente que admitir que, antes de proponer medidas, será necesario responder algunas preguntas. Esas preguntas aún sin respuesta se describen al final de esta sección. Recordamos a la Conferencia que las medidas que se proponen a continuación pretenden ser el punto de partida, y no el punto final, de los debates sobre políticas de reducción de la pobreza.

Enseñanza pública

Dado que para la formación de capital social se necesita la interacción entre las distintas clases económicas de la sociedad, ella se debe fomentar siempre que sea posible. La participación en la enseñanza pública constituye una de las oportunidades más importantes de interacción entre grupos diferentes. Cuando estudiantes de distintos niveles socioeconómicos participan en una experiencia educativa similar, se crean puntos de coincidencia adquiridos y se puede formar capital social de aproximación. Además, la participación de los niños en experiencias educativas similares brinda algunas veces a los padres la oportunidad de crear redes ricas en capital social y participar en ellas. Cuando las experiencias educativas dividen por clase social o por nivel de ingresos (educación privada para los ricos *versus* educación pública para los pobres), se refuerza la actual distribución del capital social basada en la riqueza.

Por lo tanto, proponemos un aumento de la inversión en la enseñanza pública, y el reconocimiento de ésta como un bien público prioritario. La educación no llegará nunca a representar una oportunidad de aproximación mientras el sistema de enseñanza pública no se considere una alternativa viable a la educación privada. La enseñanza pública sólo será capaz de generar capital social de aproximación cuando atraiga a estudiantes de todos los niveles económicos y sociales. Además, un sistema viable de enseñanza pública puede ser un medio de generar capital social de aproximación entre los padres, al condicionar las inversiones en educación a la creación de redes de apoyo formadas por los padres y a la demostración de que se ha inscrito en las escuelas a estudiantes de distintos niveles socioeconómicos.

Educación para adultos

En algunos países, la pobreza persiste en determinados grupos porque no hablan el idioma generalmente aceptado. Las personas que integran un grupo limitado por el idioma en la mayoría de los casos se comunican y asocian con personas que comparten ese rasgo lingüístico restringido. Como resultado de ello, a menudo no se forma capital social de aproximación entre esos grupos y el resto de la sociedad, porque falta ese punto de coincidencia tan importante que es un idioma en común. Las personas que no hablan el idioma generalmente aceptado tienen menos probabilidades de sentirse conectadas a sus instituciones o de participar en la economía formal. Es posible que los empleadores y las autoridades del gobierno pasen por alto las necesidades y la contribución que pueden hacer las personas que carecen de determinados conocimientos lingüísticos, porque éstas no pueden comunicarse eficazmente. A consecuencia de ello, hay personas pobres que se encuentran a menudo en una posición de desventaja en las transacciones y que quedan excluidas de las oportunidades de especialización e intercambio. Dificultades similares, con los mismos resultados, enfrentan las personas que no saben leer o carecen de alguna otra habilidad fundamental en términos de capital humano que les impide participar plenamente en la economía.

Por lo tanto, es necesario ofrecer oportunidades de educación a los adultos que carezcan de conocimientos lingüísticos, que no sepan leer o escribir, o que requieran otro tipo de capacitación. Anteriormente, la inversión en educación para adultos se consideraba estrictamente una inversión en capital humano. Si bien la inversión en educación para adultos puede incrementar el capital humano, genera como beneficio adicional un mayor capital social basado en un rasgo común adquirido: la alfabetización. El hecho de reunirse para aprender también crea oportunidades de intercambio de bienes socioemocionales y formación de capital social. Por ello, la educación para adultos constituye tanto una inversión en capital humano como en capital social, de la que se espera una elevada tasa de rentabilidad.

El paradigma del capital social nos recuerda que en la mayoría de los intercambios personalizados, incluida la prestación de servicios educativos, también se produce un intercambio de bienes socioemocionales. El valor de estos bienes, incluidas las inversiones en educación, puede determinar el éxito o fracaso de esas inversiones. Existe un conjunto importante de pruebas que respaldan la afirmación de que el rendimiento escolar o académico depende del entorno de capital social en que se educan los estudiantes (y los adultos) (Coleman, 1988). En consecuencia, deben tomarse medidas para garantizar que los servicios de enseñanza no contengan bienes socioemocionales negativos. Estas medidas pueden requerir políticas destinadas a poner de relieve determinadas características comunes, como el deseo y la capacidad de aprender, y a restarle importancia a las diferencias económicas existentes entre los estudiantes, con normas como la exigencia de usar el mismo uniforme para obviar las diferencias en el nivel económico de los estudiantes. Es necesario que los grupos de apoyo formados por los padres produzcan bienes socioemocionales que alienten a los estudiantes, respalden a los profesores y presionen a las autoridades encargadas de formular las políticas para que sigan dando apoyo a la educación.

En el caso de la educación para adultos, recomendamos experimentar con una amplia gama de iniciativas. Las diferencias culturales pueden exigir el empleo de diversos métodos en distintas circunstancias. Es indudable que la educación logra los mejores resultados cuando existen relaciones ricas en capital social entre quienes participan en la experiencia educativa.

Énfasis en la participación

La mayoría de los países prestan apoyo a los programas de investigación que producen resultados útiles. Sin embargo, muchos de esos importantes resultados nunca son aprovechados por las personas que podrían beneficiarse de ellos, porque quienes necesitan la información no están en condiciones de acceder a ella o aplicarla. Debido a la ausencia de capital social entre los responsables de la investigación y los pobres que podrían beneficiarse de sus resultados, los beneficios derivados de las actividades de investigación raramente llegan a estos últimos. Esta falta de capital social determina que las investigaciones carezcan de valor afectivo, y que los pobres sean escépticos con respecto a que las ventajas que se obtendrán realmente de la aplicación de los resultados de las investigaciones estarán a la altura de los beneficios prometidos.

La información necesaria nunca llega a los pobres, debido también a la falta de programas de participación bien organizados, que garanticen la comprensión y aplicación de los resultados provechosos de las investigaciones por quienes más podrían beneficiarse de ellos. Existe en muchas partes una apremiante necesidad de contar con un sistema que permita transmitir información básica a los pobres sobre higiene, cuidado personal y los peligros inherentes a las sustancias nocivas. El éxito de las medidas de difusión o participación depende de la existencia de capital social entre los proveedores y los receptores de la información.

Por lo tanto, es necesario capacitar y potenciar a las personas que están conectadas a la comunidad, para que éstas a su vez proporcionen información y capacitación a su comunidad. Quizás se podría fortalecer la conexión existente entre esas personas y su comunidad, si ésta última se encargara de elegir y apoyar a esas personas. Por ello, resulta importante fortalecer el capital social existente entre quienes brindan información y capacitación y quienes las reciben. Se podría fomentar la creación de un compromiso entre los pobres y las personas que tienen los conocimientos y la capacitación necesarios, exigiendo a los que realizan actividades de investigación con el apoyo de fondos públicos que demuestren, como condición para seguir recibiendo ese apoyo, que sus resultados se han aplicado en beneficio de una amplia gama de clientes, incluidos los pobres.

Transferencia de tecnología

Las nuevas tecnologías están relacionadas con las actividades de divulgación. A menudo carecen de valores afectivos y sustituyen a tecnologías anteriores que habían adquirido un valor afectivo. Cuando estas tecnologías son proporcionadas por personas conocidas por los posibles usuarios, los valores afectivos tienen mayores probabilidades de ser positivos que si fueran proporcionados por extraños o, lo que es peor, por personas no respetadas por los miembros de la comunidad. Los valores afectivos positivos asociados a una nueva tecnología también pueden incrementarse, cuando esa tecnología es adoptada por personas respetadas dentro de la comunidad, o cuando es difundida por personalidades reconocidas y exitosas.

En consecuencia, debería hacerse lo posible por aumentar el valor afectivo de las nuevas tecnologías. Los profesionales de la publicidad son expertos en la técnica de incorporar valores afectivos a los productos. Sus éxitos en ese ámbito pueden brindar algún tipo de orientación a quienes deseen incorporar valores afectivos a las nuevas tecnologías.

Activación del capital social latente en las comunidades

Hay muchas medidas positivas de reducción de la pobreza que puede adoptar una comunidad organizada que reconozca el valor colectivo de sus activos. Cuando las comunidades están conectadas entre sí, estas redes ricas en capital social pueden organizar mercados, mejorar los sistemas de abastecimiento de agua y saneamiento, evitar la delincuencia, presionar al gobierno para que mejore los servicios, establecer fondos de ahorro e inversión y aumentar la inversión en las escuelas. Sin embargo, en la gran mayoría de los casos, los pobres no están organizados porque su capital social es de carácter latente, en lugar de manifestarse de manera concreta.

Las comunidades que tienen muchas características comunes, pero que no son conscientes de ellas o no les atribuyen importancia, poseen un capital social latente. Para que una comunidad convierta su capital social latente en capital social efectivo, las personas que la integran deben reconocer sus puntos de coincidencia y comprender que esas características comunes son más importantes que sus diferencias.

A veces se plantean los siguientes interrogantes: ¿por qué los pobres son tan desorganizados y suelen mostrarse renuentes a expresarse en forma colectiva y descubrir sus puntos de coincidencia? ¿Por qué están tan poco representados? Una de las causas se relaciona con la propia naturaleza de la pobreza. Cuando su supervivencia está en juego, las personas rara vez se arriesgan a adoptar nuevas tecnologías, a experimentar con prácticas nuevas, a invertir en relaciones que comprometan sus limitados recursos o a expresarse en forma colectiva. Es necesario encontrar la manera de convencer a los pobres de que, si se organizan para que su opinión sea tomada en cuenta en la formación e instrumentación de las instituciones, sus posibilidades de supervivencia mejorarán en lugar de verse amenazadas. Los participantes en esta Conferencia deben analizar las formas posibles de organizar a los pobres con fines productivos y reducir los riesgos que éstos pueden correr si adoptan tales medidas.

En Nicaragua y otros países se ha puesto en práctica con éxito una iniciativa para alentar a los pobres a organizarse. Dicha iniciativa, que se describirá en esta Conferencia, ha contado con el apoyo de donantes locales e internacionales, que ofrecen ayuda a las comunidades identificadas como pobres, con la condición de que formen una red integrada por la mayoría de los miembros de cada comunidad (Lacayo, 2001). Una vez creada la red, ésta debe determinar cuáles son sus prioridades de desarrollo y, con la ayuda de profesionales, preparar solicitudes de asistencia. Si consiguen financiación para sus proyectos, se les exige que liciten y supervisen su ejecución. En una de las comunidades que visitamos, la red terminó su tarea de construcción de una escuela y descubrió que tanto la red como su capital social le serían de utilidad para la concreción de otros proyectos.

Por consiguiente, las comunidades deberían convertir su capital social latente en capital social efectivo solicitando apoyo directo, y ese apoyo debería condicionarse a la formación de redes locales con una amplia participación. También se debería potenciar a las redes comunitarias, asignándoles la responsabilidad de administrar los proyectos que reciban apoyo, seleccionar a los contratistas, supervisar la construcción y gestionar la totalidad de los proyectos una vez finalizados. Los fondos públicos destinados a las comunidades deberían ser administrados por las autoridades locales de la comunidad, con sujeción a la obligación de demostrar el consenso de la comunidad en cuanto al uso de dichos fondos.

Formación de dirigentes

Esta Conferencia pone de relieve la necesidad de contar con dirigentes locales que posean capital social en sus comunidades para que puedan surgir redes locales ricas en capital social. La presencia de esos dirigentes en las comunidades suele ser anterior al desarrollo del capital social latente.

Existen ejemplos exitosos de programas de formación de dirigentes, como los auspiciados por la Western Illinois University y la empresa Kellogg. El simple hecho de reunir a dirigentes potenciales con dirigentes reconocidos es una parte importante del programa. Sin embargo, hay muchas iniciativas de formación de dirigentes que no prestan suficiente atención al desarrollo de las aptitudes de generación de capital social. Los dirigentes locales exitosos poseen capital social y lo utilizan en beneficio de sus comunidades.

Por lo tanto, las universidades de América Latina deben cooperar para el establecimiento de programas de formación de dirigentes, cuyos participantes intervengan en los programas de desarrollo de capital social a nivel de las comunidades. Los donantes internacionales y los gobiernos locales y nacionales deben contribuir a apoyar estos programas. Uno de los componentes de los programas de formación de dirigentes debería ser la posibilidad de que los participantes recibieran parte de su capacitación junto a gobernantes y empresarios exitosos. El éxito de un programa de formación de dirigentes que incluya actividades de capacitación en materia de capital social, puede ser aún mayor si las universidades ofrecen títulos de especialistas en capital social, o si se reconoce la importancia de dichos títulos universitarios y se les brinda apoyo. Se podría exigir como requisito para la obtención de esos títulos que los aspirantes hagan pasantías en comunidades pobres, en actividades que pongan el énfasis en una mejor utilización de las redes de capital social ya existentes y en la creación de otras nuevas.

Uso más intenso de las redes existentes

Es imprescindible tener acceso a recursos nuevos y aprovechar mejor los ya existentes para poder reducir la pobreza. Muchas de las medidas propuestas precedentemente han sugerido formas de generar capital social. Sin embargo, a veces es posible utilizar mejor los recursos de capital social ya existentes. Incluso los pobres tienen abundantes recursos de capital social que a menudo no utilizan plenamente. Por lo tanto, se debe alentar a los grupos locales a aprovechar todas las oportunidades valiosas que se les presenten de organizar y utilizar en mayor medida el capital social ya existente. En muchos casos, pueden comenzar con las redes de capital social ya disponibles y utilizarlas para otros fines. Por ejemplo, algunas redes pobres unen recursos en un fondo común para pagar los gastos de los servicios fúnebres. Puesto que estas personas han aprendido a confiar en los demás miembros de la red y a trabajar juntas para sepultar a sus muertos, ¿no podrían también emplear su buena voluntad para mejorar las condiciones de vida de los vivos?

Muchas comunidades pobres tienen asociaciones de ahorro rotatorio. Estas asociaciones recaudan ahorros de algunos de sus miembros y luego otorgan préstamos a otros miembros de la asociación sobre la base de prioridades previamente acordadas. La amenaza de pérdida del capital social propio constituye un medio importante de obtener el cumplimiento forzoso del pago de un préstamo. Todo aquél que no paga queda en evidencia frente a la comunidad y pierde su respeto, su estima y la posibilidad de recibir un trato preferencial por parte de sus miembros. Algunas de estas asociaciones reciben cierto apoyo del sector público y sus préstamos cuentan con el respaldo de la garantía colectiva de la comunidad. Lo importante en estos casos es que esas mismas redes pueden utilizarse para otros fines, además de recolectar ahorros y distribuir préstamos.

Por consiguiente, proponemos que las iniciativas de generación de capital social a nivel local comiencen con medidas destinadas a identificar las redes ya existentes en la comunidad y que luego las utilicen para otros fines. Estas iniciativas, que tendrían por objeto ayudar a las comunidades a aprovechar mejor y ampliar su capital social, podrían contar con el apoyo de miembros de la comunidad que hayan recibido capacitación para ser dirigentes, miembros de grupos internacionales de ayuda, como el Cuerpo de Paz, y otros.

Uso indirecto del capital social

En algunos casos debemos sencillamente admitir que algunas comunidades pobres cuentan con escasos medios para adquirir capital social de los ricos y poderosos, ya sea en sus propios países o de los organismos cuya asistencia necesitan. En esos casos es importante reconocer que el capital social es fungible. La fungibilidad del capital social permite acceder en forma indirecta a los recursos de capital social necesarios. Por ejemplo, una persona puede necesitar el apoyo de un funcionario público, pero carecer del capital social necesario para obtenerlo. Sin embargo, los pobres pueden tener capital social frente a los donantes internacionales u otros organismos del gobierno que tengan influencia sobre quienes deben autorizar dicho apoyo. Estas relaciones con los organismos de apoyo pueden ser utilizadas como un medio indirecto de obtener la cooperación necesaria. Por lo tanto, recomendamos que las comunidades pobres aprendan cómo hacer un uso indirecto de su capital social.

Mantenimiento del capital social mediante el empleo

En algunos casos, y especialmente en zonas con altas tasas de desempleo, los pobres carecen de servicios básicos tales como alimentación, vestimenta, vivienda y atención médica. En esos casos, la asistencia pública resulta esencial para la supervivencia de las personas pobres. Cuando la asistencia va acompañada de bienes socioemocionales negativos, porque los bienes y servicios se proporcionan de un modo que transmite la idea de que los pobres son inútiles o inferiores porque no pueden cuidar de sí mismos, se crean situaciones de profundo malestar. No obstante, como los pobres necesitan desesperadamente esos bienes y servicios materiales, los aceptan aunque al hacerlo pierdan en parte su sentido de la dignidad.

Los pobres y los desempleados casi siempre tienen alguna habilidad útil que podrían ofrecer a sus comunidades y a otros grupos a cambio de la asistencia pública que éstos les brindan. Si los servicios que los pobres son capaces de prestar pudieran utilizarse y canjearse por asistencia pública, dicha asistencia no tendría por qué ir acompañada de bienes socioemocionales negativos.

Durante un período de grave depresión económica, el Gobierno de los Estados Unidos organizó a varias personas para que construyeran obras públicas, como carreteras, puentes y bibliotecas donde poder escribir cuentos y pintar cuadros. La ventaja de estos proyectos era que estas personas, además del pago, podían recibir bienes socioemocionales, porque sabían que estaban prestando un servicio a cambio del apoyo que se les daba.

Por lo tanto, se debería establecer un sistema de intercambio que diera a las personas que necesitan asistencia pública la oportunidad de prestar sus servicios a la comunidad u otras personas necesitadas a cambio de los bienes que les proporciona la comunidad. Las comunidades deben ser creativas a la hora de ofrecer oportunidades de prestar servicios, los que pueden abarcar desde proyectos de embellecimiento hasta servicios de guardería para madres que trabajan, o servicios de apoyo en las escuelas locales. Podría ponerse en práctica un sistema similar al de pasantías para capacitar a quienes prestan servicios públicos a cambio de asistencia.

Divulgación de los casos de hostilidad

Si bien hemos propuesto que los pobres inviertan en capital social como forma de huir de la pobreza, una investigación cuidadosa de las principales causas de la pobreza revela que ésta no se origina solamente en la ausencia de capital social, sino también en la presencia de hostilidad o de capital social negativo.

El capital social negativo (sentimientos de hostilidad en lugar de solidaridad) a menudo crea obstáculos para el intercambio. La hostilidad, o capital social negativo, es probablemente el impedimento más importante para el desarrollo y la reducción de la pobreza. Las consecuencias de la hostilidad son la exclusión, la discriminación, las guerras civiles, la inestabilidad institucional y las altas tasas de delincuencia. El capital social negativo sólo puede neutralizarse mediante el intercambio de bienes socioemocionales que incluyan muestras de aprobación, expresiones de buena voluntad y el flujo transparente de información. Un medio de reducir la influencia de quienes ejercen el poder y manifiestan sentimientos hostiles es divulgar sus acciones. El maltrato de que fue objeto Rosa Parks durante los movimientos por los derechos civiles trajo aparejados cambios radicales en las instituciones de los Estados Unidos. La divulgación de las condiciones de trabajo de los obreros contratados por las empresas internacionales fue lo que permitió que mejoraran esas condiciones. En efecto, la divulgación de la situación de los pobres moviliza el capital social latente en beneficio de éstos, generando bienes socioemocionales negativos hacia quienes pueden ser los culpables de sus penurias.

Por lo tanto, proponemos que las consecuencias negativas de la hostilidad se divulguen y se hagan conocer a las personas de buena voluntad. Las consecuencias de la hostilidad son aún más atroces cuando ésta es ejercida por funcionarios públicos. Para eliminar esas consecuencias, quienes practiquen la discriminación y el maltrato deberían ser excluidos de la administración pública. Es fundamental contar con una prensa libre para la divulgación de los actos de hostilidad.

Creación de valores afectivos respecto de un lugar

La incorporación de bienes socioemocionales en objetos crea valores afectivos. Uno de los problemas de los barrios y países en desarrollo es que los lugares donde residen sus habitantes suelen carecer de valores afectivos. En consecuencia, quienes tienen mayor capacidad de contribuir al bienestar de su país y su comunidad se marchan, llevándose consigo lo que podrían aportar. Las personas que no tienen movilidad permanecen en sus lugares de residencia, pero sin asumir compromiso alguno con esos lugares. El deterioro del medio ambiente y el uso indiscriminado del capital natural, a menudo causados por organizaciones externas, constituyen una consecuencia adicional que reduce aún más los valores afectivos.

Por lo tanto, es preciso hacer todo lo posible para crear valores afectivos en las comunidades y los países. Ello sólo puede lograrse dando a las personas un sentido de propiedad y control sobre las condiciones y acontecimientos que se producen en su lugar de residencia. La protección jurídica de los derechos de propiedad conduce a las personas a invertir, lo que a su vez impulsa la economía y aumenta los valores afectivos. La sensación de poder influir sobre los acontecimientos locales podría alentarse mediante la celebración de foros abiertos, la inscripción de un mayor número de votantes y la creación de organizaciones de vecinos.

Los desfiles y celebraciones locales con amplia participación en honor del lugar donde se vive son otras formas posibles de generar valores afectivos, como lo es también el hecho de mejorar ese lugar y sus servicios y establecer conexiones con otros lugares. Con ese fin es frecuente que se realicen eventos deportivos, pero éstos son de carácter competitivo y su valor a largo plazo es limitado.

Los lugares adquieren valores afectivos cuando se producen en ellos experiencias positivas. Por eso es importante lograr que se establezcan en el lugar empresas que ofrezcan empleos satisfactorios. Las comunidades deberían crear comisiones encargadas de estudiar la forma de mejorar el suministro de bienes y servicios socioemocionales y materiales. A menudo las comunidades disponen de atracciones locales o fabrican productos exclusivos que podrían promocionarse más intensamente para atraer a visitantes y empresas.

Empoderamiento de las redes locales

La distribución del ingreso de los hogares, la información y el acceso a los servicios sociales y a los derechos de propiedad reflejan la distribución del capital social y la configuración de las redes. La reducción de la pobreza exige que la distribución del capital social y la configuración de las redes se modifiquen a fin de permitir a los pobres acceder a los recursos necesarios para mejorar sus condiciones de vida.

Los pobres necesitan recursos financieros, materiales y humanos, pero si el suministro de éstos por parte de los donantes de la asistencia fortalece y mantiene las redes existentes que excluyen a los pobres y en ocasiones los perjudican, entonces los beneficios de la ayuda se verán reducidos. Cuando la ayuda se utiliza para crear redes entre quienes la reciben, ésta es más beneficiosa para los pobres. Es preciso convencer a los miembros exitosos de una comunidad de que su bienestar puede mejorar si amplían por lo menos algunas de sus redes, para incluir en ellas la participación de los pobres. La voz política de las comunidades depende de su grado de interconexión.

Por lo tanto, las comunidades deben crear entornos públicos en los que sus miembros puedan determinar cuáles son sus necesidades más apremiantes, y luego organizarse a fin de obtener los recursos necesarios para alcanzar sus objetivos. La calidad de vida de una comunidad está ligada a redes entrelazadas que generan valores afectivos en su lugar de residencia y apoyo a sus instituciones.

Aprovechamiento de las redes familiares

La empresa es una red importante y necesaria para mitigar la pobreza. Muchas empresas de países en desarrollo sólo contratan como empleados a sus familiares inmediatos o a miembros de su familia ampliada. Las empresas familiares tienen ventajas respecto de otras empresas en numerosas situaciones, y tienden a organizarse cuando: los costos de transacción son elevados; el control de calidad de los bienes y servicios se torna difícil; hay elementos complementarios de importancia inherentes a la empresa que se perderían si las transacciones se realizaran fuera de ésta; existen importantes bienes socioemocionales que tendrían que sacrificarse si se contrataran externamente los servicios (*outsourcing*); y cuando no se dispone de mercados para los bienes y servicios que la empresa necesita. Las empresas familiares cuentan a menudo con importantes recursos de capital social que son fundamentales para el éxito de una empresa; sin embargo, a veces carecen de los recursos humanos, materiales y financieros necesarios para organizar y gestionar con éxito una empresa.

En consecuencia, debería ampliarse el acceso de las organizaciones familiares al crédito y el apoyo profesional. El otorgamiento de esta asistencia debería condicionarse, entre otras cosas, a la existencia de una red de participantes, al diseño de un plan rentable para la empresa, y a la demostración de su imposibilidad de obtener los recursos necesarios de alguna otra fuente.

Fortalecimiento del capital social familiar

Las redes de hogares encabezados por madres solteras y, en menor medida, las de hogares encabezados por un solo progenitor, generalmente tienden a participar en redes con recursos limitados, debido a que cuentan con muy pocos recursos para invertir en su conexión con otras redes.

Por lo tanto, debería alentarse a la juventud, en diversos contextos religiosos, cívicos y familiares, a postergar la procreación hasta el matrimonio, y éste debería servir para crear una red ampliada para la nueva pareja. Deberían modificarse las instituciones informales que requieren costosas fiestas para la celebración de una boda, y las que desalientan el matrimonio formal. Es necesario tomar medidas para proporcionar capacitación y acceso a los hogares encabezados por un solo progenitor, en condiciones que les permitan aprovechar esas oportunidades. Por ejemplo, se podría dar apoyo económico a los progenitores solteros para la crianza de sus hijos a fin de mejorar su capital humano y social.

Fortalecimiento de los mercados para la creación de capital social

La participación en mercados donde los intercambios suelen hacerse con extraños es una oportunidad importante para ampliar nuestra propia red. La participación en un intercambio en el que ambas partes se benefician constituye un punto de coincidencia importante, que tiene el potencial de generar capital social.

En consecuencia, se recomienda invertir fondos públicos para dar origen y apoyo a mercados formales. Esas inversiones podrían destinarse, entre otras cosas, a facilitar el intercambio de información, establecer sistemas de calificación y normas, y crear servicios de inspección para garantizar la seguridad de los consumidores. Por ejemplo, la inspección de los pesos y medidas y los métodos sanitarios utilizados podrían beneficiar a todos en el mercado. También debería hacerse todo lo posible para aumentar la participación de los pobres en los mercados, mediante estudios que permitieran determinar la demanda potencial de los productos que ellos podrían fabricar. Es indudable que los mercados pueden limitarse a reafirmar sus pautas de distribución actuales y no beneficiar a los pobres, a menos que se adopten medidas concretas que hagan posible la participación de éstos.

Apoyo a las instituciones oficiales

La formación de capital social generalmente se produce de abajo hacia arriba y no a la inversa. Las instituciones oficiales son el resultado de la existencia de capital social personalizado. Las instituciones no oficiales deben apoyar, y en consecuencia preceder, la creación de instituciones oficiales eficaces.

Las instituciones oficiales creadas y mantenidas por una minoría poderosa son terreno fértil para el amiguismo, el nepotismo y la corrupción. En muchos casos, los observadores externos deben acostumbrarse a velar porque los pobres, que suelen carecer de contactos, desarrollen confianza en sus sistemas políticos, y para ello deben darles la oportunidad de organizarse para el logro de metas políticas, de supervisar los resultados para garantizar la transparencia de los procesos electorales, y de que se les reconozcan los mismos derechos políticos en términos de acceso e influencia con respecto al proceso político.

Toda institución formal que ampare el racismo y la discriminación sobre la base de puntos de coincidencia heredados, debe ser objeto del más enérgico rechazo. La oposición a las instituciones que actúan en perjuicio de los pobres requiere la existencia de redes organizadas. El objetivo de la igualdad puede aportar puntos de coincidencia significativos a los miembros de esas redes.

Las instituciones informales son con frecuencia excluyentes y desalientan la especialización y el intercambio a nivel general. Las economías desarrolladas necesitan instituciones formales porque éstas permiten la participación de extraños en los intercambios. Para poder reducir la pobreza se deben fortalecer las instituciones formales.

El poder reside en las redes y en la influencia que éstas ejercen sobre las instituciones formales e informales. Solamente cuando los pobres estén conectados en redes que les permitan unir sus voces, ellos podrán influir en las instituciones formales que distribuyen los costos y los beneficios. En ausencia de una voz organizada que represente a los pobres, quienes ejercen el poder y tienen interés en el bienestar de los pobres deben examinar la influencia que las actuales instituciones formales e informales ejercen sobre éstos.

Por lo tanto, recomendamos que las estrategias de reducción de la pobreza centren la atención en la formación de capital social en el seno de las familias, luego en las comunidades, y posteriormente en redes más amplias. Esto no significa que deban ignorarse las macropolíticas de alivio de la pobreza, sino que, para ser eficaces, esas políticas deben gozar de aceptación y apoyo en el nivel local y familiar.

Los pobres quedarán excluidos de la economía formal, a menos que acepten las instituciones formales. Y sólo las aceptarán si su opinión es tenida en cuenta en el proceso de creación de esas instituciones, para lo cual se requerirá de la cooperación de quienes ejercen el poder.

Evaluación de proyectos basados en las repercusiones del capital social

La mayoría de las políticas propuestas precedentemente se aplican a los encargados de ponerlas en práctica. Sin embargo, quienes evalúan y financian los proyectos también son importantes para la reducción de la pobreza. Creemos que en el pasado gran parte de los fondos destinados a la reducción de la pobreza se han desviado hacia otros fines, y han producido escasos resultados tangibles por no haber tenido en cuenta los efectos de los proyectos sobre el capital social.

Al evaluar los proyectos destinados a generar desarrollo y reducir la pobreza se deberían considerar los siguientes factores, tomando en cuenta el paradigma del capital social:

- ¿En qué medida la política propuesta fortalecerá o debilitará el capital social existente en las redes de pobres, y hasta qué punto aumentará sus vínculos con otras redes de las que están excluidos?

- ¿Cuáles son los flujos probables de bienes emocionales que generará la medida propuesta? Y por consiguiente, ¿dónde se producirán las inversiones y desinversiones de capital social que probablemente originará la medida?

- ¿Cuáles son las instituciones (formales o no) necesarias para la aplicación satisfactoria de la política propuesta?

- ¿De qué manera la medida propuesta modificará los valores afectivos de las instituciones nuevas o de las ya existentes?

- ¿En qué medida la política propuesta alterará los términos y niveles de intercambio que determinan la distribución del ingreso y dependen del capital social individual?

- ¿Cómo se puede aumentar el poder de los pobres con el fin de reducir su pobreza?

F.   Preguntas sin respuesta

La distribución del capital social se refleja en la distribución del ingreso y en el acceso a otras formas de capital. La idea central de este documento es que las condiciones de pobreza están en parte determinadas por la falta de capital social de los pobres, especialmente de capital social de vinculación y aproximación. Se plantean dos preguntas que es preciso considerar: ¿Los pobres carecen también de capital de unión? ¿En qué medida la aptitud de una persona para administrar y generar capital social de unión determina su capacidad de crear y mantener otras formas de capital social? Finalmente, debemos comparar los antecedentes de las personas que tienen las aptitudes necesarias para generar capital social, con los de las personas que carecen de ellas y, si es posible, determinar cuáles son las circunstancias que favorecen el desarrollo de esas aptitudes.

En términos generales, proponemos fomentar todas aquellas prácticas y asignaciones de recursos que mejoren el capital social que los pobres reciben unos de otros en sus redes de unión y vinculación. Existen ejemplos destacados de éxito en la formación de capital social entre los pobres. También proponemos un aumento del capital social que los pobres han invertido en los ricos y personas de sólida posición. Sin embargo, esta política se basa en la presunción de que ya sabemos cómo incrementar el capital social o la solidaridad de los ricos hacia los pobres. Para decirlo en términos más concretos, la pregunta que debemos responder es: ¿cómo se puede aumentar el capital social de aproximación de los pobres? Existen pocas políticas dirigidas a lograr ese objetivo, y son aún menos las experiencias exitosas en tal sentido, salvo en el ámbito de las relaciones internacionales.

G.   Resumen y conclusiones

El capital social y otras formas de capital tienen efectos interdependientes. En algunos casos, el capital social puede considerarse una variable independiente que afecta a los términos (precios) y niveles del intercambio. El capital social también puede considerarse una variable independiente que afecta a los derechos de propiedad y las formas de distribución (quién tiene qué para intercambiar). Sin embargo, existen otros casos en que el capital social constituye una variable dependiente que varía en función de las inversiones y los resultados de intercambios y otras transacciones realizados con anterioridad y que contenían bienes socioemocionales. El capital social también depende de la distribución actual de los recursos materiales y de las instituciones que distribuyen los derechos y beneficios. En consecuencia, el capital social es un factor determinante, pero también determinado. Cuando se lo define como solidaridad, el capital social nos motiva a tratar a los demás de manera favorable en lo que respecta a bienes y servicios, y a brindar bienes socioemocionales que tienen un valor en sí mismos. Los términos y niveles del intercambio a menudo favorecen a quienes forman parte de redes de capital social ricas en recursos. Por lo tanto, la distribución del ingreso y la riqueza y de otras formas de capital reflejan la forma en que distribuimos nuestro capital social. Además, las instituciones que establecen los derechos de propiedad, imponen costos y asignan beneficios, también reflejan la distribución actual del capital social. Quienes poseen capital social en redes ricas en recursos disponen de una herramienta importante.

Habida cuenta de que el capital social y la producción de bienes socioemocionales alteran los términos y niveles del intercambio, no podemos tener garantías de que las actuales prácticas de producción y pautas de distribución del capital social y otros recursos reducirán la pobreza mediante un lento "rebalse" (*trickling down*) de beneficios hacia quienes carecen de medios y cuyo capital social radica en redes pobres en recursos. Debemos dejar atrás el paradigma incompleto del desarrollo, que declara que los problemas de los pobres se solucionarán en definitiva cuando el resto de la economía sea suficientemente rica. El desarrollo y la equidad deben encararse como metas compatibles y complementarias.

La pobreza es un problema de capital social, además de ser un problema de capital físico y humano. El propósito de esta Conferencia es analizar la forma de incrementar y utilizar el capital social para reducir la pobreza. En las sesiones simultáneas nos preguntaremos: ¿cómo se puede utilizar el capital social para reducir la pobreza de las personas que viven en zonas rurales, o de las personas de un determinado género que viven en zonas urbanas? ¿Cómo se pueden administrar los recursos naturales para reducir la pobreza? También analizaremos la forma en que pueden utilizarse las instituciones intermediarias, los mercados y las instituciones formales e informales para reducir la pobreza. Trataremos asimismo de averiguar cómo pueden contribuir la sociedad civil, las redes de servicios y los organismos públicos a la reducción de la pobreza.

En conclusión, la pregunta que surge es: ¿cómo podemos incrementar el capital social y la conexión en red de los pobres? Es un doble desafío. En primer lugar, ¿cómo pueden los pobres aumentar su capital social de vinculación dentro de sus propios barrios y comunidades? Y en segundo lugar, ¿cómo pueden los pobres incrementar su capital social de aproximación para conectarse con otros recursos que no sean únicamente los disponibles en el ámbito local? Creemos que el segundo desafío es el más difícil de lograr. En efecto, para ampliar las redes de vinculación puede ser necesario, en algunos casos, obtener un apoyo político y social que permita a los pobres hacer progresos aun sin la ayuda de un capital social de aproximación.

Una de las formas en que los pobres pueden adquirir capital social es que se les dé la oportunidad de ser oídos y hacer valer sus opiniones. Los pobres deben tener acceso a los medios de difusión para poder informar sobre su situación y dejar constancia de sus necesidades. Existe un potencial latente de capital social y buena voluntad que solamente requiere ser activado.

Quienes están interesados en el bienestar de los pobres deben reconocer que cuando los recursos destinados a ellos se canalizan por conducto de redes establecidas en las que los pobres no participan, a veces los recursos necesarios se desvían, y en consecuencia fortalecen las pautas vigentes de distribución del poder y el capital social. En esta Conferencia recibiremos información acerca de programas que tienen por objeto garantizar que los recursos fluyan directamente hacia quienes más los necesitan.

Si bien hemos destacado la necesidad de que los pobres adquieran capital social, ese proceso, al igual que otras aptitudes de inversión, requiere capacitación. ¿Cómo aprenderán los pobres a invertir en capital social si los que saben cómo generarlo no les enseñan a hacerlo? Existe una imperiosa necesidad de contar con intervención externa en lo que respecta a los programas de divulgación que se han llevado a cabo en otras partes. Quizás las ONG locales u otras entidades puedan aportar su ayuda en tal sentido. Esperamos que uno de los resultados de esta Conferencia sea la recomendación de políticas que promuevan la formación de dirigentes y den orientación en cuanto a la forma de generar capital.

Sería ingenuo pensar que los problemas de la pobreza persistente pueden eliminarse mediante el aumento de sus reservas de capital social. Si bien el capital social constituye una fuente importante de bienes socioemocionales, es apenas una de las diversas formas de capital que resultan imprescindibles para salir de la pobreza. El mensaje de esta Conferencia no es que se deba sustituir el capital financiero y físico por capital social, sino que es preciso integrarlos.

Una de las conclusiones a las que invariablemente se llega en casi todas las iniciativas de desarrollo es el valor que reviste un sólido programa de enseñanza pública. Esos programas no solamente generan capital humano, sino que además pueden ser fundamentales para la creación de capital social de aproximación. El desafío consiste en encontrar la forma de alentar a la población de un país en que los costos de esos programas se concentran y sus beneficios se dispersan, para que preste apoyo a dichos programas. A menudo la alternativa ha consistido en obtener el respaldo de escuelas privadas dotadas de los medios suficientes y de escuelas públicas con escasez de recursos, que reafirman las pautas actuales de distribución del capital social. Es de esperar que en alguna de las recomendaciones que emanen de esta Conferencia se destaque la necesidad de asignar prioridad a la enseñanza pública.

Hemos sugerido varias medidas para mejorar el capital social de los pobres y ampliar su acceso a otros recursos de capital, pero sin describirlas en detalle. Por lo tanto, se requerirá la atención de esta Conferencia para los efectos de completar la lista de medidas y agregar los detalles pertinentes. Como señalamos al comienzo, el propósito de este documento es ser un punto de partida, y no el punto final, de los debates que se llevarán a cabo.

Por último, consideramos que es posible mejorar la situación de los pobres mediante el aumento de su capital social y su inclusión en redes ricas en recursos. Creemos que se pueden lograr progresos importantes en la reducción de la pobreza, si se reconoce el papel que desempeña el capital social en la creación de condiciones de pobreza, y si se emplea dicho capital de una manera coherente, que permita reducir la pobreza y generar desarrollo.

Bibliografía

Adams, D.W. y D.A. Fitchett (1992), *Informal Finance in Low-Income Countries*, Boulder, Westview Press.

Aron, A.E., N. Aron y D. Smollan (1992), "Inclusion of the other in the self-scale and the structure of interpersonal closeness", *Journal of Personality and Social Psychology*, Nº 63.

Arrow, K.J. (1999), "Observations on social capital", *Social Capital: A Multifaceted Perspective*, Partha Dasgupta e Ismail Serageldin (comps.), Washington, D.C., Banco Mundial.

Baker, J.H. (1987), *Mary Todd Lincoln: A Biography*, Nueva York, Norton.

Banco Mundial (2001), *Informe sobre el desarrollo mundial, 2000/2001: lucha contra la pobreza*, Nueva York, Oxford University Press.

Becker, G.S. (1981), *A Treatise on the Family*, Cambridge, Harvard University Press.

___(1974), "A theory of social interactions", *Journal of Political Economy*, vol. 82, Nº 6.

Biles, J.J., Lindon J. Robison y Marcelo E. Siles (2001), "Export-Oriented Industrialization, the State, and Social Capital: A Case Study of Maquiladora Production in Yucatan, Mexico", inédito.

Boulding, K.E. (1989), *Three Faces of Power*, Newbury Park, Sage Publications.

Bourdieu, Pierre (1985), "The forms of capital", *Handbook of Theory and Research for the Sociology of Education*, John G. Richardson (comp.), Nueva York, Greenwood Press.

Bruce, N. y M. Waldman (1990), "The Rotten-kid theorem meets the Samaritan's dilemma", *Quarterly Journal of Economics*, Nº 105.

Burt, G. (1992), *Structural Holes*, Cambridge, Massachusetts, Harvard University Press.

Coleman, James (1990), *Foundations of Social Theory*, Cambridge, Massachusetts, Belknap Press/Harvard University Press.

___(1988), "Social capital in the creation of human capital", *American Journal of Sociology*, Nº 94.

Collard, D. (1975), "Edgeworth's Propositions on Altruism", *Economic Journal*, Nº 85, págs., 355–360.

Cooley, C.H. (1902), *Human Nature and the Social Order*, Nueva York, Charles Scribner's Sons.

Davis, M.H. y otros (1996), "Effect of perspective taking on the cognitive representation of persons: a merging of self and other", *Journal of Personality and Social Psychology*, Nº 70.

Dawes, R.M., J. McTavish y H. Shaklee (1977), "Behavior communication and assumptions about other persons's behavior in a commons dilemma situation", *Journal of Personality and Social Psychology*, Nº 35.

Deininger, K. y L. Squire (1997), "Economic growth and income inequality: reexamining the links", *Finance and Development*, vol. 34, Nº 1.

De Soto, H. (2000), *The Mystery of Capital: Why Capitalism Triumphs in the West and Fails Everywhere Else*, Nueva York, Basic Books.

Donne, J. (1624), *Devotions Upon Emergent Occasions*, Londres, Thomas Iones.

Edgeworth, F.Y. (1881), *Mathematical Psychics*, Nueva York, Augustus M. Kelley.

Elster, J. (1998), "Emotions and economic theory", *Journal of Economic Literature*, Nº 36.

Fafchamps, M. y B. Minten (1998), "Returns to Social Capital Among Traders", IFPRI-MSSD Discussion Paper, N° 23, Washington, D.C., Instituto Internacional de Investigaciones sobre Políticas Alimentarias (IFPRI).

Frank, R.H. (1999), *Luxury Fever: Why Money Fails to Satisfy in an Era of Excess*, Nueva York, The Free Press.

Frey, B.S. e I. Bohnet (2001), "Identification in democratic society", *Inspiring Economics: Human Motivation in Political Economy*, B.S. Frey (comps.), Northampton, Edward Elgar Press.

Fukuyama, Francis (1995), *Trust: The Social Virtues and the Creation of Prosperity*, Nueva York, The Free Press.

Granovetter, Mark S. (1973), "The strength of weak ties", *American Journal of Sociology*, vol. 78, N° 6.

Hanifan, L.J. (1916), "The rural school community center", *Annals of the American Academy of Political and Social Science*, N° 67.

Harris, S. (1981), *Know Yourself? It's a Paradox*, Associated Press.

Hayakawa, S.I. (1962), *The Use and Misuse of Language*, Nueva York, Fawcett World Library.

Hochschild, A.R. (1983), *The Managed Heart: Commercialization of Human Feeling*, Los Angeles, University of California Press.

Homans, G.C. (1971), "Fundamental processes of social exchange", *Current Perspectives in Social Psychology*, E.P. Hollander y Raymond Hunt (comps.), Nueva York, Oxford University Press.

Hume, D. (1740), *A Treatise of Human Nature*, Oxford, Oxford University Press.

Isham, J. (1999), "The Effect of Social Capital on Technology Adoption: Evidence from Rural Tanzania", documento presentado en la reunión anual de la Asociación Estadounidense de Economía, Nueva York.

Kahneman, D., J.L. Knetsch y R.H. Thaler (1990), "Experimental tests of the endowment effect and the coase theorem", *Journal of Political Economy*, N° 98.

Knack, S. y P. Keefer (1997), "Does social capital have an economic payoff? A cross-country investigation", *Quarterly Journal of Economics*, N° 112.

Krutilla, J.V. (1967), "Conservation reconsidered", *The American Economic Review*, vol. 57, N° 4.

Lacayo, C. (2001), "Citizen Participation, Local Development, and Decentralization: Lessons and Experiences from the Nicaragua's Social Investment Fund in Transformation Process", documento presentado en la Conferencia Internacional "En busca de un nuevo paradigma: capital social y reducción de la pobreza en América Latina y el Caribe", Santiago de Chile, 24 al 26 de septiembre.

Marshall, A. (1975), *The Early Economic Writings of Alfred Marshall, 1867–1890*. Vol. 2, ed. J.K. Whitaker, Nueva York, The Free Press.

Maslow, A.H. (1962), *Toward a Psychology of Being*, Princeton, D. Von Nostrand Company.

Merleau-Ponty, M. (1969), "The primacy of perception and its philosophical consequences", *The Essential Writings*, A.L. Fisher (comp.), Nueva York, Harcourt, Brace.

Montgomery, J.D. (1991), "Social networks and labor-market outcomes: toward an economic analysis", *American Economic Review*, N° 81.

Narayan, Deepa (1997), "Voices of the Poor: Poverty and Social Capital in Tanzania", ESSD Studies and Monographs series, vol. 20, Washington, D.C., Banco Mundial.

Narayan, Deepa y L. Pritchett (1997), "Cents and Sociability: Household Income and Social Capital in Rural Tanzania", World Bank Research Working Paper, Nº 1796, Washington, D.C., Banco Mundial.

Narayan, Deepa y otros (2000), *Voices of the Poor: Crying Out for Change*, Nueva York, Oxford University Press.

Olson, M. (1982), *The Rise and Decline of Nations: Economic Growth, Stagflation, and Social Rigidities*, New Haven, Connecticut, Yale University Press.

Perry, G.M. y Lindon J. Robison (2001), "Evaluating the influence of personal relationships on land sale prices: a case study in Oregon", *Land Economics*, vol. 77, Nº 3.

Portes, Alejandro (1998), "Social capital: its origins and applications in modern sociology", *Annual Review of Sociology*, Nº 22.

Putnam, Robert (1995), "Bowling alone: America's declining social capital", *Journal of Democracy*, vol. 6, Nº 1.

Putnam, Robert, Robert Leonardi y Rafaella Nanetti (1993), *Making Democracy Work: Civic Traditions in Modern Italy*, Princeton, Princeton University Press.

Robison, Lindon J. y A. Allan Schmid (1991), "Interpersonal relationships and preferences: evidences and implications", *Handbook of Behavioral Economics*, vol. 2B, R. Frantz y H. Singh (comps.), Greenwich, JAI Press.

Robison, Lindon J. y Marcelo E. Siles (1999), "Social capital and household income distributions in the United States: 1980, 1990", *Journal of Socio-Economics*, Nº 28.

Robison, Lindon J. y S.D. Hanson (1995), "Social capital and economic cooperation", *Journal of Agricultural and Applied Economics*, vol. 27, Nº 1.

Robison, Lindon J., A. Allan Schmid y Marcelo E. Siles (2002), "Is social capital really capital?", *Review of Social Economy*, vol. 60, Nº 1.

Robison, Lindon J., A. Allan Schmid y P.J. Barry (2002), "The role of social capital in the industrialization of the food system", *Agricultural and Resource Economics Review*, vol. 31, Nº 1.

Robison, Lindon J., Marcelo E. Siles y J. Owens (2002), "A Performance Evaluation of the Nicaraguan Social Investment Funds", Department of Agricultural Economics Staff Paper, Nº 02-00, East Lansing, Universidad del Estado de Michigan.

Robison, Lindon J., R.J. Myers y Marcelo E. Siles (2002), "Social capital and the terms of trade for farmland", *Review of Agricultural Economics*, vol. 24, Nº 1.

Robison, Lindon J. y otros (2000), "Social Capital and Household Income Distributions: Evidence from Michigan and Illinois", Social Capital Initiative Research Report, Nº 12, East Lansing, Universidad del Estado de Michigan.

Rogers, C.R. (1961), *On Becoming A Person*, Boston, Houghton-Mifflin Co.

Rotemberg, J.J. (1994), "Human relations in the workplace", *Journal of Political Economy*, Nº 102.

Sally, D. (2002), "Two economic applications of sympathy", *Journal of Law, Economics, and Organization*.

___(2001), "On sympathy and games", *Journal of Economic Behavior and Organization*, Nº 44.

___(2000), "A general theory of sympathy, mind-reading, and social interaction, with an application to the prisoners' dilemma", *Social Science Information*, vol. 39, Nº 4.

Siles, Marcelo E., Lindon J. Robison y S.D. Hanson (1994), "Does friendly service retain customers?", *Bank Marketing*, enero.

Smith, Adam (1776), "An Inquiry Into the Nature and Causes of the Wealth of Nations" (http://www.adamsmith.org.uk/smith/won-index.htm).

___(1759), "The Theory of Moral Sentiments" (http://www.adamsmith.org.uk/smith/tms/tms-index.htm).

Smith, L. (2001), "Development of Rural Villages and Social Capital", documento presentado en la Conferencia Internacional "En busca de un nuevo paradigma: capital social y reducción de la pobreza en América Latina y el Caribe" (Santiago de Chile, 24 al 26 de septiembre).

Solow, R.M. (1999), "Notes on social capital and economic performance", *Social Capital: A Multifaceted Perspective*, Partha Dasgupta e Ismail Serageldin (comps.), Washington, D.C., Banco Mundial.

Stiglitz, Joseph E. (2000), "Formal and informal institutions", *Social Capital: A Multifaceted Perspective*, Partha Dasgupta e Ismail Serageldin (comps.), Washington, D.C., Banco Mundial.

Swinton, S.M. (2000), "More Social Capital, Less Erosion: Evidence from Peru's Altiplano", documento presentado a la reunión de la American Agricultural Economics Association, Tampa, 30 de julio al 2 de agosto.

Thaler, R. (1980), "Toward a positive theory of consumer choice", *Journal of Economic Behavior and Organization*, Nº 1.

Tye, L. (1998), *The Father of Spin: Edward L. Barnays and the Birth of Public Relations*, Nueva York, Crowne Publishers Inc.

Uphoff, N. (2000), "Understanding social capital: learning from the analysis and experience of participation", *Social Capital: A Multifaceted Perspective*, Partha Dasgupta e Ismail Serageldin (comps.), Washington, D.C., Banco Mundial.

Veblen, T. (1908), "On the nature of capital, intangible assets, and the pecuniary magnate", *Quarterly Journal of Economics*, Nº 22.

Whetten, D.A. y K.S. Cameron (1995), *Developing Management Skills*, tercera edición, Nueva York, Harper Collins, College Publishers.

Woolcock, Michael (1998), "Social capital and economic development: towards a theoretical synthesis and policy framework", *Theory and Society*, Nº 27.

Capítulo IV

El capital social y su capacidad de reducción de la pobreza

Norman Uphoff [*]

Introducción

A pesar de que hace más de una década que se viene trabajando en lo relativo al capital social, todavía hay escépticos que creen que el término no agrega nada importante a la comprensión de los fenómenos sociales o a la capacidad de alcanzar objetivos como el de la reducción de la pobreza (Robison, Schmid y Siles, 2001).[1] Por mi parte, también tenía una visión escéptica del capital social hasta que empecé a trabajar en este tema hace unos tres años, y considerando que gran parte de lo que se ha escrito sobre el capital social es en realidad ambiguo o tautológico, comprendo las críticas. Sin embargo, hoy estoy convencido de que el capital social puede llegar a ser un concepto y un factor muy útil si se examina con un criterio analítico y empírico, y no simplemente desde un punto de vista descriptivo y retórico. En este trabajo voy a abordar el capital social en términos analíticos y empíricos, evitando tanto la ambigüedad como la tautología, y daré ejemplos de la vida real que demuestran que el capital social puede medirse y es productivo.

---

[*]   Director del CIIFAD (Cornell International Institute for Food, Agriculture and Development), Universidad de Cornell, ntul@cornell.edu.

[1]   Véase Robison, Schmid y Siles (2001), que citan críticas de Kenneth Arrow, Robert Solow, y Barron y Hannon (pp. 6 y 7).

En su discurso de apertura ante esta Conferencia,[2] el Secretario Ejecutivo de la CEPAL, el Dr. José Antonio Ocampo, nos retó a ahondar en el tema del capital social. Eso significa ir más allá de las apariencias, para centrar la atención en la naturaleza del capital social, en lo que éste realmente es. No deberíamos contentarnos con analogías («el capital social es como …») o ejemplos («el capital social abarca …»). Cuando el capital social se equipara a la confianza, la reciprocidad y la cooperación, por ejemplo,[3] se mezclan causas con consecuencias. Dado que la cooperación es un resultado del capital social, describirla como una forma de éste nos coloca en un círculo vicioso (CEPAL, 2001).

Tratar de responder a la pregunta de «¿qué es el capital social?» puede parecer un ejercicio abstracto, pero es necesario encarar este tema en términos ontológicos, para llegar a un acuerdo en cuanto a lo que es, y no simplemente en cuanto a cómo es o a lo que puede abarcar. Hay un viejo proverbio que dice que si uno no sabe a dónde va, cualquier camino lo conducirá hasta allí. Si no sabemos con certeza o claramente qué es lo que constituye el capital social, será difícil saber cómo acrecentarlo y cómo beneficiarnos de su existencia.

Existen razones muy prácticas para tratar de aclarar la sustancia del capital social. Muchos de los informes presentados en esta Conferencia sobre las experiencias de algunos países y casos prácticos han demostrado que lo que se entiende generalmente por capital social, aunque no esté claramente definido, puede contribuir a la reducción de la pobreza. Éste es un objetivo urgente para los gobiernos y las organizaciones no gubernamentales de todo el hemisferio, porque la reducción de la pobreza es una necesidad profunda y apremiante de muchos millones de personas que viven actualmente sumidas en la miseria y las limitaciones que ésta les impone (Narayan y otros, 2000a; 2000b). La comprensión de lo que significa el capital social, y el apoyo que se brinde a la formación y el uso de ese capital, deberían ser dos formas de contribuir a modificar la situación y el futuro de millones de personas, lo que constituye un objetivo muy tangible y loable.

El capital social no debería ser un rubro dentro del cual se agrupen todas las cosas buenas, ni una categoría residual que abarque por ejemplo todo lo que no sean bienes económicos. Para que el capital social constituya un mecanismo de apoyo eficaz que permita mejorar las situaciones no deseadas, debemos conocer las cosas o las relaciones que pueden

---

[2]   Conferencia «En busca de un nuevo paradigma: capital social y reducción de la pobreza en América Latina y el Caribe», Santiago de Chile, 24 al 26 de septiembre de 2001, organizada por la Comisión Económica para América Latina y el Caribe (CEPAL) y la Universidad del Estado de Michigan.

[3]   En este análisis se resumen temas centrales de la bibliografía sobre capital social.

efectivamente aumentarse y aprovecharse para mejorar las oportunidades de vida de los seres humanos que viven en la pobreza. La condición de pobre, sobre todo cuando persiste de generación en generación, no es solamente sinónimo de privaciones y humillación para quienes la tienen, sino también una pérdida y una vergüenza para los que no estamos comprendidos en esa categoría.

A.   ¿Qué es «social» y qué es «capital»?

Para comprender lo que constituye el capital social, podemos comenzar por analizar el concepto desde el punto de vista etimológico, examinando detenidamente el sustantivo y el adjetivo que lo califica.

Capital

Si bien todas las formas de capital producen o contribuyen a la producción de beneficios, no son lo mismo que esos beneficios. Tampoco son los insumos a la producción que se utilizan en el proceso de generar los beneficios que se consideran capital; esos insumos se describen en cambio como recursos. Es importante hacer estas distinciones. El capital difiere entonces de los recursos y de los beneficios.

La característica básica y más general del capital es que representa un conjunto de cosas que tienen consecuencias productivas. Esas cosas, comúnmente denominadas activos, generan una corriente o un flujo de beneficios. Si bien algunas clases de activos disminuyen como resultado de esos procesos, otras aumentan. La característica fundamental de todos los activos de capital es que perduran y continúan aumentando la productividad en los ciclos de actividad subsiguientes.[4]

---

[4]   Comúnmente se piensa que el capital disminuye o se deprecia durante la producción, pero esto se aplica solamente al capital físico, como el equipo o las carreteras y los recursos naturales no renovables como los minerales metalíferos. Si bien los recursos naturales renovables pueden disminuir como consecuencia del uso excesivo, también pueden mantenerse o incluso aumentar si se respetan ciertos límites de utilización; y aunque los trabajadores se cansen de trabajar, pueden recuperarse, y como la gente suele aprender de su experiencia laboral, los trabajadores pueden tornarse más productivos como resultado de esa experiencia.

Hay una serie de características que se han vinculado al capital en la bibliografía, como el deterioro, la calidad de sustituible, la durabilidad, y otras, pero como señalan Robison, Siles y Schmid (2001), éstas no siempre están presentes en todas las formas de capital, y lo que se entiende por capital social se ajusta a la mayoría de estos criterios. No son características que definan al capital porque no se aplican a todas sus formas, al menos no de manera comparable; en cambio, la distinción y la relación entre activos y existencias y entre beneficios y flujo que se destaca en este trabajo es un rasgo general y fundamental de todos los tipos de capital.

Desde principios del siglo XIX, los economistas analizaron los procesos productivos en función de tres factores de producción básicos, a saber: la tierra (los recursos naturales), la mano de obra, y el capital (físico y financiero). Si bien estos términos parecen ser simples y uniformes, en los hechos son bastante variados.[5] Durante mucho tiempo, los dos primeros se consideraron recursos, y solamente el tercero se consideró capital. Sin embargo, los dos primeros también representan existencias, y son algo más que simples corrientes de recursos. Por lo tanto, en las últimas décadas los economistas han comenzado a hablar de capital natural y de capital humano. Todos estos factores pueden incrementarse mediante inversiones y disminuyen por desinversiones. Estas tres formas de capital son en realidad categorías dentro de las cuales se han agrupado varias cosas heterogéneas. Las cosas que corresponden a una misma categoría tienen más aspectos en común entre sí, de acuerdo con determinados conceptos, que con las comprendidas en otra categoría.

Cada una de estas categorías representa cosas reales que pueden usarse en forma productiva, pero no son reales en sí mismas; en realidad, son creaciones de la mente, y en consecuencia más analíticas que concretas. Lo concreto son las cosas comprendidas dentro de esas categorías. De manera similar, el capital social es también una categoría, tan significativa como cualquiera de las otras tres, aunque no exista un acuerdo en cuanto a la forma de medir y agregar sus elementos. Como se indica más adelante, los orígenes del capital social —ciertos factores cognoscitivos, culturales y emocionales que influyen en las relaciones humanas— están en nuestras mentes, pero el hecho de que sean mentales no significa que no sean reales.

Los factores que componen las existencias de capital social de las personas, de las comunidades y de sociedades enteras tienen consecuencias muy tangibles y pueden, en distinto grado, ser aumentados o modificados intencionalmente. Estos factores no deberían desecharse ni pasarse por alto por el hecho de que sean inmateriales —sicológicos o emocionales. En

---

[5] La objeción expresada por Robert Solow (citado por Francis Fukuyama en la exposición que hizo ante esta Conferencia), de que el capital social no puede considerarse una forma de capital porque es más heterogéneo que el capital físico, no es válida. El capital físico puede ser más susceptible de agregarse y medirse debido a las convenciones uniformes relativas a la imputación y suma de valores monetarios, pero dista mucho de ser homogéneo. Comprende fábricas, escritorios, relojes marcadores, reservas de materias primas, existencias de mercancías no vendidas, e infraestructura de todo tipo: cables de energía eléctrica y generadores, teléfonos y satélites, carreteras y vehículos. Dentro de la categoría general de capital también se incluyen las acciones, los bonos y otros instrumentos financieros, así como las cuentas por cobrar. La mano de obra como factor de producción comprende el trabajo de los porteros, guardias, electricistas, mecanógrafos, contadores, programadores informáticos y directores ejecutivos.

realidad, son efectos muy reales, incluso materiales. Eso es lo que hace que el capital social sea tan importante para el logro de objetivos trascendentales como el desarrollo económico y la reducción de la pobreza.

Al igual que las otras tres clases de capital, el capital social puede entenderse mejor si se concibe en función de dos subcategorías principales. Durante muchos años, el capital físico o financiero se clasificó en capital fijo y capital de explotación, aunque ello no refleja plenamente la enorme variedad de cosas comprendidas dentro de estas dos subcategorías. Se pueden extraer muchas ideas útiles de la clasificación de todo el capital natural en formas renovables y no renovables (por ejemplo, los bosques o las pesquerías, por oposición a los yacimientos de petróleo y los minerales metalíferos), aunque el suelo, un recurso natural clave, puede incluirse en las dos categorías. Es renovable, pero sólo en el transcurso de períodos muy prolongados. El capital humano se concibe a menudo en términos de mano de obra calificada o no calificada, aunque la gente que participa en la producción esté comprendida dentro de un amplio espectro que abarca muchas posibilidades intermedias entre los dos extremos.

En el caso del capital social conviene distinguir, por lo menos analíticamente, dos formas principales: la estructural y la cognitiva. Son complementarias, y la mayoría de las manifestaciones del capital social tienen elementos de ambas. Si se piensa de esta manera en el capital social, se ven con mayor claridad sus fuentes y se descubren formas prácticas de ampliarlo y ponerlo al servicio de la reducción de la pobreza.

La comprobación, y de hecho la utilidad, de la existencia del capital social depende de sus efectos. ¿Cuál es la corriente de beneficios que emana de las diversas formas de capital social? ¿Qué aspectos del capital social hacen que otros factores sean más productivos y beneficiosos cuando éste se combina con ellos? Todos los factores de producción dependen de su combinación con otros para ser productivos. Esto significa que ninguna categoría puede ser productiva por sí sola, y el capital social no es una excepción.

El flujo de beneficios que se espera obtener del capital social es una acción colectiva mutuamente beneficiosa o, dicho en términos más sencillos, de cooperación. Esta concepción de los resultados del capital social coincide con la mayoría de los enfoques con que se ha tratado el tema en la bibliografía; además, es la que tiene mayor sentido para los efectos del desarrollo (Woolcock, 1998). Una concepción del capital social que lo ubique únicamente dentro del marco de los beneficios que pueden obtener los individuos, como por ejemplo, aquellos derivados de las redes sociales, puede ser básicamente «de suma cero» y no aportar ninguna contribución a los cambios en las relaciones económicas, sociales y políticas que impliquen una verdadera transformación.

Desafortunadamente, los análisis del capital social muy pocas veces se han planteado en términos de: ¿Cuál es el conjunto de activos sociales, sicológicos y emocionales que contribuyen a una corriente de beneficios? ¿Cuáles son, en realidad, los beneficios que esperamos ver fluir de los activos del capital social? Es necesario responder a estas preguntas para poder dar sustancia al término «capital social». Ellas pueden darle un significado y un sentido más práctico, al desarrollar las ideas fundamentales con respecto a lo que constituye capital y a lo que reúne los requisitos necesarios para ser considerado como tal.[6]

La calificación de «mutuamente beneficioso» se propone por las razones que se expondrán a continuación, e indica que todo lo que es social (por oposición a antisocial) entraña resultados que son esencialmente «de suma positiva», en lugar de generarse a costa de otros («de suma cero»). Este adjetivo debe definirse, pero concuerda con el significado que la mayoría de la gente le atribuye al capital social. Uno puede hablar de capital social negativo cuando se emprende una acción colectiva con el fin de perjudicar o explotar a otros, pero ésta es una complicación innecesaria si se define el capital social como las cosas (sociales, sicológicas o emocionales) que contribuyen a una acción colectiva mutuamente beneficiosa, o a la cooperación en términos más generales.

En este trabajo el análisis se plantea en términos de una acción colectiva, porque existe una extensa bibliografía en el ámbito de las ciencias sociales, y la falta de acción colectiva se asocia comúnmente con el subdesarrollo. Un análisis puramente económico, que centre la atención en los incentivos y capacidades individuales, puede explicar gran parte del comportamiento de la gente en el proceso de desarrollo y en favor del desarrollo, pero no es capaz de explicar en igual medida el comportamiento colectivo. Si bien es mucho lo que se puede aprender del análisis de Olsen, el énfasis que pone en la actitud de quienes pretenden obtener beneficios sin asumir carga alguna sirve más para justificar cuándo y por qué no se produce la acción colectiva, que para explicar la gran cantidad de acciones colectivas que en los hechos ocurren y perduran. Hay algunas razones lógicas y empíricas de peso que explican por qué el análisis de Olsen predice un menor grado de acción colectiva, pero esas cuestiones no se examinan aquí (Kimber, 1982; Ostrom, 1990).

El capital social se reconoce cada vez más como algo que nos ayuda a entender cuándo, dónde y por qué la acción colectiva surge y continúa. Esto no significa que el capital social sea el único factor que contribuye a la acción

---

[6]   Para conocer un examen más detallado de este tema, véase Uphoff (1999); también Serageldin y Grootaert (2000).

colectiva; los intereses racionales individuales constituyen incentivos importantes para la cooperación. Sin embargo, la acción colectiva sostenida —la que contribuye a que se logren resultados más equitativos y eficientes— no puede explicarse satisfactoriamente mediante un análisis convencional de las opciones racionales, basado en la presunción de que las decisiones son motivadas única o fundamentalmente por consideraciones individuales de interés propio y se inspiran sobre todo en el deseo de obtener recompensas materiales o evitar privaciones del mismo tipo. Para poder entender mejor el comportamiento humano debemos recurrir al capital social, no considerándolo irracional, porque amplía la capacidad de comprender las actividades deliberadas que benefician a los demás y al mismo tiempo favorecen los intereses individuales.

Social

El término social se usa ampliamente y en muchos contextos, pero tiene un origen claro y simple. El concepto, como se usa en inglés, francés y español, deriva de la palabra *socius*, del latín, que significa «amigo», al igual que el término paralelo en alemán, *gesellschaftlich*, deriva de *Gesell*, palabra que en ese idioma significa «camarada». El concepto de lo que es social está pues vinculado al fenómeno de la amistad, en el que las personas valoran el bienestar del otro y cooperan para ayudarse mutuamente.

Lamentablemente, y como se describe en Uphoff (1996), muy pocas veces se ha hecho un examen sistemático de la amistad en la bibliografía de las ciencias sociales. El tratamiento más analítico de este tema sigue estando, después de más de 2 000 años, en los capítulos sobre la amistad de *La ética* de Aristóteles. En la literatura moderna, la amistad se ha considerado particularista y contraria al desarrollo; en los debates sobre políticas, se la asocia con el favoritismo y el nepotismo. El corolario de esto es que las mejores relaciones sociales son aquellas efectivamente neutrales. Sin embargo, se sabe comúnmente que la amistad es una de las cosas que «hacen girar al mundo» y que valga la pena vivir. La amistad motiva y apoya, reconforta y ayuda, y abarca un amplio espectro de lazos especiales e intensos de amistad personal, hasta formas más generales y difusas de relacionarse con los demás mediante una actitud cordial, de confianza y cooperación. La ausencia de estas orientaciones no sólo resulta insatisfactoria en el plano personal, sino que además determina que las sociedades sean menos productivas, e incluso regresivas.

Los sociólogos describen a la amistad como un fenómeno general de solidaridad. Puede definirse en términos más precisos utilizando conceptos de la economía: la amistad es una situación en la que las personas cumplen funciones de utilidad positivamente interdependientes. Esto significa que estiman que el bienestar de otros a quienes consideran sus amigos y cuya seguridad, bienestar y felicidad valoran, influye en su propio bienestar. A su vez, se consideran menos felices si esos otros sufren de alguna manera (Uphoff, 1996). Las relaciones de interdependencia positiva son más frecuentes e intensas dentro de las redes familiares y de parentesco, no obstante que también existen entre personas más o menos diferentes entre sí pero con una clara afinidad.

El análisis económico neoclásico, para simplificar sus cálculos y evaluaciones, parte de la premisa de que las personas cumplen funciones de utilidad independientes, en el sentido de que el bienestar de los demás les es indiferente y sólo buscan maximizar su propia utilidad. La economía supone que las personas conviven como extraños en lugar de vivir como amigos, sin que les importe lo que les suceda a los demás. El análisis no parte de la base de que las personas buscan o valoran el perjuicio ajeno, pero esto puede ser la consecuencia de determinadas transacciones y actividades que promueven el bienestar individual.

Esta imagen de hombres y mujeres sin vínculos emocionales ha fomentado el escepticismo con respecto a este análisis económico y sus premisas, porque realmente no concuerda con la propia experiencia de vida de la gente. Esta superficialidad de la teoría económica neoclásica ha sido rebatida por encíclicas papales que proponen otras fórmulas para explicar la finalidad de las actividades económicas y de otras actividades humanas.[7]

Para usar el lenguaje de la teoría del juego, una relación de amistad es «de suma positiva» en su dinámica. Recurriendo a una metáfora económica, se puede decir que las personas hacen una inversión social y emocional en sus amigos. Los amigos no son «glóbulos independientes y palpitantes de deseo», como describió una vez Kenneth Boulding las premisas de la economía neoclásica.[8] En la modalidad más favorable de los resultados de suma positiva, todas las partes en esa relación social ganan. A su vez, puede ocurrir que algunos ganen sin que otros pierdan, en un resultado de suma positiva algo menos favorable, que la economía del bienestar social designa con el término de «óptimo de Pareto». Una situación más compleja se da cuando, como algunas personas valoran claramente el bienestar de otras, la valoración neta de las ganancias es positiva para todas las partes, aunque

---

[7]   Una tercera posibilidad es la interdependencia negativa de las funciones de utilidad, que es una definición técnica de la animosidad, en virtud de la cual algunas personas se consideran en mejor situación cuando a los demás les va peor. Esto se ve más crudamente en el caso de las actividades terroristas, pero hay situaciones de explotación económica que pueden tener la misma estructura en términos de funciones de utilidad.

[8]   Cita extraída de una conferencia dictada por Boulding en una reunión de la Asociación de Estudios Internacionales.

algunas de ellas incurran en gastos para generar beneficios para las otras. En esta última situación, el ingreso síquico total aumenta con independencia de los cambios que se produzcan en los saldos materiales o pecuniarios, porque algunos consideran sus pérdidas (que benefician a otros) una ganancia. Inclusive esta modalidad menos favorable de los resultados de suma positiva puede aportar una contribución neta muy intensa al bienestar social a lo largo del tiempo, ya que el principio de «uno para todos, todos para uno» crea redes de seguridad, aúna recursos y da lugar a otro tipo de acciones que contribuyen a la productividad y el bienestar a largo plazo de poblaciones enteras.

Estos son factores económicos concomitantes de lo que los sociólogos han denominado solidaridad, y que los filósofos han llamado amistad.[9] Estas relaciones no existen o han sido suprimidas en las sociedades o situaciones en que se ha alentado a la gente a pensar y actuar únicamente en su propio beneficio, con indiferencia por el bienestar de los demás, o a cooperar con los demás solamente por razones egoístas. En el caso de la cooperación egoísta, las personas desisten de la acción colectiva cuando sus gastos actuales o previstos superan sus propios beneficios, sin asignar valor alguno a la satisfacción o la seguridad de los demás. Esto hace que la cooperación sea muy frágil, y cada uno tratará de beneficiarse sin asumir carga alguna, al no estar dispuesto a correr con los gastos iniciales de la acción colectiva (Uphoff, 1996).

B.   Formas de capital social

¿Cuáles son los diversos activos que: 1) predisponen a la gente a estar dispuesta a embarcarse en relaciones y actividades mutuamente beneficiosas; y 2) facilitan esas relaciones? El efecto facilitador es consecuencia de la reducción de los costos de transacción y del aumento de las probabilidades de obtener resultados productivos y menos costosos. Ya se sugirió que la acción colectiva mutuamente beneficiosa es la corriente de ingresos que cabe esperar del capital social. El capital social es una categoría que nos permite hablar colectivamente de los activos que generan esta corriente de beneficios, del mismo modo que se habla y se generaliza acerca de los recursos naturales, aunque éstos sean un conjunto muy heterogéneo de cosas.

---

[9]   Una acción de este tipo podría conducir a situaciones de aprovechamiento injusto o victimización de otras personas, que es lo que algunos llamarían consecuencias negativas del capital social, o «capital social negativo». Yo me remitiría a las reflexiones de Aristóteles sobre lo que él consideraba la verdadera amistad, que estaba guiada por motivaciones que hoy describiríamos como de suma positiva. Aristóteles describió las relaciones que no estaban animadas por un deseo del bienestar del otro como formas imperfectas o falsas de amistad. Sus argumentos son muy convincentes.

Los activos del capital social pueden describirse de distintas maneras. Para que tengan sentido como formas de capital deben ser cosas que puedan acumularse (es decir, incrementarse), pero también deben tener la posibilidad de disminuir, con los aumentos o reducciones correspondientes en el flujo resultante de acción colectiva mutuamente beneficiosa. Los activos también deberían ser significativos en distintos niveles —para los individuos, en los grupos, en las comunidades, y en el nivel regional, nacional e incluso internacional—, así como la tierra, la mano de obra y el capital pueden analizarse y utilizarse en el nivel de los hogares o de las empresas, e identificarse y evaluarse en el nivel regional, nacional e incluso internacional.[10]

Como parte de un proyecto de investigación auspiciado por la Iniciativa de Capital Social del Banco Mundial, con mi colega Anirudh Krishna estudiamos la bibliografía relativa al capital social para poner en práctica este concepto de un modo que fuera congruente con lo que los economistas entienden por capital. Asimismo, quisimos conservar percepciones y elementos sustanciales de lo que han aprendido los sociólogos y otros científicos sociales al estudiar qué es lo social. Encontramos muchas definiciones de capital social expresadas en términos de cualidades (descripción) o de resultados (tautología), pero ninguna que abordara la relación entre las existencias y los flujos.

En consecuencia, formulamos un análisis del capital social sobre la base de dos categorías principales de cosas que contribuyen de manera diferente pero complementaria al flujo de acción colectiva mutuamente beneficiosa. Como se señaló antes, la primera de esas categorías es estructural, denominada así porque abarca cosas que derivan de la estructura y la organización sociales. La segunda categoría se denomina cognoscitiva, porque sus componentes son estados sicológicos o emocionales. La primera facilita la acción colectiva mutuamente beneficiosa, mientras que la segunda predispone a la gente en favor de esa clase de acción.

- Tanto la forma estructural como la forma cognoscitiva del capital social tienen su origen en procesos mentales y conceptos, pero la primera se expresa en el ámbito social interpersonal mediante acuerdos expresos o tácitos entre las personas. Esto hace que sea relativamente objetiva en comparación con la forma cognoscitiva del capital social.

- Las formas cognoscitivas permanecen dentro de la mente, pero se convierten en capital social cuando se comparten, es decir,

---

[10] En su presentación ante esta Conferencia, John Durston puso énfasis en esta cuestión de los niveles en los que puede formarse y utilizarse el capital social.

cuando son profesadas por más de una persona. Estas formas son intrínsecamente subjetivas, ya que existen en los pensamientos y en los vínculos emocionales de las personas.

Podría decirse que las formas cognoscitivas del capital social constituyen su esencia, mientras que las formas estructurales son los instrumentos o la infraestructura mediante los cuales se expresa el capital social cognoscitivo (mental y emocional). Ésta es la opinión de Fukuyama y sus colegas de la Universidad del Estado de Michigan, que han contribuido mucho a nuestra comprensión del capital social (Robison, Siles y Schmid, 2001). Sin embargo, mi experiencia en el terreno (Uphoff, 1996; Uphoff y Wijayaratna, 2000) y los esfuerzos realizados por poner en práctica el capital social con fines de medición (Krishna y Uphoff, 2002) me han convencido de que ninguna de las dos formas debería colocarse por sobre la otra. Ambas formas están tan conectadas entre sí y son tan interdependientes que resulta lógico reconocer sus funciones y contribuciones respectivas, por lo menos desde el punto de vista analítico, pero reconociendo al mismo tiempo que en el mundo real la disposición y la facilitación no son procesos independientes. Estas formas complementarias de capital social se exponen de manera analítica en el cuadro IV.1. Si bien esta manera de presentarlas pone de relieve sus diferencias y contrastes, ambas formas son responsables conjuntamente del surgimiento y mantenimiento de la acción colectiva mutuamente beneficiosa.

Las diferencias y las interacciones entre la forma estructural y la forma cognoscitiva del capital social pueden verse en la siguiente situación hipotética que podría ocurrir en cualquier parte del mundo. Imaginen que en mitad de la noche se incendia una casa en un pueblo pequeño, y que el fuego la consume por completo. La familia que estaba dentro de la casa escapa al fuego, pero pierde todas sus posesiones materiales. Si el pueblo no tuviera capital social, a la mañana siguiente la familia estaría sola, tratando de reconstruir su casa y su vida por su propios medios.

Cuadro IV.1
FORMAS COMPLEMENTARIAS DE CAPITAL SOCIAL.
ACTIVOS SOCIALES-SICOLÓGICOS-EMOCIONALES QUE GENERAN CORRIENTES
DE BENEFICIOS, ES DECIR, LA ACCIÓN COLECTIVA MUTUAMENTE BENEFICIOSA

	Estructural	**Cognoscitiva**
Deriva de:	Estructura y organización sociales.	Lenguaje y conceptos; vínculos emocionales.
Manifestaciones:	Funciones y normas, precedentes y procedimientos que respaldan la acción colectiva.	Normas y valores, actitudes y creencias que favorecen la acción colectiva.
Agregados complementarios:	Redes sociales de relaciones.	Ideologías que ponen el énfasis en el interés común.
Orígenes en procesos mentales dirigidos a:	Resultados y relaciones sociales que funcionen.	Resultados y relaciones sociales deseables.
Características:	Observable y más objetiva; puede ser sustituida por otras opciones.	No es observable, y por lo tanto es más subjetiva; cuestiones de valoración.
Contribución a la acción colectiva mutuamente beneficiosa:	Favorece este tipo de acción al tornarla más fácil, reducir los costos de transacción y convertir el comportamiento cooperativo en una cuestión de rutina.	Predisposición a la acción mutuamente beneficiosa, al hacer que este tipo de acción sea más deseable y que la gente se sienta más comprometida con ella.

Fuente: Elaboración propia.

En cambio, en una comunidad donde exista alguna cantidad de capital social estructural, habrá funciones, normas, precedentes y procedimientos que permitirán a la gente ayudar rápida y fácilmente a la familia damnificada. Un dirigente del pueblo inspeccionará los daños y pondrá en marcha las medidas destinadas a beneficiar a la familia. Puede haber un comité permanente encargado de hacer frente a los desastres, que esté en condiciones de organizar la ayuda de la comunidad a los damnificados. Habrá normas, como la de que cada familia debe proporcionar una persona físicamente apta para que ayude a reconstruir la casa; precedentes, como el de que todas las familias que no carezcan de vivienda deben contribuir con artículos domésticos para reemplazar los que se perdieron en el incendio, como utensilios de cocina y frazadas; y procedimientos, como aquél según el cual los hombres deben ayudar a reconstruir la casa, y las mujeres a reponer el alhajamiento del hogar. Las diversas redes de familiares y amigos no sólo crean expectativas de cooperación, sino también formas familiares de trabajar juntos. Al caer la noche, la familia damnificada podrá tener un techo bajo el cual cobijarse, con sus comodidades restablecidas.

En un pueblo que carezca de capital social es posible que las acciones comiencen a la mañana siguiente y continúen durante el resto del día para ayudar a la familia, de acuerdo con los pensamientos y sentimientos de la gente. Puede haber valores de asistencia recíproca que promuevan las contribuciones; normas de reciprocidad que conduzcan a la gente a proporcionarse bienes y servicios en épocas de necesidad; actitudes como la de «voy allí solamente por la gracia de Dios», que obligan a las personas a ayudar a sus vecinos; y creencias como aquella según la cual uno se convierte en una persona más justa y valiosa cuando ayuda a otros. La asistencia puede no ser tan eficiente si no hay un capital social estructural que organice los esfuerzos, pero puede ser igualmente rápida si el capital social cognoscitivo de la comunidad es importante.

En realidad es muy poco probable que un pueblo tenga solamente un tipo de capital social y no el otro. Sólo en un experimento pensado, como el del caso hipotético planteado anteriormente, es posible distinguirlos para ver las diferentes formas en que puede generarse y mantenerse una acción colectiva mutuamente beneficiosa. Si el capital social cognoscitivo es abundante, también cabe esperar que exista un capital social estructural que torne eficaces las normas y los valores de la gente. Ese capital social estructural permite expresar las normas y los valores con mayor facilidad y eficiencia, y hace que éstos tiendan a ser más sólidos.

Ambos tipos de capital social dependen de que la gente haya invertido mental y emocionalmente en los demás en alguna medida. Si las personas sienten indiferencia por los demás, pueden mantener algunos tipos de capital social estructural por razones de interés propio; pero si las funciones y las normas existen únicamente por motivos de interés personal, son más frágiles y menos duraderas que cuando las personas las apoyan también «por el bien del orden», sabiendo que no sólo ellas se beneficiarán como consecuencia de determinadas prácticas y compromisos, sino también los demás. Para que las formas estructurales funcionen de manera fiable, es necesario que exista por lo menos cierta cantidad de capital social cognoscitivo.

El ejemplo siguiente, tomado del medio rural de Camboya, muestra cómo se combinan las dos formas de capital social en las instituciones y prácticas locales.[11] Existe una costumbre según la cual cada vez que se entabla una discusión y surge así la posibilidad de que estalle la violencia en una aldea, las partes en la disputa deben buscar a la persona de más edad del barrio, exponerle sus respectivos argumentos y dejar que esa persona decida cuál de las dos partes tiene razón. Esto apunta a evitar que estalle la violencia

---

[11]	Elisabeth Uphoff Kato supo de la existencia de esta costumbre mientras trabajaba para una ONG británica en la evaluación de los efectos en los ancianos de los conflictos y los problemas del período de posguerra en ese país. Mientras realizaba encuestas en las aldeas, descubrió ese ejemplo de capital social que describieron ancianos Khmers en varias aldeas.

y a mantener la paz en la comunidad. Si bien esta práctica se ha debilitado después de varias décadas de conflicto y violencia en el país, es muy probable que se siga aplicando ya que algunas personas de edad han manifestado que no les gusta tener esa responsabilidad y por eso tratan de irse del lugar cuando ven u oyen que se entabla una discusión acalorada. La función oficiosa del mediador es estructural, con procedimientos claros para tratar de resolver el conflicto, mientras distintas normas y creencias reúnen a las partes y las obligan a aceptar los resultados de esta mediación.

Si bien es útil hacer distinciones analíticas entre el capital social estructural y el capital social cognoscitivo, en la práctica se refuerzan entre sí. La distinción es importante porque es difícil para cualquier organismo exterior tener mucha influencia en las formas cognoscitivas. Las normas, los valores, las actitudes y las creencias suelen estar profundamente arraigados, moldeados por la cultura y la experiencia familiar y de la comunidad. Pueden evolucionar y cambiar con el tiempo en respuesta a nuevas experiencias, ejemplos dados por personas respetadas, nuevas ideas y justificaciones, entre otros; pero fomentar un valor como el de la confianza no es algo que pueda lograrse simplemente con exhortaciones o pedagogía.[12] La confianza puede aumentar cuando se crean situaciones en que es más productiva y respetada, pero es más probable que ocurra lo contrario. En las situaciones en las que no se premia la confianza, y donde ésta no es apreciada por otros, puede perderse rápidamente. Al igual que otras formas de capital, es más fácil que el capital social disminuya, y no que aumente.

El capital social estructural puede incrementarse deliberadamente, estableciendo más (y mejores) funciones, normas, precedentes y procedimientos, y ampliando las redes de contacto y comunicación entre las personas. En particular, el capital social aumenta cuando hay funciones, normas, precedentes y procedimientos para llevar a cabo lo que pueden considerarse las cuatro funciones básicas de toda organización social:

- Adopción de decisiones
- Movilización y gestión de recursos
- Comunicación y coordinación
- Solución de conflictos

---

[12] Una excepción, de validez irregular, es que la propagación de una ideología que promueve la solidaridad y exalta ciertos tipos de cooperación podría incrementar el capital social cognoscitivo. El término "ideología" se usa aquí en su acepción más amplia, como sistema de ideas, más que como una ideología partidaria en particular, de manera que puede incluir enseñanzas religiosas. Todas las religiones más importantes han apoyado la interdependencia positiva de las funciones de utilidad, que es otra forma de decir «ama a tu prójimo como a ti mismo» o «no hagas a los demás lo que no quieras que te hagan a ti».

La capacidad de desempeñar cada una de estas funciones hace que la acción colectiva mutuamente beneficiosa sea más fácil y menos costosa, y en consecuencia más beneficiosa y más probable.[13]

Cuando esa capacidad está incorporada en una comunidad, organización, región o sociedad, puede facilitar la acción colectiva mutuamente beneficiosa aun en ausencia de un fuerte apoyo de capital social cognoscitivo, aunque cuanto más capital de ese tipo exista en la mente y en el corazón de las personas, más capital social habrá en total para aprovechar.

En su contribución a los debates de la conferencia, Fukuyama se refirió únicamente a las formas cognoscitivas (en particular la confianza) al examinar el capital social. Es posible definir el capital social de esa manera, excluyendo las formas estructurales, pero ello trunca el alcance y el potencial del capital social, especialmente en vista de que Fukuyama admite que no se puede promover el capital social cognoscitivo o invertir en él muy eficazmente. Es verdad que las formas estructurales no pueden reemplazar totalmente a las formas cognoscitivas, pero sí es posible introducir y fortalecer las funciones, las normas, los precedentes y los procedimientos que facilitan la acción colectiva mutuamente beneficiosa, como se demuestra en un estudio detallado de casos (Uphoff, 1996).

Las formas estructurales de capital social pueden ser oficiales u oficiosas. Estas últimas son menos eficaces porque se derivan del consenso de la gente, y por lo tanto del consentimiento, en lugar de ser formuladas e impuestas sobre la base de la autoridad. Una combinación de funciones, normas, procedimientos y precedentes tanto oficiales como oficiosos para la adopción de decisiones, la movilización y la gestión de recursos, la comunicación y la coordinación y la solución de conflictos, representará sin duda un mayor volumen de capital social para respaldar la acción colectiva mutuamente beneficiosa que si existiera solamente uno de los dos tipos, y se puede decir que habrá más capital social cuando existan funciones, normas, etc., para el desempeño de tres funciones o de todas ellas, y no solamente para una o dos.

---

[13] Estas cuatro funciones se identificaron al examinar una bibliografía sistemática sobre la gestión del riego, para comprender cuáles eran los elementos esenciales que debía tener la acción colectiva para mejorar esa gestión en forma participativa (Uphoff, 1986). Resultaron ser genéricas para toda organización social, aunque la última función dependía de que existiera la necesidad de resolver un conflicto. La presencia de funciones, normas, procedimientos y precedentes para la solución de conflictos reduce la probabilidad de que éstos surjan, o por lo menos hace que sean menos prolongados y costosos. Estas cuatro funciones corresponden casualmente, en términos sencillos, a las funciones propuestas por Parsons (1951) como elementos esenciales de toda organización social: el logro de metas, la adaptación, la integración y el mantenimiento de pautas. Esto no prueba la validez de las cuatro funciones, pero sí muestra que son generales.

C.   La medición del capital social

Una de las objeciones que se hacen a la propuesta de considerar el capital social como una forma de capital es que no puede expresarse en términos corrientes, como el dinero, que permitan mostrar cifras absolutas o relativas, o tendencias a lo largo del tiempo. Con el apoyo de la Iniciativa de Capital Social del Banco Mundial se han ideado medidas que tienen un valor de predicción y explicativo en el terreno. Éste no es el lugar adecuado para brindar información detallada sobre esa metodología y sus resultados, puesto que ocuparía mucho espacio y además ya se ha hecho (Krishna y Uphoff, 2002; 1999). No obstante, describiré brevemente el alcance de ese estudio y señalaré algunas de las conclusiones más pertinentes.

El estudio se basó en abundantes datos ya existentes sobre la acción colectiva emprendida en el marco de un importante programa de conservación y desarrollo de una cuenca hidrográfica a nivel de todo el estado de Rajasthán, en la India, que fue financiado por el Banco Mundial y el Gobierno de la India (Krishna, 1998). Si bien toda acción colectiva que apunte a mejorar una cuenca hidrográfica beneficia en alguna medida a los participantes, muchos de los beneficios son, por su propia naturaleza, para quienes residen aguas abajo o para las generaciones futuras. Esto significa que la actividad produce más bienes orientados al prójimo que la mayoría de las actividades de desarrollo. Se disponía de datos sobre el desempeño de las aldeas a lo largo de un período de siete años en cuestiones de reforestación, protección de tierras comunes y otras iniciativas de conservación y desarrollo que requieren una acción colectiva, lo que permitió clasificar a las comunidades de acuerdo con el grado de acción colectiva mutuamente beneficiosa que hubieran demostrado, que podía ser alto, mediano o bajo, explicándose la variable dependiente.

Se reunieron datos de 64 aldeas en cuatro distritos del estado de Rajasthán. Las aldeas se ordenaron según el grado de acción colectiva que hubieran demostrado anteriormente. Se seleccionaron al azar casi 2 400 aldeanos de esas comunidades, con igual número de hombres y mujeres, los que fueron entrevistados para obtener datos individuales que complementaran los datos a nivel de las aldeas que se habían obtenido de los registros administrativos y las conversaciones con los grupos de representantes de los interesados. La mayoría de las preguntas apuntaban a evaluar las características de las personas y las aldeas, pero otras se centraban en las funciones, normas, precedentes y procedimientos de acción colectiva, así como en normas, valores, actitudes y creencias tales como la equidad, la confianza, la solidaridad, la reciprocidad, la cooperación y la participación. Estas últimas se utilizaron para elaborar un Índice de Capital Social que fue convalidado de acuerdo con las normas y prácticas locales.

Los métodos de medición del capital social utilizados por Putnam en su estudio de la acción cívica y el capital social en Italia resultaron prácticamente inaplicables en este caso: 1) las tasas de votación eran generalmente altas en todas las aldeas y no explicaban el fenómeno; 2) los lectores de periódicos no eran un factor que permitiera diferenciar unas aldeas de otras en el estado de Rajasthán, ya que raramente llegaba algún periódico a esas aldeas; y 3) como la mayoría de las asociaciones locales eran auspiciadas por el gobierno, el conjunto de los miembros de esas asociaciones no representaba ninguna orientación cívica.[14]

Sin embargo, un Índice de Capital Social elaborado sobre la base de seis elementos que reflejaban la capacidad local de organizar actividades en las que podía haber más o menos cooperación local, o de las orientaciones que favorecían esas actividades, resultó ser un buen método de predicción de la acción colectiva, tanto para la conservación de la cuenca hidrográfica como para un conjunto más amplio de acciones colectivas orientadas al desarrollo.[15] De las otras explicaciones más corrientes, como la necesidad relativa (Wade, 1988), la modernización, la homogeneidad social, el apoyo de personal y el alfabetismo, solamente la última tuvo importancia estadística, de 0.097 (0.03), para los efectos de explicar la acción colectiva. Fue sorprendente descubrir hasta qué punto, y con qué uniformidad este índice de capital social elaborado sobre la base de los factores estructurales y cognoscitivos analizados con anterioridad, estaba estrechamente

---

[14]   De acuerdo con un análisis de regresión que usó un Índice de Desarrollo de las Tierras Comunes (una medida compuesta que distinguía entre diversos grados de acción colectiva) como variable dependiente, se llegó a la conclusión de que las tres variables utilizadas por Putnam en su análisis cuantitativo del capital social en Italia (porcentaje de votación, lectores de periódicos y número de asociaciones) producían un R2 de solamente 0.045.

[15]   Mediante ecuaciones de regresión múltiple, y con otras explicaciones posibles de la acción colectiva extraídas de la bibliografía y medidas para evaluar la solidez relativa de sus vínculos de asociación, se demostró que el Índice de Capital Social era mucho más firme que cualquier otra variable, con coeficientes de 0.689 (0.276) y 0.718 (0.282), significativos al nivel de .01. La competencia política y el alfabetismo, otras dos variables a nivel de las aldeas, también fueron significativas pero con más bajos coeficientes.

relacionado con mediciones independientes de la acción colectiva en pro de la conservación de cuencas hidrográficas.[16]

La eficacia de este Índice como método de predicción se debía en parte a que estaba basado en realidades locales y relaciones de índole cultural, pero esto no significa que los factores que constituyen el capital social sean particularistas en sí mismos. Las funciones de adopción de decisiones y la confianza son factores universales, aunque la descripción exacta de esas funciones y las personas que las desempeñan varíen de una situación a otra, como varían también, por ejemplo, los ámbitos en que la confianza es pertinente y se manifiesta. Esto es similar a la categoría de los recursos naturales: si bien la categoría es importante en todas partes, los recursos específicos que son relevantes en cada lugar varían.

Para poner a prueba uno de los aspectos más controvertidos de la interpretación que hace Putnam del capital social, se analizó si las diferencias en la dotación actual de capital social en el nivel de las comunidades y de los distritos podían atribuirse estadísticamente a influencias históricas. Dos de los distritos en los que se llevó a cabo el estudio, Rajsamand y Udaipur, habían gozado de más de un milenio de existencia relativamente pacífica, con continuidad en las familias que ejercían el poder y pocos conflictos; mientras que los otros dos, Ajmer y Bhilwara, eran conocidos por las invasiones, los cambios en el poder y los disturbios sociales que habían experimentado en el mismo período. Dado que el primer grupo había tenido mucho tiempo para establecer relaciones de colaboración y valores

---

[16] Los componentes del índice, seleccionados porque al menos el 20% de los aldeanos entrevistados dieron respuestas orientadas a la acción colectiva más que individualistas fueron los siguientes: i) Si una enfermedad de las plantas afectara a la totalidad del cultivo en pie de esta aldea, ¿quién cree Ud. que saldría a buscar una solución para esta situación? "Todo el mundo enfrentaría el problema individualmente" [1], hasta "Toda la aldea actuaría en forma conjunta" [5]; nota: para todas salvo la última pregunta, se previeron respuestas intermedias, numeradas del 2 al 4. ii) ¿Quién se ha encargado históricamente en esta aldea de cuidar las tierras de pastoreo comunes? "Nadie hace nada" [1], hasta "Tratamos el tema entre todos y juntos decidimos qué hacer" [5]. iii) Supongamos que se plantea una disputa entre dos personas de esta aldea, ¿quién cree Ud. que resolvería la controversia? "Nadie" [1], hasta "Toda la aldea" [5]. iv) Supongamos que algunos niños de la aldea se desvían del camino correcto, por ejemplo, faltan el respeto a los mayores, hacen travesuras, etc., ¿quién en esta aldea considera que está bien corregir a los hijos de los demás? "Nadie" [1], hasta "Ninguna persona de esta aldea". v) ¿Cuál es la razón más importante por la que la gente de esta aldea planta gramíneas y árboles y los protege? "Porque hay escasez de forraje y leña" [1], hasta "Porque esta actividad mantiene unidos a los aldeanos" [4]. vi) Supongamos que un amigo de esta aldea tiene las siguientes opciones con respecto a la propiedad de la tierra, ¿cuál es preferible? "Cultivar 10 bighas de tierra por sí solo" [1], o "Cultivar 25 bighas de tierra junto con otro agricultor" [2]. Las tres primeras preguntas estaban relacionadas con las funciones de adopción de decisiones, la movilización de recursos, y otras, mientras que la última reflejaba la "responsabilidad mutua", la "generosidad" y la "confianza". En el análisis de factores, las respuestas a todas estas preguntas tuvieron puntuaciones muy altas (0.648 a 0.787) en un solo vector.

cooperativos, cabía esperar que tuviera una mayor puntuación en términos de capital social, y que el segundo grupo tuviera menos.

Así fue, como puede verse en los datos indicados en el cuadro IV.2. Sin embargo, al observar la puntuación en términos de capital social a nivel de las aldeas, se detectó una importante varianza dentro de cada distrito, varias veces superior a las diferencias entre los distintos distritos. Esto indica que la amplia influencia de la historia es menos importante que la pluralidad de historias locales.

Cuadro IV.2
PUNTUACIÓN EN TÉRMINOS DE CAPITAL SOCIAL POR DISTRITO Y POR ALDEA

Distrito	Puntuación media del distrito	Puntuación máxima de la aldea	Puntuación mínima de la aldea
Ajmer	54	97	30
Bhilwara	53	88	27
Rajsamand	63	93	38
Udaipur	62	97	33

Fuente: Elaboración propia.

En esta sección se ofrece solamente un panorama somero de la reunión de datos y el análisis realizados para evaluar si un concepto de base teórica del capital social podía medirse en el terreno y relacionarse estadísticamente con resultados importantes en la esfera del desarrollo. Pensamos que esto podía demostrarse de manera convincente en términos cuantitativos, haciendo más difícil que el capital social pudiera descartarse como algo no susceptible de ser medido, o desprovisto de rigor teórico. Por supuesto que nuestro trabajo no constituye la última palabra en lo que respecta al capital social. El concepto de capital social y su funcionamiento siguen estando en las primeras etapas de su desarrollo, pero el análisis demostró efectivamente que lo que solía pensarse del capital social sobre la base de la intuición y las deducciones, podía formularse en forma explícita y comprobarse.[17]

---

[17] Krishna (2001) ha profundizado en este tema, con un análisis de la contribución del Organismo a la activación y utilización del capital social en el que examina las distintas clases de funciones que existen a nivel local.

D.   La productividad del capital social

En mi concepción del capital social ha influido principalmente la experiencia que tuve con la formación de este tipo de capital en Sri Lanka durante el período 1980-1985, en un esfuerzo dirigido a establecer una gestión participativa del riego en ese país, aunque en aquel momento yo y mis colegas de la Universidad de Cornell y del Instituto de Investigación y Capacitación Agrarias (ARTI) en Colombo no teníamos ideas sistemáticas acerca del capital social. Éstas surgieron más tarde, como resultado de un examen retrospectivo. Se nos había encomendado la tarea de crear organizaciones de agricultores y prestarles apoyo en el marco de un proyecto de la Agencia de los Estados Unidos para el Desarrollo Internacional (USAID) destinado a rehabilitar el sistema de riego de Gal Oya.

Éste no era solamente el sistema de mayor envergadura del país, sino también el más deteriorado en su estructura física y el peor administrado: 1) el suministro de agua proveniente del embalse principal era insuficiente para la zona de control, que se extendió un 40% desde que comenzó a funcionar el proyecto; 2) alrededor del 80% de las estructuras físicas de distribución de agua estaban rotas o no funcionaban en el momento en que comenzó la labor de rehabilitación, de modo que la capacidad de control del agua era reducida; y 3) la comunicación y la confianza entre los agricultores, y entre éstos y los ingenieros que controlaban el suministro de agua, eran prácticamente inexistentes. Como consecuencia de ello, el tercio inferior del sistema de la margen izquierda nunca recibía agua durante la estación en que los agricultores dependían totalmente del riego para sus cultivos; en el tercio medio la distribución era poco fiable e intermitente en esa época del año, y muchos agricultores, inclusive del tercio superior, experimentaban escasez de agua cerca de los extremos finales de los largos canales de distribución.

Era una situación que rayaba en la anarquía, y que se veía complicada aún más por el hecho de que los agricultores del tercio inferior eran en su mayoría tamiles, mientras que los del resto del sistema eran mayoritariamente sinhaleses. Esto añadía una dimensión étnica a una situación en la que ya abundaban los conflictos. Cuando comenzaron a trabajar en el proyecto los jóvenes organizadores que habían sido capacitados y distribuidos en el terreno para actuar como catalizadores con el fin de estimular la creación de grupos autosuficientes de usuarios del agua, el funcionario público superior del distrito les dijo que si conseguían que 10 ó 15 agricultores, como mucho, de Gal Oya trabajaran juntos, habrían logrado algo muy importante, porque los agricultores comprendidos en el plan de reasentamiento, que habían venido de otras partes del país hacía unos 20 ó 30 años, tenían fama de ser muy poco cooperadores y muy propensos a los conflictos.

No corresponde entrar en detalles aquí con respecto al proceso de creación de estas organizaciones de agricultores; todo eso ha sido documentado por Uphoff (1996). Para sorpresa de todos, surgieron rápidamente nuevas modalidades satisfactorias de cooperación y uso compartido del recurso en las primeras seis semanas de una estación seca en la que las reservas de agua del embalse principal alcanzaban apenas al 25% de su capacidad. Al año siguiente, cuando al comienzo de la temporada de riego el nivel del agua llegaba solamente al 20% de la capacidad del embalse, el programa logró una difusión y un impulso aún mayores.

Cuatro años más tarde, al finalizar el programa, unos 12 500 agricultores administraban sus propias organizaciones de acequias y canales de distribución y participaban en la gestión del sistema principal por medio de sus representantes. (El conjunto de las organizaciones habría contado con casi 10 000 agricultores más si los insurgentes del LTTE no hubieran amenazado a nuestros organizadores tamiles que trabajaban en los tramos inferiores del sistema). Podría decirse que el éxito del programa en lo que respecta a obtener la participación y la cooperación de los agricultores fue 1 000 veces superior al que había pronosticado el alto funcionario.

Las mejoras registradas en la gestión del agua fueron aún más importantes. Desde 1985, prácticamente todos los años se ha cultivado la totalidad de la superficie de la margen izquierda (65 000 acres, o 26 325 hectáreas) con el agua de riego suministrada, mientras que antes se cultivaba menos de la mitad de esa superficie. Las evaluaciones realizadas para el *International Irrigation Management Institute* (IIMI) con posterioridad al proyecto revelaron que la productividad del agua, medida en kilogramos de arroz producidos por metro cúbico de agua liberada del embalse, se había multiplicado aproximadamente por cuatro; además, en una evaluación económica oficial de los beneficios del proyecto en comparación con los costos, realizada por el IIMI, se calculó una tasa de rendimiento del 28% (Wijayaratna y Uphoff, 1998). En una evaluación posterior efectuada por el IIMI, se calculó que por lo menos la mitad de los beneficios obtenidos podían atribuirse a la organización social —el «*software*»— que se había creado, aunque este componente había representado solamente entre el 5% y el 10% del costo total del proyecto, que en su mayor parte se había invertido en el *«hardware»* (Amarasinghe, Sakthivadivel y Murray-Rust, 1998).[18]

Lo que es aún más importante, el sistema de organización de los agricultores sigue funcionando bien 15 años después de que la asistencia externa se retirara precipitadamente en 1985. Las funciones, normas, precedentes y procedimientos se han mantenido intactos y se han extendido aún más, al igual que las normas y los valores de la gestión participativa y equitativa del agua. Durante mi visita a Gal Oya en marzo de 2001, los agricultores declararon sin titubeos que ya no tenían problemas con el funcionamiento y mantenimiento del sistema. Actualmente el agua se distribuye de manera satisfactoria, aunque los precios que reciben por el arroz se consideran demasiado bajos como para que el cultivo sea rentable.

En algunos aspectos, las organizaciones, con sus funciones y normas de adopción de decisiones, movilización y gestión de recursos, comunicación y coordinación, y solución de conflictos, se han fortalecido todavía más desde que el ARTI y la Universidad de Cornell se retiraron de la escena. Las normas sobre uso equitativo y eficiente del agua también se siguen respetando estrictamente. Así lo demostró la capacidad de las organizaciones para gestionar el agua en condiciones de crisis durante la estación seca de 1997. Toda esta información se ha extraído de los registros de los órganos pertinentes del gobierno y de las actas de las reuniones (Uphoff y Wijayaratna, 2000), de manera que aquí solamente resumiré el caso. Esta experiencia demuestra la productividad potencial del capital social, así como la importancia de sus formas tanto estructurales como cognoscitivas y su interacción recíproca.

---

[18]   Un cálculo anterior de la relación costo-beneficio, realizado con un criterio conservador por Wijayaratna, había mostrado como mínimo una tasa de rendimiento del 50% sobre la inversión en organizaciones de agricultores (Uphoff, 1986). Lamentablemente, aunque se le mostró ese cálculo, un equipo del Banco Mundial que estaba diseñando un proyecto paralelo para rehabilitar sistemas de riego deteriorados en otras partes del país, decidió no incluir un componente similar de organizaciones de agricultores, descartándolo como un gasto innecesario. Dos años más tarde, algunos de los jóvenes organizadores fueran transferidos a ese proyecto para tratar de incorporar la participación de los agricultores en el proceso. Desafortunadamente, los resultados no fueron tan buenos como lo habrían sido si la participación se hubiera integrado desde el principio, como en Gal Oya.

Al comienzo de la estación, el nivel de agua en el embalse principal era tan bajo que los ingenieros del departamento de riego llegaron a la conclusión de que no habría agua suficiente para satisfacer las necesidades de riego durante toda la estación. En consecuencia, comunicaron a los agricultores que no se daría autorización para plantar. Como es comprensible, los agricultores no acogieron con agrado esta decisión, y por medio de sus organizaciones presionaron para que se distribuyera por lo menos una parte del agua disponible. Hicieron algunos estudios y cálculos por su cuenta, y llegaron a la conclusión de que el departamento se había olvidado de considerar el caudal afluente que recibiría el embalse, durante la estación seca, de las aguas subterráneas ya existentes en las zonas ubicadas aguas arriba, sin tener en cuenta además las lluvias que podrían producirse en la zona de captación.

Después de mucha agitación y de movilizar el apoyo de políticos locales, el departamento se vio obligado a distribuir parte del agua del embalse. Anunció que podría suministrar 60 000 acres-pies de agua a la zona de la margen izquierda. La cuota habitual de suministro de agua durante la estación seca era de 4 pies por acre, de manera que los ingenieros del departamento recomendaron que los agricultores usaran esa agua en los 15 000 acres de la parte superior del total de 65 000 acres, y que no plantaran arroz porque era un cultivo que consumía mucha agua. El departamento suponía que se iban a perder algunas cosechas, y dijo que no se haría responsable de las pérdidas. Los agricultores tendrían que arreglárselas por su cuenta.

Cuando se les aseguró que recibirían esa cantidad de agua, los agricultores estuvieron dispuestos a apostar a que habría un poco más de agua durante la estación. En lugar de darle toda el agua a algunos agricultores, convinieron en hacer todo lo posible para conservar y distribuir el agua cuidadosamente y compartirla por partes iguales en toda la superficie. En efecto, se obtuvieron otros 38 000 acres-pies de agua, con lo que el total liberado del embalse se elevó a 98 000 acres-pies. Aunque esto representaba alrededor de un tercio de la cantidad de agua normalmente destinada a los cultivos, se autorizó a los agricultores a que plantaran arroz, y así lo hicieron.

Mediante una gestión muy cuidadosa del agua, las organizaciones pudieron apoyar a los agricultores para que plantaran arroz en toda la extensión de la margen izquierda, y ese año el rendimiento del cultivo de arroz fue superior al promedio. Con los canales bien limpios y despejados, y rotando el agua suministrada entre todos los campos para que cada agricultor recibiera por lo menos el mínimo necesario para sus cultivos, se ahorró toda el agua posible para que los agricultores de las zonas ubicadas aguas abajo pudieran disponer de agua, y se maximizó la eficiencia de la distribución.[19]

Esto demuestra la productividad económica que puede promover el capital social, ya que sin la estructura de las organizaciones de agricultores y el clima normativo que se generó en torno de las actividades de riego, esto no hubiera podido lograrse. Otro hecho quizás más sorprendente desde la perspectiva del capital social, es que se haya decidido compartir el agua por partes iguales en una situación caracterizada por un conflicto de 20 años entre fuerzas sinhalesas y tamiles a nivel nacional. Los agricultores de la margen izquierda del Gal Oya, en su mayoría sinhaleses, estuvieron de acuerdo en distribuir el agua por partes iguales con la minoría tamil, aunque la mayoría estaba en una situación más ventajosa en términos de ubicación, ya que ocupaba los dos tercios superiores del sistema, y los ingenieros del gobierno habían aconsejado utilizar toda el agua en los 15 000 acres del tramo superior, en lugar de distribuirla íntegramente en toda la superficie de 65 000 acres, ya que de esa manera se reducirían al mínimo la filtración y las pérdidas ocurridas en la conducción del agua y se lograría una mayor eficiencia.

En los últimos años ha habido pocas muestras concretas de tanta solidaridad en presencia de divisiones étnicas y riesgos de pérdida de cultivos debido a la escasez de recursos ecológicos. En Uphoff y Wijayaratna (2000) figura un informe más detallado de este caso, preparado sobre la base de los registros oficiales de los ministerios, las actas de las reuniones de los gobiernos locales, y entrevistas. El aspecto que cabe destacar de todo esto es que los componentes estructurales y cognoscitivos del capital social no sólo pueden medirse, sino que además pueden demostrarse en forma tangible, de manera realmente tan clara que la medición detallada resulta menos interesante que las consecuencias alcanzadas para la vida de las personas.

La margen izquierda del Gal Oya fue elegida para el proyecto de la USAID que comenzó en 1980 porque era una de las zonas de Sri Lanka con más alta concentración de pobreza. La falta de un suministro fiable y suficiente de agua para riego determinaba que las familias reasentadas allí

---

[19]   Otro factor que contribuyó a los buenos resultados agronómicos fue probablemente el hecho, no reconocido ampliamente, de que el arroz no es una planta acuática y tiene un mejor desempeño cuando se planta en suelos que se mantienen húmedos, pero que tienen un buen drenaje. En Madagascar hemos visto que los agricultores que utilizan el llamado «sistema de intensificación del arroz», que recomienda utilizar apenas «un mínimo de agua», han alcanzado promedios de alrededor de 8 toneladas por hectárea, cuando el anterior era de unas 2 toneladas por hectárea, y que los rendimientos obtenidos con el sistema de intensificación llegan a veces a niveles de entre 15 y 20 toneladas (Stoop, Uphoff y Kassam, en edición). Estos resultados agronómicos dieron apoyo a los esfuerzos de organización social de los agricultores.

vivieran en condiciones de inseguridad y de pobreza. Según lo expresado por el funcionario público superior del distrito en el momento de iniciarse nuestro programa, como se mencionó antes, estas personas estaban consideradas entre las más difíciles y menos capaces del país; muchas de ellas habían sido marginadas en sus aldeas de origen, y otras habían sido reclusos puestos en libertad para que se establecieran en Gal Oya cuando se estaba poblando la zona para tratar de ganar terreno a selvas deshabitadas. Sin embargo, como lo demostró nuestro programa, estas personas tenían una enorme capacidad para crear y hacer funcionar eficazmente una organización social en beneficio mutuo, si se les daba cierto grado de estímulo y seguridad externos. (Los agricultores no recibían pagos en el marco de este proyecto, ya que se adoptó un criterio de autosuficiencia para aumentar las probabilidades de sostenibilidad a largo plazo). Al tratar de comprender y evaluar esta experiencia, me di cuenta de que los propios agricultores habían resaltado las dimensiones cognoscitivas y normativas de lo que se había logrado (Uphoff, 1996). Los aspectos estructurales y cognoscitivos del capital social estaban entrelazados y cada uno de ellos era importante.

E.   Repercusiones en el ámbito de la reducción de la pobreza

Este tema es muy amplio, y antes de que pueda conocerse plenamente la contribución que puede hacer el capital social a la reducción de la pobreza, es necesario aclarar qué es lo que constituye el capital social. ¿De dónde proviene? ¿Cómo se puede aumentar? ¿Cómo se puede evitar que disminuya? ¿Cómo se puede utilizar para reducir la pobreza? Este trabajo ha apuntado principalmente a establecer un fundamento conceptual sólido que permita comprender el capital social, y sólo ha sido un comienzo. La comprensión de otras formas de capital significó décadas de trabajo de muchos analistas, así que no debe esperarse que el capital social se llegue a definir rápidamente. Sin embargo, debería examinarse simultáneamente con lo que podrían ser los vínculos con la reducción de la pobreza; de lo contrario, surgirán ideas acerca del capital social que no tendrán relación con esta tarea.

De acuerdo con mi experiencia y los estudios que he realizado, yo propondría las siguientes observaciones, que vinculan el capital social a la reducción de la pobreza. No estoy considerando si el primero puede contribuir a la segunda porque creo que eso ya ha sido demostrado, sin perjuicio de que en el futuro pueda demostrarse de manera más amplia y satisfactoria, con nuevas investigaciones y una mayor experiencia práctica.

1. **El capital social es algo que puede incrementarse mediante esfuerzos deliberados, como vimos en el caso de Gal Oya y como podemos ver en varios otros ejemplos de iniciativas de desarrollo rural en gran escala que han cambiado y mejorado las vidas de millones de familias pobres (Krishna, Uphoff y Esman, 1997)**

No obstante, debemos tener presente que el capital social también puede disminuir o desaparecer. Desafortunadamente, este último proceso puede ocurrir más rápidamente que la acumulación de capital social. Sin embargo, como vimos en Sri Lanka, cuando se trabaja sobre la base de las normas culturales y prácticas ya existentes (como el *shramadana*, la tradición del trabajo comunitario voluntario en aras de un bien común), el capital social se puede acrecentar con bastante rapidez.

Lamentablemente, la prisa con que se preparan muchos proyectos y programas hace que no estén dispuestos a invertir en «*software*» y se concentren únicamente en el «*hardware*» del desarrollo. Hay una tendencia a planificar sobre la base de acciones individuales y a confiar en los resultados que puedan derivarse de éstas. Un proyecto evaluado por el Comité de Desarrollo Rural para la USAID en Jamaica tenía por objeto promover la conservación del suelo en las laderas afectadas por la erosión. En el diseño del proyecto se preveían incentivos individuales para los agricultores, a pesar de que la construcción de terrazas para evitar la erosión en los distintos terrenos ubicados en las laderas significaba que esta práctica empeoraría la situación de los demás. El agua de escorrentía de un terreno tenía que desaguar por algún lado, y las terrazas concentraban el caudal, de manera que la fuerza y el daño de los flujos de escorrentía aumentaban por el hecho de no encarar el problema en forma colectiva (Blustain, 1982). De hecho es posible movilizar este tipo de acción colectiva, como lo demuestran algunos esfuerzos de conservación similares, pero con una mayor orientación de grupo, que han comenzado a realizarse en Haití, donde las condiciones sociales y culturales, así como las físicas, son considerablemente más desfavorables que en Jamaica (White y Runge, 1995; 1994).

2. **Cuando se trata de incrementar y utilizar el capital social, particularmente entre las familias y comunidades más pobres, tal vez sea más aconsejable poner el énfasis en las instituciones y relaciones oficiosas, o por lo menos comenzar por éstas**

El caso de Gal Oya se preparó deliberadamente primero, y después se organizó, recurriendo a los esfuerzos locales para resolver problemas en forma oficiosa, designando autoridades y asignando responsabilidades para cada caso en particular. Una vez demostrados los beneficios de la acción colectiva, surgió una demanda de capacidad de organización y de fortalecimiento de las normas y valores de la acción colectiva mutuamente beneficiosa. Esto permitió generar un capital social más duradero que si se hubiera adoptado un enfoque basado en la oferta.

Es importante, para muchas tareas y en muchas situaciones, fortalecer la capacidad local, reconociéndola y potenciándola en el nivel oficial. Sin embargo, es mejor adoptar una estrategia impulsada por la demanda, al menos como hipótesis de trabajo. Esto se debe en parte a que el capital social estructural, aunque puede introducirse por medios oficiales, no basta por sí solo si no cuenta con activos cognoscitivos que lo respalden. La probabilidad de que existan estos activos es mayor cuando el proceso se inicia y se mantiene con un alto grado de participación voluntaria, sobre la base de la autoridad social más que de la autoridad legal oficial. Si la segunda apoya a la primera, la gente tiene mayores probabilidades de lograr la sostenibilidad; pero es difícil que la segunda genere a la primera.

3.   **En este proceso, como se sugirió anteriormente, es probable que lo mejor sea trabajar a partir de las tradiciones e ideas propias de las comunidades, ya que éstas constituyen a menudo un capital social cognoscitivo latente**

Así se hizo en el caso de Gal Oya, donde se recurrió en particular a la institución tradicional del *shramadana*. En el caso de Haití antes mencionado, se aprovechó —y también se reforzó— la práctica local de intercambio de mano de obra en la ejecución del programa de conservación del suelo.

4.   **El medio más eficaz de guiar y acelerar estos procesos es utilizar catalizadores, personas que pertenezcan o no a la comunidad pero que sean capaces de desempeñar un papel de estímulo y ayuda para la creación de nuevas funciones, normas, precedentes y procedimientos y en la articulación y la profundización del apoyo normativo y cognoscitivo a esos esfuerzos**

En el caso de Gal Oya, los jóvenes organizadores institucionales fueron vitales para el éxito del proyecto, pero esto se ha visto en muchos otros casos (Krishna, Uphoff y Esman, 1997; Uphoff, Esman y Krishna, 1998). Se les podría llamar agentes de cambio, pero ellos mismos experimentan un cambio a raíz de la experiencia; se prefiere el término «catalizadores» porque deben entender que su papel consiste en despertar un potencial que ya existe dentro de las comunidades, en lugar de tratar de cambiar a las personas que se quiere beneficiar.

5.   **Este esfuerzo de acumular, fortalecer y mantener el capital social, tanto estructural como cognoscitivo, debería realizarse más a menudo en forma de proceso de aprendizaje (Korten, 1980)**

Uno de los denominadores comunes de los esfuerzos de desarrollo exitosos que hacen participar a los beneficiarios en tareas de responsabilidad y liderazgo, es que pasan sin más trámite a la ejecución. Es necesario determinar y comunicar los objetivos; es preciso formular algunos planes para tener recursos financieros y personal disponibles para el trabajo, pero hay que comprender que todo lo que se sepa de antemano nunca es suficiente para diseñar en detalle un proceso de cambio social, y aunque lo fuera, las circunstancias cambian tanto que los planes iniciales se vuelven obsoletos. En realidad, durante cualquier programa o proyecto que apunte a producir cambios profundos, es probable que los nuevos conocimientos que se van adquiriendo y los cambios que ocurren en las circunstancias exijan una revisión y una nueva definición de los objetivos. Por lo tanto, los esfuerzos destinados a aumentar el capital social deberían incluir expresamente una metodología de procesos de aprendizaje.

6.   **El capital social no debería considerarse meramente un instrumento o un medio de ejecutar determinadas tareas del proyecto**

Invertir en la acumulación de capital social para lograr una prestación más eficiente de los servicios es casi un contrasentido. El capital social puede mejorar la prestación y la eficacia de los servicios de educación, salud, abastecimiento de agua, y otros, pero debería servir para mucho más que eso en lugar de restringirse al logro de objetivos tan estrechos. Es importante no olvidar jamás de quién es el capital social del que se está hablando; lo que hay que aumentar y fortalecer es el capital social de los pobres, no el capital social de quienes tratan de ayudarlos.

7.   **El capital social es valioso para obtener beneficios económicos, como se vio en el caso de Gal Oya reseñado anteriormente, pero los resultados que permite generar son multifacéticos**

Los activos estructurales y cognoscitivos producen una corriente de acción colectiva mutuamente beneficiosa. Esa corriente puede ser en gran o en pequeña escala. Más allá de eso, uno busca resultados como la seguridad, la dignidad y la potenciación, reconociendo que la pobreza es una realidad multifacética. Una vez que se logra una mayor capacidad y disposición para la acción colectiva mutuamente beneficiosa entre los pobres, así como en cualquier conjunto de personas, ésta puede orientarse a la solución de una gran variedad de problemas.

La acción colectiva mutuamente beneficiosa debería utilizarse para encarar cualquier problema que los individuos no puedan resolver por sí solos. Así fue como comenzó el proceso de organización de los agricultores en Gal Oya: se enseñó a la gente a que hablaran entre sí acerca de cuáles eran sus problemas más importantes y a determinar cuáles de esos problemas podían y debían resolverse mediante una acción colectiva. Una vez iniciado este proceso, los pobres empezaron a trabajar en muchos otros aspectos, entre ellos el de conseguir mejores precios para sus productos, empleos para las mujeres y los jóvenes, planes de ahorro para disminuir su dependencia de los prestamistas, e incluso en cuanto a reducir la ebriedad entre los hombres de más edad de la comunidad.

El capital social tiene una gran capacidad de mejorar la vida de la gente. Los organismos donantes y los gobiernos deberían entenderlo y valorar esta gama de posibilidades que ofrece. Una vez iniciados los procesos de formación de capital social, siempre que determinados intereses no lo impidan generando divisiones, inseguridad o actitudes derrotistas, el capital social puede impulsar un amplio desarrollo de la capacidad humana, tanto individual como colectiva, de transformar la vida de la gente y de las comunidades. Hirschman (1984) escribió sobre este tema en términos de energía social, pero puede entenderse igualmente en términos de capital social.

Bibliografía

Amarasinghe, U.A., R. Sakthivadivel y H. Murray-Rust (1998), "Impact Assessment of Rehabilitation Intervention in the Gal Oya Left Bank", Research Report, Nº 18, Colombo, Sri Lanka, Instituto Internacional para el Manejo del Agua.

Blustain, Harvey (1982), *Resource Management and Agricultural Development in Jamaica: Lessons for Participatory Development,* Ithaca, Comité de Desarrollo Rural, Cornell University.

CEPAL (Comisión Económica para América Latina y el Caribe) (2001), "Social Capital: Part of the Problem, Part of the Solution", documento presentado a la Conferencia Internacional "En busca de un nuevo paradigma: capital social y reducción de la pobreza en América Latina y el Caribe", Santiago de Chile, 24 al 26 de septiembre.

Fukuyama, F. (1995), *Trust: The Social Virtues and the Creation of Prosperity*, Nueva York, Free Press.

Hirschman, A.O. (1984), *Getting Ahead Collectively: Grassroots Experiences in Latin America,* Nueva York, Pergamon Press.

Kimber, R. (1982), "Collective action and the fallacy of the liberal fallacy", *World Politics,* vol. 33, Nº 2.

Korten, D.C. (1980), "Community organization and rural development: a learning process approach", *Public Administration Review,* vol. 40, Nº 5.

Krishna, A. (2001), "Moving from the stock of social capital to the flow of benefits: the role of agency", *World Development,* vol. 29, Nº 6.

___(1998), "Participatory watershed development and soil conservation in Rajasthan, India", *Reasons for Hope: Instructive Experiences in Rural Development,* A. Krishna, N. Uphoff y M. J. Esman (comps.), West Hartford, Kumarian Press.

Krishna, A. y N. Uphoff. (2002), "Mapping and measuring social capital through assessment of collective action to conserve and develop watersheds in Rajasthan, India", *Social Capital: Empirical Explorations,* C. Grootaert y T. van Bastelaar (comps.), Cambridge, Cambridge University Press.

___(1999), "Mapping and Measuring Social Capital: A Conceptual and Empirical Study of Collective Action in Conserving and Developing Watersheds in Rajasthan, India", Social Capital Initiative Working Paper, Nº 13., Washington, D.C., Departamento de Desarrollo Social, Banco Mundial.

Krishna, A., N. Uphoff y M.J. Esman (comps.) (1997), *Reasons for Hope: Instructive Experiences in Rural Development,* West Hartford, Kumarian Press.

Narayan, D. y otros (2000a), *Voices of the Poor: Can Anyone Hear Us?*, Nueva York, Oxford University Press.

___(2000b), *Voices of the Poor: Crying Out for Change*, Nueva York, Oxford University Press.

Olsen, M. (1965), *The Logic of Collective Action: Public Goods and the Theory of Groups,* Cambridge, Massachusetts, Harvard University Press.

Ostrom, E. (1990), *Governing the Commons: The Evolution of Institutions for Collective Action,* Cambridge, Cambridge University Press.

Parsons, T. (1951), *The Social System,* Glencoe, Free Press.

Putnam, R.D. (1993), *Making Democracy Work: Civic Traditions in Modern Italy,* Princeton, Princeton University Press.

Robison, L.J., A.A. Schmid y M.E. Siles (2001), "Is social capital really capital?", *Review of Social Economy,* vol. 60, Nº 1.

Robison, L.J., M.E. Siles y A.A. Schmid (2001), "Social Capital and Poverty Reduction: Toward a Mature Paradigm", documento presentado a la Conferencia Internacional "En busca de un nuevo paradigma: capital social y reducción de la pobreza en América Latina y el Caribe", Santiago de Chile, 24 al 26 de septiembre.

Serageldin, Ismail y C. Grootaert (2000), "Defining social capital: an integrating view", *Social Capital: A Multifaceted Perspective*, P. Dasgupta y I. Serageldin (comps.), Washington, D.C., Banco Mundial.

Stoop, W., N. Uphoff y A. Kassam (2002), "Research issues raised for the agricultural sciences by the system of rice intensification (SRI) from Madagascar: opportunities for improving farming systems for resource-limited farmers", *Agricultural Systems*, por aparecer.

Uphoff, N. (1999), "Understanding social capital: learning from the analysis and experience of participation", *Social Capital: A Multifaceted Perspective*, P. Dasgupta y I. Serageldin (comps.),Washington, D.C., Banco Mundial.

___(1996), *Learning from Gal Oya: Possibilities for Participatory Development and Post-Newtonian Social Science*, Londres, Intermediate Technology Publications.

___(1986), *Improving International Irrigation Management with Farmer Participation: Getting the Process Right*, Boulder, Westview Press.

Uphoff, N. y C.M. Wijayaratna (2000), "Demonstrated benefits from social capital: the productivity of farmer organizations in Gal Oya, Sri Lanka", *World Development*, Nº 28.

Uphoff, N., M.J. Esman y A. Krishna (1998), *Reasons for Success: Learning from Instructive Experiences in Rural Development*, West Hartford, Kumarian Press.

Wade, R. (1988), *Village Republics: Economic Conditions for Collective Action in South Asia*, Cambridge, Cambridge University Press.

White, T.A. y C.F. Runge (1995), "The emergence and evolution of collective action: lessons from watershed management in Haiti", *World Development*, vol. 23, Nº 10.

___(1994), "Common property and collective action: lessons from cooperative watershed management in Haiti", *Economic Development and Cultural Change*, vol. 43, Nº 1.

Wijayaratna, C. M. y N. Uphoff. (1997), "Farmer organization in Gal Oya: improving irrigation management in Sri Lanka", *Reasons for Hope: Instructive Experiences in Rural Development*, A. Krishna, N. Uphoff y M. J. Esman (comps.), West Hartford, Kumarian Press.

Woolcock, Michael (1998), "Social capital and economic development: toward a theoretical synthesis and policy framework", *Theory and Society*, vol. 27, Nº 2.

Capítulo V

Capital social: parte del problema, parte de la solución, su papel en la persistencia y en la superación de la pobreza en América Latina y el Caribe

*John Durston**

Introducción

En este trabajo definimos capital social como el contenido de ciertas relaciones sociales —que combinan actitudes de confianza con conductas de reciprocidad y cooperación—, que proporciona mayores beneficios a aquellos que lo poseen en comparación con lo que podría lograrse sin este activo.

El debate algo caótico que hoy se registra sobre el concepto de capital social tiene la virtud de conectar varios campos conceptuales, relevantes para las estrategias alternativas de superación de la pobreza, tanto en los diagnósticos más recientes de las causas de la persistencia de la pobreza como en las nuevas alternativas de política actualmente en consideración.

* Antropólogo social, consultor de la División de Desarrollo Social, CEPAL, jdurston@mi-mail.cl. El autor agradece los comentarios y sugerencias de varios colegas, entre ellos Francisca Miranda, Iván Finot, Martine Dirven, Irma Arriagada, Eugenio Lahera, Ricardo Jordan, Rolando Franco, Edgar Ortegón, Gerardo Mendoza y Diane Almeras. En la preparación de este documento se contó con la valiosa colaboración de Francisca Miranda. Las opiniones expresadas aquí son de exclusiva responsabilidad del autor.

La aplicación de los mecanismos de mercado en las políticas sociales ya ha mostrado algunas fallas (Cohen, 2001), no menores que aquellas asociadas con los anteriores intentos por establecer sistemas de Estado benefactor *(welfare state)* en la región. Por otra parte, hoy en día existe una acumulación de experiencias con enfoques de política social que privilegian lo colectivo en una nueva óptica; se reglamentan los servicios y transferencias para producir incentivos a la asociación, pero también se introducen contenidos de cooperación y estímulos sociales al desempeño, que en conjunto corresponden al marco conceptual del capital social.

Gobiernos centrales fuertes y la producción de impactos *(shocks)* intencionales y beneficiosos para los sistemas locales que tradicionalmente reproducían la desigualdad y la exclusión, son piezas esenciales en esta nueva estrategia. No sólo las comunidades pobres tienen capital social; por cierto, probablemente muchos grupos privilegiados usan su propio capital social para excluir e incluso limitar o debilitar el capital social de otros grupos. Explícita o implícitamente, entonces, en estos programas se percibe al capital social como parte del problema, en la medida en que su concentración en pocas manos dificulta la aplicación efectiva de programas de formación de activos en manos de grupos pobres. De paso, dichos programas dejan en claro que el marco conceptual del capital social no es esencialmente conservador, sino una herramienta analítica neutral y útil para el diseño y aplicación de estrategias muy diversas de superación de la pobreza.

Frente a los magros resultados anteriores y el agotamiento de las políticas antipobreza en la región, estas nuevas miradas sobre el análisis de la reproducción de la pobreza y el fortalecimiento de capacidades, junto con las primeras evidencias respecto de la formación de capital social y sinergia Estado-sociedad civil en experiencias concretas, pueden contribuir al diseño de mejorías en las políticas antipobreza, en éstas y en otras áreas, tanto en el nivel local como nacional.

I.   El capital social en un sistema complejo

A.   La guerra de las definiciones

1.   ¿Existe el capital social?

Algunos economistas, tanto neoclásicos (Arrow, 2000) como neomarxistas (Fine, 2001), han argumentado que el capital social no es capital en sentido estricto y pleno. Lo hacen, sin embargo, desde definiciones muy diferentes del capital. Otros autores han refutado estos argumentos y elaborado razonamientos pormenorizados para señalar un cúmulo de puntos coincidentes entre el marco conceptual del capital social y el del capital económico, particularmente el físico: la postergación del consumo en el esfuerzo de inversión, la desinversión, la capacidad de transformación, la convertibilidad, el deterioro, la capacidad de crear otras formas de capital, entre otros (Robison, Schmid y Siles, 2001). De todas formas, el término figura en una vasta bibliografía académica y de agencias internacionales de desarrollo, acumulada durante más de una década, y es difícil ya que se imponga algún nombre alternativo para el conjunto de temas que se analizarán en este trabajo.

Lo que no se discute es la urgencia de incorporar con mayor énfasis estos aspectos sociales, culturales y contextuales al análisis de problemas y políticas de desarrollo, equidad y superación de la pobreza. Existe un amplio reconocimiento de que los individuos y las colectividades manejan recursos intangibles, que son «capitales» en el sentido general de activos cuya movilización permite lograr mejores resultados en emprendimientos y estrategias, en comparación con lo que habría sido posible en su ausencia (Coleman, 1990).

Persiste, también, una gran diversidad de posiciones intelectuales sobre el concepto y con relación a sus implicancias para las políticas públicas. En primer lugar, es posible detectar entre los autores grados de diferencia respecto del capital social en un continuo ideológico que va desde conservadores a progresistas: «En el extremo progresista hay una preocupación con el empoderamiento, la ciudadanía, el pluralismo y la democratización. En el extremo más conservador, el capital social se ubica en un compromiso con estructuras familiares tradicionales y en un orden moral colectivo fundado en valores tradicionales» (Gamarnikow y Green, 1999, citados en Fine, 2001).

Este continuo ideológico va desde la conformidad conservadora con las estructuras socioeconómicas nacionales existentes hasta las visiones de una necesidad de transformación total de sistemas profunda y esencialmente injustos e inequitativos. Pero el estudio empírico de la pobreza en América Latina y el Caribe indica, desde una postura optimista y reformista, la necesidad de cambios en la relación entre el Estado y los grupos pobres para poder cambiar las dinámicas de la reproducción de la pobreza, de la exclusión y de la concentración de activos, entre ellos, el capital social.

2.   Tres visiones diferentes

Las posturas ideológicas evidenciadas en los escritos recientes sobre capital social tienden a aglutinarse en torno de tres visiones del ser humano en la sociedad:

i)   maximización individual por elección racional (*rational choice*), mezclada con determinismo culturalista;

ii) relación de clases determinante de superestructuras ideológicas y distribución de bienes; y

iii) sistemas sociales complejos basados en múltiples agentes.

En el primer grupo de autores, el capital social es visto como un conjunto de normas de convivencia y conductas de cooperación surgidas como resultado del ejercicio individual de una racionalidad de maximización de ganancia. Se postula que aun las elecciones interesadas de «diablos racionales» producirían capital social a consecuencia de sus intereses individuales egoístas, porque hacen posible mayores niveles de ganancia (Fukuyama, 2000). Algunos autores extienden esta lógica de elección racional a la satisfacción de otras necesidades humanas no económicas, como las socioemocionales (Robison y Siles, 2001). Los pensadores más conservadores, por su parte, tienden a ver la cultura, definida en términos de creencias y normas, como la original «causa no causada» (Fukuyama, 2000). La diferencia entre éste y el segundo grupo (en el otro extremo del continuo) refleja la vieja discrepancia sobre la dirección de causalidad entre normas y conductas.

El tercer grupo constituye una tendencia creciente que ve a la sociedad como un sistema complejo de tipo ecológico, con mecanismos de retroalimentación y diversos grados de conducción inteligente. Esta visión hace posible combinar elementos de los anteriores marcos conceptuales (el del individuo racional, el culturalista y el sociologizante). En este modelo, el capital social es visto como uno de los activos intangibles que movilizan múltiples agentes individuales y colectivos en sus estrategias y emprendimientos. Como en todo sistema complejo, la causalidad no es unidireccional y el sistema no tiende al equilibrio (Cowan y otros, 1994). Un cambio en las normas, en las relaciones sociales o en el plano material puede originar un impacto en el sistema que desencadena una fase de transición de desenlace impredecible (Durlauf, 1997; Boisier, 2000; Bebbington, 2000). En lugar de ver a la cultura abstracta como un programa rígido, este grupo la percibe como una acumulación de repertorios alternativos y hasta contradictorios en constante redefinición.

Otra manera de categorizar y analizar los escritos de las decenas de autores sobre capital social es en términos de sus propias actitudes hacia el concepto. Edwards (1999) los divide en «entusiastas, tácticos y escépticos». Sólo la etiqueta «tácticos» puede requerir explicación: son los que opinan que el capital social ofrece la posibilidad de hacer mejor las cosas y ofrecen un discurso interdisciplinario unificador que permite discutir un amplio rango de preocupaciones (Edwards, citado en Fine, 2001). El hecho de que existan tantos entusiastas probablemente tiene que ver con el carácter marcadamente general del término, que puede ser apropiado por diferentes escuelas teóricas y políticas (Fine, 2001). Y la existencia de tantos escépticos parece responder a una mezcla de personas que sienten desagrado por el mero término «capital social», los que han leído algún trabajo con el que están en desacuerdo, y los que ostentan una sana suspicacia frente a todo exceso de entusiasmo intelectual y toda promoción de modas.

3.   Dos tipos de «propietarios»

Las definiciones del capital social también pueden dividirse entre las de aquellos autores que lo consideran un atributo de individuos, expresado en las redes de reciprocidad a las que tienen acceso (Portes, 1998; Espinoza, 1999), y las de aquellos que opinan que el capital social es más bien un atributo de estructuras sociales: que existen, además de las individuales, formas colectivas de capital social, que son «propiedad» de comunidades, clases y sociedades enteras (Coleman, 2000; Putnam, 1993b y Bourdieu, 1999). Esta discrepancia respecto de la «propiedad» (*ownership*) del capital social tiene implicancias sobre quién controla este activo y quién se beneficia de sus resultados. Por ende, tales definiciones reflejan diferentes opiniones en relación con la viabilidad de formas asociativas de superación de la pobreza. Putzel, por ejemplo, afirma que la confianza que existe entre los individuos que integran las redes no es un recurso de la sociedad como un todo, sino solamente de cada individuo o grupo que está en el centro de una red (Putzel, 1997).

Tanto Bourdieu como Coleman hacen extensas referencias al capital social como atributo de grupos sociales, colectividades y comunidades. Ambos analizan el papel de las instituciones sociales en su creación. Bourdieu, por ejemplo, subraya la necesidad de realizar «inversión orientada a la institucionalización de las relaciones grupales» (Bourdieu, 1987). Coleman es particularmente explícito sobre la cuestión que plantea Portes. Refiriéndose al aspecto del capital social como generador de bienes públicos, señala que el capital social no es una propiedad privada, divisible o alienable, sino un atributo de la estructura en que la persona se encuentra inmersa. El capital social, dice Coleman, beneficia a todos, no primariamente a las personas como individuos (Coleman, 1990).

North, cuya formulación del marco conceptual del neoinstitucionalismo económico es uno de los fundamentos del capital social, es explícito al centrar su análisis de instituciones en el nivel comunitario y supracomunitario (North, 1990). En general, tanto en la sociología como en la antropología, las «instituciones» son más atributos de colectividades que de individuos. A este nivel de análisis, la naturaleza de las relaciones no deriva de la suma de interacciones entre individuos, que responden a decisiones de interés personal, sino de sistemas complejos que emergen de la coevolución de esas decisiones e interacciones. Uno de los desafíos del marco conceptual del capital social es el de detectar los principios del funcionamiento de estos sistemas; otro es el de entender las retroalimentaciones entre acciones individuales, los sistemas que emergen de ellas, y las maneras en que los cambios en un nivel de abstracción conducen a cambios en el otro.

Estas posturas enfrentadas entre lo individual y lo colectivo, como señala Portes, reeditan un viejo debate de la sociología y la antropología entre las posturas «sobresociologizadas» y las «subsociologizadas»: las primeras enfatizan, por ejemplo, la internalización de las normas colectivas y el impacto de las relaciones e instituciones sociales sobre los procesos económicos; mientras que las segundas privilegian los cálculos y acciones interesados del individuo como motor de todo intercambio, tanto económico como social (Fukuyama, 2000; Fine, 2001). Aquí también Coleman es claro y equilibrado al señalar que en realidad las personas no son completamente egoístas, ni toman sus decisiones racionales con total independencia de los demás (Coleman, 1990).

Portes también reconoce el carácter colectivo del capital social. Se refiere a los beneficios de la pertenencia a un grupo, y al capital social como un aspecto de la estructura social que facilita las acciones de personas y actores corporativos. Destaca también las funciones de control social de las instituciones del capital social y de sus «mecanismos apropiables por individuos y por grupos» (Portes, 1998). Según Portes, las tres funciones básicas del capital social son: como fuente de control social; como fuente de apoyo familiar; y como fuente de beneficios a través de redes extrafamiliares.

Evidentemente las comunidades se componen de individuos, quienes se benefician del capital social comunitario. Y gran parte de la riqueza del ideario del capital social radica justamente en lo que aclara respecto de la manera en que el capital social individual interactúa, a veces en contra pero en general para reforzar, con las instituciones de capital social comunitario.

Ambos tipos de capital social pueden ser definidos, en parte, por sus efectos esperados (funciones no necesariamente cumplidas en todos los casos reales, por ser el capital social uno de varios factores necesarios o posibles para su ocurrencia). Estos dos conceptos son igualmente válidos y complementarios, pero heurísticamente distintos. Tal como advierte Portes, no hay que «mezclar los intercambios diádicos (entre dos individuos) con aquellos imbricados (*embedded*) en estructuras sociales mayores que garantizan su predictibilidad y su curso» (Portes, 1998).

Hay otras diferencias fundamentales entre las formas personales e impersonales del capital social. Mientras que las primeras, expresadas en redes, desaparecen si desaparecen algunos de los individuos, las formas «institucionalizadas» de capital social perduran a pesar del recambio de sus miembros. El surgimiento en forma rápida de las manifestaciones de capital social suele basarse principalmente en los lazos existentes de carácter personal o en su creación a partir de las primeras interacciones entre personas cuando empiezan a cooperar. Estas relaciones, sin embargo, desaparecen con igual rapidez ante condiciones adversas. Superar esta precariedad social implica un proceso de institucionalización: el establecimiento de normas y sobre todo de detalles de interrelación y procedimientos que funcionan en forma eficaz para lograr objetivos compartidos.

4.   Sistemas cerrados y mentes abiertas

Parece estar emergiendo una nueva teoría unificada que va más allá de cada disciplina en particular, pero que incorpora el estado del arte de cada una de ellas. Las mismas críticas transdisciplinarias han estimulado un debate más profundo, originando una dialéctica y la formulación de nuevas hipótesis y evaluaciones en cuanto al papel del capital social en el desarrollo. Lo que está surgiendo en el debate sobre capital social es un paradigma supradisciplinario, no sólo limitado al capital social, sino un modelo del sistema complejo de la sociedad humana que incorpora al capital social como uno de los elementos explicativos de las dinámicas sociales.

Parece probable, sin embargo, que persistan grandes discrepancias entre las tres visiones teóricas sobre el capital social. Pero es de esperar que al menos se reduzca la plétora de definiciones del concepto, cada una con su carga ideológica respectiva. Ello permite escoger o combinar un marco conceptual apropiado para cada problema analítico o de aplicación concreta (algo usual en las ciencias sociales aplicadas), en tanto que la discrepancia vaya decantando y cristalizando en una variedad más manejable de propuestas conceptuales sobre capital social. En este trabajo se hará un esfuerzo de este tipo, guiado por el objetivo «táctico» de analizar los aportes realizados o potenciales del concepto a las políticas públicas de superación de la pobreza en América Latina.

5.   Las opciones conceptuales de este trabajo

El capital social ha sido tomado por algunos pensadores e instituciones conservadores para justificar el retiro del Estado en aquellas comunidades que tienen dicho capital. Pero como cualquier concepto, el capital social puede ser usado con la finalidad o el interés político de quien lo maneja.

En este trabajo, y de acuerdo con las diversas caracterizaciones de los autores sobre capital social resumidas anteriormente, nos ubicamos explícitamente en los campos de la complejidad, que pretende elaborar modelos sistémicos centrados en la cambiante retroalimentación entre lo cultural y lo estructural; de los tácticos, quienes buscan puntos de relevancia para la acción en el debate teórico y en la observación de experiencias; y de los progresistas, quienes creen que el fomento del capital social de sectores excluidos es capaz de desencadenar transiciones y potenciar reformas que puedan reducir las inequidades sociales.

Desde esta posición teórica y ética, el debate y la experiencia empírica tienen un valor instrumental específico en el presente trabajo. En primer lugar, su valor para desmentir el «mito tecnocrático»: la idea de que los pobres siguen siendo pobres porque son un atado de carencias y patologías y necesitan que el tecnócrata les haga las cosas. Ello marca una diferencia con la posición conservadora, porque la conclusión es que hay que facilitar el empoderamiento de los pobres, y apoyar la potenciación de sus capacidades para la formación de su capital social. Este último punto es más importante en países donde en las agencias públicas predomina una práctica de paternalismo y clientelismo, sustentada por una visión caritativa y asistencialista de los sectores pobres como carenciados. Las propuestas que se presentarán al final de este artículo se basan en las opciones conceptuales sobre el capital social que se detallan a continuación.

B. Dinámicas de capital social y capital cultural en sistemas socioculturales

1. Tres planos del sistema

En el análisis que sigue hemos elegido una definición operativa conductivista del capital social, que privilegia la atención a las relaciones sociales por sobre los discursos normativos, pero que pretende analizar la pobreza desde una perspectiva holística en que el capital social se relaciona sistémicamente con otras formas de capital. Al decir que el capital social es el contenido de ciertas relaciones sociales, aquellas caracterizadas por actitudes de confianza y comportamientos de reciprocidad y cooperación, lo que no está dicho ahí es tan importante como lo que lo está.

Esta definición, a diferencia de algunas otras actualmente en uso, no se centra en las normas ni en la cultura. En esta definición seguimos a Coleman y a Bourdieu, que ven el capital social como un recurso de las personas, los grupos y las colectividades en sus relaciones sociales, mientras que otros autores, como North, Putnam y Fukuyama, ponen el énfasis en aspectos culturales, valóricos, simbólicos y abstractos. Al poner el acento causal en las culturas entendidas como sistemas normativos y cosmovisiones, estos últimos autores se acercan peligrosamente a un simplista «determinismo cultural», descuidando la variabilidad y volatilidad de los sistemas normativos, es decir, la facilidad con que son reelaborados en reacción a cambios en las estructuras sociales y en respuesta a otros cambios en el entorno.

Al definir capital social de esta manera, lo estamos distinguiendo analíticamente de capital cultural. Bourdieu, Bebbington, Boisier y otros, han hecho un aporte en este terreno al hablar de diferentes formas de capital intangible. Una conclusión inevitable de la discusión entre «culturalistas» y «sociologizantes», es que los subsistemas cultural y social están interactuando constantemente: no es que uno determine al otro o que se reproduzcan permanentemente sin modificarse. Esto se entiende mejor si se piensa que existen tres planos de un solo gran sistema sociocultural. En la propuesta presentada aquí, hemos ubicado al capital social en el plano conductual de las relaciones y sistemas sociales, y al capital cultural en el plano abstracto, junto con el capital humano (véase el gráfico V.1).

El análisis de los tres planos debe concentrarse en la interacción entre las condiciones objetivas (planos material y conductual) y la diversidad de discursos (plano abstracto). Hay que analizar cómo diferentes discursos presentan diversas conductas a distintas audiencias, y analizar también los resultados prácticos a los que conduce este juego entre normas, discursos y conductas.

Cabe subrayar que las conductas sociales reciben no una determinación inmutable e implacable, pero sí importantes refuerzos desde el plano abstracto y simbólico, de lo que en este trabajo llamamos «capital cultural» y que está resumido en la primera parte del cuadro.

Cuadro V. 1
TIPOS DE CAPITALES CULTURAL Y SOCIAL

Capital cultural (plano abstracto)
- Visiones compartidas de comportamientos esperables de las personas
- Valores compartidos que jerarquizan los objetivos deseables
- Normas de conducta correcta, general y para líderes
- Memoria compartida de historia propia
- Religión compartida, mitos, modelos de personajes arquetípicos
- Identidad compartida
- Reglas de parentesco: alianzas matrimoniales deseables, definición de roles de parientes
- Rituales y ceremonias para solemnizar vínculos e identidades
- Principios de reciprocidad horizontal y vertical
- Premios y castigos culturalmente definidos que satisfacen necesidades socioemocionales: aceptación/ostracismo, prestigio/repudio, honra, estatus

Capital social (plano conductual)
- Capital social individual:
  contratos diádicos y redes egocentradas
- Capital social grupal:
  trabajo en equipo; facción; un líder
- Capital social comunitario y de barrio:
  sistema complejo inteligente
- Capital social de puente (individual o comunitario):
  eslabonamiento de alianzas regional y nacional
- Capital social de escalera (individual o comunitario):
  apoyos potentes, contactos y clientelismos
- Capital social societal:
  normas e instituciones generalizadas

Fuente: Elaboración propia.

Gráfico V. 1
TRES PLANOS DE REALIDAD EN UN SISTEMA SOCIAL

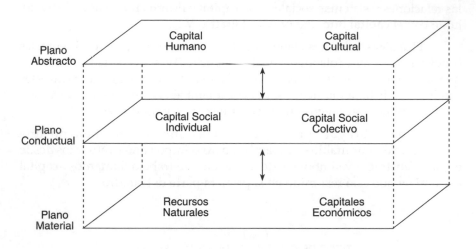

Fuente: Elaboración propia.
Nota: Por capital cognitivo se entiende el conocimiento (Boisier, 2000). Por capital cultural se entiende el sistema simbólico de visiones del mundo y del ser humano y las normas y valores que complementan los comportamientos socialmente valorados.

2.   Confianza, reciprocidad y cooperación: los tres contenidos de las relaciones e instituciones sociales de capital social

a)   Confianza

En el sentido usado aquí, de *trust*, la confianza individual es una actitud (no una emoción) basada en la expectativa del comportamiento de la otra persona que participa en una relación, y en el afecto que existe entre ambos. La confianza tiene un soporte cultural en el principio de reciprocidad, y un soporte emocional en el afecto que se siente hacia personas que se muestran confiables y manifiestan confianza en nosotros. Se expresa en conductas reiteradas y reforzadas de expresiones que comunican esa confianza en discursos y en acciones de entrega del control sobre bienes.

La presencia o ausencia de confianza es producto, no de una programación rígida de una cultura «ancestral», sino de la iteración de interacciones con otras personas, que demuestran en la experiencia acumulada que responderán con un *quid pro quo*[1] a un acto de generosidad, alimentando un vínculo que combina la aceptación del riesgo con un sentimiento de afectividad o de identidad ampliada. Confiar implica una disposición a entregar el control de bienes propios al otro (o, en el caso de una institución, a sus autoridades). Significa, por ende, superar la aversión al riesgo, por lo menos con esa persona o grupo.

Sin embargo, mientras mayor es el valor de los bienes cuyo control es cedido o compartido, mayor es la tentación a la traición, es decir, el costo de oportunidad de seguir siendo confiable. La necesidad humana de tener en quien confiar, ante un mundo de riesgos y amenazas, hace posibles tanto las relaciones de capital social como la estafa. Todos los grupos sociales alimentan los sentimientos de obligación del parentesco y la internalización de normas de identidad comunitaria para evitar la traición. Cuando la traición ocurre, constituye un aprendizaje traumático, un refuerzo negativo contra la confianza.[2]

b)   Reciprocidad

En las ciencias sociales, sobre todo en la antropología, el concepto de reciprocidad se ha construido sobre la base del clásico *Ensayo sobre el don* de Marcel Mauss.

El *Ensayo sobre el don*, escrito por Mauss a principios de siglo y publicado en los años cincuenta, identifica a la reciprocidad como principio regidor de las relaciones institucionales formales e informales a nivel de comunidad. Tanto en las sociedades premercantiles como en las nuestras existe una lógica de intercambio ajena a la lógica del mercado (aunque opera también en el ámbito del mercado), que involucra el intercambio basado en obsequios (objetos, ayuda, favores). Un obsequio es a la vez una señal de disposición a iniciar una relación social y una obligación culturalmente sancionada a retribuir. En esta «reciprocidad difusa», la compensación por un favor, un préstamo o un «regalo» es obligatoria, pero no en forma inmediata ni siempre de equivalencia precisa, a diferencia de las transacciones mercantiles (Mauss, 1966).

En cualquier entorno socialmente delimitado (en una sociedad tradicional o en la mayoría de las comunidades de hoy), las relaciones sociales son establecidas a través de numerosas interacciones pasadas y como potenciales que se prefiguran en una perspectiva de largo plazo. En las comunidades de membresía estable, las relaciones tienden a darse entre las mismas personas y familias en todos los ámbitos y en todas las instituciones

---

[1]   En inglés *tit for tat*, el principio esencial de la reciprocidad y, a la vez, de la cooperación.
[2]   No se trata en este caso de un permanente equilibrio cultural anticapital social —siguiendo el estilo de Putnam (1993a)—, pero donde ha ocurrido la traición con grandes costos o reiteradamente, suele requerirse tiempo y muchas experiencias positivas de confianza correspondida, para que se extinga su impronta.

de la vida humana: religiosa, jurídica, política, familiar y económica, en un mismo momento. Por esto, señala Mauss (1966), son «fenómenos totales» y las mismas comunidades son «sistemas totales» de carácter económico, religioso y jurídico a la vez. La reciprocidad, que a primera vista podría parecer un fenómeno social menor entre muchos, es, por ende, la base misma de las relaciones e instituciones de capital social.

Otros antropólogos que han aportado tempranamente a este marco conceptual son Raymond Firth, con su concepto de «organización social» referido a las relaciones regulares que generan instituciones y estructuras sociales (Firth, 1961) y George Foster, con sus trabajos sobre los «contratos diádicos», que son la base de la interacción entre pares y de las redes, ambas expresiones de reciprocidad (Foster, 1961). Los contratos diádicos, entendimientos informales y generalmente implícitos entre dos personas que mantienen intercambios en el tiempo, son a la vez el primer eslabón de las redes centradas en el individuo, y la base de la organización social más compleja que es en sí un activo, esta vez colectivo.

c)   Cooperación

La cooperación es la acción complementaria orientada al logro de los objetivos compartidos de un emprendimiento común. Se diferencia de la colaboración, que es el intercambio de aportes entre actores aliados que tienen emprendimientos y objetivos diferentes aunque compatibles. La cooperación emerge, en conjunto con la confianza y los vínculos de reciprocidad, como un resultado de la frecuente interacción de estrategias individuales. Está teóricamente sustentada en las teorías de juegos y de la cooperación (Axelrod, 1984), que hace posible fomentarla mediante oportunidades iteradas de confiar o traicionar; o bien puede emerger como una consecuencia no planificada de la coevolución de estrategias de múltiples agentes (*complexity*) (Cowan y otros, 1994; Axelrod, 1997).

3.   Redes, equipos, comunidades, puentes y escaleras: tipos de capital social

El capital social existe en potencia en todos los grupos humanos, porque los elementos valóricos y normativos que refuerzan las conductas cooperativas desde el plano abstracto del capital cultural, más otros «precursores» en el plano conductual, como la amistad, están en la práctica universalmente presentes. Sin embargo, el capital social no se encuentra en la misma magnitud en todas las agrupaciones humanas, porque estos precursores no constituyen automáticamente y por sí mismos, capital.

Aunque todas las personas tienen una serie de amigos y parientes con quienes comparten varios de estos elementos, sólo en ciertos momentos desean activar un proyecto personal (de vida u otro objetivo); entonces reclutan de esta reserva de posibles aliados a algunos individuos. La amistad puede no ser instrumental y constituir un valor en sí, pero en momentos de oportunidad, necesidad o frente a un riesgo se reclutan algunos amigos o parientes para empezar un emprendimiento.

Los «satisfactores socioemocionales»[3] se obtienen en la interacción interpersonal y en los grupos, aunque éstos no sean instrumentales. Responden a una necesidad humana de sociabilidad tan fundamental como las necesidades materiales (Durlauf, 1999) y constituyen un estímulo para la inversión de tiempo y esfuerzo en la reciprocidad, en los grupos y las organizaciones, porque conllevan una recompensa (*reward*) inmediata a esta conducta, independientemente del éxito o fracaso del emprendimiento compartido.[4]

El diálogo entre el debate teórico y la investigación empírica ha conducido a postular la existencia de seis formas diferentes de capital social, cada una con características y dinámicas propias:

a) Capital social individual: los contratos diádicos y las redes egocentradas

En esta propuesta, el capital social individual se manifiesta principalmente en las relaciones sociales que tiene la persona con características de un contrato diádico —entre dos partes— informal, con contenido de confianza y reciprocidad. Se extiende a través de redes egocentradas.

Este recurso reside no en la persona misma, como es el caso del capital humano del conocimiento, sino en las relaciones entre personas. Los antropólogos hablamos de una red egocentrada: cada uno tiene su propia y distinta red, que es un capital de cada individuo y cuyos beneficios y manejo le son propios.

b) Capital social grupal

Es una extensión de las redes egocentradas, cuando se cruzan muchos vínculos en un grupo cara a cara. Todos se conocen, todos son amigos, por lo que existe un alto grado de cierre, es decir, las relaciones se cruzan entre sí y se densifican —por ejemplo, entre 4 a 12 personas de diversos hogares, como orden de magnitud dada por estudios empíricos en América Latina—,

---

[3]   Para un análisis de la centralidad de estos «bienes socioemocionales» en el surgimiento y la retroalimentación de las conductas del capital social, véase Robison y Siles, 2001.

[4]   Varias otras formas de capital también producen satisfacciones emocionales por su posesión, y se relacionan con algunas de las variables psicosociales mencionadas aquí en el contexto del capital social.

conformando un grupo capaz de funcionar como equipo o, en otras palabras, como empresa. Se trata de personas que tienen un alto grado de confianza entre sí, debido a múltiples experiencias pasadas de reciprocidad difusa.

c)   Capital social comunitario

Es en el nivel comunitario donde el capital social llega a ser plenamente colectivo, porque a diferencia del capital social individual y grupal, en la comunidad la membresía no depende del reclutamiento por parte de una persona, sino que es un derecho de todos sus integrantes. La comunidad puede ser territorial o funcional: la membresía puede definirse sobre la base de una vecindad estable o ser una comunidad de intereses definida por un objetivo común.

Las comunidades son mucho más que redes; más incluso que redes «circunscritas». La definición clásica de comunidad abarca aspectos de actividad coordinada con cierto propósito común, autogobierno, superestructura cultural, y sentido de identidad. El capital social comunitario consta de las estructuras que conforman la institucionalidad de cooperación comunitaria. Reside no sólo en el conjunto de las redes de relaciones interpersonales diádicas, sino también en el sistema sociocultural propio de cada comunidad, en sus estructuras normadoras, gestionarias y sancionadoras.

d)   Capital social de puente: alianzas horizontales en el territorio

Una extensión importante del capital social, tanto individual como grupal y comunitario, son los vínculos que dan acceso horizontal y simétrico a personas e instituciones distantes. Los vínculos extensos horizontales se dan en organizaciones asociativas de segundo nivel en el territorio y usualmente constituyen alianzas y coaliciones.

e)   Capital social de escalera: reciprocidad con control asimétrico

En todas las sociedades existen diferencias de poder entre las personas y los grupos. Hay, entonces, relaciones de confianza, reciprocidad y cooperación en que el grado de control y el capital social de una de las partes son mayores que los de las otras. Cuando estos vínculos cruzan estratos sociales, suelen tomar las características de una relación patrón-cliente. En un contexto democrático, este puente sirve para empoderar y desarrollar sinergias, en lo que se puede visualizar como una escalera, más que como un puente, ya que conecta a un actor de bajo poder con uno de alto poder, el Estado.

f)   Capital social societal

En las sociedades nacionales también existen prácticas ampliamente difundidas en el territorio que constituyen activos intangibles de todas las personas, aunque el estudio y la medición de estos capitales presenta mayores dificultades que las que se pueden observar a escala local. Aquí nos interesan sobre todo la progresiva difusión de las instituciones sociales y las prácticas de la participación democrática, tanto en el aprendizaje de los procesos electorales como en los procesos a través de los cuales emergen nuevos actores que son aceptados o tolerados en un sistema sociopolítico local o regional.

En resumen, estas diversas formas de capital social[5] en combinación pueden contribuir a superar la pobreza y a mejorar la calidad de vida en sentido amplio. Pero para que esto resulte, es necesario que el capital social se combine con otros activos en forma complementaria y sinérgica, en una estrategia coherente y compartida, dentro de un contexto de oportunidades para cambiar las relaciones de control en la sociedad. Pero en la medida en que las comunidades y barrios excluidos se constituyen en actores sociales que movilizan sus capitales sociales internos y externos, deberán competir con otros actores sociales más poderosos que utilizan su capital social para mantener control sobre sus entornos, incluidos en éstos los grupos sociales de menor poder (Bourdieu, 2001).

C.   Interrelaciones de las diversas formas de capital social

El desafío de aplicar el concepto de capital social a la superación de la pobreza exige referirse, entonces, a las desigualdades entre grupos, por una parte, y a las relaciones entre diferentes formas y niveles subnacionales de capital social, por otra.

1.   Reciprocidad y parentesco en la formación de capital social

El hogar tiene, además de sus recursos materiales y humanos, una categoría importante de recursos sociales, consistente esencialmente en lazos que fortalecen la cooperación con individuos y con otros hogares. Ésta se basa no en una solidaridad impersonal, sino en lazos interpersonales de individuos concretos y específicos, es decir, en el capital social de las personas que componen el hogar y en el hogar como un grupo o equipo.

---

[5]   Esta tipología es una adaptación de la desarrollada por Woolcock (1998). Capital social individual, grupal y comunitario forma parte de lo que se ha denominado *bonding social capital* o capital social de vínculos; *bridgin social capital* o capital social de puente entre grupos; y *linking social capital* o capital social de escalera; que se refiere a la relación entre grupos disímiles, con énfasis más explícito en la verticalidad y en las desigualdades de poder.

Aunque la reciprocidad es una forma de intercambio, se parece menos a una transacción económica que a un intercambio repetido de regalos y favores sin compensación inmediata ni exacta —por ende, difusa—, en que cada expresión de ayuda reafirma y fortalece la confianza entre las dos personas involucradas (Mauss, 1966). He allí otro aspecto importante de la reciprocidad: ésta no es una relación grupal —o es grupal sólo en un sentido especial y solamente a través de un conjunto de relaciones individuales—, sino una relación de acuerdo implícito estable entre dos personas, lo que Foster llamó un «contrato diádico» (Foster, 1961). Estos contratos no explicitados entre dos personas, para ayudarse en tiempos de necesidad y en emprendimientos económicos de cierto riesgo, operan sobre todo en medios en que la sanción de la ley es débil (Fukuyama, 2000) y donde se requiere además alguna seguridad personal, de fe o confianza en la solidaridad de la otra persona, como en muchas situaciones de la vida moderna.

2. La red de parentesco: reserva de recursos sociales

Si bien las relaciones de reciprocidad estables más fuertes y confiables que puede tener un individuo son aquellas con sus parientes, no todos los parientes son participantes activos en relaciones «diádicas»: con un individuo dado (en jerga antropológica, un «ego»). Al contrario, los parientes conocidos y reconocidos de un ego no son más que una reserva potencial de relaciones de reciprocidad: con muchos parientes la interacción es sólo ocasional y casual, y con algunos existen relaciones de conflicto que imposibilitan la reciprocidad estable con su carga afectiva positiva. Y como el conjunto de las personas que ocupan los roles de parentesco (hermano, tío, cuñado, y otros) es objetivamente diferente para distintos individuos, esta red de relaciones sociales potenciales es «egocentrada»: cada ego está en el centro de una telaraña de parientes en círculos concéntricos, que se traslapa y se entrecruza con las redes de parentesco de los demás egos en una misma comunidad.

Es tan fuerte el sentimiento de pertenencia, identidad y deber asociado al parentesco, tan funcional al objetivo de asegurar la ayuda recíproca y la confianza, que en muchos medios de la región el principio se extiende a amigos (parentesco «ritual» o «ficticio»), relación que se formaliza y se refuerza religiosamente mediante el compadrazgo y el padrinazgo de bautismo, matrimonio, y otros.

3. Parentelas, grupos de apoyo y «hombres grandes»

De esta red abstracta de relaciones potenciales —a la que se añaden vecinos, amigos y miembros de la misma generación de ego—, cada jefe de familia mantiene activas relaciones de reciprocidad difusa con una red egocentrada mucho más reducida. También, como es obvio, participa en las redes egocentradas de sus parientes; a estas redes de relaciones reales de intercambio entre parientes se les ha dado el nombre de parentelas. El hecho de que estas parentelas se traslapen entre sí en un denso tramado de relaciones de reciprocidad, con constantes intercambios de ayuda, es lo que da a la comunidad una suerte de solidaridad invisible, mucho más fuerte de lo que puede brindar el sentimiento abstracto de un interés social común frente al resto del mundo.

La parentela no es un «grupo social» en el sentido estricto de la teoría antropológica y sociológica, porque este último concepto denota algo más que una red dispersa o una simple categoría de personas similares: un grupo social es un conjunto de personas con relaciones estables de interacción, que tiene fronteras perceptibles, las que distinguen a sus integrantes de otras personas que no son miembros de ese grupo. En este sentido es que las parentelas egocentradas han sido llamadas «cuasi grupos» (Mayer, 1966).

Sin embargo, con gran frecuencia las parentelas constituyen la base de auténticos grupos sociales, cuya presencia representa importantes implicaciones para cualquier intento de intervención en una comunidad o barrio donde ellas existen. Estos grupos sociales «reales», aunque informales, son grupos de apoyo para individuos específicos y destacados, que en algunas culturas —comunidades de las zonas andinas, por ejemplo— son llamados «hombres grandes» o con términos similares. Estos cuasi grupos, contrariamente al mito de la presión social para repartir cualquier ahorro, contribuyen en las comunidades rurales a que el hogar campesino logre acumular capital y crecer como empresa, mediante los aportes en trabajo de la red de reciprocidad. A cambio, los parientes menos empresariales o más jóvenes gozan de la seguridad de la ayuda del «hombre grande» en momentos de necesidad.

Como hemos visto, predomina la tendencia a que los jefes de hogar mayores tengan más recursos y más estatus que los jóvenes en general, lo que da lugar a relaciones de reciprocidad «vertical» o de patrón-cliente. En el occidente de Guatemala, la reciprocidad entre desiguales se basa también en una estratificación social en el interior de la comunidad indígena, a veces fuerte, con herencia de abundantes bienes y de alto estatus de algunos padres a sus hijos. Por ende, muchos «hombres grandes» dirigen grupos de apoyo relativamente estables y delimitados, basados en sus propias parentelas, pero aumentados en números por medio de relaciones de padrinazgo y compadrazgo con varios no parientes. Estos grupos actúan como empresas económicas ampliadas y como facciones en apoyo de un hombre en particular en la competencia por prestigio dentro de la comunidad. Como sus integrantes no pueden ser al mismo tiempo miembros de las parentelas de hombres de prestigio rivales, es conceptualmente válido en estos casos hablar de grupos sociales auténticos. En algunas comunidades, hay un solo «hombre grande» que se ha destacado sobre los demás. En otras, hay dos o más, todos con sus respectivos grupos de apoyo basados en la reciprocidad horizontal y vertical, lo que da lugar a conflictos de facciones en los ámbitos económico, político y organizativo. En muchos casos, por lo demás, se da la paradoja, para reforzar lazos comerciales, de relaciones de compadrazgo con forasteros de estratos sociales no campesinos, que a veces son los mismos que han despojado a las comunidades de tierras o de ganancias por ventas de productos.

4.   Refuerzos entre lo individual y lo colectivo en comunidades y barrios

Los procesos a través de los cuales el capital social institucional comunitario o «meso» surge del capital social «micro» o individual y, eventualmente, de otros orígenes, son poco comprendidos, complejos y variados. Entenderlos es una tarea urgente para avanzar en la comprensión de la interacción de estos dos niveles de capital social. Parece claro que las dos formas no son antitéticas: el capital social individual es un precursor del capital social comunitario; y éste es uno de los recursos que sirve para la acumulación de aquél.

El aumento de escala en las relaciones sociales estables pasa de un contrato diádico entre dos individuos (precursor del capital social), a redes egocentradas (capital social individual o «micro»), de las que a veces emergen instituciones comunitarias de capital social (nivel «meso»). Es en este sentido que Coleman (1990) considera que la existencia de redes densas es una condición necesaria para la emergencia del capital social.

Las formas específicas que toma el capital social en las tres escalas (micro, meso y macro) son diferentes, porque en los diferentes niveles operan distintas problemáticas (Ostrom, 1999). Entre los niveles individual y comunitario, estas formas y lógicas se retroalimentan en general, pero en muchas circunstancias conflictúan las lógicas individuales, las de grupo cerrado, y las de la comunidad. En consecuencia, la existencia de capital social en el nivel micro no garantiza que surja el capital social meso o macro. No hay que olvidar tampoco que la existencia de capital social de cualquier tipo no asegura la aparición de beneficios en todas las situaciones.

Por ejemplo, como señala Portes, «el capital social en la forma de control social institucional puede entrar en conflicto con el capital social en la forma de mediación de beneficios por redes individual» (Portes, 1998). Esto es en parte así, según Portes, porque «la función de las redes apretadas es precisamente la de facilitar la violación de aquellas normas institucionales para beneficio privado individual». De hecho, en cierto sentido, las instituciones formales existen en gran parte para contrarrestar al capital social individual (Sen, 1987). No obstante, la operación de redes interpersonales es tolerada dentro de las normas básicas de las instituciones colectivas y los individuos respetan estas normas, tanto porque los valores de éstas han sido internalizados como porque su violación conlleva sanciones negativas por parte del grupo al individuo transgresor. El capital social individual de las redes y el comunitario de las instituciones pueden ser simbióticos y sinérgicos, reforzándose y complementándose. Esto ocurre cuando existe una institucionalidad informal comunitaria, cuyas normas colectivas incluyen no sólo prohibiciones y castigos sino también «premios» para el individuo, y pueden ser fuente de beneficios personales. El prestigio, los bienes públicos, las reglas que estimulan la reciprocidad son algunas de estas normas y mecanismos que apremian. Y las estrategias personales, al operar en este marco, refuerzan la institucionalidad.

Otra manera en que el capital social individual complementa al comunitario es en la permanencia en el tiempo de ambos tipos, en su «estabilidad». Según Coleman, «la estabilidad del capital social depende de la estabilidad de las estrategias y relaciones individuales; las disrupciones de la organización social o de las relaciones sociales pueden ser altamente destructivas del capital social» (Coleman, 1990).

Arrow (2000) también nos recuerda que las instituciones formales —aquellas con estructuras legales basadas en posiciones explícitamente definidas— son tanto o más importantes que las informales que constituyen el capital social. De hecho, Coleman argumenta que las instituciones formales pueden mantener su estabilidad en contextos de gran inestabilidad de las relaciones y estrategias de los individuos. Cabe añadir, sin embargo, que las instituciones formales pueden estar vacías de capital social, manteniéndose solamente como cascarones mediante su existencia legal o desviadas hacia funciones de «familismo amoral» (Banfield, 1951). Contrariamente, las instituciones informales, aquellas no apoyadas por reglas escritas legales, pueden tener gran estabilidad y compenetrar las formales, alterando sus lógicas pero asegurando su estabilidad y eficacia.

5.   El prestigio comunitario del jefe como objetivo estratégico del hogar

Gran parte del debate teórico sobre capital social se ha desarrollado o bien en abstracto, sin referencias a situaciones concretas y locales, o bien referido —explícita o implícitamente— a contextos urbanos. Las comunidades rurales, especialmente las comunidades campesinas de América Latina, presentan particularidades que exigen un trato específico en lo referente a varias de las cuestiones analizadas en las páginas precedentes. Como señala Woolcock, aunque "la pobreza en términos estrictamente económicos puede ser tan intensa en el campo como en la ciudad,[6] [pero] la presencia en el primer contexto de redes comunitarias más estrechas y duraderas previene muchas manifestaciones de la pobreza asociadas con las grandes ciudades» (Woolcock, 1998). Pero no sólo es distinto el tema de la existencia, fuerza y utilidad del capital social comunitario en contextos rurales, también es posible que su consideración aporte al esclarecimiento del debate conceptual sobre capital social en general.

Aquí se postula que al observar las comunidades rurales se aclaran aspectos del capital social comunitario que son menos nítidos en las redes informales urbanas, las que han alimentado gran parte de la reflexión teórica sobre el tema. Esto es particularmente cierto en la medida en que esta mirada permite otorgar mayor centralidad a la dimensión territorial del capital social.

Constituye una hipótesis razonable sostener que la comunidad rural provee un ambiente ideal para que emerja o sea creado capital social.[7] La estabilidad relativa de relaciones interpersonales cruzadas por parentesco, en un espacio local durante toda la vida, promete ser un tipo de precursor del capital social. Pero es importante no caer en un romanticismo bucólico acerca de la vida rural, evitando el «comunitarismo» y el «campesinismo» como visión idealizada. No obstante, es en las comunidades campesinas, con sus abundantes «precursores» para la formación de capital social —identidad compartida y memoria histórica por tratarse de un grupo local descendiente de ancestros comunes, con gran permanencia de sus residentes y fuertes lazos de parentesco y una institucionalidad sociocultural constituida—, donde mejor se puede entender, por ejemplo, la dinámica por medio de la cual es posible complementar el capital social individual y el colectivo.

El hogar campesino jerarquiza sus diferentes objetivos económicos y familiares en sus decisiones productivas. La visión del ciclo de desarrollo del hogar ayuda a entender cómo cambian los objetivos extraeconómicos o «familiares» con las etapas de este ciclo. La prioridad que establece el jefe de hogar evoluciona desde el objetivo prioritario de subsistencia/consumo del jefe joven, a la acumulación/capitalización del jefe de hogar de mediana edad, y a la maximización del prestigio —mediante la combinación de riqueza, generosidad y servicio— del jefe mayor.

La importancia del prestigio en una comunidad campesina suele ser subestimada en los proyectos de desarrollo rural, en parte por ser éste un

---

[6]   En todos las países de la región, sin embargo, los porcentajes de pobreza y de indigencia son mucho mayores en el campo que en la ciudad. Es decir, en las comunidades rurales aparentemente se asocian presencia de capital social con una carencia extrema de otras formas complementarias de capital.

[7]   Ya hay evidencias empíricas (y cuantitativas) que apoyan la hipótesis de que existe más capital social en las comunidades rurales, véase PNUD, 2000.

factor no económico; pero probablemente también porque se acepta el estereotipo de campesinos esencialmente iguales, es decir, igualmente pobres. Por otra parte, el técnico o profesional, desde su posición social superior, puede subestimar el grado de respeto y admiración de que puede ser objeto un campesino entre sus pares. Finalmente, la escala de valores que determina el prestigio de un individuo varía de un contexto cultural a otro, aunque los tres factores que menciona el párrafo precedente sean básicamente universales.

En las zonas campesinas pobres de los Andes, México y Mesoamérica, el prestigio y el estatus —el rango social resultante del prestigio ganado por un individuo— han sido tradicionalmente asociados al desempeño de una serie de «cargos» cívico-religiosos, que exigen una gran dedicación de recursos materiales y de tiempo del jefe de hogar.

Una hipótesis de los primeros estudios antropológicos, que actualmente está siendo reevaluada,[8] era que los gastos en fiestas servían para lograr una nivelación de la riqueza personal, al exigir mayores desembolsos a los hombres que habían logrado iniciar un proceso de acumulación de tal magnitud que podría generar su diferenciación social (mecanismos de nivelación). Se ve ahora, por el contrario, que tanto el gasto como la dedicación de tiempo servían como inversiones en prestigio y en reciprocidad difusa (véase más adelante), que rendían posteriores beneficios económicos: los gastos asociados a los cargos no reducían al que los detentaba (cófrade, alcalde rezador, principal, y otros) al nivel común de pobreza. Si bien durante el año posterior al auspicio de un gasto cívico-religioso se reducían el capital y el nivel de consumo de un hogar, a la larga el jefe de hogar volvía a acrecentar su prestigio y su fortuna material.

Estos tradicionales cargos formales, cuyo desempeño era la manifestación más visible del prestigio de los jefes de hogar, han cambiado profundamente en las últimas décadas, por ejemplo, en el occidente de Guatemala. Aparte de varios cargos políticos formales que perduran y aumentan, dos nuevas instituciones formales han incrementado su presencia en este terreno: las sectas evangélicas y los proyectos de desarrollo o de ayuda internacional. Muchas de las actividades del viejo sistema cívico-religioso sincrético, que medio siglo atrás permitía a un jefe de hogar (con bastante tierra, hijos grandes y ahorros) mostrar su capacidad de gasto y su dedicación al prójimo, ahora han sido suplantadas por las de los cargos en congregaciones evangélicas, en las nuevas organizaciones laicas católicas y, crecientemente, por los cargos de presidente de comité, promotor, y otros,

---

[8]   Sin embargo, el concepto de «mecanismo de nivelación» ha entrado en la literatura transdisciplinaria del capital como un dato no cuestionado.

de la ayuda internacional para proyectos de desarrollo. Según algunos analistas (Stoll, 1990), estos puestos, que conllevan además una esperanza de beneficios de clientela, surgen ahora como los nuevos «cargos» de prestigio comunitario para un jefe de hogar campesino.

6.   Ciudades y campesinos

¿Es legítimo analizar las formas y dinámicas del capital social en barrios urbanos pobres con el mismo lente (o el mismo microscopio, si se trata de profundizar en la relación sicosocial entre capital social y la constitución de la personalidad y la identidad social individual) con que se mira la comunidad campesina o indígena? Existen poderosas razones que lo desaconsejan, entre ellas la peculiaridad de las culturas ligadas a la posesión y al cultivo de la tierra en el minifundio. De hecho, Jane Jacobs, la gran urbanista y candidata a inventora del concepto de capital social, subraya que sus análisis de los sistema sociales de las grandes urbes no son extensibles a comunidades rurales y ni siquiera a ciudades pequeñas (Jacobs, 1961).

Por otra parte, muchos barrios urbanos populares y marginados presentan características esenciales de una comunidad, y muestran las relaciones e instituciones del capital social de manera muy parecida al mundo campesino. Es así como Roberts habló hace tiempo de los barrios y campamentos de las megalópolis latinoamericanas como «ciudades de campesinos», por la manera en que reproducen tanto los sistemas normativos como los lazos e instituciones concretos de los lugares rurales de origen de los primeros migrantes, especialmente en los barrios urbanos más pobres (Richards y Roberts, 1999). Jacobs misma define los principios claves del capital social en barrios de las grandes urbes en los siguientes términos: «las personas invierten años de sus vidas en relaciones significativas .... una vez establecidas, estas redes se pueden expandir con relativa rapidez, tejiendo nuevas formas resilentes y nuevas organizaciones ... estas redes son el irremplazable capital social de la urbe» (Jacobs, 1961), términos muy similares a los que se usan en referencia a comunidades rurales. También señala con claridad el factor más importante para que los barrios urbanos tengan capital social, factor que es también extremadamente gravitante en el capital social colectivo de casi todas la comunidades rurales: «dondequiera que barrios étnicos se desarrollan y son estables, poseen otra cualidad aparte de la identidad étnica: contienen a muchos individuos que se quedan donde están. Este factor, más que la mera identidad étnica, me parece el más significativo» (Jacobs, 1961).

Lo que parece claro de estas referencias es que hay elementos compartidos, por lo menos en ocasiones, en comunidades rurales y barrios populares urbanos. En cada caso, sin embargo, se producen dinámicas únicas que lo apartan en menor o mayor grado de este modelo común, algo válido tanto para las realidades de la pobreza rural como en los casos urbanos.

D. Exclusión social: capital social como parte del problema

El capital social ¿es bueno por definición? Es una opción válida definirlo en términos de los emprendimientos que pretenden lograr el bien común. A pesar de las acusaciones de tautología (Portes, 1998), es coherente definir cualquier forma de capital en términos de los resultados que se esperan de él (Fine, 2001), siempre que la presencia de estos resultados no se tome como una prueba de esa relación causal. Se requiere, sin embargo, que se les dedique una atención equivalente a las institucionalidades informales contrarias al capital social así definido: la exclusión, la corrupción, las mafias, y otras.

Resulta analíticamente más útil, sin embargo, definir el capital social en términos más neutrales, como un recurso que puede ser usado en emprendimientos que producen beneficios sólo para algunos y que excluyen o dañan al resto. Debemos considerar que el capital social es un activo, como el dinero: es bueno tenerlo. Todas las personas tienen capital social y lo usan en sus estrategias, tanto en materias económicas como en la satisfacción de otras necesidades más sociales y emocionales. Sin embargo, el capital social no está igualmente distribuido en la sociedad, y tampoco es en la pobreza dura donde más hay.

La cooperación en pequeños grupos organizados es claramente una tendencia universal de los seres humanos. Por otra parte, en sociedades complejas, es igualmente universal la tendencia a que estos grupos sean excluidos. Durlauf (1997) ha demostrado la dinámica mediante la cual esta última tendencia conduce a una creciente y permanente desigualdad. Es decir, el capital social está esencialmente conectado a la exclusión social, «los procesos societales e institucionales que excluyen a ciertos grupos de la plena participación en la vida social, económica cultural y política de las sociedades» (Narayan, 1999).

1. Retornando a los fundadores

Bourdieu, Fukuyama, Edwards y Foley, entre otros, han señalado que el capital social se distribuye en forma inequitativa en la sociedad, al igual que otras formas de capital. Es interesante notar que el tema del poder estaba relativamente ausente del debate que en los Estados Unidos provocó la publicación del libro de Putnam en 1993 (Putnam, 1993a; Narayan, 1999). Fine ha reflexionado extensamente sobre las implicancias de esta omisión. El hecho es que Bourdieu escribió hace más de una década que el capital social y el capital cultural (por ejemplo, humano o cognitivo) son «propiedad» de grupos o estratos socioeconómicos definidos y delimitados (Bourdieu, 1987, citado en Fine, 2001). Y Putzel (1997) señaló que aunque un grupo o estrato posea mucho capital social, no podrá obtener sus frutos potenciales sin acceso a otros recursos, especialmente los materiales.

Actualmente, el tema del poder y de la desigualdad en la posesión del capital social está volviendo a ser incorporado en el debate: «los lazos que unen también excluyen ... los grupos y las redes sólo funcionan mediante la inclusión de algunos y la exclusión de otros .... en sociedades socialmente diferenciadas ... el capital social puede contribuir a mantener el statu quo de la exclusión» (Narayan, 1999). El Banco Mundial ya suscribe esta visión del capital social como parte del problema, al decir que «las instituciones sociales forman parte del marco ... [que] determina gran parte de la dinámica que crea y sostiene la pobreza ...» (Banco Mundial, 2001).

2. Transmisión intergeneracional de las oportunidades de vida y de la influencia grupal

La omisión del análisis de los conflictos del poder en la sociedad contribuye a generar explicaciones de «reduccionismo culturalista» para entender por qué la pobreza es tan persistente. En el paradigma del capital social, es necesario integrar, por una parte, las pugnas entre grupos y estratos por conservar o ampliar su control sobre recursos escasos; y por otra, el impacto de eventos aleatorios históricos, en equilibrio de importancia explicativa con las normas culturales tradicionales. El concepto de capital social sirve tanto para examinar la desigualdad como para analizar activos o recursos que tienen los pobres y que no están siendo activados. La posesión de mucho capital social contribuye a la acumulación de capital humano y de las credenciales educativas, además del capital simbólico del prestigio social (Bourdieu, 1987). Quienes más echan mano a sus redes de parentesco y amistades adquiridas en los establecimientos educacionales exclusivos son las elites. La institucionalidad asociativa —es decir, el capital social colectivo— es mayor en el empresariado que en ningún otro sector socioeconómico (PNUD, 2000; Guell y Márquez en CEPAL, 2001). Quienes forman parte de él cooperan y tienen reciprocidad, para no hablar de sus contactos como actores sociales y sus influencias en las políticas públicas. En general, la estratificación de los circuitos educativos es un factor clave en la transmisión desigual de las oportunidades de vida, y opera mediante mecanismos culturales y sociales propios del capital social que son activados por grupos y estratos privilegiados (Bourdieu, 1987; CEPAL, *Panorama social, 2000*).

3. Por qué los pobres no acumulan: exclusión, dominación y clientelismo

Además de la utilidad del capital social de los estratos con mayor patrimonio para acaparar y acumular más capital social, la baja tendencia de los pobres a la acumulación de capital social y de otras formas de capital puede explicarse en gran parte por intentos eficaces de limitar los capitales intangibles de los pobres, de destruirlos,[9] taparlos o desviarlos en relaciones en que gran parte del beneficio lo sacan otros: el clientelismo. En el beneficio de una relación clientelar, hay un capital social mayor de los «patrones» que desarrollan un discurso y una práctica clientelar, y un capital social menor que es propiedad del cliente.

4.   Clientelismo: el Estado como parte del problema

Algunas de las propuestas más sugerentes sobre la aplicación del capital social al mejoramiento de los programas antipobreza parten del supuesto de que hay una brecha entre Estado y sociedad civil (Evans, 1996; Ostrom, 1996). Sin embargo, todo parece indicar que la interfaz[10] entre instituciones gubernamentales y sociedad civil en América Latina y el Caribe (como en otras regiones) está permeada de vínculos socioculturales de diversos tipos, sobre todo en las democracias parlamentarias basadas en partidos políticos.[11]

Los principales de estos vínculos son el ejercer presión (lobby) —esfuerzos organizados y pagados para influir en las decisiones de administradores y legisladores— y el clientelismo. El clientelismo en América Latina se manifiesta principalmente en cadenas de agentes (brokers) políticos que manejan relaciones desiguales y paternalistas con sus clientelas, mediante el monopolio de la información y el control de la dispensación de beneficios (Auyero, 2000). Estas relaciones pueden ser analizadas en el marco conceptual del capital social, sin precipitarse a postular que son o no formas reales de capital social, antes de su estudio empírico. Los primeros esfuerzos teóricos en esta dirección señalan, por ejemplo, que «los impactos negativos del capital social se manifiestan en grupos sociales poderosos ... que no rinden cuentas a la ciudadanía y practican la corrupción y el amiguismo (cronyism)» (Narayan, 1999). Parece evidente que el ejercer presión (lobby) y el clientelismo constituyen recursos relevantes tanto para los objetivos de personas y grupos sociales como para los de partidos políticos y gobiernos.

Al igual que muchas otras formas de capital social, el lobby y el clientelismo son parte del problema de la perpetuación de la pobreza y la

---

[9]   El capital social «es el activo que menos sabemos construir; ciertamente, sabemos mucho más sobre cómo destruirlo» (Bebbington, 1999).

[10]   Según Long, las interfaces sociales son arenas en que las interacciones ocurren en torno de oportunidades y desafíos de tender puentes, acomodarse, segregarse o dar respuestas a las posturas sociales, cognitivas y evaluativas de diversos actores provenientes de diferentes mundos sociales y culturales. Las interfaces no son confrontaciones cara a cara, sino comunicaciones intersistémicas complejas y múltiples, que abarcan muchos intereses, relaciones y modos de racionalidad y poder diferentes. Su estudio debe cubrir las distintas voces, experiencias, prácticas y procesos de aprendizaje de todos los actores relevantes (Long, 2001).

[11]   Se vuelve a este tema en la segunda parte de este estudio.

desigualdad, no porque sean malos en sí sino porque están mal distribuidos en la mayoría de las sociedades. En sus manifestaciones de mayor concentración, donde unas pocas personas y grupos gozan de relaciones personales de alta confianza con funcionarios públicos, reforzadas por compadrazgos y amistades, se producen además graves problemas de corrupción. Y el clientelismo autoritario reproduce relaciones de poder extremadamente desiguales entre partidos políticos y grupos pobres, sobre todo cuando se ejercen localmente por «hombres nexos» dominantes y «padrinos». Desde el punto de vista de la aplicación del marco conceptual del capital social al mejoramiento de los programas antipobreza, el clientelismo en sus manifestaciones más excluyentes y dominantes constituye el principal ejemplo del capital social como parte de este problema, una parte en que el Estado mismo está fuertemente involucrado.

A nivel nacional, en países en que se combinan el centralismo administrativo y empresarial con primacía urbana, la retroalimentación entre concentración de capital social asociado con otros activos, por una parte, y amiguismo, *lobby* y clientelismo en el ejecutivo y la legislatura, por otra, la dinámica del capital social se expresa en términos muy similares al faccionalismo en una comunidad, ya que todos los actores relevantes se conocen como personas.

5.   La exclusión social dentro de la pobreza

Tampoco hay que olvidar que en la comunidad popular pobre también existe la heterogeneidad, la desigualdad y la imposición de proyectos personales en las relaciones informales que permean las instituciones colectivas. En casi todas las comunidades y barrios pobres existe una diferenciación económica entre sus hogares, que en muchos casos aumenta con la integración y el crecimiento económico. Estas diferencias de poder entre pobres hacen posible la captura y distorsión de capital social y de sus precursores por grupos y facciones dominantes. Cuando estas facciones internas establecen puentes clientelares con actores sociales externos dominantes, se alimenta la pasividad en el interior de la comunidad y se acentúa la diferenciación de sus facciones dominantes respecto del resto.

II.   Parte de la solución: tres lineamientos estratégicos para que el capital social aporte a la superación de la pobreza

En el marco conceptual desarrollado en la primera parte, ha quedado implícito que el capital social es potencialmente «parte de la solución» para la superación de la pobreza. El capital social de los pobres se constituiría, por definición, en un activo intangible para sus proyectos personales de vida, sus emprendimientos grupales y sus esfuerzos organizados por lograr bienes públicos para la comunidad. Las personas y comunidades pobres utilizan el capital social precisamente para salir de la pobreza material y mejorar su calidad de vida en diversos otros sentidos. En esta segunda parte se presentarán tres propuestas de estrategias para que el Estado pueda aportar a la potenciación del capital social colectivo, y para que estas personas superen la pobreza superando el Estado mismo, de paso, su propio papel como parte del problema del capital social en la reproducción de las desigualdades y de la pobreza.

El diseño de instituciones formales de asociación y participación y la capacitación de los supuestos beneficiarios en su gestión nunca lograrán sus objetivos, a menos que las instituciones socioculturales informales de confianza, cooperación, liderazgo, prestigio, faccionalismo y clientelismo sean también temas de la política pública. Estas formas «positivas y negativas» de capital social siguen dinámicas que son más determinantes en sus resultados de lo que son las lógicas formales. Igualmente importantes son las oportunidades que brinda el contexto más amplio, a fin de que la formación del capital social de los pobres les sirva para renegociar las relaciones desiguales de poder que constituyen justamente el capital social de actores y grupos sociales más favorecidos. Tanto las reglas y estructuras formales de la asociatividad, como el capital social informal que determina su funcionamiento real y efectivo, son activos intangibles que deben actuar concertadamente en una situación ideal. Existe bastante conocimiento sobre el diseño y los principios de gestión de instituciones formales asociativas. El gran desafío actual es cómo trabajar sinérgicamente con los sistemas socioculturales específicos a cada caso, para formar instituciones productivas eficientes y actores sociales capaces de introducir impactos positivos en los sistemas locales y regionales que tienden a reproducir el *statu quo* de desigualdad.

La posibilidad teórica de formación intencional de capital social y su puesta en práctica en sectores pobres descansa en la percepción de que es posible formar y acumular varias formas de capital social de manera relativamente rápida. Aunque la utilidad práctica del capital social respecto de la política pública ha sido cuestionada (Portes y Landolt, 1996), existen muchos estudios que evidencian y analizan una importante sinergia de la institucionalidad informal del capital social en la sociedad civil con la institucionalidad formal del Estado, para diversos propósitos (Evans, 1996). Para empezar, hay casos en que la política pública ha contribuido a la creación de capital social (Durston, 1999); y existen estudios de su uso por el Estado para lograr el «empoderamiento» de sectores sociales excluidos y aumentar el impacto de los servicios sociales sobre la base de un fuerte compromiso personal del funcionario con la comunidad local (Tendler, 1997). Aunque esto parece ir en contra del óptimo del servidor público objetivo e imparcial, dicho lazo contribuye a la civilidad porque el compromiso personal del funcionario es asociativo —con la comunidad como un todo— y no individual (Evans, 1996).

Quedó planteada por algunos de los fundadores del concepto, la idea de que se puede construir capital social, directa o indirectamente, realizando un potencial sinérgico que existe entre organizaciones privadas y gobierno (Coleman, 1990; Putnam, 1993a y 1993b). En esta propuesta, diversos incentivos del Estado para que los ciudadanos se asocien con el fin de recibir algún beneficio tendrían el efecto de estimular confianza donde ésta no existe, rompiendo las barreras seculares de temor y desconfianza, y de reforzar hábitos de colaboración y asociación. De hecho, para Putnam, este subproducto de creación social es mucho más importante que el «premio» específico en satisfacción de necesidades inmediatas que suele ser el objetivo formal de un proyecto participativo dado, ya que con él se inicia el círculo virtuoso de acumulación de existencias de capital social, que se fortalece cada vez que se usa.

Existen ya en América Latina algunos estudios empíricos y algunas experiencias de proyectos y programas en que los principios del capital social han sido aplicados, explícita o implícitamente. Esto nos permite detectar algunas líneas generales sobre la manera en que el capital social puede aportar a la reducción de la pobreza a través de la acción estatal. La iteración entre el debate teórico (método deductivo) y la observación empírica (inductivo) promete ser la manera más eficaz de derivar lecciones para mejorar la práctica. Todo lo que tiene que ver con capital social en sus múltiples facetas analizadas arriba y que apoya a la gente para salir de su pobreza (en sentido amplio), es relevante para esta visión estratégica: el aumento de ingreso por trabajo; la entrega más eficiente de servicios subvencionados; el aumento de activos materiales e intangibles; y, finalmente, la superación de la pobreza social y política —la exclusión— que retroalimenta las otras partes del síndrome.

A continuación se ordenará una iteración entre teoría y práctica en torno de tres grandes lecciones que se derivan de ésta:

i)   la importancia de aplicar metodologías de investigación-acción que apoyan la formación de capital social colectivo en organizaciones, comunidades y barrios pobres;

ii) la necesidad de una transformación de la relación entre la población pobre y los agentes y agencias de desarrollo de tecnocrática a sinérgica; y

iii) la importancia central de una agencia externa para la incubación y respaldo a actores sociales pobres como eje de la descentralización.

El orden de presentación de estas tres lecciones no es casual: la primera requiere de la segunda para su aplicación exitosa y ambas descansan en la tercera para superar los obstáculos a la acumulación sostenida de activos por los pobres y a la superación definitiva de la pobreza. Es decir, más que tres estrategias independientes, las tres líneas conforman una sola estrategia de política pública.

A.   Primera línea estratégica: de la investigación-acción a la consolidación del capital social comunitario

Una de las maneras de entender la dinámica y el potencial del capital social en los diversos niveles territoriales es en términos de círculos concéntricos alrededor de la persona. Fukuyama propone el concepto de «radio de confianza». El radio de la confianza más intensa es el de la familia nuclear, pero a niveles menores de intensidad el radio de confianza puede corresponder a una comunidad o a todo un grupo étnico (Fukuyama, 2000). Extendiendo el concepto, se puede hablar también de un radio —mayor—, de identidad: todas las personas con quienes uno se siente identificado; como de un radio de conocimiento: personas conocidas, pero de otras identidades; y radios de reconocimiento: personas no conocidas directamente, pero que uno puede asignar a alguna identidad. Estos círculos mayores constituyen el fondo potencial del que uno elige su radio de confianza. Y de este último uno recluta los socios y aliados con quienes construye y alimenta vínculos de cooperación, que son a la vez su «radio de afectos» y su capital social individual activado.

El capital social comunitario, por ejemplo, implica la ampliación de los radios de confianza, cooperación y afectividad desde el hogar, los parientes cercanos o el grupo pequeño a una colectividad de personas que comparten algunos de los elementos de materia prima del capital social tales como la vecindad y la etnicidad. Aunque el concepto de comunidades puede incluir el de una «comunidad de intereses», en el caso de los pobres la vecindad territorial es una de las bases más importantes del capital social comunitario generado por ellos mismos.

Uno de los principales obstáculos para la aplicación de los conceptos de capital social al diseño de políticas y programas de superación de la pobreza, es la dificultad de la medición del capital social y de la relación entre éste y los impactos. Aunque ha habido esfuerzos por cuantificar el capital social que constituyen adelantos importantes, varios autores (Portes, 1998; Fukuyama, 2000; Fine, 2001; Arrow, 2000) han concluido que la medición cuantitativa del capital social está aún lejos de ser factible. Fine argumenta que la medición no es posible porque las formas y dinámicas del capital social son específicas a cada caso concreto. Sin embargo, los primeros estudios empíricos sobre capital social están revelando constantes generales y generalizables que emergen de casos que son específicos solamente en sus detalles.

Parece, más bien, que el marco teórico del capital social carece aún de un consenso suficiente, anclado en lo empírico, para que haya la claridad necesaria sobre exactamente cuáles indicadores cuantitativos es preciso medir y cómo las mediciones deben ser interpretadas. Si esto es así, todavía existe una necesidad prioritaria de investigaciones empíricas cualitativas que arrojen nuevas hipótesis de trabajo más finas, que puedan emerger de hallazgos no anticipados. Por otra parte, Arrow (2000) se pregunta si la preocupación por la cuantificación no nos está distrayendo de la posibilidad de diagnosticar y evaluar cualitativamente relaciones socioculturales específicas en la población atendida, a fin de mejorar el diseño de programas y proyectos, potenciando la confianza y la cooperación existentes y evitando o superando conflictos entre facciones.

Estas mismas percepciones subyacen a gran parte de las sugerencias derivadas de los recientes análisis del capital social en programas de superación de la pobreza en la región (por ejemplo, Bebbington, 1999; Bahamondes, 2001). La relevancia de la teoría del capital social para una agencia de desarrollo es que obliga a integrar una visión del sistema sociocultural específico a cada comunidad en el modelo manejado por la agencia (Bahamondes, 2001). Tanto los activos colectivos de capital social, como su manejo por grupos e individuos para perpetuar privilegios, se manifiestan en un sistema sociocultural con especificidades locales. Estos aspectos socioculturales influyen notoriamente en el resultado de programas que pretenden ser «técnicos», pero que ignoran estas variables sistémicas.

La aplicación de métodos de análisis y evaluación cualitativos (Strauss y Corbin, 1997; Patton, 1980) permite elaborar un modelo simple del sistema sociocultural local por parte de la agencia externa, modelo que es refinado constantemente como aspecto regular del trabajo. Este conocimiento de la realidad local permite potenciar los diferentes tipos de capital social detectados de manera apropiada a cada uno, en un contexto de desarrollo comunitario o barrial. Pero, desde la perspectiva de la investigación-acción participativa, ese modelo será un débil predictor de conductas si no es generado y refinado desde la comunidad misma. Lo más importante para la formación de capital social, es que sin esta participación el modelo no será apropiado por sus supuestos beneficiarios, a menos que ellos hayan originado el diagnóstico en que se fundamenta.

Los llamados «diagnósticos participativos» ya son parte del inventario de la mayoría de los programas antipobreza en la región. Sin embargo, debido a las lógicas tecnocráticas y clientelares analizadas anteriormente, el discurso de un diagnóstico participativo suele distar mucho de la práctica real de una participación dirigida desde afuera. Los usuarios detectan lo que ofrece la agencia y ambos colaboran tácitamente en la ficción de que las necesidades más sentidas de la comunidad coinciden exactamente con la propuesta y la oferta preelaboradas por la agencia. En cambio, si el objetivo real —no sólo el discursivo— de la agencia es facilitar el autoempoderamiento de los atendidos, resulta esencial que el diagnóstico sea generado y asumido por la comunidad y que los agentes externos frenen sus impulsos de imponer sus criterios (Long, 2001).

Bien llevado, este autodiagnóstico significa, inicialmente, el desarrollo en la práctica de una aumentada capacidad de análisis entre los miembros de la comunidad y el fortalecimiento de su pensamiento prospectivo y estratégico como comunidad. Posteriormente, la repetición de estos ejercicios de análisis estratégico se traduce en la capacidad de elaborar propuestas de acción más realistas, lo que a su vez fortalece la capacidad colectiva de gestionar los recursos comunes tangibles e intangibles de la comunidad. Un diagnóstico genuinamente participativo es, en esta óptica, un primer paso en un proceso de empoderamiento y de acumulación de las diferentes capacidades colectivas que constituyen el capital social comunitario.

El capital social comunitario complementa los servicios públicos de diversa manera. En primer lugar, robustece la participación a nivel comunitario asociativo y puede ser clave para articular los servicios públicos con el individuo o el hogar. Esto es especialmente cierto en programas para superar la pobreza. Por otra parte, la elaboración de conceptos claros e indicadores de la existencia y grado de capital social comunitario puede contribuir a una mejor evaluación de la «viabilidad» económica de microempresas y hogares campesinos. La adecuada detección de este activo puede aportar marginalmente a la evaluación de la rentabilidad potencial de la pequeña empresa familiar, especialmente en comunidades rurales.

Las experiencias con estos enfoques en proyectos de superación de la pobreza indican que las habilidades sociales e institucionales tales como liderazgo, conducción y gestión, trabajo en equipo, control social interno, transparencia y rendición de cuentas, son «formables» y «transmisibles» (Durston, 1999 y 2000). Es decir, las instituciones y normas del capital social comunitario, allí donde faltan o donde han sido destruidas, pueden ser creadas intencionadamente por agentes externos mediante un amplio repertorio de metodologías de capacitación en la participación de base.

La capacitación colectiva tiene además algunos aspectos de concientización que aporta el soporte normativo internalizado para la acumulación de capital social colectivo: que las organizaciones son propiedad de todos, y que el prestigio es principalmente reconocimiento del servicio al conjunto, entre otros. Asimismo, las capacidades latentes de liderazgo existen en muchas de las personas que son miembros, no sólo en el dirigente del momento. Si todos son capacitados, ningún líder es indispensable. Al fortalecer en la práctica la confianza y los vínculos, la institucionalidad informal es reforzada por la formal y no subyugada o subsumida por ella: las normas y los satisfactores emocionales individuales contribuyen a reforzarla. Incluso el desafío de las facciones internas puede ser disminuido a través de la capacitación, mediante la competencia normada entre ellas o la propuesta de metas comunes mayores, que exigen cooperación intergrupal y la supervisión de la práctica de ésta (Durlauf, 1999).

Arrow (2000) ha expresado recientemente la duda fundamental de los escépticos frente a las propuestas de potenciar el capital social colectivo para superar la pobreza: si las organizaciones participativas creadas intencionalmente (como los distritos de riego) son realmente más eficientes que la gestión «de arriba hacia abajo». Es justamente en temas de la gestión de recursos naturales como el agua (pero también de otros recursos de propiedad colectiva, como fondos rotatorios) que las evidencias son más claras en favor de las ventajas de la autogestión asociativa. Uphoff, por ejemplo, analiza en detalle cómo una asociación de regantes, en contra de la evaluación técnica externa, logró ganancias de la venta de sus cultivos en un año seco. En este caso, las normas de cooperación que parecían ausentes fueron activadas por conductas participativas ante el desafío práctico de la sequía, descubriéndose estos valores que estaban presentes en la cultura local, pero en desuso (Uphoff, 2000).

1.   Principios y amenazas de la gestión comunitaria

Los principios generales para la máxima eficiencia del capital social en la gestión de recursos colectivos y la reproducción de su institucionalidad informal han sido deducidos por Ostrom y sus asociados, después de analizar numerosos casos de estudio (véase el recuadro V.1).

Un área específica en que el capital social comunitario aporta al bien común tanto local como societal es en el manejo de ecosistemas. La gestión participativa por parte de los habitantes y usuarios del grupo humano local de los ecosistemas locales y de sus recursos naturales puede ser clave en la preservación de éstos. Pero sin normas internalizadas ligadas a y reforzadas por instituciones sociales comunitarias o intercomunitarias, y sin un control social propio del grupo que sanciona las transgresiones individuales de estas normas, se produce «la tragedia de los recursos comunes» (Hardin, 1968). Las familias individuales compiten entre sí para maximizar su consumo de los recursos naturales que no son de propiedad personal de ninguna de ellas, y terminan depredándolos y debilitando los ecosistemas de los que ellos mismos son parte.

Esto ocurre incluso en pueblos indígenas cuyas cosmovisiones estiman sagradas la tierra, el agua, los bosques y los ríos, sobre todo cuando sus instituciones sociales han sido reprimidas, debilitadas o «capturadas» por grupos dominantes que tienen otras lógicas. Los sistemas de valores no funcionan solos: son débilmente internalizados e imposibles de aplicar a las conductas prácticas sin el refuerzo, desde el plano socioinstitucional del consenso, del control social y de una institucionalidad social del bien común. Para el Estado es menos eficaz crear una «policía ecológica» que proteja los ecosistemas de sus propios habitantes humanos, que destinar los mismos recursos y apoyo a la reconstrucción y fortalecimiento del capital social institucional de las comunidades locales. Con este apoyo externo podrán autogestionar el uso y cuidado de sus recursos naturales en ecosistemas locales o microrregionales.

Recuadro V.1
PRINCIPIOS Y AMENAZAS DE LA GESTIÓN COMUNITARIA (OSTROM)

PRINCIPIOS BÁSICOS PARA EL CONTROL COLECTIVO DE RECURSOS

- Límites claramente definidos: los individuos u hogares con derecho a retirar unidades de recursos del recurso colectivo y los límites del recurso colectivo en sí, estarían claramente definidos.

- Congruencia entre las reglas de apropiación y de provisión y las condiciones locales: las reglas de uso que restringen tiempo, lugar, tecnología y cantidad de unidades del recurso, están relacionadas con las condiciones locales y con las reglas que norman la provisión de trabajo, materiales y dinero requeridos para mantener el recurso y la organización.

- Acuerdos de elección colectiva: la mayoría de los individuos que se ven afectados por las reglas operacionales pueden participar en la modificación de éstas.

- Supervisión: los supervisores, quienes auditan activamente las condiciones de los recursos colectivos y el comportamiento de los usuarios, son responsables ante los usuarios y ellos mismos son usuarios.

- Sanciones graduales: es probable que los usuarios que violan reglas operacionales reciban sanciones graduales, dependiendo de la seriedad y del contexto de la ofensa, de parte de los otros usuarios, de funcionarios responsables ante los usuarios, o de ambos.

- Mecanismos de solución de conflictos: los usuarios y sus funcionarios tienen acceso rápido a mecanismos locales de bajo costo con el fin de dar solución a conflictos entre los usuarios o entre los usuarios y los funcionarios.

- Reconocimiento de los derechos de la organización: los derechos de los usuarios a diseñar sus propias instituciones no son disputados por autoridades gubernamentales externas.

- Actividades complementarias (en sistemas de mayor tamaño): la apropiación, provisión, supervisión, ejecución de las reglas, solución de conflictos y actividades de dirección están organizadas en múltiples estratos de emprendimientos complementarios.

Continúa

Recuadro V.1 (conclusión)

AMENAZAS INTERNAS Y EXTERNAS

- Pensar en esquemas predefinidos.

- Confianza excesiva en reglas simples de votación como mecanismo primario de decisión para las opciones colectivas.

- Cambios rápidos en la tecnología, en la población, en la disponibilidad de factores, en la importancia relativa de las transacciones monetarias o en la heterogeneidad de los participantes.

- Deficiencias en la transmisión de una generación a otra de los principios operacionales sobre los que se basa el sistema comunitario de administración y gestión.

- Dependencia exagerada de la ayuda externa.

- Cooperación internacional que no toma en cuenta las instituciones y los conocimientos locales o autóctonos.

- Corrupción y otras formas de comportamiento oportunista.

- Falta de arreglos institucionales a gran escala relacionados con la recopilación, agregación y difusión de información confiable; con mecanismos de solución de conflictos imparciales y de bajo costo; con sistemas educacionales y de extensión; o con mecanismos para proporcionar ayuda en caso de desastres naturales u otros problemas mayores al nivel local.

Fuente: Elaboración de Daniel Duhart sobre la base de Elinor Ostrom, «Principios de diseño y amenazas a las organizaciones sustentables que administran recursos comunes» (www.fidamerica.cl), 1999.

2. Medidas para el desarrollo de capital social comunitario y barrial

La confrontación de los estudios empíricos de proyectos recientes de fomento de la organización comunitaria con el debate teórico acumulado permite sugerir, en conclusión, seis tipos de medida para la formación del capital social comunitario:

Recuadro V.2
MEDIDAS PARA EL DESARROLLO DE CAPITAL SOCIAL
COMUNITARIO Y BARRIAL

1. Realizar una búsqueda de normas y prácticas de confianza, reciprocidad y cooperación en grupos locales, aun en culturas aparentemente dominadas por el individualismo y el «familismo».

2. Evaluar cualitativamente la realidad local en cuanto a presencia de conflicto, rivalidades y desconfianza para evitar fracasos en emprendimientos colectivos y corregir estas debilidades.

3. Realizar una «excavación arqueológica» del capital social, a fin de identificar episodios anteriores de desarrollo colectivo que puedan haber sido reprimidos o desalentados, pero que se han conservado en la tradición oral.

4. Iniciar un proceso de desarrollo de aptitudes sociales en grupos de alta confianza, integrados por 3 a 15 hogares unidos por relaciones de parentesco, residencia y reciprocidad. Asegurar que estos grupos, y no sólo las facciones dominantes, estén representados en ejercicios de desarrollo de capital social en los que participe toda la comunidad.

5. Ofrecer reiteradas oportunidades de creación y refuerzo de lazos de familiaridad, amistad y cooperación a nivel comunitario.

6. Tomar medidas para asegurar que la inversión en el capital social de las comunidades pobres conduzca a beneficios materiales a corto plazo.

Fuente: Elaboración propia.

B. Segunda línea estratégica: formación de equipos sinérgicos entre agente y atendidos

1. Compromiso personal del funcionario público

Parte del problema del capital social en la reproducción de la exclusión y de la pobreza reside en que no sólo las agencias, sino también los agentes individuales del desarrollo, mantienen relaciones tecnocráticas y paternalistas con la población pobre. En un sistema estatal en que el cumplimiento de órdenes jerárquicas es el principal motivo para ser evaluado positivamente, una visión de los pobres como carentes de fortalezas es funcional a esta rendición de cuentas hacia arriba. Parte de esta percepción es una tenaz ceguera frente al capital social y el capital humano presentes en las comunidades pobres.

Una de las propuestas más sugerentes para superar este obstáculo a la formación de capital social en comunidades y barrios pobres, es la de integrar el recurso de las redes interpersonales que compenetran las relaciones Estado-sociedad, en sustitución del más clásico enfoque de estos dos estamentos como distintos e idealmente aislados uno del otro (Evans,

1996). El paradigma tradicional de la división de roles como esencia de la democracia anglosajona rechaza este tipo de ligazón personal como generadora de corrupción, pero Evans (1996), al igual que Tendler (1997), presenta evidencia empírica y análisis en defensa de esta nueva tesis. La complementariedad formal entre Estado y sociedad suele dar frutos en sinergia con las redes de confianza y reciprocidad entre funcionarios públicos reformistas y los sectores excluidos o actores débiles de la sociedad.

Lo que está sucediendo en algunos programas de servicios sociales estatales para la población pobre —educacional, de salud, y otros— es que el agente externo que trabaja en sectores pobres cambia su relación con los grupos atendidos, de las siguientes maneras:

- Cambio en la rendición de cuentas: en vez de rendir cuentas a la burocracia, se establece un nuevo mecanismo en que es obligado a rendir cuentas a la población atendida. Esto tiene que ver con capital social en la medida en que existe la capacidad en la población de pedir rendición de cuentas al funcionario.

- Cambio en la motivación: en el sentido de un nuevo redescubrimiento, por parte del agente público, de una vocación de servicio. Está presente el contenido emocional y normativo del capital social.

- Cambio en la identificación: en el sentido de desprenderse voluntariamente de su identidad de clase social como profesional e identificarse más con una comunidad de personas de carne y hueso, conocida como individuos y como grupo, comunidad en la que él se identifica como un miembro más de ella. Tanto los vínculos de las relaciones de amistad como la pertenencia a un conjunto son elementos de capital social presentes en este cambio.

- Sinergia: que se traduce en una relación de coproducción de bienes, en que la agencia estatal como un todo y el conjunto de las comunidades pobres atendidas producen en conjunto.

Es, evidentemente, una propuesta que encierra posibles peligros. Los lazos interpersonales y de identidad de grupo obviamente dejan abierta la posibilidad de prácticas antidemocráticas. Pero esas prácticas por definición están castigadas por la ley, y las prohibiciones a los lazos interpersonales entre funcionarios y privados presuponen —exageradamente, (Tendler, 1997)— una inclinación predominante a la corrupción. Sin embargo, es el contenido deshonesto de ciertas relaciones de reciprocidad personal, y no las relaciones en sí y en general, el que resulta dañino para la interacción Estado-sociedad civil. Evans postula que en los múltiples ejemplos de lazos positivos, los funcionarios públicos han desarrollado compromisos asociativos, no personales (Evans, 1996). Es decir, su lealtad es primariamente con la comunidad local, con la que se sienten identificados, no con personas individuales. Mantener la distinción, subrayada en este trabajo, entre capital social individual y comunitario parece central para evitar este problema potencial en la aplicación de la teoría del capital social al mejoramiento de los servicios públicos.

2. Gestión comunitaria de la escuela pública en México y Centroamérica

Un ejemplo de la aplicación práctica de estos principios es la cogestión comunitaria de la escuela. Las comunidades pobres cuentan con importantes recursos que pueden ser la base de aportes clave para el mejoramiento de la educación. La comunidad puede ser pobre en capital material, pero sí tener capital humano propio (de conocimientos formales e informales), capital cultural (normas y visiones de mundo en constante evolución) y capital social (relaciones de confianza y cooperación), tres formas de capital no material que pueden apoyar la acumulación del capital humano formal de los alumnos en el campo pedagógico y en la gestión en pro de una comunidad educacional ampliada.

Esta apreciación surge del análisis de experiencias interesantes y generalmente exitosas de incorporación de la comunidad rural en el proceso pedagógico y en la gestión de la escuela, en seis casos concretos: el Programa para Abatir el Rezago Educativo (PARE) de México; Educación con Participación Comunal (EDUCO) de El Salvador; el Programa Nacional de Autogestión para el Desarrollo Educativo (PRONADE) de Guatemala; el de la Escuela Nueva en Colombia; el del Proyecto Hondureño de Educación Comunitaria (PROHECO) en Honduras (PRONADE, 1999; PROHECO, 1999).

La comunidad que es integrada a la cogestión de la escuela se siente reconocida como tal, y se da cuenta que puede cumplir con acciones prácticas como el traslado de materiales y construcción, pero sobre todo, que tiene las capacidades para participar en la gestión de recursos. Frecuentemente, después de estas experiencias positivas en torno de la escuela, la comunidad también reactiva instituciones tradicionales en desuso, como el trabajo colectivo de beneficio comunitario.

Ambos, maestro y vecino, aprenden y se benefician de este fortalecimiento del capital social local aplicado a la educación de los niños, cuyos frutos no se limitan a la educación. Es un aprendizaje, para ambas partes, de destrezas sociales tales como trabajar en equipo, liderazgo con rendición de cuentas, comunidad con demandas y responsabilidades frente al Estado, producto de la autonomía en la gestión cotidiana de recursos públicos. En un caso tras otro, las relaciones entre maestro y comunidad gradualmente transcienden la lógica de exigencia y rendición de cuentas, para tomar la forma de trabajo en un equipo en que ambas partes están emocionalmente involucradas.

El capital social original de la comunidad es fortalecido con esta práctica en la gestión de la escuela y, una vez revitalizado, puede ser transferido a otras esferas. La participación comunitaria en la gestión de la escuela es por ende interesante para otros programas, de vivienda, salud, agua potable, electrificación, transferencia tecnológica y de fomento de empresas asociativas. En esta dinámica positiva que se autorrefuerza, la escuela empieza a ser aprovechada para otros proyectos, no sólo como espacio físico sino como una expresión de comunidad.[12]

3.   Desarrollo de relaciones de confianza y mejoramiento del desempeño del funcionario de salud en Brasil

Son muchos los programas de atención a comunidades pobres que han introducido reglas que las empoderan formalmente frente a los funcionarios. Tendler comenta que las reformas en los servicios sociales públicos que exigen mayor satisfacción en la atención al cliente son buenas en sí, pero ignoran las investigaciones organizacionales que muestran que la mejoría buscada en el desempeño funcionario también «requiere un amplio contexto de relaciones de confianza» (Tendler, 1997).

Según esta autora, existe una abundante evidencia de alto desempeño e impactos significativos que demuestra que los funcionarios de gobierno exitosos son aquellos que reciben mayor aprecio y reconocimiento de la comunidad donde ellos trabajan. Destaca un programa, en el ámbito de la salud, en que se enfatizó el requerimiento de que los agentes debían vivir en las áreas en las que trabajaban, visitando regularmente los hogares. En este caso, los profesionales permanecían como huéspedes en el interior de la comunidad, lo que posibilitó el hecho de que «los ciudadanos lograron confiar en los funcionarios públicos, al tiempo que el gobierno creó un fuerte sentido de vocación y misión...» (Tendler, 1997).

En este contexto, los trabajadores públicos querían desempeñarse mejor para estar a la altura de la nueva confianza de los clientes y ciudadanos; y los ciudadanos tenían conocimiento de sus derechos. Se destaca que se incrementó la satisfacción en el trabajo mediante la ampliación de la variedad de labores desempeñadas, satisfaciendo las necesidades y privilegiando las relaciones con los ciudadanos clientes.

---

[12]   Es significativo que la primera formulación sociológica del concepto de capital social se haya referido al potencial de la escuela en la pequeña comunidad «cuyo centro lógico es en la mayoría de los casos la escuela» (Hanifan, 1920).

Los funcionarios incrementaron la eficiencia y mejoraron el compromiso hacia el trabajo; «los agentes se sentían involucrados en una seria y gran misión pública». El resultado fue que los funcionarios locales de salud decían, «amo mi trabajo y nunca abandonaría a mi comunidad». Concluye Tendler: «La historia de la comunidad como monitor externo de los trabajadores de la salud está inevitablemente vinculada a la idea de los trabajadores inmersos en la comunidad, a través de relaciones que combinaban la confianza y el respeto...» (Tendler, 1997).

Los funcionarios públicos siempre han tenido que rendir cuentas a alguien por su desempeño, es decir, a quien les paga y les asegura el puesto: el Ministerio, la municipalidad, el partido político, el sindicato. A los únicos que no rinden cuentas tradicionalmente es a la comunidad local. Usualmente hay «triangulación» cuando el funcionario entrega un servicio a la sociedad civil, pero es contratado, evaluado y pagado por un tercer actor: el Estado.

La reforma que resulta de la gestión de un programa o servicio por parte de la comunidad hace explícito el reconocimiento de este hecho de triangulación entre comunidad, funcionario y Estado, y cambia el sentido de esta triangulación. Sin embargo, la comunidad no juega el papel de una empresa privada, sino que forma parte del «sector público no estatal», es decir, es un actor social de la sociedad civil.

Es justamente la producción de bienes socioemocionales, tanto para el agente como para la comunidad, la que diferencia a este tipo de reforma de los contratos laborales impersonales. Más importante que el cambio en la redición de cuentas, por relevante que éste sea, es la generación de un clima emocional de un equipo. La negociación de un trabajo en equipo parte por la definición de un objetivo compartido por todos. Supone un proceso previo de negociación, la elaboración de una meta compartida y la explicación de responsabilidades aceptadas por cada parte. Estas precondiciones generan desde el comienzo un clima de confianza y un deseo de colaboración. La negociación es sobre la estrategia y las acciones a implementar. El propósito es generar la confianza necesaria para trabajar como un equipo. La sanción para los miembros del equipo amplio que no cumplen sus compromisos es sólo moral. La rendición de cuentas no es del agente al jefe jerárquico ni a una comunidad «empleadora», sino que es de cada persona ante todos los demás integrantes del equipo. Este cambio de relación hace que el control social no sea una amenaza, sino que contribuya a compartir la satisfacción de los logros, y es esencial para que el Estado realmente aporte al fortalecimiento del capital social comunitario o barrial.

C.   Tercer lineamiento estratégico: formación y respaldo de actores sociales pobres en el entorno municipal

1.   ¿Por qué la superación de la pobreza pasa por la sociedad civil?

Ni el diseño de programas de capacitación, ni la formación de equipos sinérgicos entre el agente y la comunidad pobre son suficientes en sí para garantizar un impacto sustantivo y sustentable en el círculo vicioso de reproducción de la exclusión y la pobreza. Estos efectos tienden a extinguirse en el tiempo. Aunque efectivamente fortalecen la integración interna en la comunidad, barrio u organización, no crean suficiente capital social de «puente» con otros actores sociales en los sistemas sociopolíticos microrregional y nacional, que son precisamente los ámbitos en que el capital social de grupos más favorecidos es activado y aplicado en estrategias para mantener y aumentar privilegios de una generación a la próxima.

Por ende, las primeras dos líneas propuestas, la formación de capital social colectivo así como la creación de vínculos socioemocionales entre agente y comunidad, deben ser vistas también como bases sólidas para una necesaria posterior incursión de la agencia externa en las arenas políticas municipal y regional. En esto, la agencia externa que aplica conceptos de capital social a la superación de la pobreza tiene otro papel que jugar, quizás el más clave de los tres. Se trata de fortalecer capacidades de propositividad y negociación, de «incubar» actores sociales embrionarios y de servir de apoyo de urgencia (*backstopping*) a la organización en momentos de crisis externa/interna. El objetivo estratégico es aplicar el capital social de los actores pobres a la producción de un impacto en el sistema sociopolítico, para provocar a su vez una fase de transición rápida hacia un nuevo estado del sistema, que sea más descentralizado, democrático y equitativo en la distribución.

Si el Estado se limita a canalizar nuevos recursos a través de las instituciones municipales existentes, aunque sea para algo llamado «capital social», evidentemente estos recursos serán capturados y distribuidos por medio de las relaciones informales y según las reglas no escritas del clientelismo pasivo. Para robustecer el capital social de sectores excluidos y transformarlos en actores sociales válidos, es necesario que el Estado asuma un papel mucho más proactivo, incubando a las organizaciones embrionarias en sus primeros años, resguardándolas de las acciones de actores locales dominantes por debilitarlas. También las agencias públicas nacionales tendrán que desarrollar capacidades de intervención rápida para garantizar el respeto a los derechos democráticos, cuando estos nuevos actores irrumpen en el sistema complejo de la política municipal, haciendo que los otros actores tradicionales reaccionen coadaptando sus estrategias. En estas circunstancias, las transiciones sistémicas pueden ocurrir con sorprendente rapidez, porque los ajustes que los actores hacen a sus estrategias son necesariamente instantáneos y conforman una reacción en cadena (Cowan y otros, 1994).

2.   Capital social y empoderamiento

La importancia de la teoría del capital social para las estrategias de superación de la pobreza y de integración de sectores sociales excluidos radica en la manera en que complementa el empoderamiento o "facultamiento" (*empowerment*) (véase el recuadro V.3). De hecho, Putnam ha sugerido que la teoría del capital social «profundiza la base conceptual del empoderamiento» (Putnam, 1993b). En el contexto de una estrategia social, el empoderamiento es un proceso selectivo consciente e intencionado que tiene como objetivo la igualación de oportunidades entre los actores sociales. El criterio central es de transformación de sectores sociales excluidos en actores, y de nivelación hacia arriba de actores débiles. El empoderamiento ha sido definido como el proceso por el cual la autoridad y la habilidad se ganan, se desarrollan, se toman o se facilitan (Staples, 1990). Alternativamente, el énfasis está en que el grupo y las personas protagonizan su propio empoderamiento, no en una entidad superior que les da poder (Sen, 1998). Es la antítesis del paternalismo, y la esencia de la autogestión mediante la pedagogía constructivista, que construye sobre las fuerzas existentes de una persona o grupo social —sus capacidades— para «potenciarlas», es decir, aumentar y realizar esas fuerzas potenciales preexistentes.

Gita Sen ha refinado el concepto de empoderamiento y lo ha relacionado con el de capital social visto como problema y como solución. Para ella, empoderar significa «cambiar las relaciones de poder a favor de aquellos que previamente ejercían poco poder en sus propias vidas ... es el proceso de ganar control». La descentralización no significa empoderamiento para los pobres si, como suele suceder, los jerarcas locales son mucho más poderosos que ellos. En respuesta, «muchos programas de desarrollo ... han elevado el control [de los pobres] sobre recursos externos». Como el empoderamiento no es un proceso neutral sino que cambia las relaciones de poder, provoca conflictos que «no son necesariamente dañinos y pueden incluso catalizar el proceso de empoderamiento» (Sen G., 1998).

Obviamente, los grupos y comunidades que cuentan con una considerable reserva de capital social en sus varias manifestaciones pueden cumplir mejor y más rápidamente con estas condiciones del empoderamiento. El acceso a redes que trascienden el círculo cerrado de la comunidad pobre, por una parte, y el capital social comunitario manifestado en diferentes formas de asociatividad, por otra, son elementos importantes del empoderamiento. Coleman explica este último punto en términos de que los actores sociales débiles «tenderán a desarrollar redes con cierre (*closure*) para fortalecer su posición relativa a actores más poderosos» (Coleman, 1990).

El criterio central es de transformación de sectores sociales excluidos en actores, y de nivelación hacia arriba de actores débiles. Una vez construida esta base (véase el recuadro V.3) de condiciones facilitadoras del empoderamiento y de constitución de un actor social, cobran relevancia los criterios de una participación efectiva, como la apropiación de instrumentos y capacidades propositivas, negociativas y ejecutivas.

Recuadro V.3
EMPODERAMIENTO

- Creación de espacios institucionales adecuados para que sectores excluidos participen en el quehacer político público.

- Formalización de derechos legales y resguardo de su conocimiento y respeto.

- Fomento de organización en que las personas que integran el sector social excluido puedan efectivamente participar e influir en las estrategias adoptadas por la sociedad. Esta influencia se logra cuando la organización hace posible extender y ampliar la red social de las personas que la integran.

- Transmisión de capacidades para el ejercicio de la ciudadanía y la producción, incluyendo los saberes instrumentales esenciales además de herramientas para analizar dinámicas económicas y políticas relevantes.

- Creación de acceso a y control sobre recursos y activos (materiales, financieros y de información "de dominio público") para posibilitar el efectivo aprovechamiento de espacios, derechos, organización y capacidades, en competencia y en concierto con otros actores.

- Apropiación de instrumentos y capacidades propositivas, negociativas y ejecutivas.

- Acceso a redes que trascienden el círculo cerrado de la comunidad pobre y el capital social comunitario, manifestado en diferentes formas de asociatividad.

Fuente: Elaboración propia.

3.   Ejemplos de empoderamiento municipal en Guatemala, Ecuador y Chile

Las comunidades campesinas de Chiquimula (Guatemala), atendidas por el programa antipobreza del Proyecto de Apoyo a los Pequeños Productores de Zacapa y Chiquimula, mostraban una cultura relativamente individualista y de dependencia y dominación, pero que, paradójicamente, presentaban a la vez un amplio y dinámico repertorio de normas diversas, incluidas las que podrán servir de soporte simbólico a prácticas solidarias y recíprocas. Chiquimula parecía carecer de las instituciones del capital social. Pero al rescatar las prácticas institucionales del pasado y surgir nuevos contextos y oportunidades para desarrollar nuevas estrategias grupales, fue posible crear capital social en estas comunidades, con apoyo externo y capacitación, y convertir así a un sector excluido en un actor social del escenario microrregional.

Uno de los primeros signos de este cambio fue la campaña exitosa a concejal municipal de uno de los líderes comunitarios formados en el Proyecto, y su posterior papel en negociaciones con partidos políticos y con agencias del gobierno central para aumentar la participación de las comunidades más pobres y aisladas en el reparto de los beneficios de programas nacionales de superación de la pobreza, como el Fondo de Inversión Social (FIS) (Durston, 1999).

En Guamote, provincia de Chimborazo, Ecuador, después de generaciones de control del gobierno local por parte de los hacendados, y como resultado indirecto de una reforma agraria, las organizaciones campesinas indígenas lograron por la vía electoral el control mayoritario de la municipalidad. De este modo, pudieron cambiar la forma en que los recursos del gobierno central eran repartidos, a favor de comunidades que antes eran la expresión máxima de exclusión y dependencia (Carroll y Bebbington, 2000).[13]

En Villarrica, Región de la Araucanía de Chile, la Asociación de Comunidades Mapuches postuló a su presidente en las elecciones para concejales municipales. Aunque él perdió en las urnas, el surgimiento de este nuevo actor social confrontacional en el escenario político desencadenó cambios en las relaciones entre las comunidades rurales pobres y los grupos políticos ganadores. Los más conservadores se reactivaron, y mostraron mayor disposición a escuchar a juntas de vecinos que habían caído en desuso. Los más «progresistas» invirtieron más tiempo en dialogar y negociar con las comunidades sobre sus problemas, proyectos y sueños, ofrecieron sus servicios de *lobby* ante las agencias del gobierno central de subsidio y apoyo a proyectos microempresariales y de infraestructura social, y fomentaron su organización com movimiento aliado (Durston, 2001).

Estos tres casos coinciden en que el acceso tradicionalmente negado a recursos públicos fue revertido por comunidades rurales excluidas y pobres,

---

[13] También fueron afectados negativamente por desentendimientos con las directivas nacionales del movimiento indígena, algo analizado por Fox como obstáculo al «aumento de escala» del capital social (Fox, 1996).

mediante su empoderamiento (autónomo o apoyado) en la sociedad civil microrregional. En los tres ejemplos el marco legal relevante fue el sistema de representación en el gobierno municipal vía elecciones.

4.   En la interfaz: políticas antipobreza en el mundo real

En la literatura reciente sobre el lugar del capital social en las políticas públicas aparece la figura de una brecha (*divide, gap*) Estado-sociedad civil (Evans, 1996; Ostrom, 1996). Los estudios empíricos más recientes sugieren que es más apropiada la imagen de una interfaz (*interface*): el área de intercambio entre dos o más sistemas. La interfaz en este contexto es la arena de interacciones del mundo popular, el sistema estatal, el del mercado y el del sistema de partidos políticos (véase la nota 10 y Long, 2001). Los intercambios de información, servicios y bienes ocurren en esta interfaz en todos los ambientes en el mundo real: no hay país en que los actores principales de la sociedad civil no interactúen con el Estado.

Esta visión también exige matizar la imagen de «exclusión social». Se podría pensar que los pobres son excluidos de esta área de intercambio con el Estado, aunque interactúan con éste con poca intensidad y poco protagonismo, pero en múltiples ámbitos: de reglamentación económica (microempresas y mercado laboral); seguridad pública; fomento del desarrollo; y servicios sociales diversos. La diferencia está en que los grupos pobres lo hacen en condiciones de poder desventajosas.[14]

5.   El tema tabú: el clientelismo en las democracias parlamentarias

¿Por qué tantos programas antipobreza, incluso aquellos diseñados y aplicados en contextos democráticos, han tenido resultados e impactos tan decepcionantes? Todos los gobiernos del mundo están cruzados por el clientelismo político, que es uno de los aspectos de la democracia parlamentaria, junto con el *lobby*, surgidos de los intentos de diferentes grupos y actores por controlar espacios estatales.

El clientelismo no es, ciertamente, un tema tabú entre los politólogos (Auyero, 2000; González, 1997, y otros), ni entre los políticos, pero sí lo parece ser en los programas de superación de la pobreza, que pretenden mantenerse libres de «politización» en tanto que sus promotores y sus destinatarios están siempre inmersos en densas redes de clientelismo de un signo u otro.

El análisis que hace González del clientelismo mueve a pensar que éste tiene mucho que ver con las lógicas del capital social individual y grupal:

---

[14]   De la misma manera en que la exclusión es la falta de participación *plena* en diversas esferas de la vida social (Narayan, 1999, citada antes), son pocos los grupos *totalmente* excluidos y muchos los involucrados, pero en condiciones de poder muy desventajosas.

«La burocracia, concebida como un activo factor de racionalización del Estado, está asimismo bajo el *dictum* clientelar. Las estrategias de los grupos sociales, incluidos los connotados por la etnicidad, tienden a reducir las distancias con el Estado anónimo, en especial con los burócratas ... el clientelismo moderno puede ser contemplado, más que como una manifestación del «homo hierarchicus», tal como una red de transacciones transclasistas guiadas por el interés mutuo, y de carácter pragmático. El contrato diádico del clientelismo rural clásico habría dado paso al pacto clientelístico» (González, 1997, p. 75).

Si, como señalamos antes, el capital social de grupos privilegiados sirve, por una parte, para excluir a los pobres en forma sistemática de esos privilegios y, por otra, para debilitar el capital social colectivo de éstos, es claro que parte de la solución es revertir esas dinámicas.[15] Como el clientelismo paternalista reduce los radios de confianza entre facciones en el interior de la comunidad pobre y alienta la captura de la institucionalidad local por una facción privilegiada, en muchos casos el primer paso para la formación del capital social en sectores pobres es la reconstitución del radio de confianza comunitaria y la reconquista por la mayoría de la institucionalidad en asociaciones locales. Un segundo paso, entonces, es el empoderamiento de la comunidad o de la asociación como actor social en el sistema político microrregional (territorio municipal), para renegociar las relaciones de receptividad pasiva que caracterizan al clientelismo paternalista.

Con sólo caracterizar y denunciar el clientelismo no estamos haciendo mucho para descubrir caminos que permitan revertir este elemento de la reproducción de la dependencia. Pero podemos avanzar en esa dirección al distinguir formas más nefastas y más beneficiosas de clientelismo: el clientelismo autoritario está en un extremo de este continuo, y la sinergia —coproducción entre Estado y sociedad civil— en el otro (véase el cuadro V.2).

En el cuadro V.2 hay un continuo desde las formas más dañinas del clientelismo para el capital social (el autoritario y el cleptocrático), hasta el más favorable a su rápida formación, la relación sinérgica (que es lo contrario de la clientelista). Siguiendo una estrategia detallada de avances incrementales en el poder de las organizaciones de los pobres en sus interacciones con actores dominantes, se puede llegar por etapas a esta sinergia. Una de estas etapas es el llamado «semiclientelismo» (Fox, 1996), en que los clientes pobres de los partidos políticos reciben apoyos para acumular capital social y lograr posteriormente una capacidad de

---

[15] La solución a un problema social no siempre exige corregir sus causas, sino que puede surgir de intervenciones en aspectos menores que producen un rompimiento del eslabón más débil de su retroalimentación de círculo vicioso.

propositividad en el escenario microrregional. Éstos reciben apoyo en su fortalecimiento como actor social, en lo que es una visión ampliada y más dinámica del papel del agente externo.

Cuadro V.2

TIPOLOGÍA DE RELACIONES ENTRE EL ESTADO Y EL CAPITAL SOCIAL COLECTIVO

1. Clientelismo autoritario: represivo y/o cleptocrático	Reprime con violencia al capital social popular; el saqueo como premio.
2. Clientelismo pasivo: paternalista, tecnocrático, burocrático o partidista	Transforma capital social en receptividad pasiva de productos y crea dependencia.
3. Semiclientelismo: «incubador» y capacitador	Fomenta organización autónoma, capacita en capacidades de gestión y propositividad. Protege organización en territorio social, económico y político local y regional.
4. Agencia empoderadora y apoyadora	Sigue desarrollando sistema de autogestión de organización ya armada y funcionando con cierta autonomía. Aumenta el nivel territorial de acción y fortalece actores sociales débiles.
5. Sinergia coproducción Estado-sociedad civil	Organizaciones de base y de segundo nivel determinan y gestionan sus propias estrategias, celebran contratos con el Estado y otras agencias externas, gestionan recursos financieros y contratan personas para coproducir mejorías en la calidad de vida de sus integrantes. Los funcionarios públicos y técnicos contratados rinden cuentas a usuarios organizados.

(columna izquierda, vertical: CAPITAL SOCIAL, con flechas − arriba y + abajo)

Fuente: Elaboración propia.

La asociatividad comunitaria puede ser un eslabón clave que conecta al hogar individual con la institucionalidad pública, cuya expresión espacial menor suele ser el municipio. La asociatividad —no sólo formal o jurídica, sino con contenido de capital social— puede jugar un papel clave en la negociación y en nuevos arreglos contractuales entre Estado, empresa privada y sociedad civil, proveyendo una presencia de actores sociales para una nueva triangulación de servicios con rendición de cuentas a los usuarios. Woolcock (1998) ha desarrollado una conceptualización del capital social que se concentra en el contexto extracomunitario. Hace un análisis en que diferentes variables se combinan, bien o mal, para fortalecer o debilitar la sinergia entre Estado y comunidad. Postula, por ejemplo, que un alto grado de cooperación y cohesión interna en la comunidad («integración»), sólo producirá beneficios significativos si se complementa con «eslabonamiento» (*linkage)* con redes sociales e instituciones externas a la comunidad pobre.

De manera similar, el Estado requiere de coherencia interna, probidad y competencia para poder aplicar con eficacia una política de sinergia con el capital social comunitario. De otra forma, o si los intentos de lograr sinergia entre Estado y sociedad civil se realizan en contextos comunitarios de anomia en vez de integración, el resultado probable es el clientelismo. El esquema general de Woolcock sobre sinergia se resume en el gráfico V.2.

Gráfico V.2
EL CAPITAL SOCIAL Y EL ESTADO: SINERGIA

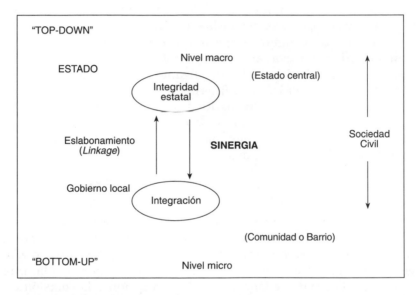

Fuente: Adaptada de Michael Woolcock, «Social capital and economic development: toward a theorical synthesis and policy framework», *Theory and Society*, N° 27, 1998.

El esquema conceptual propuesto por Evans y elaborado además por Woolcock en este gráfico tiene numerosas implicancias prácticas. Por ejemplo, la existencia de relaciones de confianza y cooperación en la comunidad constituye un medio favorable para el desarrollo de una vocación de servicio e identificación afectiva de los funcionarios públicos locales con su población objetivo, elemento que dinamiza la provisión de servicios flexibles en respuesta a la diversidad de necesidades que surgen en toda realidad local (ver especialmente Tendler, 1997 y Evans, 1996).

La situación ideal caracterizada en el esquema de Woolcock sobre eslabonamiento sinérgico (véase el gráfico V.2) requiere para su existencia de importantes condiciones favorables en todos los niveles. En el Estado nacional y municipal debe haber «integridad»: o sea, probidad y transparencia. En la comunidad de base debe haber «integración»: redes e instituciones de participación local que funcionan con niveles satisfactorios de capital social.

Dada la mala distribución del capital social en asociación con otros activos (o sea, del poder, Bourdieu, 1987), se produce un ya clásico dilema: ¿Cómo se podrá avanzar hacia la sinergia desde una situación de clientelismo pasivo (véase el cuadro V.2), de cuya reproducción se ocupan los intereses creados? ¿Cómo y cuándo es posible que el Estado juege un papel clave para cambiar un sistema que se reproduce y del cual el Estado mismo forma parte? Si dejamos de pensar en el Estado como un monolito, expresión de una hegemonía total de un sector de la sociedad, la respuesta deja de ser tan esquiva. En ciertas coyunturas en que hay facciones en el Estado que buscan el cambio mediante nuevas alianzas, o se está ante la elección de partidos que tienen una ideología más democratizante, estos poderes en el interior del Estado y de sus agencias específicas pueden ayudar a fortalecer a actores sociales que han sido desarticulados por la represión en el pasado o cooptados por el clientelismo (Fox, 1996). Fortalecer muchas pequeñas comunidades puede ser un primer paso para generar actores sociales más potentes y posibilitar alianzas regionales.

6.   ¿Por qué el empoderamiento local requiere de un Estado central fuerte?

Según Tendler, experiencias en Brasil y otros países demuestran que «la descentralización demanda centralización» (1997, p. 142). En general, la literatura sobre la descentralización y el papel del capital social en ella ha exagerado el grado en que la sociedad civil local, por sí sola, puede contrarrestar la frecuente tendencia a la corrupción y la colusión en el gobierno local. Tendler señala que «se necesita un gobierno central activo ... capaz de apoyar a actores locales independientes en la descentralización .... [en Ceará] el gobierno central estimuló y apoyó a asociaciones cívicas, y estos grupos realizaron demandas autónomas» (Tendler, 1997, p. 16). Ello también contradice la idea de que una sociedad civil sana es condición previa para que surja un buen gobierno local.

Las evidencias de Brasil indican que las mejorías en el gobierno local fueron el resultado de una dinámica tripartita: local, central y cívica.

En primer lugar, las acciones del gobierno central produjeron el surgimiento de una sociedad civil local sana; en segundo lugar, los actores sociales así fortalecidos empezaron a actuar en forma independiente; en tercer lugar, personas en las asociaciones se aliaron con amigos en el gobierno para producir cambios en la estructura de influencias locales. Tendler concluye que esta complejidad abre la posibilidad de más «agencia» por parte del gobierno central en la creación de actores sociales en sectores pobres de lo que admite la perspectiva de «dependencia de trayectoria» (*path dependence*) que parece predominar en discusiones sobre capital social y desarrollo (Tendler, 1997, p. 146).

En Guamote, Ecuador (Carroll y Bebbington, 2000) y Villarrica, Chile (Durston, 2001), los movimientos microrregionales de organizaciones comunitarias emergieron sin mayor intervención de una agencia externa. En Chiquimula, Guatemala, este proceso tuvo que contar con un ímpetu y una defensa externa (Durston, 1999). Pero en los tres casos, este aumento en el número y la diversidad de fuerzas políticas desencadenó una rápida coevolución de estrategias de actores que condujeron a un nuevo Estado del sistema, un Estado menos autoritario y menos paternalista, más caracterizado por el semiclientelismo y el empoderamiento. En todos los casos, estos cambios implicaron un aumento neto en el capital social «puente» de las comunidades, que posibilitó pequeños avances en la reducción de su marginación y pobreza, evidenciados en las mayores posibilidades de acceder a servicios públicos y de acumular activos.

La transición desde un sistema autoritario a un sistema semiclientelista suele consistir en la aceleración de las reacciones y la adaptación de estrategias de los actores sociales, después de una etapa inicial de cambio lento. Ello da origen a nuevas normas, conductas y relaciones que hacen más rápida la consolidación del capital social de comunidades y organizaciones pobres y, fundamentalmente, crean un nuevo contexto institucional regional.

El proceso de fortalecimiento del capital social de los pobres a nivel regional consiste en una cadena de acción y reacción de al menos tres de los principales actores sociales: las elites urbanas provinciales, los organismos externos de lucha contra la pobreza y las comunidades y organizaciones pobres de la zona. Es la historia de la creación de un nuevo actor social y de la transición de las normas, conductas y relaciones típicas del clientelismo autoritario regional al semiclientelismo.

Ese cambio sólo puede darse cuando las comunidades ya han formado (o reconstruido) su capital social rudimentario, para poder intervenir y adaptarse como actores sociales, reaccionando a las estrategias tanto de sus adversarios como de sus aliados. Aunque el semiclientelismo no es el medio ideal para el capital social de puente de los pobres, los partidos semiclientelistas toleran su existencia y su relativa autonomía y permiten su fortalecimiento y acumulación. Por lo tanto, la acelerada transformación de las estrategias de los actores en la etapa de transición, y la modificación sistémica que ésta produce, son una de las causas de la relativa rapidez con que se desarrollan ciertas formas del capital social.

Ceará, Chiquimula, Guamote y Villarrica son todos evidencias de cómo el fortalecimiento —autónomo o con el apoyo de una agencia externa— del capital social microrregional de sectores pobres impacta en el sistema sociopolítico a nivel municipal, para provocar una coevolución de estrategias de diversos actores, que a su vez abre nuevas puertas para apurar la superación de la pobreza. Cada caso de estudio replica el marco conceptual del capital social y revela dinámicas similares y resultados comparables válidos, que retroalimentan este marco.

Conclusiones

Desde nuestra perspectiva «sistémica, pragmática y progresista», las opciones teóricas elegidas en este trabajo nos han llevado a una visión optimista de las posibilidades de empoderar a sectores pobres mediante la formulación de su capital social, especialmente de tipo comunitario, en sus tres manifestaciones: local, de puente y de escalera. Esta visión se combina con una percepción del capital social de grupos favorecidos como parte del problema de la persistente pobreza, para generar una propuesta de acción pública que va más allá de la formación del capital social circunscrita al interior de comunidades y barrios pobres. Hemos concluido que igualmente cruciales son la transformación de la relación agente-comunidad y la intervención en los sistemas políticos microrregionales. Sólo en una combinación de estos tres elementos estratégicos es posible una visión prospectiva en que las comunidades pobres acumulan capital social y lo movilizan en emprendimientos que mejoran directamente su calidad de vida y los convierten en actores sociales de peso en la sociedad civil.

La importancia de distinguir analíticamente entre relaciones sociales, por una parte, y normas, por la otra, queda clara en las prácticas del clientelismo. Es posible e incluso frecuente, tanto a nivel municipal como en programas nacionales, la coexistencia de discursos públicos solidarios y empoderadores con conversaciones privadas y relaciones sociales efectivas de clientelismo autoritario. Exigir o evadir el cumplimiento —en las conductas concretas— de compromisos, discursos, promesas y normas es parte importante de la gestión del capital social de grupos de todo tipo en la interfaz entre la sociedad civil y Estado. Cambios tanto en la reglamentación electoral como en la variedad de actores políticos o en las alianzas entre facciones locales, son tan relevantes para los programas que pretenden empoderar a los pobres para superar su exclusión como lo son los cambios en la economía. Entre las variables de éxito o fracaso de estos programas están el grado en que toman en cuenta la naturaleza y las dinámicas del clientelismo político local y la fuerza de su compromiso y de sus vínculos con la población atendida, frente a las presiones de sus propios partidos políticos de gobierno para alimentar el clientelismo pasivo, en vez de apoyar los proyectos de grupos pobres de formación y acumulación de capitales social y económico.

El cambio y la formación de capital social puede ser un proceso rápido, por cuatro razones. En primer lugar, los tres planos (material, conductual y abstracto) del modelo de la sociedad humana interactúan: un cambio en la dotación y distribución de capital social puede resultar de un impacto positivo al sistema en cualquiera de sus subsistemas. En segundo lugar, la amplitud de los repertorios culturales permite rescatar de la memoria social normas de cooperación actualmente en desuso. En tercer lugar, la coevolución de estrategias en una fase de transición sistémica procede rápidamente cuando emerge un nuevo actor social en la política municipal. Y en cuarto lugar, el triple papel del capital humano en la formación de capital social involucra una sinergia entre el conocimiento de expertos sobre capital social, la capacitación en técnicas productivas y de gestión que aseguran estímulos materiales a la confianza y la cooperación, y la capacitación en las destrezas sociales que hacen posible la formación de capital social.

En resumen, las experiencias en programas de superación de la pobreza de ingresos y de servicios en la región convergen al subrayar que no es posible formar capital social ni nutrir relaciones sinérgicas entre agente y comunidad o barrio pobre, sin actuar en el entorno microrregional en que estas comunidades están inmersas: el medio municipal, con sus manifestaciones propias de clientelismo político, cuyos matices significan importantes diferencias en la estructura de oportunidades para que grupos pobres puedan empoderarse como actores sociales.

Las tres hebras de una estrategia de activación del capital social de los pobres para la superación de la pobreza constituyen, evidentemente, una política pública nacional. Sin embargo, esta propuesta difiere fundamentalmente de aquellas que se centran en cambios culturales e institucionales implementados «desde arriba hacia abajo». Una política nacional de formación de capital social puede incorporar aprendizajes de otros países, pero puede y debe basarse en la diversidad del acervo cultural y de las formas sociales propios. Se requiere de una propositividad imaginativa, creativa y en cierto modo conflictiva para producir los cambios asociados con la formación de capital social en sectores pobres. Y más que planificar el cambio cultural, se trata de crear estímulos y condiciones propicias para que emerjan y florezcan formas y dinámicas impredecibles de confianza y cooperación. Lo que no resulta legítimo, a estas alturas del conocimiento empírico de las sociedades nacionales, es seguir analizando el capital social a nivel societal con modelos simplistas que postulan un universo de agentes con dotaciones idénticas de activos.

Otros ámbitos propios del nivel nacional de intervención son la elaboración de una postura frente a los movimientos sociales, que son parte necesaria del aumento de escala del capital social desde el nivel microlocal hasta el nacional. Esta postura incluye la incorporación de nuevos actores en la negociación de proyectos de nación, para evitar la sobrecarga de demandas que es la herencia del clientelismo y de una democratización incompleta. La promoción de la solidaridad entre grupos sociales y su expresión en servicios de voluntariado es otra manera de crear capital social de nivel societal. Pero el papel activo del Estado central en una descentralización democratizante, de tres hebras en los términos usados en la sección precedente, es la mejor base para que el fomento del capital social de los pobres signifique la superación permanente de la exclusión y de la persistencia de la pobreza.

Bibliografía

Arrow, Kenneth J. (2000), "Observations on social capital", *Social Capital: A Multifaceted Perspective*, Washington, D.C., Banco Mundial.

Auyero, Javier (2000), "The logic of clientelism en Argentina: an ethnographic account", *Latin American Research Review*, vol. 35, Nº 3, Albuquerque, Universidad de Nuevo México.

Axelrod, Robert (1997), *The Complexity of Cooperation: Agent. Based Models of Competition and Collaboration*, Baltimore, Maryland.

___(1984), *The Evolution of Cooperation*, Nueva York, Basic Books, Inc.

Bahamondes, Miguel (2001), *Evaluación y fortalecimiento del capital social en comunidades campesinas*, Proyecto Instituto de Desarrollo Agropecuario (INDAP)/Instituto Interamericano de Cooperación para la Agricultura (IICA)/Comisión Económica para América Latina y el Caribe (CEPAL) sobre Pobreza Rural, Santiago de Chile, enero.

Banco Mundial (2001), *Informe sobre el desarrollo mundial 2000-2001. Lucha contra la pobreza*, Washington, D.C.

Banfield, Edward (1951), *The Moral Basis of a Backward Society*, Nueva York, Free Press.

Beattie, John (1966), *Others Cultures: Aims, Methods and Achievements in Social Anthropology*, Londres, Routledge.

Bebbington, Anthony (2000), "Social Capital and Poverty Reduction: Relationships, Networks, and Organizations. New Paths to Social Development"(www.worldbank.org/socialsummit).

___(1999), "Capital and capabilities: a framework for analyzing peasant viability, rural livelihoods and poverty", *World Development*, vol. 27, Nº 12.

Boisier, Sergio (2000), *Conversaciones sociales y desarrollo regional*, Talca, Chile, Editorial Universidad de Talca.

Bourdieu, Pierre (2001), *Las estructuras sociales de la economía*, Buenos Aires, Ediciones Manantial.

___(1999), *Razones prácticas. Sobre la teoría de la acción*, Barcelona, Editorial Anagrama.

___ (1987), "What makes a social class? On the theoretical and practical existence of groups", *Berkeley Journal of Sociology*, vol. 32.

Carroll, Thomas F. y Anthony Bebbington (2000), "Peasant federations and rural development policies in the Andes", *Policy Science*, Nº 33, Países Bajos.

CEPAL (Comisión Económica para América Latina y el Caribe) (2001), *Capital social y políticas públicas en Chile: Investigaciones recientes*, serie Políticas sociales, Nº 55 (LC/L.1606-P), Santiago de Chile. Publicación de las Naciones Unidas, Nº de venta: S.01.II.G.147.

___(2000), *Panorama social de América Latina, 1999-2000* (LC/G.2068-P), Santiago de Chile, Comisión Económica para América Latina y el Caribe (CEPAL). Publicación de las Naciones Unidas, Nº de venta: S.00.II.G.18.

Cohen, Ernesto (2001), "Hagamos las cosas bien en gestión social", Santiago de Chile, Comisión Económica para América Latina y el Caribe (CEPAL), en prensa.

Coleman, James (2000), "Social capital in the creation of human capital", *Social Capital. A Multifacted Perspective*, Washington, D.C., Banco Mundial.

___(1990), "Social capital", *Foundations of Social Theory*, James Coleman (comp.), Cambridge, Massachusetts, The Belknap Press of Harvard University Press.

Cowan, G. y otros (1994), *Complexity: Metaphors, Models and Reality*, Santa Fe, Nuevo México, Instituto Santa Fe.

Durlauf, Steven N. (1999), *The Case "Against" Social Capital*, Madison, Wisconsin, Departamento de Economía, Universidad de Wisconsin.

___(1997), *What should Policymakers Know about Economic Complexity?*, Santa Fe, Nuevo México, Programa de Investigación Económica, Instituto Santa Fe.

Durston, John (2001), "Evaluando el capital social en comunidades campesinas de Chile", ponencia presentada en el vigesimotercer Congreso de la Asociación de Estudios Latinoamericanos (LASA) (Washington, D.C., 6 de septiembre).

___(2000), *¿Qué es capital social comunitario?*, serie Políticas sociales, Nº 38 (LC/L.1400-P), Santiago de Chile, Comisión Económica para América Latina y el Caribe (CEPAL). Publicación de las Naciones Unidas, Nº de venta: S.00.II.G.38.

___(1999), "Construyendo capital social comunitario", *Revista de la CEPAL*, Nº 69 (LC/G.2067-P), Santiago de Chile, diciembre.

Edwards, Bob (1999), "Enthusiasts, tacticians and sceptics: The World Bank, civil society and embeddedness", *American Journal of Sociology*, vol. 91, Nº 3.

Edwards, Bob y Michael Foley (1997), "Social capital and the political economy of our discontent", *American Behavioral Scientist*, vol. 42, Nº 5.

Espinoza, Vicente (1999), "El capital social", *Documento de Trabajo SUR*, Nº 170, proyecto FONDECYT Nº 1990818, Santiago de Chile, octubre.

Evans, Peter (1996), "Government action, social capital and development: reviewing the evidence on synergy", *World Development*, vol. 24, Nº 6.

Ezpeleta, Justa (1995), "Participación social ¿en qué escuela?: una reflexión a propósito del PARE y los sectores de extrema pobreza", ponencia presentada en el Seminario Internacional sobre Administración Descentralizada y Autonomía Escolar: el Rol de la Comunidad en la Gestión Educativa (Santiago de Chile, noviembre), Santiago de Chile, Centro de Investigación y Desarrollo de la Educación (CIDE)/Organización de las Naciones Unidas para la Educación, la Ciencia y la Cultura (UNESCO).

Fine, Ben (2001), *Social Capital vs. Social Theory: Political Economy and Social Science at the Turn of the Millennium*, Londres, Routledge.

Firth, Raymond (1961), *Elements of Social Organization*, Boston, Massachusetts, Beacon Press.

Foster, George (1961), "The dyadic contract: a model for the social structure of a Mexican peasant village", *American Anthropologist*, vol. 63, Washington, D.C.

Fox, Jonathan (1996), "How does civil society thicken? The political construction of social capital in rural Mexico", *World Development*, vol. 24, Nº 6.

Fukuyama, Francis (2000), "Social Capital and Civil Society", IMF Working Paper, Nº 00-74, documento presentado en la Conferencia del Instituto del FMI sobre la segunda generación de reformas (Washington, D.C., 8 y 9 de noviembre), Washington, D.C., Fondo Monetario Internacional (FMI), abril.

Gamarnikow, Eva y Anthony Green, (1999), "Developing social capital: dilemmas, possibilities and Limitations in Education", *Tackling Disaffection and Social Exclusion*, Annette Hayton (comp.), Londres, Kogan Page.

González, José A. (1997), *El clientelismo político. Perspectiva socioantropológica*, Barcelona, Editorial Anthropos.

Granovetter, Mark (1985), "Economic action and social structure: the problem of groups", *American Journal of Sociology*, vol. 91, Nº 3.

Hanifan, Lyda (1920), *The Community Center,* Boston, Massachusetts, Silver, Burdette and Co.

Hardin, Garrett (1968), "The tragedy of the commons", *Science,* vol. 162.

Jacobs, Jane (1961), *The Death and Life of Great American Cities,* Nueva York, Random House.

Kaztman, Rubén (2001), "Seducidos y abandonados: pobres urbanos, aislamiento social y políticas públicas", documento presentado en el Seminario Internacional "Las diferentes expresiones de la vulnerabilidad social en América Latina y el Caribe" (Santiago de Chile, 20 y 21 de julio), Santiago de Chile, Comisión Económica para América Latina y el Caribe (CEPAL).

Levin, Henry (2000), *Las escuelas aceleradas: una década de evolución,* Documento de Trabajo, N° 18, Santiago de Chile, Programa de Promoción de la Reforma Educativa en América Latina y el Caribe (PREAL), octubre.

Long, Norman (2001), *Development Sociology: Actor Perspectives,* Nueva York y Londres, Routledge.

Mauss, Marcel (1966), *The Gift. Forms and Functions of Exchange in Archaic Societies,* Londres, Cohen & West Ltd.

Mayer, Adrian (1966), "The significance of quasi-groups in the study of complex societies", *The Social Anthropology of Complex Societies,* Michael Banton (comp.), Londres, Tavistock.

Mitchell, C.D. (comp.) (1968), *A Dictionary of Sociology,* Londres, Routledge and Keegan Paul.

Narayan, Deepa (1999), *Bonds and Bridges: Social Capital and Poverty,* Washington, D.C., Banco Mundial.

North, Douglass (1990), *Institutions, Institutional Change and Economic Performance,* Cambridge, Massachusetts, Cambridge University Press.

Ostrom, Elinor (1999), "Principios de diseño y amenazas a las organizaciones sustentables que administran recursos comunes" (www.fidamerica.cl).

___(1996), "Crossing the great divide: coproduction, synergy and development", *World Development,* vol. 24, N° 6.

Parker, Cristián (2001), "Capital social en las representaciones juveniles: Un estudio en jóvenes secundarios", *Capital social y políticas públicas en Chile: Investigaciones recientes,* serie Políticas sociales, N° 55 (LC/L.1606-P), Santiago de Chile. Publicación de las Naciones Unidas, N° de venta: S.01.II.G.147.

Patton, Michael Quinn (1980), *Qualitative Evaluation Methods,* Beverly Hills, Sage.

PNUD (Programa de las Naciones Unidas para el Desarrollo) (2000), *Desarrollo humano en Chile. Más sociedad para gobernar el futuro,* Santiago de Chile, marzo.

Portes, Alejandro (1998), "Social Capital: Its origins and applications in modern Sociology", *Annual Reviews,* vol. 24.

Portes, Alejandro y Patricia Landolt (1996), "The downside of social capital", *The American Prospect,* N° 26 (http://epn.org/prospect/26/26-cnt2).

PROHECO (Programa Hondureño de Educación Comunitaria) (1999), *Orientaciones técnico-administrativas para el trabajo de las AECOs,* Tegucigalpa, Ministerio de Educación.

PRONADE (Programa Nacional de Autogestión para el Desarrollo Educativo) (1999), *Manual de Capacitación de los COEDUCAs,* Ciudad de Guatemala, Ministerio de Educación.

Putnam, Robert (1993a), *Making Democracy Work: Civic Tradition in Modern Italy,* Princeton, Nueva Jersey, Princeton University Press.

Putnam, Robert (1993b), "The prosperous community: social capital and public life", *The American Prospect*, vol. 4, Nº 13 (http://epn.org//prospect/13/13putn.htlm), marzo.

Putzel, James (1997), "Accounting for the "dark side" of social capital: reading Robert Putnam on democracy", *Journal of International Development*, vol. 9, Nº 7.

Richards, Patricia y Bryan Roberts (1999), *Social Networks, Social Capital, Popular Organizations, and Urban Poverty: A Research Note*, Departamento de Sociología, Universidad de Texas.

Robison, Lindon y Marcelo Siles (2001), "A social capital paradigm for poverty reduction: the MSU Position", documento preparado para la Conferencia Internacional "En busca de un nuevo paradigma: capital social y reducción de la pobreza en América Latina y el Caribe" (Santiago de Chile, 24 al 26 de septiembre), Santiago de Chile.

Robison, Lindon, Allan Schmid y Marcelo Siles (2001), "Is social capital really capital?", *Review of Social Economy*, en prensa.

Sen, Amartya (1987), "Development as capability expansion", *Journal of Development Planning*, Nº 19.

Sen, Gita (1998), "El empoderamiento como un enfoque a la pobreza", *Género y pobreza: nuevas dimensiones*, Irma Arriagada y Carmen Torres (comps.), Ediciones de las mujeres, Nº 26, Santiago de Chile, ISIS Internacional.

Staples, Lee (1990), "Powerful ideas about empowerment", *Administration in Social Work*, vol. 14, Nº 2.

Stoll, David (1990), *Is Latin America Turning Protestant? The Politics of Evangelical Growth*, Berkeley, California, University of California Press.

Strauss, Anselm L. y Juliet M. Corbin (1997), *Bases of Qualitative Research*, Londres, Newbury Park, Sage.

Tendler, Judith (1997), *Good Government in the Tropics*, Baltimore, Maryland, Johns Hopkins University Press.

Uphoff, Norman (2000), "Understanding social capital: learning from the analysis and experience of participation", *Social Capital, a Multifaceted Perspective*, Washington, D.C., Banco Mundial.

Woolcock, Michael (1998), "Social capital and economic development: toward a theoretical synthesis and policy framework", *Theory and Society*, 27(2): 151-208

Capítulo VI

Capital social: virtudes y limitaciones

MargaritaFlores[*]
Fernando Rello[**]

Introducción

El objetivo de este artículo es participar en el debate sobre el concepto de capital social. Un concepto claro y abstracto —que aísle sus elementos constitutivos más simples— es necesario para desbrozar sus diferentes formas y dimensiones y tratar de responder preguntas tales como ¿de qué está hecho el capital social?, ¿para qué le ha servido a grupos rurales específicos con el fin de alcanzar las metas por ellos fijadas?, ¿el capital social es factor de inclusión social?, ¿ en experiencias rurales exitosas, el capital social actuó solo o en combinación con otros elementos y cuáles son éstos?, ¿en qué circunstancias sociales pudo acumularse y desempeñar un papel positivo y en cuáles no? y, finalmente, ¿cuáles son las debilidades y limitaciones del capital social?

La base fáctica para abordar algunas de estas cuestiones proviene de varios estudios de organizaciones rurales en México y Centroamérica,

[*]   Jefa del Servicio de Seguridad Alimentaria y Análisis de Proyectos Agrícolas de la Organización para la Agricultura y la Alimentación (FAO), Roma.
[**]   Profesor e investigador de la Facultad de Economía, Universidad Autónoma de México, rello@servidor.unam.mx.

elaborados por los autores de este artículo (Flores y Rello, 2001). Estos estudios analizaron experiencias de organizaciones rurales exitosas y los factores que explican estos resultados, entre ellos el capital social.[1]

A.   El concepto de capital social

Existen varias definiciones del capital social en la vasta bibliografía sobre el tema, pero no hay todavía una que logre reunir el consenso de la mayoría de los investigadores. Existe una discusión en curso sobre qué es en realidad el capital social. La revisión de la literatura especializada nos ha permitido entresacar los tres componentes básicos mencionados en casi todas las definiciones: i) las fuentes y la infraestructura del capital social, es decir, lo que hace posible su nacimiento y consolidación: las normas, las redes sociales, la cultura y las instituciones; ii) las acciones individuales y colectivas que esta infraestructura hace posible; y iii) las consecuencias y los resultados de estas acciones, que pueden ser positivos: un incremento en los beneficios, el desarrollo, la democracia y una mayor igualdad social, o negativos: la exclusión, la explotación y el aumento de la desigualdad.

Basándonos en estos tres elementos, hemos resumido las principales definiciones de capital social existentes (véase el cuadro VI.1). La primera columna indica que, de acuerdo a los diferentes autores, las fuentes y la infraestructura del capital social pueden ser cosas tan distintas como los recursos morales de una sociedad: la confianza, la cultura, las normas, las redes sociales, las organizaciones y las instituciones. Todos ellos son considerados como capital social por algunos de los diversos autores, en lo que otros no están de acuerdo. Esta confusión conlleva la impresión de que el concepto de capital social no ha sido definido de forma rigurosa y aceptable para todos. ¿Sería razonable y aceptable definir un criterio para decidir cuáles forman parte del capital social y cuáles no? Nos parece que no es éste el camino más prometedor, porque no existe aún una definición comúnmente aceptada de qué es realmente el capital social. ¿Cómo podríamos incluir ciertos elementos de la sociedad como capital social y excluir otros?[2] Se podría aceptar que todos esos componentes sociales —confianza, redes, asociaciones y otros— son las diferentes formas o fuentes del capital social,

---

[1]   Éxito significa, en este contexto, logros y avances en los objetivos que las propias organizaciones se han trazado. Algunas de estas organizaciones rurales entraron en crisis después de una etapa de auge y fue posible entonces analizar las causas de sus problemas y su declive.

[2]   El Banco Mundial incluye a todos estos elementos en una definición tan genérica de capital social que no dice realmente nada (véase el cuadro VI.1).

pero aún quedaría en pie la pregunta ¿qué es el capital social? En otras palabras, el capital social no puede definirse a partir de sus fuentes o de la infraestructura que lo sostiene. La confianza, las redes o las organizaciones no son el capital social, aunque sean los componentes que le dan origen.

Cuadro VI.1
DEFINICIONES DE CAPITAL SOCIAL SELECCIONADAS Y CLASIFICADAS DE ACUERDO A SUS FUENTES, A LA ACCIÓN COLECTIVA Y A SUS RESULTADOS

	Fuentes e infraestructura	Acción colectiva	Resultados
Coleman, 1990	Aspectos de la estructura social.	que facilitan ciertas acciones comunes de los actores dentro de la estructura.	
Bourdieu, 1985	Redes permanentes y membresía a un grupo.		que aseguran a sus miembros un conjunto de recursos actuales o potenciales.
Putnam, 1993	Aspectos de las organizaciones sociales, tales como las redes, las normas y la confianza.	que permiten la acción y la cooperación	para beneficio mutuo (desarrollo y democracia).
Woolcock, 1998	Normas y redes.	que facilitan la acción colectiva	y el beneficio común.
Fukuyama, 1995	Recursos morales, confianza y mecanismos culturales.	que refuerzan los grupos sociales.	
Neoweberianos	Lazos y normas.	que ligan a los individuos dentro de organizaciones.	
Banco Mundial, 1998	Instituciones, relaciones, actitudes y valores.	que gobiernan la interacción de personas	y facilitan el desarrollo económico y la democracia.

Fuente: Elaboración propia.

Coleman y algunos otros autores optan por una definición funcional, es decir, que atiende a las funciones que cumple el capital social. Tendríamos entonces que no es una sola entidad sino que pueden ser muchas, ya que desempeña varias funciones. Sin embargo, bajo esta postura es "imposible distinguir entre lo que es (el capital social) y lo que hace"[3] o, en otras palabras, entre el capital social y sus beneficios. También se ha escrito que es muy difícil distinguir entre sus fuentes y sus resultados o beneficios, aunque nos parece que lo dificultoso ha sido definir la materia prima de que está hecho el capital social, más que separar sus fuentes de los resultados que produce. La tarea relevante es entonces definir lo que es el capital social, para después estudiar sus fuentes, sus dimensiones, sus formas, las funciones que cumple, las sinergias que establece con otros componentes de la sociedad y sus resultados.

Lo importante del capital social para los individuos y los grupos que lo poseen es la potencialidad que les confiere y de la que carece el individuo aislado. Es decir, lo esencial del capital social es que es una capacidad. En efecto, representa la capacidad de obtener beneficios a partir del aprovechamiento de redes sociales.[4] La existencia de estas redes le brinda ventajas adicionales a los individuos que tienen acceso a ellas, en comparación con las que obtendrían si actuaran individualmente y sin el apoyo de esas relaciones sociales. La capacidad de obtener esta ventaja adicional es un capital social, que no debe confundirse con las fuentes e infraestructura de este capital, ni con sus resultados.

Definir el capital social como capacidad resuelve el problema de que abarca cosas tan distintas como la cultura, las redes solidarias o las asociaciones productivas. Éstas son las fuentes o los factores que influyen sobre el capital social, pero no son el capital social. Como factores pueden ser de muy diversa índole y es lógico que así sea porque la estructura social es muy compleja, y tiene varios niveles y componentes. Varios de ellos pueden contribuir a la formación del capital social. Una tarea para investigaciones futuras es estudiar las condiciones externas e internas que facilitan o favorecen el surgimiento y fortalecimiento del capital social y, viceversa, las que lo debilitan.

Definir el capital social como la capacidad de obtener beneficios a partir de redes sociales, permite aclarar la noción de sus fuentes e infraestructura. Esta capacidad no se da en el vacío, sino que surge de ciertas relaciones sociales y de una base cultural e institucional dada. La existencia de relaciones de confianza y solidaridad cristalizadas en instituciones locales como el «tequio» o la "mano vuelta", es una fuente de capital social. Sin

---

[3] Edwards y Foley, 1997, citado por Woolcock, 1998.
[4] Otras formas de capital se pueden concebir también como capacidades. Por ejemplo, la tierra es capital natural porque es una capacidad reproductiva y productiva; el capital humano —un individuo educado y capacitado— representa un aumento de las capacidades de las personas y el capital financiero es la capacidad de invertir o de generar intereses.

ellas, los individuos no podrían apoyarse en relaciones con otras personas y realizar tareas o tener ciertos beneficios, los que están fuera de su alcance si actúan individualmente.

Es necesaria una cierta infraestructura para que el capital social pueda aumentar y acumularse. Por ejemplo, la capacidad de obtener un crédito en una región rural donde las instituciones financieras formales no acuden, depende de la existencia de una organización social de microfinanciamiento. Si ésta existe y los campesinos tienen acceso a ella, pueden disponer de recursos financieros con la finalidad de movilizar otros capitales a su disposición. La capacidad de obtener crédito y otros servicios financieros requiere de una red de relaciones sociales más compleja que la necesaria para facilitar la cooperación simple en un proceso de trabajo campesino. Además de la confianza, se requiere de una organización con normas y reglas de operación establecidas claramente y aceptadas por todos. Esta organización representa una infraestructura o un andamiaje, a partir del cual crece la capacidad de movilizar recursos basándose en una red de relaciones sociales estructurada mediante instituciones. Sin embargo, las normas, redes, organizaciones e instituciones no son el capital social, sino su fuente e infraestructura.

Existen varios tipos de capital social: individual, empresarial, comunitario y público. Se puede hablar de un capital social individual cuando una persona tiene una red de relaciones útiles que le confieren la capacidad de obtener ventajas y beneficios. Bourdieu (2000) escribe sobre las estrategias de los agentes económicos y las empresas y sobre el volumen y estructura del capital a su disposición, y se refiere al capital social como el conjunto de los recursos movilizados —alude a los demás capitales: financiero, tecnológico, de información, en fin, a todos los recursos de una empresa— mediante una red de relaciones sociales extendidas, que proporcionan una ventaja competitiva al asegurar a los inversionistas rendimientos más elevados. Éste es un capital social empresarial.

El objetivo de este artículo es analizar el capital social comunitario rural, o sea, un capital social perteneciente a individuos que forman parte de redes o grupos sociales, que pueden ser de muy diversos tipos. Es posible definirlo como la capacidad de actuar como un colectivo en busca de metas y beneficios definidos en común. Lo esencial de este tipo de capital social es la capacidad colectiva de tomar decisiones y actuar conjuntamente para perseguir objetivos de beneficio común, derivada de componentes de la estructura social tan diversos como la confianza, las redes, las asociaciones y las instituciones. No obstante, el capital social no son sus beneficios, ni tampoco aquellas partes de la sociedad que lo hacen posible, sino la capacidad adicional que tienen los que pueden realizar acciones en común, respecto de los que sólo actúan individualmente, es decir, la capacidad de acción colectiva.

Lo que distingue al capital social comunitario de otros tipos de capital social, es el hecho de que una porción fundamental de las redes de relaciones sociales en que se basa forman parte del grupo que lo detenta. Por ejemplo, una comunidad rural es una red compleja de relaciones sociales y ella misma es la fuente del capital social, o sea, de la capacidad que tienen sus miembros de formar parte de ella. En otras palabras, es un capital social endógeno o interno que debe distinguirse de otro capital social exógeno que tienen las propias comunidades u organizaciones rurales y que está formado por la red de relaciones sociales externas a la comunidad —con fundaciones privadas, ONG, empresas, universidades y organismos públicos—, y que les permite alcanzar ciertas metas. Existen varios estudios de caso que indican la utilidad que este capital social exógeno representa para las comunidades rurales.

Finalmente, las organizaciones estatales pueden tener redes de relaciones con los agentes económicos y sociales que podrían hacer más eficaz su tarea. En este sentido se podría concebir la existencia de un capital social público. Éste es un tema polémico que no abordaremos aquí.

Concebir el capital social como capacidad nos lleva a preguntarnos sobre las condiciones necesarias para que esta potencialidad pueda materializarse. Como los demás capitales, el capital social depende de condiciones externas al grupo social, como el estado de la economía, las instituciones y otros componentes culturales. Sin embargo, el capital social es más complejo que otras formas de capital porque también influyen en él sus propias condiciones internas, es decir componentes que forman parte de él, como la confianza, la solidaridad y la cohesión sociales. Si éstos merman, el capital social se reduce y la capacidad que implica disminuye o no puede materializarse con la misma fuerza, o eficacia. Esta característica suya es muy importante porque le confiere su fuerza, pero también su debilidad y fragilidad, como veremos más adelante.

B.   Las dimensiones del capital social

La primera generación de estudios sobre el capital social enfatizó sus virtudes, aunque hubo voces críticas que señalaron sus limitaciones. El argumento más utilizado citaba las correlaciones existentes entre las varias manifestaciones del capital social —familia, confianza, redes, asociaciones, entre otras— y los resultados sociales positivos, tales como incremento del ingreso, del bienestar, de la escolaridad, del aprovechamiento escolar, de la esperanza de vida, del buen funcionamiento de ciertas instituciones, entre muchos más. Sobre la base de estas correlaciones se concluía que el capital social es fundamental para el desarrollo. Sin embargo, pocos investigadores profundizaron en las conexiones que hacían posible estos buenos resultados, o sea, en las relaciones sociales que estaban detrás de las correlaciones. Estos estudios arrojan poca luz sobre la importancia explicativa del capital social con respecto a otras variables, dentro de situaciones sociales muy complejas y polifacéticas. Este hecho debilita la "teoría" del capital social.

En nuestra opinión, una hipotética segunda generación de estudios sobre el capital social debería incluir reflexiones sobre sus diversas dimensiones y, sobre todo, análisis más rigurosos de sus conexiones con otras variables, en circunstancias sociales específicas. ¿Qué capacidad explicativa tiene el concepto en relación con otras categorías?, ¿qué tipo de hechos o circunstancias puede explicar mejor el capital social?, ¿qué marco teórico necesitamos para establecer con más rigor relaciones entre el capital social y otras categorías?

Abordamos ahora el tema de las dimensiones del capital social. Lo hacemos partiendo de nuestra propia definición: el capital social es la capacidad de acción colectiva que hacen posible ciertos componentes sociales, con el fin de obtener beneficios comunes. La medida para juzgar la pertinencia de la definición de un concepto es ver si sirve como hilo conductor en el análisis y si ayuda a generar preguntas interesantes.

Si el capital social es una capacidad social, podríamos preguntar ¿capacidad para qué?, ¿para acometer qué tareas? y alcanzar ¿qué propósitos? En otras palabras, nos referimos a las diversas formas de utilización del capital social para lograr metas tales como protegerse contra el riesgo, construir bienes públicos, explotar sosteniblemente bosques comunes o vender colectivamente cosechas para negociar buenos precios, entre otras. El objetivo del cuadro VI.2 es poner en una lista algunas de estas formas de utilización de la capacidad de acción colectiva (columna 1) y mostrar que cada una de ellas requiere de una fuente e infraestructura específicas para poder surgir, consolidarse y crecer (columna 2). Por ejemplo, cooperar para protegerse contra el riesgo y obtener préstamos de poca monta requiere como fuente e infraestructura de la existencia de lazos de confianza y de una asociación simple de crédito rotativo, formada por pocos socios en la localidad. En cambio, buscar colectivamente acceso a servicios financieros rurales más complejos exige, además de los lazos de confianza y el conocimiento mutuo, la existencia de una red de cajas de ahorro de alcance regional, en la que participan muchos socios, y de una institucionalidad que norme sus actividades.

Cuadro VI.2
CAPITAL SOCIAL RURAL: FORMAS DE UTILIZACIÓN, FUENTES Y RADIOS DE ACCIÓN

Formas de utilización del capital social (capacidad colectiva ¿para qué?)	Fuente/Infraestructura del capital social	Radio de acción
Cooperación simple en procesos de trabajo familiares, ayuda mutua para sembrar, cosechar o realizar otras tareas.	Lazos de solidaridad cristalizados en instituciones tradicionales como el tequio, «la mano vuelta», la guelaguetza.	Local. Involucra a un grupo de familias y amigos.
Cooperación simple para obtener préstamos pequeños y protegerse contra riesgos.	Tandas u otras formas de crédito rotativo, basadas en la confianza y el conocimiento mutuo.	Local. Reúne a un grupo pequeño de conocidos.
Cooperación para construir bienes colectivos y proporcionar servicios de beneficio común.	Lazos de solidaridad y pertenencia a una comunidad, expresados en instituciones como el tequio o el sistema de cargos dentro de una comunidad indígena.	Local. Abarca a los miembros de una comunidad.
Asignación de derechos y administración del uso de recursos comunes (agostaderos, bosques, agua).	Organizaciones rurales como ejidos, comunidades y asociaciones de usuarios de agua.	Local. Agrupa a todos los miembros de un ejido o una comunidad y a los socios de una asociación de usuarios.
Participación en pequeños proyectos productivos.	Asociaciones productivas locales (pequeñas cooperativas, grupos de venta en común, grupos de mujeres, asociaciones de artesanos, y otras).	Local. Participan productores interesados, a título individual.
Participación en proyectos productivos de gran escala.	Asociaciones productivas amplias (comercializadoras de productos, grupos de compra de insumos, sociedades de aseguramiento).	Regional y nacional. Reúne a grupos amplios de productores y a varios ejidos y comunidades.
Participación en grupos amplios de ahorro y préstamo.	Cajas de ahorro, sociedades de ahorro y préstamo y otros organismos informales de microfinanciamiento.	Local, regional y nacional. Agrupa a un número variable de socios que puede ser muy grande.
Defensa de intereses gremiales y políticos.	Asociaciones regionales y nacionales de productores por producto, asociaciones nacionales de agricultores, centrales campesinas, sindicatos de trabajadores rurales, y otros.	Regional y nacional. Agrupa a grandes conjuntos de productores y trabajadores.
Representación de campesinos y participación en proyectos de desarrollo rural.	Organizaciones rurales formales reconocidas como interlocutores dentro de programas de desarrollo descentralizado y participativo.	Regional y nacional. Participan representantes de organizaciones rurales locales y regionales.

Fuente: Elaboración propia.

La pregunta ¿capacidad de acción colectiva para qué? se complementa con otra: ¿y mediante qué instrumentos e infraestructura? Ambas nos llevan a una diversidad de situaciones y condiciones para que el capital social pueda rendir sus frutos. En general, se puede afirmar que a un mayor alcance de los objetivos de la acción colectiva corresponde una mayor complejidad de la infraestructura social necesaria para hacerla posible. Evidentemente, no tiene el mismo grado de exigencia hacer una tanda o participar en el tequio, que formar una liga de comunidades o una asociación regional de productores rurales. En su formación y consolidación entran componentes sociales muy diferentes y con radios de acción muy diversos.

Otras posibles interrogantes son: ¿capital social de quién? y ¿para beneficio de quién? El capital social de los grupos pobres se expresa mediante instrumentos muy diferentes de aquellos en los que se basa el capital social de los grupos ricos. La acción colectiva de los grupos pobres rurales utiliza las redes solidarias locales, las comunidades y ejidos, los instrumentos informales de microfinanciamiento, las pequeñas cooperativas o asociaciones productivas y organizaciones rurales regionales, entre otras. El ambiente institucional que requieren para desarrollarse estas organizaciones es muy distinto del que necesitan las organizaciones de las clases acomodadas. Los programas sociales de combate a la pobreza deberían tener claras estas distinciones.

La mayoría de los estudios suponen que el capital social genera resultados socialmente positivos y que éstos se distribuyen equitativamente entre los miembros de las organizaciones rurales, lo que frecuentemente no es cierto. El propio término «capital social» —o sea, recurso productivo— implica una connotación positiva y fue acuñado con el propósito de resaltar sus virtudes. Campea en la bibliografía sobre el tema un optimismo generalizado que a veces raya en los buenos deseos (wishful thinking), particularmente cuando se piensa en el capital social como una panacea o el eslabón perdido del análisis social. Algunos autores se han referido al lado oscuro del capital social, a las organizaciones sociales que desembocan en resultados negativos para la sociedad (Portes y Landholt, 1996). Además, se podrían agregar los rasgos autoritarios y excluyentes de las comunidades rurales en México, que marginan y discriminan a sus miembros, como es el caso de las mujeres y de los jóvenes. Hace poco, en el Tercer Congreso de la Asociación Mexicana de Estudios Rurales, una organización de mujeres indígenas, ante la sorpresa de todos, señaló que no todos los usos y costumbres de las comunidades indias —demanda central del Ejército Zapatista para la Liberación Nacional (EZLN) y de todas las organizaciones indígenas en México— eran buenos, ya que algunos de ellos permitían la discriminación y la explotación de las mujeres.

Asimismo, es frecuente encontrar en las organizaciones rurales grupos de poder que mantienen un dominio sobre ellas y concentran en sus manos una gran parte de los beneficios, a costa de la mayoría. No sólo aludimos al cacicazgo tradicional, sino también al nuevo poder que brinda el control de la dirección de las empresas productivas campesinas. Existen muy pocas investigaciones sobre las estructuras de gobernación internas de las organizaciones rurales. Como ilustraremos más adelante, cuando estas estructuras funcionan inadecuadamente y fomentan hábitos autoritarios y clientelares, y concentran los beneficios en unas cuantas manos, la capacidad de acción colectiva disminuye y puede hasta desaparecer.

¿Qué tanta capacidad y poder confiere el capital social? Esta pregunta está relacionada con lo dicho anteriormente. En nuestra opinión, el capital social representa una capacidad importante, en particular para los grupos pobres. En su ausencia, el camino de estos grupos es mucho más arduo y puede no tener salida. Sin embargo, la existencia del capital social no garantiza nada. Es una capacidad entre otras, un capital entre otros. No representa el capital más importante ni es el elemento que faltaba para dinamizar y mejorar relaciones sociales que implican privación y desigualdad. Podría llegar a desempeñar este papel, junto con otras capacidades, libertades y recursos y en ciertas condiciones económicas y sociales. La tarea de investigaciones futuras es descubrir las conexiones entre el capital social y otros factores impulsores del cambio social.

Al respecto, caben dos interrogantes más: ¿cuáles son las sinergias que se establecen entre el capital social y otras variables para dar lugar a experiencias productivas positivas? y ¿qué condiciones requiere el capital social para desarrollarse?; o bien ¿cómo puede crearse el capital social? Nos referiremos a la primera pregunta más adelante, cuando se revisen algunas experiencias concretas. Sobre la segunda y la tercera, se puede decir que el contexto institucional y la política gubernamental desempeñan un papel fundamental en el surgimiento y consolidación de organizaciones rurales. Basándose en estudios de caso, Evans (1996) explicó de qué formas se pueden establecer sinergias entre el Estado y los grupos sociales organizados que desembocan en programas de desarrollo cuyo funcionamiento es más eficiente y equitativo. Dividió las formas de relación entre el Estado y la sociedad en dos: la complementariedad y la imbricación. En la primera, el Estado crea las condiciones necesarias para que las organizaciones sociales surjan y progresen: garantía de derechos civiles y políticos, bienes públicos, programas de desarrollo, entre otras más. Dichas condiciones son fundamentales para el crecimiento de las organizaciones, y cuando no se hallan presentes éstas encuentran barreras casi infranqueables para crecer, como indica la profusa bibliografía sobre las organizaciones rurales en México.

La imbricación (*imbeddedness*) implica una relación que cruza la dupla sector público-organizaciones sociales. Se produce cuando se establece una relación de apoyo y solidaridad entre el personal de una institución pública y la organización social que intenta servir, bajo un programa gubernamental dado. Cuando esto ocurre, la sinergia entre estos dos elementos produce un incremento de la acción colectiva y de su eficacia (ejemplos de esto se encuentran en Evans, 1996; Fox, 1996, y Tendler, 1997). Esto significa que el capital social puede incluir también a los miembros de una red o de una organización rural y a personas externas a ellas, pero que mantienen relaciones de solidaridad desde sus funciones públicas. La infraestructura que nutre el capital social no es sólo una organización rural, sino también una institución o un programa de gobierno participativo, con personal comprometido con ciertos principios y metas. Sería deseable contar con nuevas investigaciones sobre este tipo de sinergia, dada la importancia que podría tener en el fomento del capital social y el desarrollo rural.

La apreciación de que la formación del capital social es un proceso largo que toma décadas y hasta siglos —como el caso del norte de Italia, narrado por Putnam, 1993— lleva implícita la conclusión de que no es posible construirlo rápidamente, partiendo de una situación en la que no existe. ¿Se puede construir capital social donde no existe y mediante acciones públicas externas? El capital social, como todo capital es creable y reproducible, pero hay ciertos tipos de capital social que son más fáciles de producir que otros. Existen fuentes del capital social, profundamente enraizadas en componentes sociales de larga gestación y gran complejidad cultural, que no pueden ser creados mediante acciones externas. Un ejemplo son las comunidades indígenas de América Latina, con su complejo sistema de normas y solidaridad y su gran significado en la vida de millones de personas en todo el continente. Los elementos de la cultura política de una sociedad, que hacen posible el desarrollo de normas y prácticas democráticas y participativas, son también fruto de un largo proceso histórico.

En cambio, existen otras organizaciones rurales menos densas en lazos culturales que pueden ser creadas o impulsadas mediante acciones del sector público. Se podrían citar varios ejemplos: organizaciones de usuarios de agua que nacen de los programas de devolución de obras de riego, asociaciones para el abasto popular surgidas de programas de distribución de alimentos (Fox, 1996), redes de cajas solidarias de ahorro y préstamo ligadas a programas estatales de microfinanciamiento impulsados desde arriba, nuevas organizaciones rurales creadas a partir de programas de desarrollo rural (Durston, 1999) y nuevas acciones colectivas impulsadas por programas de suministro de servicios públicos (Tendler, 1997). La experiencia indica que es posible crear o bien fortalecer organizaciones sociales mediante programas públicos. Esto abre una veta muy interesante de reflexión futura, que tiene obvias implicaciones para el diseño de políticas gubernamentales orientadas con este propósito.

Finalmente, cabe la siguiente interrogante: si el capital social les reporta tantas ventajas a sus poseedores, tal y como la extensa bibliografía internacional sobre el tema indica, entonces ¿por qué es relativamente escaso y no ha proliferado más?, ¿por qué se ha debilitado ahí donde ya había tomado fuerza?[5] Las respuestas no son fáciles, pero nos parece que aquí surge el nexo entre las instituciones que nacen del poder político y el capital social. En sociedades con una distribución desigual del poder económico y político, el capital social implica frecuentemente un cuestionamiento a estas estructuras. Por ello, es tan común observar las reacciones contrarias que suscita la posibilidad de la acción colectiva entre funcionarios públicos acostumbrados a las decisiones burocráticas verticales e incuestionables y entre los grupos económicos acomodados. Las instituciones vigentes en estos países reflejan esta estructura de poder y representan un escollo muy importante para el surgimiento del capital social. Éste es otro punto de la agenda de investigación sobre el tema.

Nuestras ideas sobre el capital social se sintetizan en el diagrama VI.1. Partamos del capital social en sí, o sea, de la capacidad de acción colectiva, que puede ser mucha o poca. Es decir, el capital social tiene una magnitud que depende: i) de sus fuentes e infraestructura (si las normas, las redes y las asociaciones están desarrolladas, la magnitud del capital social será mayor); y ii) de las condiciones externas (instituciones sociales) e internas (reproducción y sostenimiento de la confianza en el grupo). De la magnitud del capital social dependerán las formas de su utilización. Si la magnitud del capital social es elevada y se sostiene en redes y organizaciones fuertes, podrá acometer empresas sociales complejas y su radio de acción será mayor y viceversa. Los resultados finales de la utilización del capital social —sus beneficios o perjuicios— serán una función de su magnitud, sus formas de uso y sus fuentes. Las condiciones externas (instituciones sociales) influirán sobre el capital social al condicionar sus fuentes e infraestructura: es más fácil que las organizaciones rurales se desarrollen bajo una institucionalidad democrática que bajo una autoritaria.

---

[5] Varios autores han señalado que el capital social aumenta con su utilización, idea imprecisa que implica que la consolidación es un proceso acumulativo. Si bien es cierto que la acción colectiva puede, bajo ciertas condiciones, aumentar en fuerza y radio de acción, existen muchos ejemplos de organizaciones rurales que se debilitan y desaparecen después de un período de auge y crecimiento. Hirschman (1986), acuñó el término "energía social" para explicar que la capacidad de acción colectiva mengua y casi desaparece pero no se destruye, y constituye una memoria histórica común que es la base de nuevos brotes y desarrollos del capital social.

Diagrama VI.1
RELACIÓN ENTRE LAS DIMENSIONES DEL CAPITAL SOCIAL

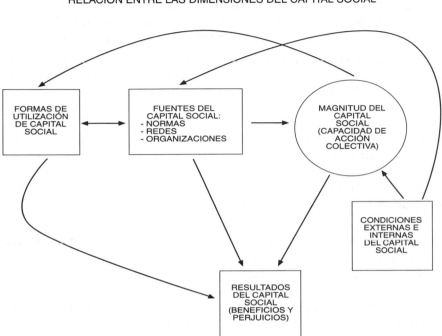

C. Capital social, ¿factor de inclusión social?

El potencial del capital social individual y comunitario, y la distinción entre capital social comunitario endógeno (referido a las instituciones que rigen las relaciones intragrupales), y el exógeno a una comunidad (es decir, las relaciones con su entorno social que le son útiles), permiten vislumbrar cómo, dependiendo de quién lo detenta y de la forma en que lo canaliza, el capital social puede contribuir o no a combatir la exclusión social y la pobreza.

El aprovechamiento que hace un individuo de su capital social es casi, por definición, para el propio beneficio, ya sea de su empresa o de su grupo familiar.[6] En el mundo rural de países con grandes desigualdades y diferencias socioeconómicas como México y las naciones centroamericanas, el capital social comunitario puede desempeñar un papel clave para movilizar recursos en beneficio de sus integrantes. Eso es sobre todo relevante

---

[6]   Un análisis del aprovechamiento del capital social empresarial lo aplica Bourdieu en el caso del mercado inmobiliario en Francia (Bourdieu, 2000).

cuando se distingue conceptualmente el término pobreza como la carencia de capacidades básicas, y no meramente como la falta de ingreso. Eso no entraña, por supuesto, dejar de lado el hecho de que la escasez de ingreso sea una de las causas principales de la pobreza (Sen, 2000).

En forma complementaria, la alusión a la exclusión social, en particular de los individuos, se refiere a la dimensión múltiple del empobrecimiento, que comprende como componentes principales la privación material y la situación adversa del empleo y de las conexiones sociales. Como atributo de las sociedades, apunta a la existencia de instituciones que restringen la interacción social y propician la desigualdad. A su vez, una cohesión social débil limita las formas de participación social, lo que repercute negativamente en el acceso de grupos particulares de personas a recursos —y al proceso de adquisición de ingresos—, al igual que al ejercicio de sus derechos ciudadanos (Gore y Figueredo, 1997).

En ese marco, la concepción de capital social como capacidad de obtener beneficios a partir de redes sociales encierra una riqueza potencial en términos de generación (o defensa) de mecanismos de participación social, adecuación de normas para reducir desigualdades en los mercados, ejercicio de derechos y acceso a oportunidades. Posiblemente uno de los puntos críticos sea cómo se transforma ese potencial en capacidad real colectiva y cómo las políticas públicas contribuyen a ello. Debe subrayarse que al hablar de capital social se corre el riesgo de atribuir a las fuerzas sociales y a las redes de relaciones el atributo de compensar —o corregir— de manera directa la escasez de oportunidades económicas, resultante de la falta de capital natural o financiero. Esa relación es más compleja ya que un capital no sustituye a los otros; con todo, hay evidencias empíricas que indican que la existencia y acumulación de capital social genera mayores posibilidades de creación de capacidades básicas y de desarrollo en comunidades pobres.

Para ilustrar esa relación, hemos seleccionado dos experiencias de desarrollo organizativo en poblaciones indígenas pobres, una en México y otra en Guatemala (Flores y Rello, 2001). En el caso de la experiencia mexicana, en la organización se entrelazan pobladores indígenas y mestizos de seis municipios del estado de Guerrero. En cambio en el de Guatemala, la identidad étnica es el factor central en la conformación de la asociación en 48 comunidades maya quiché del occidente del país. En los dos casos, el origen de las organizaciones actuales se remonta a principios de la década de 1980.

Se trata de población dedicada principalmente a la agricultura en minifundios con tierras de baja calidad cuyas cosechas, que se destinan principalmente al autoconsumo, son insuficientes para cubrir las necesidades básicas de las familias. En el primer caso, las fuentes de ingreso complementarias son la ganadería familiar, la artesanía de palma, la producción casera de mezcal y, cada vez más, la emigración. El porcentaje de analfabetismo es de 55%, muy superior a la media nacional, y el de pobreza afecta al 80% de sus habitantes; la marginación geográfica es acentuada por un servicio deficiente de transporte. En el segundo caso, la artesanía también es una fuente importante adicional de ingreso. Ahí la presión sobre los recursos y la pobreza se asocia a la alta densidad poblacional, ya que se trata de uno de los municipios de mayor densidad en el país: 300 habitantes por km^2, comparado con la media nacional de 80 habitantes por km^2.

Las historias de las dos organizaciones comparten algunos rasgos comunes, con una base de penurias muy amplia. Sus logros y el alcance de los beneficios que han obtenido están muy vinculados a su capital social, una de cuyas fuentes principales son sus tradiciones culturales, y la manera como lo han acrecentado y aprovechado.

Por tratarse de pueblos indígenas, es preciso tener presente que los vínculos sociales entre ellos se basan en usos y costumbres que, siendo tradicionales, están lejos de ser estáticos y refractarios al cambio; por el contrario, son muy dinámicos y prácticos, ya que existen en función de su utilidad para regular la convivencia y ejercer su propio gobierno (Ávila, 2001). En los sistemas sociales indígenas existen cuatro órdenes interdependientes: el jurídico, el de la organización del trabajo, el ceremonial-religioso, y el de la estructura de gobierno. El jurídico comprende el sistema normativo y los mecanismos internos de resolución de conflictos. El de la organización del trabajo corresponde a una estructura de derechos y obligaciones de servicio a la comunidad, con reglas sobre el uso y apropiación de espacios y recursos comunes. El ceremonial, generalmente asociado al calendario agrícola, también supone distribución de responsabilidades. El último se refiere al sistema de cargos, a los mecanismos de elección, a los sistemas de toma de decisiones y, en última instancia, al ejercicio de la autoridad y la aplicación de sanciones (Ávila, 2001).

En México esos sistemas tienen dos variantes. En el norte, la estructura organizativa se define en términos tribales. En cambio entre los indios del sur y, en general, en Mesoamérica, la comunidad es el eje de su sistema. En torno de la comunidad se construye la identidad y el sentido de pertenencia, en cuyo marco se definen derechos y obligaciones.

1.   Una organización en el sur de México

A lo largo de sus años de existencia, la organización Sanzekan Tinemi, que en náhuatl significa «seguimos estando juntos», ha tratado de enfrentar y resolver paulatinamente los principales problemas económicos y sociales de los habitantes de su región, empezando por el más sensible, el abasto de alimentos, para seguir con el proceso productivo (distribución de fertilizantes), la diversificación de fuentes de ingreso de los hogares según necesidades de hombres y mujeres (artesanías, actividades de traspatio, reforestación) y programas sociales (vivienda y caja de ahorro). Sus programas cuentan con el apoyo financiero y técnico de cuatro entidades públicas, una fundación internacional privada y un banco de desarrollo internacional.

El abasto de alimentos, como programa y eje en torno del cual la organización nace y se consolida, era un programa gubernamental con participación comunitaria en la administración local de la venta de productos básicos. La comunidad designaba a un responsable de la tienda, quien recibía una compensación monetaria del gobierno. La estructuración de las tiendas comunitarias alrededor de un almacén de distribución favoreció la comunicación entre comunidades a través de sus asambleas de base, seguidas de las de representantes ante la empresa estatal. Diferencias de concepción y contenido del programa en cuanto a la integración de la canasta de productos, la selección de proveedores y, sobre todo, la distribución de responsabilidades y costos entre la empresa y las comunidades, pusieron en riesgo la continuidad del programa por la parte gubernamental.

La movilización regional ejerció una gran presión sobre las autoridades locales, estatales y federal para mantener el programa con una participación comunitaria creciente en su gestión. Los designados por las comunidades como responsables del programa asumieron la dirección. La operación dio lugar a una propuesta de llevar a cabo otros programas de desarrollo mediante la acción colectiva y la canalización de apoyos conseguidos en el exterior. Resulta importante destacar el hecho de que la organización reivindicó su origen indígena (con todo y su participación mestiza) y que su propuesta de un programa de desarrollo económico y social llenaba un vacío en una de las regiones más pobres de una entidad federativa que ocupa uno de los últimos lugares en términos de indicadores sociales, y en donde persisten movimientos armados.

La difusión de las demandas y la incorporación de la organización a una coordinadora campesina nacional facilitaron el acceso de los dirigentes a fundaciones privadas y a la banca de desarrollo internacional. Esa relación contribuyó a limar las diferencias que los habían enfrentado con los funcionarios públicos y fortaleció el vínculo con otros programas gubernamentales de los que se obtuvieron nuevos recursos y asistencia técnica. Las donaciones y los créditos blandos respaldaron el programa de la organización para la formación de cuadros, capacitación, mejoramiento de la calidad de las artesanías de palma, así como para el desarrollo de una estrategia moderna con miras a su comercialización y exportación. También fue notable la atención esmerada al tema medioambiental y a la reforestación. Un grupo de mujeres de la localidad demandó —y obtuvo, no sin cierta resistencia— un espacio propio de acción para desarrollar actividades productivas (cría de ganado menor) y generar ingresos para satisfacer necesidades de las familias, sin tener que pasar por la autorización masculina. En su caso, el trabajo común ha sido difícil, ya que han tenido que superar actitudes adversas a su participación.

La celeridad en el crecimiento del programa tuvo un efecto contradictorio en la organización y en el tejido social. La ampliación de sus redes reflejó claramente cómo el fortalecimiento de su capital social capturó recursos a los que antes no habían tenido acceso. Al mismo tiempo, la intensidad del ritmo al que se amplió la diversificación, tanto de actividades económicas como de las propias redes sociales, demandó mayores esfuerzos y creación de capacidades de la dirigencia y de los socios para adaptarse a nuevos requerimientos de cooperación y participación. Al no ser posible en todos los casos, y pese a que la estructura organizativa se amplió, algunos programas se desarticularon, provocando un desajuste en el proceso que estaba siguiendo la organización.

2. En el occidente de Guatemala

La Asociación Cooperación para el Desarrollo Rural de Occidente (CDRO) es una organización que se ha propuesto mejorar las condiciones de vida de las comunidades y su desarrollo mediante la capacitación de sus miembros y la participación en el diseño y ejecución de diversos proyectos. Con visión estratégica, se han planteado contar con un soporte financiero que dé continuidad a sus programas y con un sistema de relaciones que mejore la capacidad de negociación de las comunidades organizadas. Para tener una dimensión del reto que enfrenta la organización, baste recordar que entre la población indígena de Guatemala (40% del total en el país), más del 90% vive con un ingreso inferior al de la línea de pobreza (Banco Mundial, 1995). La organización cuenta con cinco fuentes de financiamiento: un fondo rotatorio proporcionado por el sector público, recursos de fundaciones nacionales, fundaciones extranjeras, banca de desarrollo internacional y fondos bilaterales.

Entre sus antecedentes figuran la formación de grupos tradicionales de trabajo, durante la década de 1970, para la atención de problemas específicos de las comunidades carentes de servicios básicos: agua potable, salud, escuelas, caminos, u otros, con el apoyo de organismos no gubernamentales y algunas universidades. El clima político de principios de los años ochenta canceló cualquier posibilidad de organización social, de tal forma que las iniciativas de desarrollo se circunscribieron a acciones puntuales. Con todo, se fue armando una red de promotores que se asociaron formalmente cuando las condiciones políticas lo permitieron, a mediados de los años ochenta. Más adelante, organizaciones comunitarias indígenas se convirtieron en miembros de la asociación, recuperando sus redes e instituciones sociales. En este caso se produjo una sinergia entre los promotores y la estructura social de las comunidades, en torno de una propuesta de desarrollo local y regional.

La estructura de la organización retoma elementos de los usos tradicionales, pero tiende a hacerla más igualitaria, con un tejido de comunicación horizontal en forma de círculo. Los núcleos de base son las comunidades, o algún grupo en la comunidad en que ésta delega una función. La toma de decisiones recae en los consejos comunales quienes designan, a su vez, un representante ante la asamblea de delegados. Esta última nombra a una junta directiva. En esa articulación voluntaria, las comunidades conservan su autonomía.

Desde su creación, la asociación se convirtió en un enlace entre las comunidades y organismos humanitarios y fundaciones para canalizar propuestas y recibir recursos. Esa relación de enlace ha acrecentado el capital social de la asociación, tanto endógeno como en su red de relaciones externas. En un círculo virtuoso, las relaciones de los promotores indígenas fundadores acercaron recursos que permitieron respaldar acciones en beneficio de la comunidad, rescatando sus instituciones e impulsando las capacidades básicas y las de acción colectiva. A su vez, los resultados positivos y la confianza generada en las comunidades resaltaron la imagen de los dirigentes, y despertaron el interés de otras fundaciones y del propio sector público. Eso permitió ampliar los programas de la organización así como el radio de acción a 15 asociaciones similares a la CDRO —pero más pequeñas— con 500 comunidades en la misma región.

La dirigencia —indígena, al igual que todos sus miembros— se profesionalizó, y se creó una amplia infraestructura de servicio a las comunidades miembros que incluye proyectos productivos en agricultura y en artesanías, ahorro y crédito, organización y capacitación, y administración. Asimismo, han creado un programa especial para las mujeres que ha tenido que superar un sinnúmero de trabas. Entre ellas, la resistencia masculina, la baja escolaridad de las mujeres, así como la decisión de incluirlas en los proyectos generales sin darles la oportunidad que después fueron encontrando en proyectos propios.

3.   La articulación entre el capital social individual y el comunitario

En el origen de las experiencias que se examinan, el capital social de los dirigentes jugó un papel clave. Lo interesante es plantearse cómo aporta al capital social comunitario, y la articulación que se da entre ambos. En los dos casos se combinan tres elementos favorables a la organización: por una parte, la existencia de vínculos comunitarios tradicionales, por otra, la acción de promoción de un líder de la comunidad, y tercero, la identificación de un objetivo —la superación de un problema— de la acción colectiva, en la que el dirigente juega un papel catalizador. En cambio, el ambiente social y político fue diferente; mientras que en la experiencia maya la energía social acumulada se expandió sólo cuando desaparecieron las barreras impuestas al ejercicio de los derechos civiles y políticos, y poco a poco se logró contar con apoyo gubernamental, en la experiencia mexicana la movilización que acompañó al enfrentamiento en contra de decisiones de gobierno fue seguida de apoyo de funcionarios comprometidos con programas de desarrollo.

En general, el capital social del dirigente propició un proceso que, enriquecido con la participación comunitaria, desencadenó un círculo virtuoso de acumulación, tanto de capital social comunitario, como de recursos económicos y servicios de asesoramiento que compensaron carencias materiales y sociales en las comunidades. En ambos casos, las condiciones de vida de los pobladores mejoraron, lo que no hubiera sido posible a partir de sus escasos recursos. Además, la forma en que se han institucionalizado las redes de interacción entre comunidades ha permitido, al menos así parece en el caso guatemalteco, crear capacidades para reproducir el manejo de los recursos conseguidos. De ahí la importancia de la definición de sus programas tendientes a la búsqueda de mecanismos de autofinanciamiento, de formación de recursos humanos, de representatividad en la toma de decisiones y de ampliación de sus redes a otras comunidades. Uno de los efectos en comunidades muy pobres ha sido la recuperación de la confianza en sus capacidades y en la fuerza de su unidad en la acción.

Un tema crítico en la relación entre el dirigente y la comunidad es la base de la confianza. En el momento en que la transparencia en el manejo de recursos se enturbia, o la explicación de fracasos se refiere a resistencias sociales para continuar con un cierto proceso o programa de producción, ahorro, desarrollo, u otro, el flujo de fondos de fuera se detiene y contribuye a una espiral de contracción del capital social. De igual forma, en el momento en que el dirigente utiliza su capital social para imponer sus intereses por sobre los de la comunidad y los beneficios tienden a concentrarse, se debilita el capital social comunitario, se pierde la confianza y el espíritu de cooperación, y se empieza a diluir la visión de proyecto colectivo.

En el caso de las dos organizaciones, su dinámica relativamente acelerada de crecimiento ejerció una gran presión sobre la dirigencia y las comunidades para responder a nuevas exigencias y responsabilidades en formas de trabajo, en producción, en diversificación productiva, en gestión de distintas actividades, en relaciones diferentes con los mercados, en formas de interacción entre comunidades y en el interior de ellas. Pese a los esfuerzos en capacitación, se hizo patente la necesidad de avanzar por parejo en el desarrollo del capital social y en la formación de capital humano como condición necesaria para garantizar la participación en la toma de decisiones y en la conducción del proceso.

4.   Capital social e inclusión

La sinergia entre el capital social y la movilización de recursos ha permitido a estas comunidades tener mejores condiciones de vida de las que tendrían de otra forma. Ha contribuido a crear capacidades básicas, convirtiéndose en un aporte positivo en el combate a la pobreza. Al mitigar la pobreza, suaviza las expresiones de la exclusión social en términos de privación material y participación social. Con todo, la existencia de capital social no es suficiente para sustituir la escasez de otros capitales, sea capital físico (acceso a la tierra), tecnológico, financiero, u otro.

La movilización de recursos externos a las comunidades para sus proyectos de desarrollo ha sido el resultado de largos procesos de fortalecimiento de su capital social endógeno y exógeno, con sus avances y retrocesos. Los inicios inciertos, seguidos de algunos logros relevantes en acciones de cooperación relativamente simples, propiciaron una expansión acelerada de iniciativas más complejas. Algunas de ellas tuvieron resultados muy magros o fracasos, al no darse una correspondencia entre las exigencias (de visión, técnicas y organizacionales) y el desarrollo de las capacidades colectivas de manejo, gestión y toma de decisiones.

Ahí lo importante es establecer cómo el esfuerzo colectivo puede incorporar las transferencias (públicas y privadas) que el capital social facilita, para crear bases que le den sostenibilidad a los procesos de desarrollo en comunidades pobres. Esa tarea no es nada fácil y depende, al menos, de acciones adicionales en formación de capital humano. Para que las transferencias perduren cuando hay disponibilidad de recursos, la distribución de los beneficios ha de ser percibida y evaluada, tanto internamente como desde afuera, como consistente con un proyecto de desarrollo comunitario.

D.   El capital social ¿es sustentable?

Algunos autores han mencionado la dificultad de operacionalizar el concepto de capital social, es decir, definirlo claramente y distinguir sus efectos sobre el ingreso o el bienestar, de los efectos causados por otras variables, tales como otros capitales, el contexto económico o las instituciones.[7] En nuestra opinión, tienen razón porque si no podemos establecer esta distinción, podríamos atribuirle al capital social características que no le corresponden y, en última instancia, sería ilusorio el avance teórico que promete el propio concepto de capital social. Es tarea de futuras investigaciones tratar de distinguir los efectos del capital social de los producidos por otras variables, así como de examinar la interacción entre el capital social y otros factores importantes del cambio social.

La mayoría acepta que el capital social tiene efectos positivos específicos, pero algunos se preguntan si esta capacidad de alcanzarlos ayuda, además, a que los procesos de desarrollo sean más sostenibles. Esta pertinente interrogante está vinculada a la cuestión de qué tan grande es el capital social que se ha logrado amasar y qué tan sostenible es él mismo. Si la capacidad de acción colectiva es reducida y si tiene poca permanencia, entonces el capital social no podría ser un factor de impulso del desarrollo y viceversa. Esta capacidad no es algo dado, sino más bien algo que se adquiere y que se puede perder. En otras palabras, el capital social no debe ser visto como una reserva, sino como un proceso. La tarea consiste en entender las condiciones y factores que lo acrecientan o lo disminuyen y, sobre todo, cómo se entreteje con otras variables en experiencias concretas de desarrollo y cambio social. A continuación, examinamos dos estudios de caso con el propósito de abordar estas cuestiones.

Se trata de la Asociación Rural de Interés Colectivo Jacinto López, Sonora —la ARIC JL, de aquí en adelante— y la Coalición de Ejidos de la Costa Grande de Guerrero, la que abreviaremos con el nombre de la Coalición. Ambas fueron organizaciones campesinas que adquirieron una fuerza regional y notoriedad nacional en tanto organizaciones de nuevo tipo, dentro del movimiento campesino de los años setenta y ochenta en México. La génesis de ambas organizaciones fueron sendos movimientos sociales de gran envergadura regional; el primero por la afectación de latifundios simulados y el segundo para obligar al gobierno a elevar los precios de garantía del café, que la empresa paraestatal Instituto Mexicano del Café (INMECAFÉ) les compraba. Ambas organizaciones se anotaron sendos triunfos: los ejidatarios de la ARIC JL obtuvieron las tierras por las que luchaban y los ejidatarios de la Coalición pudieron vender su café a mejores precios.

---

[7]   Ha habido algunos intentos de medir el capital social mediante índices compuestos por elementos que podrían señalar su existencia y cuantificar su magnitud. De esta manera, se puede hacer una tipología de grupos con mayor o menor cantidad de capital social, para después establecer relaciones con otras variables, como el ingreso. Sin embargo, este tipo de estimaciones se encuentran con el difícil problema de separar los efectos del capital social de los efectos de otras variables. Debido a la complejidad de esta categoría, desde nuestro punto de vista, resulta más interesante un análisis cualitativo riguroso que trate de establecer las relaciones entre el capital social y otros factores, en situaciones específicas.

¿Quiénes eran estos actores sociales antes de formar su organización y emprender su lucha? Los hoy ejidatarios de la ARIC JL eran jornaleros agrícolas sin tierra, que vivían de vender su fuerza de trabajo en los prósperos valles del Río Yaqui y Mayo, en el noroeste de México. Laboraban a cambio de bajos salarios y en duras condiciones de vida. Se agruparon en centrales campesinas y, al cabo de varios años de lucha agraria, consiguieron que el gobierno expropiara 35 000 hectáreas y las distribuyese entre ellos. Los campesinos de la Coalición eran pequeños cafeticultores, dueños de cafetales viejos y de baja productividad, que vendían su producto sin ninguna elaboración, de manera individual, al INMECAFÉ y a los comerciantes locales, a precios bajos. Agrupados en su Coalición, lograron que esta empresa les comprara el café a precios más altos y aumentara los créditos que solía extenderles. Estos triunfos fueron el resultado directo de la formación de capital social, o sea, de la capacidad de acción colectiva, que antes no existía, para perseguir objetivos comúnmente deseados. Como individuos aislados no hubiesen podido jamás alcanzarlos. Esto no significa que otros factores no concurrieron en la obtención de este resultado positivo para ellos. El más importante fue, en ambos casos, el favorable contexto político, tanto regional como nacional, que hizo posible el surgimiento y crecimiento de ambas organizaciones y su reconocimiento como interlocutores por parte del Estado, contexto que era antes desfavorable para el desarrollo de estos procesos sociales.

El gobierno federal distribuyó los valles del Yaqui y Mayo entre los jornaleros agrícolas, pero en forma de ejido colectivo, algo que los nuevos ejidatarios no querían pero que fue impuesto desde arriba con el argumento de que los ejidatarios recién dotados tenían que estar unidos para defenderse de los terratenientes que seguían teniendo poder económico en la zona. Paradójicamente, el ejido colectivo, pensado como una fuente de capital social, no dio resultado y, a la postre, en lugar de servir para reforzar la capacidad de acción colectiva, la debilitó. Sin embargo, la energía social que había generado la lucha agraria y su triunfo era enorme y se expresó en la construcción de nuevas formas de organización productiva para explotar la tierra recién conquistada. No tenemos espacio aquí para describir estas organizaciones. Baste decir que fueron formadas empresas campesinas en materias tales como crédito, aseguramiento, distribución de insumos, comercialización de productos agropecuarios, procesamiento agroindustrial y beneficio social, expresiones todas ellas de un nuevo capital social endógeno.

Todas estas conquistas fueron resultado del capital social comunitario, aunque otros factores contribuyeron a producir estos resultados positivos para los campesinos. Entre ellos, desempeñaron un papel fundamental los apoyos económicos que los gobiernos federal y estatal brindaron a la organización en forma de créditos, fondos para programas productivos y sociales y aumentos de precios (en esa época existían los precios garantizados para los principales productos agrícolas, fijados sobre el nivel de los precios internacionales). Cabe señalar que estas políticas favorables fueron también un resultado del capital social exógeno de la ARIC JL, la que, gracias a sus líderes y a la red de relaciones e influencias que logró tejer, pudo atraer hacia sí apoyos y transferencias que resultaron importantes para su crecimiento.

La historia de la Coalición es similar. Una gran energía social como resultado de la etapa de grandes movilizaciones agrarias, un liderazgo creativo junto con una gran participación de los ejidatarios, desembocaron en la creación de empresas sociales campesinas en los terrenos ya reseñados. Igualmente, fueron cruciales las condiciones y apoyos externos: mejores términos comerciales acordados con el INMECAFÉ, créditos para mejorar cafetales y construir beneficios, fondos y apoyos para programas productivos y sociales, y atractivos precios internacionales del café. De la misma forma, el capital social exógeno de la Coalición fue importante para conseguir estos apoyos.

En su época de apogeo, ambas organizaciones habían logrado construir varias empresas sociales campesinas, de las que los ejidatarios socios obtuvieron innegables beneficios: gracias a ellas tenían acceso al crédito y al aseguramiento, compraban insumos a bajos precios, vendían colectivamente sus cosechas a mejores precios y su ingreso y bienestar eran más altos de lo que hubiesen sido si la Coalición no existiese. Se puede afirmar que estaban comenzando a transformar los proceso económicos y distributivos locales. En otras palabras, comenzaban a ser un factor de impulso del desarrollo rural. Desafortunadamente, su posterior debilitamiento, cercano al punto de la extinción, truncó este proceso. La crisis de ambas organizaciones se debió a la conjunción de dos procesos: sus contradicciones internas y las condiciones externas que se tornaron completamente desfavorables. Entre ambas se estableció una sinergia negativa.

Veamos primero el problema interno. En ninguno de los dos casos las empresas campesinas lograron consolidarse económicamente (tener utilidades y con ellas financiar su proceso de expansión de forma continua). Se observa una permanente tensión entre la distribución de beneficios y la creación de empleos dentro de la organización —postura de los líderes— y la acumulación y la salud financiera de las empresas —postura de los gerentes y administradores. Además, las nuevas empresas económicas requieren de un conjunto de capacidades gerenciales y técnicas que líderes y ejidatarios no tienen y cuya creación quedó rezagada. No hubo sinergia entre formación de capital social y capital humano. Finalmente, existieron normas que fomentaron poca transparencia, manejo discrecional de recursos y, sobre todo, una confusión sobre la propiedad real de los activos de la organización que desalentó la cooperación y la solidaridad.

El empeoramiento de las condiciones externas es fácil de explicar: crisis económica, disminución de recursos para apoyar a las organizaciones, desmantelamiento de los programas públicos (desaparición del INMECAFÉ y de los precios de garantía), caída abrupta del financiamiento y descenso de los precios agrícolas. Esta difícil situación económica incidió negativamente sobre las empresas campesinas. Por ejemplo, al descender la rentabilidad y los ingresos de los productores, éstos ya no pudieron o no quisieron pagar sus deudas con las uniones de crédito, propiedad de la Coalición y la ARIC JL, y entraron en crisis financiera.

Sobre la base de estas experiencias, se podría lanzar la hipótesis de que el capital social comunitario es frágil y de difícil construcción, sobre todo aquel que puede ir más allá de reportar a los campesinos beneficios puntuales, para acometer tareas tan vastas y complejas como el desarrollo regional o local y la transformación de las pautas distributivas prevalentes. Para que el capital social pueda impulsar el desarrollo rural tiene que ser sostenible, su magnitud debe superar una cierta masa crítica y tiene que expresarse mediante formas organizativas complejas. Para lograrlo es necesario una sinergia entre el capital social y la política gubernamental, la que tiene que crear nuevas instituciones y espacios de diálogo y concertación con los actores rurales. Asimismo, las condiciones económicas circundantes desempeñan un papel muy importante.

Bibliografía

Ávila, Agustín, (2001), "Sistemas sociales indígenas contemporáneos", México, D.F., Comisión Nacional de Derechos Humanos, en prensa.

Banco Mundial (1998), "The Initiative of Defining, Monitoring and Measuring Social Capital. Overview and Program Description. Social Capital Initiative", Working Paper, N° 1, Washington, D.C., abril.

___(1995), "Guatemala: An Assessment of Poverty", Report N° 12313-Gu, Washington, D.C.

Bourdieu, Pierre (2000), *Las estructuras sociales de la economía*, Buenos Aires, Ediciones Manantial.

___(1985), "The forms of capital", *Handbook of Theory and Research for the Sociology of Education*, John G. Richardson (comp.), Nueva York, Greenwood.

Coleman, James (1990), *Foundations of Social Theory*, Cambridge, Massachusetts, The Belknap Press of Harvard University Press.

Durston, John (1999), "Construyendo capital social comunitario. Una experiencia de empoderamiento rural en Guatemala", serie Políticas sociales, N° 30 (LC/L.1177), Santiago de Chile, Comisión Económica para América Latina y el Caribe (CEPAL), abril.

Edwards, Bob y Michael Foley (1997), "Social capital and the political economy of our discontent", *American Behavioral Scientist*, vol. 42, N° 5.

Evans, Peter (1996), "Government action, social capital and development: reviewing the evidence on synergy", *World Development*, vol. 24, N° 6.

Flores, Margarita y Fernando Rello (2001), "Instituciones rurales, capital social y organizaciones de pequeños productores en México y Centroamérica", México, D.F., por aparecer.

Fox, Jonathan (1996), "How does civil society thicken? The political construction of social capital in rural Mexico", *World Development*, vol. 24, N° 6.

Fukuyama, Francis (1995), *Trust: The Social Values and the Creation of Prosperity*, Nueva York, Free Press.

Gore, Charles y José B. Figueredo (comps.) (1997), *Social Exclusion and Anti-Poverty Policy: A Debate*, Ginebra, Instituto Internacional de Estudios Laborales (IIEL)/ Programa de las Naciones Unidas para el Desarrollo (PNUD).

Hirschman, Albert O. (1986), *El avance en colectividad: experimentos populares en la América Latina*. México, D.F., Fondo de Cultura Económica.

Portes, Alejandro y Patricia Landholt (1996), "The downside of social capital", *The American Prospect*, vol. 26.

Putnam, Robert (1993), *Making Democracy Work. Civic Traditions in Modern Italy*, Princeton, Nueva Jersey, Princeton University Press.

Sen, Amartya (2000), *Desarrollo y libertad*, México, D.F., Editorial Planeta.

___(1999), *Development as Freedom*, Nueva York, Alfred A. Knopf.

Tendler, Judith (1997), *Good Government in the Tropics*, Baltimore, Maryland, Johns Hopkins University Press.

Woolcock, Michael (1998), "Social capital and economic development: toward a theoretical synthesis and policy framework", *Theory and Society*, vol. 27, N° 2.

Capítulo VII

Confianza y corrupción: sus repercusiones en la pobreza[1]

Eric M. Uslaner[*]

Introducción

La corrupción es una lacra. Por su intermedio se transfiere riqueza de los pobres a los ricos y se asegura que aquéllos sigan siendo pobres. La corrupción hace las veces de un impuesto adicional pagado por los ciudadanos. Cuando las elites roban del tesoro nacional, se reduce el dinero disponible para los programas del Estado destinados a redistribuir los recursos. Los gobiernos corruptos disponen de menos dinero para gastar en la administración pública, disminuyendo los salarios de los empleados públicos. A su vez, resulta más probable que estos funcionarios de menor nivel se apropien de dinero del erario público. De esta forma, en las

[*]   Profesor del Departamento de Gobierno y Políticas, Universidad de Maryland, College Park, euslaner@gvpt.umd.edu.

[1]   El presente trabajo se basa en muchas de las ideas de Uslaner (2002) y refleja las profundas conversaciones mantenidas con Bo Rothstein y Martin Paldam, así como los comentarios de Susan Rose-Ackerman y Mark Warren. Agradezco especialmente al *Center for International Development and Conflict Management* de la Universidad de Maryland, al *General Research Board* de la misma Universidad, a la *Russell Sage Foundation* y a la *American Academy of Social Sciences* por su apoyo para la realización de este estudio. También deseo expresar mi reconocimiento a Johannes Fedderke, Ronald Inglehart, Rafael La Porta y Daniel Treisman por los datos aportados.

sociedades corruptas los funcionarios de gobierno dedicarán más tiempo a llenarse los bolsillos que a prestar servicios al público. Es así como el Estado se vuelve ineficiente. También suele ocurrir que las empresas sobornen a los políticos para lograr restricciones al comercio, dificultando y encareciendo el ingreso de las empresas extranjeras a los mercados nacionales. De esta manera, la corrupción limita el acceso a los mercados. En cada una de estas instancias la corrupción afecta a la economía, ya que los fondos destinados a las actividades de bien público se utilizan para enriquecer a las personas privadas y se produce una desaceleración de la economía. Así, quienes se encuentran en la base de la escala económica son los más perjudicados por la corrupción (Mauro, 1998, pp. 4 y 5; La Porta y otros, 1998; Leite y Weidmann, 1999, pp. 20 y 23).

En cambio, la confianza es un don, un ideal que conduce a creer que las personas pertenecientes a distintos grupos forman parte de la misma comunidad moral. La confianza mejora la disposición de las personas a tratar con gente muy diversa. Ella se basa en la idea de que existe un vínculo común entre las clases y las razas, y en los valores de igualdad (Fukuyama, 1995, p. 153; Uslaner, 2002; Putnam, 1993, pp. 88 y 174; Seligman A., 1997, pp. 36, 37 y 41). La fe en los demás genera empatía hacia las personas menos afortunadas y, en última instancia, una redistribución de recursos de los ricos a los pobres. Cabe suponer que en las sociedades donde reina mayor confianza, el gasto en los programas sociales será más elevado, el Estado más eficaz, la economía más abierta, las tasas de criminalidad menores y el crecimiento económico más rápido (La Porta y otros, 1997, p. 335; Uslaner, 2002; Woolcock, 1998). Así como la corrupción es un impuesto adicional, la confianza es otra fuente de capital —capital social— que conduce a las sociedades a transferir recursos de los ricos a los pobres.

La confianza aporta muchos elementos positivos para la sociedad, mientras que la corrupción tiene un efecto negativo. No sólo destruye la economía, también destroza los valores éticos, el respeto por el sistema jurídico y, en última instancia, la fe en los demás. Cuando los niveles de corrupción son muy elevados, existe poca confianza.[2]

Indudablemente, es preferible que en la sociedad predominen los elementos positivos que aporta la confianza, a saber, la cooperación, la tolerancia, los mercados abiertos, el crecimiento económico y los programas dirigidos a solucionar las situaciones de pobreza. Asimismo, es deseable evitar los males que se originan con la corrupción. La pregunta es cómo lograrlo. En el presente trabajo se proponen dos explicaciones alternativas

---

[2]   La correlación simple entre las dos medidas en 47 países, empleando las mediciones de la Encuesta de Valores Mundiales y los índices de percepción de corrupción de Transparencia Internacional, es de 0.724.

para la relación entre la confianza y la corrupción; una, de arriba hacia abajo —el modelo de la descomposición— y otra, de abajo hacia arriba —el modelo de la recomendación. Según la primera, si se logra eliminar la corrupción, encarcelando a todos los corruptos, se puede fortalecer la confianza en una sociedad y lograr las ventajas que aportan la apertura de los mercados, un mayor crecimiento y una redistribución más equitativa. Es una alternativa interesante porque parece viable, aunque no resulte fácil. Si se establece un conjunto adecuado de instituciones democráticas —elecciones imparciales, derechos de propiedad y libertad de prensa—, se puede eliminar la corrupción y crear confianza.

En el segundo caso, la solución es mucho más difícil. En algunas sociedades existe menos corrupción que en otras porque los vínculos sociales entre los ciudadanos son fuertes. Es posible crear nuevas instituciones y sistemas jurídicos y aprobar una nueva Constitución. Sin embargo, si continúa imperando la desconfianza, las elites encuentran nuevas formas de robar del erario público. De algún modo es preciso encontrar formas de remodelar la cultura en lugar de limitarse a reconstruir las instituciones.[3] Un periodista de India, comentando las profundas brechas que derivaban en ciclos de coaliciones inestables, incapaces de formar un gobierno, decía lo siguiente: "tenemos el hardware de la democracia pero carecemos del software; y éste no puede tomarse prestado o ser imitado" (Constable, 1999, p. A19).

Como en el mejor de los casos los cambios culturales son muy lentos, muchos pueden darse por vencidos y considerar que no se puede hacer nada. Se equivocan. Los cambios culturales no se producen con facilidad, pero la cultura no es estática. Aumentando la confianza se pueden adoptar medidas para mejorar el gobierno, abrir los mercados, promover el crecimiento económico, mejorar la redistribución del gasto, aumentar la eficacia del Estado y reducir la corrupción. Pero el primer paso es desarrollar vínculos entre las clases sociales y las razas, lo que significa reducir las desigualdades económicas. Esta es la tesis que se sostiene y explica en el presente trabajo.[4]

En el gráfico VII.1 se ilustran las relaciones entre la desigualdad, la confianza, la corrupción, la falta de apertura de los mercados, el crecimiento económico y la calidad del gobierno. El gráfico tiene muchas flechas y no resultará fácil de comprender, de modo que se procederá a resumir los argumentos de la manera más sencilla posible:

- El camino para reducir la corrupción es aumentar la confianza. Pero no es posible generar confianza con sólo reducir la corrupción.

---

[3] Para un estudio muy interesante sobre las limitaciones de la democratización, véase Mueller (1999).

[4] Este argumento se expone con mayor profundidad en Uslaner, 2001 y 2002, cap. VIII.

- Tanto la corrupción como la falta de confianza limitan el acceso a los mercados, disminuyen los niveles de crecimiento y afectan al desempeño del Estado. La confianza genera un mejor desempeño, mientras que la corrupción produce el resultado opuesto. Sin embargo, la confianza produce un vínculo mucho más fuerte con un gobierno eficaz y una economía sólida que con la corrupción (no se indica en este gráfico).

- La apertura de los mercados es un factor fundamental en esta relación general. Contribuye a reducir la corrupción y fortalecer la confianza, aunque es mucho más fácil lograr la apertura de los mercados sobre la base de la confianza que recorrer el camino inverso. El mercado abierto impulsa el crecimiento económico, pero también puede acrecentar las desigualdades económicas.

- El factor que más contribuye a robustecer la confianza en algunas sociedades es el nivel de equidad económica. Cuanto mayor equidad, mayor confianza. A su vez, la confianza permite lograr mayor equidad por medio de un mayor crecimiento económico, una reducción de la corrupción y la ejecución de un más elevado número de programas gubernamentales destinados a reorientar los recursos de los ricos a los pobres.

Gráfico VII.1
RELACIONES ENTRE LA CORRUPCIÓN Y ASPECTOS ECONÓMICOS,
SOCIALES Y POLÍTICOS

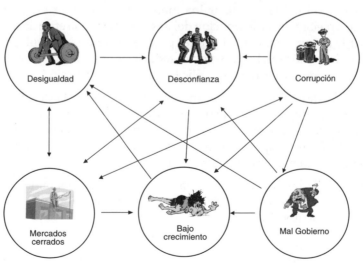

Fuente: Elaboración propia.

¿Cómo se pasa de una situación de corrupción a otra de confianza y mejor desempeño? A continuación se analizará este tema.

1.   ¿De arriba hacia abajo o de abajo hacia arriba?

Cuando las elites explotan al Estado en su propio beneficio, el público comienza a considerar que el robo forma parte de la realidad cotidiana. Mauro (1998, p. 12) señala los efectos contaminantes de la corrupción:

> «Si una persona integra una sociedad en la que todos roban, probablemente se pregunte si le conviene robar. La probabilidad de que la descubran es baja porque la policía está demasiado ocupada persiguiendo a otros ladrones y aun si ello ocurriera la probabilidad de que sea objeto de una sanción grave por un delito tan común es muy baja. En consecuencia decide robar. En cambio, si esa persona vive en una sociedad en la que el robo es un hecho poco común, la probabilidad de ser descubierto y sancionado es elevada y por lo tanto opta por no robar».

Esto es lo que se denomina la inmoralidad de arriba hacia abajo, reflejada en el siguiente proverbio chino: "El pescado se pudre comenzando por la cabeza".

En contraposición al modelo de la descomposición está el de la recomendación, que hace hincapié en el hecho de que la corrupción es parte de la cultura y no un atributo exclusivo de algunos integrantes de la elite. La recomendación es una práctica italiana, que consiste en solicitar favores a personas bien ubicadas. En octubre de 2000, el juez de un tribunal del fuero civil de Italia meridional recibió 88 libras de pescado a cambio de agilizar el expediente de un querellante. Un tribunal de primera instancia condenó al juez por corrupción, pero éste fue absuelto en una instancia superior. Sólo se podía condenar al juez por hacer creer que tenía influencia ante autoridades de mayor nivel y sólo correspondía una sanción si el funcionario no podía cumplir con lo prometido. Incluso el hecho de que existieran pruebas de soborno —denominadas por Alessandra Stanley, periodista del *New York Times, squid pro quo*[5]— fue insuficiente para poder condenarlo. El ex Primer Ministro Giulio Andreotti fue sobreseído en 1999 tras ser acusado de haber intentado ejercer influencia sobre la mafia. Un juez de Palermo postergó un nuevo juicio con el argumento de que el tribunal tenía que tratar asuntos más importantes. "Hoy día [la recomendación] está arraigada tan

---

[5]   N del T: Juego de palabras derivado de *squid pro quo,* donde *squid* = calamar (presumiblemente alude a las 88 libras de pescado).

profundamente en nuestra cultura que la mayoría de la gente la considera una herramienta indispensable para conseguir incluso aquello a que tiene derecho" dijo un tribunal en 1992, en una sentencia en que anulaba otra anterior por tráfico de influencias (Stanley, 2001).

En el modelo de la recomendación, un factor importante es que la corrupción no depende de la existencia de dirigentes venales. Más bien está arraigada en la filosofía política de la sociedad. En este caso resulta imposible depurar el sistema de gobierno (reemplazando a sus dirigentes) o, incluso, el sistema jurídico. Pueden establecerse graves sanciones en la legislación, como ocurre en Italia. Sin embargo, la mayoría de los actos impropios quedan sin castigo (Tanzi, 1998, p. 574). Se puede modificar el diseño institucional e incluso reestructurar todo el sistema político. También se puede encarcelar a los dirigentes políticos, pero la filosofía de la corrupción no va a desaparecer. Se tiende a considerar que la democratización y las reformas estructurales son la solución para todo tipo de problemas, pero pocas veces dan los resultados esperados.

Se han investigado las relaciones entre la confianza y la corrupción empleando estimaciones de confianza obtenidas mediante la siguiente pregunta, formulada en la Encuesta de Valores Mundiales y con el fin de determinar los índices de percepción de corrupción de Transparencia Internacional: "En general, ¿considera que puede confiar en la mayoría de las personas o que no puede descuidarse ni un momento en el trato con éstas?". También se analizó si la democratización y el fortalecimiento de los derechos de propiedad reducen la corrupción y, lo que es igualmente importante, los vínculos entre la confianza, la corrupción y el gobierno y el desempeño económico. En estas estimaciones se tenían en cuenta las relaciones entre la confianza y la corrupción, a fin de analizar en forma más directa los modelos de la descomposición y de la recomendación.[6]

---

[6]   Las estimaciones estadísticas se realizaron empleando mínimos cuadrados dobles. Las mediciones sobre los derechos de propiedad y muchas de las correspondientes al desempeño del Estado fueron realizadas por Rafael La Porta, de la Universidad de Harvard. Otras mediciones estuvieron a cargo de Johannes Fedderke, Paolo Mauro (Fondo Monetario Internacional (FMI)) y Daniel Lederman (Banco Mundial). Las mediciones de desigualdad económica fueron desarrolladas por Deininger y Squire (1996). Algunos datos provienen del *Inter-University Consortium for Political and Social Research*, aunque su interpretación es de exclusiva responsabilidad del autor. También se tuvieron en cuenta otros datos sobre la corrupción existentes en la bibliografía, aunque no resultaron estadísticamente significativos en los análisis realizados. Éstos comprenden las relaciones entre los niveles salariales del sector público; los ingresos per cápita o el PIB; el tamaño de la economía informal; el nivel de lectura de los diarios por parte de la población; el carácter federal o unitario del Estado o la proporción de los ingresos del Estado gastados en el plano local; la diversidad étnica y lingüística; y el nivel de estabilidad política. Estos análisis son limitados debido a la falta de datos sobre muchas de las variables, motivo por el cual las estimaciones informadas corresponden a entre 18 y 23 casos. Para mayor información, véase Uslaner (2001).

Estos dos modelos se propusieron como explicaciones alternativas. Sin embargo, las estimaciones estadísticas iniciales corroboran ambos modelos. En las sociedades donde hay mayor confianza, la corrupción es menor y en los países en que hay menos corrupción, se observa mayor confianza. La confianza ejerce mucha influencia en la reducción de la corrupción, pero la democratización y, especialmente, los derechos de propiedad, también desempeñan un papel importante aunque algo menor. Llama la atención lo significativo del efecto de la corrupción en la confianza. De hecho, la existencia de funcionarios corruptos puede conducir a la gente a creer que no se puede confiar en los ciudadanos comunes.

La confianza también depende del nivel de igualdad económica. Esta última promueve la confianza de dos maneras bien diferenciadas. En primer lugar, la base psicosocial de la confianza es la sensación de optimismo y de que uno maneja su propia vida. Cuando la gente es optimista acerca del futuro y siente que puede manejar su propia vida, confiar en los extraños no se percibe como un riesgo excesivo. En cambio, una historia de pobreza, con pocas perspectivas de que la situación mejore, generó desconfianza social en la aldea italiana de Montenegro descrita en los años cincuenta por Edward Banfield (1958, p. 110): "... si se otorga a otro alguna ventaja, es a expensas de la familia de uno. Por lo tanto, es imposible darse el lujo de la caridad —que significa dar a otros más de lo que les corresponde— o, incluso, de la justicia, que es darles simplemente lo que les corresponde". A su vez, el optimismo depende de la distribución real de los recursos, y especialmente del nivel de igualdad económica.

En segundo lugar, cuando los recursos económicos se distribuyen con mayor equidad, es más fácil que la gente sienta que comparte un destino común con otras personas distintas. Cuando la distribución de la riqueza es inequitativa, la gente se interesa principalmente en sus pares y, quizás, sólo en su propia familia cuando las circunstancias son extremas, porque lo que sucede a los que están "arriba" evidentemente no incide en lo que sucede a quienes están "abajo".

Estos resultados preliminares no aclaran definitivamente el problema porque son "instantáneas" de los países y no permiten inferir qué ocurriría si se modificaran la confianza o la corrupción en una cultura determinada. Para resolver esta cuestión, se examinaron los cambios registrados tanto en la confianza (expresados por la variación de los índices de las encuestas de valores mundiales entre 1980-1981 y 1999), como en la corrupción (entre una estimación inicial de los índices de 1980-1985 y los de 1998). De esta manera se obtienen resultados más concluyentes: los niveles de corrupción disminuyeron en los países en que aumentó la confianza, mientras que ésta no se incrementó en los países donde la corrupción se redujo. En particular, en Italia y México la confianza creció y se retrajo la corrupción, mientras que en Argentina, Francia y Sudáfrica se observa una dinámica inversa.

No se pudo obtener mediciones de los cambios en materia de derechos de propiedad a lo largo del tiempo, pero existen puntajes de democratización registrados por la organización Freedom House para distintos intervalos. Sin embargo, no existen muchos indicios de que las reformas democráticas contribuyan a reducir la corrupción. La correlación global entre los cambios en los niveles de corrupción y otros cambios es mínima.[7] Filipinas, Hungría y Polonia se han convertido en países más democráticos y menos corruptos, pero en la Federación Rusa, la República Checa y Sudáfrica la democratización parece haber acrecentado la falta de transparencia.

También existen pruebas de que en las economías más abierta los niveles de confianza pueden aumentar, mientras que disminuyen los de corrupción. Sin embargo, no está claro cuál es la relación causal adecuada. Es probable que en las sociedades donde los niveles de corrupción son elevados y existe poca confianza, las industrias nacionales estén más protegidas. Así, las relaciones causales parecen ser las siguientes: al disminuir la inequidad, aumenta la confianza y se reduce la corrupción, como se indica en el gráfico VII.2. La democracia se construye mediante las reformas institucionales y, según Putnam (1993), la confianza "permite que funcione la democracia". Se puede mejorar el respeto por el sistema jurídico mediante el simple recurso de encarcelar a los funcionarios corruptos. Hacer hincapié solamente en el respeto a la ley como solución a los problemas de la sociedad, coloca en pie de igualdad a Suecia, donde la gente cumple con las leyes porque confía en sus conciudadanos, y a Singapur, donde la gente cumple con las leyes porque tiene miedo a las consecuencias.

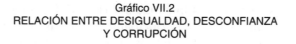

Gráfico VII.2
RELACIÓN ENTRE DESIGUALDAD, DESCONFIANZA
Y CORRUPCIÓN

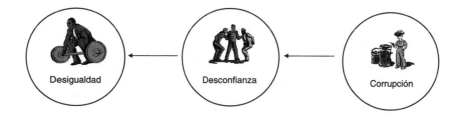

Desigualdad   Desconfianza   Corrupción

Fuente: Elaboración propia.

---

[7]   El coeficiente de dos variables es de 0.022 para 32 países.

2.   Consecuencias de la confianza y la corrupción

La confianza y la corrupción interesan porque inciden en la forma en que se gobiernan las sociedades y en su desempeño económico. Los gráficos VII.3 y VII.4 son diagramas de estas relaciones.

Gráfico VII.3
RELACIONES ENTRE LA DESCONFIANZA, LA ECONOMÍA
Y LA POLÍTICA

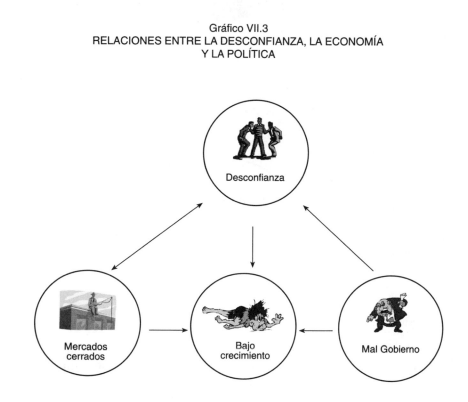

Fuente: Elaboración propia.

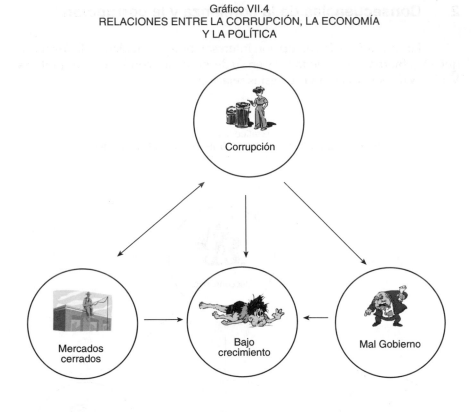

Gráfico VII.4
RELACIONES ENTRE LA CORRUPCIÓN, LA ECONOMÍA
Y LA POLÍTICA

Fuente: Elaboración propia.

La confianza da lugar a un mejor desempeño del Estado, a una mayor apertura de los mercados y a un más alto crecimiento. La corrupción engendra exigencias de protección, un menor ritmo de crecimiento y un Estado que presta servicios adecuados a un grupo reducido e inadecuado a la mayoría de la gente.[8]

---

[8]   Véanse La Porta y otros (1998); Mauro (1995); Uslaner (2001 y 2002). En el párrafo siguiente
       se resumen los resultados publicados en Uslaner (2001).

En los países donde la corrupción es muy marcada, la tasa de robos es elevada, hay mayor evasión tributaria, las empresas están más reguladas y el crecimiento económico es menor, al igual que el gasto del sector público —especialmente, los recursos destinados a la educación. Además, dichos países son menos estables políticamente, su sistema judicial es menos eficiente y la administración pública más burocrática. Por el contrario, los países en donde predomina la confianza son la imagen inversa de las sociedades corruptas. En ellos la tasa de evasión fiscal es menor y el gasto del sector público mayor, especialmente en educación y el pago de transferencias. Sus gobiernos son más estables, hay menos burocracia y el sistema judicial funciona mejor. Los sistemas jurídicos más sólidos son creados por gente que confía y no por delincuentes, y es más fácil asegurar el funcionamiento adecuado del sistema legal cuando la mayoría de la gente respeta las leyes sin que se la amenace con sanciones.

Como el grado de correlación entre la corrupción y la confianza es tan elevado, resulta difícil independizar los efectos de cada una. Sin embargo, en el presente trabajo se ha intentado hacerlo y los resultados parecen razonables desde un punto de vista intuitivo. En general, la gente observa a su alrededor y, en lo referente al cumplimiento de las leyes, sigue el ejemplo de los líderes, como lo sugiere el modelo de la descomposición. Sin embargo, las medidas de gobierno y el desempeño económico dependen mucho más de la confianza en los otros que de la corrupción. Si preocupa la corrupción por sus consecuencias para el ejercicio del gobierno y la distribución de recursos en la sociedad, entonces es preciso prestar atención primero a la confianza.

La pobreza y las desigualdades persisten porque la falta de confianza da lugar a gobiernos cuyo desempeño es negativo y que no implementan programas que podrían beneficiar a los pobres. La corrupción y, especialmente, la falta de confianza, conduce a los gobiernos a cerrar los mercados a la competencia exterior en detrimento del crecimiento económico y exacerbamiento de las desigualdades (véase el gráfico VII.5).

Estos conceptos son especialmente importantes en los países con altos niveles de corrupción. La correlación entre la confianza y la corrupción es muy alta, pero se trata de problemas distintos. Si los niveles de confianza son moderados, es posible superar algunas de las consecuencias negativas de la corrupción —de modo que la confianza es la mejor defensa contra la corrupción. Cuando los niveles de corrupción son elevados, se puede lograr mayor crecimiento económico, mayores tasas de transferencias de pagos de los ricos a los pobres, más eficiencia en el sistema judicial y mayor estabilidad política, aun con niveles moderados de confianza. La confianza no es tan importante cuando los niveles de corrupción son bajos. Si se invierte el orden causal, la relación entre el crecimiento y, por ejemplo, la corrupción no depende del nivel de confianza.[9]

Gráfico VII.5
RELACIONES ENTRE LA DESIGUALDAD, LA ECONOMÍA
Y LA POLÍTICA

Fuente: Elaboración propia.

---

[9]   El valor de r^2 para el crecimiento del PIB entre 1970 y 1990 (obtenido de Penn World Tables) es de 0.510 para los 19 países con puntajes de corrupción inferiores a 7 (en la escala de 1 a 10 de Transparencia Internacional). Para los países con puntajes mayores de 7 ese valor es de 0.053. En cuanto al pago de transferencias, los valores de r^2 son 0.521 (N=16) y 0.114 (N=19), respectivamente. Con respecto a la estabilidad política, los valores de r^2 son 0.308 (N=11) y 0.148 (N=15). En relación con la eficiencia del sistema judicial, los países donde ésta es inferior a la media tiene un valor de $r^2 = 0.418$ (N=12) y en aquellos en que es superior, el valor de r^2 es igual a 0.565 (N=15), pero si se excluye a Brasil y Turquía el valor se reduce a 0.000. En 18 países con puntajes de confianza superiores a 0.35, el valor de r^2 entre el crecimiento y la corrupción es de 0.161, y tiene una pendiente positiva sorprendentemente elevada. En los países en que el puntaje de confianza es inferior a 0.35, el valor de r^2 entre las tasas de crecimiento y corrupción es 0.152, aunque el signo es negativo, como corresponde. En ambos casos, los resultados atañen a países que no tuvieron regímenes comunistas. Para un análisis de los problemas derivados de incluir a los países donde rigió o rige un régimen comunista en los análisis agregados, especialmente cuando se utilizan estadísticas económicas, véase Uslaner (2002, cap. VIII).

3.   Recapitulación

La confianza es fundamental para comprender por qué algunas sociedades son más ricas y están mejor gobernadas que otras. La corrupción es importante, pero mucho menos que la confianza, y depende mucho más de ésta que a la inversa. Como ocurre en el modelo de la recomendación, las raíces de la corrupción por lo general se nutren de las normas culturales.

Sin embargo, las normas que se desarrollan reflejan los hechos de la vida cotidiana. Cuando los recursos de un país se distribuyen con cierto grado de equidad, existe confianza entre las personas y es más probable que se adopten medidas para mitigar las dificultades de quienes se encuentran en la base de la escala económica. Cuando la solidaridad es menor, la gente está más dispuesta a explotar a sus conciudadanos. Cuando no se siente que existen vínculos comunes entre las personas, es más fácil que las elites rapaces aprovechen la situación en su propio beneficio.

De este modo, existe un "círculo virtuoso" que conduce de la igualdad a la confianza y a su vez a la ejecución de programas que promueven una igualdad aun mayor. Sin embargo, en muchos países puede tratarse de un círculo vicioso. Si el punto de partida es una situación de desigualdades muy profundas, no se desarrollarán vínculos comunes que permitan mejorar el gobierno, aumentar el crecimiento y ejecutar programas que ayuden a los pobres en forma directa —mediante el gasto del Estado, especialmente en el área de la educación, o por medio de la redistribución de la riqueza. En tales países esto puede convertirse en un "círculo vicioso", en el que la desigualdad genera desconfianza, corrupción, deficiencias en el desempeño del Estado y la persistencia —y quizás el agravamiento— de la pobreza y de la desigualdad, en la medida en que el capital fluye del tesoro nacional a los bolsillos privados.

Los ciudadanos de países con gobiernos autoritarios y corruptos tratan de implantar la democracia, reducir la corrupción y lograr un mayor crecimiento económico. Comparativamente, el primero de estos objetivos puede lograrse con mayor facilidad. Esto no significa restarle importancia a la democracia. Como dice el novelista y ensayista E.M. Forster (1965, p. 70), la democracia merece dos "vivas": "uno, porque acepta la diversidad, y otro, porque permite la crítica". Sin embargo, no es un elixir mágico. No garantiza un gobierno bueno o eficaz. No parece servir para reducir la corrupción y ni siquiera para asegurar el crecimiento económico.

Sin embargo, existen programas —especialmente, la apertura de los mercados— que sí aseguran el crecimiento económico y éste, al menos en términos generales, genera mayor equidad económica.[10] Sin embargo, existe el riesgo de que el crecimiento resultante de la apertura de los mercados pueda producir mayores desigualdades. Y si se desea lograr las ventajas de esta forma fundamental de capital social —la confianza de la sociedad—, es preciso tener cuidado de no desentenderse de los más postergados. En efecto, la confianza no siempre da resultados positivos.

Si bien es más probable que en las sociedades donde impera la confianza se promuevan políticas que favorezcan la igualdad, aquélla no es necesaria para llevar a cabo políticas redistributivas. Este "círculo vicioso" puede romperse aun si no hay confianza. Si se presta atención suficiente a la promoción de la igualdad, quizás sea posible cosechar las ventajas de la confianza, y de esta manera lograr ciertos objetivos derivados de este capital social, tales como reducir la corrupción, mejorar el gobierno y lograr mayor crecimiento.

---

[10]   Utilizando la medida de Barro de apertura comercial, se obtuvo un valor de $r^2 = 0.446$ entre el grado de apertura del mercado y la desigualdad económica en los países donde no rigieron regímenes comunistas.

Bibliografía

Banfield, Edward (1958), *The Moral Basis of a Backward Society,* Nueva York, Free Press.

Constable, Pamela (1999), "India's democracy in uncertain health", *Washington Post,* 21 de abril.

Deininger, Klaus y Lyn Squire (1996), "A new data set: measuring economic income inequality", *World Bank Economic Review,* vol. 10.

Forster, E.M. (1965), "Two cheers for democracy", *Two Cheers for Democracy,* E.M. Forster (comp.), Nueva York, Harcourt, Brace and World.

Fukuyama, Francis (1995), *Trust: The Social Virtues and the Creation of Prosperity,* Nueva York, Free Press.

La Porta, Rafael y otros (1998), "The Quality of Government", Harvard University, inédito.

___(1997), "Trust in large organizations", *American Economic Review Papers and Proceedings,* vol. 87, mayo.

Leite, Carlos y Jens Weidmann (1999), "Does Mother Nature Corrupt? Natural Resources, Corruption, and Economic Growth?", International Monetary Fund Working Paper, Nº WP/99/85, Washington, D.C., Fondo Monetario Internacional (FMI).

Mauro, Paolo (1998), "Corruption: causes, consequences, and agenda for further research", *Finance and Development,* Washington, D.C., Fondo Monetario Internacional (FMI), 11 al 14 de marzo.

___(1997), *Why Worry About Corruption?,* Washington, D.C., Fondo Monetario Internacional (FMI).

___(1995), "Corruption and growth", *Quarterly Journal of Economics,* vol. 110.

Mueller, John (1999), *Democracy, Capitalism, and Ralph's Pretty Good Grocery,* Princeton, Princeton University Press.

Putnam, Robert D. (1993), *Making Democracy Work: Civic Traditions in Modern Italy,* Princeton, Princeton University Press.

Seligman, Adam B. (1997), *The Problem of Trust,* Princeton, Princeton University Press.

Seligman, Martin E.P. (1991), *Learned Optimism,* Nueva York, Alfred A. Knopf.

Stanley, Alessandra (2001), "Rome journal: official favors: oil that makes Italy go round", *New York Times.*

Tanzi, Vito (1998), "Corruption Around the World: Causes, Consequences, Scope and Cures", IMF Staff Papers, Nº 45.

Uslaner, Eric M. (2002), *The Moral Foundations of Trust,* Nueva York, Cambridge University Press (http://www.bsos.umd.edu/gvpt/uslaner/research.htm).

___(2001), "Trust and Corruption", documento preparado para la Conferencia sobre escándalos políticos, pasado y presente, Universidad de Salford, Reino Unido, junio (http://www.bsos.umd.edu/gvpt/uslaner/academic.htm).

Woolcock, Michael (1998), "Social capital and economic development: toward a theoretical synthesis and policy framework", *Theory and Society,* vol. 27.

Tercera parte

Capital social, pobreza y políticas públicas

Capítulo VIII

Capital social, organizaciones de base y el Estado: recuperando los eslabones perdidos de la sociabilidad

Dr. Javier Diaz-Albertini Figueras[*]

Introducción

El capital social fomenta la acción colectiva, el autocontrol y la responsabilidad social al acercar entre sí a los seres humanos por medio de la confianza, la reciprocidad y el respeto a las reglas del juego; estos elementos son esenciales para todo proceso de desarrollo y, especialmente, el sostenible. Actúa enmarcando la acción plenamente individualista en un plano social, orientando las iniciativas y la creatividad no sólo hacia el logro egoísta, sino también en torno del bien común. Asimismo, puede proveer a las organizaciones de las relaciones, redes y contactos que faciliten la consecución de objetivos comunes. Ya que el capital social no puede ser apropiado plenamente por los individuos, sino que se encuentra inserto en las relaciones sociales; los actores —personas o grupos— se hallan motivados (o presionados) para no romper con las normas, reglas y conductas consideradas apropiadas por el grupo. Al estimular la cooperación, el capital social también hace posible la provisión de toda una serie de bienes públicos,

[*]　Profesor Principal y Jefe del Departamento Académico de Ciencias Humanas, Universidad de Lima, jdiaz@correo.ulima.edu.pe.

casi públicos y comunes, incluyendo potencialmente a los referidos al manejo del medio ambiente y los recursos naturales. Según algunos autores es un freno al oportunismo, a los polizontes (*free riders*) y a la deserción, al hacer que los costos sociales derivados de tales conductas sean muy altos. En términos macrosociales, contiene los elementos que fortalecen la organización de la sociedad civil y su interacción y vigilancia con respecto a la acción estatal o de la empresa privada.

En otras palabras, el capital social termina siendo, en numerosas ocasiones, un poderoso disuasivo para la acción depredadora, sea estatal, empresarial o civil. Es un término, sin embargo, que debe ser examinado y evaluado con mucha cautela. La acción colectiva no siempre es beneficiosa para todos y, menos aún, para el medio ambiente. La solidaridad de los pobres puede ser utilizada por el Estado o las elites para sus propios fines. La falta de acceso al conocimiento e información puede conducir a decisiones individuales o colectivas erróneas o, a lo menos, poco eficaces. La distribución del poder en el interior de las organizaciones puede ser desigual y favorecer a los fines y propósitos de unos pocos, discriminando en términos de ingresos, edad y género.

El análisis macrosocial o económico no siempre es capaz de captar estos detalles y complejidades que son partes esenciales de toda relación social. El capital social es, sobre todo, situacional y contingente, ya que su utilidad —especialmente en cuanto a estrategias y procesos de desarrollo—, depende de las relaciones específicas que se tejen entre los individuos, los tipos de organizaciones que se forjan y las relaciones con que controlan las oportunidades económicas y políticas de la sociedad en cuestión. Estas complejidades constituyen la agenda de investigación y de políticas de los próximos años, cuyo objetivo será comprender bajo qué formas, instancias y mecanismos la confianza, las normas efectivas y las redes sociales se convierten en poderosos aliados de los procesos de cambio y del desarrollo sostenible.

En esta ponencia se presta atención a uno de los aspectos cruciales en la relación entre el capital social y el desarrollo en sociedades pobres con grandes desigualdades económicas y políticas. Se pretende examinar cómo y bajo qué condiciones el capital social puede facilitar u obstaculizar el acceso de las comunidades pobres a los recursos políticos y económicos necesarios para mejorar su calidad de vida. Es decir, interesa ver hasta qué punto la solidaridad y la cooperación de los pobres contribuyen a forjar las relaciones "saludables" con el Estado y el mercado, necesarias para acceder a los conocimientos, reducir el oportunismo y alentar la acción colectiva (Collier, 1998). Este es un tema central, ya que las oportunidades y habilidades para impulsar el cambio social no sólo se encuentran en la capacidad de los pobres para organizarse, sino en cómo esta asociación también permite relacionarse con los demás y acceder a los recursos sociales disponibles.

Si bien en forma creciente la literatura relativa al capital social reconoce la imperiosa necesidad de analizar los vínculos o eslabones verticales entre las organizaciones de base y el resto de la sociedad nacional y globalizada, ello todavía constituye una agenda de investigación preliminar.[1] Este trabajo se propone contribuir a la discusión sobre el tema, tratando de elucidar diversos mecanismos mediante los cuales los vínculos verticales podrían facilitar la construcción de la confianza mutua, de redes densas y de normas de reciprocidad efectivas que son indispensables para el desarrollo sostenible. En términos específicos, la propuesta es que los vínculos verticales, mediante la integración y sinergia, deben contribuir a: i) enriquecer las expectativas y perspectivas de los pobres, fortaleciendo así la confianza; ii) empoderar a las organizaciones sociales para que construyan y puedan hacer cumplir (*enforcement*) las normas; y iii) integrar a los diversos sectores sociales mediante eslabonamientos que permitan la construcción de consensos alrededor del desarrollo sostenible.

En una primera parte, se realizará una breve discusión sobre el concepto de capital social, sus principales componentes, las diversas interpretaciones y sus principales limitaciones. En una segunda, se analizará la importancia de los vínculos y eslabonamientos en cada una de las tres "fuentes" clásicas de capital social: la confianza, las redes sociales y las normas efectivas, y cómo ellas se verían beneficiadas por integraciones verticales, sean éstas con el resto de la sociedad civil o el Estado. Finalmente, se intentará ofrecer algunas de las lecciones aprendidas acerca de estos puntos y perfilar algunas políticas que podrían recuperar y fortalecer los eslabones perdidos del capital social.

A.   Las corrientes teóricas del capital social

El trabajo teórico en torno del capital social genera cierta ambivalencia para los sociólogos que trabajan los temas de desarrollo, especialmente el desarrollo de base. Por una parte, parece sumamente positivo que muchos economistas ortodoxos estén comprendiendo que el mercado no ofrece respuestas a muchos de los problemas del crecimiento y el desarrollo económico. En este sentido y para que avance el diálogo, hasta se estaría dispuesto a aceptar temporalmente la apreciación de Fukuyama (1996) de que el "... comportamiento humano individual y egoísta es correcto ... en un ochenta por ciento de las veces" (p. 33). Después de una década de dominio

---

[1]   Véase, por ejemplo, a Kliksberg (1999), Durston (2000), Collier (1998), Narayan (1999), Evans (1996), Ostrom (1996), Fox (1996), entre otros. Todos analizan la necesidad de que el capital social sea un mecanismo para la integración, ya que por su propia naturaleza discrimina entre los que participan en organizaciones, redes y grupos y los que se encuentran fuera de ellos.

del «Consenso de Washington», resulta reconfortante el reconocimiento explícito que se le está dando a la sociedad civil y el papel esencial que ésta juega en los procesos de desarrollo y la calidad de vida de los integrantes de una sociedad (Kliksberg, 2000). Por otra parte, como bien ha indicado Edwards (1999), no deja de preocupar que variables sociales, ampliamente reconocidas en la teoría sociológica y antropológica de los últimos 50 años, sean manejadas en términos muchas veces superficiales por los adherentes al capital social.[2] La complejidad de las relaciones sociales y de fenómenos como la confianza, las normas efectivas y las redes sociales, hace que con frecuencia terminen encasilladas como ítem en una encuesta aplicada a los integrantes de diversas sociedades. Esta suerte de toma fija y estática del capital social —cual una reserva (*stock*) de activos fijos—, pierde de vista que, al igual que en el caso de cualquier otro tipo de capital, no sólo importa cuánto hay de él, sino también cómo se distribuye y se utiliza (Durston, 2000; Pantoja, 1999).

De este modo, la discusión acerca del capital social tiene dos historias. Una bastante antigua, ligada a diversas áreas de las ciencias sociales, en las que se destacaban la importancia de las redes sociales, la cultura, las normas, la confianza y el empoderamiento en el funcionamiento de una sociedad. Se trataba de aportes que, sin embargo, no llegaban a integrar estos mecanismos bajo un concepto unificador y que, salvo excepciones, especialmente Granovetter (1973, 1986), no estaban dirigidos a los economistas. La segunda historia es más bien reciente y está estrechamente ligada a los resultados del impulso generado por políticas de mercado y de ajuste estructural, los que mostraron limitaciones en cuanto a promover procesos de crecimiento sostenidos en las diversas regiones subdesarrolladas y, especialmente, en América Latina (Kliksberg, 1999). De esta segunda vertiente nace una mirada más profunda hacia la sociedad, ya se le denomine Sociedad Civil o Tercer Sector (Salamon y otros, 1999). Al reconocer que la organización de la sociedad gravita en los procesos económicos y políticos de desarrollo, se intenta introducir las variables de sociabilidad en modelos que antes privilegiaban la acción individual del egoísta racional. Bajo esta nueva visión, el análisis está más atento a cómo diversos arreglos sociales facilitan las transacciones económicas, disminuyen el riesgo y el oportunismo, alientan la especialización, la creatividad y la acción colectiva, y permiten así el crecimiento y desarrollo de la sociedad.

---

[2]   Basta analizar los importantes esfuerzos por generar bibliografías básicas del capital social, para encontrarse con un predominio de obras que jamás utilizaron el término y, muchas de ellas, anteriores al actual boom del término (véase Rossing y Assaf, 1999).

En consecuencia, al discutir la relación del capital social con el desarrollo se tiene que beber de estas dos fuentes o vertientes. Especialmente, cuando se considera que la investigación específica acerca del capital social todavía se encuentra en proceso y que muchas de las referencias siguen aludiendo a estudios realizados bajo otras orientaciones teóricas.

1. El término y sus tendencias

El capital social mide la sociabilidad de un conjunto humano y aquellos aspectos que permiten que prospere la colaboración y el uso, por parte de los actores individuales, de las oportunidades que surgen en estas relaciones sociales.[3] Sociabilidad entendida como la capacidad para realizar trabajo conjunto, colaborar y llevar a cabo la acción colectiva. En los últimos años se han destacado tres "fuentes" principales del capital, que son: la confianza mutua, las normas efectivas y las redes sociales.[4] A pesar de las posibles diferencias en la forma de definir y medir estos atributos, el capital social siempre apunta hacia aquellos factores que nos acercan como individuos y a cómo este acercamiento se traduce en oportunidades para la acción colectiva y el bienestar del grupo.

Más allá de esta definición general, se encuentra que en el interior de la conceptualización de capital social se repiten algunos de los debates fundacionales de las ciencias sociales. Un breve recuento de éstos permitirá establecer algunas conclusiones básicas acerca del papel que puede jugar el capital social en el desarrollo. En este recuento, se tomará partido por algunas conceptualizaciones que guiarán la discusión en el resto de este artículo.

a)   ¿El capital social proviene de la cultura o de la estructura social?

Entre los teóricos más influyentes o fundadores modernos del concepto, tiende a existir cierto debate explícito e implícito sobre si es la cultura o la estructura social la que fundamenta al capital social. Es decir, el

---

[3]   Para diferenciar el capital social "bueno" del "malo", es necesario añadirle al término, como han hecho algunos autores, ciertas distinciones morales o éticas. Durston (2000), por ejemplo, diferencia al capital social de otras formas de cooperación de acuerdo a si la cooperación es voluntaria y basada en la confianza y reciprocidad. Uphoff y Wijayaratna (2000) determinan que existe capital social cuando es una acción colectiva mutuamente beneficiosa.

[4]   Adler y Kwon (1999) prefieren verlo desde la perspectiva de la acción y por eso consideran que las fuentes de capital social son: i) Lo que nos motiva a ser sociables, incluyendo las normas y la confianza entre las principales motivaciones; ii) El acceso a las oportunidades socioeconómicas que nacen, emergen o se encuentran imbricadas en las interacciones y las redes sociales; y iii) el nivel de habilidades o capacidades que existen en nuestras relaciones sociales y que pueden contribuir a enriquecer las oportunidades efectivas.

capital social se determina por los valores, normas y costumbres que hemos internalizado desde pequeños y, más adelante, en nuestros grupos de referencia, o bien nace de interacciones sociales que, con el tiempo, adquieren permanencia y generan reglas de juego como las normas, reglamentos, leyes, entre otras.

Algunos autores le dan énfasis primordial a la cultura como el elemento central que explica los niveles de capital social en un conjunto humano. Notable, en este sentido, es la opinión de Fukuyama (1996), que considera que las fuentes de la confianza son «obligaciones morales recíprocas», internalizadas por los miembros de una sociedad:

> «Para que las instituciones de la democracia y el capitalismo funcionen en forma adecuada, deben coexistir con ciertos hábitos culturales **premodernos**[5] que aseguren su funcionamiento. Las leyes, los contratos y la racionalidad económica brindan una base necesaria, pero no suficiente, para la prosperidad y la estabilidad en las sociedades postindustriales» (1996, p. 30).

Para Fukuyama, entonces, los elementos estructurales, como las leyes y la institucionalidad, no son parte del capital social entendido como tal, sino resultantes de rasgos premodernos y heredados, especialmente en contenidos éticos y morales.

Putnam, Leonardi y Nanetti (1993), hasta cierto punto también apuntan en esta dirección, al considerar que es en la cultura donde se encuentran los referentes para la sociabilidad. Al comparar el desarrollo del norte de Italia con el atraso del sur, estos autores dan una breve mirada a lo que han sido 1 000 años de cultura cívica o acívica en estas regiones, denotando que la cultura cívica se construye en asociaciones horizontales integradas por los ciudadanos. Escritos más recientes, como los de Kliksberg (1999) y Durston (1999), también tienden a adherir a la mirada "cultural" del capital social.

Como se examinará más adelante, una de las discrepancias más importantes entre estos autores radica en cuán permeable es la cultura al cambio. En algunos casos, la cultura aparece como un aspecto que los historiadores llamarían de "larga duración" y de difícil transformación, mientras que otros optan por una definición de cultura como un repertorio de habilidades bastante amplio, en que la utilización de uno u otro hábito o costumbre depende del entorno. Es decir, que el aprendizaje cultural tiende a

---

[5]   El énfasis es del autor de este artículo.

ser complejo y heterogéneo (por ejemplo, todos aprendemos a ser confiados y desconfiados), y que es el medio el que nos lleva a escoger ciertas opciones de conducta en lugar de otras. Bajo esta mirada permeable o mutable de la cultura, no es que los individuos en sus interacciones tengan que aprender por primera vez a ser confiados o a respetar las normas. Estos hábitos ya existen, aunque en forma latente, y sólo emergen cuando se siente la seguridad de que este repertorio de conducta resultará beneficioso en un medio social dado.[6]

Otros fundadores, entre ellos Coleman (1994), observan que el peso del capital social se encuentra más ligado a recursos socioestructurales, en los que destacan las relaciones de autoridad, las relaciones de confianza y la asignación consensual de derechos que establecen las normas. El punto de vista de la teoría de redes es aún más enfático con respecto a cómo la sociedad se fundamenta y recrea. Sus adeptos consideran que la estructura social se descubre al examinar las relaciones existentes entre unidades interactuantes, que normalmente son denominados "actores" e incluyen a individuos, instituciones, empresas y hasta naciones. Son las relaciones en sí mismas, los actores involucrados en ellas y cómo se vinculan entre sí y quizás, aunque no necesariamente, sus contenidos, los que determinan la forma que tiene una sociedad y las posibles restricciones o guías a la conducta humana. "Los lazos relacionales entre los actores constituyen la preocupación primaria para la teoría de redes, siendo los atributos de los actores de importancia secundaria" (Wasserman y Faust, 1994).[7]

Como en muchas discusiones de las ciencias sociales, ambas aproximaciones —cultura y estructura— realmente se complementan y resulta difícil en la práctica determinar cuál de las dos es la que determina la sociabilidad y la reserva (*stock*) de capital social. A veces las discusiones se asemejan al dilema de "la gallina o el huevo", especialmente cuando se consideran las fuertes interrelaciones existentes entre los roles, las instituciones, por una parte, y las normas y las actitudes, creencias e ideologías que caracterizan a un conjunto humano, por otra. De hecho, la cultura representa una fuente básica para la construcción de las relaciones sociales, al proveer de insumos como las creencias, los valores compartidos y las tecnologías heredadas que conducen a ciertas expectativas en relación con el orden social. Asimismo, las relaciones sociales no son estáticas, sino

---

[6]   Este debate es de esencial importancia en el tema del desarrollo, ya que considerar a la cultura como inmutable o de difícil transformación podría convertir al término capital social en un rápido descalificador de sociedades, al ser estimadas como inviables y con pocas posibilidades de escapar a la determinación cultural.

[7]   Entre los adherentes de esta teoría existen opiniones bastantes divergentes acerca de la importancia de los atributos individuales (género, clase, etnia, edad, entre otros) en el análisis de redes sociales. Algunos autores insisten en que la posición en las redes es suficiente para explicar conducta y estructura. Para otros, entre posición y atributos lo que existe es complementariedad.

que se renuevan en los mismos intercambios entre los actores y proveen a los seres humanos de nuevas expectativas que, al convertirse en elementos permanentes de la sociedad, van enriqueciendo a la cultura.

En este sentido, es valioso el aporte de Uphoff y sus colaboradores, al plantear que el capital social puede ser distinguido en relación con dos categorías: el estructural y el cognitivo (Krishna y Uphoff, 1999; Uphoff y Wijayaratna, 2000; Krishna y Shrader, 1999). El estructural vendría a consistir en los roles, reglas, procedimientos, precedentes y redes sociales que establecen los patrones continuos de interacción social. De acuerdo a estos autores, el capital social estructural facilita la acción colectiva. Mientras que el cognitivo apunta hacia las normas, valores, actitudes y creencias que son conducentes a que los actores sociales estén subjetivamente motivados a la acción colectiva. Esta distinción, aunque analítica, tiene un peso importante en el momento de diseñar e implementar programas orientados a fortalecer el capital social y su uso en acciones orientadas al desarrollo de una comunidad, región o nación. También es relevante en la orientación del trabajo de promoción del desarrollo, porque señala las dos áreas fundamentales en las que es necesario enriquecer y aumentar el capital social para que sea una fuerza transformadora.

b)   ¿El potencial de su uso es fundamentalmente individual o colectivo?

También está la cuestión acerca de la utilización del capital social. Para algunos el capital es situacional y ponen el énfasis en el actor focal y en cómo utiliza las relaciones sociales existentes y disponibles para él o ella, a fin de lograr mejores resultados en las acciones dirigidas hacia ciertos objetivos individuales. Según Coleman (1994), por ejemplo, el capital social tiene dos características: i) consiste en aspectos de la estructura social y, ii) facilita ciertas acciones de los individuos que se encuentran en el interior de esa estructura. Es, en esencia, un individualismo metodológico, que tiende a visualizar al capital social como recursos sociales con los que cuenta cada persona para poder realizar mejor sus acciones. A su vez, están los que ven el capital social más bien como un recurso para la acción colectiva, que facilita el funcionamiento intra y entre instituciones y de los individuos que participan en ellas (Uphoff y Wijayaratna, 2000). En esencia, estas posiciones se hacen eco de las dos principales aproximaciones a la sociabilidad en las ciencias sociales:

- En primer lugar están los teóricos, que ven la cooperación entre individuos y la acción colectiva como problemáticas (por ejemplo, Olson, 1965). Esta es la posición que recientemente le ha dado gran importancia al término capital social y que ha alcanzado mayor notoriedad en los foros internacionales y, quizás, entre los economistas. Bajo esa óptica, el capital social es visto como una de las soluciones a los dilemas de la acción colectiva. ¿Por qué las personas colaboran? Porque no hacerlo representa un costo, ya que debilita las relaciones que son totalmente necesarias para realizar otros tipos de transacciones. El capital social es así una fuente esencial de autocontrol, que elimina o disminuye la necesidad de intervención de terceros y facilita las transacciones entre individuos y grupos.

- En segundo lugar se encuentran los que no consideran a la acción colectiva como problemática, sino como parte de la naturaleza humana, debido al proceso evolutivo que ha demostrado que la cooperación es una herramienta esencial para la supervivencia. Desde este punto de vista, el obstáculo a la cooperación se encuentra más bien en el entorno que puede devaluar, diluir, limitar o destruir sus potencialidades. Esta forma de pensamiento corresponde a quienes han estado más ligados al trabajo relativo al desarrollo desde las ciencias sociales. Para este grupo, en el que se cuentan numerosos adeptos a los paradigmas de la izquierda, el problema no es la acción colectiva, sino su relativa capacidad para acceder a recursos e impactar en un medio hostil, normalmente representado por el Estado y los grupos económicos dominantes.

Particularmente, nos parece que la mejor aproximación es aquella que integra ambas posiciones e intenta articular los intereses netamente individuales con los colectivos. En este sentido, es sugerente la propuesta de Durston (2000) de clasificar al capital social de acuerdo a sus usos y vínculos. Este autor sugiere cuatro tipos de capital social. El individual, que corresponde al crédito de reciprocidad u obligaciones que posee una persona por medio de sus relaciones; el de grupos pequeños cerrados; el comunitario, que se encuentra en las instituciones socioculturales que posee la comunidad; y finalmente, el capital social externo a la comunidad, que normalmente se concreta en articulaciones verticales con el resto de la sociedad. Analizado de esta forma, es posible entender mejor cómo los individuos y los grupos sociales se sienten motivados a afianzar las relaciones sociales y lograr beneficios personales o colectivos.

B.   Capital social y desarrollo: los vínculos imprescindibles

Prácticamente todos los estudiosos del capital social coinciden en indicar que para el desarrollo se necesita del conjunto de capitales, es decir, el natural, el físico, el humano y el social. Querer limitar el potencial de desarrollo a la capacidad de la acción colectiva y los beneficios que ésta acarrea, equivale a condenar al capital social, en la mayoría de los habitantes de la región latinoamericana, a la simple función de administrar o gestionar mejor la pobreza. Esto es más evidente aún, cuando estamos ante sociedades con graves desigualdades económicas, políticas y sociales y con Estados que en los últimos años no han cumplido o han renegado de su papel en la redistribución de ingresos.

La experiencia revela que en muchas sociedades son los pobres quienes disponen de relaciones y comunidades con niveles de capital social mucho más altos que los de las elites o los sectores medios de la sociedad (Pantoja, 1999; Narayan, 1999). Esto se explica porque la sociabilidad es una parte esencial de las estrategias de vida de aquellos sectores que cuentan con muy pocos recursos de otro tipo. La sociabilidad, bajo estas circunstancias, deja de cumplir con los criterios más románticos de la acción voluntaria, realizada en los tiempos de ocio. La participación y la organización popular en muchos contextos y situaciones, cumplen la función de asegurar los ingresos, bienes y servicios cruciales para sobrevivir.

Collier (1998) explica este hecho, indicando que el costo de oportunidad del tiempo es mucho más bajo para los pobres, lo que los conduce a invertir este recurso con mayor facilidad en acciones colectivas. Sin embargo, proponemos tomar un punto de vista radicalmente opuesto y considerar que para los pobres el tiempo tiene un costo de oportunidad mayor, puesto que es uno de los pocos recursos disponibles para asegurar lo mínimo necesario. El dedicar tiempo a la organización, salvo que tenga resultados inmediatos y concretos, significa no dedicarlo a otras posibles actividades generadoras de ingresos o recursos. Asimismo, implica un riesgo importante, ya que la inversión en participación no elimina totalmente el posible oportunismo de los demás, ni que se apropien de los recursos comunitarios logrados mediante la acción colectiva. También puede ocurrir, como bien señala Pantoja (1999), que al dedicar la solidaridad a la gestión de la pobreza se diluya el potencial para la acción y movilización política, que justamente persigue alcanzar una mayor participación en los recursos societales, especialmente a través del Estado.

El acceso a bienes y servicios, sean intangibles como la educación y la capacitación o tangibles como es la infraestructura necesaria para gestionar mejor los recursos locales, sólo puede ser garantizado desde el exterior de la mayoría de las comunidades pobres de nuestra región. En las comunidades y barrios más pobres y marginales, normalmente el impulso básico hacia el cambio proviene de agentes externos, como bien ha mostrado Tanaka (2001) en su estudio de la participación popular y las políticas sociales en Perú.

Bajo estas circunstancias, el Estado debería ser una de las fuentes esenciales de los recursos necesarios para impulsar el capital social de los pobres y dar un salto cualitativo hacia el desarrollo. Como principal proveedor de los bienes públicos, el Estado puede apoyar competencias educativas y mejorar la salud; acompañar y asesorar procesos de desarrollo con sus conocimientos técnicos e inversión social; fortalecer organizaciones mediante la normatividad, dándole el peso de la ley a las obligaciones y deberes asumidos y posibilitando su cumplimiento y sanción mediante las instituciones policiales y judiciales. Puede, finalmente, crear un clima de confianza por medio de la transparencia en sus actos y la rendición de cuentas (*accountability*).

El Estado, no obstante, está ausente en forma o en espíritu de muchas de las formulaciones teóricas y aplicaciones prácticas del capital social. Esto se debe, como han señalado otros, a que el paradigma del capital social surge de dos tradiciones antiestatistas. Por una parte, están los economistas ortodoxos que promueven la reducción y limitación del Estado, cuestionando la eficiencia de la asignación de recursos a la inversión social (Kliksberg, 2000). Por otra, los promotores de la sociedad civil y el empoderamiento, que con frecuencia sienten manifiesta aversión hacia el Estado y su interferencia en la organización social. Está naciendo así una agenda de desarrollo que comienza a difundir un nuevo mito. Como bien indican Hulme y Edwards (1997), las políticas de desarrollo han pasado del mito del Estado en los años setenta y del mercado en los años ochenta y principios de los noventa, al paradigma vigente que es el del mercado y la sociedad civil o democratización. Sin embargo, al igual que todo mito, resulta fácil ver cómo se derrumba ante el persistente oleaje de la realidad. El Estado se convierte así en el primer gran eslabón perdido en muchas de las formulaciones de capital social y esto se traduce en una visión bastante miope del desarrollo entre comunidades y naciones pobres.

La distribución y acceso a los recursos que habilitan y promueven la acción colectiva de los grupos de base recae principalmente en el Estado, porque las necesidades básicas de los pobres —sean sociales, económicas o políticas— tienden a ser bienes públicos y semipúblicos. El Estado debe garantizar, entre otros, la seguridad jurídica de la propiedad y los contratos, la autonomía y legalidad de las organizaciones y asociaciones civiles, y los marcos para la resolución de conflictos. Collier (1998) ha llamado a este conjunto de activos sociales capital social gubernamental, que incluye como tal a las instituciones gubernamentales que influyen en las habilidades cooperativas de las personas mediante el cumplimiento de contratos, el dominio de la ley y el grado de libertades sancionadas por el Estado. En sociedades "saludables", este capital gubernamental establece sinergia (Evans, 1996) con el capital social "civil", que está constituido por las normas, valores, redes, asociaciones y organizaciones que estimulan el trabajo conjunto. Pero como veremos más adelante, el Estado también debe cumplir con las funciones que Guimarães (1996) denomina de regulador, facilitador, asociativista y estratega.

No sólo está ausente el eslabón con el Estado, sino en general la mayoría de las instituciones que posibilitan potenciar (*scaling up*) la acción colectiva y, en el proceso, fortalecer el capital social. Entre ellas se cuentan las organizaciones del llamado Tercer Sector y que han tenido la esencial función de intermediar o ser corredores (*brokers*) del capital social civil. La importancia de las iglesias, organizaciones no gubernamentales de desarrollo (ONGD), universidades y partidos políticos rara vez es analizada, o se les considera como amenazas a la autonomía popular o, en todo caso, como "males necesarios". En un mundo globalizado, en el que los pobres se encuentran desconectados de las principales redes de oportunidades, estas organizaciones intermedias o puentes adquieren una importancia inusitada. Finalmente, está la conexión con el mercado y el sector privado, que aunque con frecuencia es conflictiva, también representa una considerable fuente de recursos para enriquecer la acción colectiva y transformarla en procesos de desarrollo.

Con miras al proceso de desarrollo, las organizaciones horizontales, que son las preferidas para el capital social en la tradición de Putnam, Leonardi y Nanetti (1993) y otros analistas, tienen limitaciones bastantes marcadas. En América Latina, cerca del 50% de la población es pobre y la pobreza no sólo se mide en ingresos, sino en vidas precarias con muy pocas potencialidades de cambio desde el interior mismo de la miseria. Y no sólo aludimos a las dificultades para establecer o fortalecer sus vinculaciones verticales con el resto de la sociedad y el consecuente acceso a recursos, sino incluso con organizaciones pares o del mismo nivel. Establecer y mantener relaciones requiere de tiempo, capacidad de gestión para producir los eslabonamientos necesarios y resolver conflictos, capacidades y recursos que no son de amplia disponibilidad entre los pobres.

Esta creciente preocupación acerca de los vínculos necesarios entre los pobres y el resto de la sociedad regional, nacional y global se manifiesta en los estudios de connotados especialistas. Como se mencionó anteriormente, Evans (1996) ha analizado la necesaria sinergia entre el Estado y las organizaciones populares, y Ostrom (1996) ha estudiado el notable impacto de procesos de coproducción entre el Estado y los pobres. Narayan (1999) examina la necesidad de articular los lazos (*bonds*) de solidaridad existentes en el interior de los grupos de base con los puentes (*bridges*) que les permitan el acceso a los recursos disponibles en el resto de la sociedad. Y como hemos visto, Durston (2000) incluye al capital social externo a la comunidad. Estos autores, en conjunto con varios más, están conscientes de la complejidad de lo social y, sobre todo, de los principales obstáculos que enfrentan las comunidades pobres: el acceso a la sociedad mayor.

Estas relaciones o eslabones verticales adquieren mayor importancia incluso cuando planteamos el reto del desarrollo sostenible. A menos que se plantee la ilusa idea de que los mismos pobres, sobre la base de sus tradiciones y conocimientos ancestrales, serán capaces de revertir el deterioro ambiental y asegurar un uso responsable de los recursos naturales, es evidente que la mayoría necesita estrechar importantes lazos con el resto de la sociedad nacional y global para:

- Asegurar los conocimientos y capacidades necesarios para gestionar mejor sus recursos y afianzar su sostenibilidad, especialmente tecnologías alternativas y apropiadas. Esto incluye la capacidad de distinguir entre las formas tradicionales de gestión ambiental, que son positivas, de las nocivas.

- Conseguir información pertinente y a tiempo, que permita actuar mejor ante diversas contingencias, sean éstas climáticas u otras.

- Forjar las alianzas necesarias para reestructurar sus sistemas de producción y responder mejor a las necesidades del mercado.

- Fortalecer sus redes e intercambios horizontales y verticales.

- Facilitar la acción política para atacar problemas ambientales que no estén restringidos a la localidad, sino que conciernan a recursos comunes como las cuencas, los ecosistemas, las zonas protegidas, entre otros.

- Reconocer sus derechos como usuarios y la responsabilidad ante futuras generaciones, revirtiendo las tendencias del "futuro presente" como única estrategia ante la pobreza.

Se entiende que las reacciones conducentes a dejar de lado al Estado y a las organizaciones intermediarias derivan de una larga experiencia negativa en las relaciones de estas instituciones con las organizaciones de base. La explotación de la solidaridad de los débiles para fines proselitistas o intereses particulares, la alta incidencia de relaciones clientelistas, el populismo y el personalismo, y la corrupción, entre otras, son prácticas endémicas en la mayoría de las sociedades de la región. De igual manera, las iglesias, las ONG y las universidades con frecuencia tienen sus propias agendas e intereses políticos. Nadie piensa que las relaciones verticales del Estado y los grupos de poder con la sociedad civil serán fáciles y siempre mutuamente beneficiosas. Pero también resulta sumamente ingenuo pensar que en un mundo globalizado, complejo y contradictorio, los pobres desde su pobreza puedan cambiar su mundo y el de los demás. Asimismo, resulta iluso llegar a la conclusión de que en sociedades desiguales la única esperanza es la confianza entre los pobres, porque los mecanismos legales e institucionales no funcionan.

El punto de vista que se propone es que, a pesar de las tradiciones excluyentes en nuestras sociedades, es totalmente necesario examinar los vínculos y posibles espacios de encuentro entre los niveles sociales micro, medio y macro, si la intención es promover el desarrollo. Precisamente, uno de los aspectos menos abordados en relación con el capital social es que la confianza, las redes y la normatividad efectiva también son mecanismos para fortalecer ideologías, capacidades y recursos políticos que tienen como misión el cambio de los arreglos institucionales existentes. La presente ponencia no admite analizar con detenimiento estos aspectos. Pero sí interesa identificar las principales áreas para el desarrollo de vínculos verticales, sin obviar que toda relación entre el poderoso y el débil acarrea riesgos. Riesgos que, como se verá, sólo pueden ser superados si inciden en que el poderoso lo sea menos, mediante la transparencia, la rendición de cuentas y el empoderamiento de los débiles.

Lo que interesa examinar en el resto de esta sección es cómo las relaciones verticales, al permitir el acceso a recursos, relaciones, bienes y servicios, son totalmente necesarias a objeto de facilitar y fortalecer los procesos conducentes a la construcción del capital social para el desarrollo sostenible. Interesa, en primer lugar, analizar cómo la confianza mutua se construye sobre la base de expectativas, y que en el caso de sociedades desiguales y pobres, la elaboración de expectativas alternativas depende significativamente de los contactos que se tienen con agentes y organizaciones exógenas. En segundo lugar, examinar cómo el circulo vicioso de la pobreza tiene mucho que ver con las relaciones sociales realmente existentes y posibles entre los mismos pobres, y cuán necesario es empoderar sus organizaciones para que tengan mayor capacidad y calidad de acción colectiva. En tercer lugar, estudiar cómo, al decir de Collier (1998), las redes sociales que facilitan la información, el conocimiento y la reducción del oportunismo tienden a ser excluyentes y producen un efecto regresivo en la distribución de recursos societales. De ahí que sea imprescindible idear y establecer eslabonamientos alternativos e incluyentes, basados en la sinergia y legitimidad.

1.   La confianza y el enriquecimiento de las expectativas sociales

De las tres fuentes de capital social, quizás la que más ha llamado la atención es la confianza. Ello se explica en parte, porque para los economistas el nivel de confianza es esencial para reducir los riesgos y costos de transacción. Así, en los estudios en el ámbito macroeconómico, es la variable que mejor se correlaciona con el crecimiento económico y con menor desigualdad en ingresos (Knack, 1999). Desde el análisis sociopolítico, la confianza se relaciona estrechamente con la solidez de las organizaciones y su funcionamiento. A pesar de esta importancia, es poco lo que se ha trabajado respecto de este concepto, de cuáles son sus bases socioculturales y de sus diversas variantes o mecanismos. De ahí que sea esencial el trabajo de autores como Misztal (1996), que examina extensamente la confianza en las sociedades modernas.

Una parte esencial de la apreciación de Misztal es que la confianza dejó de ser un asunto medular en el análisis social y económico en el siglo XX, cuando las ciencias sociales abandonaron su preocupación moral acerca de los efectos desintegradores de la industrialización y la modernización. Una vez superada la crisis moralista, las nociones de obligaciones morales y éticas desaparecen de la sociología y del análisis político. Los dos paradigmas sociológicos dominantes desde los años treinta hasta los setenta —el funcionalismo estructural y el marxismo— prácticamente ignoran el tema de la confianza. Es así como hasta hace muy poco, la teoría política y social estaba basada en individuos y grupos sociales enfrascados en la búsqueda racional de sus intereses.

El cuestionamiento de las instituciones sociales y su debilitamiento como factor de integración y cohesión social, fundamentalmente producto de la crisis del Estado Benefactor, volvió a ubicar a los individuos, sus identidades y comunidades en el centro de la atención. No es de extrañar que en forma paralela aumente la importancia de conceptos tales como la sociedad civil, el empoderamiento, la diversidad, la confianza y, más tarde, el tercer sector y el capital social. La búsqueda de los mecanismos sociales que permiten integrar a los individuos se ha vuelto nuevamente un tema central en la sociología. Algo parecido ha sucedido con la sociología de desarrollo que, ante los diversos fracasos del Estado y el mercado, evidentes en los paradigmas sucesivos desde los años cincuenta, comienza a buscar en la organización de la sociedad los mecanismos necesarios para reestructurar las sociedades hacia el cambio económico, político y social.

Misztal (1996) define la confianza como "... el creer que los resultados de la acción intencionada de alguien será apropiada desde nuestro punto de vista". Es un acto de fe que se basa en ciertas expectativas ancladas en las experiencias del pasado. Como bien dice Durston (1999), la confianza se construye sobre la base de experiencias e intervenciones previas y rara vez como simples buenas intenciones con respecto al futuro. Sin embargo, aunque se sustenta en el pasado, la confianza es lo que nos permite actuar conjuntamente con miras al futuro, ya que alimenta ciertas expectativas y seguridad ante lo desconocido. De ahí que la confianza sea el producto de relaciones sociales concretas, de reciprocidades efectivas y de las obligaciones inherentes a ellas, que nos permiten predecir, aunque siempre con algún margen de riesgo, que se cumplirán nuestras expectativas. Parafraseando a Barber (1983), podríamos decir que la confianza tiene como fundamento tres tipos de expectativas:

i)   acerca del tipo de orden social deseado, lo que aumenta nuestra capacidad de predicción de acontecimientos futuros. Coleman (1994), por ejemplo, reconoce que la ideología como visión del mundo, juega un papel fundamental en la facilitación de la acción colectiva;

ii)   acerca de las competencias y habilidades (emotivas, técnicas, de gestión) de los demás y sus capacidades para cumplir con las demandas asumidas en las diversas relaciones. Es evidente que la confianza que tenemos en un médico depende manifiestamente de su capacidad y conocimientos, y no necesariamente de cuán vinculado está a nuestro tejido de relaciones sociales; y[8]

iii) acerca del nivel de cumplimiento de las obligaciones y responsabilidades de nuestras contrapartes. Es decir, cuán probable es que otros cumplan con sus deberes, anteponiendo los intereses de otros antes que los suyos.

La confianza, al estar sustentada en expectativas compartidas, es una poderosa motivación para establecer y mantener relaciones, y realizar acciones conjuntas con los demás. El nivel de confianza, al mismo tiempo, está determinado por cuán sólidas y profundas son estas expectativas y cuán extendidas y compartidas están entre los integrantes de nuestro entorno.

Si se acepta que la confianza se da sobre la base de expectativas compartidas acerca del futuro, sea como ideología, competencias o respeto a las obligaciones, entonces es preciso examinar el estado de estas

---

[8] La apreciación con respecto a las competencias de los demás es compleja, ya que no sólo está basada en criterios objetivos, sino más bien se halla influenciada por un fuerte componente subjetivo. En términos culturales, por ejemplo, los diversos estereotipos juegan un papel fundamental en determinar competencias. En muchas sociedades latinoamericanas se considera que el varón no sabe cuidar bien a los niños y niñas, siendo preferible que una mujer se ocupe de ello.

expectativas entre los pobres de la región. Esta delimitación de la confianza permite analizar qué papel juega en los procesos de desarrollo sostenible y cuáles son sus límites más claros cuando nos fijamos en sociedades y comunidades pobres. Desde este punto de vista, las principales limitaciones tienen que ver con el marco reducido de las expectativas entre los pobres, ya sea en cualquiera de las tres dimensiones discutidas y de la necesidad de que estas expectativas sean potenciadas y enriquecidas desde el exterior. A continuación se analizarán las dos primeras expectativas, dejando la discusión de las expectativas resultantes de las obligaciones mutuas para la sección referida a la normatividad efectiva.

a)   Una visión del mundo compartida: las creencias y las ideologías

Una fuente básica de la confianza es el compartir una visión del mundo, del tipo de sociedad deseada y del orden esperado, ya que disminuye los riesgos percibidos de un futuro incierto. Esta visión compartida surge como producto de diversos procesos socioculturales, que en la literatura del capital social se manifiesta en la importancia dada a las creencias compartidas y la ideología. En términos de creencias compartidas, Adler y Kwon (1999) mencionan cómo los valores, los sistemas simbólicos, las visiones e interpretaciones compartidas son esenciales para que una comunidad pueda comunicarse con facilidad y darle sentido a las experiencias comunes. Uno de los problemas que presentan los grupos sociales heterogéneos es que precisamente no comparten expectativas comunes resultantes de sus creencias y esto repercute en el manejo de los recursos comunitarios, especialmente los naturales, al restringir las posibilidades de llegar a acuerdos y establecer mecanismos de gestión (Kähkönen, 1999). Para Uphoff y Wijayaratna (2000), las creencias, los valores y las actitudes forman parte del capital social "cognitivo", que se construye sobre la base de "ideas e ideales", más que de incentivos tangibles.

Asimismo, cuando se pasa a examinar las formas cómo se percibe el mundo y se representan los intereses en una sociedad, la ideología se transforma en un factor esencial en la creación (o destrucción) de capital social (Coleman, 1994). La ideología es una importante fuerza que hace que el individuo actúe en favor de los intereses de algún colectivo (religión, partido, comunidad) y no sólo de sus intereses egoístas.[9] Debido a que una de las principales funciones de la ideología es la justificación de la realidad y de las acciones de los grupos, ella puede ser, de acuerdo a las circunstancias,

---

[9]   Esto depende, sin duda alguna, del tipo de ideología. Coleman es claro en indicar que las ideologías que fortalecen la noción de autosuficiencia pueden contribuir a destruir capital social al generar justificaciones a la acción individual y egoísta.

un importante mecanismo para facilitar el cambio u obstruirlo. Puede lograr, entonces, que el cambio aparezca como un gran riesgo, en el caso de la ideología conservadora, o como un aliciente y esperanza en el futuro.

¿En qué situación se encuentran los pobres con respecto a su visión del mundo? ¿Tienen temor al cambio? ¿Sus ideologías y creencias están tan arraigadas en la aversión al riesgo que dificultan cualquier proceso autónomo de cambio? Las respuestas a estas preguntas han sustentado las principales teorías y praxis políticas en la modernidad. Desde el punto de vista de algunos analistas políticos, la ideología no tiene valor transformativo, sino que siempre ha sido un mecanismo para el control de poblaciones. Los pobres se encuentran en situaciones tan desesperadas que carecen de la capacidad de imaginarse un mundo mejor, de ahí que acepten y justifiquen el presente como el único posible. El ejemplo más claro de esta posición es el del marxismo ortodoxo, que consideraba que el control de la ideología dominante sobre los sectores explotados los conduce a tener una "falsa conciencia", sólo superable mediante la organización y acción política, elementos que permiten que emerja la conciencia política.[10]

Investigaciones más recientes han cuestionado esta visión elitista. En el estudio de Scott (1985) de la ideología campesina, este autor postula que los pobres tienen formas cotidianas de resistencia al poder y la explotación, que denomina las "armas de los débiles" (*weapons of the weak*). Cuestiona así la noción de la "falsa conciencia" y muestra que, a pesar de que los débiles albergan utopías sociales, también son realistas con respecto al costo que significaría enfrentarse a los poderosos. De ahí que prefieran formas de resistencia cotidiana como la burla, el trabajo lento, el hacer mal las cosas, entre otras. Sólo en contados momentos políticos, y normalmente en alianza con otros grupos, los pobres y los débiles están dispuestos a arriesgarse ante un programa de cambio social.

Esto no quiere decir que los pobres y los débiles posean todas las capacidades necesarias para imaginar y programar una sociedad que no sólo sea diferente, sino también posible. Tienen fundamentalmente ideologías inherentes (Rudé, 1980), que con frecuencia sirven de base para la movilización social y defensa de sus derechos. Sin embargo, es importante resaltar la opinión de Boudon (1989) de que las ideologías modernas se basan parcialmente en teorías científicas, que pueden ser empíricamente comprobadas o rechazadas (neoliberalismo, marxismo, social-democracia). Las propuestas actuales de cambio no sólo justifican ciertas creencias e

---

[10]   Este tipo de planteamiento tuvo gran influencia en la primera generación de ONG latinoamericanas, que a partir —desde una posición de izquierda— del postulado de la alienación (falsa conciencia), consideraba que la principal acción debía ser la de educar políticamente a los pobres, en pos del ansiado "clasismo".

intereses, sino que también tienen que expresarse en propuestas concretas y tecnológicamente viables de transformación, en fundamentos para ejercer presión (*lobbying*), con el fin de obtener una legislación alternativa, y la introducción de cambios en la gestión de las organizaciones, entre otros. Al decir de Rudé (1980), los pobres y los oprimidos en la historia moderna han visto enriquecidas sus ideologías con el aporte de intelectuales mediante lo que denomina las ideologías derivadas. El papel de las ideologías derivadas es ampliar la visión de los oprimidos, articulando sus pensamientos y prácticas con otros aspectos y sectores de la sociedad (Díaz-Albertini, 1995).

Al examinar diversas experiencias de relaciones entre el sector público y la sociedad civil, Evans (1996) enfatiza la importancia de la transformación de las "visiones del mundo" que las comunidades de base tienen de sí mismas y de los demás, para poder construir las estructuras sociales conducentes al cambio social. Estos cambios en identidades e intereses normalmente provienen de la extensión y ampliación de las relaciones horizontales y verticales de las comunidades, de la información y del conocimiento procedente del exterior, y de la consecuente construcción de nuevas experiencias e intereses.

Es por estas razones que, para enriquecer el capital social, resulta imprescindible comprender la necesaria e impostergable relación de los excluidos con sectores de intelectuales y técnicos capaces de alimentar, apoyar y facilitar sus visiones y acciones colectivas. Especialmente cuando se procura fomentar cambios en las formas de pensar y en las prácticas que contribuyan a la sostenibilidad. Para Friedmann (1996), los pobres no se organizan y actúan como resultado de una suerte de naturalismo o espontaneidad, sino que necesitan vincularse a los demás para encontrar los contenidos y recursos más apropiados para ese fin:

> "Más aún, la acción popular espontánea, generada en la aldea o en el barrio, rara vez es innovadora, sino que tiende a seleccionar de un **repertorio conocido de acciones**. Hay muchas razones para esto, incluyendo la necesidad de los pobres de reducir sus riesgos, la escasez de "tiempo sobrante" para la búsqueda y prueba de respuestas innovadoras a los problemas ... Si la práctica ha de ser innovadora —y la innovación social continua es un requisito básico para el desarrollo alternativo—, la retórica de la espontaneidad debe ser abandonada" (Friedmann, 1996; pp. 143-144).[11]

Como se mencionó anteriormente, los pobres realmente no cuentan con el tiempo necesario para desarrollar estrategias, técnicas y mecanismos

---

[11] La traducción y el énfasis son del autor.

de organización y acción, ya que para ellos el tiempo es su único aliado con miras a la supervivencia. El tiempo destinado a diseñar programas y opciones viables para el futuro —incluidas las propuestas de gestión organizativa y política— le corresponde a los intelectuales y técnicos, sean éstos del sector público o privado. El gran reto, como han advertido tantos analistas, es que las propuestas desarrolladas por los intelectuales puedan scr discutidas y cotejadas con las opiniones y propuestas de los pobres, sin imposiciones y mediante un diálogo horizontal. De esta capacidad, difícil pero no imposible de implementar en la práctica, dependen las posibilidades de robustecer la confianza de los pobres en un futuro alternativo y un orden social diferente.

b)   La confianza en las habilidades, competencias y destrezas

Los trabajos concernientes al capital social rara vez tratan el tema de las capacidades y habilidades de los integrantes de un conjunto social como elemento clave en la confianza. Como se indicó anteriormente, la confianza se sustenta en acciones "intencionadas", que son evaluadas de acuerdo a cuán apropiadas son desde nuestro punto de vista. Lo apropiado no sólo se mide por los ideales o creencias que examinamos en el punto anterior, sino también según nuestra evaluación de las capacidades de los demás para cumplir con las exigencias de las acciones contempladas.

Una de las debilidades del desarrollo de base es el nivel bajo de competencia —real o percibido— de los pobres en una serie importante de tareas necesarias para el desarrollo sostenible. Esto incluye conocimientos técnicos, pero también de gestión de organizaciones, participación ciudadana y política, relacionamiento con otros sectores, propuesta y presión, entre otros. En situaciones normales en una comunidad tradicional, las competencias que se les exige a los dirigentes y comuneros son aquellas que han permitido el mantenimiento del statu quo, a veces por períodos bastante largos. Sin embargo, si se apunta al cambio social, el uso del capital social debe orientarse a la búsqueda y aplicación de formas más eficientes, productivas y sostenibles de desarrollo, y esto amerita el surgimiento de nuevas competencias que, a su vez, deben ser reconocidas y apreciadas por los miembros de la comunidad.

Esto se nota con claridad en los proyectos de desarrollo que se han propuesto incorporar a la mujer en los procesos de toma de decisiones y cargos dirigenciales comunales. Una parte esencial del sexismo existente en muchas comunidades tradicionales consiste precisamente en considerar que la mujer es incompetente en estos asuntos, sobre todo en la gestión y conducción organizativa; aunque se reconozcan sus capacidades para apoyar la movilización, en la lucha de la comunidad o para organizarse en asuntos "femeninos". El proceso de cambio hacia la equidad de género, y de confianza en las mujeres como dirigentes, normalmente ha derivado de la intervención de agentes externos a la comunidad, que las han organizado en áreas normalmente consideradas "femeninas", como alimentación, higiene y salud. Al evidenciarse la eficacia y eficiencia de estas organizaciones y su repercusión en las condiciones de vida de las familias y la comunidad, va aumentando la apreciación de los varones respecto de sus habilidades y, en muchos casos, las mujeres son elegidas para ocupar cargos tradicionalmente dominados por los varones.

En estos procesos, la educación y capacitación juegan un papel esencial, especialmente cuando van acompañadas de la práctica y abren al capacitado todo un mundo nuevo de relaciones, negociaciones, resolución de conflictos y otras actitudes democráticas o de liderazgo. Estos agentes catalizadores, como los llaman Uphoff y Wijayaratna (2000), deben ganarse la confianza de los integrantes de los grupos y comunidades al mostrar que tienen los conocimientos y las destrezas como para acompañar el proceso de cambio. Si de parte de la comunidad no existe confianza en las competencias, el cambio se convierte en un riesgo demasiado grande. O, por otra parte, si no existen las competencias necesarias y se insiste en el cambio, los resultados tampoco van a ser beneficiosos. Estas son las lecciones aprendidas de proyectos de promoción del desarrollo sostenible:

- En un gran proyecto de manejo de sistemas de riego en Sri Lanka, se reclutó y capacitó a jóvenes como agentes de cambio para que acompañaran a los campesinos en la formación de una organización sobre la base de los canales de riego. Estos jóvenes ayudaron a rescatar e innovar formas de organización de ayuda mutua, que han incidido positivamente en el manejo de los recursos hídricos y la productividad de los campos (Uphoff y Wijayaratna, 2000).

- En la revisión de experiencias de trabajo en sistemas de riego y dotación de agua potable en zonas rurales y urbanas, Käkhönen (1999) considera que una de las lecciones aprendidas en centenares de experiencias es que el funcionamiento de los sistemas alternativos depende del nivel de conocimiento de éste que manejan los miembros de la comunidad.

- En una sistematización de proyectos de conservación y desarrollo de cuencas en Rajasthan, India, Krishna y Uphoff (1999), muestran que el nivel de capital social, la competencia política y la tasa de alfabetismo tienen un peso significativo en la explicación de las diferencias de desarrollo en las diversas comunidades y sus cuencas. Aunque tradicionalmente el nivel educativo es tratado como capital "humano", resulta esencial insistir en la relación estrecha que existe entre éste y el capital social. Según Coleman (1994), se retroalimentan, ya que una relación de confianza es esencial para realizar procesos educativos eficaces, pero al mismo tiempo la generación de capacidades y destrezas alimenta y enriquece las relaciones sociales y las posibilidades de acciones conjuntas.

- En el Cusco, Perú, las principales acciones en torno de la gestión popular de las microcuencas han estado ligadas a procesos largos y profundos de discusión y capacitación, que comienzan con diagnósticos participativos y se consolidan en la ejecución de acciones y el diseño de políticas. A pesar de que estos logros se realizan con el acompañamiento de los técnicos de una ONG, recién se reconoce la competencia y habilidad de estos agentes externos y el valor de lo aprendido en las capacitaciones, de acuerdo al impacto sobre la productividad (Chevarría, 2000). La confianza se fortalece al reconocer que el conocimiento conduce con bastante rapidez al mejoramiento económico, que se traduce en recuperar tierras, reducir la erosión, aumentar el agua disponible y su distribución, entre otros. Sin embargo, reconocer otros fenómenos, como la nocividad de algunas prácticas ancestrales, toma más tiempo porque no tiene un efecto negativo inmediato en la productividad (la quema de pastizales, por ejemplo).

Estas y otras experiencias nos muestran que un elemento básico de la confianza entre las personas es la apreciación de sus capacidades y no sólo el compartir creencias comunes. El incremento de buena parte de estas capacidades, sobre todo de aquellas atinentes a nuevas técnicas y conocimientos para el desarrollo, necesariamente provendrá de la relación con el exterior de la comunidad y, especialmente, con el Estado. A pesar de este reconocimiento, en muchos países de la región los niveles de educación formal han disminuido, especialmente en las zonas rurales, y la capacitación y asesoría técnica han sido reducidas en forma sustantiva (Kliksberg, 2000).

2. Las normas efectivas: el empoderamiento de las organizaciones

La confianza nos motiva a acercarnos y a colaborar con los demás. Sin embargo, esta motivación debe fundamentarse en mecanismos más estables que incentiven la continua colaboración y sancionen o castiguen a quienes no cumplen con las reglas básicas de cooperación. El grado de cumplimiento de estas reglas y la capacidad coercitiva de las sanciones son los principales determinantes de la efectividad de las normas. En términos de incentivos individuales, el nivel de efectividad de las normas es lo que determina los costos relativos de eventuales incumplimientos. A mayor efectividad, mayor será el costo de no cumplir, ya que las sanciones materiales, físicas y morales de una forma u otra impedirán o recortarán los beneficios resultantes de la participación en el grupo social. Una de las contribuciones de la conceptualización de capital social es hacer hincapié en que la capacidad de diseñar estas reglas y hacerlas cumplir (*enforcement*) es una de las medidas esenciales que facilitan la acción colectiva y reducen el oportunismo en una sociedad. Las normas efectivas posibilitan el autocontrol en un conjunto humano, disminuyendo la necesidad de participación de terceros o agentes exógenos como garantes de las normas, sean éstos contratos, obligaciones, derechos, u otros.[12]

Resulta particularmente difícil ser escueto con relación a las normas, ya que el debate de cómo surgen, por qué se respetan, a quiénes benefician y cómo cambian, remite a la esencia misma de la sociología y el connotado "problema del orden".[13] Sin embargo, corriendo el peligro de ser algo simplistas, se puede decir que las normas más estables y persistentes son aquellas que se encuentran albergadas en el interior de las organizaciones e instituciones y en las relaciones entre ellas. Buena parte de la vida social ocurre en estos ámbitos y por intermedio de los diversos roles sociales que los actores asumen. Es de esta manera que las organizaciones e instituciones le dan estructura a la sociedad, siendo esta estructura la armazón fundamental que organiza las relaciones sociales.

El funcionamiento eficiente de una sociedad proviene de la solidez de sus organizaciones e instituciones, en el sentido que éstas contribuyen a que el sistema sea estable, adaptable, cohesivo, persistente, con límites o fronteras determinados (autónomo) y eficiente en la resolución de conflictos. La eficiencia, no obstante, no conduce necesariamente a evaluar la eficacia de un conjunto social, ya que para esto se tendría que hacer alusión a cuáles son los objetivos, las metas o las utopías sociales que se consideran esenciales. Esto resulta crucial al discutir el tema de capital social porque, como se ha mencionado anteriormente, existe una corriente importante de analistas sociales que abogan por una definición que esté orientada por valores (*value driven*). Entre estos analistas destaca Durston (2000), que hace la distinción

---

[12]   Como bien han señalado Putnam, Leonardi y Nanetti (1993), la presencia de terceros como garantes del cumplimiento de acuerdos, contratos y normas de reciprocidad, no es una buena solución a los dilemas de la acción colectiva. Para ser efectiva, ella requeriría de terceros neutros, sin intereses o preferencias hacia ninguna de las partes, aspecto que no se puede garantizar. Esto genera el problema de quién controla y supervisa a los terceros, conduciendo a una regresión infinita.

[13]   En el fondo, el debate acerca del orden podría resumirse en si las normas son preexistentes al actor social (individual o colectivo), el que las internaliza y se deja guiar por ellas, o si las normas se crean y recrean en la interacción social misma, logrando permanencia al consolidarse ciertas relaciones estables. En la primera visión, la estructura antecede al actor, en la segunda, la estructura nace de las interacciones.

de institucionalidad —lo que hemos denominado un sistema estable y eficiente— con y sin capital social. Para Durston, lo que diferencia la institucionalidad con capital social de una autoritaria es que en la primera: i) las relaciones se basan en normas y relaciones de confianza y cooperación, y no en la violencia; ii) las instituciones y autoridad legitimadas por el conjunto resuelven conflictos, en lugar de recurrir a la venganza; iii) la confianza genera más confianza, al contrario de la traición reiterada; iv) las orientaciones sociales se basan en el universalismo y la institucionalidad, y no en el particularismo o familismo amoral.

El capital social debería, entonces, promover sociedades abiertas en las que los individuos se asocian para lograr beneficios mutuos, guiados por un conjunto de reglas compartidas y respaldadas por un sistema político y económico que garantiza y promueve dicha asociación. Al hacer propia esta definición y orientación, es esencial examinar las diversas sociedades y evaluar si sus organizaciones e instituciones promueven la asociación libre sobre la base de normas efectivas y universales, es decir, con igualdad de oportunidades.

En nuestras sociedades latinoamericanas es evidente que el nivel de capital social global, medido de acuerdo a estos criterios, es bastante bajo. Sociedades caracterizadas por inmensas desigualdades en todos los ámbitos, y con instituciones débiles marcadas por el particularismo, el clientelismo y la corrupción, no son espacios propicios para el surgimiento de normas efectivas y universalistas que promuevan el desarrollo personal y grupal del conjunto.[14] A pesar de este panorama desolador, la esperanza surge al analizar los "islotes" de capital social con que cuentan nuestras sociedades y evaluar, sobre estas bases, cuáles son las medidas y los mecanismos más apropiados para mejorar, ampliar y extender la reserva (*stock*) existente para el resto de la sociedad.

A continuación, se examinarán en forma escueta y crítica estos "islotes" en tres niveles sociales. Interesa ver cómo están constituidas las organizaciones de base, las organizaciones intermedias y la institucionalidad estatal, así como sus principales limitaciones en la construcción de normas efectivas de cooperación alrededor de acciones mutuamente beneficiosas. Sólo se presentarán algunas "pinceladas" basadas fundamentalmente en la experiencia peruana, con la que tenemos mayor familiaridad. En lo posible,

---

[14] Kliksberg (2000) ofrece una excelente visión panorámica de los principales problemas de la región y de las "falacias" que han alimentado políticas socioeconómicas que, lejos de abordar los problemas centrales, han debilitado el capital social al incentivar la exclusión, la desinstitucionalización y la desigualdad.

se hará mención de cómo las características de las organizaciones existentes apoyan o entorpecen el desarrollo sustentable. Por economía de espacio, seremos especialmente críticos y pesimistas respecto de la estructura normativa y organizativa de nuestras sociedades. De esta manera, será más sencillo señalar en qué formas se puede comenzar a revertir estas situaciones y aportar a la construcción de capital social. Finalmente, este análisis servirá de soporte para la discusión final de esta sección, que está dedicada a las relaciones entre organizaciones, de todo nivel, por medio de la conformación de redes.

a)   Las organizaciones de base

Como se mencionó anteriormente, los pobres tienden a participar más en asociaciones y, en ese sentido, a tener "más" capital social que otros sectores socioeconómicos. Una de las razones fundamentales es que el precario acceso a los mecanismos del mercado —debido a la pobreza— y a los recursos estatales —debido a la marginalidad política—, se traduce en que los sectores de menores ingresos tengan que recurrir a ellos mismos para garantizar toda una serie de bienes, servicios y apoyo social. El significado de esto tiene múltiples implicancias para el tema de la reserva (*stock*) de capital social de los pobres, de cómo es utilizado en la actualidad y cómo podría transformarse en una fuerza de desarrollo. Aunque no es totalmente representativo de la región, se examinará el caso de Perú para ilustrar estos puntos.

Entre fines de la década de 1970 y principios de la de 1980, Perú se volvió emblemático, para muchos analistas, respecto de lo que significaba una sociedad con una rica tradición organizativa y capacidad de acción colectiva. A la relación existente entre el movimiento sindical, el barrial y el campesinado, manifestada en acciones conjuntas que aceleraron el fin del gobierno militar y aumentaron el caudal electoral de la izquierda, se sumaban otras agrupaciones denominadas funcionales y que incluían a las organizaciones de las mujeres (comedores populares, vaso de leche, promotoras de salud), los comités de base de las parroquias, y las organizaciones juveniles y sus respectivas coordinadoras, federaciones y confederaciones. Los partidos políticos y los respectivos gobiernos pugnaban, además, por vincularse con y, en lo posible, controlar dichas organizaciones.

En menos de una década, este rico tejido social se derrumbó. Las causas más evidentes han sido analizadas reiteradamente, subrayando la grave crisis económica de finales de los años ochenta, la crisis política del Estado y de los partidos políticos, y la violencia subversiva y estatal. Sin embargo, recién en los últimos años se ha prestado más atención a atributos propios de la institucionalidad popular que subrayan la debilidad intrínseca de sus organizaciones y no sólo los factores exógenos. Estas debilidades tienen efecto directo en la reserva de capital social popular disponible, y en cómo es distribuido y utilizado. A continuación, se verán algunas de estas debilidades, lo que expresan sobre la organización popular y cómo será posible rescatar sus potencialidades y minimizar sus limitaciones. Para ello se utilizarán los resultados de una encuesta sobre el voluntariado realizada por la Universidad del Pacífico en 1997 (Portocarrero y Millán, 2001) y las conclusiones de otros estudios:

- Los pobres tienden a participar más en el trabajo voluntario que los otros niveles socioeconómicos, y entre los pobres la participación tiende a ser mayor en el ámbito rural que en el urbano. Según la encuesta de la Universidad del Pacífico, en términos de la contribución a la totalidad del voluntariado, los sectores bajos y muy bajos aportan con más del 80% del trabajo voluntario en las principales ciudades del país (véase el cuadro VIII.1).

- Los pobres tienden a participar más en organizaciones dedicadas al área de desarrollo y de servicios sociales, mientras que los sectores más altos participan en organizaciones religiosas y deportivas (véase el cuadro VIII.1). Estas respuestas respaldan la observación de que la participación popular tiende a estar ligada a la supervivencia y el acceso a recursos, especialmente bienes públicos, haciendo que la reciprocidad practicada sea más de tipo instrumental o específica (Adler y Kwon, 1999) y rara vez se oriente a criterios generalizados o universalistas. Este carácter instrumental y utilitario significa que la participación propende a ser más amplia y exitosa cuando "... están asociadas a demandas específicas, principalmente de bienes públicos esenciales, y a estrategias de lucha contra la pobreza ..." (Tanaka, 2001). Esto conduce a la pregunta acerca de cuán "voluntaria" es la participación en las organizaciones y hasta qué punto fortalece una noción de ciudadanía entre los participantes, sobre todo cuando pocas veces se ejercen los derechos individuales porque todo tiende a conseguirse sobre la base del colectivo en una suerte de ciudadanía de "masas".

- En sus respectivas organizaciones, el voluntariado de los pobres tiende a estar vinculado a brindar su mano de obra, mientras que en los sectores medios y altos propende a estar más orientado a contribuir a actividades educativas. Esto es evidente en los casos de acción colectiva que Tanaka (2001) tipifica como de complejidad "baja", consistentes en prácticas de supervivencia en las que la participación es una estrategia para resolver problemas inmediatos. Son tareas, además, que no alcanzan a establecer diferencias mayores entre los dirigentes y las bases.

Cuadro VIII.1
CINCO CIUDADES PRINCIPALES DEL PERÚ: COMPARACIÓN DE DIFERENTES DIMENSIONES DEL TRABAJO VOLUNTARIO SEGÚN NIVEL SOCIOECONÓMICO, 1997
(En porcentajes)

Dimensiones del trabajo voluntario	Nivel alto	Nivel medio	Nivel bajo superior	Nivel bajo inferior	Nivel muy bajo superior	Nivel muy bajo inferior
Porcentaje que realizó trabajo voluntario en 1997 en cada nivel socioeconómico	25.0	33.0	37.4	34.1	26.2	23.9
Con respecto al total de trabajo voluntario de 1997	2.8	16.9	16.9	28.5	31.0	4.0
Trabajo voluntario en el área religiosa a/	27.3	25.4	31.3	22.1	13.0	12.5
Trabajo voluntario en el área de desarrollo y vivienda b/	9.1	16.4	17.9	22.1	34.4	31.3
Tipo de trabajo voluntario realizado: enseñanza y capacitación	54.5	53.7	37.3	20.4	21.1	25.0
Tipo de trabajo realizado: mano de obra	27.3	29.9	32.8	33.6	50.4	50.0
Porcentaje de acuerdo con la opinión: "No creo en el trabajo voluntario"	6.8	12.4	15.1	15.4	22.4	32.8
Porcentaje de acuerdo con la opinión: "He tenido malas experiencias con el trabajo voluntario"	9.1	13.8	25.1	19.0	23.2	37.3
Porcentaje de acuerdo con la opinión: "Pago mis impuestos, ¿por qué debería donar también?"	4.5	13.3	17.9	23.0	32.8	38.8
Porcentaje de acuerdo con la opinión: "Estoy cansado de que me pidan dinero para todo tipo de causas"	11.4	19.7	27.9	30.2	39.0	50.7

Fuente: Felipe Portocarrero y Armando Millán, "Perú: ¿país solidario?", Lima. Centro de Investigaciones de la Universidad del Pacífico, 2001.
a/ Incluye parroquias, sinagogas, mezquitas y otros lugares de culto religioso.
b/ Incluye rondas urbanas o campesinas (autodefensa y seguridad); asociaciones y organizaciones vecinales; clubes de madres; asociaciones de vivienda; asociaciones de promoción del desarrollo y apoyo a la microempresa.

- A pesar de que los pobres participan más y con mayor frecuencia, también tienden a tener una opinión negativa acerca del trabajo voluntario, quizás porque, como hemos visto, el carácter volitivo es más ficción que realidad. Asimismo, los pobres también muestran opiniones desfavorables con respecto a la donación de sus recursos. Esta visión negativa, que en la encuesta alcanza a más de una tercera parte de los más pobres, quizás esté reflejando lo que algunos autores llaman la "sobredemanda" de la solidaridad entre los que tienen menores ingresos. Elemento que para algunos analistas es una muestra de la debilidad de las organizaciones, pero que desde un punto de vista más crítico refleja cierto cansancio en la organización y falta de efectividad en sus resultados.

- En forma creciente, la organización de los pobres responde al incentivo o presión de agentes privados y públicos externos a la comunidad o territorio local. En el caso de las organizaciones de mujeres en Perú, por ejemplo, los programas de alimentos estatales y privados movilizaron en 1995 a aproximadamente 1.5 millones de mujeres, 11% del total de mujeres de entre 15 y 65 años del país y 20% de las mujeres pobres (Portocarrero y otros, 2000). En términos del sector educación, la segunda organización de mayor presencia en el país son las asociaciones de padres de familia (APAFA) que, a pesar de ser legalmente "voluntarias", en la práctica obligan a la participación y "donación" de los padres y madres. En una encuesta realizada en 1999, 77.3% de los peruanos afirmaron que existían APAFA en sus comunidades y un 26.5% del total encuestado participaban en ellas (Tanaka y Zárate, 2000). Aunque no se manejan cifras al respecto, las mismas organizaciones tradicionales, tales como las comunidades campesinas y las organizaciones de vivienda, con frecuencia son activadas o reactivadas en respuesta a la distribución de recursos estatales o de las ONG en sendos programas de sistemas de regadío, saneamiento ambiental, manejo de recursos naturales y descontaminación, reconocimiento legal de propiedad o posesión de los terrenos, entre otros.

- A pesar de existir un importante nivel de participación, en 1999 la mayoría de los peruanos (78.7%) consideraban que sus opiniones eran poco o no tomadas en cuenta en sus organizaciones, y al preguntarles qué organizaciones podrían resolver mejor los problemas de su comunidad, sólo 14% mencionaron las comunales (Tanaka y Zárate, 2000). Esto refuerza la idea de que una mayoría de los peruanos, especialmente los pobres, ven sus organizaciones como un medio para conseguir recursos y no necesariamente como un espacio para el ejercicio de la ciudadanía, situación que se repite en otras realidades (Pantoja, 1999).

En conclusión, se observa que un buen número de los pobres se encuentran bajo fuerte presión —debido al poco acceso a recursos— para participar en organizaciones. Éstas normalmente tienen como finalidad algún bien público básico y específico y demandan mucha energía social para su efectiva concreción. Al ser específico el bien común logrado, los pobres necesitan estar presentes en varias organizaciones para satisfacer otras necesidades. Esto se traduce en una sobredemanda de su tiempo y recursos, con el consiguiente hastío y una total desilusión con respecto al valor de la participación. En este proceso, la participación más próxima al empoderamiento político pasa a un segundo o tercer plano ante la participación instrumental, perdiéndose la posibilidad de una mayor educación ciudadana basada en valores democráticos como la libertad de acción, el debate y la discusión acerca de lo público-universal. Sin embargo, al mismo tiempo se advierte que muchas de las formas de participación popular están ligadas a la presencia de agentes externos que, de una manera u otra, están construyendo formas de capital social, entendidas como acción colectiva que brinda beneficios a toda la comunidad al ser bienes públicos.

Esta presencia de agentes externos, que por el momento tiende a restringir las potencialidades del capital social limitándolas a acciones específicas, podría generar resultados muy diferentes si se reorienta y apoya otros procesos conducentes al empoderamiento. Al existir ya cierto eslabonamiento con los sectores profesionales y técnicos de la sociedad, esta relación podría reforzar la organización popular de diversas maneras, enriqueciendo el capital social de los que menos tienen, de modo que su esfuerzo organizativo produzca más resultados y a un costo menor en su dedicación de tiempo y esfuerzo físico:

- Mejorar la gestión de las organizaciones para que ellas puedan combinar la preocupación específica con proyecciones de mayor aliento. No basta sólo constatar que las poblaciones de base tienen la energía social que definió Hirschman (1984), también se debe analizar lo que el mismo autor proclamó como su conservación y mutación de acuerdo a las necesidades de la comunidad, y el entorno socioestructural. Para esto es necesario no sólo fijarse en un tipo de organización, sino en la red de organizaciones en una comunidad, mediante estudios longitudinales que permiten apreciar con qué facilidad y en qué momentos esta energía se convierte en formas organizativas (Díaz-Albertini, 1990). En un medio de notable pobreza, es evidente que los logros más o menos inmediatos y con repercusión en las condiciones de vida serán el gran aliciente de la participación. Pero es posible asociar estas necesidades con planes a mediano y largo plazo. Muchas ONG en Perú han logrado, por ejemplo, que el planeamiento estratégico sea incorporado en la práctica de las organizaciones populares. Mediante estos planes se proponen atender las emergencias sociales, al mismo tiempo que se llega a decisiones acerca del tipo de acción y recursos necesarios para ir construyendo una comunidad diferente y sostenible. Los planes también abren espacios "naturales" para la participación mediante el seguimiento (monitoreo) y la evaluación, momentos que permiten la rendición de cuentas de los dirigentes y autoridades y la vigilancia ciudadana.

• Apoyar el diseño de esquemas participativos que eviten la sobrecarga, es decir, la excesiva e injusta demanda del tiempo y los recursos de los pobres. Para esto es esencial dejar de lado las visiones apriorísticas que se tiene acerca de los habitantes de una región y responder a sus necesidades y condiciones reales. Bebbington (1999), por ejemplo, examina cómo los proyectos de desarrollo en las áreas rurales andinas siguen insistiendo en la producción agrícola y los recursos naturales involucrados en ella, en circunstancias que un sector importantísimo de estas regiones ya dependen de otras actividades económicas para su supervivencia. Esto conduce necesariamente a desviar el tiempo y los recursos de los pobres a actividades que ya no representan mayor efecto sobre sus condiciones de vida. Más allá de esta precisión, también se puede aportar en el diseño de formas organizativas que alienten la división de trabajo:

i)   En los sistemas de riego de Taiwán que estudió Lam (1996), una de las razones del éxito es que el alcance (*scope*) de la participación de los agricultores está claramente definida. Se reduce así el costo de participación.

ii)   Alentar la delegación de responsabilidades en las organizaciones, evitando las prácticas "asambleístas" en la toma de decisiones. Para esto se requiere la capacitación de la población, pero especialmente de los dirigentes y líderes.

iii) Finalmente, es necesario evitar la dispersión dividida del apoyo externo público y privado. En Perú, por ejemplo, el Gobierno mantiene por lo menos cuatro programas de apoyo a la alimentación, cada uno en coordinación con organizaciones de base. Lo mismo sucede con el manejo de recursos naturales, y en los proyectos de gestión de cuencas.

• El diseño de reglas claras, especialmente para el uso, seguimiento y mantenimiento de los bienes públicos y comunes, es un elemento central en la sostenibilidad de la acción popular (Ostrom, 1992; Kähkönen, 1999). Estas reglas deben ser producto de la deliberación de los propios usuarios o beneficiarios y con frecuencia construidas sobre la base de prácticas tradicionales. Otro aspecto esencial es que las organizaciones y el conjunto de las normas que las rigen estén reconocidas y refrendadas legalmente (Ostrom, 1992). Esto facilita la acción colectiva, al crear mecanismos más eficientes para el cumplimiento de las obligaciones y la sanción de aquellos que no lo hacen. También puede traducirse en mecanismos más efectivos de resolución de conflictos.

b) Las organizaciones intermedias y la clase media

Uno de los temas menos tocados por el análisis de capital social es el papel que juegan las organizaciones intermedias en el proceso de desarrollo. Aunque aparecen indirectamente mencionadas en muchos de los estudios de caso, no existe un análisis depurado de cómo están constituidas y de las motivaciones que las impulsan. Ya se ha constatado que las organizaciones de base u horizontales en nuestros países muestran niveles altos de solidaridad y cierta capacidad para la acción colectiva. Pero también, los diversos estudios son enfáticos en señalar la singular importancia que a los actores o agentes externos les corresponde en el enriquecimiento de estas prácticas, por medio de la donación de recursos, la capacitación en la gestión, el hacer accesible la información y los conocimientos, y la elaboración de ideologías de cambio.

La mayoría de las organizaciones que brindan estos recursos facilitadores y catalizadores están constituidas por los sectores medios en los respectivos países. Les toca a ellos, profesionales, técnicos e intelectuales, la labor esencial de construir "puentes" hacia los sectores pobres y marginales desde toda una serie de organizaciones, como son las ONG, las iglesias, las universidades, los gremios profesionales y las agrupaciones con fines políticos, como los grupos de presión y los mismos partidos. Tampoco se

puede obviar a la clase media que trabaja en el Estado en calidad de
autoridades, funcionarios y técnicos en diversos programas dirigidos a la
población pobre en una gran variedad de áreas, como nutrición, educación,
salud, saneamiento ambiental, conservación de recursos naturales,
infraestructura básica, entre otras.

¿Qué está ocurriendo con las clases medias de nuestros países? ¿Cuál
es su reserva de capital social y cómo se convierte esta acción colectiva en
una fuerza de transformación y desarrollo? Realmente resulta difícil
responder a estas preguntas porque es poco lo que se ha estudiado al respecto.
Sobre la base del caso de Perú, no obstante, se puede argumentar que el
capital social de los sectores medios ha sufrido un severo revés en los últimos
15 años, al debilitarse las principales organizaciones que permitían su propio
desarrollo económico y político y que, a veces, se traducían en vínculos con
los sectores de menores ingresos en el país:

- La aplicación de políticas de ajuste estructural bajo el paradigma
neoliberal ha significado un debilitamiento de la capacidad de
la clase media para influir en las políticas del Estado. El recorte
de las funciones de planeamiento, que antes ofrecían un
importante espacio de actuación a funcionarios en la
formulación de políticas dirigidas a los sectores pobres, les ha
restado margen de juego al reducirse la actuación estatal en
programas de compensación social muchas veces inspirados
en esquemas estandarizados de las agencias multilaterales.

- La reducción del Estado mediante la cancelación de programas
y la privatización de los servicios, especialmente los servicios
sociales públicos, ha significado que los sectores medios tengan
que proveerse de estos bienes y servicios a través del mercado.
Anteriormente, la lucha política de la clase media por mejorar
los servicios estatales y su cobertura con frecuencia conducía a
que éstos se extendieran (*trickle down*) alcanzando a la población
en general, incluidos los pobres insertos en el mercado formal.
La privatización de bienes y servicios antes provistos por el
Estado, también ha debilitado las redes informales que la clase
media construía con los funcionarios estatales para solucionar
problemas y evitar los obstáculos burocráticos.[15]

---

[15] Lommitz y Melnick (1991) examinan cómo en Chile la aplicación de políticas neoliberales
afectó a uno de los repertorios centrales de la clase media chilena, que consistía en la
formación de redes personales con funcionarios estatales para conseguir empleo y agilizar
trámites burocráticos.

- La crisis de los partidos políticos, ese gran bastión de la participación política de la clase media, ha llevado a lo que Sinesio López (1997) denomina la entrada a una etapa de "relaciones individualistas de la autoridad" y el surgimiento de movimientos políticos y candidaturas "independientes".[16] Faltos de ideologías y programas de gobierno, estos movimientos acceden al gobierno central y local con planteamientos "cortoplazistas" supuestamente guiados por el pragmatismo.

- Finalmente, el ajuste estructural también ha golpeado los bolsillos de la clase media. La reducción del empleo estatal y de las empresas públicas privatizadas (*downsizing*) ha afectado fundamentalmente a la clase media. Como hemos visto, las políticas fiscales estuvieron orientadas a disminuir los servicios dirigidos a estos sectores: la liquidación de la banca de fomento; la disminución en la construcción de viviendas, la reducción de la inversión en las universidades, entre otras. Balbi y Gamero (1996) han calculado para Perú que, entre 1987 y 1995, la clase media había perdido 5% de su participación en la distribución de ingresos y que la inflación acumulada en su canasta de consumo era 10% mayor que la del promedio nacional.

Con partidos, programas estatales, universidades y gremios debilitados, la clase media ha perdido su capacidad de actuación en la sociedad, al ver reducida su capacidad de acción colectiva.[17] Al margen de los procesos de toma de decisiones y reducida la flexibilidad en la aplicación de políticas públicas, los espacios de deliberación en torno del desarrollo nacional han quedado reducidos a algunas instituciones y organizaciones del tercer sector o sociedad civil, principalmente las iglesias y las ONG. Se prestará alguna atención a estas últimas organizaciones, porque representan el vínculo más importante entre las organizaciones de base y el resto de la sociedad.

No es el momento de entrar en un análisis exhaustivo de las ONG en Perú y su evolución histórica, sino simplemente presentar una apreciación general de su importancia en el país.[18] Por más de dos décadas, las ONG

---

[16]   En 1986, el 73% de la ciudadanía simpatizaba con algún partido político, mientras que en 1993 sólo el 12% afirmaba lo mismo (Díaz-Albertini, 2001). En el estudio acerca del voluntariado realizado por la Universidad del Pacífico en 1997, en las cinco principales ciudades de Perú, sólo el 4.6% de los encuestados afirmaron pertenecer a partidos, agrupaciones o movimientos políticos (Portocarrero y Millán, 2001).

[17]   No es de extrañar que la emigración haya sido una de las estrategias principales para adecuarse a este panorama. Se calcula que más de dos millones de peruanos, especialmente jóvenes, han optado por esta alternativa.

[18]   El tema de la evolución de las ONG en Perú ha sido tratado por numerosos autores, véase Díaz-Albertini (1990, 1991, 1993, 1995) y Valderrama (1998).

han jugado un rol fundamental en la promoción del desarrollo de base. En la actualidad existen aproximadamente 750 instituciones (Valderrama, 1998), que emplean entre 17 000 y 23 000 personas (Portocarrero y otros, 2001), y reciben alrededor de 150 millones de dólares, lo que representa el 50% del total de la cooperación técnica internacional recibida en el país (Valderrama y otros, 2000). En un estudio realizado en 1993, se determinó que más de dos terceras partes de los integrantes de las ONG eran intelectuales, o profesionales y que el resto era personal técnico, administrativo o de apoyo (Ruiz Bravo y Bobadilla, 1993). Estas últimas cifras son un claro indicio del carácter de clase media de estas organizaciones, cuyas áreas más importantes de trabajo son el desarrollo agrícola y rural, el saneamiento básico, los programas de salud, la educación formal e informal, la formación de líderes y ciudadanía, el desarrollo urbano y local, el apoyo a la microempresa y el crédito popular, la equidad de género y la defensa de los derechos humanos.

A pesar del importante papel de estas organizaciones, ellas tienden a acarrear ciertas debilidades que restringen su influencia y la relación con las organizaciones de base. Se puntualizarán las principales, haciendo referencia a un estudio realizado sobre las ONG "ambientalistas" peruanas que trabajan el tema del desarrollo sostenible en sus diversas modalidades (Portocarrero y otros, 2000):

- La dependencia financiera con respecto a recursos de la cooperación internacional implica que son afectadas por las decisiones en el diseño de políticas y prioridades de los donantes internacionales. Las ONG nacionales no han logrado un nivel apropiado de autofinanciamiento, ni han podido estrechar mayores vínculos con el Estado nacional para asegurar recursos.

- Las ONG tienden a ser efectivas en la ejecución de proyectos locales y, quizás, regionales, y canalizan buena parte de sus recursos hacia este ámbito y no tanto a la formación ciudadana, a ejercer presión o a la movilización política. De las 225 organizaciones privadas sin fines de lucro dedicadas al medio ambiente, sólo un 5% de ellas tenían como finalidad la formulación de políticas y legislación ambiental; el 7%, la elaboración de políticas y defensa de derechos ambientales; mientras que en un 44% afirmaron realizar actividades relacionadas con el manejo de recursos naturales y el desarrollo sostenible. Estas últimas son las que han logrado una mayor coordinación con programas estatales en la coejecución de proyectos.

- Al igual que en otras sociedades, las ONG no tienen que rendir cuentas a las poblaciones con que trabajan. Aunque se reconoce que ésta es una de las "ventajas comparativas" del sector sin fines de lucro, ya que no se encuentran atadas a un mandato como el del Estado y esto les permite ser más flexibles e innovadoras en sus propuestas, su legitimidad ante las poblaciones beneficiarias disminuye.[19] También existe el peligro evidente de que respondan más a una agenda o a intereses propios y no tanto a las necesidades y demandas de los grupos de base, tratando a estos últimos como beneficiarios o clientes.

- Las ONG sufren, paradójicamente, de excesivo profesionalismo o excesivo "amateurismo". En el primer caso, la profesionalización tiende a alejarlos de las bases sociales como grupos de referencia, mientras que en el segundo, no tienen capacidad para incidir en programas y políticas de alto contenido técnico.

- La especialización de las ONG, debido fundamentalmente a la competencia por recursos financieros y la imposición de temáticas por parte de las agencias financieras, ha derivado en que estén más orientadas por la oferta que por la demanda. Es decir, las instituciones van generando una expertia que deben "vender" en el mercado del desarrollo, en vez de diseñar su acción de acuerdo a las demandas sentidas de las poblaciones pobres (Díaz-Albertini, 2001). En el caso de las ONG ambientalistas, esto se advierte en las organizaciones "conservacionistas" que con frecuencia priorizan a las poblaciones de fauna y flora, por sobre las humanas.

- La mayoría de las ONG operan en territorios considerados como "propios" y tienen serias dificultades en coordinar acciones con las demás. En el proceso pierden dos oportunidades: i) la de aproximaciones multidisciplinarias mediante alianzas estratégicas; y ii) las posibilidades de "escalar" el ámbito de acción y el impacto político-social.

Gran parte de estos problemas se explican porque, en muchas de nuestras sociedades, las ONG son "islotes" de acción social que cuentan con poco respaldo del sistema político y económico nacional. Así, el capital social que manejan tiende a sufrir de cierto particularismo y ser fragmentado, ya que sólo puede compartirse con poblaciones específicas, bajo propuestas

---

[19]   La mayoría de las ONG no tienen una membresía ajena al personal que labora en ellas, reduciéndose más aún el rendimiento de cuentas. En sentido estricto, sólo deben rendir cuentas "hacia arriba" a las agencias de cooperación que las financian.

también específicas. A pesar del importante trabajo que realizan, encuentran un techo en su potencial al estar relativamente aisladas y ser segregadas por los sectores públicos y privados, que las ven como una amenaza. Asimismo, al restringir su actuación política, activista y movilizadora ante el temor a la coerción o represión, también contribuyen a su propio aislamiento.

Aun así, en el caso de Perú, la población en general muestra un nivel importante de confianza en estas organizaciones. En una encuesta nacional realizada en 1999, al preguntarse qué instituciones podrían resolver mejor los problemas de su comunidad, las iglesias y las ONG quedaron en segundo lugar, después de los municipios, en la preferencia de 15.8% de los encuestados (Tanaka y Zárate, 2000). En la misma encuesta, al preguntarse qué institución estaría en mejores condiciones para administrar el dinero de la comunidad, las ONG terminaron en tercer lugar (detrás de la iglesia y el municipio) con 12.4% de las preferencias. Es importante resaltar estos resultados porque las ONG sólo llegan a un número reducido de comunidades, las de menores ingresos, y los resultados mencionados son a nivel nacional y con representación de todos los estratos socioeconómicos.

Fortalecer el capital social de la clase media significa necesariamente robustecer los vínculos con las organizaciones de base y las instituciones estatales y económicas del país. Esto sólo tendrá lugar si las ONG e instituciones afines logran mayor seguridad financiera y la capacidad de ejecutar acciones de mediano a largo plazo, como asimismo, una mayor seguridad legal que garantice su autonomía institucional y facilite el trabajo con las poblaciones de menores ingresos. Esta mayor seguridad financiera y legal también implicaría que tuvieran que rendir cuentas a la población nacional, elemento esencial para afianzar su legitimidad ante las organizaciones de base.

c)   La institucionalidad estatal

Anteriormente se mencionó la importancia del capital social gubernamental, entendido éste como las instituciones de gobierno que influyen en las habilidades colectivas de las personas mediante el cumplimiento de contratos, el dominio de la ley y el grado de libertades sancionadas por el Estado (Collier, 1998). En las sociedades nacionales de nuestra región, esta formulación del capital social gubernamental debería incluir los mecanismos necesarios para que surja un "... Estado regulador, facilitador, asociativista y estratega ..." (Guimarães, 1996). Regulador, para que pueda ocuparse de los múltiples fracasos de mercado, los monopolios naturales, los bienes comunes y públicos y las externalidades, especialmente en lo referente a la protección del medio ambiente y el desarrollo sostenible. Facilitador, al incentivar la reserva de capital social y el mejor uso de los capitales y recursos existentes, cumpliendo una esencial labor en enriquecer el capital humano por medio de la educación, y en una mejor utilización del capital social mediante el escalamiento de acciones de las organizaciones de base. Asociativista, al permitir, mediante la descentralización del poder, que florezca la capacidad de la sociedad de integrarse, concertar y, por medio del debate público, incorporar a la ciudadanía, sus organizaciones y representantes en los procesos de toma de decisiones. Finalmente, estratega, al cumplir la importante función de incentivar la planificación participativa para generar "... criterios mínimos de política pública ..." y políticas de Estado que deben nacer del consenso (Guimarães, 1996, p. 15).

Una de las grandes frustraciones de la región con respecto al desarrollo político, social y económico es que el Estado dista mucho de alcanzar estos cometidos. El Estado patrimonial, de "botín" para unos pocos sectores y estratos, ha pasmado el rico capital social que existe en nuestros países. Decimos pasmado y no destruido, porque comulgamos con la idea de Hirschman (1984) de que aun las experiencias negativas de cooperación no logran destruir la energía social, sino que ésta se mantiene a la espera de nuevas condiciones, necesidades y alicientes. Asimismo, poco ha ayudado la prédica del ajuste estructural sobre la base del Estado "mínimo", que ha conducido a que sus funciones se limiten a controlar la inflación y pagar la deuda externa, "compensando" a los pobres con programas asistencialistas que han generado dependencia en lugar de empoderarlos (Kliksberg, 2000).

En el caso de Perú, los años noventa fueron de considerable pérdida de capital social gubernamental y se quisiera ilustrar esta afirmación con los resultados de una encuesta sobre valores democráticos y participación ciudadana realizada en 1999 (Tanaka y Zárate, 2000):

-   En noviembre de 1999, más del 50% de los peruanos aprobaban la gestión de Fujimori durante el período 1996-1999. Sin embargo, en escala de 100, el apoyo al sistema político era de 25.8 puntos. En términos de las instituciones políticas y también sobre una escala de 100, la escala de confianza fue de 27.1 para el Poder Judicial y de 29.8 puntos para el Congreso.

-   Ante la pregunta de qué institución podría solucionar los problemas de su comunidad, sólo un 1% seleccionó al gobierno central y el 44.6% al municipio. Esto a pesar de que los gobiernos locales en Perú sólo disponen de aproximadamente 3.8% del gasto público.

-   En términos de participación política, sólo 7.7% afirmaron ser miembros de partidos políticos, aunque cerca del 60% preferían la democracia a cualquier otra forma de gobierno.

Las cifras claramente señalan la extrema debilidad de la institucionalidad política y estatal en el país. Los peruanos logran con facilidad divorciar la gestión del Presidente de la situación percibida en relación con las instituciones estatales y la confianza que tienen en ellas. Es decir, los resultados ilustran cómo el sistema político se basa en personas y no en instituciones. A tal nivel llega la personificación que, a pesar de que en el régimen fujimorista se aumentó el gasto social de 12 dólares per cápita en 1990 a 85 dólares en 1997 (Vásquez, 2000), no se considera que el gobierno pueda solucionar los problemas de las comunidades. La solución viene de mano del mandatario y no de las instituciones que lidera. De ahí que en un estudio acerca de los valores democráticos entre los sectores pobres en Lima metropolitana, se descubriera que hay una marcada preferencia por una "autoridad fuerte y justa" en lugar de una que garantice una "amplia libertad democrática", especialmente porque desean que el Estado:

«... provea lo necesario para la satisfacción de necesidades ... Se quiere a un Estado que proporcione educación, salud, vivienda o trabajo a los que lo necesiten. Otros valores como seguridad, justicia, igualdad y democracia son considerados, relativamente, de menor importancia» (Murakami, 2000, p. 118).

La falta de institucionalidad y de confianza en los partidos, en sus representantes políticos (en el Congreso) y en el sistema judicial conduce a que se apoye (no necesariamente confíe) al jefe de gobierno que entrega los bienes y servicios básicos. Como bien han indicado Gonzales de Olarte y Samamé (1991), en Perú esto ha contribuido a un sistema político inestable, que sólo funciona cuando existen los recursos económicos para distribuir bienes y servicios tangibles de corto plazo. La clientela política ha derivado en un deterioro sostenido de la noción de ciudadanía e individuos sujetos de derechos y, peor aún, en estimar a la organización como un mecanismo para lograr las prebendas del Estado. Es así como cualquier revés económico y su consecuente limitación en el gasto fiscal, se traducen en una rápida disminución del apoyo al régimen y como éste no se sustenta en la confianza en las instituciones estatales y políticas, se produce una crisis política generalizada que sólo puede ser paliada con el creciente endeudamiento y déficit fiscal.[20]

---

[20] En el caso particular de Fujimori, en los primeros tres años no disponía de los recursos ni de los mecanismos para el gasto social, pero contaba con el apoyo resultante de la disminución de la inflación y la captura de Abimael Guzmán, líder de Sendero Luminoso. A partir de 1993, sin embargo, va a contar con suficientes recursos producto de la recuperación económica, la importante mejora en la recaudación tributaria, la entrada de préstamos y donaciones y el proceso de privatización que, por sí sólo, contribuyó con cerca de 9 000 millones de dólares a la caja fiscal. Esto posibilitó un gasto social importante y sostenido por cerca de ocho años, a pesar de que en momentos electorales (1995 y 2000) también produjo un incremento sustantivo en el déficit fiscal.

Ante esta situación, que en su totalidad no es característica de la región, si bien ésta comparte algunos de los fundamentos de la débil institucionalidad, resulta comprensible la incredulidad de muchos analistas con relación al papel de las instituciones estatales en el proceso de desarrollo y facilitación del capital social. Sin embargo, como se ha señalado en numerosos pasajes de este trabajo, no es concebible un proceso de desarrollo sostenible sin el concurso del Estado. La tarea, entonces, es idear formas de creación de capital social gubernamental a la vez que se fortalece el de la sociedad civil. Al respecto, la experiencia señala algunos mecanismos:

- La voluntad política es un elemento esencial en cualquier cambio conducente al fortalecimiento de la institucionalidad y, desafortunadamente, bastante difícil de inducir en el corto plazo. Sin embargo, hay muestras de que es posible impulsarla asumiendo posturas proactivas de la ciudadanía y sus organizaciones. En Perú, por ejemplo, un programa apoyado por la Agencia de los Estados Unidos para el Desarrollo Internacional (USAID) consistió en trabajar con mujeres candidatas a los municipios (alcaldesas y regidoras) y el Congreso para acordar una agenda básica de acción en favor de la mujer a fin de capacitarlas en sus funciones. En aquellas zonas en que se aplicó el programa, un mayor número de mujeres fueron elegidas y en una cantidad considerable de municipios se ha comenzado a trabajar en torno de la agenda. Las ONG participantes también han seguido apoyando a las autoridades y sus respectivas municipalidades, y como resultado de ello los gobiernos locales están más conscientes de las necesidades de las mujeres populares.

- La cultura organizativa de las instituciones estatales debe dejar de ser autocentrada para generar una conciencia de servicio público. En Perú, a pesar de los múltiples problemas y deficiencias descritos anteriormente, se logró transformar al organismo recaudador de impuestos en un período muy corto de tiempo. Sobre la base de una selección estricta de los funcionarios, mejoras sustanciales en las remuneraciones y un espíritu de cuerpo imbuido en la ética y la honestidad, se logró aumentar la presión tributaria de 8% del PIB a cifras superiores al 15% en sólo tres años de funcionamiento. Parte del éxito se debe a que el presupuesto del organismo estaba en función de los montos recaudados. Además, el funcionamiento del Fondo Nacional de Compensación y Desarrollo Social (FONCODES), por lo menos hasta 1998, dio lugar a una intensa labor de inversión social orientada a la demanda (*demand driven*), sustentada en la formación de núcleos ejecutores en las comunidades, los que diseñaban y presentaban aquellos proyectos que habían priorizado para sus localidades, invirtiendo entre 1991 y 1998 un monto cercano a 1 200 millones de dólares y financiado aproximadamente 32 000 proyectos (Conterno, 1999).[21]

- Generar un mayor involucramiento de los funcionarios con las poblaciones y en las localidades en que trabajan. Diversos autores resaltan la importancia del arraigamiento (*embeddedness*) en la sinergia Estado-sociedad civil, que conduce a la construcción de capital social sobre la base de las relaciones que los representantes del Estado y sus instituciones construyen en las mismas comunidades en que trabajan, y que van generando confianza mutua y el compromiso de todas las partes con los proyectos y acciones programadas (Evans, 1996). Para lograr esta mayor identificación e involucramiento, es necesario otorgarle cierta flexibilidad de acción a los funcionarios para que puedan responder mejor a las demandas de la población local; alentar a los funcionarios destacados en una zona por un período prudencial de tiempo a que hagan suyas las comunidades en cuestión (Lam, 1996); implantar incentivos ligados al logro de resultados y la evaluación respectiva de las mismas organizaciones locales (Ostrom, 1996). Un espíritu reformista, de querer hacer las cosas de un modo diferente y en conjunto con la población, también contribuye a acercar al Estado a las comunidades locales (Fox, 1996).

- La descentralización del poder y la desconcentración de funciones resulta ser otro importante mecanismo para acercar el Estado a la comunidad y, como respuesta, generar mayor conciencia y acción ciudadanas. Como se examinó anteriormente, los peruanos confían más en sus municipalidades que en el gobierno central, incluso para la administración de dinero, aspecto que siempre genera suspicacias y desconfianza. La subsidiariedad, como principio básico de la administración pública, deviene en mayor control local de los servicios básicos y mayor participación en su

---

[21] Es preciso indicar que estos dos casos exitosos de servicio público tuvieron serios reveses ante la insistencia de Fujimori de adjudicarse un tercer mandato. En el caso de la Superintendencia Nacional de Administración Tributaria (SUNAT), el organismo recaudador comenzó a ser utilizado como arma de presión política, sea favoreciendo a los que apoyaban al régimen o amenazando a la oposición. A pesar de estar bien evaluado hasta 1998, FONCODES también cae víctima del apetito re-reeleccionista y comienza a ser aplicado en relaciones clientelistas y populistas.

mantenimiento. En los proyectos de saneamiento ambiental, canales de riego, recogida de residuos sólidos y gestión de bienes comunes y colectivos, la metodología orientada a la demanda, con relaciones complementarias entre Estado y comunidad, ha mostrado tener gran efectividad (Kähkönen, 1999; Ostrom, 1996). Para estos propósitos es necesario capacitar a los funcionarios locales y las comunidades en diversos aspectos técnicos, de gestión, resolución de conflictos, y otros.

- Finalmente, todos estos procesos contribuyen a fortalecer la transparencia en las operaciones del Estado y el rendimiento de cuentas.

3.   El eslabonamiento de redes y el acceso a oportunidades

Según lo analizado hasta el momento, es evidente que el capital social —sea éste de base, de las instituciones intermedias o del Estado— debe retroalimentarse continuamente para que pueda ser utilizado en forma efectiva para el desarrollo. La fragmentación vivida en nuestras sociedades representa un importante obstáculo para este logro, debilitando incluso los "islotes" de capital social que podríamos encontrar en múltiples comunidades, en instancias de la sociedad civil y entre algunos sectores o programas del Estado. De ahí que sea esencial examinar cómo se pueden construir relaciones mutuamente beneficiosas en torno del desarrollo. Los estudios en el área son enfáticos en señalar que las relaciones entre los diversos estamentos son esenciales para construir los siguientes puentes y eslabonamientos basados en la sinergia:

a)   Acceso a recursos

Como bien indica Bebbington (1999), es preciso tener una concepción amplia en cuanto a los recursos que las personas requieren para forjar y sostener sus vidas. Además del acceso a los capitales necesarios, que el autor clasifica en cinco tipos —producido, humano, natural, social y cultural—, también se debe recalcar que éstos no sólo son medios para la subsistencia, sino que también brindan significados al mundo de las personas. Es sobre la base de los "activos" con que se cuenta que se puede perfilar el tipo de realidad que nos toca vivir, lo que significa y las expectativas que se construyeron. Asimismo, los recursos no sólo se utilizan, sino que constituyen las mismas capacidades que las personas y los grupos tienen para actuar sobre el mundo y cambiarlo. Como mencionamos anteriormente, por ejemplo, las competencias o habilidades de una persona (capital humano) no sólo son activos que le permiten actuar con mayor efectividad, sino que también son activos que generan mayor confianza entre los que la rodean.

El acceso a los recursos, no obstante, muchas veces tiende a interpretarse como un problema de los pobres o desposeídos, cuando en realidad se debería analizar como un problema de sinergia (Evans, 1996). Los programas de desarrollo impulsados por agentes externos ante la escasez presupuestaria —ONG, iglesias, Estado, por ejemplo— necesitan de los recursos de participación, movilización y materiales de las comunidades con las que trabajan. Los gobernantes, a su vez, precisan de la confianza de los gobernados como mecanismo básico de la legitimidad. El intercambio de recursos se convierte, entonces, en un eslabonamiento de doble sentido que, dependiendo de la cantidad y calidad de los recursos, podría generar sinergia o dependencia. Las lecciones aprendidas en diversas realidades sirven para calificar algunos de estos intercambios:

- Los eslabonamientos orientados hacia la demanda (*demand driven*) tienden a tener mejores resultados que los impuestos desde arriba, sea por la burocracia o las organizaciones intermediarias. No sólo generan proyectos a menores costos para ambas partes y sostenibles por la misma población, sino que tienden a satisfacer mejor las necesidades sentidas de las bases y a suplir las restricciones presupuestarias de las organizaciones externas. El peligro mayor de este eslabonamiento es que puede sobrecargar de actividades y rebasar la disponibilidad de recursos de los pobres.

- El intercambio de información y conocimiento es alentado por el eslabonamiento y viene a ser uno de los principales recursos intercambiados. La interacción permite que se conozcan mejor las realidades respectivas, el capital social existente y las necesidades de reforzar ciertos mecanismos y procesos. Varios autores mencionan que es esencial conocer la dotación (*endowment*) de capital existente y los posibles conflictos, para que se pueda actuar adecuadamente. Este intercambio de información y conocimiento también permite rescatar los conocimientos, creencias y prácticas tradicionales que se requieren para reconstruir el tejido social (Durston, 1999). En el intercambio también se pueden introducir nuevas tecnologías para la comunicación y el flujo de información.

- Como se analizó previamente, uno de los recursos esenciales para la acción colectiva es la normatividad y legalidad. La presencia del Estado en el intercambio de recursos potencia la capacidad de autocontrol en el interior de las organizaciones de base, al respaldar las reglas y estatutos internos con una contraparte legal.

- El Estado refuerza la legalidad, pero las organizaciones brindan el recurso de la legitimidad. En el caso de Perú, por ejemplo, los gobiernos locales gozan de mayor legitimidad que el gobierno central, simplemente porque muchos de ellos están presentes y prestan sus oídos a las necesidades de la localidad, a pesar de que casi no cuentan con recursos.

b)   Una mirada compartida del futuro: la planificación

Una de las principales víctimas del ajuste estructural, la ortodoxia y la reducción del Estado en América Latina, ha sido la capacidad de planificación. La idea de un Estado planificador se equiparó con el intervencionismo ("economía planificada"), lo que en el caso de Perú y de otros países significó el desmantelamiento de las oficinas especializadas en este aspecto. De igual manera, se debilitó considerablemente la presencia estatal en el diseño y ejecución de políticas sectoriales (Gonzales de Olarte, 1998). El círculo vicioso de la pobreza y el subdesarrollo, no obstante, tiende a construirse sobre la angustiosa necesidad de supervivencia de los pobres y la práctica populista del Estado como medida de apoyo popular. Ambos son concepciones "cortoplazistas" del futuro, poco sostenibles en el largo plazo e incubadoras permanentes de la inestabilidad. La capacidad de visualización del mediano y largo plazo es crucial para hacer frente a las necesidades actuales, respetando los activos disponibles para el futuro. Como indica Kliksberg (2000), planificar significa pasar de una concepción de "gasto social" a una de inversión de capitales, haciendo persistente el impacto de los recursos utilizados, sean éstos materiales, educativos o de salud, y el posible retorno que representan. La planificación como ejercicio participativo resulta esencial para:

- Tener una visión clara de las expectativas e intereses de los diversos actores involucrados (*stakeholders*), dando voz a los que habitualmente no la tienen y disminuyendo el control y dominio de las elites tradicionales (Heller, 1996). En Perú existen variadas y ricas experiencias de planeamiento estratégico en distritos rurales, que han permitido que las necesidades de las comunidades campesinas sean atendidas por primera vez por sus municipalidades. Antes de estos ejercicios participativos, los recursos de los gobiernos locales tendían a ser destinados a los centros poblados donde habitaban las elites.

- Tener mejor y detallado conocimiento de los recursos con que se cuenta y de cómo pueden ser complementados para la acción conjunta.

- Generar compromisos entre las diversas partes para llevar adelante los planes y acciones acordadas de modo que se reflejen en convenios, acuerdos y contratos en los que se especifiquen las obligaciones y derechos. En nuestra experiencia, estos convenios o contratos sociales son instrumentos esenciales para evitar los conflictos que surgen ante la defensa de las diversas autonomías institucionales, ya que cada parte se compromete a ciertos productos o resultados y debe responder ante las demás organizaciones por ellos. De esta forma, cada organización responde por compromisos libremente, lo que significa que la autonomía no se ve violada.

- Crear mecanismos para el seguimiento y evaluación de los planes, especialmente los operativos, dando lugar a ejercicios prácticos de control y vigilancia ciudadana y estatal. Esto facilita la transparencia de las acciones y el rendimiento de cuentas. En el Valle Sagrado de los Incas, en Cusco (Perú), los planes estratégicos distritales han abierto un espacio continuo de participación y control ciudadano, al incentivar el monitoreo trimestral de los planes acordados, la evaluación al finalizar el año y la subsiguiente programación para el próximo. En algunos distritos se ha convertido en una práctica regular que ni siquiera necesita de convocatorias, ya que se han establecido fechas de antemano.

- Incentivar la participación al reducir el temor a la represión de las autoridades locales o centrales. Como bien señala Fox (1996), el Estado y los agentes externos no sólo deben proveer de incentivos "positivos" para la participación, sino también de incentivos "anti-negativos", que "… reducen el costo que otros actores externos podrían amenazar con imponer a aquellos involucrados en la construcción autónoma de capital social …" (p. 1098).[22] Este entorno favorable a la participación permite pasar de la resistencia cotidiana e indirecta al autoritarismo, a formas de relación que permiten la participación abierta en los espacios públicos.

c)   La integración como espacios pluralistas

La fragmentación y segmentación social existentes en muchos de nuestros países son el resultado de la ausencia de mecanismos integradores, sean éstos desde las bases o desde la llamada "sociedad mayor". Los vínculos entre lo micro y lo macrosocial son uno de los aspectos más complejos en la temática del capital social, porque conceptos como la confianza, las normas efectivas y las redes sociales tienden a ser analizados desde dos aproximaciones que no alcanzan a examinar en detalle los flujos desde las

---

[22]   Traducción del autor.

bases hacia arriba o desde arriba hacia las bases. Una primera aproximación tiende a ver el capital social como un agregado que se calcula sobre la base de índices de confianza, nivel de institucionalidad y densidad de organizaciones, lo que es comparado con otros índices como el PIB, la estabilidad política, y la desigualdad, entre otros. La segunda aproximación proviene de estudios de caso, muchos de los cuales no abordan en forma explícita la relación con las organizaciones externas y, menos aún, con el gobierno central. Los pocos trabajos que han enfocado en particular la relación entre el Estado y las organizaciones de base han ofrecido importantes lecciones sobre la sinergia y coproducción, pero se basan en experiencias y realidades concretas en torno de ciertos bienes públicos o comunes.

Esto significa que todavía nos encontramos ante una problemática que merece bastante análisis e investigación. Sin embargo, las lecciones aprendidas, sea de investigaciones parciales o del mismo análisis histórico, sí pueden brindar algunas ideas centrales acerca de la relevancia del capital social en la integración social. Existen quizás dos constataciones generales a las que se puede arribar:

- Los mecanismos formales para la integración social han sido deficientes, porque no garantizaban la plena representación de los sectores sociales mayoritarios. Esto incluye los mecanismos de participación política, el sistema de educación formal, los partidos políticos, los gremios y las organizaciones e instituciones como el Congreso y los gobiernos locales. En otras palabras, no han facilitado el desarrollo del capital social entre sectores, zonas geográficas y la constitución de una comunidad nacional. Por el contrario, han tendido a subrayar las diferencias y las divisiones, que han alimentado las prácticas personalistas y populistas de las autoridades gubernamentales y civiles.

- Las prácticas de integración, sean originarias de la sociedad civil o el Estado, han favorecido la centralización en la toma de decisiones creando interlocutores que con el tiempo pierden representatividad al aislarse de las bases e incentivando la formación de feudos políticos con sus respectivos caciques. Como bien indica Tanaka (2001):

"En este esquema, la participación y la representación siguen, a mi juicio, una lógica piramidal y corporativa. Las comunidades se expresan en organizaciones que, a su vez, lo hacen mediante dirigentes, y éstos, a su vez, son la voz de las demandas de los sectores populares ... Además, en la medida en que este esquema de participación presupone cierta homogeneidad de intereses en la base, considera también que la representación sigue básicamente un solo camino para lograr una mejor defensa de los intereses comunitarios ente el Estado: la "centralización" organizativa" (p. 15).

Sea por la ineficacia de las instituciones políticas o de las prácticas organizativas, las organizaciones de base rara vez han tenido la posibilidad de interactuar plenamente en relación con necesidades sentidas y lograr consensos totalmente democráticos en su interior y con otros actores sociales y políticos. Es en este proceso donde se retroalimenta el capital social, al ampliar las perspectivas y visiones del mundo y permitir una elección más rica entre opciones:

- • Salvo en los casos de comunidades muy aisladas y pobres, las poblaciones tienden a ser heterogéneas en términos de intereses y demandas. Es decir, la competencia política es parte de la constitución de estas comunidades, y un elemento esencial de la integración es fortalecer la capacidad de consenso y resolución de conflictos, que, paradójicamente, tiende a robustecerse en la medida en que exista competencia política. En diversos estudios, la competencia política se relaciona directamente con capital social y el éxito de la acción colectiva (Krishna y Uphoff, 1999; Evans, 1996; Heller, 1996; Lam, 1996). En la competencia, entendida ésta como abierta y con aceptación de todas las partes de las reglas básicas de juego, los ciudadanos sienten que tienen peso en las decisiones porque pueden elegir abiertamente las opciones. Al competir, las elites, a su vez, reconocen que el éxito político proviene de su acercamiento y de la capacidad de persuasión de las bases. Finalmente, resulta más difícil que las autoridades y funcionarios públicos se adueñen de los dirigentes populares mediante el clientelaje, porque la competencia promueve la descentralización del poder. Aunque parezca paradójico, con frecuencia la competencia promueve la acción asociativa y concertadora de las instituciones estatales.

- • Ante la debilidad de los mecanismos formales de representación, aspecto difícil de revertir en el corto plazo, muchas localidades en América Latina están optando por la generación de espacios públicos "semi-formales" que promueven la concertación. En Perú, en diversas provincias y distritos, se han creado mesas de concertación con diversos nombres y atribuciones, pero todas en procura de espacios de encuentro, diálogo, debate y, quizás, consensos entre diversos sectores de la ciudadanía. En la mayoría de los casos, el alcalde preside la mesa y tiene como una de sus funciones básicas el diseño de planes de desarrollo.

- Finalmente, la construcción de identidades políticas que superen a la comunidad también se puede lograr mediante lo que Ostrom (1996) llama un "sistema policéntrico" de relaciones entre las agencias públicas y las organizaciones de base. En estos sistemas, especialmente apropiados para la producción de bienes públicos y comunes, las decisiones finales con respecto a la distribución y administración de los bienes y servicios se realizan en conjunto entre el Estado y el usuario. Aunque le corresponde a los gobiernos (centrales o locales) asegurar las inversiones para la producción (agua, electricidad, educación, salud) por medio de troncales y otras obras de infraestructura, los criterios de diseño y distribución son acordados con los mismos usuarios. En estos procesos, la ciudadanía está más consciente del recurso y de la necesidad de su eficiente uso y, a su vez, tiene mayor capacidad para exigir resultados concretos por parte del Estado. En la jerga de los activistas políticos, permite pasar de la "protesta" a la "propuesta". En el proceso se van entendiendo mejor los mecanismos de toma de decisiones y, al mismo tiempo, las posibilidades de incidir sobre ellos. Uphoff y Wijayaratna (2000) han mostrado, en el caso de sistemas de riego en Sri Lanka, que la descentralización en la toma de decisiones en la distribución de un recurso natural no genera necesariamente conflictos frontales en el sistema general (en este caso, la cuenca), sino que facilita la acción colectiva por la vía de generar consensos y capacidades de presión sobre las burocracias centrales. Es decir, el manejo localizado genera conciencia acerca del sistema general y la necesidad de administrar mejor el bien común.

Los diversos eslabonamientos posibilitan, entonces, un mayor y mejor acceso a recursos mediante la retroalimentación entre los sectores de base y las institucionalidades mayores: esto permite planificar acciones a mediano y largo plazo que facilitan la administración de recursos, combinar la atención a necesidades urgentes de supervivencia con programas de mayor aliento conducentes a la sostenibilidad, y, finalmente, generar mayor identidad y compromiso ciudadano al integrar gobierno y sociedad en soluciones comunes.

C.   Construyendo capital social para el desarrollo

La construcción de capital social orientado al desarrollo sostenible sólo es posible si en cada sociedad nacional se generan eslabonamientos que permitan un mayor acceso a los recursos de sociabilidad. El capital social por naturaleza es excluyente, ya que los mismos mecanismos que alimentan la confianza, la reciprocidad y el respeto a las normas, tienden a beneficiar a unos y crear barreras para otros. Esto, en esencia, es lo que caracteriza a los grupos sociales: las fronteras que determinan quiénes participan y quiénes son excluidos.

Collier (1998), por ejemplo, examina cómo la interacción social produce tres tipos de externalidades: i) el conocimiento acerca de la conducta de otros; ii) el conocimiento acerca del entorno (no conductual); y iii) la reducción del oportunismo mediante transacciones repetidas. Las tres externalidades reducen los riesgos de la acción colectiva al disminuir los posibles desertores o polizontes (*free riders*). La interacción continua produce la información necesaria para acumular conocimientos y reducir el oportunismo mediante intercambios reiterativos. En la mayoría de los casos, las interacciones, especialmente las que conducen a conocimientos especializados y valiosos, tienen un efecto regresivo en el nivel social. Es decir, las redes que brindan conocimiento e información valiosa tienden a estar limitadas a los sectores con mayores recursos e ingresos. El acceso a estas redes es restringido.

El proceso de desarrollo, sin embargo, demanda que las oportunidades resultantes de la información, el conocimiento, las normas y la confianza sean lo más extendidas posibles. Como se ha examinado en este trabajo, esto sólo se puede lograr si se construyen los eslabonamientos entre los grupos excluidos y el resto de la sociedad. Para que los eslabonamientos sirvan de instrumento de desarrollo y no de dependencia, es necesario que existan las condiciones que anteriormente se señalaron con respecto al enriquecimiento de expectativas y el empoderamiento de las organizaciones micro, intermedias y estatales. El capital social se nutre de actores individuales y colectivos capaces de imaginar utopías sociales, políticas y económicas y de contribuir a su posible logro. Esta voluntad de cambio tiene que hacerse carne en organizaciones empoderadas en todos los niveles de la estructura social, capaces de proponer alternativas, de negociarlas y resolver conflictos.

En el cuadro VIII.2, se intenta resumir algunas de las principales áreas en las que los vínculos entre los pobres y excluidos con las organizaciones intermedias y estatales podrían enriquecer el capital social y la solidaridad existentes en las bases sociales. Para ello, se ha tomado cada una de las fuentes de capital social (la confianza, las normas efectivas y las redes sociales), indicando los principales problemas y limitaciones que existen al respecto en las sociedades latinoamericanas. Sobre la base de esta identificación, las

Cuadro VIII.2
ÁREAS DE FORTALECIMIENTO Y CONSTRUCCIÓN DE CAPITAL SOCIAL

Fuentes de capital social	Descriptores - Problemas	Área de fortalecimiento	Funciones del eslabonamiento vertical
Confianza. Creencia que las acciones intencionadas de otros estarán de acuerdo a nuestras expectativas. Es necesario enriquecer estas expectativas	Los pobres tienden a compartir visiones del mundo bastante restringidas que necesitan ser enriquecidas. Los niveles bajos en capacidades generan desconfianza en la competencia de los miembros de la comunidad.	• Ideologías de cambio socia. • Acceso a visiones alternativas y competitivas de desarrollo. • Conciencia ambiental y ciudadana. • Formación de líderes. • Capacidad técnico-productiva.	• Enriquecer visiones del mundo y alternativas de desarrollo. • Fortalecer autoestima y dominio sobre destino de la vida • Brindar respuestas innovadoras a los retos actuales • Acción educativa en las escuelas. educación de adultos • Capacitación en liderazgo, formación de agentes catalizadores. • Aplicación de proyectos piloto —demostrativos con participación comunal y orientados a la demanda.
Normas efectivas e institucionalidad. El cumplimiento de las reglas y la capacidad de sancionar dependen de la institucionalidad y legitimidad de las organizaciones sociales	Organizaciones de base: Su accionar está fuertemente orientado a la supervivencia y bienes básicos. Sobredemanda de tiempo y recursos. Dependencia de actores externos.	• Gestión organizativa – autonomía. • Legalización y capacidad de sanción – autocontrol. • Acceso a sistema judicial.	• Apoyar en el establecimiento de formas organizativas transparentes y con capacidad de delegación y de proyección a largo plazo. • Diseño de esquemas participativos que eviten sobrecarga e injusta demanda sobre los recursos de los pobres. • Lograr reconocimiento legal de organizaciones territoriales y de ayuda mutua. Descentralizar acceso a la administración de justicia.
Es necesario empoderar a las organizaciones para que cumplan este propósito	Organizaciones intermedias: Debilitamiento de sectores medios reformistas: falta de recursos y posibilidades de escalar acciones.	• Acceso a recursos financie·os. • Capacidad de incidencia en políticas y planes públicos. • Extender puentes con pobres.	• Fortalecer vínculos con las bases y el Estado para establecer sinergia. • Financiamiento de proyectos de larga maduración que permitan mayores impactos. • Mayor seguridad legal para garantizar su autonomía.
	Institucionalidad estatal: Larga tradición clientelista y populista personifica al poder. Creciente sentimiento antiestatista.	• Capacidad de planeamiento. • Cultura de servicio. • Transparencia y rendición de cuentas.	• Establecer mecanismos y espacios para la consulta/vigilancia ciudadana, orientados por la demanda. • Capacitar a funcionarios en áreas de desarrollo priorizadas y ligar carrera con resultados en comunidades en que están destacados • Aumentar atribuciones locales bajo criterio de subsidiariedad.

Continúa.

Cuadro VIII.2 (conclusión)

Fuentes de capital social	Descriptores - Problemas	Área de fortalecimiento	Funciones del eslabonamiento vertical
Densidad de redes La principal función de las redes es brindar oportunidades para la acción colectiva.	Acceso a recursos: Las redes de los pobres ofrecen pocas oportunidades, mientras que el Estado tiene restricciones presupuestarias.	• Sinergia entre Estado y sociedad. • Prácticas de coproducción. • Intercambio de información.	• Propiciar eslabonamientos orientados por las demandas mutuas entre Estado y ciudadanía. • Reconocer y potenciar la dotación de capital social existente y construir sobre la base de éste. • Dar mayor voz a los pobres en la programación de gastos y presupuestos.
Es necesario fortalecer los eslabonamientos verticales para extender el acceso a recursos y generar sinergia	Planeamiento: La pobreza y el populismo han generado un círculo vicioso de cortoplazismo.	• Capacidad planificadora. • Mecanismos participativos. • Ejercicio de autoridad.	• Lograr una visión clara de las expectativas y necesidades de los diversos actores. • Incentivar la participación, reduciendo temor a la represión. • Generar compromisos entre las partes para llevar a cabo los planes y medidas acordadas.
	Integración pluralista: El clientelismo ha generado una sociedad segmentada que compite por los favores del Estado o mercado.	• Espacios de encuentro y consenso. • Identidad política y ciudadana. • Representación de intereses.	• Propiciar la creación de mesas de concertación en el territorio nacional. • Asegurar la competencia política sobre la base del respeto a reglas comunes que permitan el pleno ejercicio de la opción ciudadana. • Establecer mecanismos policéntricos de toma de decisiones que permitan una mayor identidad ciudadana en torno del territorio.

Fuente: Elaboración propia.

columnas que siguen sugieren algunas de las acciones que serían necesarias para revertir las limitaciones identificadas y fortalecer el capital social como instrumento de cambio y desarrollo. En términos generales, las recomendaciones principales son:

1.   Enriquecer las expectativas de los pobres como mecanismo básico para fortalecer la confianza en el cambio social y reducir su aversión al riesgo

Se ha señalado que la confianza se sustenta en expectativas compartidas y que éstas incluyen: i) lo que se espera del futuro (las visiones del mundo), ii) cuán competentes son los demás para asumir los retos de transformación de la realidad, y iii) qué seguridad existe de que los demás cumplan sus obligaciones.

La pobreza, la falta de información, los bajos niveles de capacidades y la falta de acceso a mecanismos apropiados de control y sanción, hacen que la mayoría de nuestros ciudadanos tengan límites severos en su confianza en relación con los procesos de cambio y desarrollo. El enriquecimiento de sus expectativas difícilmente ocurrirá como una sucesión de actos espontáneos o "naturales" que nazcan de la solidaridad popular. Esta solidaridad es sólo una base esencial, más no suficiente, para comenzar un proceso de enriquecimiento de expectativas que deberá provenir de relaciones con otros grupos y sectores, especialmente el Estado y organizaciones intermediarias abocadas al cambio social. Las lecciones aprendidas en diversas experiencias de promoción del desarrollo permiten sugerir mecanismos para enriquecer las expectativas y fortalecer la confianza (véase el cuadro VIII.2).

2.   Empoderar a las organizaciones de la sociedad para que tengan capacidad de diseñar normas y su respectiva sanción como mecanismos destinados a afianzar el respeto a reglas y el dominio de la ley

Nuestras sociedades sufren de débil institucionalidad en la sociedad civil y en el Estado, esto personaliza o informaliza las relaciones sociales al punto que conduce al particularismo y no al universalismo necesario para crear sociedades justas. El capital social es más productivo cuando la reciprocidad es generalizada y no específica, o sea, totalmente dependiente de contextos y coyunturas. El particularismo, además, conduce al corto plazo, al beneficio inmediato, y no a la construcción de proyectos de largo aliento. Es por esta razón que nuestras organizaciones de base, a pesar de contar con alta solidaridad, terminan con frecuencia dependiendo de relaciones de clientelaje y de la práctica del populismo. La debilidad institucional se extiende, sin embargo, al Estado y las organizaciones intermedias, dificultando más aún la construcción de relaciones saludables con las bases sociales. El fortalecimiento de las instituciones sociales se convierte así en un aspecto fundamental para consolidar y construir el capital social orientado al desarrollo.

3.   **Finalmente, es necesario construir eslabonamientos verticales entre las organizaciones de base y el resto de la sociedad para distribuir mejor los recursos disponibles en ésta, garantizar su sostenibilidad y extender las oportunidades a todos los sectores sociales.**

Vivimos en sociedades segmentadas y atomizadas, en las que las redes que tienen acceso a recursos y oportunidades son pocas y favorecen a los sectores de mayor poder económico y político. Sólo ampliando los espacios de participación cívica es posible revertir esta situación y comenzar a generar acciones y proyectos mutuamente beneficiosos. Se han mencionado diversas experiencias exitosas en las que se ha logrado la colaboración entre las organizaciones populares y el Estado u organizaciones intermedias. Sea por medio de la generación de sinergia, la coproducción o la planificación participativa, se han logrado acciones de desarrollo en múltiples áreas: saneamiento ambiental, salud, manejo de cuencas, sistemas de riego, desarrollo local, entre otros. El reto es lograr que estas experiencias, normalmente de carácter piloto y locales, se transformen en prácticas constitutivas de nuestras estructuras sociales nacionales.

La introducción del concepto de capital social en la literatura del desarrollo ha permitido generar mayor conciencia sobre la importancia de la sociabilidad en los procesos de transformación social. Al mismo tiempo, ha hecho más compleja la agenda de desarrollo, al incorporar un dominio cruzado por múltiples variables que combinan aspectos pronunciadamente subjetivos (creencias, ideologías, simbologías, voluntades) con otros objetivos (efectividad de normas, acceso a recursos, constitución de redes). Esta complejidad, que a primera vista pareciera complicar las estrategias de desarrollo, es, sin embargo, la principal esperanza para el cambio social, puesto que no limita la conducta humana a un número reducido de variables y relaciones estrictamente causales. En otras palabras, la complejidad permite idear múltiples caminos para alcanzar el desarrollo. Todos ellos, no obstante, apuntan hacia la imperiosa necesidad de construir vínculos y eslabonamientos verticales y horizontales como mecanismos indispensables para ampliar nuestra sociabilidad, distribuir mejor los recursos societales y lograr sociedades sostenibles.

Bibliografía

Adler, Paul S. y Seok-Woo Kwon (1999), "Social Capital: The Good, The Bad, and The Ugly", versión preliminar (www.worldbank.org/poverty/scapital/library/papers.htm), agosto.

Balbi, Carmen Rosa y Julio Gamero (1996), "El otro divorcio de Fujimori", *Quehacer, revista bimestral del Centro de Estudios y Promoción del Desarrollo-DESCO*, N° 103, septiembre-octubre.

Barber, Bernard (1983), *The Logic and Limits of Trust*, New Brunswick, Nueva Jersey, Rutgers University Press.

Bebbington, Anthony (1999), "Capital and capabilities: a framework for analyzing peasant viability, rural livelihoods and poverty", *World Development*, vol. 27, N° 12.

Boudon, Raymond (1989), *The Analysis of Ideology*, Chicago, Illinois, The University of Chicago Press.

Coleman, James S. (1994), *Foundations of Social Theory*, Cambridge, Massachusetts, Harvard University Press.

Collier, Paul (1998), "Social Capital and Poverty", Social Capital Initiative Working Paper, N° 4, Washington, D.C., Banco Mundial, noviembre.

Conterno, Elena (1999), "Evaluación de estrategias de lucha contra la pobreza en el Perú: análisis a nivel de programas y proyectos", *¿Cómo reducir la pobreza y la inequidad en América Latina?*, Enrique Vásquez (comp.), Lima, Programa Latinoamericano de Políticas Sociales/Centro Internacional de Investigaciones para el Desarrollo (CIID).

Chevarría, Carlos (2000), "Impacto de la intervención de ARARIWA en la Microcuenca de Patacancha (Cusco)", *Cooperación externa, ONG y desarrollo*, Lima, Escuela para el Desarrollo.

Díaz-Albertini, Javier (2001), "La participación política de las clases medias y las ONGDs en el Perú de los noventa", *América Latina Hoy*, Instituto de Estudios de Iberoamérica y Portugal, Universidad de Salamanca.

___(1995), "Las ideologías, los profesionales y la representación de lo social", *Plural. Revista del Programa de Estudios Generales de la Universidad de Lima*, año 1, N° 1, julio-diciembre.

___(1993), "Nonprofit advocacy in weakly institutionalized political systems: the case of NGDOs in Lima, Peru", *Nonprofit and Voluntary Sector Quarterly*, vol. 22, N° 4.

___(1991), "Non-government organisations and the grassroots in Peru", *Voluntas, International Journal of Voluntary and Non-Profit Organizations*, vol. 2, N° 1.

___(1990), "Development as Grassroots Empowerment: An Analytic Review of NGDO Programs in Lima, Peru. Program on Non-Profit Organizations", Working Paper, N° 157, Universidad de Yale.

Durston, John (2000), *¿Qué es el capital social comunitario?*, serie Políticas sociales, N° 38 (LC/L.1400-P), Santiago de Chile, Comisión Económica para América Latina y el Caribe (CEPAL), julio. Publicación de las Naciones Unidas, N° de venta: S.00.II.G.38.

___(1999), "Construyendo capital social comunitario", *Revista de la CEPAL*, N° 69 (LC/G.2067-P), Santiago de Chile, diciembre.

Edwards, Michael (1999), "Enthusiasts, Tacticians and Sceptics: The World Bank, Civil Society and Social Capital" (www.worldbank.org/poverty/scapital/library/papers.htm).

Evans, Peter (1996), "Government action, social capital and development: reviewing the evidence on synergy", *World Development*, vol. 24, Nº 6.

Fox, Jonathan (1996), "How does civil society thicken? The political construction of social capital in rural Mexico", *World Development*, vol. 24, Nº 6.

Friedmann, John (1996), *Empowerment: The Politics of Alternative Development*, Cambridge, Massachusetts.

Fukuyama, Francis (1996), *Confianza*, Buenos Aires, Editorial Atlántida.

Gonzales de Olarte, Efraín (1998), *El neoliberalismo a la peruana: economía política del ajuste estructural, 1990-1997*, Lima, Instituto de Estudios Peruanos (IEP)/Consorcio de Investigación Económica.

Gonzales de Olarte, Efraín y Lilián Samamé (1991), *El péndulo peruano: políticas económicas, gobernabilidad y subdesarrollo, 1963-1990*, Lima, Consorcio de Investigación Económica/Instituto de Estudios Peruanos (IEP).

Granovetter, Mark (1986), "Labor mobility, internal markets and job matching: a comparison of sociological and economic approaches", *Research in Social Stratification and Mobility*, vol. 6.

___(1973), "The strength of weak ties", *American Journal of Sociology*, vol. 78, Nº 6.

Grootaert, Christiaan (1998), "Social Capital: The Missing Link?", Social Capital Initiative Working Paper, Nº 3, Washington, D.C., Banco Mundial, abril.

Guimarães, Roberto P. (1996), "¿El Leviatán en extinción? Notas sobre reforma del Estado en América Latina", *Situación*, Nº 1996/1, Banco Bilbao Vizcaya, junio.

Heller, Patrick (1996), "Social capital as a product of class mobilization and state intervention", *World Development*, vol. 24, Nº 6.

Hirschman, Albert O. (1984), *Getting Ahead Collectively. Grassroots Experiences in Latin America*, Nueva York, Pergamon Press.

Hulme, David y Michael Edwards (1997), "NGOs, states and donors: an overview", *NGOs, States and Donors: Too Close for Comfort*, David Hulme y Michael Edwards (comps.), Nueva York, St. Martin's Press.

Kähkönen, Satu (1999), "Does Social Capital Matter in Water and Sanitation Delivery? A Review of the Literature", Social Capital Initiative Working Paper, Nº 9, Washington, D.C., Banco Mundial, mayo.

Kliksberg, Bernardo (2000), "Diez falacias sobre los problemas sociales de América Latina", *Socialismo y participación*, Nº 89, Lima, diciembre.

___(1999), "Capital social y cultura, claves esenciales del desarrollo", *Revista de la CEPAL*, Nº 69 (LC/G.2067-P) , Santiago de Chile, diciembre.

Knack, Stephen (1999), "Social Capital, Growth and Poverty: A Survey of Cross-Country Evidence", Social Capital Initiative Working Paper, Nº 7, Washington, D.C., Banco Mundial, abril.

Krishna, Anirudh y Norman Uphoff (1999), "Mapping and Measuring Social Capital", Social Capital Initiative Working Paper, Nº 13, Washington, D.C., Banco Mundial, junio.

Krishna, Anirudh y Elizabeth Shrader (1999), "Social Capital Assessment Tool", ponencia preparada para la Conferencia en Capital Social y Reducción de la Pobreza, organizado por el Banco Mundial (Washington, D.C., junio) (www.worldbank.org/poverty/ scapital/library/papers.htm).

Lam, Wai Fung (1996), "Institutional design of public agencies and coproduction: a study or irrigation associations in Taiwan", *World Development*, vol. 24, Nº 6.

Lommitz, Larissa y Ana Melnick (1991), *Chile's Middle Class: A Struggle for Survival in the Face of Neoliberalism*, Colorado, Lynne Rienner Publishers.

López, Sinesio (1997), *Ciudadanos reales e imaginarios: concepciones, desarrollo y mapas de la ciudadanía en el Perú*, Lima, Instituto de Diálogo y Propuestas.

Misztal, Barbara A. (1996), *Trust in Modern Societies*, Cambridge, Massachusetts, Polity Press.

Murakami, Yusuke (2000), *La democracia según C y D: un estudio de la conciencia política y el comportamiento político de los sectores populares en Lima*, Lima, Instituto de Estudios Peruanos (IEP)/The Japan Center of Area Studies.

Narayan, Deepa (1999), "Bonds and Bridges: Social Capital and Poverty", Washington, D.C., Banco Mundial (www.worldbank.org/poverty/scapital/library/papers.htm), julio.

Olson, Mancur (1965), *The Logic of Collective Action*, Cambridge, Massachusetts, Harvard University Press.

Ostrom, Elinor (1996), "Crossing the great divide: coproduction, synergy and development", *World Development*, vol. 24, Nº 6.

___(1992), *Crafting Institutions for Self-Governing Irrigation Systems*, San Francisco, ICS Press.

Paldam, Martin y Tinggaard Svendsen Gert (1999), "Is Social Capital an Effective Smoke Condenser? An Essay on a Concept Linking the Social Sciences", Social Capital Initiative Working Paper, Nº 11, Washington, D.C., Banco Mundial, mayo.

Pantoja, Enrique (1999), "Exploring the Concept of Social Capital and its Relevance for Comunity-Based Development: The case of Coal Mining Areas in Orissa, India", Social Capital Initiative Working Paper, Nº 18, Washington, D.C., Banco Mundial, octubre.

Portocarrero, Felipe y Armando Millán (2001), *Perú: ¿país solidario?*, Lima, Centro de Investigación, Universidad del Pacífico.

Portocarrero, Felipe y otros (2001), *El tercer sector en el Perú: una aproximación cuantitativa*, Lima, Centro de Investigación, Universidad del Pacífico/The Johns Hopkins University.

___(2000), "El Tercer Sector en el Perú", Lima, Centro de Investigación, Universidad del Pacífico.

Putnam, Robert, Robert Leonardi y Rafaella Nanetti (1993), *Making Democracy Work: Civic Tradition in Modern Italy*, Princeton, Nueva Jersey, Princeton University Press.

Rose, Richard (1998), "Getting Things Done in an Anti-Modern Society: Social Capital Networks in Russia", Social Capital Initiative Working Paper, Nº 6, Washington, D.C., Banco Mundial, noviembre.

Rossing Feldman, Tine y Susan Assaf (1999), "Social Capital: Conceptual Frameworks and Empirical Evidence (An Annotated Bibliography)", Social Capital Initiative Working Paper, Nº 5, Washington, D.C., Banco Mundial, enero.

Rudé, George (1980), *Ideology and Popular Protest*, Nueva York, Praeger Publications.

Ruiz Bravo, Patricia y Percy Bobadilla (1993), *Con los zapatos sucios*, Lima, Escuela para el Desarrollo.

Salamon, Lester M. y otros (1999), *Nuevo estudio del sector emergente, resumen*, Madrid, Centro de Estudios sobre la Sociedad Civil/Universidad Johns Hopkins/Sociedad Anónima de Fotocomposición.

Scott, James C. (1985), *Weapons of the Weak: Everyday Forms of Peasant Resistance*, New Haven, Connecticut, Yale University Press.

Tanaka, Martín (2001), *Participación popular en políticas sociales*, Lima, Instituto de Estudios Peruanos (IEP).

Tanaka, Martín y Patricia Zárate (2000), *Valores democráticos y participación ciudadana en el Perú*, Lima, Instituto de Estudios Peruanos (IEP).

Uphoff, Norman y C.M. Wijayaratna (2000), "Demonstrated benefits from social capital: the productivity of farmer organizations in Gal Oya, Sri Lanka", *World Development*, vol. 28, N° 11, noviembre.

Valderrama, Mariano (1998), "Cambio y fortalecimiento institucional de las ONGDs en América Latina: El caso del Perú", *Cambio y fortalecimiento institucional de las Organizaciones No Gubernamentales en América Latina*, Mariano Valderrama y Luis Pérez (comps.), Buenos Aires, Programa de fortalecimiento Institucional y Capacitación de Organizaciones No Gubernamentales (FICONG)/Asociación Latinoamericana de ONGs (ALOP).

Valderrama, Mariano, Federico Negrón y Mario Picón (2000), *La contribución de la cooperación privada al desarrollo del Perú*, Lima, Coordinadora de Entidades Extranjeras de Cooperación Internacional.

Vásquez, Enrique (2000), *Impacto de la inversión social en el Perú*, Lima, Centro de Investigación, Universidad del Pacífico/Centro Internacional de Investigaciones para el Desarrollo (CIID).

Wasserman, Stanley y Katherine Faust (1994), *Social Network Analysis: Methods and Applications*, Cambridge University Press.

Capítulo IX

La pobreza en la ciudad: capital social y políticas públicas

*Guillermo Sunkel**

A.   La problemática

El concepto de capital social ha entrado en el debate académico y en las agencias internacionales —como el Programa de las Naciones Unidas para el Desarrollo (PNUD), el Banco Interamericano de Desarrollo (BID) y también la Comisión Económica para América Latina y el Caribe (CEPAL)— incluyendo una iniciativa especial del Banco Mundial. Este último ha identificado al capital social como un componente integral del desarrollo social y económico, tanto a nivel micro como macro. En uno de sus documentos, el Banco Mundial señala: "El capital social se refiere a las instituciones, relaciones y normas que conforman la calidad y cantidad de las interacciones sociales de una sociedad. Estas relaciones permiten a los actores movilizar recursos y lograr metas comunes, que pueden beneficiar a la sociedad en su conjunto o a un determinado grupo" (Banco Mundial, s/f). Reconociendo el potencial del capital social, el Banco Mundial ha destinado recursos para investigar de qué manera este componente habilita a los sectores pobres para participar y beneficiarse del proceso de desarrollo.

*   Consultor externo de la División de Medio Ambiente y Asentamientos Humanos, CEPAL, gsunkel@chile.com.

El concepto entra en la discusión intelectual a raíz de la obra pionera de Robert Putnam sobre los gobiernos locales en Italia (Putnam, 1993). En este trabajo, Putnam encontró una alta correlación entre el desempeño de los gobiernos locales y la tradición cívica de la región en la que se encontraban insertos. Estas regiones se caracterizaban por la presencia de organizaciones comunitarias activas, el interés por los asuntos públicos, la confianza en la actuación pública y el respeto a la ley, las redes sociales y políticas horizontales, el escaso clientelismo, y la valoración de la solidaridad y participación cívica. A partir de esta investigación, Putnam plantea que el capital social es el principal factor explicativo de la riqueza de estas comunidades.

Otro aporte importante lo realizó Bourdieu (1985), quien definió capital social como el agregado de los recursos reales o potenciales que se vinculan a la posesión de una red duradera de relaciones más o menos institucionalizadas de conocimiento o reconocimiento mutuo. Su tratamiento del concepto es instrumental y se concentra en los beneficios que reciben los individuos en virtud de su participación en grupos, y en la construcción deliberada de la sociabilidad con el objetivo de crear ese recurso. Su definición aclara que el capital social puede descomponerse en dos elementos: primero, la relación social misma, que permite a los individuos reclamar acceso a los recursos poseídos por sus asociados y, segundo, el monto y la calidad de esos recursos.

Por su parte, Coleman (1990) define capital social según su función: «no es un ente aislado sino más bien una variedad de entes diferentes con dos elementos en común: consisten en algunos aspectos de las estructuras sociales y facilitan ciertas acciones de los actores en la estructura» (Coleman, 1990). Coleman indica que el capital social se presenta tanto en el plano individual como en el colectivo.

En la CEPAL, Durston (2001) define el capital social «como el contenido de ciertas relaciones sociales: las actitudes de confianza y las conductas de reciprocidad y cooperación, que hacen posible mayores beneficios que los que podría lograrse sin estos activos». Luego, Durston postula que existen dos tipos de capital social: uno individual y otro comunitario (o colectivo). El capital social individual «consta del crédito que ha acumulado la persona en la forma de la reciprocidad difusa que puede reclamar en momentos de necesidad, a otras personas para las cuales ha realizado, en forma directa o indirecta, servicios o favores en cualquier momento en el pasado» (Durston, 2000, p. 21). En cambio, el capital social comunitario «consta de las normas y estructuras que conforman las instituciones de cooperación grupal. Reside, no en las relaciones interpersonales diádicas, sino en estos sistemas complejos, en sus estructuras normativas, gestionadoras y sancionadoras» (Durston, 2000, p. 22).

Desde esta perspectiva, el capital social es una propiedad de las estructuras sociales. En su aspecto individual toma la forma de redes interpersonales que permiten vincularse con los otros en intercambios sociales, contactos y favores, pero en su sentido colectivo se refiere a la institucionalización de las relaciones de cooperación y ayuda recíproca en el marco de organizaciones, empresas, comunidades locales y grupos que integran la sociedad civil. En esta lógica, el capital social comunitario es más que las redes sociales y da forma a instituciones colectivas.

En la creciente literatura sobre capital social algunos temas aparecen frecuentemente tratados. Estos "temas" pueden ser considerados como aspectos o dimensiones del capital social.

"Participación en redes". En todos los usos del concepto aparece como clave la noción de redes de relaciones entre individuos y grupos. Las personas se involucran con otras a través de diversas asociaciones, las que son voluntarias y equitativas. El capital social no puede ser generado por individuos que actúan por sí mismos, depende de la tendencia a la sociabilidad, de la capacidad para formar nuevas asociaciones y redes.

"Reciprocidad". El capital social no implica el intercambio formal e inmediato del contrato legal, sino una combinación de altruismo de corto plazo e interés personal en el largo plazo. El individuo provee un servicio a otro o actúa para el beneficio de otros con un costo personal, pero en la expectativa de que este "servicio" le será devuelto en algún momento en el futuro en caso de necesidad. En una comunidad donde la reciprocidad es fuerte, las personas se preocupan por los intereses de los otros.

"Confianza". La confianza implica la voluntad de aceptar riesgos, lo que supone que otras personas responderán como se espera, ofreciendo apoyo mutuo, o al menos sin intención de causar daño.

"Normas sociales". Las normas sociales proveen un control social informal que obvia la necesidad de acciones legales e institucionalizadas. Las normas sociales generalmente no están escritas, pero son comprendidas por todos, tanto para determinar qué patrones de comportamiento se esperan en un contexto social dado, como para definir qué formas de comportamiento son valoradas o socialmente aprobadas. Hay quienes argumentan que ahí donde el capital social es alto, la criminalidad es baja y existe escasa necesidad de un control policial más formal. Por el contrario, ahí donde existe un bajo nivel de confianza y pocas normas sociales las personas se involucrarán en una acción colectiva solamente en un sistema de reglas y regulaciones formales.

"Proactividad". Lo que está implícito en varias de las categorías anteriores es un sentido de eficacia personal y colectiva. El desarrollo del capital social requiere del involucramiento activo de los ciudadanos en una comunidad. Ello es enteramente distinto a recibir servicios aunque éstos sean de derechos humanos. El capital social se refiere a las personas como creadoras y no como víctimas.

En este documento asumimos que éstas son dimensiones que permitirían investigar empíricamente el capital social en una comunidad concreta. Pero, además, se asume que el capital social constituye un recurso. Siguiendo a Kaztman, consideramos que el capital social se refiere, en líneas gruesas, "a los recursos instalados en una red que pueden ser movilizados por quienes participan en ella para el logro de metas individuales y colectivas" (Kaztman, 2001b).

Al hablar de capital social como recurso, se destaca la oportunidad de acumulación. El capital social es un recurso acumulable que crece en la medida en que se hace uso de él y se devalúa si no es renovado. La acumulación descansa sobre círculos virtuosos, donde la memoria de experiencias exitosas de confianza produce su renovación fortalecida. Pero también existen círculos viciosos, donde la falta de confianza socava la cooperación y termina por incrementar la desconfianza. Un documento del Banco Mundial recuerda que la posibilidad de acumular capital social supone también el riesgo de una distribución concentrada y segmentada. O sea, puede existir una acumulación desigual, que aumente el capital social de aquellos que disponen de mayores niveles de ingreso y educación. En cambio, personas con bajos niveles de ingreso y educación, o sea, más necesitados de este recurso, pueden ver obstaculizada su oportunidad de acumulación.

La acumulación y distribución del recurso significa que el capital social puede tener distintas graduaciones. Hay niveles mayores o menores de capital social. Esta disponibilidad diferenciada puede obedecer a desniveles sociales (nivel educacional y económico), a diferencias sociodemográficas (género, edad) o geográficas (urbano-rural, capital-provincia).

Al enfocar el capital social como un recurso se subraya también su movilidad. El capital social no estaría restringido a su ámbito de origen, sino que podría ser transferido a otro campo. Sin embargo, la posibilidad de "conversión" del capital social en insumos directamente productivos debe ser tomada con cautela.

Este documento se propone vincular esta discusión sobre capital social con aquella otra sobre la pobreza urbana. Antes de entrar en el tema, interesa resaltar tres puntos. El primero se refiere a la definición de pobreza; dado que al utilizar como criterio de definición la línea de pobreza —entendida principalmente en términos de ingreso monetario— quedan incluidos grupos tan diversos como trabajadores con bajos ingresos, pescadores, cesantes, pueblos, nativos, y otros. Es decir, grupos extremadamente heterogéneos que carecen de un principio de identidad. Esto contiene la paradoja de que un pobre consiste precisamente en la negación de la identidad: es el que nada tiene (Bengoa, 1996).

El segundo punto es que el tema del capital social representa una visión positiva de la capacidad de la gente para superar las limitaciones debilitantes de la pobreza. Esta visión supone que los pobres tienen el potencial de atenuar esas desigualdades por medio de sus iniciativas personales de autoayuda (creación de redes), utilizando sus relaciones sociales para compensar su carencia de capital humano o material (enfoque de capital social) y mediante la organización colectiva.

El tercero es que el tema del capital social implica una promesa. Ésta es que el uso de este enfoque permitirá establecer criterios de intervención que producirían un fortalecimiento de la integración social y las oportunidades de bienestar.

En las secciones que siguen se examinan los siguientes temas. En la sección B se discuten algunos rasgos de los procesos de exclusión social de los pobres urbanos. La sección comienza con una descripción de las principales tendencias en la evolución reciente de la pobreza urbana. En la sección C se analizan tres dimensiones del capital social de los sectores populares urbanos. Ellos son: las percepciones de confianza, reciprocidad y seguridad, la participación en la comunidad y las redes interpersonales. En la sección D se aborda el tema del fortalecimiento del capital social de los pobres urbanos. Se consideran tres aspectos: las condiciones que requiere la producción de capital social; la participación de los sectores populares en programas sociales; y algunos criterios para el fortalecimiento del capital social.

B.   Exclusión social y pobreza urbana

La presente sección examina algunos rasgos de los procesos de exclusión social de los pobres urbanos. En una primera parte se describen las principales tendencias en la evolución reciente de la pobreza urbana. En los acápites siguientes se analizan los procesos de exclusión social en tres ámbitos distintos: laboral, educativo y territorial. El análisis en cada uno de estos ámbitos se centra en los mecanismos que subyacen a estos procesos y en las características que asume la exclusión.

1.   Tendencias y perfil de la pobreza urbana

Interesa primeramente mencionar algunas de las principales tendencias en la evolución reciente de la pobreza urbana:[1]

---

[1]   Las tendencias que se mencionan a continuación se encuentran desarrolladas en Arriagada, 2000.

a) Proceso de «urbanización de la pobreza». Pobreza que pasó a localizarse mayoritariamente en zonas urbanas a mediados de los años ochenta; con anterioridad la mayoría de los pobres de la región se encontraban en el medio rural. A fines de los años noventa, 6 de cada 10 pobres habitaban en zonas urbanas. La urbanización de la pobreza se estabiliza en alrededor del 62% entre 1994 y 1997.

Cuadro IX.1
AMÉRICA LATINA: CAMBIOS EN LA DISTRIBUCIÓN URBANO/RURAL
DE LA POBLACIÓN POBRE, 1970-1990

Año	Pobres (miles de personas) a/			Pobres (porcentaje)		
	Urbano	Rural	Total	Urbano	Rural	Total
1970	44 200	75 600	119 800	37	63	100
1980	62 900	73 000	135 900	46	54	100
1986	94 400	75 800	170 200	55	45	100
1990 b/	115 500	80 400	195 900	59	41	100

Fuente: Camilo Arriagada y Ricardo Lagos Weber, "Dinámica poblacional, pobreza y mercado de trabajo", *Población, pobreza y mercado de trabajo en América Latina*, Camilo Arriagada y Ricardo Lagos Weber (comps.), Santiago de Chile, Equipo Técnico Multidisciplinario (ETM), Organización Internacional del Trabajo (OIT), 1998.
a/ Personas con ingresos inferiores a la línea de pobreza. Incluye a las personas que viven en situación de indigencia.
b/ Estimación para 19 países de la región.

b) América Latina ha experimentado un cambio en la estructura de la pobreza, con un reemplazo bastante avanzado de una pobreza «estructural», expresada de acuerdo a indicadores de necesidades básicas (NBI) e ingresos insuficientes, por otra expresada a través de los indicadores monetarios. América Latina se diferencia por su más claro predominio de la pobreza económica.

c) Creciente gravitación de las ciudades intermedias. El proceso de urbanización regional reconoce que las ciudades intermedias han sido los centros más dinámicos desde el punto de vista demográfico: son las que tienen mayores tasas de crecimiento. En este contexto, la tendencia es que los distintos países de la región reportan mayores porcentajes de pobreza en las ciudades intermedias que en las metrópolis.

La pobreza de las ciudades intermedias reviste mayores grados de complejidad que la que afecta a las metrópolis. Hay un porcentaje más elevado de «pobreza crónica» (NBI) con mayores desventajas en el plano del empleo y la educación. Además, involucra significativamente pobreza rural transferida a la ciudad; es decir, se trata de lugares donde la transición rural-urbana se hace más visible.

d) Las grandes urbes siguen concentrando una proporción importante de la pobreza en la región. Por otra parte, en las grandes urbes tiende a presentarse un tipo de pobreza más puramente económica.

e) Los datos indican que la tendencia principal entre los países de la región ha sido un proceso más rápido de reducción de la pobreza urbana en sus áreas metropolitanas que en las ciudades intermedias. Pero hay excepciones.

Aunque las grandes urbes están afectadas por un menor porcentaje de pobreza que las demás localidades urbanas, ellas concentran cantidades importantes de la pobreza total que existe en la región y cuya reducción, además, parece estar comenzando a estancarse. En lo que sigue nos referiremos principalmente a la pobreza urbana en las áreas metropolitanas.

2.   Segmentación laboral

La exclusión social se caracteriza por el debilitamiento o quiebre de los vínculos que unen al individuo con la sociedad. Estos vínculos se refieren, en primer lugar, a aquellos que el individuo establece con el mercado de trabajo, ya que éste no sólo es su principal fuente de ingresos sino que además, y por su intermedio, su familia de pertenencia obtiene estatus e integración al sistema social. Interesa referirse primeramente a los mecanismos que influyen en particulares formas de exclusión de los pobres urbanos del mercado de trabajo.

Una primera forma de exclusión se refiere a aquellas personas que estando activas en el mercado del trabajo se encuentran sin empleo. Sobre este aspecto cabe destacar que actualmente, y a diferencia de lo que ocurría en la década de 1970 y hasta mediados de los años ochenta, la desocupación es una de las principales causas de la pobreza. Por una parte, entre los hogares más pobres la tasa de desocupación es significativamente más alta que en otros grupos socioeconómicos. Así, en los hogares pobres —sobre todo entre los indigentes— la tasa de desocupación ha llegado a ser 20 veces mayor que entre los hogares del quintil más alto. Por otra parte, la desocupación en los hogares pobres es bastante diferente según género, y las mujeres son quienes registran tasas de desocupación más elevadas.

Cuadro IX.2
AMÉRICA LATINA (PAÍSES ORDENADOS POR NIVEL DE URBANIZACIÓN):
EVOLUCIÓN DE LA POBREZA SEGÚN ÁREA, AÑOS NOVENTA

País/área	Porcentaje de hogares pobres			Tasa de variación anual		Porcentaje de hogares indigentes			Tasa de variación anual	
	1990/1991	1994/1995	1997/1998	1990/1994	1994/1997 (1998)	1990/1991	1994/1995	1997/1998	1990/1994	1994/1997 (1998)
Uruguay										
Área metropolitana	7	4		-10.7	8.3	1	1	1	0.0	0.0
Resto urbano	17	7		-14.7	-4.8	3	1	1	-16.7	0.0
Venezuela										
Área metropolitana	25	21		-4.0		7	4		-10.7	
Resto urbano	36	46		6.9		12	16		8.3	
Chile										
Área metropolitana	28	17	12	-9.8	-7.4	8	4	3	-12.5	-6.3
Resto urbano	37	26	19	-7.4	-6.7	11	7	5	-9.1	-7.1
Brasil										
Área metropolitana	28	31		2.7		9	11		5.6	
Resto urbano	41	41		0.0		19	18		-1.3	
Colombia										
Área metropolitana	39	35	30	-3.4	-4.8	14	12	10	-4.8	-5.6
Resto urbano	50	43	43	-4.7	0.0	18	18	16	0.0	-3.7
Panamá										
Área metropolitana	32	23	24	-7.0	1.4	14	8	8	-10.7	0.0
Resto urbano	40	35	29	3.1	-5.7	15	13	10	-3.3	-7.7
Paraguay										
Área metropolitana		35	34		-1.4		10	8		-10.0
Resto urbano		51	48		-2.9		21	20		-2.4
Costa Rica										
Área metropolitana	20	16	16	-5.0	0.0	5	4	5	-5.0	8.3
Resto urbano	25	21	18	-4.0	-4.8	9	7	5	-5.6	-9.5
El Salvador										
Área metropolitana		30	26		-6.7		7	6		-7.1
Resto urbano		50	50		0.1		17	18		2.9

Fuente: Camilo Arriagada, *Pobreza en América Latina: nuevos escenarios y desafíos de políticas para el hábitat urbano*, Serie Medio ambiente y desarrollo, N° 27 (LC/L.1429-P), Santiago de Chile, Comisión Económica para América Latina y el Caribe (CEPAL), octubre de 2000. Publicación de las Naciones Unidas, N° de venta: S.00.II.G.107, cuadro A-3, p. 66. Elaborado sobre la base de CEPAL, *Panorama social de América Latina, 1997* (LC/G.1982-P), Santiago de Chile, 1998. Publicación de las Naciones Unidas, N° de venta: S/E.98.II.G.3.

También interesa resaltar la exclusión de los pobres de los "buenos empleos", entendidos éstos no sólo como aquellos que tienen un nivel de ingresos aceptable, sino también como los que van acompañados de diversos grados de protección social (OIT, 1998, p. 167). Una primera constatación se refiere a que los niveles de ingreso de los hogares pobres son en general bajos y bastante uniformes. En este sentido, la tendencia apunta a crecientes diferenciales de ingresos entre trabajadores calificados y no calificados.

Además de recibir bajos niveles de ingresos, los pobres urbanos sólo acceden a empleos de baja calidad. Una alta proporción de los trabajadores que pertenecen a hogares pobres se desempeñan en empleos ya sea sin contratos o con contratos atípicos, que no incluyen previsión social ni seguro médico. Demás está decir que en estas condiciones de precariedad la inestabilidad ocupacional es un rasgo que está siempre presente.

Los mecanismos de exclusión mencionados inciden en una baja tasa de integración al mercado de trabajo —particularmente en el caso de las mujeres y los jóvenes— y también en modos de integración que presentan altos grados de precariedad e inestabilidad. Uno de los efectos centrales de este debilitamiento de los vínculos con el mercado laboral es lo que Kaztman ha denominado "segmentación", es decir, "un proceso de reducción de las oportunidades de interacción entre grupos o estratos socioeconómicos distintos" (Kaztman, 2001b, p. 2). En el ámbito laboral ello implica "una reducción de la interacción entre trabajadores menos calificados y trabajadores más calificados" (Kaztman, 2001b, p. 3). La hipótesis de Kaztman es que este proceso de segmentación —o de progresivo aislamiento social de los pobres— se traduce en una fuerte limitación en términos de movilidad social.

Un estudio reciente de Espinoza y Canteros sobre la relación entre los contactos sociales de personas de escasos recursos y su carrera laboral, sirve para ilustrar este proceso de aislamiento progresivo y su impacto en la movilidad social (Espinoza y Canteros, 2001). Por medio de un enfoque de redes sociales, el estudio se centra en algunos momentos claves de las trayectorias laborales de los pobres urbanos: la entrada, la estabilidad y los cambios de empleo. Respecto del inicio de la carrera laboral de los pobres, el estudio señala que éste ocurre a una temprana edad —12 ó 13 años— y está marcado por la necesidad económica, ya que el ingreso familiar no es suficiente. Con relación a los contactos, los autores señalan: "El punto de entrada de los pobres al mercado de trabajo depende principalmente de sus contactos con jóvenes o amigos directos. En este primer trabajo, la mayoría de las veces el joven trabaja directamente con parientes o amigos, o bien en lugares cercanos, recomendados por algún conocido. Por la cercanía y homogeneidad de los contactos sociales que median desde los pobres hacia el mundo laboral, sus oportunidades son generalmente magras" (Espinoza y Canteros, 2001, p. 193). Para los pobres la homogeneidad de los contactos genera pocas oportunidades de una inserción adecuada al mercado laboral.

Sobre la permanencia en el mercado laboral, los autores señalan que la situación es distinta para hombres y mujeres, especialmente después de la consolidación de la familia. Sostienen que "en gran medida, el concepto de trayectoria laboral se aplica sólo al hombre, ya que la mujer realiza únicamente trabajos esporádicos para aportar en algo al ingreso familiar cuando éste es bajo. En cambio, los hombres deben asumir el conseguir un trabajo que aporte al ingreso necesario para los hijos, lo que los lleva a empleos con una jornada muy extensa, o a trabajos lejos de su casa. Mientras que las mujeres entran y salen voluntariamente del mercado laboral, los hombres dejan su trabajo sólo en los casos en que éste se vea interrumpido por razones "ajenas a su voluntad" (Espinoza y Canteros, 2001, p. 195)".

En definitiva, el estudio tiende a mostrar que "los trabajadores pobres se mueven en un contexto de 'lazos fuertes', esto es, de contacto frecuente, alta confianza y compromiso personal" (Espinoza y Canteros, 2001, p. 199).

3.   Segmentación educativa

La exclusión social se caracteriza por el debilitamiento o quiebre de los vínculos que unen al individuo con la sociedad. Pero estos vínculos no sólo se refieren a aquellos que relacionan al individuo con el mercado laboral. También remiten a los que se establecen con el sistema educacional, que proporciona las habilidades básicas para desenvolverse en el mundo laboral y también desempeña un papel de gran importancia en la socialización de normas y valores. En un primer nivel de análisis interesa referirse a las formas de exclusión que operan en el ámbito de la educación.

En primer lugar, se destaca la exclusión de los niños de hogares pobres de los colegios de mayor calidad. Diversos estudios han resaltado que el sistema educacional en Chile tiene una alta cobertura, llegando a todos los estratos socioeconómicos y, por tanto, que el problema actual ya no radica en la cobertura sino en la calidad de la educación. En Chile existen tres subsistemas educativos: las escuelas municipales, las privadas subvencionadas y las privadas pagadas. La calidad del servicio varía significativamente en estos tres subsistemas, estableciéndose un fuerte contraste entre las escuelas públicas y privadas. Esto se ve confirmado por los resultados del llamado sistema de medición de la calidad de la educación (SIMCE), una prueba aplicada desde 1988 a lo largo de todo el país a los cuartos y octavos años de educación básica. Los resultados de la prueba SIMCE 1997 muestran que los establecimientos municipales, que atienden a los niños provenientes de hogares de bajos ingresos, obtienen los resultados más bajos. Por otra parte, los colegios privados pagados, que atienden a niños de estrato alto y medio-alto, son los que obtienen resultados más elevados.

Cuadro IX.3
CHILE: PROMEDIOS NACIONALES TOTALES PRUEBA SIMCE, a/ TOTALES
REGIONALES Y POR TIPO DE ESTABLECIMIENTO EN LA REGIÓN METROPOLITANA,
1997 (8° BÁSICO)

Promedios	Castellano	Matemáticas	Ciencias naturales	Ciencias histórico-sociales
Promedio nacional	65.20	62.70	62.00	64.04
Promedio Región Metropolitana	66.32	62.85	60.82	63.66
- Establecimientos municipales	61.69	57.64	56.43	59.28
- Privados subsidiados	66.78	62.70	60.49	64.08
- Privados pagados	79.73	80.13	76.68	75.35

Fuente: Alfredo Rodríguez y Lucy Winchester, "Santiago de Chile. Metropolización, globalización, desigualdad", *Revista Latinoamericana de Estudios Urbano Regionales (EURE)*, vol. 27, N° 80, mayo de 2001.
a/ Sistema de medición de la calidad de la educación.

Cabe destacar que las desigualdades en la calidad de la educación también tienen una expresión territorial. Los resultados de la prueba SIMCE muestran que en Santiago los mayores puntajes se concentran en las comunas donde viven los sectores de altos ingresos (Las Condes, Providencia, Vitacura), mientras que los puntajes más bajos predominan en comunas de sectores de escasos recursos (véase Rodríguez y Winchester, 2001).

Pero no es sólo que los niños provenientes de los hogares pobres no tienen acceso a los colegios de mayor calidad. Además, ocurre que alcanzan menos años de escolaridad. Según datos de la Encuesta de Caracterización Socioeconómica Nacional (CASEN), en Chile, en 1994 los pobres cuentan con una escolaridad promedio de 7.8 años, los indigentes de 7.3 años y los "no pobres" de 9.7 años. La diferencia de 2 años entre la escolaridad de los pobres y la de los no pobres es significativa, puesto que diversos estudios indican que en la actualidad las personas en edad activa requieren, al menos, 12 años de educación formal para alcanzar una probabilidad importante que exima a su hogar de los riesgos de la pobreza.

Cuadro IX.4
CHILE: AÑOS PROMEDIO DE ESCOLARIDAD DE LA POBLACIÓN DE 15 AÑOS
Y MÁS, SEGÚN SEXO Y SITUACIÓN DE POBREZA, 1992-1994 a/

Sexo	Indigencia		Pobreza		No pobres	
	1992	1994	1992	1994	1992	1994
Hombres	7.7	7.4	8.1	7.9	9.7	9.8
Mujeres	7.4	7.2	7.9	7.8	9.3	9.5
Total	7.5	7.3	8.0	7.8	9.5	9.7

Fuente: MIDEPLAN (1966) sobre la base de datos de las encuestas CASEN 1992 y 1994.
a/ Se excluye a la población ocupada en el servicio doméstico puertas adentro y su núcleo familiar. La tabla se encuentra en la Organización Internacional del Trabajo (OIT), *Chile. Crecimiento, empleo y el desafío de la justicia social*, Santiago de Chile, 1998.

El número de años de escolaridad representa, en efecto, un fuerte condicionamiento con respecto a la inserción laboral. Según datos de la encuesta CASEN, los ocupados con menos de ocho años de educación acceden mayoritariamente a trabajos no calificados, lo que indica que la educación básica ha sufrido un importante proceso de devaluación de su capacidad para generar movilidad social. Por otra parte, la educación secundaria discrimina positivamente para acceder a mejores empleos, pero sólo una vez que ésta ha sido completada. Es decir, como señalábamos anteriormente, se requieren 10 ó 12 años de escolaridad para alcanzar una probabilidad importante de superar los riesgos de la pobreza.

Cuadro IX.5
CHILE: DISTRIBUCIÓN DE LOS OCUPADOS SEGÚN NIVEL DE ESCOLARIDAD
Y GRUPOS OCUPACIONALES, 1994
(En porcentajes en columnas)

	1 a 7 años	8 años	9 a 11 años	12 años	13 y más años
Poder ejecutivo	2.7	5.5	5.1	6.4	9.9
Profesionales	0.1	0.1	0.4	2.4	39.7
Técnicos y profesionales de nivel medio	0.4	0.9	2.8	10.8	15.7
Empleados	1.1	1.7	5.2	17.4	14.2
Vendedores	10.6	12.1	17.0	19.8	8.9
Agricultores	11.4	7.6	3.8	1.8	0.9
Operarios	16.9	21.4	22.9	16.1	5.3
Operadores, montadores	7.0	12.1	14.5	11.7	3.0
Trabajadores no calificados	49.7	38.7	28.3	13.6	2.6
Total	100	100	100	100	100

Fuente: Organización Internacional del Trabajo (OIT), *Chile. Crecimiento, empleo y el desafío de la justicia social*, Santiago de Chile, 1998.

La baja escolaridad de los sectores pobres se vincula a un fenómeno generalizado de deserción escolar. En efecto, los jóvenes que pertenecen a hogares pobres entran al mercado de trabajo para aportar ingresos a sus hogares, con lo que abandonan la educación. Como consecuencia de ello sólo tienen acceso a malos empleos, de baja productividad y bajos salarios. A su vez, la misma falta de educación actúa como una barrera infranqueable para la movilidad ocupacional, asegurando prácticamente la pobreza futura. De este modo, se realiza el proceso de reproducción intergeneracional de la pobreza.

Otro factor que también se asocia a la baja escolaridad de los sectores pobres es lo que se ha denominado el "clima educacional del hogar", entendido como el promedio de años de escolaridad de los padres. Por último, cabe subrayar que resultados obtenidos por estudios del Banco Mundial sostienen que el 60% del rendimiento diferencial obedece a factores extraescolares y, en primer lugar, al clima educacional del hogar. Además, otros estudios recientes comprueban que el nivel social del vecindario o barrio también puede tener efectos propios en el rezago escolar y la inactividad juvenil, incluso después de controlar el clima educacional del hogar.

En definitiva, todos los mecanismos y procesos de exclusión mencionados inciden en un debilitamiento de los vínculos de los sectores de menores recursos con el sistema educacional, lo que hace que éste deje de operar como un factor de movilidad social. Asistimos aquí también, al igual que en el ámbito laboral, a un proceso de "segmentación", es decir, "de reducción de las oportunidades de interacción entre grupos o estratos socioeconómicos distintos" (Kaztman, s/f). La composición social de los colegios que actualmente existe en Chile expresa con claridad este proceso de segmentación.

4.   Segregación socioespacial

Ya se señaló que la exclusión social se caracteriza por el debilitamiento o ruptura de los vínculos que unen al individuo con la sociedad. Se ha examinado el debilitamiento de los lazos que los sectores pobres establecen con el mercado de trabajo y, también, los precarios vínculos que estos sectores logran alcanzar con el sistema educativo. Interesa, por último, referirse a ciertas formas particulares de exclusión de los pobres urbanos en relación con el espacio que habitan.

En este ámbito ya no hablaremos de segmentación, sino más bien de segregación. Una primera forma de exclusión es la «segregación espacial», la que —según Sabatini— podemos definir como «la aglomeración geográfica de familias de igual condición social (étnica, de edad o de clase)» (Sabatini, 1999, p. 26), situación que dependerá de los contextos nacionales y de cada ciudad.

En Chile, interesa la segregación espacial desde un punto de vista socioeconómico. En términos históricos, "la segregación de gran escala ha sido uno de los sellos característicos de la ciudad de Santiago. Las familias de altos ingresos han tendido a localizarse, prácticamente sin excepción, en los distritos y municipios del área Oriente de la ciudad —los que la gente reconoce como conformando el "barrio alto" de Santiago. Las familias de menores recursos, por su parte, han tendido a formar grandes aglomeraciones de pobreza, especialmente en el Sur y el Poniente" (Sabatini, 1999, p. 28). En otras palabras, el desarrollo de Santiago ha expresado históricamente una tendencia a la composición social homogénea de los barrios y vecindarios.

Un segundo punto es que esta situación de segregación a gran escala perjudica especialmente a los pobres. En efecto, tal como lo ha mostrado Kaztman, la composición socialmente homogénea de los vecindarios de sectores de escasos recursos tiene una incidencia negativa en los comportamientos de riesgo (rezago escolar; jóvenes que no estudian, ni trabajan, ni buscan trabajo; madres adolescentes) y en el mayor o menor éxito en el mercado de trabajo (Kaztman, 2001b).

Otro aspecto importante es que para los pobres la segmentación significa un ambiente social subjetivo, que tiende a "la polarización y endurecimiento de las distancias sociales". Este ambiente social, como lo ha destacado Kaztman, "alimenta una especie de sinergia negativa, que va endureciendo progresivamente la sociabilidad informal entre los grupos que se segregan" (Kaztman, s/f).

Por último, hay que destacar que la segregación de los pobres a la periferia de la ciudad ha sido un proceso que ha tenido sus propias dinámicas de desarrollo, pero en el que el Estado ha jugado un papel importante. Sobre este aspecto se ha planteado que: "En Chile, el Estado ha sido históricamente segregador. Por una parte, la políticas de vivienda social han ubicado las nuevas viviendas para los pobres lejos de los lugares centrales equipados, ahí donde el precio del suelo es bajo. Por otra parte, a lo largo de la historia diversos gobiernos han implementado políticas de erradicación de grupos pobres desde las áreas urbanas consolidadas hacia la periferia urbana relativamente inaccesible y con baja calidad de servicios urbanos" (Sabatini, 1999, p. 30).

Por cierto, hay que reconocer que se están produciendo cambios en los patrones de segregación socioespacial o residencial. Entre ellos cabe destacar, en primer lugar, "la interrupción del patrón de crecimiento urbano concentrado de los grupos de altos ingresos en el barrio alto. Han surgido alternativas tanto en los "exurbios" a través de la multiplicación de las denominadas "parcelas de agrado" ... como a través de la construcción de grandes proyectos residenciales en municipios fuera del área Oriente". Un segundo cambio es "el desarrollo de nuevas y extensas zonas residenciales para familias de ingresos medios en municipios o áreas tradicionalmente populares, tanto en la periferia como en las áreas deterioradas del municipio central". Por último, resalta la "descentralización de la estructura urbana de Santiago a favor de una serie de subcentros que han surgido en el cruce de las vías radiales de acceso a la ciudad con el anillo de circunvalación Américo Vespucio... Los subcentros consisten principalmente en centros comerciales (*shopping centres*), pero también en nuevas áreas industriales" (Sabatini, 1998, pp. 11-12).

Sabatini interpreta estos cambios positivamente y señala que ellos están favoreciendo: i) una disminución de las distancias promedio entre familias de diferente condición social, debido a la localización y, ii) la aparición de espacios intermedios de carácter público, socialmente diversificados, principalmente de carácter comercial (Sabatini, 1998, p. 12).

C.   El capital social de los pobres urbanos

Hemos examinado algunos de los mecanismos y formas de exclusión por medio de los cuales se constituye la pobreza urbana. Interesa conectar ahora esta discusión con aquella otra sobre capital social. La pregunta es: ¿Cuál ha sido el desarrollo del capital social de los pobres urbanos en un contexto socioeconómico que los excluye del acceso a los buenos trabajos, a una educación de calidad y que los segrega en términos residenciales? ¿Cómo han enfrentado los pobres urbanos estas distintas formas de exclusión? Para abordar estas interrogantes vamos a examinar tres aspectos que, si bien no son exhaustivos, resultan esenciales en las reserva (*stock*) de capital social de una comunidad. Ellos son: las percepciones de confianza y seguridad, la participación en la comunidad y las redes interpersonales.

1.   Percepciones de confianza, reciprocidad y seguridad

Una primera dimensión del capital social de los pobres urbanos que interesa considerar se refiere a las percepciones de confianza, reciprocidad y seguridad. En los diversos planteamientos sobre capital social, se sostiene que la existencia de lazos sociales construidos sobre la base de la confianza son uno de los factores fundamentales para el desarrollo de la vida colectiva. Si no existe el factor confianza, la convivencia en la familia, el barrio, el mercado o en las instituciones públicas difícilmente puede funcionar. Existen dos dimensiones diferentes de este "factor": la confianza interpersonal y la confianza en las instituciones.

El estudio *Desarrollo humano en Chile, 2000* realizado por el PNUD, aporta información significativa sobre la confianza interpersonal. El estudio revela que "casi un tercio de los entrevistados afirma que, en general, se puede confiar en las personas. En cambio, un 63% de las personas manifiesta desconfianza. El análisis de las variables permite visualizar las siguientes tendencias: los jóvenes suelen mostrar más confianza en las personas que los otros grupos de edad. En Santiago tiende a prevalecer un nivel de confianza mayor que en las otras regiones del país. Las diferencias más notorias se desprenden de la estratificación socioeconómica. Los entrevistados del grupo alto manifiestan una confianza en las personas muy superior a las personas del grupo medio y, por sobre todo, a las del grupo bajo" (PNUD, 2000, p. 144). Ello estaría indicando que las actuales condiciones de pobreza tienden a fomentar la desconfianza interpersonal.

Cuadro IX.6
CHILE: CONFIANZA SOCIAL SEGÚN GRUPO SOCIOECONÓMICO

	Alto	Medio	Bajo
Se puede confiar en las personas	53.1%	33.5%	27.5%
No se puede confiar en las personas	40.5%	62.2%	68.4%
No sabe - no responde	6.4%	4.3%	4.1%

Fuente: Programa de las Naciones Unidas para el Desarrollo (PNUD), *Desarrollo humano en Chile, 2000. Más sociedad para gobernar el futuro*, Santiago de Chile, 2000.

Por otra parte, cabe resaltar que comparativamente Chile se ha caracterizado por la histórica confianza de la población respecto de las instituciones del Estado. Hasta no hace mucho, Chile se jactaba de ser un país libre de la corrupción, donde el servicio público era altamente valorado. Si bien esta situación no ha cambiado del todo, para nadie es desconocido que en la actualidad existe una crisis de estas instituciones. La mayoría de las encuestas realizadas en los últimos años indican malas evaluaciones de los políticos, la justicia y el sistema penal. En muchas de ellas se destaca una creciente evaluación negativa de la acción de Carabineros, especialmente en los sectores populares.

Un segundo aspecto a considerar se refiere a la reciprocidad. Hemos subrayado anteriormente que la confianza implica ciertas normas tácitas de reciprocidad. De hecho, el capital social presupone la percepción de que reina un cierto "juego limpio" (*fair play*) en las relaciones sociales y, por tanto, que las personas reciben un trato recíproco en sus actitudes y conductas. El estudio del PNUD indagó en las percepciones de reciprocidad, encontrando que sólo en la familia una gran mayoría considera "que recibe a cambio lo mismo que entrega. Respecto de las relaciones de trabajo (o estudio) y con los amigos, la percepción es dividida. En cambio, sólo una minoría estima que existe un justo intercambio en la relación con el Estado. Y la apreciación no es mucho mejor respecto de las empresas de servicios básicos" (PNUD, 2000, p. 147).

Cuadro IX.7
CHILE: PERCEPCIÓN DE RECIPROCIDAD

En las siguientes actividades ¿usted siente que recibe a cambio lo mismo que entrega?			
	Sí	No	No sabe - no responde
En su relación con las empresas de servicios básicos (luz, gas, teléfono)	28.3%	67.9%	3.8%
En su relación con el Estado	17.3%	77.9%	4.8%
En su relación con los amigos	48.8%	48.8%	2.4%
En su relación con la familia	85.4%	13.9%	0.7%
En su relación con el trabajo o estudio	40.3%	45.1%	14.6%

Fuente: Programa de las Naciones Unidas para el Desarrollo (PNUD), *Desarrollo humano en Chile, 2000. Más sociedad para gobernar el futuro*, Santiago de Chile, 2000.

En otras palabras, los datos anteriores denotan una gran diferencia entre las percepciones de reciprocidad respecto de las relaciones con instituciones (que son percibidas como claramente "injustas") y, en otro ámbito, respecto de las relaciones interpersonales (que aparecen como mucho más "justas"). Esta diferencia es relativamente conocida. Lo novedoso, sin embargo, es la diferencia entre los distintos tipos de relaciones interpersonales: particularmente con la familia, por una parte, y las relaciones con amistades, vecinos o compañeros de trabajo, por otra. Como lo señala el estudio del PNUD, esto pareciera indicar que "la confianza con la pareja u otro miembro de la familia no suele ser la misma que pueda desarrollarse con vecinos, amigos y conocidos en general. De hecho, las relaciones de confianza están centradas en el ámbito familiar. Las personas entrevistadas afirman tener confianza para hablar de los asuntos importantes con los miembros de la familia y, en menor medida, con la pareja. En cambio, no suelen conversarlos con los compañeros de trabajo, los vecinos y los conocidos" (PNUD, 2000, p. 147). Esta diferencia entre la valoración de la familia como una "institución" basada en relaciones de confianza y la devaluación de las amistades (vecinos, compañeros de trabajo) es relevante entre los pobres urbanos y volveremos sobre ella.

Un tercer aspecto a destacar son los sentimientos de seguridad respecto del vecindario en que se vive, lo que también es significativo en el capital social de una comunidad. Según Rodríguez y Winchester: "Las tasas de violencia tanto en Santiago como en el país no han aumentado en los últimos diez años. No obstante, el tema de la seguridad ciudadana está cada vez más presente en las noticias ... y en las opiniones que registran las encuestas ... En el caso de Santiago, sus habitantes manifiestan mayor inseguridad en los espacios públicos que en los privados, situación contradictoria cuando se la compara con la información estadística nacional. Según ésta, los hurtos, los robos con fuerza y los robos con violencia, afectan más a las residencias que a las personas, instituciones o vehículos" (Rodríguez y Winchester, 2001, p. 135).

Por otra parte, la vida en los vecindarios pobres de Santiago es percibida como más peligrosa, haciendo de la seguridad ciudadana un problema central. El cuadro IX.8 revela que las personas de estrato bajo en Santiago —al igual que en otros estratos sociales— manifiestan mayor seguridad en su casa o departamento. Pero con respecto a las calles de su vecindario, declaran niveles de inseguridad significativamente más altos que los restantes sectores sociales. Es posible, como lo han señalado Rodríguez y Winchester, que estas percepciones estén asociadas al hecho de que "se han debilitado los mecanismos organizacionales que antes actuaban como un freno a la violencia y al crimen. Como consecuencia, los barrios se han desarticulado y devenido más inseguros, y la gente busca soluciones por la vía de reforzar la presencia policial" (Rodríguez y Winchester, 2001, p. 136). La penetración de las drogas en los barrios pobres de la ciudad, en especial entre los jóvenes, ha llevado también a la creación de nuevos grupos y modificado la estructura de poder en el interior del barrio mismo.

Cuadro IX.8
SANTIAGO (CHILE): PERCEPCIÓN DE INSEGURIDAD SEGÚN ESTRATO
SOCIOECONÓMICO

	Alta	Media	Baja
Casa o departamento			
Seguro	92.3%	89.4%	84.5%
Inseguro	7.7%	10.6%	15.5%
Calles del vecindario durante el día			
Seguro	94.6%	84.7%	77.1%
Inseguro	5.4%	15.3%	22.9%
Calles del vecindario durante la noche			
Seguro	71.4%	58.2%	55.3%
Inseguro	28.6%	41.8%	44.7%
Medios de transporte público			
Seguro	36.4%	32.3%	34.8%
Inseguro	63.6%	67.7%	65.2%
Centro de la ciudad			
Seguro	29.3%	28.6%	28.7%
Inseguro	70.7%	71.4%	71.3%

Fuente: Enrique Oviedo y Alfredo Rodríguez, "Santiago, una ciudad con temor", *Temas sociales*, N° 26, Santiago de Chile, Corporación de Estudios Sociales Sur, agosto de 1999.

En definitiva, el análisis revela que las actuales condiciones de pobreza tienden a fomentar la desconfianza interpersonal y también altos niveles de inseguridad, especialmente en los barrios pobres. A su vez, la familia aparece como una "institución" altamente valorada en términos de confianza, reciprocidad y seguridad.

2.   Participación en la comunidad

Una segunda dimensión del capital social de los pobres urbanos que interesa considerar se refiere a los patrones asociativos urbanos. Una interpretación relativamente aceptada es que la organización popular se ha debilitado con el advenimiento de la democracia. Se señala que en los años ochenta surgieron una multiplicidad de organizaciones autónomas del Estado, en la mayor parte de los casos antagónicas a él, que "dinamizaron la vida social y obtuvieron importantes logros en relación a la supervivencia material, defensa de derechos, capacitación, expresión y formación de identidades. A fines de esa década y comienzos de los años noventa ese movimiento se debilitó. Desaparecieron muchas de sus organizaciones y las restantes disminuyeron su visibilidad pública" (PNUD, 2000, p. 169). Una pregunta es si esta experiencia asociativa y su derivación en tanto capital social se mantiene y evoluciona en el tiempo. Por de pronto, lo que interesa analizar son: i) los cambios en los patrones asociativos urbanos que se han producido en los años noventa y, ii) las motivaciones y expectativas de los actores urbanos.

Un estudio realizado por Rayo y de la Maza examina los cambios que han tenido lugar en las formas de acción colectiva de los pobres en una comuna de Santiago durante los años noventa. Entre los cambios analizados por los autores interesa destacar los siguientes:[2]

a) Desvanecimiento del movimiento poblacional como orientación de las experiencias asociativas de base territorial. Existencia de numerosas pequeñas organizaciones, tanto en su número de integrantes como en su espacio de acción, cuya preocupación principal se sitúa en el hacer y no en el representar. Se busca la construcción de redes en torno de temas específicos, orientando las organizaciones hacia la "solución de problemas concretos".

Existe una multiplicidad de iniciativas asociativas, principalmente vinculadas a la gestión comunitaria de servicios básicos no provistos adecuadamente por el Estado. Éstas se materializan en grupos reducidos con objetivos de alcance también limitado, que interesan directamente a los asociados o bien a su entorno inmediato. Tales grupos, a diferencia del decenio anterior, son distintos unos de otros en sus orientaciones y formas de organizarse, no están asociados entre sí, ni mantienen una referencia activa a proyectos mayores, ni en el plano político ni en el territorial.

b) Si bien el Estado ha establecido la posibilidad de desarrollar vínculos propositivos abiertos a todo tipo de organización social, las juntas de vecinos continúan siendo el principal actor y referente organizacional en los barrios pobres urbanos. El descrédito que dichas organizaciones experimentaron durante el régimen militar parece superado, y se reinstalan como el principal vínculo con los poderes públicos a escala local.

Los clubes deportivos, otra organización tradicional del mundo urbano popular, continúan siendo un vehículo de actuación e identidad territorial muy significativo. Otras manifestaciones juveniles, como las orientadas a la expresión musical de rock pesado, han tenido un importante desarrollo en diversos sectores de la ciudad.

c) Un rasgo bastante extendido en la organización de base territorial es el liderazgo femenino, situación que no difiere de lo observado en las décadas anteriores. Las ollas comunes, una organización de origen territorial que se "sectorializa" con relativo éxito durante los años noventa en la provisión de servicios alimentarios al sistema educacional, ilustra un caso

---

[2]   Los elementos que se desarrollan a continuación incorporan los aportes de Rayo y de la Maza (1998).

excepcional de transformación y reconversión de los fuertes liderazgos femeninos nacidos en los años ochenta.

d) El Estado continúa ejerciendo su centralidad en la constitución de sujetos colectivos, por medio de la formulación participativa de proyectos de inversión social financiados con recursos públicos, que han servido para establecer un vínculo entre el Estado y las organizaciones sociales tanto en la definición de algunas prioridades de inversión local, como en el modo de intervención de los poderes públicos.

Por otra parte, el estudio de Rayo y de la Maza (1998) analiza los cambios que han tenido lugar en las orientaciones de la acción colectiva de los pobres en la comuna de Peñalolén, en Santiago, durante los años noventa. En su análisis, plantean que las motivaciones y expectativas de éstos se estructuran en torno de tres ejes: el intento por romper con la exclusión y la segregación urbana, la calidad de vida, y la creación de un medio más seguro para los niños y jóvenes.

La comuna de Peñalolén ha experimentado un extraordinario crecimiento inmobiliario en los últimos años, lo que ha significado un alza exponencial en el precio del suelo. Es así como en una comuna caracterizada como de población de extrema pobreza según diversos indicadores, se ha producido un cambio sustancial en la composición social como consecuencia de grandes proyectos habitacionales para sectores medios y altos. En este sentido, uno de los desafíos y oportunidades más interesantes para sus habitantes y autoridades es proyectar una comuna que integre ambos mundos sociales.

¿Cuáles son las percepciones de los pobladores de Peñalolén con respecto a la diversificación de la comuna? "Los dirigentes entrevistados identifican un conjunto de adelantos en su comuna, los que se han producido en cierto modo, como resultado de ese mayor poder comprador y de consumo de la comuna. Sin embargo, también perciben una clara división entre ellos y los nuevos habitantes ("del canal para arriba y del canal para abajo"). Al mismo tiempo, por el modo de estructuración de los conjuntos residenciales de ingresos medios y por el hecho de que los allegados han debido irse de la comuna, los pobladores pobres sienten que 'los ricos' les han quitado terrenos que les eran propios" (Rayo y de la Maza, 1998, p. 433).

En el discurso de los pobladores destaca el arraigo que tienen a su territorio y la voluntad persistente de algunos de ellos por organizarse para mejorarlo y hacerlo más vivible. Por otra parte, la segregación social de la ciudad constituye un tema frecuente en las iniciativas asociativas. "Subyace una percepción de segregación comunal deliberada, que ha permitido distanciar a los pobres de los grupos medios y altos de la ciudad. La reivindicación no es meramente el ejercicio de su derecho a una vivienda propia, sino además de permanecer en el territorio en el que han vivido en años. Es ... el rechazo a la exclusión física que ven asociada a los programas de vivienda gubernamentales. Para los pobladores en la diversidad social creciente de Peñalolén, existen expectativas concretas de progreso, que estiman bastante más improbables de alcanzar en otras comunas de la periferia metropolitana, donde sólo viven pobres erradicados de toda la ciudad" (Rayo y de la Maza, 1998, p. 466).

Esta percepción de los pobladores se conecta con un planteamiento que hemos venido haciendo a lo largo del texto. Éste es que los procesos de segmentación y segregación implican una reducción de las oportunidades de interacción entre grupos socioeconómicos distintos y, por tanto, una merma de las oportunidades de los pobres para incorporar activos que les permitan superar su situación.

La búsqueda de un espacio propio para vivir va aparejada con la búsqueda de soluciones en materias de interés común, fundamentalmente en la provisión de servicios básicos. En este sentido, un segundo eje que incorporan las iniciativas asociativas de base poblacional es el tema de la calidad de vida. Los proyectos en que participan los sectores populares tienen como uno de sus propósitos centrales mejorar las condiciones de vida de su entorno local, en un contexto de escasez de recursos y de programas de mejoramiento. Los proyectos se refieren a cuestiones tales como: la construcción de multicanchas, plazas y áreas verdes, juegos infantiles, y otros. Un aspecto que debe destacarse es que "el éxito de programas basados en el copago de los servicios, como la pavimentación participativa y la vivienda progresiva, se debe en gran medida a la disposición de muchos pobladores a sustentar sobre su propio esfuerzo los beneficios a los que aspiran" (Rayo y de la Maza, 1998, p. 440).

Por último, cabe consignar que un tema clave en el mejoramiento de la calidad de vida es la construcción de un hábitat más seguro para los niños y jóvenes del sector. A ello se asocian una multiplicidad de iniciativas de naturaleza preventiva respecto del consumo de drogas, la acción delictual, la violencia intrafamiliar, entre otros.

En definitiva, se observa un cambio en la orientación de las experiencias asociativas de base territorial: de una orientación centrada en la representación a otra centrada en el hacer. Los pobres urbanos participan en numerosas pequeñas organizaciones destinadas a la "solución de problemas concretos". Por su parte, los grupos que participan tienen expectativas en términos de romper con la segregación urbana y mejorar su calidad de vida.

3.   Redes sociales

Interesa finalmente considerar las redes sociales como otra dimensión del capital social de los pobres urbanos. Se entiende por redes sociales aquellas estructuras de sociabilidad a través de las cuales circulan bienes materiales y simbólicos entre personas más o menos distantes. Las redes sociales operan como uno de los recursos básicos de supervivencia de familias en condiciones de pobreza. Son también uno de los mecanismos importantes de movilidad social y aprovechamiento de oportunidades.

El estudio de redes sociales tiene un importante desarrollo en la antropología, la sociología y la psicología social a partir de los años setenta, existiendo una amplia bibliografía sobre el tema. La investigación sobre redes sociales abarca diversos temas tales como el acceso al mercado de trabajo, las redes de apoyo para la solución de problemas, las relaciones de amistad, entre otros. En América Latina, el foco de interés principal ha estado en las redes de subsistencia de los pobres. Se trata de relaciones establecidas entre familiares, vecinos y amigos que habitan en la misma área física y comparten una situación de pobreza. El trabajo pionero fue realizado en México por Larissa Lomnitz, quien describe la red social como un "mecanismo efectivo para suplir la falta de seguridad económica que prevalece en la barriada" (Lomnitz, 1994). La autora destaca esencialmente la función económica de los intercambios que se dan en las redes sociales.

En un artículo reciente en que dan cuenta del estado del arte de la investigación sobre redes sociales, Richards y Roberts señalan que "varios informes demuestran que las redes sociales han sido los medios principales por los cuales los pobres latinoamericanos han hecho frente a la vida urbana, proporcionando el apoyo y la pericia para construir una casa, encontrar empleo u obtener ayuda en emergencias financieras y médicas. Los pobres han demostrado ser hábiles para la creación de redes sociales, particularmente con los parientes" (Richards y Roberts, 2001, p. 4). Asimismo, estos autores señalan que varios factores favorecieron la creación de redes sociales entre los pobres urbanos, contribuyendo a lo que califican como una "historia de éxito". Entre estos factores destacan la migración sustancial del campo a la ciudad, con el traslado consiguiente de las relaciones sociales de tipo rural; el proceso de asentamiento informal, que implicó la cooperación entre los primeros pobladores en defensa propia en contra del desalojo, para instalar infraestructura urbana básica y construir instalaciones comunitarias; las labores de la economía informal urbana, donde las redes sociales pasaron a ser elementos clave para el acceso a mercados laborales; por último, el desarrollo de redes vinculadas a las iglesias (principalmente evangélicas), las que fueron atractivas para aquellos sin otras fuentes sólidas de apoyo social (Richards y Roberts, 2001).

En un estudio realizado a fines de los años ochenta en dos poblaciones pobres en Santiago, Vicente Espinoza da cuenta de algunas de las principales características de las redes sociales. Entendiendo que "las redes sociales son un mecanismo de acceso a cualquier recurso" y que, en el caso de los pobres urbanos, están establecidas en la organización de la sobrevivencia. En el estudio se considera primeramente el tamaño de las redes sociales de estos hogares. Se señala que "en promedio, las redes son pequeñas, pero hay una variación notable entre ellas, coincidiendo con un cambio de estatus económico. Las redes más pequeñas (alrededor de 8 personas) corresponden a los más pobres y las redes más grandes (unas 11 personas) a quienes están más alejados de una situación de pobreza" (Espinoza, 1995, p. 36).

En segundo lugar, en el estudio se analiza el tipo de recursos a los que se desea acceder. El estudio revela que "el mayor volumen de contactos ocurre en los intercambios relacionados con el mercado de trabajo, lo cual revela la importancia del empleo remunerado. Los intercambios monetarios vienen a continuación... Un gran número de contactos sociales provee elementos vitales para el funcionamiento del hogar, desde alimentos a ropa o muebles. El cuidado de los niños y las tareas del hogar usan un número similar de contactos" (Espinoza, 1995, p. 37).

En seguida, se consideran los tipos de contactos. Sobre este aspecto el hallazgo es que "la mayor parte de los contactos corresponden a gente fuera del hogar ... (lo que) desafía la idea respecto a que intercambios familiares extendidos o el parentesco fueran la base del apoyo económico". Desde esta perspectiva, lo que aparece como clave en la formación de los lazos comunitarios son las relaciones de vecindad. "Los parientes son muy activos en las redes cuando viven cerca del respondente. Su papel se ve reducido cuando viven fuera del barrio" (Espinoza, 1995, p. 37).

Pero independientemente de si el aspecto clave en el apoyo económico en condiciones de pobreza es la familia (extendida) o las relaciones de vecindad, el hecho es que éstas son relaciones solidarias, basadas en lazos fuertes. La paradoja que esto plantea es que "los lazos fuertes tienden a producir pequeños grupos muy unidos, pero aislados entre sí; los lazos débiles son precisamente los que aseguran la integración social a una escala mayor" (Espinoza, 1995, p. 40). Se trata de círculos cerrados, cuya principal carencia son los lazos que los podrían conectar a otras dimensiones de la vida social. Los intercambios que ahí se producen favorecen a la cohesión grupal, pero no ayudan a mejorar las condiciones de integración social. Esto sin duda constituye una piedra de tope para la intervención comunitaria. "Las intervenciones dirigidas a esos grupos, si no facilitan la formación de lazos débiles, simplemente tienden a preservar una de las condiciones que mantiene a esas familias en la pobreza" (Espinoza, 1995, p. 41).

La distinción entre redes con lazos fuertes y débiles es de gran importancia para el debate sobre capital social. Ello puesto que, como lo ha destacado Espinoza, las políticas orientadas a fortalecer los lazos fuertes no derivan en una mayor integración social, sino que tienden más bien a reproducir los círculos que perpetúan la pobreza. En otras palabras, esas políticas tienden a profundizar los procesos de segmentación.

Según un estudio del Consejo Nacional de Superación de la Pobreza (CNSP) (1996), las redes sociales favorecen el aprovechamiento de las oportunidades sociales y con ello la movilidad social cuando implican vínculos diversos y en constante ampliación más allá del círculo inmediato de la familia. De acuerdo con los resultados de este estudio, el 53% de las familias encuestadas cuenta con redes de apoyo social más allá del hogar y su composición se correlaciona positivamente con la movilidad social de sus miembros. El ámbito de aquellos que en los últimos años han permanecido pobres cuenta con redes sociales menos extensas que las de las clases medias y de los que han salido de la condición de pobreza.

La solidez de las redes depende también de su carácter expansivo; mientras más miembros nuevos en posiciones más distantes incorpore la red, mayor capacidad tendrá ella para movilizar recursos escasos. En este aspecto los datos revelan la asociación entre expansión de la red y capacidad de movilidad social: los grupos más pobres ofrecen escasos nuevos contactos.

Cuadro IX.9
CHILE: ACCESO A NUEVOS CÍRCULOS SOCIALES, SEGÚN PAUTAS DE
MOVILIDAD SOCIAL, 1994-1996

	¿Conoce gente nueva?	
	Sí conoce	No conoce
Siempre pobre	25.5%	74.5%
Emergente	28.7%	71.3%
Capa media	41.1%	58.8%
Total	35.5%	69.5%

Fuente: Consejo Nacional de Superación de la Pobreza (CNSP), *La pobreza en Chile. Un desafío de equidad e integración social*, Santiago de Chile, agosto de 1996.

Interesa resaltar, finalmente, que los factores que incentivaron la creación de redes sociales han estado cambiando desde la década de 1990. Entre estos cambios destacan los siguientes:[3]

-      En toda América Latina se registra una disminución en la contribución de la migración rural-urbana al crecimiento

---

[3]   Lo que sigue se basa en Richards y Roberts (2001).

urbano (particularmente de las metrópolis) y consecuentemente de redes sociales de origen rural entre los pobres urbanos.

-   Cuando las ciudades maduran en términos de infraestructura, lo propio hacen los asentamientos informales que también se transforman en una parte normal de la ciudad. Al tener lugar estos procesos probablemente disminuya la cohesión comunitaria; nuevos pobladores tienen pocas relaciones de apoyo dentro del asentamiento.

-   Es probable que los cambios en la organización urbana tengan diferentes consecuencias para las redes de hombres y mujeres, de viejos y jóvenes. Las mujeres que tienen que trabajar para ganarse la vida y realizar, además, los quehaceres domésticos; tienen menos tiempo para invertirlo en la creación o el mantenimiento de redes sociales.

-   Es también probable que los cambios económicos recientes socaven las bases de las redes sociales entre los pobres urbanos... Las redes sociales de los pobres urbanos de hoy tienen menor capacidad de acceso a empleos que en el período de la industria de sustitución de importaciones.

En definitiva, se observan cambios en las condiciones que favorecieron la creación de redes sociales en la década de 1980. Sin embargo, las redes sociales continúan siendo efectivas para organizar la sobrevivencia de los pobres en la ciudad. Más aún, se hace evidente que las redes sociales que implican vínculos diversos y en constante ampliación favorecen la movilidad social.

4.   ¿Erosión o transformación del capital social?

¿Cómo interpretar lo que ha ocurrido durante los años noventa en relación con los tres aspectos examinados, que son esenciales en la reserva (*stock*) de capital social de los pobres urbanos? Una primera interpretación, que ha sido desarrollada en el estudio PNUD, 2000, es que estos cambios no implicarían una erosión sino una transformación del capital social. La transformación consistiría en un debilitamiento de la vida asociativa vinculada a organizaciones formales (partidos políticos, sindicatos) y, en cambio, un aumento de la participación en asociaciones con fines específicos. Asimismo, el estudio también señala que se está produciendo "un desplazamiento desde el capital social formal hacia el capital social informal". Esta interpretación estaría avalada por el "hecho de que las personas encuestadas suelen disponer en mayor proporción de capital social informal

(47%) que de formal (29%)" (PNUD, 2000, p. 149). Esta interpretación tiende a resaltar que estos cambios no representan barreras infranqueables y que, por tanto, existen las posibilidades de crear capital social en un plazo razonable.

Una segunda lectura es que los procesos de exclusión social han implicado una reducción de las oportunidades de acumular capital social. Al respecto, Kaztman ha señalado que los procesos de exclusión tienden a la segmentación y a la segregación, lo que significa una merma de las oportunidades de interacción entre grupos o estratos socioeconómicos distintos y, por lo mismo, acarrean una reducción de las oportunidades de los sectores de menores recursos para incorporar y movilizar activos que les permitan superar las condiciones de pobreza. En términos de las redes que permiten acceder al mercado laboral, por ejemplo, Kaztman señala que "esto reduce las oportunidades de acumular capital social individual por parte de los trabajadores menos calificados, porque reduce la posibilidad de contar con redes de información y contactos que facilitan la búsqueda de otros empleos y el acceso a servicios. También reduce la posibilidad de acumular capital social colectivo porque al separarse de las personas más calificadas, que en general son las que tienen voz, reduce la fortaleza de las instituciones laborales y la posibilidad de reivindicaciones que puedan articular los pobres urbanos" (Kaztman, 2001a).

Estas dos líneas de interpretación no son excluyentes. En realidad, la transformación del capital social de los pobres urbanos ha estado condicionada, desde un punto de vista estructural, por una reducción de las oportunidades de acumular capital social. Más aún, desde un punto de vista subjetivo, se aprecia un aumento de la desconfianza interpersonal, lo que es particularmente grave si se trata de favorecer las oportunidades de interacción entre grupos sociales distintos.

D.   Fortaleciendo el capital social de los pobres urbanos

Interesa en esta parte final conectar el diagnóstico realizado en los capítulos anteriores con las interrogantes que se formulan desde el punto de vista de la política: ¿Es posible crear capital social? ¿Qué tipo de criterios debieran impulsarse para fortalecer el capital social de los pobres urbanos? Para abordar estas interrogantes se consideran tres aspectos: las condiciones que requiere la producción de capital social; la participación de los sectores populares en programas sociales; y algunos criterios para el fortalecimiento del capital social.

1. La producción del capital social

En un artículo reciente, Gabriel Salazar señalaba: "El capital social ha mostrado ser un factor sociocultural de difícil producción o reproducción en el corto plazo. No se puede enseñar desde arriba ni construir por decreto. Ello se debe a que el capital social es autoproducido: proviene de la historia interna de los grupos más que de ninguna transmisión externa. Robert Putnam, investigando las comunidades italianas, descubrió que ese capital se forma al paso de las décadas y los siglos, razón por la cual su construcción es tan lenta como irreparable su destrucción" (Salazar, 1998, p. 165).

Luego se preguntaba: ¿Qué ocurrirá en los países como Chile, cuya historia es de aplastante centralismo e incesante destrucción de comunidades locales? Y señalaba: "Las conclusiones de R. Putnam son, en este sentido, pesimistas. Implicaría que las políticas sociales carecerían de suficiente metabolismo cívico para ser exitosas, de modo que no sólo el capital social no entraría en acción sino que, en añadidura, la sinergia del desencanto podría generar un *output* mayor que el impacto real de esas políticas" (Salazar, 1998, p. 165).

Ante esta posibilidad, resulta urgente investigar si el capital social puede ser construido en el corto plazo. Jonathan Fox (1995) estima que la formación de capital social es posible sobre la base de lo que Albert Hirschman llamó "energía social" y "principio de conservación de la energía social." Según Hirschman (1984), la energía social (colectiva) se despliega y acumula de modo permanente, aprendiendo tanto de sus éxitos como de sus fracasos, de modo que, ante nuevas circunstancias, puede hallarse con un mayor potencial de eficiencia. La dispersión física de las comunidades no supone desintegración de su potencia, puesto que pervive en los sujetos dispersos. La energía social puede acumularse en comunidades de vecindad epocal tanto como en comunidades de vecindad espacial. Esto permite —sostiene Fox— realizar intervenciones políticas destinadas a "cultivar" los gérmenes latentes de capital social. La cuestión sería crear las condiciones para ese cultivo, las que requerirían incluir, entre otras exigencias, "un cambio en la estructura de oportunidades, reducción de costo para el actuar colectivo, presencia de nuevos aliados potenciales y evidencia de que elites y autoridades son vulnerables".

Desde una perspectiva distinta, en un estudio sobre comunidades campesinas, John Durston (1999) muestra que existe la posibilidad práctica de construir capital social comunitario —de forma intencional— en grupos que carecen de él. De acuerdo a este estudio, las comunidades campesinas de Chiquimula mostraban una cultura relativamente individualista y de dependencia y dominación, pero que, paradójicamente, presentaban a la vez un amplio y dinámico repertorio de normas diversas, que podrían servir de soporte simbólico a prácticas solidarias y recíprocas. Chiquimula parecía carecer de las instituciones del capital social. Pero al rescatar las prácticas del pasado y surgir nuevos contextos y oportunidades para desarrollar estrategias grupales, fue posible crear capital social en estas comunidades, con apoyo externo y capacitación, y así convertir a un sector excluido en un actor social del escenario microrregional.

Durston menciona distintas "medidas" para desarrollar capital social comunitario. Entre ellas (Durston, 1999, p. 116):

- Realizar una búsqueda de normas y prácticas sobre confianza, reciprocidad y cooperación en grupos locales.

- Realizar una "excavación arqueológica" del capital social, a fin de identificar episodios anteriores de desarrollo que puedan haber sido reprimidos o desalentados, pero que se han conservado en la tradición oral.

- Desarrollar una rápida capacidad de respuesta en los proyectos y programas, para contrarrestar las acciones de los actores clientelistas. Fomentar el desarrollo de la capacidad de negociación estratégica de los dirigentes.

- Otorgar prioridad al fomento del sentido de misión entre los funcionarios de un proyecto, con miras al desarrollo del capital social autónomo.

- Fomentar la reflexión sobre las redes interpersonales existentes entre el gobierno y la sociedad civil. Facilitar el acceso de las comunidades marginadas a redes que ofrecen la información y los servicios a que tienen acceso los estratos más integrados.

Finalmente, es importante resaltar que el contexto sociopolítico condiciona las posibilidades de creación del capital social. En este sentido, como lo ha destacado el informe PNUD, 2000, "un factor decisivo en el desarrollo del capital social es el marco institucional. Éste abarca tanto la regulación de la asociatividad como —y por sobre todo— las políticas públicas" (PNUD, 2000, p. 113). Esto implica reconocer que la acción del Estado es importante puesto que "la asociatividad local predominante aparece vinculada de diferentes formas a la acción estatal, en particular el municipio y los programas sociales. El financiamiento de los grupos proviene de modo muy significativo de fuentes estatales; el reconocimiento legal requiere del concurso de las autoridades; y, la dinámica de los grupos fluctúa según las oportunidades de acceso a programas y recursos estatales. De modo tal que las iniciativas que el Estado toma y las modalidades que utiliza son importantes en la evolución y características de la realidad asociativa".

2.   Participación de los sectores populares en programas sociales

En el Chile de los años noventa, diversas instancias de nivel central, pero también crecientemente los municipios, licitan parte de sus fondos por medio de mecanismos concursables que activan propuestas de las organizaciones vecinales. De esta forma, se han abordado iniciativas de pavimentación de pasajes, alumbrado público y construcción de áreas verdes, entre otras. Estos proyectos de inversión social, más allá de sus logros materiales, operan como vínculo entre el Estado y las organizaciones sociales de base.

El principal mecanismo de estímulo de la participación comunitaria que ha utilizado el municipio es el Plan de Acción Comunal. Consiste en una convocatoria anual a todas las organizaciones vecinales para la presentación de proyectos al municipio. Las organizaciones diagnostican sus problemas, proponen proyectos acordados en el interior de la unidad vecinal y los presentan para su financiamiento al municipio. Éste asigna una cantidad de recursos por unidad vecinal.

El concurso de proyectos como modalidad de asignación de recursos en las esferas más diversas de la acción social y cultural del Estado, constituye quizás el hecho más característico de la política social del período post autoritario. En esta forma, el Estado transfiere a la sociedad civil una responsabilidad de codiseño de los programas gubernamentales. Asimismo, en ya casi un tercio de los proyectos del Fondo de Solidaridad e Inversión Social (FOSIS), el proyecto es el resultado de una labor promocional y formativa que ha tenido como pasos previos la participación de la propia comunidad en el diagnóstico de los problemas que la afectan, en una priorización de éstos y en la propuesta de alternativas posibles de acción.

De este modo, es la propia gente quien define una hipótesis de pobreza y una hipótesis de superación de ésta. Al concebir un proyecto dentro de ciertos límites presupuestarios, el grupo o la comunidad organizada está ideando una iniciativa con la mayor capacidad posible de efectos desencadenantes y una utilización más racional de los recursos disponibles. En general, el formato de proyectos específicos permite la formulación de múltiples iniciativas puntuales, que son relativamente fáciles de plantear y gestionar por parte de las organizaciones de base. Con ello se logra poner en marcha un proceso altamente participativo y desconcentrado de generación de iniciativas.

El estudio de Rayo y de la Maza analiza la participación de las organizaciones sociales en los fondos de inversión social concursables (Rayo y de la Maza, 1998). Los datos muestran que las juntas de vecinos son responsables de más del 50% de los proyectos presentados por organizaciones sociales de la Región Metropolitana, lo que revela que éstas siguen constituyendo la principal estructura organizativa en el mundo popular urbano. Los comités o coordinadoras de desarrollo local son el segundo tipo de organización con mayor presencia en los concursos de proyectos (16.4%). Le siguen los clubes deportivos (9.6%), los sindicatos de trabajadores independientes (8.1%), los grupos de trabajo (7.7%), las organizaciones juveniles (5.5%) y los centros de madres (1.8%).

Por otra parte, en el mismo estudio se analizan los temas priorizados en los proyectos de inversión social (Rayo y de la Maza, 1998). El estudio revela que los temas de mayor frecuencia en los proyectos dicen relación con el área de comunicación y expresión (56.9%), que representan inversiones en la construcción, reparación o mejoramiento de las sedes sociales comunitarias, así como en la atención y recreación de los niños. Los proyectos relacionados con iniciativas de mejoramiento de la calidad de vida alcanzan al 32% del total, con temas tales como multicanchas, áreas verdes, programas de prevención de drogas, y otros. Por último, los temas relacionados con provisión de servicios básicos sólo reúnen el 12.2% del total de proyectos.

En definitiva, la participación de la comunidad en el diagnóstico de los problemas que la afectan, en una priorización de esos problemas y en la propuesta de alternativas posibles de acción constituye un claro ejemplo de cómo la acción estatal puede estimular la formación de capital social en los sectores populares urbanos.

3.   Capital social "de abajo hacia arriba" y de "arriba hacia abajo"

El análisis que hemos venido realizando permite concluir poniendo de relieve algunos criterios que podrían contribuir al fortalecimiento del capital social de los pobres urbanos. Distinguiremos entre aquellos criterios que fomentan la construcción de capital social "de abajo hacia arriba" (los que responden a estrategias deliberadas) y aquellos que operan "de arriba hacia abajo".

Construcción de capital social "de arriba hacia abajo"

La pobreza urbana se constituye a través de ciertos mecanismos y formas de exclusión que tienden a la segmentación y a la segregación, lo que implica una reducción de la interacción entre grupos o estratos socioeconómicos distintos y, por lo mismo, una disminución de las oportunidades de los sectores de menores recursos para incorporar y movilizar activos que les permitan superar las condiciones de pobreza.

a) Ante esta situación de carácter estructural se requiere que, como lo ha planteado Kaztman, los problemas de integración sean incorporados como un matiz que debiera estar presente en el diseño y puesta en práctica de cualquier política sectorial. Respecto de la política educacional, por ejemplo, Kaztman ha argumentado que: "el matiz integrador en las políticas significa no estar preocupado sólo por la calidad de la educación que reciben los pobres, sino también por las oportunidades de interacción con muchachos de otras clases". ¿Por qué? Porque "los niños que provienen de hogares con portafolio de activos similares, pero que se exponen a estructuras de oportunidades distintas tienen chances distintas de acumular capital social y humano" (Kaztman, 2001a). En otras palabras, los niños provenientes de hogares pobres, pero que asisten a colegios de composición social heterogénea, se benefician de los contactos sociales que proporcionan esos establecimientos y pueden ver aumentadas sus posibilidades de éxito cuando se incorporan al mercado.

En el ámbito de la segregación socioespacial, para considerar otro ejemplo, el matiz integrador significaría apuntar en una dirección diametralmente opuesta a lo que han sido las políticas de vivienda social en Chile, que han ubicado las viviendas para los pobres lejos de los lugares centrales equipados y donde el precio del suelo es bajo. Implicaría introducir cambios en los patrones de segregación socioespacial, disminuyendo las distancias entre familias de diferente condición social.

b) Un segundo criterio es que este matiz integrador debiera hacerse presente en las políticas que se diseñan e implementan en las ciudades intermedias que, como sabemos, tienden a concentrar en mayor proporción la pobreza urbana. En otras palabras, la experiencia de la metrópolis debiera servir para no reproducir en las ciudades intermedias los mismos problemas de segregación y desintegración social.

Un punto clave al respecto se refiere a las decisiones que afectan a la focalización de las acciones. Ello puesto que "pareciera más eficiente ubicarlas allá donde se necesita, por ejemplo en el centro de un asentamiento pobre. Sin embargo, la preocupación por los temas de integración social lleva a pensar en la conveniencia de instalarlos más bien en las fronteras o quizás fuera de las fronteras de esos asentamientos, de forma de estimular su uso por personas de distintos estratos. Ello parece particularmente importante cuando más temprana es la etapa de vida de las personas afectadas. Por ejemplo, las decisiones sobre dónde ubicar Jardines de Infantes, Centros Preescolares, o Escuelas" (Kaztman, 2001a).

Construcción de capital social "de abajo hacia arriba"

Algunos autores sostienen que el capital social es autoproducido y que, por tanto, no se puede enseñar desde arriba ni construir por decreto. Sin embargo, ante la perspectiva pesimista de que éste no surja espontáneamente, ellos mismos se preguntan por la posibilidad de producirlo en el corto plazo. Por cierto, no parece que existan recetas para la construcción del capital social. Sin embargo, del análisis que se ha realizado en secciones anteriores es posible extraer algunos criterios que podrían fomentar la producción de capital social "de abajo hacia arriba" y, al mismo tiempo, ser coherentes con el principio de carácter estructural relativo a la integración social.

Antes de señalar los criterios es necesario resaltar la importancia de incorporar en el análisis el tema de la dimensión subjetiva de los sectores populares. Los aspectos que sobresalen en este sentido son:

- Bajos niveles de confianza interpersonal.

- Participación en asociaciones que tienden a la solución de problemas.

- Participación en redes sociales relativamente pequeñas, cerradas, y cohesionadas internamente, pero desintegradas respecto de otros grupos.

- Un anhelo de arraigo a un territorio, de mejoramiento del entorno y, también, de movilidad social.

Ahora, respecto de los criterios:

a) Un primer punto se refiere al trabajo de intervención con redes sociales. La conclusión que se obtiene de la discusión sobre redes sociales es que los proyectos de intervención en sectores populares no deberían apuntar exclusivamente a robustecer los lazos fuertes (el llamado capital *bonding*, es decir, que tiende a la cohesión interna del grupo), puesto que esto no se traduce en una mayor integración social. También deberían apuntar a reforzar los lazos débiles (el llamado capital *bridging*, que tiende a fortalecer la integración social con otros grupos sociales) y, por tanto, a ampliar las redes sociales.

b) Con respecto al tema de la asociatividad, lo que se ha observado es el debilitamiento de la vida asociativa vinculada a organizaciones formales (partidos políticos, sindicatos) y, en cambio, un aumento de la participación en asociaciones con fines específicos, que tienden a la solución de problemas. Por otra parte, lo que se observa es una debilidad en la coordinación de organizaciones. El fortalecimiento de estas instituciones de coordinación implicaría transitar del nivel local al nivel nacional, de lo micro a lo macro.

c) En relación con el tema de la participación. El estímulo a la participación de los sectores populares mediante fondos de proyectos concursables es un mecanismo que aporta a la formación de capital social. Pero con la incorporación de un matiz integrador, este programa social posiblemente tendría un mayor impacto.

d) Por último, cabe recordar que los pobres no tienen más recursos que el capital social. Por lo tanto, éste es un recurso clave en cualquier estrategia de superación de la pobreza.

Bibliografía

Arriagada, Camilo (2000), *Pobreza en América Latina: nuevos escenarios y desafíos de políticas para el hábitat urbano*, serie Medio ambiente y desarrollo, Nº 27 (LC/L.1429-P), Santiago de Chile, Comisión Económica para América Latina y el Caribe (CEPAL), octubre. Publicación de las Naciones Unidas, Nº de venta: S.00.II.G.107.

Banco Mundial (s/f), "Social Capital and the World Bank" (www.worldbank.org/poverty/scapital/bank1.htm).

Bengoa, José (1996), *La comunidad perdida*, Colección Estudios Sociales, Ediciones Sur.

Bourdieu, Pierre (1985), "The forms of capital", *Handbook of Theory and Research for the Sociology of Education*, John G. Richardson (comp.), Nueva York, Greenwood Press.

CEPAL (Comisión Económica para América Latina y el Caribe) (2001), *El espacio regional. Hacia la consolidación de los asentamientos humanos en América Latina y el Caribe*, serie Libros de la CEPAL, Nº 60 (LC/G.2116/Rev.1-P), Santiago de Chile. Publicación de las Naciones Unidas, Nº de venta: S.01.II.G.68.

___(2000), *Equidad, desarrollo y ciudadanía* (LC/G.2071(SES.28/3)), Santiago de Chile.

CNSP (Consejo Nacional de Superación de la Pobreza) (1996), *La pobreza en Chile. Un desafío de equidad e integración social*, Santiago de Chile, agosto.

Coleman, James (1990), "Social capital", *Foundations of Social Theory*, James Coleman (comp.), Cambridge, Massachusetts, The Belknap Press of Harvard University Press.

Durston, John (2001), "Parte del problema, parte de la solución: el capital social en la superación de la pobreza en América Latina y el Caribe", Santiago de Chile, Comisión Económica para América Latina y el Caribe (CEPAL), inédito.

___(2000), *¿Qué es el capital social comunitario?*, serie Políticas sociales, Nº 38 (LC/L.1400-P), Santiago de Chile, Comisión Económica para América Latina y el Caribe (CEPAL), julio. Publicación de las Naciones Unidas, Nº de venta: S.00.II.G.38.

___(1999), "Construyendo capital social comunitario", *Revista de la CEPAL*, Nº 69 (LC/G.2067-P), Santiago de Chile, diciembre.

Espinoza, Vicente (1999), "El capital social", *Documento de Trabajo SUR*, Nº 170, proyecto FONDECYT Nº 1990818, Santiago de Chile, octubre.

___(1998), "Historia social de la acción colectiva urbana: los pobladores de Santiago, 1957-1987", *Revista Latinoamericana de Estudios Urbano Regionales (EURE)*, vol. 24, Nº 72, Santiago de Chile.

___(1995), "Redes sociales y superación de la pobreza", *Revista de Trabajo Social*, Nº 66.

Espinoza, Vicente y Eduardo Canteros (2001), "Contactos sociales y carreras laborales en hogares chilenos de escasos recursos", *Proposiciones*, Nº 32, Santiago de Chile, Sur Ediciones.

Fox, Jonathan (1995), "Local governance and citizen participation: social capital formation and enabling policy environments", *International Workshop and Good Local Government*, vol. II, Robert Wilson y Reid Cramer (comps.), Austin, Texas, Universidad de Texas.

Hirschman, Albert (1984), *Getting Ahead Collectively: Grassroots Experiences in Latin America*, Nueva York, Pergamon Press.

Irarrázaval, Ignacio (1995), "Habilitación, pobreza y política social", *Estudios públicos*, Nº 59, Santiago de Chile.

Kaztman, Rubén (2001a), "Exclusión social y segregación residencial", documento presentado en el Ciclo de Foros sobre Políticas Públicas "Mañanas Complejas", Montevideo, julio.

___(2001b), *Segregación residencial y desigualdades sociales en Montevideo*, Sistemas de Información, Monitoreo y Evaluación de Programas Sociales (SIEMPRO).

___(s/f), "Exclusión social y segregación residencial" (www.gandhi.edu.uy/complejas/forotres/kaztman1.htm).

Kessler, Gabriel (s/f), "Lazo social, don y principios de justicia social: sobre el uso del capital social en sectores medios empobrecidos", inédito.

Lechner, Norbert (2000), "Desafíos de un desarrollo humano: individualización y capital social", *Capital social y cultura: claves estratégicas para el desarrollo*, Bernardo Kliksberg y Luciano Tomassini (comps.), Banco Interamericano de Desarrollo (BID)/Fondo de Cultura Económica de Argentina.

Lomnitz, Larissa (1994), *Redes sociales, cultura y poder: ensayos de antropología latinoamericana*, México, D.F., Facultad Latinoamericana de Ciencias Sociales (FLACSO)/Miguel Angel Porrúa.

OIT (Organización Internacional del Trabajo) (1998), *Chile. Crecimiento, empleo y el desafío de la justicia social*, Santiago de Chile.

Oviedo, Enrique (1999), "Seguridad ciudadana y espacios públicos. Significados de la violencia en Chile", *Espacio urbano, vivienda y seguridad ciudadana*, Santiago de Chile, Ministerio de Vivienda y Urbanismo.

Oviedo, Enrique y Alfredo Rodríguez (1999), "Santiago, una ciudad con temor", *Temas sociales*, Nº 26, Santiago de Chile, Corporación de Estudios Sociales Sur, agosto.

PNUD (Programa de las Naciones Unidas para el Desarrollo) (2000), *Desarrollo humano en Chile, 2000. Más sociedad para gobernar el futuro*, Santiago de Chile.

___(1998), *Desarrollo humano en Chile, 1998. Las paradojas de la modernización*, Santiago de Chile.

Putnam, Robert (1995), "Bowling alone: America's declining social capital", *Journal of Democracy*, vol. 6, Nº 1.

___(1993), "The prosperous community: social capital and public life", *The American Prospect*, Nº 13 (www.epn.org/prospect/13/13putn.html).

Rayo, Gustavo y Gonzalo de la Maza (1998), "La acción colectiva popular urbana", *Chile en los noventa*, Cristián Toloza y Eugenio Lahera (comps.), Santiago de Chile, Presidencia de la República/Dolmen ediciones.

Richards, Patricia y Bryan Roberts (2001), *Redes sociales, capital social, organizaciones populares y pobreza urbana. Nota de investigación*, Washington, D.C., Banco Mundial.

Rodríguez, Alfredo y Lucy Winchester (2001), "Santiago de Chile. Metropolización, globalización, desigualdad", *Revista Latinoamericana de Estudios Urbano Regionales (EURE)*, vol. 27, Nº 80, mayo.

___(1997), "Fuerzas globales, expresiones locales. Desafíos para el gobierno de la ciudad en América Latina", *Ciudades y gobernabilidad en América Latina*, Alfredo Rodríguez y Lucy Winchester (comps.), Colección Estudios Urbanos, Ediciones Sur.

Ruiz-Tagle, Jaime (2000), *Exclusión social en el mercado de trabajo en Mercosur y Chile*, Santiago de Chile, Oficina Internacional del Trabajo (OIT)/Fundación Ford.

Sabatini, Francisco (1999), "La segregación espacial y sus efectos sobre los pobres y la seguridad en la ciudad", *Espacio urbano, vivienda y seguridad ciudadana*, Santiago de Chile, Ministerio de Vivienda y Urbanismo.

___(1998), "Reforma de los mercados de suelo en Santiago, Chile: efectos sobre los precios de de la tierra y la segregación espacial", Serie Azul, Nº 24, Santiago de Chile, Instituto de Estudios Urbanos.

Salazar, Gabriel (1998), "De la participación ciudadana: capital social constante y capital social variable", *Proposiciones*, Nº 28, Ediciones Sur, diciembre.

Urzúa, Raúl y Diego Palma (comps.) (1997), *Pobreza urbana y descentralización. Estudios de casos*, Santiago de Chile, Centro de Análisis de Políticas Públicas, Universidad de Chile.

Capítulo X

Participación ciudadana, desarrollo local y descentralización

Lecciones y experiencias del Fondo de Inversión Social de Emergencia (FISE) de Nicaragua en proceso de transformación

*Carlos Lacayo**

A.   Síntesis del marco conceptual

En el último quinquenio, Nicaragua ha alcanzado un crecimiento promedio de 4.2%; sin embargo, aún persisten los obstáculos que impiden a importantes segmentos de la población el acceso a una alimentación y unos servicios básicos suficientes. En 1998, un 48% de los nicaragüenses eran pobres y un 17% extremadamente pobres, con un consumo agregado per cápita promedio de 1.18 y 0.58 dólares, respectivamente.[1]

Durante los últimos años, Nicaragua ha mostrado importantes avances en el desarrollo de una Estrategia Reforzada de Reducción de Pobreza (ERRP), la que además de tener como pilares fundamentales el crecimiento económico, la inversión en capital humano, la protección social y la

---

*   Consultor del Banco Mundial, ex Director del Fondo de Inversión Social de Emergencia (FISE) de Nicaragua, clacayo@ibw.com.ni.
[1]   Gobierno de Nicaragua, 2000b. También Banco Mundial, 2001.

gobernabilidad, tiene como ejes transversales la vulnerabilidad ambiental, la equidad social y la descentralización. La entrada de Nicaragua en la Iniciativa para la reducción de la deuda de los países pobres muy endeudados conlleva el compromiso de emprender un esfuerzo sustancial para reducir la pobreza en los próximos años. Además, se reconoce que éste es un proceso complejo de largo plazo que requiere de acciones multisectoriales y simultáneas, enfocadas en grupos y personas, y demanda ampliar e institucionalizar la participación en decisiones a nivel de gobierno central y local, como asimismo, mayores niveles de educación, organización y coordinación para su aplicación.[2]

El Fondo de Inversión Social de Emergencia (FISE) es uno de los actores en la puesta en práctica de la ERRP y su rol es el de financiar infraestructura social básica multisectorial, y proveer asistencia técnica y capacitación en planeación, manejo y gestión de proyectos sociales, mediante un modelo de fortalecimiento municipal y comunitario que promueve la participación ciudadana, el control social y la transferencia de capacidades a los gobiernos municipales y comunidades.

El FISE, creado inicialmente como instrumento temporal de compensación social, se ha caracterizado por ser una institución innovadora. Su mandato ha sido extendido tres veces desde 1990, en atención a los resultados de las evaluaciones y al reconocimiento tanto en el ámbito local como internacional, así como a la ejecución exitosa de su programa de inversiones, su nivel de desarrollo institucional y las ventajas comparativas con respecto a otras instituciones del país en términos de su capacidad para vincular a los gobiernos locales con las comunidades y el nivel central. Es más, a partir de 1999 los organismos internacionales ya reconocen que la visión temporal de los fondos de inversión social (FIS) deberá ser reevaluada para proveerles un marco institucional de largo plazo.[3] Mensaje que también detallaron con mucha precisión el presidente del Banco Interamericano de Desarrollo (BID) y los embajadores de Suecia y Alemania en Nicaragua, durante la celebración del 10° aniversario del FISE en noviembre de 2000.

---

[2]   Gobierno de Nicaragua, 2001. Conferencia Internacional sobre Reducción de la Pobreza-Banco Centroamericano de Integración Económica (BCIE).

[3]   Banco Mundial (1999). «En lugar de preparar a los ministerios técnicos para una posible reabsorción de las funciones que actualmente ejecutan con eficacia los fondos de inversión social, los gobiernos deberían dar más importancia al fortalecimiento de la capacidad de estos ministerios para planificar, crear un marco normativo y regulatorio, y realizar programas y proyectos especializados y sectoriales ... en los fondos sociales se deberían seguir analizando diversas estrategias destinadas a reforzar las instituciones locales ... y las organizaciones comunitarias».

En este marco y desde 1996, el FISE viene efectuando una serie de trabajos y actividades[4] dirigidos a promover un cambio de paradigma en su visión, misión y estrategia. Esto ha permitido el desarrollo de un modelo de atención, que articula —de forma más sostenible y eficaz—, las capacidades locales (sector privado, gobiernos, sociedad civil y comunidades de base) con las capacidades del nivel central; promueve nuevas culturas ciudadanas; y mejora la eficiencia, la equidad y el control social de las acciones públicas para el alivio de la pobreza.

De esta forma, el FISE percibe el fortalecimiento municipal, la participación ciudadana y la descentralización como instrumentos que, articulados coherentemente con la realidad local, representan una oportunidad para mejorar los niveles de eficiencia y equidad en la provisión de bienes y servicios públicos, así como para enfrentar la presencia cada vez más continua de los desastres naturales. También sostiene, como premisa clave, que una aplicación gradual e integral de estos instrumentos podría ofrecer una oportunidad para generar nuevas culturas ciudadanas, a consecuencia de la aplicación de los distintos mecanismos destinados a mejorar la transparencia, la rendición de cuentas y el control social de las acciones públicas.

Sin embargo, la falta de políticas y estrategias de desarrollo para generar capacidades locales; la lentitud en la reforma de los sectores sociales; la falta de reglas claras para la participación del sector privado y de organizaciones no gubernamentales (ONG) en la provisión de servicios y bienes públicos; y la necesidad de un marco legal e institucional que se promueva desde el Estado, continúan siendo algunos de los principales obstáculos no sólo para el desarrollo y modernización de la administración pública, sino también para fortalecer el propio papel redistributivo y facilitador del Estado. ¿Cuáles son las funciones centrales que el Estado debe robustecer y cuáles aquellas que debe «descentralizar» para promover un desarrollo social y económico más equitativo?,[5] son parte de los puntos centrales aún no resueltos y que están pendientes en nuestro país.

---

[4]   Varios trabajos encomendados por el FISE documentan el desarrollo sobre la gestión y conceptualización del Programa de Fortalecimiento Municipal y Comunitario y sus instrumentos: rol futuro del FISE (Budinich y Ubilla, 1996); rol futuro de los fondos de inversión social, compendio 1997 (Seminario Regional de Montelimar 1996, Nicaragua); (Stein, 1996-1997); (Rojas 1996, 1997, 1998); (Arévalo, 1997); (Grohmann, 1997); (Grohmann y Hernández, 1998); (Hernández, 1999); (Cordero, 1998, 1999, 2000, 2001); (Moncada 1997, 1998, 1999, 2000, 2001). Trabajos encomendados por agencias bilaterales y multilaterales: (Schneider, 1999); (Grun y Schneider, 2000); (Bermúdez, 1999b); (Trentman, Romeo y Velasco, 2000). Trabajos institucionales: (Noguera, 1996 y 2000); (Lacayo 1995, 1997, 1998b, 1999, 2000); (Informes de avance sobre la gestión del FISE, 1994-2001).

[5]   Gobierno de Nicaragua, 2000b: El documento (capítulo V. Descentralización) indica que se trabajará, entre otros temas, en una visión de conjunto de la descentralización en sus dimensiones política, administrativa y fiscal, que sea congruente con la realidad del país, el marco legal, y el fortalecimiento integral de las municipalidades. También se puede ver el detalle de las «acciones de política» y leyes programadas en Gobierno de Nicaragua, 2001, p. 151.

Todos estamos conscientes de que estas reformas sólo son posibles y efectivas en el largo plazo; sin embargo, para capitalizar efectivamente estas potencialidades se precisa de estrategias innovadoras de corto y mediano plazo, que sean capaces de aprovechar los espacios existentes tanto en el Estado como en el gobierno (central y local), y además de incorporar las lecciones aprendidas.[6] También se precisa de una voluntad política tanto del nivel central como local, apoyada por programas y medidas técnicamente sólidos. Por esto, lo elemental y urgente en el corto plazo es establecer un sistema de alianzas entre los distintos actores, que permita asumir de manera articulada la aplicación ad hoc de modelos descentralizados, como el del FISE, que fomenta la programación, la gestión y el manejo de las inversiones sociales y genera capacidades para que los gobiernos locales puedan utilizar recursos y procesos que promuevan la negociación, la responsabilidad ciudadana y la complementariedad de acciones con los demás actores.[7] Este grado de interacción entre los actores locales con aquellos del nivel central, en el marco de un proceso de negociación amplio, también permitiría, en el ámbito supranacional, generar un proceso más sostenible en la aplicación de la Estrategia Reforzada de Crecimiento Económico y Reducción de Pobreza (ERCERP).[8]

El FISE se inserta en esta nueva visión de desarrollo local, por medio de un Programa de Fortalecimiento Municipal y Comunitario (PFMC) que promueve la descentralización de procesos y recursos para la provisión y el mantenimiento de la infraestructura social básica de jurisdicción municipal, la participación ciudadana, el alivio de la pobreza y la sostenibilidad de los procesos y las inversiones.

---

[6]   En este tema, el FISE debe ser visto como un laboratorio de experimentación, cuyas lecciones aprendidas y experiencias podrían servir de insumos para el diseño de políticas y estrategias de descentralización, fortalecimiento municipal y participación ciudadana.

[7]   Gobierno de Nicaragua, 2000b: «El FISE, por su parte, seguirá funcionando de manera descentralizada en el ámbito municipal. Actualmente, éste ejecuta un proyecto piloto.... Se planea transferir a los gobiernos locales el control completo sobre la identificación, selección, ejecución y supervisión de las obras de infraestructura social». Véase también Gobierno de Nicaragua, 2001, p. 42.

[8]   Es importante notar que el marco operativo para articular el nivel local con el central aún está en proceso de definición y negociación por parte de la Secretaría Técnica de la Presidencia (SETEC), encargada de articular e implementar la ERCERP. Por eso, en el contexto de la actual Ley de Municipios (N° 40) y su reglamento, y ante la ausencia de un marco regulatorio de la descentralización, el autor intenta elaborar desde la perspectiva de las ventajas potenciales ofrecidas por el nuevo paradigma y las lecciones aprendidas desde el FISE, una versión propositiva de corto y mediano plazo para enmarcar la aplicación de la estrategia de reducción de pobreza en el contexto de un proceso de descentralización y negociación amplio entre el nivel local y el nivel central, incluyendo la región autónoma atlántica, donde el esquema abarca tres niveles: el local, el regional y el central.

B.   Síntesis del modelo y de la estrategia: programa de fortalecimiento municipal y comunitario (PFMC) del FISE

1.   Del modelo

Es importante señalar que el modelo del PFMC que aquí se describe no pretende representar un modelo integral de desarrollo local, aunque contiene importantes elementos estratégicos que interrelacionan el tejido social básico con el desarrollo. En síntesis, representa un modelo descentralizador e integrador en el ámbito local que, de manera institucionalizada, delega, transfiere y comparte la toma de decisiones, los procesos y los resultados con los actores involucrados y, a su vez, externaliza y legitima la actuación de la institución: el FISE.

Los cuatro instrumentos que conforman el PFMC son:

- **La Micro Planificación Participativa (MPP),** metodología de identificación y priorización de necesidades que permite impulsar la negociación, focalizar las acciones, y asumir compromisos y responsabilidades de forma interactiva entre todos los actores durante la elaboración del Plan Trianual de Inversión Municipal: gobierno local, comunidad, delegados de organismos y ministerios de línea, programas de desarrollo local y sociedad civil. La aplicación metodológica es responsabilidad del gobierno municipal con los actores locales. Partiendo de la premisa que el desarrollo local debe ser visto como un proceso gradual y con el propósito de ir mejorando la articulación de la demanda social con la oferta de recursos, minimizar la duplicidad de esfuerzos y lograr que el plan resultante sea un «instrumento gerencial de administración del programa de inversiones del municipio», se ha establecido como norma que ningún municipio podrá acceder a los recursos del FISE sin antes haber presentado un programa de inversiones donde se evidencie una serie de elementos clave que garanticen, entre otros, la participación ciudadana, la definición de contrapartidas y responsabilidades de los actores locales, la focalización de los recursos hacia las áreas y grupos más pobres del municipio y la integración de un comité (con amplia representación de los actores locales) que le dé seguimiento a la ejecución del plan. En este sentido, respecto de aquellos municipios que por sus capacidades puedan implementar metodologías de planificación de mayor nivel de complejidad, el FISE se limita a revisar el cumplimiento de los criterios mínimos establecidos.

- **Gestión y Manejo Descentralizado de Proyectos (GMDP),** que permite la transferencia de capacidades para la gestión y manejo descentralizado de los procesos y la administración de los recursos del ciclo de proyectos de inversión. Las herramientas más importantes de este instrumento son, entre otras: el manual operativo, los sistemas de información y control del ciclo de proyectos, los mecanismos de graduación e instalación del proceso de descentralización, los mecanismos de participación de los actores en todas las fases del ciclo de proyectos, los mecanismos de rendición de cuentas, incluidos los reportes semestrales sobre el avance del programa de inversiones, y los sistemas de evaluación y monitoreo, incluidos los indicadores de desempeño y la estrategia de capacitación.

- **El Fondo de Mantenimiento Preventivo**, un esquema institucional y financiero que opera de forma descentralizada e incentiva la negociación de contrapartidas y compromisos de los gobiernos locales, comunidades y delegaciones sectoriales para el cofinanciamiento del mantenimiento de las infraestructuras de las redes primarias de educación y salud. Las municipalidades administran los recursos, los consejos escolares de las escuelas, y los comités de mantenimiento de puestos de salud formulan, solicitan y ejecutan los microproyectos de mantenimiento preventivo, las delegaciones sectoriales supervisan y el FISE transfiere recursos fiscales y provee capacitación y asistencia técnica a los municipios.

- **La Capacitación Comunitaria (CC),** es el instrumento por medio del cual se transfieren conocimientos y destrezas para facilitar la comunicación social, fomentar la participación de los beneficiarios y mejorar el poder decisorio real en todo el ciclo de proyectos mediante los comités de seguimiento y mantenimiento.

Por otra parte, para disponer de una retroalimentación permanente de los resultados obtenidos, el FISE ha diseñado y sistematizado varios sistemas de evaluación y monitoreo que facilitan la toma de decisiones y un seguimiento transparente del programa por todos los actores. Estos sistemas son: i) sistema de evaluación cualitativa de beneficiarios; se realiza una vez cada dos años; ii) sistema de evaluación de impacto; se realiza cada cuatro años; iii) sistema de monitoreo de calidad de obras; se realiza para cada proyecto en el momento de finalizar su ejecución, y ha sido integrado al iv) sistema de indicadores claves de desempeño, en el que se monitorean, en tiempos reales, los principales objetivos y metas del programa en cada una de las fases del ciclo de proyectos, y se maneja de manera ya sea centralizada o descentralizada por la institución y los gobiernos locales.

2.   De la estrategia

A continuación se presentan los elementos más importantes de la estrategia de aplicación:

El PFMC pretende responder a los siguientes retos: aumentar la transparencia en la focalización de los recursos hacia los sectores más pobres; fortalecer la capacidad local para la gestión y manejo de los procesos y recursos inherentes al ciclo de proyectos de inversión social; reforzar la participación ciudadana y el control social de las inversiones; dotar a los gobiernos locales de las herramientas y mecanismos necesarios para facilitar la coordinación local de las acciones de los distintos organismos que invierten en el área social; e incrementar la competitividad de los actores locales en la identificación, la gestión, el manejo y el mantenimiento de las obras.[9] [10]

El proceso de descentralización del FISE ha sido definido como la transferencia de funciones, responsabilidades y recursos a los gobiernos locales, para que éstos sean responsables de llevar a cabo todas las actividades inherentes al ciclo de proyecto y la administración de los recursos.[11]

---

[9]   La ERRP de mayo de 2000, y su nueva versión, en la ERCERP de julio de 2001, transfieren la continuidad de acciones del FISE y su marco estratégico. Sin embargo, en el contexto de la nueva ley orgánica del Instituto Nicaragüense de Fomento Municipal (INIFOM, 1999), rector del proceso de descentralización y fortalecimiento de las capacidades municipales, aún no existe un marco estratégico y una clara definición de roles entre las distintas entidades e instituciones encargadas de llevar a cabo procesos descentralizadores; pero la ERCERP deja previsto un programa de trabajo para fortalecer al INIFOM y delinear las responsabilidades entre todos los actores del nivel central.

[10]   También en una evaluación encomendada por el BID: «Análisis de la Experiencia del Programa de Fortalecimiento Municipal y Comunitario, FISE de Nicaragua» (Grun y Schneider, 2000), se sugiere: «En este marco de cambios constantes, ¿cuál podría ser el rol del FISE? Pareciera que el FISE debe continuar con funciones delegadas relacionadas con la descentralización del ciclo de proyectos de inversión en el marco de procesos participativos, potenciándose con el acompañamiento de otros esfuerzos .... INIFOM podría contribuir trasladando a los gobiernos municipales capacidades en materias fuera de la gestión del ciclo de proyectos de inversión, mientras que el FISE continuaría asumiendo la responsabilidad de transferir capacidades relacionadas con el ciclo de proyectos de inversión, en estrecha coordinación con el INIFOM».

[11]   Esta definición se inserta en los principios doctrinarios y normativos aprobados por la Comisión Sectorial para la Descentralización (CSD): «Lineamientos Estratégicos para una Política Nacional de Descentralización en Nicaragua», 1999, documento que deberá ser discutido y concertado por los legisladores, en un futuro próximo.

La transferencia de capacidades a los gobiernos municipales se enmarca dentro de un proceso gradual e intensivo en la aplicación de los cuatro instrumentos del PFMC. Por eso, el FISE ha diseñado un vasto programa de transferencia de tecnologías, capacitación y asistencia técnica a los municipios, cuyo punto focal es poner en práctica un método descentralizado y participativo para elaborar, ejecutar y gerenciar planes trianuales de inversión social de jurisdicción municipal.

Pero, ¿cómo medir las capacidades de los gobiernos municipales para determinar si éstos podrían de forma «sostenible» asumir total o parcialmente todos los procesos sociales, técnicos y operativos que demanda el PFMC? y ¿cuáles son los requisitos mínimos en términos de capacidades gerenciales, institucionales, técnicas, administrativas y financieras, para garantizar que la intervención del FISE será costo-eficiente y decreciente en el mediano plazo, y asimismo garantizar una capacidad de absorción que sea sostenible financieramente por el municipio?

Como respuesta a estas interrogantes y previo a un proceso de aplicación institucionalizada y masiva del modelo PFMC, el FISE inició un programa de pilotajes independientes para cada uno de los distintos instrumentos que componen el modelo.

Durante 1997-1998 se inició el piloto de MPP en 60 de los 145 municipios del país. Este proceso culminó con la elaboración de 60 planes trianuales de inversión municipal, que comprendió 7 548 proyectos por un total de 350 millones de dólares. El FISE cofinancia el 34%, y otros el 66%, con 8 fuentes financieras promedio por municipio; participaron 24 887 personas en 728 talleres comunitarios, donde las propias comunidades crearon 1 539 comités de seguimiento de proyectos compuestos por 9 724 personas, de las cuales el 32% fueron mujeres. Durante el proceso de negociación, las municipalidades negociaron compromisos y responsabilidades con 2 929 organizaciones comunitarias. A la fecha, cerca de un 35% de las inversiones totales (FISE + otros) programadas están en ejecución o terminadas. A su vez, el FISE ha cofinanciado 3 200 proyectos por 64.5 millones de dólares equivalentes al 54% de lo acordado. Por otra parte, previo al proceso de la MPP se generó un diálogo nacional y se articuló un sistema de alianzas, cuyos resultados se expresan en la firma de 81 convenios y acuerdos entre el FISE y los actores locales (programas de desarrollo y gobiernos locales) y el nivel central (ministerios, entes autónomos y especializados), estableciendo responsabilidades y aportes concretos.

El programa piloto del FMP se extendió de 8 a 110 municipios actualmente. Desde su inicio en el año 1997, este esquema institucional y comunitario del mantenimiento preventivo de las redes primarias de salud y educación es cofinanciado por medio de transferencia fiscal entre el FISE (70%), los gobiernos municipales y comunidades. Funciona de forma descentralizada y cubre el 89% de los 2 215 establecimientos que han sido rehabilitados por el FISE. Este esquema de participación ha empoderado a 1 336 consejos escolares y 263 comités de mantenimiento de puestos de salud y está generando nuevas culturas de responsabilidad ciudadana. El esquema fue recientemente ampliado a los 6 600 establecimientos de la red pública nacional.

El instrumento de CC fue implementado masivamente desde el año 1999, y por su intermedio se ha capacitado y transferido conocimientos, destrezas y poder decisorio en todo el ciclo del proyecto a 3 125 organizaciones comunitarias (comités de seguimiento y mantenimiento), a objeto de facilitar la comunicación, gestión, control social y participación comunitaria.

En 1999 y como resultado de la experiencia de la emergencia del Huracán Mitch, se creó una Oficina Técnica Regional (OTR) para manejar un piloto de atención desconcentrado en 15 municipios del norte del país. Los recursos y procesos del ciclo de proyectos se manejan bajo el modelo tradicional del FISE central. Se destaca su esquema de ordenamiento territorial, un acceso más cercano y mejor comunicación con los municipios de la región y algunos ahorros de tiempo de procesamiento de proyectos con respecto al nivel central (Grun y Schneider, 2000).

A inicios del año 2000, se creó una Unidad de Descentralización (UD) para implementar el piloto de GMDP en nueve municipios del país. Se destaca una elaboración detallada de sus manuales de procedimientos, normativas, mecanismos, definición de funciones y roles, tanto de la UD como de las unidades técnicas municipales (UTM) y otros actores locales, como los delegados sectoriales y organizaciones comunitarias en todo el ciclo de proyectos, así como diagnósticos económico-financieros y de la capacidad instalada de las UTM, versiones detalladas de la estrategia de capacitación, asistencia técnica y de los sistemas municipales automatizados para el manejo, control y monitoreo de las inversiones y sus procesos (costos, contratación y seguimiento, indicadores de desempeño y reportes semestrales). También se destaca su estrategia de cofinanciamiento de gastos operativos decreciente en el tiempo y una mayor participación de recursos locales (Grun y Schneider, 2000): El FISE cofinancia el 20% de los gastos operativos totales de las nueve UTM, en equipamiento y personal técnico. A sólo un año de operar el nuevo modelo, estos municipios han manejado «recursos del FISE» por 10 millones de dólares.

En el informe de Grun y Schneider (2000), también se menciona: «A través de las visitas de campo pudo apreciarse que las UTM del nivel 1 (9 municipios) han desarrollado un buen conocimiento de los procedimientos de descentralización del ciclo de proyectos, debido principalmente a dos factores: a) la capacitación recibida sobre el manual operativo del sistema descentralizado y sobre aspectos relacionados con el sistema de costos, contratación y seguimiento; y b) la atención permanente de la UD, mediante visitas semanales y procesos de aprender haciendo».

Basándose en todas estas experiencias, pero principalmente en los resultados y lecciones aprendidas del piloto de descentralización que incorpora a todos los instrumentos del marco conceptual del PFMC, el FISE ha iniciado un proceso de institucionalización del PFMC con miras a una expansión masiva del proceso de descentralización. Durante el año 2001 se realizaron cambios organizativos y se inició una etapa de reconversión ocupacional con cerca del 30% del actual equipo de técnicos de las cuatro gerencias (el 93% del personal técnico son ingenieros y arquitectos), que manejan, de forma centralizada y en fases independientes,[12] los procesos del ciclo de proyectos. La reconversión ocupacional permitirá dotar a este grupo de técnicos de los mecanismos y destrezas necesarios para el manejo y la aplicación integral de todos los procesos, y de las herramientas que demanda la descentralización del ciclo de proyectos y el PFMC en su conjunto, de modo de asumir las nuevas responsabilidades y funciones de asistencia técnica y capacitación. Para obtener una mezcla óptima de profesionales, este equipo será complementado con un pequeño grupo de técnicos especialistas en desarrollo local.

En este contexto de innovación y cambios, también se encomendó un estudio sobre las capacidades de gestión y manejo del ciclo de proyectos en los 151 municipios del país.[13] El estudio concluye que entre 40 y 50 municipios muestran potencialidades para asumir las responsabilidades que demanda el proceso de descentralización, confirmando así la estrategia de largo plazo planteada por el FISE (Lacayo, 1999b).

---

[12]   Los FIS funcionan en un esquema de producción en cadena. Por ejemplo, un ingeniero o arquitecto que trabaja en la gerencia de seguimiento y control de proyectos, sólo maneja funciones específicas de esta fase del ciclo de proyectos y desconoce o conoce muy poco sobre los procedimientos, normas, mecanismos, y otros, que se aplican en el resto de las fases del ciclo de proyectos. Además, desconocen los conceptos y principales elementos del desarrollo local y el PFMC en su conjunto. Recordemos que el piloto de descentralización fue inicialmente manejado por un reducido grupo de técnicos y especialistas en desarrollo, desde una unidad funcional, orgánicamente separada de las gerencias de línea que manejan el ciclo de proyectos centralizado.

[13]   Estudio encomendado por el BID-FISE Universidad Centroamericana (UCA, 2000). Es importante notar que éste es el primer estudio a nivel nacional que pretende medir las capacidades municipales para asumir la descentralización del ciclo de proyectos de inversión y concluye que únicamente 40-50 municipios tienen potencialidades para asumir la descentralización. Otros estudios contienen elementos básicos sobre las capacidades administrativas y financieras, participación ciudadana o la cultura política: (INIFOM-PNUD-CENUAD-HABITAT 1994) (Ortega, 1997); con cobertura parcial pero por su contenido sobre elementos de capacidades financieras, administrativas, participación ciudadana y cultura política local: *Estudio de línea de base de 26 municipios de las Segovias* (coordinador: Ortega, 1999).

Es así como para el próximo período programático (2002-2004) se plantea la institucionalización de un nuevo modelo de atención en dos grandes líneas de operación: i) un «modelo de atención descentralizado» para al menos los 40-50 municipios que cuentan con potencialidades para asumir todos los procesos que demanda el PFMC, y ii) un «modelo de atención centralizado, con variantes» para el resto de los municipios del país. Éste conserva básicamente los elementos tradicionales del manejo de los recursos y procesos del ciclo de proyectos, pero mantiene el modo de aplicación descentralizada en dos de los instrumentos del PFMC: la MPP y el FMP. Asimismo, se iniciará un pilotaje de conformación de unidades técnicas intermunicipales, donde se experimentará un nuevo modelo de atención.

La estrategia de aplicación del PFMC también se sustenta en una clara definición de las reglas del juego: normas, procesos, procedimientos, mecanismos, sistemas, convenios y acuerdos-marcos, y otras. Todo sobre la base de manuales operativos, manuales metodológicos, sistemas informáticos y otras herramientas. Para el seguimiento y monitoreo de resultados se cuenta con una serie de indicadores de desempeño cuantitativo y cualitativo en tiempos reales y, además, con un sistema de evaluación ex post.

El modelo de atención descentralizado también define movilidad en los niveles de manejo de los procesos y administración de los recursos, dependiendo si el municipio es de «mayor capacidad» (proyectos de hasta un millón de dólares) o «mediana capacidad» (proyectos de hasta 100 000 dólares). En este sentido, se ha diseñado un mecanismo de graduación que permitirá ascender, mantener o descender a los municipios en un nivel respectivo. Este mecanismo de graduación se basa en un sistema de puntaje que permite evaluar capacidades mediante el análisis de variables, tales como capacidad gerencial, capacidad técnica, capacidad administrativa, fomento de la participación ciudadana, capacidad financiera y de sostenibilidad. Cada una de estas variables se descompone en un sistema de indicadores u otros índices, que permiten aproximarse de forma transparente a una decisión responsable sobre las capacidades reales del municipio: técnicas, sostenibilidad financiera, programación, coordinación y fomento de la participación comunitaria, nivel de institucionalidad, normas, procedimientos y mecanismos de control interno, entre otras.

La aplicación del mecanismo de graduación es transparente y abierta a cualquier municipio que la solicite y cumpla con un nivel mínimo de ingresos propios. También es dinámica, porque permite incorporar capacidades aumentadas como resultado de los procesos de asistencia técnica y capacitación que reciban los municipios, o cambios financieros como resultado de una buena gestión.

Otro elemento de la estrategia es que para acceder a los recursos del FISE y entrar a la fase de manejo de ejecución descentralizada del ciclo de proyectos, se requiere de una «fase de instalación» que se inicia con un análisis de dimensionamiento y negociación,[14] con el equipo técnico de la UTM —encargada de la planificación, gestión y manejo de procesos y administración de los recursos del ciclo de proyectos— y con el gobierno local (alcalde y concejo municipal), y concluye con un dimensionamiento y una programación presupuestaria anual de todos los recursos (personal, equipamiento, mobiliarios, espacios físicos, contrapartidas, entre otros) necesarios para ejecutar el plan de inversiones de mediano plazo. Esta fase culmina con la firma de un convenio entre el FISE y la alcaldía en el que se detallan las principales reglas del juego.

Otro aspecto importante de la estrategia es que el FISE asigna el total de sus recursos a los municipios por medio de un mapa de pobreza, lo que denota un sentido de transparencia en el contexto del alto nivel de politización que vive el país.

C.   Principales lecciones aprendidas del PFMC

La más grande contribución del modelo PFMC es quizás su capacidad para generar cambios sociales, nuevas culturas ciudadanas y capacidades locales, que promueven un esquema más sostenible de producción, administración y mantenimiento de la infraestructura social básica de jurisdicción municipal. En este sentido, la definición de reglas claras y la capacidad de los incentivos que genera el modelo actúan como neutralizantes de conflictos potenciales y suavizan los niveles de polarización existentes en las organizaciones que componen el tejido social y sus instituciones, en función de un bien público colectivo.

Se ha establecido un Diálogo Nacional que ha propiciado la articulación de alianzas y complementariedad de acciones entre instituciones y organizaciones tanto del nivel central como local, incluyendo a la sociedad civil y las organizaciones comunitarias, así como con organismos multilaterales y agencias bilaterales con los que se negociaron y definieron las «reglas del juego». Por ejemplo, se han articulado con algunos actores del nivel central procesos paralelos que promueven y apoyan el incremento de las capacidades locales.

---

[14]   En algunas ocasiones, cuando se tienen que hacer ajustes a la estructura de la UTM o cambios de personal porque éstas no tienen las capacidades técnicas, o cuando existe un sobredimensionamiento de personal, o bien cuando hay conflicto de intereses con algún técnico, esta fase de negociación se torna compleja. Sobre todo, si algún miembro del concejo municipal o el alcalde intentan oponerse a los cambios.

Se han abierto nuevos espacios públicos de participación en la toma de decisiones de grupos poblacionales históricamente marginalizados, como los pobres y las mujeres. Además, se ha fortalecido una línea de comunicación entre los gobiernos locales y las comunidades de base. La apertura de estos nuevos espacios de participación y los mecanismos de focalización de recursos hacia el interior del municipio, establecidos en la MPP, han permitido que un 72% de los proyectos se localicen en las áreas rurales, donde se encuentra el 68.5% de los pobres, lo que también confirma la hipótesis inicial de que el modelo produce incentivos para elevar los niveles de prioridad en el uso de los recursos.

Se ha mejorado la coordinación interinstitucional entre los gobiernos municipales, los ministerios de línea y la sociedad civil. También la aprobación del Plan de Inversión Municipal por el Concejo Municipal y la consecuente apropiación de su gestión por parte del alcalde, han dado como resultado un mejor nivel de coordinación entre las distintas instancias del gobierno local.

Se han creado mecanismos de rendición de cuentas y control social, a través de la asamblea municipal, el informe semestral y anual, el comité de licitación, el acceso a la bitácora y la conformación de una comisión de planificación. Un 80% de los municipios descentralizados han implementado asambleas públicas para informar sobre el avance del Plan de Inversiones y un 90% ha puesto a disposición del público los informes semestrales y anuales. Uno de los mecanismos creados es el comité de licitación, compuesto por técnicos municipales, alcalde o concejal, delegado sectorial y representante del comité de seguimiento de proyecto (CSP) de la comunidad. Durante la ejecución del proyecto, los miembros del comité de seguimiento tienen acceso a la bitácora y firma de avalúos. Recientemente se agregó al modelo la creación de una comisión de planificación municipal compuesta por todos los actores locales. Es obvio que estos mecanismos promueven las buenas prácticas y fomentan la institucionalización de la participación y la toma de decisiones. Los técnicos municipales, en general, reconocen que de continuar estas nuevas prácticas se estarían generando sinergias de todo orden para actuar en consenso y cooperativamente y estimular la confianza entre la ciudadanía y el gobierno local.

Se ha fortalecido la capacidad de los gobiernos locales en sus diferentes niveles, alcaldes, concejos municipales y unidades técnicas, mejorando su gestión de ente coordinador de las inversiones y capacidades de sus técnicos para asumir los procesos.

Además, la asistencia técnica y capacitación para el manejo y la administración descentralizada del ciclo de proyectos de inversión por parte de los municipios, está generando importantes valores agregados al municipio, entre ellos:

i)   los tiempos de proceso para las distintas fases del ciclo de proyectos (formulación, evaluación, contratación y seguimiento) por parte de los municipios descentralizados, son menores si los comparamos con el nivel central. Esto implica respuestas más rápidas y oportunas a las necesidades de las comunidades;

ii)   el uso de sistemas automatizados para todas las fases del ciclo de proyectos ha permitido el manejo de mayores volúmenes de producción y un mejor control de los procesos y los recursos;

iii)   un impacto importante en el mercado laboral de profesionales en las áreas de la industria de la construcción y de servicios profesionales en las ciencias sociales, finanzas y contabilidad, como resultado de un incremento de funcionarios en las UTM, en los servicios privados profesionales para el diseño, formulación y supervisión de proyectos, así como de la participación de un mayor número de contratistas locales en la ejecución de los proyectos. También se advierte un impacto considerable en las instituciones locales que intermedian recursos financieros y en el comercio y la pequeña industria de materiales de construcción. Es obvio suponer que este proceso de inversión local representa un impacto keynesiano, con un multiplicador de mayor magnitud, si lo comparamos con los procesos centralizados del FISE central;

iv)   fortalecimiento de las capacidades administrativas y técnicas para el manejo y control social de las inversiones;

v)   se ha entregado infraestructura social de igual o mejor calidad y a un menor tiempo que la producida por los procesos centrales, pero con un mayor nivel de empoderamiento de las comunidades y a un costo que representa un ahorro social del 14% por cada dólar invertido con respecto al nivel central;

vi)   la estabilidad de los técnicos en todos los municipios descentralizados, después del proceso electoral municipal de noviembre del 2000, hace suponer que el modelo del PFMC también produce valiosos incentivos vinculados a la «sostenibilidad política» de los procesos.

D.   Limitaciones y desafíos

A pesar de los avances del PFMC, no se deben desatender las múltiples limitaciones y los desafíos:

La falta de recursos humanos «calificados» en los municipios es sin duda la principal limitante del Programa. La carencia de capacidades instaladas es simplemente un resultado de lo anterior. Esto se deriva de décadas de implantación de sistemas altamente centralizados, tanto en la provisión de bienes y servicios públicos como en la captación de ingresos fiscales. El estudio de la Universidad Centroamericana (UCA) (2000), encomendado por el FISE y el BID, señala que únicamente el 27.8% de los municipios de Nicaragua son viables económicamente para asumir los procesos que demanda la administración y manejo descentralizado del ciclo de proyectos del FISE. Por lo tanto, la inexistencia de mercados laborales para las especialidades de ingenierías, arquitectura y ciencias sociales es una realidad en prácticamente el 70% de los municipios del país. Por eso, el principal desafío es el diseño de mecanismos de cofinanciamiento y un esquema de incentivos que permita la conformación de unidades técnicas municipales e intermunicipales que hagan viables y sostenibles los procesos de descentralización propuestos.

El PFMC del FISE se limita a crear capacidades instaladas en las unidades técnicas municipales. La función principal de esta unidad operativa se limita al manejo de todos los procesos del ciclo de proyectos de inversión. Sin embargo, se requiere la articulación de programas complementarios con otras instituciones del sector público a fin de incrementar capacidades gerenciales: gobernabilidad y gerencia social, captación de ingresos fiscales propios, presupuestación y finanzas municipales, entre otras.

Algunos municipios que cuentan con capacidades instaladas insuficientes, pero con niveles de ingresos suficientes como para profesionalizar sus UTM, deben realizar un mayor esfuerzo por mejorar sus niveles de eficiencia y eficacia operativa, lo que les permitiría liberar ingresos para fortalecer dichas unidades. El FISE ha diseñado una estrategia destinada a identificar estos casos y proveer la asistencia técnica y capacitación requeridas, además de completar el esquema de incentivos para cofinanciar estas unidades.

La participación de los ministerios de línea y entes autónomos en los procesos locales es aún limitada. El PFMC, por su grado de complejidad, requiere mejorar la coordinación al nivel central con el objeto de lograr mayor participación por parte de algunos entes y programas del sector público.

Aunque la participacióna de las ONG ha sido alta, sus capacidades técnicas han sido menores que lo esperado. Se requiere de acciones complementarias de capacitación y asistencia técnica especializada para incrementar sus capacidades instaladas.

El mayor desafío del FISE, en la expansión del proceso de descentralización de 9 a 50 municipios del país, es lograr un adecuado proceso de reconversión laboral, a objeto de optimizar la mezcla de sus profesionales para convertir su equipo técnico (actualmente, 80 son ingenieros y arquitectos) en facilitadores de procesos y gerentes sociales, generadores de capacidades locales por medio de la capacitación y asistencia técnica. Otro de sus desafíos es la transformación interna e institucionalización de su PFMC en todas sus gerencias de línea y de apoyo.

Otro aspecto crítico es el marco legal insuficiente. No existen una política de descentralización del Estado, una ley de carrera administrativa, una ley de participación ciudadana o de actualización de los planes de arbitrio municipal, entre otras.

Por otra parte, en la mayoría de los casos los sistemas públicos de prestación de bienes y servicios se caracterizan por ser ineficientes y no equitativos, y por carecer de incentivos como para competir. A nuestro juicio, se requiere de la voluntad política de los principales actores del sector social para diseñar y poner en práctica una estrategia particular, que permita focalizar el gasto social y generar mayores incentivos por parte de la oferta, de tal forma que promueva el desarrollo de capacidades locales para responder más adecuadamente a los retos que implica la estrategia de reducción de la pobreza.

Bibliografía

Arévalo, Carmen (1997), *Gestión descentralizada para el manejo del ciclo de proyectos*, Banco Mundial/Fondo de Inversión Social de Emergencia (FISE).

Banco Mundial (2001), *Nicaragua Poverty Assessment*. Vol. I and II, Washington, D.C.

___ (1999), "Strategy for social investment funds. Building bridges from the margin to the mainstream", documento preparado para el Foro regional sobre Protección social en América Latina: estrategias para mejorar las políticas, Washington, D.C., Departamento de Desarrollo Humano, Oficina Regional de América Latina y el Caribe, junio.

Bermúdez, Gustavo (1999a), *Estudio de Costo Eficiencia*. Informe de consultoría, Banco Mundial/Fondo de Inversión Social de Emergencia (FISE).

___ (1999b), *Análisis Institucional del FISE*. Informe de consultoría, Banco Mundial/Fondo de Inversión Social de Emergencia (FISE).

Budinich, Ema y Rodrigo Ubilla (1996), *Evaluación del Fondo de Inversión Social de Emergencia y sus proyecciones institucionales*. Informe de consultoría, Banco Interamericano de Desarrollo (BID)/Fondo de Inversión Social de Emergencia (FISE).

Cordero, Virginia (1998, 1999, 2000, 2001), *Apoyo al Programa de Fortalecimiento Municipal y Comunitario del FISE*. Varios informes trimestrales de consultoría, Proyecto de la cooperación Alemana, a través del Banco Alemán para el Desarrollo (KFW)/Banco Mundial/Agencia Sueca de Cooperación Internacional para el Desarrollo (ASDI)/Fondo de Inversión Social de Emergencia (FISE).

CSD (Comisión Sectorial para la Descentralización) (1999), "Lineamientos estratégicos para una Política Nacional de Descentralización en Nicaragua" (www.csd.gob.ni).

FISE (Fondo de Inversión Social de Emergencia) (1994-2001), *Serie de Reportes semestrales y anuales sobre el avance del programa*, Archivos técnicos del FISE.

___ (1997), Primera edición. *Rol Futuro Fondos de Inversión Social. Un compendio de propuestas sobre el rol futuro de los FIS desde las perspectivas de los gobiernos municipales, ministerios de línea y desde los FIS de Bolivia, Chile, Ecuador, El Salvador, Guatemala, Honduras, Nicaragua, Panamá, Perú y República Dominicana*, incluye comentarios de los representantes de las multilaterales del Banco Mundial, Banco Interamericano de Desarrollo (BID) y Programa de las Naciones Unidas para el Desarrollo (PNUD).

Gobierno de Nicaragua (2001), *Estrategia Reforzada de Crecimiento Económico y Reducción de Pobreza (ERCERP)*, julio.

___ (2000a), *Strengthened Poverty Reduction Strategy*.

___ (2000b), *Estrategia Reforzada de Reducción de Pobreza* (ERRP), mayo.

Grohmann, Peter (1997), *Revisión de modalidades de planificación participativa en Nicaragua. Etapa I*. Informe de consultoría, Banco Mundial/Fondo de Inversión Social de Emergencia (FISE).

Grohmann, Peter y Eneiza Hernández (1998), *Diseño final de la metodología de Microplanificación Participativa del FISE, Etapa II*. Informe de consultoría, Banco Mundial/Fondo de Inversión Social de Emergencia (FISE).

Grun, Stephen A. y Pablo R. Schneider (2000), *Análisis de la experiencia del Programa de Fortalecimiento Municipal y Comunitario del FISE de Nicaragua*. Informe de consultoría, Banco Interamericano de Desarrollo (BID)/Fondo de Inversión Social de Emergencia (FISE).

Hernández, Eneiza (1999), *Diseño de la estrategia de capacitación para multiplicadores de la metodología de microplanificación participativa*. Informe de consultoría, Proyecto de la cooperación Alemana, a través del Banco Alemán para el Desarrollo (KFW)/Fondo de Inversión Social de Emergencia (FISE).

INIFOM (Intituto Nicaragüense de Fomento Municipal) (1994), *Diagnóstico Básico de las Municipalidades*, Proyecto conjunto del Programa de las Naciones Unidas para el Desarrollo (PNUD) y del Programa de las Naciones Unidas para los Asentamientos Humanos (HÁBITAT).

Lacayo, Carlos (2000), "A New Role for Governments and Civil Society? Democracy and Inclusion of the Disenfranchised in Local and School Politics", documento patrocinado por Centro Howards de Gestión Política del Estado/The Graduate Center, City University of New York/Fundación Rockefeller, Bellagio, Italia, Centro de Conferencias y Estudios de Bellagio.

____ (1999a), "Descentralización en la provisión y mantenimiento de la inversión social básica", documento presentado en el Foro Nacional sobre avances y perspectivas de la descentralización (Nicaragua, enero), Instituto Nicaragüense de Fomento Municipal (INIFOM).

____ (1999b), "Descentralización en la provisión y mantenimiento de la infraestructura social básica de jurisdicción municipal", documento presentado en el Foro sobre Descentralización y Desarrollo Local en Centroamérica, Reunión del Grupo Consultivo, promovido por el Banco Interamericano de Desarrollo (BID) (Estocolmo, Suecia, mayo).

____ (1998a), *Política social en el contexto del crecimiento, desigualdad y pobreza*, Fondo de Inversión Social de Emergencia (FISE).

____ (1998b), "Descentralización en la provisión y mantenimiento de la inversión social básica. Implicaciones y desafíos para promover la participación y articulación de alianzas para el alivio de la pobreza: El caso del FISE", documento presentado en el Foro Nacional sobre la Descentralización y Fortalecimiento Municipal, perspectivas de la Inversión Social en Nicaragua, Promovido por el Fondo de Inversión Social de Emergencia (FISE), septiembre.

____ (1997), *Comentarios sobre el Mapa de Pobreza Municipal, ventajas e implicaciones*, Fondo de Inversión Social de Emergencia (FISE).

____ (1995), *Perspectivas del FISE para mejorar la participación de las ONG*, Fondo de Inversión Social de Emergencia (FISE).

La Porta, Rafael y otros (1997), "Trust in large organizations", *American Economic Review Papers and Proceedings*, vol. 87, mayo.

Moncada, Omar (1997, 1998, 1999, 2000, 2001), *Apoyo al Programa de Fortalecimiento Municipal y Comunitario del FISE*. Varios informes trimestrales de consultoría, Proyecto de la cooperación Alemana, a través del Banco Alemán para el Desarrollo (KFW)/Banco Mundial/Agencia Sueca de Cooperación Internacional para el Desarrollo (ASDI)/Fondo de Inversión Social de Emergencia (FISE).

Noguera, Carlos (2000), *Descentralización y participación ciudadana*, Fondo de Inversión Social de Emergencia (FISE).

____ (1996), *Propuesta sobre el rol futuro del Fondo de Inversión Social de Emergencia de Nicaragua*, Rol Futuro Fondos de Inversión Social, Fondo de Inversión Social de Emergencia (FISE).

Ortega, Manuel (1997), *Políticas de descentralización y capacidades de gestión administrativa y financiera de las municipalidades*, San Salvador, Facultad Latinoamericana de Ciencias Sociales (FLACSO).

Ortega, Manuel, Mario Castro y Guadalupe Wallace (2000), *Evaluación de las capacidades actuales de gestión y manejo del ciclo de proyectos de los Gobiernos Municipales de Nicaragua. Informe de consultoría,* Centro de Análisis Sociocultural, Universidad Centroamericana, Banco Interamericano de Desarrollo (BID)/Fondo de Inversión Social de Emergencia (FISE).

Ortega, Manuel, Manuel Urroz y Mario Castro (1999), *Estudio de línea de base de 26 municipios de las Segovias,* Centro de Análisis Sociocultural, Universidad Centroamericana.

Rojas, Fernando (1996, 1997, 1998), *Diseño y pilotaje de la implementación del Fondo de Mantenimiento Preventivo,* varios informes de consultoría, 1996, 1997 y 1998, Agencia Sueca de Cooperación Internacional para el Desarrollo (ASDI)/Banco Interamericano de Desarrollo (BID)/Fondo de Inversión Social de Emergencia (FISE).

Schneider, Pablo R. (1999), *Evaluación del apoyo de Suecia al FISE entre 1996 y 1999,* Agencia Sueca de Cooperación Internacional para el Desarrollo (ASDI).

Seligman, Adam B. (1997), *The Problem of Trust,* Princeton, Princeton University Press.

Stein, Alfredo (1996-1997), *Apoyo al diseño del Programa de Fortalecimiento Municipal y Comunitario.* Varios informes de consultoría, 1996, 1997, Programa de las Naciones Unidas para el Desarrollo (PNUD)/Fondo de Inversión Social de Emergencia (FISE).

Trentman, Claudia, Leonardo Romeo y Omar Velasco (2000), *Evaluación conjunta del proceso de Microplanificación Participativa del FISE-PROTIERRA/INIFOM.* Informe de consultoría, Banco Mundial/Fondo de Inversión Social de Emergencia (FISE).

Universidad Centroamericana (UCA, 2000), *Evaluación de las capacidades actuales de gestión y manejo del ciclo de proyecto de los gobiernos municipales de Nicaragua.* Centro de Análisis sociocultural, Nicaragua.

Cuarta parte

El capital social en la dimensión de género

Capítulo XI

Políticas para el empoderamiento de las mujeres como estrategia de lucha contra la pobreza

*Sonia Montaño**

¿Son más pobres las mujeres?

La pobreza en América Latina continúa siendo el principal desafío regional. Aunque la proporción de pobres ha ido disminuyendo sostenidamente desde un 41% en 1990, a 37% en 1999 (véase el gráfico XI.1), la población considerada pobre seguía siendo de alrededor de 200 millones (véase el gráfico XI.2), previéndose el incremento del deterioro social y económico, así como las crisis que aumentan la pobreza (CEPAL, 2000a) en la actualidad. Cuántos de estos pobres son mujeres y cómo la pobreza afecta a las mujeres, son preguntas que han formado parte del debate sobre la pobreza en los últimos años.

Respecto de la pregunta de si las mujeres están sobrerrepresentadas entre los pobres, lo que constituiría uno de los principales fundamentos del concepto de feminización de la pobreza, existe una contradictoria información empírica que, en general, parece privar de asidero a afirmaciones

* Jefa Unidad Mujer y Desarrollo, CEPAL, smontano@eclac.cl.

contundentes como la de que las mujeres representan dos tercios del total de los pobres.[1]

Sin embargo, una constatación inicial muestra que en países como Bolivia, Colombia, Costa Rica, Ecuador, El Salvador, Honduras, Nicaragua, Panamá, República Dominicana y Venezuela, la incidencia de la pobreza en los hogares bajo jefatura femenina es mayor que en la de aquéllos encabezados por hombres (véase el gráfico XI.3). También en la mayoría de los países, la proporción de mujeres es mayor entre la población pobre, comparada con la proporción de mujeres en la población mayor de 15 años (véase el gráfico XI.4).

Los esfuerzos por medir la feminización de la pobreza, considerando la evolución de la jefatura de hogar femenina, tampoco son decisivas en mostrar una clara relación entre el número de hogares con jefes mujeres y el incremento de la pobreza. Por el contrario, la información disponible registra una tendencia al aumento total de la jefatura de hogar femenina, que se produce por el incremento de ésta en los estratos no pobres (véase el gráfico XI.5).

Un excelente estudio reciente (Quisumbing, y otros, 2001), que compara información de seis países asiáticos, tres de África y uno de América Latina (Honduras) sobre la pobreza femenina, concluye que la jefatura de hogar no siempre es una aproximación para medir la pobreza y que se necesita orientar las investigaciones hacia otros factores como los institucionales o las causas que determinan los patrones de ingreso y consumo en los hogares, prestando mayor atención a los procesos que subyacen al fenómeno de la jefatura femenina.

Es necesario recordar que la mayoría de los indicadores de pobreza vigentes no son sensibles al género (UNIFEM, 2000), pues se trata de indicadores agregados que toman al hogar como unidad de análisis y que, por lo tanto, no han sido diseñados para responder a la pregunta sobre la pobreza desde el punto de vista de los individuos o los miembros de las familias. Esas herramientas han sido diseñadas para obtener respuestas distintas a las surgidas de un análisis de género que pretende examinar los aspectos comparativos entre hombres y mujeres individualmente.

Sin embargo, este debate —a pesar del innegable interés que reviste para arribar a metodologías de medición sensibles al género y, por lo tanto, responder con herramientas adecuadas a las preguntas sobre pobreza desde una perspectiva de género— tiene un marcado carácter tecnocrático, puesto que concentra los argumentos en la eficacia de una herramienta de medición y omite un análisis de la complejidad y multidimensionalidad de la pobreza, sus causas, consecuencias y posibles soluciones. Es, pues, un enfoque técnico

---

[1]   Para una mayor precisión sobre este debate, véase Bravo, en Arriagada y Torres (1998).

instrumental insuficiente para entender un problema económico, social, político y cultural.

1.   De la medición al análisis

Al apartarse del enfoque limitadamente técnico del debate anterior, los estudios de género aportan una riqueza de conocimiento respecto de las características e impactos diferenciados que tiene la pobreza sobre hombres y mujeres, así como de estos grupos, según el ciclo de vida. Dichos estudios de género y otros realizados en la región (Rodríguez, 2001) ofrecen una importante evidencia acerca de la manera cómo la pobreza genera mayores vulnerabilidades y exclusiones entre las mujeres y sus familias, así como de las menores oportunidades que tienen las mujeres pobres, en comparación con los hombres pobres, para superar los obstáculos de la pobreza. De este modo, vemos que junto con el incremento de la participación femenina en el mercado de trabajo (véase el gráfico XI.6), la presencia de mujeres entre los desocupados es desproporcionada y, particularmente, de aquéllas provenientes de hogares pobres (véase el gráfico XI.7). Se sabe, así, que las familias encabezadas por mujeres padecen, negativamente, las consecuencias de la menor capacidad que ellas tienen para obtener ingresos (véase el gráfico XI.8), tal como se reconoce, por otra parte, el impacto positivo que genera el ingreso femenino y de otros miembros de la familia en mitigar la pobreza (véase el gráfico XI.9). También gracias a estos estudios se conoce que el acceso a recursos instrumentales, como el crédito o la propiedad de la tierra (León y Deere, 2000), pueden ser determinantes en superar la exclusión de las mujeres y brindarles oportunidades para salir de la pobreza. Se ha aprendido, además, que las exclusiones formales y de facto que ocasionan las leyes, la violencia doméstica e intrafamiliar y la débil participación política y ciudadana son particularmente desventajosas para las mujeres.

Es cada día más importante el conocimiento que se tiene acerca de las externalidades que representa la incorporación equitativa de hombres y mujeres en la lucha contra la pobreza, no sólo por razones de equidad y derechos humanos, sino también por motivos de eficiencia. Baste mencionar el impacto que los ingresos de las mujeres significan en la disminución de la pobreza entre hogares pobres (CEPAL, 2000b), como asimismo, los impactos de la educación de las mujeres en la disminución de la mortalidad materna y la desnutrición infantil.

Pero donde el concepto de "feminización" encuentra su mayor sustento es en la sobrerrepresentación femenina en la lucha contra la pobreza. Son numerosos los programas que ejecutan gobiernos, ONG y organismos de desarrollo, en los que la presencia femenina es crucial. Desde los tradicionales clubes y centros de madres, vasos de leche, u ollas populares, que en décadas pasadas tuvieron a las mujeres de intermediarias para los programas de compensación, salud primaria o nutrición, hasta los más contemporáneos programas de microcrédito, salud comunitaria o diversas formas de gestión social y ambiental en el ámbito local, las mujeres pobres se han caracterizado por ser las más numerosas, a veces las más activas y, con frecuencia, las más eficientes en su desempeño (Montaño, 1998).

El desarrollo, fortalecimiento y recreación de redes sociales, hoy reconocidas como capital social, son un recurso gratuito —y no suficientemente reconocido— del trabajo familiar y comunitario de las mujeres.[2] Se trata del enorme capital que implica la economía del cuidado (Elson, 1998), cuyas principales protagonistas son las mujeres pobres que reemplazan la acción del Estado, limitada como resultado de ajustes fiscales y otras medidas de tipo macroeconómico. Sustituyen, también, al mercado en la provisión de servicios de cuidado infantil, atención a la tercera edad, salud comunitaria y hasta de apoyo a las reformas educativas, al proporcionar estos servicios por la vía del trabajo doméstico ante la dificultad, ocasionada por la pobreza, de poder comprar esos servicios en el mercado. Es esta presencia incontestable la que ha conducido a la propagación de un concepto como el de feminización, que más que técnico es político y de innegable valor para el reconocimiento del aporte femenino en la lucha contra la pobreza. Como contrapartida de la exclusión de que son objeto muchas mujeres, tanto de los beneficios de un Estado debilitado como de un mercado inequitativo, durante la última década se les ha dado visibilidad en diversos programas de asistencia social.

Es, entonces, en estos enfoques, que podemos denominar de los efectos, donde se observa una mayor riqueza y evidencia sobre las inequidades de género.

Hay que mencionar también el efecto perverso que ha tenido la generalización de un uso retórico de la feminización de la pobreza, y que ha servido para justificar programas focalizados de carácter asistencial, desarrollados en la región en un contexto de deslegitimación de los derechos económicos y sociales como derechos humanos y de desmontaje de la noción de acceso universal a los servicios sociales. En muchos países se han ejecutado programas y proyectos para mujeres pobres como una manera de materializar la idea de focalización del gasto público; éstos alcanzaron escasos resultados en la erradicación de la pobreza, pero tuvieron un fuerte impacto en la opinión pública.

---

[2]   Actualmente, están en curso diversos esfuerzos por medir y valorar el trabajo doméstico aunque ellos no se han generalizado en los países y forman parte limitada del mundo académico.

2.   Del análisis de los efectos a un enfoque de empoderamiento

La discusión sobre la pobreza va más allá del debate acerca de los instrumentos para medirla o de sus consecuencias sobre las mujeres. Entre los aportes más interesantes actualmente en circulación, está el concepto de exclusión social que, por ser un concepto de raíces antiguas, puede contribuir a iluminar aspectos nuevos de la pobreza. Entender la pobreza como una situación de privación de capacidades y no simplemente de ingresos o necesidades básicas insatisfechas, es un enfoque que abre las puertas al análisis de la pobreza femenina y contribuye a entender mejor las especificidades y relaciones de género que se construyen en contextos de pobreza (Sen, 2000). Así, no sólo interesa saber cuántas mujeres viven bajo la línea de pobreza o cómo influye su participación en el mejoramiento de los ingresos familiares, aspectos ambos de gran importancia, sino que importa ver en qué medida las mujeres están siendo habilitadas para ejercer una ciudadanía que les permita participar, con plenitud, en la construcción de una sociedad democrática donde se reconozcan sus derechos y se les redistribuya la riqueza de manera equitativa.

Esto conduce a comprender la multidimensionalidad del concepto de pobreza y, por lo tanto, a diferenciar los aspectos constitutivos de los instrumentales, así como la necesidad de analizar los aspectos relacionales de la exclusión. Nos preguntamos con Sen, acerca de la manera cómo la exclusión de las mujeres afecta a sus capacidades para llevar una vida decente. Se trata de ver en qué medida entendemos la pobreza como "la falta de libertad para hacer cosas a las que se les asigna valor".

Desde ese punto de vista (relacional), lo que interesa es entender que la exclusión inhabilita, es decir, produce incapacidad para hacer cosas que uno, razonablemente como persona, puede o quiere hacer. De este modo, la noción de exclusión social no se refiere al hecho de estar simplemente fuera de algo, sino a que estar fuera de algo implica la imposibilidad de poder participar libremente, por ejemplo, en el mercado o en las decisiones políticas, y en la familia.

Por otra parte, es importante reconocer que, muy a menudo, la libertad de hacer cosas con valor para algunos miembros de la familia puede concretarse a costa del renunciamiento y subordinación de otros miembros que con frecuencia suelen ser mujeres, niños o miembros de la tercera edad. El caso de Nicaragua ilustra una realidad extendida en la región (véase el gráfico XI.10).

Cuando nos referimos a aspectos relacionales, estamos haciendo referencia a la importancia que tienen las relaciones de poder en el interior de las familias y comunidades. Por eso es que el concepto de exclusión social resulta insuficiente para entender la dinámica de género de la pobreza si no lo asociamos al concepto de empoderamiento, que nos ayuda a comprender mejor el proceso por cuyo intermedio mujeres y hombres ganan y hasta negocian, entre ellos y con los demás, un mayor control sobre sus vidas. El aislamiento de la variable de poder en el estudio de la pobreza deja sin explicación y sin problematizar un conjunto de desigualdades que operan en la familia y la comunidad, usualmente en contra de las mujeres.

Esa mirada relacional ayuda a descubrir la dimensión de poder en el contexto de una estrategia social como un proceso intencionado cuyo objetivo es el igualamiento de oportunidades entre los actores sociales.

Un estudio reciente (Durston, 2000) resume el concepto de empoderamiento como el proceso por el cual la autoridad y la habilidad se ganan, se desarrollan, se toman o se facilitan. El énfasis está en el grupo que protagoniza su propio empoderamiento, no en una entidad superior que da poder a otros. Es la antítesis del paternalismo, la esencia de la autogestión, que construye sobre las fuerzas existentes de una persona o grupo social sus capacidades para "potenciarlas", es decir, de aumentar esas fuerzas preexistentes. Las condiciones necesarias para que haya empoderamiento pleno incluyen:

- Creación de espacios institucionales adecuados para que sectores excluidos participen en el quehacer político público.

- Formalización de derechos legales y resguardo de su conocimiento y respeto.

- Fomento de la organización, de modo que las personas que integran el sector social excluido puedan, efectivamente, participar e influir en las estrategias adoptadas por la sociedad. Esta influencia se logra cuando la organización hace posible extender y ampliar la red social de las personas que la integran.

- Transmisión de capacidades para el ejercicio de la ciudadanía y la producción, incluyendo los saberes instrumentales esenciales, además de las herramientas para analizar dinámicas económicas y políticas relevantes.

- Creación de acceso a y control sobre recursos y activos (materiales, financieros y de información) para posibilitar el efectivo aprovechamiento de espacios, derechos, organización y capacidades, en competencia y en concierto con otros actores.

Una vez construida esta base de condiciones facilitadoras del empoderamiento y de constitución de un actor social, cobran relevancia los criterios de una participación efectiva, como la apropiación de instrumentos y capacidades propositivas, negociativas y ejecutivas.

Esta noción de empoderamiento tiende a asumir la homogeneidad de los actores en el nivel familiar y hasta comunitario, haciendo abstracción de las relaciones de poder entre hombres y mujeres en el interior de la familia y de la comunidad. Así, por ejemplo, las prácticas de reciprocidad comunitaria, que se entienden como capital social, a menudo se realizan gracias al aporte invisible de las mujeres que son aún, en muchas comunidades, las responsables directas de "devolver" los dones recibidos para el prestigio del miembro masculino de la familia. La existencia de usos y costumbres que consagran la subordinación de las mujeres en la familia y las comunidades nos obliga a extender el análisis de las relaciones de poder en el interior de la familia y de las comunidades, a fin de impulsar el proceso de empoderamiento hasta sus últimas consecuencias. En ese sentido, el empoderamiento no es un juego de suma cero, aunque puede haber ganadores y perdedores, sino un concepto que va más allá de la participación, aunque naturalmente ésta es indispensable (Sen, 1998).

Finalmente, es importante referirse al concepto de autonomía de las mujeres como una medida para evaluar el logro en el proceso de empoderamiento y de superación de la exclusión social. Conocer en qué medida las mujeres son capaces de decidir, autónomamente, su participación en el mercado y en la política o la vida cívica, es imprescindible para ver los logros en la equidad de género.

El análisis de la exclusión de las mujeres y, por lo tanto, de su autonomía, debe vincularse a la comprensión de las relaciones de poder en todos los ámbitos, incluido el de los derechos sexuales y reproductivos. Existe evidencia acerca del hecho que hombres y mujeres con similares niveles de escolaridad no acceden a las mismas oportunidades de trabajo, porque es en el ámbito reproductivo y de las responsabilidades familiares donde se encuentran los obstáculos para el desempeño equitativo (Presser y Sen, 2000). Un ejemplo proveniente del ámbito educativo nos muestra, claramente, que la deserción escolar de las niñas pobres está directamente relacionada con la falta de ejercicio de sus derechos reproductivos.

Otro ejemplo de la importancia que reviste analizar la esfera reproductiva se encuentra en lo referente al uso del tiempo y el cumplimiento del mandato cultural que relaciona a las mujeres con el cuidado no remunerado de la familia. Esta atadura a las obligaciones domésticas no remuneradas y no reconocidas está en la base de los obstáculos enfrentados por las mujeres para salir al mercado de trabajo en igualdad de condiciones.[3]

---

[3]   A modo de ejemplo, vemos que en Nicaragua el tiempo que las mujeres destinan a las actividades no remuneradas y no reconocidas del hogar es tres veces más alto que el de los varones.

3.   Políticas estructurales e instrumentales

Si se asume que el concepto de exclusión social articulado con los de empoderamiento y autonomía dan la pauta para entender la complejidad de la pobreza, desde una perspectiva de género, debemos tener cuidado en mantener la distinción entre los aspectos constitutivos de la pobreza y aquellos aspectos instrumentales que apoyen el empoderamiento de las mujeres. Cómo formular políticas que permitan participar equitativamente en los mercados y en las instituciones democráticas, es un desafío que requiere creatividad y pragmatismo en el sentido de hacer uso de los recursos de que disponen los países para enfrentar el desarrollo. Uno de esos recursos son las mujeres, sus organizaciones y experiencia, las que, hasta la fecha, han sido preferentemente movilizadas como recursos sin valor económico, ni reconocimiento político y que, en el futuro, debieran formar parte de un cambio en la comprensión de la pobreza como un problema sistémico.

Bajo ese punto de vista, planteamos que las políticas antipobreza deben diseñarse desde una perspectiva de universalidad, equidad y eficiencia (CEPAL, 2000a), privilegiando la habilitación para el ingreso al mundo del trabajo por medio de la inversión educativa. Distribuir las oportunidades para un acceso equitativo al mundo del trabajo y las instituciones y dotar a mujeres y hombres de similares oportunidades para la competitividad son los dos pilares de la lucha contra la pobreza, lo que obliga a dejar de lado acciones paliativas, focalizadas y de corto plazo que suelen ejecutarse entre las mujeres.

Una mayor participación política y ciudadana de las mujeres es muy importante. Para eso se debe prestar atención al cambio de normas legales y culturales que actúan fomentando la exclusión e impidiendo que las mujeres lleven una vida decente. Se trata de combatir lo que Sen denomina inclusión desventajosa de las mujeres que forman parte de una comunidad con derechos reconocidos, pero recortados, donde persisten usos y costumbres que postergan sus derechos y que son el motivo por el que se mantiene vigente el uso retórico del concepto de feminización de la pobreza.

Para enfrentar la pobreza, en primer lugar es necesario abandonar la confusión acerca de la focalización como panacea contra la pobreza; es preciso también entender que, al ser las políticas sectoriales —particularmente educación y salud— de gran importancia, la lucha contra la pobreza, al igual que la equidad de género, requiere de un diseño transversal, integral y descentralizado, que tenga como base un enfoque de empoderamiento, el único que permite conjugar los derechos con las oportunidades.

Bibliografía

Arriagada, Irma y Carmen Torres (comps.) (1998), "Género y pobreza: nuevas dimensiones", *Ediciones de las Mujeres*, Nº 26, Santiago de Chile, ISIS Internacional.

CEPAL (Comisión Económica para América Latina y el Caribe) (2000a), *Panorama social de América Latina 1999-2000* (LC/G.2068-P), Santiago de Chile, Publicación de las Naciones Unidas, Nº de venta: S.00.II.G.18.

___(2000b), "Equidad, desarrollo y ciudadanía" (LC/G.2071(SES.28/3)), Santiago de Chile.

Deere, Carmen Diana y Magdalena León (2000), *Género, propiedad y empoderamiento: tierra, Estado y mercado en América Latina*, Bogotá, D.C., Tercer Mundo Editores/ Programa de Estudios de Género de la Facultad de Ciencias Humanas de la Universidad Nacional de Colombia.

Durston, John (2000), *¿Qué es capital social comunitario?*, serie Políticas sociales, Nº 38 (LC/L.1400-P), Santiago de Chile, Comisión Económica para América Latina y el Caribe (CEPAL). Publicación de las Naciones Unidas, Nº de venta: S.00.II.G.38.

Elson, Diane (1998), "The economic, the political and the domestic: businesses, states and household in the organisation of production", *New Political Economy*, vol. 3, Nº 2.

León, Magdalena y Carmen Diana Deere, (2000), *Género, propiedad y empoderamiento: tierra, Estado y mercado en América Latina*, Bogotá, D.C., Tercer Mundo Editores, coedición del Programa de Estudios de Mujer y Desarrollo, Facultad de Ciencias Humanas, Universidad Nacional de Colombia.

Montaño, Sonia (1998), "Women, culture and local power", *State Reform Processes in the Light of Gender Theories*, Quito, Centro Latinoamericano de Capacitación y Desarrollo de Gobiernos Locales (CELCADEL), Unión Internacional de Autoridades Locales (IULA)/Agencia de los Estados Unidos para el Desarrollo Internacional (USAID).

Presser, Harriet B. y Gita Sen (comps.) (2000), *Women's Empowerment and Demographic Processes*, Nueva York, Oxford University Press.

Quisumbing, Agnes R. y otros (2001), "Are Women Overrepresented Among the Poor? An Analysis of Poverty in Ten Developing Countries", FCND Discussion Paper, Nº 115, Washington, D.C., Instituto Internacional de Investigaciones sobre Políticas Alimentarias (IFPRI), junio.

Rodríguez Vignoli, Jorge (2001), "Vulnerabilidad demográfica en América Latina: ¿Qué hay de nuevo?", documento presentado al Seminario Internacional "Las diferentes expresiones de la vulnerabilidad social en América Latina y el Caribe" (Santiago de Chile, 20 y 21 de junio), División de Población de la CEPAL - Centro Latinoamericano y Caribeño de Demografía (CELADE).

Sen, Amartya (2000), "Social Exclusion: Concept, Application and Scrutiny", Social Development Papers, Nº 1, Manila, Oficina de Medio Ambiente y Desarrollo Social, Banco Asiático de Desarrollo, junio.

Sen, Gita (1998), "El empoderamiento como un enfoque de pobreza", *Género y pobreza: nuevas dimensiones*, Irma Arriagada y Carmen Torres (comps.), ISIS Internacional, julio.

UNIFEM (Fondo de Desarrollo de las Naciones Unidas para la Mujer) (2000), *El progreso de las mujeres en el mundo 2000. Informe Bienal de UNIFEM*, Nueva York, Naciones Unidas.

Gráfico XI.1
MAGNITUD DE LA POBREZA EN AMÉRICA LATINA, 1990-1999
(En porcentaje de personas)

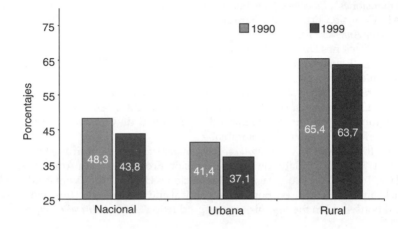

Fuente: CEPAL, sobre la base de tabulaciones especiales de encuestas de hogares de los países y cifras
de población del Centro Latinoamericano y Caribeño de Demografía (CELADE), División de Población de
la CEPAL. Estimación correspondiente a 18 países de la región.

Gráfico XI.2
MAGNITUD DE LA POBREZA EN AMÉRICA LATINA, 1990-1999
(En miles de personas)

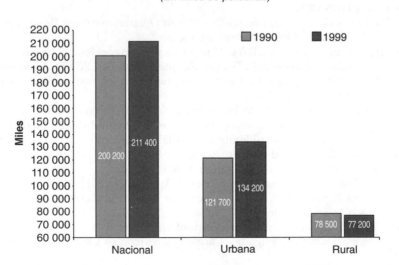

Fuente: CEPAL, sobre la base de tabulaciones especiales de encuestas de hogares de los países y cifras
de población del Centro Latinoamericano y Caribeño de Demografía (CELADE), División de Población de
la CEPAL. Estimación correspondiente a 19 países de la región.

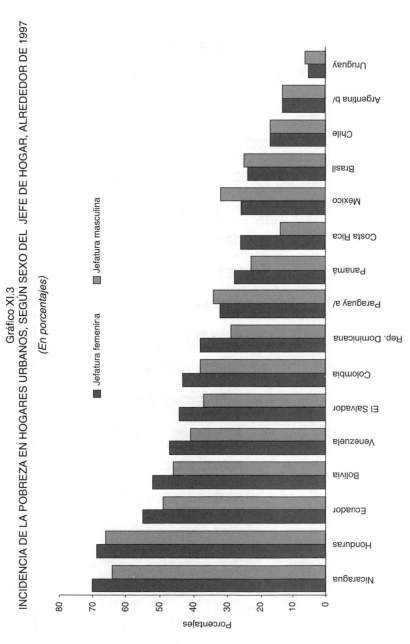

Gráfico XI.3
INCIDENCIA DE LA POBREZA EN HOGARES URBANOS, SEGÚN SEXO DEL JEFE DE HOGAR, ALREDEDOR DE 1997
(En porcentajes)

■ Jefatura femenina   ■ Jefatura masculina

Fuente: CEPAL, División de Estadística y Proyecciones Económicas.Tabulaciones especiales de las encuestas de hogares.
a/ Asunción.
b/ Gran Buenos Aires.

CEPAL

Gráfico XI.4

DISTRIBUCIÓN PORCENTUAL DE LA POBLACIÓN FEMENINA DE 15 AÑOS Y MÁS, TOTAL POBRES Y TOTAL POBLACIÓN, ALREDEDOR DE 1998-1999

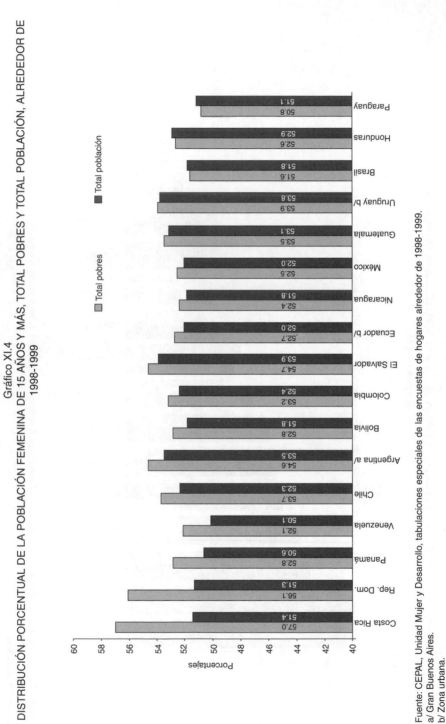

Fuente: CEPAL, Unidad Mujer y Desarrollo, tabulaciones especiales de las encuestas de hogares alrededor de 1998-1999.
a/ Gran Buenos Aires.
b/ Zona urbana.

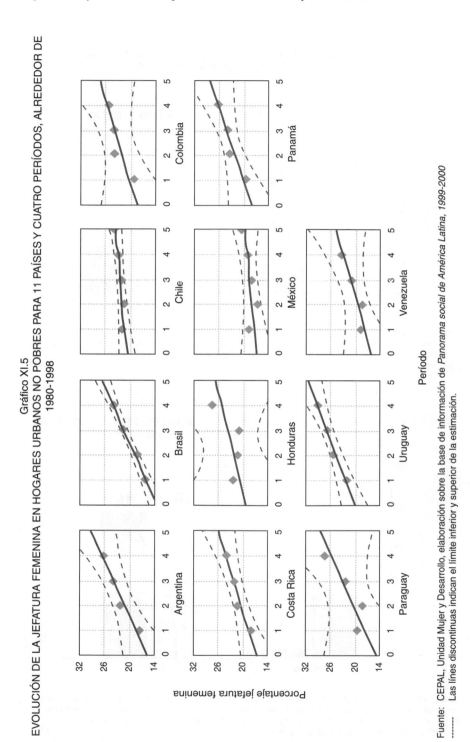

Gráfico XI.5

EVOLUCIÓN DE LA JEFATURA FEMENINA EN HOGARES URBANOS NO POBRES PARA 11 PAÍSES Y CUATRO PERÍODOS, ALREDEDOR DE 1980-1998

Fuente:　CEPAL, Unidad Mujer y Desarrollo, elaboración sobre la base de información de *Panorama social de América Latina, 1999-2000*
　　　　　Las líneas discontinuas indican el límite inferior y superior de la estimación.

Gráfico XI.6
AMÉRICA LATINA: EVOLUCIÓN EN LA TASA DE PARTICIPACIÓN, SEGÚN SEXO,
NIVEL SOCIOECONÓMICO BAJO, 1990-1998

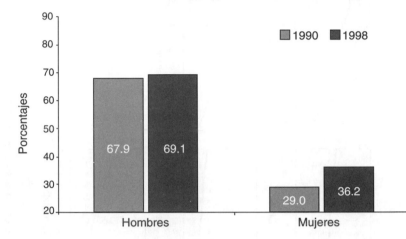

Fuente: Elaboración de la Organización Internacional del Trabajo (OIT), sobre la base de tabulaciones
especiales de las encuestas de hogares de los países. Las cifras se refieren al promedio ponderado de
12 países latinoamericanos, con una fuerza de trabajo equivalente al 91% de la población
económicamente activa urbana de la región.

Gráfico XI.7
AMÉRICA LATINA: EVOLUCIÓN EN LA TASA DE DESEMPLEO, SEGÚN SEXO, NIVEL
SOCIOECONÓMICO BAJO, 1990-1998

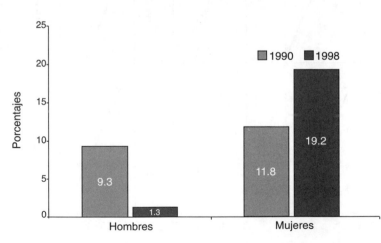

Fuente: Elaboración de la Organización Internacional del Trabajo (OIT), sobre la base de tabulaciones
especiales de las encuestas de hogares de los países. Las cifras se refieren al promedio ponderado 12
de países latinoamericanos, con una fuerza de trabajo equivalente al 91% de la población
económicamente activa urbana de la región.

Gráfico XI.8

BRECHA DE INGRESOS SEGÚN SEXO DEL JEFE DE HOGARES POBRES, ZONAS URBANAS ALREDEDOR DE 1999

Jefatura de 15 a 64 años

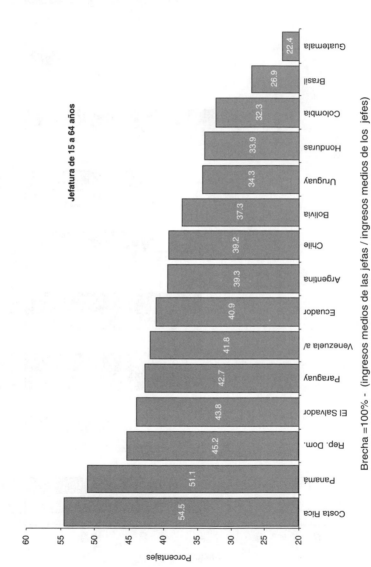

Brecha =100% - (ingresos medios de las jefas / ingresos medios de los jefes)

Fuente: CEPAL, Unidad Mujer y Desarrollo, tabulaciones especiales de las encuestas de hogares alrededor de 1998-1999.
a/ Total nacional.

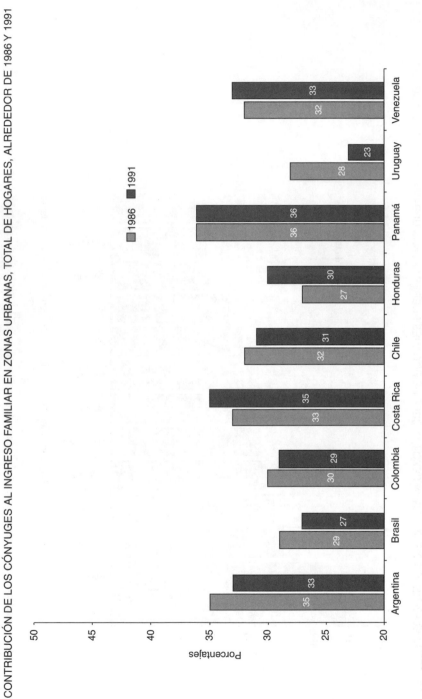

Gráfico XI.9

CONTRIBUCIÓN DE LOS CÓNYUGES AL INGRESO FAMILIAR EN ZONAS URBANAS, TOTAL DE HOGARES, ALREDEDOR DE 1986 Y 1991

Fuente: CEPAL, sobre la base de tabulaciones especiales de las encuestas de hogares de los países.

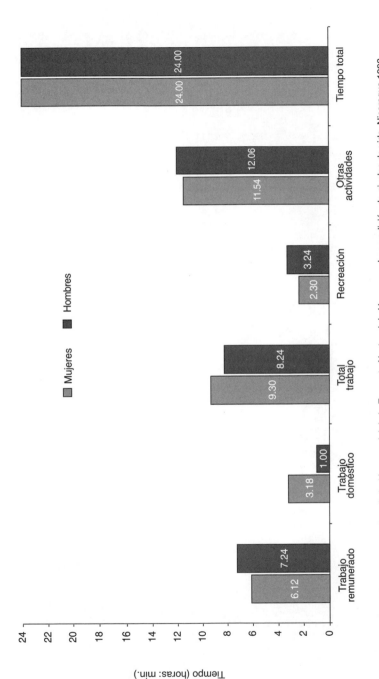

Gráfico XI.10

NICARAGUA 1998: DISTRIBUCIÓN DEL TIEMPO DIARIO DE LOS OCUPADOS DE 15 A 59 AÑOS SEGÚN SEXO, ZONAS URBANAS, 1998

Mujeres   Hombres

Tiempo (horas: min.)

	Hombres	Mujeres
Trabajo remunerado	7.24	6.12
Trabajo doméstico	1.00	3.18
Total trabajo	8.24	9.30
Recreación	3.24	2.30
Otras actividades	12.06	11.54
Tiempo total	24.00	24.00

Fuente: CEPAL, Unidad Mujer y Desarrollo, tabulación especial de la Encuesta Nacional de Hogares sobre medición de niveles de vida, Nicaragua, 1998.

Capítulo XII

Género y programas de combate a la pobreza en México: ¿reconocimiento del capital social?[1]

Silvia Núñez García[*]

Introducción

En el horizonte de la investigación en el México contemporáneo, son apenas unos cuantos los estudios que vinculan el análisis de la problemática social al tema específico de las mujeres. Al ser éste uno de los tópicos inaplazables para la consolidación del modelo democrático participativo, y a la luz de las expectativas generadas por la transición política registrada el 2 de julio de 2000, que implicó dejar atrás 70 años de partido de Estado, las mujeres mexicanas se perfilan hoy como actores decisivos en la consecución de un país más justo.

Desde una visión retrospectiva, es posible señalar que la legislación mexicana en favor de las mujeres ha sido vanguardista, en contraste con las de otras naciones del continente americano: su actual problemática se centra en las inercias históricas de una cultura sociopolítica que ha privilegiado al

[*]   Investigadora del Centro de Investigaciones sobre América del Norte, Universidad Autónoma de México, nugar@servidor.unam.mx.
[1]   La autora extiende un reconocimiento especial a Marcela Osnaya, quien contribuyó en la selección de los datos estadísticos y la elaboración de los gráficos.

hombre, a lo que se suma la escasez crónica de recursos para hacer efectivos los derechos estatutarios adquiridos por aquéllas.

Las primeras medidas de alcance nacional que contemplan a la mujer como sujeto de derecho surgen en el período revolucionario, dado que la propia Constitución Mexicana de 1917 dejó establecida la igualdad de garantías individuales para mujeres y hombres. Menos de 20 años después, la Ley Federal de Reforma Agraria (LFRA) de 1934 establecía para ellas el derecho a beneficiarse de las primeras unidades agroindustriales circunscritas al marco ejidal.[2]

Al establecer que las mujeres mayores de 16 años tendrían a su cargo un terreno cercano al poblado, a manera de dotación individual para atender una granja, taller de costura o cualquier otro uso de beneficio comunitario, se puede afirmar que esta acción fue pionera en el ámbito de las políticas públicas con enfoque de género. Sus objetivos pretendían alcanzar a los sectores rurales más desprotegidos.

No obstante, esta igualdad de derechos de la mujer campesina mexicana sobre la tierra no tuvo efecto jurídico alguno sino hasta 1971, cuando se le permitió integrarse a las actividades políticas y administrativas pertenecientes al ámbito de toma de decisiones de las estructuras agrarias citadas (Alatorre y otros, 1994, pp. 98-99). Por otra parte, es necesario consignar que cuando esto sucedió, sólo cerca del 10% de las parcelas que les correspondían fueron reclamadas en los hechos (Alatorre y otros, 1994, p. 307). En este mismo tenor, baste añadir que no fue sino hasta 1953 que las mexicanas obtuvieron plena igualdad de derechos políticos frente a los hombres.

A.   Los desequilibrios

Previo a la atención de nuestro principal objetivo, consistente en realizar una revisión exploratoria de los programas gubernamentales que

---

[2]   El ejido mexicano conforma una figura histórica en tanto reivindicación de los derechos de propiedad comunal. En palabras de Cynthia Hewitt, éste "constituye, no solamente el principal mecanismo de acceso a los recursos productivos, sino también la forma más común de organización de la comunidad local en la que los ejidatarios, los pequeños agricultores privados y los miembros sin tierra de sus familias (y otros trabajadores sin tierra) llevan a cabo sus actividades cotidianas y desde la cual se proyectan a la sociedad" (Hewitt de Alcántara, 1986, p. iii y iv). Othón Baños profundiza diciendo "El ejido mexicano ... presenta muchísimos matices, ya sea por sus variaciones internas, por la composición étnica de su población, por sus interrelaciones económicas y políticas en los contextos regionales, por su productividad y rentabilidad, etc. La situación precaria que prevalece en los ejidos colectivos es, naturalmente, multicasual ... lo que es México en la actualidad ..." (Baños Ramírez, 1990, p. 105).

—desde finales de la década de 1980— han registrado un decisivo impacto en México en cuanto a mejorar las condiciones de pobreza y subordinación de género, aportaremos algunos datos partiendo por sus vínculos con la promoción del capital social.

La pobreza es un problema crónico en México, aun cuando el país ocupa el 14° lugar entre las economías del mundo. Ya para el año 2000, el Dr. Julio Boltvinik, autoridad en el tema, reconocía que del total de la población mexicana calculada en casi 100 millones de personas, 54 millones se situaban en pobreza extrema, repartidos entre el campo y la ciudad a razón de 22 y 32 millones, respectivamente.[3]

Según Arturo Gómez Salgado, en 1999 una muestra de 240 familias arrojó una concentración del 50% del ingreso nacional en manos del 1% de los mexicanos (Gómez Salgado, 1999, p. 21), denotando un proceso creciente de polarización social. De igual forma, la desnutrición afectaba a entre 40% y 65% de los mexicanos, en contraste con el 59% de la riqueza nacional que favorecía al 12% de la población (Torres Rojano, 1999, pp. 54-55).

Especial atención merece que al menos el 50% de los mexicanos pobres no rebasan los 15 años (Torres Rojano, 1999), de cara a la actual tendencia demográfica que advierte el envejecimiento de la población, en la medida en que el grupo de personas entre 15 y 64 años de edad aumentará de 59 millones en el año 2000, a 75 millones en 2010 y a 87 millones en el año 2030, lo que implica un enorme reto para la creación de empleos, en que se requerirán para el lustro 2000-2005 cerca de 1.2 millones de empleos por año, y 1.1 millones anuales entre 2005 y 2010 (Gobierno de los Estados Unidos Mexicanos, 2001, p. 21).

Dado que el empleo y la estructura salarial son indicadores ad hoc para retomar el tema de las diferencias de género, observamos que en el año 1990 las mujeres mexicanas registraron índices más elevados de ocupación que los hombres sólo en los tres niveles más bajos de ingreso (véase el gráfico XII.1).

---

[3]　La cifra de 54 millones resulta de la diferencia entre el ingreso total de las familias y el costo de la canasta básica de alimentos. Tomando en cuenta otras mediciones, la pobreza extrema en el país según el método de Levy, alcanzó a 20% y para los índices de la CEPAL, al 29% (Boltvinik, 2000, p. 1).

Gráfico XII.1
MÉXICO: PORCENTAJE DE LA POBLACIÓN OCUPADA POR NIVEL DE INGRESO
Y SEXO, 1990

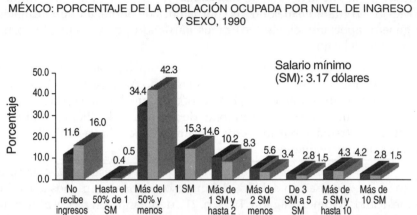

Fuente: Instituto Nacional de Estadística, Geografía e Informática (INEGI). XI Censo General de
Población y Vivienda, 1992.

De entre ellos resalta su suma total que concentra al 58.8% de las
mujeres, siendo significativo que el 16% de ellas no recibieran remuneración
alguna. Una década después, el Plan Nacional de Desarrollo 2001-2006,
correspondiente a la actual administración de Vicente Fox, reconoce como
punto de partida que en los últimos 30 años la participación de la mujer en
el empleo del país ha crecido a más del doble.

Junto con acelerarse desde la década de 1980 la incorporación de
mexicanas a empleos precarios e informales —debido a la disminución de
los salarios reales y la consecuente presión para contribuir a aminorar el
paulatino deterioro del ingreso familiar—, el sector no formal de la economía
concentra entre el 44% y el 55% del total de la fuerza de trabajo (Ibarra, 2000,
p. 22).

Hoy día los ingresos globales promedio de las mujeres son inferiores
en un 35% a los de los hombres, mientras que el 75% de las mexicanas
económicamente activas que se desempeñan en el campo no reportan
ingresos (Gobierno de los Estados Unidos Mexicanos, 2001, p. 25), ahondando
la brecha entre la población rural y urbana.

Según el Censo General del año 2000 (véase el gráfico XII.2), la
situación de las mujeres registra cambios significativos con respecto a la
década previa, ya que aumentan su participación en un 5% en el primer
nivel de ingresos más bajos; disminuyen en un 5.1% en el sector que trabaja

sin remuneración y en un 10% en el rango de más del 50% y menos de un salario mínimo. Al mismo tiempo, en la penúltima escala de los salarios más altos superan a los hombres con el 6.6%.

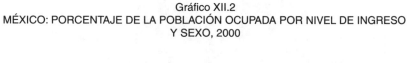

Gráfico XII.2
MÉXICO: PORCENTAJE DE LA POBLACIÓN OCUPADA POR NIVEL DE INGRESO
Y SEXO, 2000

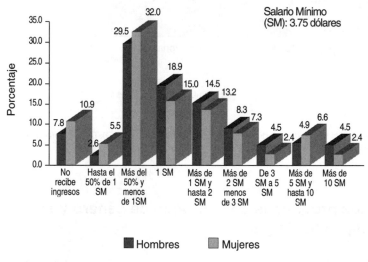

Fuente: Instituto Nacional de Estadística, Geografía e Informática (INEGI). XI Censo General de Población y Vivienda, 1992.

Pese a las diferencias, el gráfico XII.3 ejemplifica la importancia de las aportaciones de las mexicanas al ingreso de sus hogares.

Gráfico XII.3
MÉXICO: PROMEDIO MONETARIO MENSUAL POR MIEMBRO DEL HOGAR EN 1996

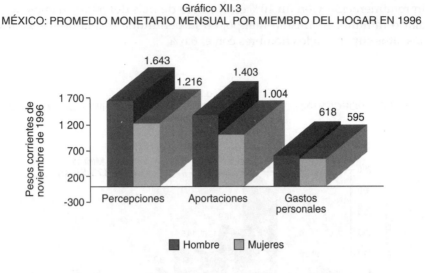

Fuente: Instituto Nacional de Estadística, Geografía e Informática (INEGI). Diferencias de género en las aportaciones al hogar y el uso del tiempo, 2000.

B. Los programas con enfoque de género y sus especificidades

La gestión presidencial de Carlos Salinas de Gortari (1989-1994) estuvo enmarcada por un acelerado proceso de reestructuración económica e institucional, dirigido hacia la consolidación de las tendencias desreguladoras que favorecieron las privatizaciones demandadas por el modelo de apertura comercial y financiera. En ese contexto se puso en marcha el programa Mujeres en Solidaridad que se examina a continuación.

1. Mujeres en solidaridad

Integrado al Programa Nacional de Solidaridad (PRONASOL), identificaba a las mexicanas como sujetos sociales y agentes activos del cambio, para promover la lucha contra la pobreza en las comunidades rurales y urbanas. Bajo la concepción de políticas públicas que incorporaron un enfoque de género y una visión que privilegiaba la equidad, sus objetivos generales fueron la erradicación de la pobreza extrema, propiciando acciones en favor de la participación social, económica y política de las mujeres marginadas, e impulsando proyectos integrales orientados a liberarlas de cargas y tiempos excesivos de trabajo (Alatorre y otros, 1994, p. 311).

El diseño de sus medidas tomó en cuenta que la mujer requiere de apoyos integrales en materia de salud y educación, a fin de tener mejores oportunidades de acceso a un empleo remunerado, o bien adquirir capacidades para el desarrollo de actividades productivas que le permitan acceder a mejores niveles de bienestar con su familia (Alatorre y otros, 1994).

Mediante una metodología de planeación participativa, sus acciones perseguían ser el resultado de procesos de autodiagnóstico en el interior de las propias comunidades, permitiéndoles establecer libremente la prioridad de sus demandas. Por ello, el espacio de reflexión donde las propias mujeres definían los proyectos a realizar se constituyó en fuente de capital social mediante la organización de comités comunitarios, responsables por igual de la capacitación técnica y administrativo-contable de cada iniciativa.

Sus proyectos se concentraron en dos ejes, los proyectos productivos y sociales, y los de servicios; como ejemplo de los primeros estaría la creación de una cooperativa avícola, y de los segundos, la obtención de servicios de agua potable, derivando ambos en un conjunto de acciones desarticuladas cuyo efecto en el abatimiento de la pobreza fue fragmentario.

Mujeres en Solidaridad contaba con un fondo comunitario en apoyo de la organización de las mexicanas, quienes decidían la mejor forma de asociarse. Este apoyo representaba el instrumento económico que garantizaba recursos financieros al grupo organizado, bajo su propia responsabilidad y con el compromiso de atender a las necesidades de cada proyecto (Alatorre y otros, 1994, p. 312).

En 1991, se estimó que el programa beneficiaba aproximadamente a 116 000 familias y a poco más de 45 mil mujeres. Su baja cobertura respecto de las dimensiones de la pobreza en México se puede explicar por la escasa formación de organizaciones de mujeres pobres en el medio rural. Por otra parte, el tamaño y la promoción de esta iniciativa muestran que no correspondía a una elevada prioridad dentro de las acciones de gobierno para combatir los rezagos sociales (Alatorre y otros, 1994, pp. 312-313).

Si suscribimos lo que Liliana Kusnir define como los rasgos sustantivos de toda política pública, "un diagnóstico completo, la determinación clara de objetivos, de metas cuantificadas y definidas en el tiempo, y la construcción de estrategias políticas, acciones e instrumentos" (Alatorre y otros, 1994, p. 295), se puede sostener que, previos a esta etapa, las medidas y los programas que en México se ocupaban de la mujer estaban diseñados como políticas sociales, con predominio de un enfoque asistencial. A partir de objetivos sectoriales y desmembrados de un plan rector, ya en los años setenta se procuraba incorporarlos al concepto del desarrollo.

De 1994 a la fecha, años correspondientes a la administración de Ernesto Zedillo y al período de alternancia del Presidente Fox, los programas de combate a la pobreza adoptan explícitamente el enfoque de género. A partir del reconocimiento de que hombres y mujeres experimentan diferenciadamente la pobreza, intentan poner en práctica mecanismos compensatorios para su beneficio.

Considerados dentro del ámbito de la formación de capital humano, los programas importantes son los siguientes:

2.   Programa de Educación, Salud y Alimentación (Progresa)[4]

Puesto en marcha en 1997, el Programa aparece con el objetivo central de atender a las diferentes causas de la pobreza desde una visión integral, dirigiendo sus beneficios a las familias en extrema condición de vulnerabilidad. Al considerar que ella es resultado de la falta de medios y oportunidades para hacer más productivo el esfuerzo de las familias, da por sentado que esta condición afecta sustantivamente a la población rural e indígena.

De esta forma, se propone poner a su alcance opciones para satisfacer las necesidades básicas de educación, salud y alimentación. De una cobertura de aproximadamente 400 mil familias beneficiadas en 1997, hacia fines del año 2001 destacaba su aumento a 2.3 millones de núcleos familiares, distribuidos en 31 entidades federativas que comprenden acciones en más de 50 mil localidades rurales marginadas (Secretaría de Desarrollo Social, 2001, p. 3).

Progresa cuenta con tres componentes básicos:

- Componente de alimentación

    - Proporciona un suplemento alimenticio con micronutrientes para niños menores de cinco años y mujeres embarazadas o en período de lactancia.

    - Otorga un aporte económico mensual por familia, que en 1999 alcanzaba a los 125 pesos (equivalentes a cerca de 13.22 dólares, a 9.45 pesos por 1 dólar).

- Componente de salud

    - Contempla un paquete básico de atención médica gratuita que enfatiza aspectos preventivos para el cuidado de la salud: campañas de vacunación para la población infantil, atención de la mujer en caso de embarazo, parto, planificación familiar, prevención y detección de cáncer cérvico uterino, y otros.

---

4   Véase Secretaría de Gobernación, 2000.

- Componente educativo

    - Otorga becas para escolares que cursen el ciclo básico o secundario.

    - En este último nivel, las becas para las niñas son ligeramente mayores que las de los niños, a fin de compensar su marcada deserción para colaborar en las labores domésticas.

El monto mensual máximo por familia de los apoyos monetarios del Progresa pasó de 550 a 750 pesos entre 1997 y 1999 (aproximadamente de 58.20 a 79.36 dólares, a 9.45 pesos por 1 dólar). Su pago es directo, en efectivo y bimestral (Secretaría de Desarrollo Social, 2001, pp. 3-7).

La familia conforma el eje de atención del Programa, al considerar que en ella convergen las condiciones básicas para superar o perpetuar la pobreza. Con el objeto de promover la equidad de género, Progresa ha canalizado todos sus apoyos a las madres de familia, estimando que las mujeres "hacen un uso más juicioso, responsable y provechoso de los recursos a su alcance en favor de toda la familia, pero particularmente de los menores" (Secretaría de Desarrollo Social, 2001, p. 9). Esta estrategia persigue potenciar el papel social de las mujeres dentro y fuera de sus comunidades, depositando en ellas la confianza y transparentando sus acciones, componentes determinantes del capital social.

La incorporación de las familias al Programa se ha hecho de manera progresiva, mediante asambleas comunitarias en las que se toma un acuerdo sobre el padrón de beneficiarios. En ellas se explican sus características y funcionamiento, y se elige una promotora voluntaria en cada comunidad de entre las beneficiarias titulares. Sus funciones son:

- Orientar a los padres de familia sobre sus corresponsabilidades.

- Vigilar el uso adecuado de los apoyos monetarios por parte de los titulares.

- Canalizar las solicitudes y sugerencias de las familias beneficiarias.

3.   Programa de Abasto Rural

Cubre el 94.6% de los municipios de México, a través de la Distribuidora e Impulsora Comercial Conasupo (DICONSA). Actualmente más de 32 millones de personas —de las cuales el 50% son mujeres— reciben por este conducto el beneficio de abasto oportuno de productos básicos, a precios accesibles (Secretaría de Gobernación, 2000, p. 33).

Pasamos ahora al ámbito de la creación de oportunidades de empleo e ingreso, subrayando otros esquemas.

4.   Programa de Desarrollo Productivo de la Mujer[5]

Creado el 17 de marzo de 2001, instrumenta medidas y acciones públicas que dotan de oportunidades de desarrollo suficientes para elevar la calidad de vida de las mujeres en zonas de rezago y marginación, así como fomenta actividades prioritarias de interés general, mediante la ejecución de acciones y proyectos productivos.

Conviene aquí abrir un paréntesis y revisar las exiguas asignaciones presupuestarias para el Programa a lo largo de seis años (véase el gráfico XII.4), a fin de ponderar con realismo el interés del Gobierno y su capacidad de acción, pues el porcentaje más elevado de recursos entre los años 1994 y 2000 no llegó siquiera al 0.3% de la inversión total federal en medidas de combate a la pobreza.

Gráfico XII.4
PORCENTAJE DE LOS RECURSOS DESTINADOS AL PROGRAMA DE MUJERES
RESPECTO DEL TOTAL DE GASTO FEDERAL EN PROGRAMAS DE COMBATE A LA
EXTREMA POBREZA

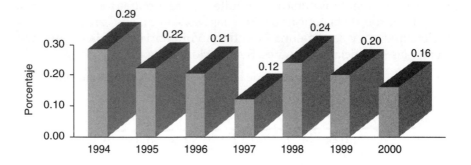

Fuente: Presidencia de la República, *Sexto Informe de Gobierno, 2000. Anexo Estadístico*, México, D.F., septiembre de 2000.

---

5   Véase SEDESOL, 2001.

El Programa de Desarrollo Productivo de la Mujer se constituye como un espacio de atención pública, dirigido exclusivamente a mujeres que de manera organizada promuevan proyectos productivos no asociados a proselitismos políticos o religiosos, dejando fuera por igual los de interés académico, gubernamental, de investigación o gremial.

Características de sus apoyos

Se podrá apoyar la creación, reforzamiento o ampliación de proyectos productivos mediante:

- Gasto de inversión
- Capital de trabajo
- Capacitación a las beneficiarias

Criterios de asignación

- Los proyectos deberán ser dictaminados y aprobados por el Subcomité de Atención a Regiones Prioritarias, con la seria limitación de que éste excluye a todos aquellos que pudieran presentar otras mujeres en situación de extrema pobreza, pero que no se localicen en dichas regiones.

- Califican los grupos de mujeres que no tengan acceso al crédito institucional, no cuenten con un ingreso fijo, presenten condiciones de vida precarias en los rubros de alimentación, salud, educación, vivienda y servicios, y manifiesten su voluntad para producir de manera organizada, desarrollando su potencial y generando ingresos a partir del proyecto.

- Favorece a los grupos de mujeres que no cuenten con apoyo institucional previo en proyectos productivos, evitando su duplicidad.

Criterios de elegibilidad de los proyectos

- Por su viabilidad técnica: cuando el grupo de mujeres cuente con conocimiento técnico, capacidad humana y la infraestructura productiva necesaria.

- Por su viabilidad financiera: cuando las propuestas presenten indicadores financieros que permitan determinar la factibilidad de que los ingresos derivados de la actividad productiva del proyecto sean suficientes para mantenerlo y operarlo, recuperar los apoyos otorgados y obtener ganancias.

- Por su viabilidad comercial: contemplando que existan elementos que proporcionen certidumbre sobre la futura colocación del producto generado en el mercado local, regional o nacional, o que éste mantenga relación con la vocación productiva y el consumo de la región.

En todos los casos, el apoyo al proyecto no podrá superar el 94% del costo del mismo (SEDESOL, 2001, p. 2).

5.   Programa de Empleo Temporal[6]

Su objetivo es generar empleo para la mano de obra no calificada, fundamentalmente en áreas rurales, retribuyendo la participación de los miembros de la comunidad por medio de acciones productivas, así como de construcción, rehabilitación y mejoramiento de la infraestructura social y de beneficio familiar.

Alrededor del primer semestre de 1999, beneficiaba al 16% de las mujeres dedicadas a labores productivas de apoyo a cultivos, mejoramiento de vivienda, reforestación, despiedre de parcelas, recolección de semillas y fertilización de superficies agrícolas.

6.   Fondo Nacional de Apoyo a las Empresas de Solidaridad (FONAES)[7]

Tiene su antecedente en Mujeres en Solidaridad, y alrededor del primer semestre de 1999 beneficiaba al 23% de las mujeres participantes en diversas modalidades de aportación solidaria como el capital de riesgo, el empleo productivo, las cajas solidarias, y los fondos de inversión, reinversión, garantía o financiamiento.

En el caso del empleo productivo, sus beneficiarios no requieren de una organización con figura legal, ni sus proyectos enfrentan mayores exigencias que la de contar con un perfil de inversión sobre la actividad productiva que desarrollan o pretendan llevar a cabo. Por ello, este esquema favorece a las mujeres del país ya que les permite administrar su tiempo para atender a la familia.

De esta forma, en labores tales como las artesanías, las mujeres representan el 68% de los beneficiarios del Programa, siendo elevado también su porcentaje en los talleres de costura y en los negocios de preparación de alimentos.

El Fondo contempla canalización de recursos para capacitación de las productoras antes y después de haber recibido las aportaciones, así como

---

6   Secretaría de Gobernación, 2000, p. 34.
7   Secretaría de Gobernación, 2000.

asistencia técnica, contable y administrativa para las empresas en las que participan.

### 7.	Programa Nacional de Jornaleros Agrícolas (PRONAJ)[8]

El 47% de la población beneficiada por este Programa corresponde a mujeres. Su propósito es mejorar las condiciones de vida y trabajo de la población jornalera, promoviendo su participación organizada en conjunto con los productores hombres y mujeres, y las instituciones públicas y privadas.

### 8.	Programa Crédito a la Palabra[9]

Desde el ámbito de la confianza en los compromisos no escritos de las comunidades, apoya a campesinas y campesinos en zonas de cultivo de temporada de baja productividad y alto riesgo, promoviendo la producción de granos básicos. Durante el año de 1999 benefició a cerca de 36 mil mujeres, estimulando una alta tasa de recuperación y la canalización de recursos a las productoras.

Cerrando este apartado, señalamos que hacia fines de los años noventa la evaluación se consolida como instrumento promotor del mejoramiento de las acciones del combate a la pobreza en México. La Secretaría de Desarrollo Social (SEDESOL), escuchando al Consejo Consultivo Ciudadano de Desarrollo Social, establece en la actualidad los mecanismos públicos de supervisión, seguimiento y evaluación periódica de los distintos programas y sus asignaciones presupuestarias.

Este Consejo instaló también la Mesa de Trabajo sobre Enfoque de Género —integrada por 30 mujeres de diversos estados de la República, legisladoras, expertas y servidoras públicas—, para analizar la atención de las necesidades específicas de las mujeres en condición de pobreza. Asimismo, el Plan Nacional de Desarrollo 2001-2006 prevé evaluaciones de los programas por parte de instancias externas al Gobierno, para dotarlos de credibilidad y transparencia.

## C.	A modo de reflexión

La inclusión progresiva y sistemática del enfoque de género en las políticas públicas de México desde finales de los años ochenta, parte del

---

[8]	Secretaría de Gobernación, 2000, p. 36.
[9]	Secretaría de Gobernación, 2000, p. 35.

reconocimiento del beneficio potencial de integrar a las mujeres en situación de pobreza a la solución de sus problemas.

Para ganar en confianza y credibilidad, la propuesta de una economía "estable, sostenible e incluyente" del Presidente Vicente Fox deberá garantizar en el corto plazo que las políticas públicas sean transversales. Es decir, que todas las instancias gubernamentales se comprometan a desarrollar una nueva cultura pública, en que todos y cada uno de los programas y acciones encaminados al bienestar de los mexicanos contemplen la perspectiva de género.

Si es evidente que la naturaleza de las mujeres las identifica con la solidaridad, el cuidado, la simpatía y el sentido de obligación para con el otro —su familia, su comunidad—, sólo mediante la concurrencia de una clara voluntad política por parte de los actores gubernamentales en sus distintos niveles —local, estatal, regional y nacional—, el capital social podrá encauzarse en beneficio de mayores posibilidades de inversión en bienes públicos como la salud, la educación y la seguridad.

Si el capital social puede dar respuesta a las necesidades humanas, no se debe olvidar que éstas no se convierten en mercancías. La generación de espacios cada vez más amplios de representación y de mecanismos para la participación de las mujeres se torna fundamental en México para afianzar la democracia. No obstante, el derecho de las mexicanas de acceder a la esfera de toma de decisiones no es suficiente si no viene acompañado de los recursos, los mecanismos y las herramientas que la fortalezcan como actor impostergable para contribuir a la realización de la justicia social.

Así como es relevante fomentar y enriquecer permanentemente una cultura del diagnóstico y evaluación de los programas de combate a la pobreza, también resulta imprescindible pensar en la creación de normas que garanticen la eficacia de las acciones públicas y privadas capaces de cohesionar a los actores sociales clave de un nuevo modelo de inclusión.

En México es todavía urgente afinar los sistemas de información interinstitucional, de modo que los datos arrojados por los diversos programas muestren la realidad que enfrenta cada comunidad, en el contexto de la problemática nacional de las mujeres y de la sociedad en su conjunto. Asimismo, la consistencia y continuidad de los programas es un requisito para que alcancen sus objetivos (Alatorre y otros, 1994, p. 315).

No obstante que las mexicanas han aumentado su participación como agentes económicos, no por ello son más influyentes. Sólo mediante la superación de las dificultades para su progresiva organización podrán situarse en una mejor posición con el fin de "influir y participar en la elaboración y puesta en práctica de las políticas" (Alatorre y otros, 1994, p. 316), en palabras de Liliana Kusnir.

Bibliografía

Alatorre, Javier y otros (1994), *Las mujeres en la pobreza*, México, D.F., Grupo Interdisciplinario sobre Mujer, Trabajo y Pobreza, El Colegio de México.

Baños Ramírez, Othón (1990), "Crisis del ejido, crisis de los campesinos", Cuadernos de Investigación, N° 1, Mérida, Yucatán, Unidad de Ciencias Sociales, Centro de Investigaciones Regionales Dr. Hideyo Noguchi, Universidad Autónoma de Yucatán.

Boltvinik, Julio (2000), "Economía moral. El error de Levy", *La Jornada*, México, D.F., 25 de febrero.

Gobierno de los Estados Unidos Mexicanos (2001), *Plan Nacional de Desarrollo 2001-2006 (PND)*, México, D.F., Talleres Gráficos de la Nación, Presidencia de la República.

Gómez Salgado, Arturo (1999), "Se desploma el ingreso de los mexicanos: CT-UNAM", *El Financiero*, México, D.F., 2 de septiembre.

Hewitt de Alcántara, Cynthia (1986), "Introducción", *Estado y ejidos en México: el caso del crédito rural en La Laguna*, Fernando Rello (comp.), Ginebra, Instituto de Investigaciones de las Naciones Unidas para el Desarrollo Social (UNRISD).

Ibarra, David (2000), "Con la apertura, más desempleo y marginación", *La Jornada*, México, D.F., 23 de febrero.

Secretaría de Desarrollo Social (2001), "Programa de Educación, Salud y Alimentación, Progresa. Principales características y orientaciones estratégicas", México, D.F., 7 de septiembre, inédito.

Secretaría de Gobernación (2000), *México. Informe de Ejecución. Plataforma de Acción de la Cuarta Conferencia Mundial sobre la Mujer, Pekín+5*, México, D.F., junio.

SEDESOL (Secretaría de Desarrollo Social) (2001), "Programa de Desarrollo Productivo de la Mujer", 30 de agosto (http://sedesol.sedesol.gob.mx/nove2000/reglas2000/delamujer.htm).

Torres Rojano, Germán (1999), "Se apodera de México, la pobreza extrema", *Proyección Económica*, México, D.F., febrero.

Quinta parte

El capital social en el mundo rural

Capítulo XIII

Entre el ideario y la realidad: capital social y desarrollo agrícola, algunos apuntes para la reflexión

*Martine Dirven**

Introducción y énfasis de este artículo[1]

Hay una tensión persistente en las ciencias sociales entre las teorías que construimos y la evidencia que compilamos sobre la interacción humana en el mundo que nos rodea, North (1993, p. 23)

Los profesionales del área de desarrollo económico y social han llegado a la conclusión de que un enfoque meramente economicista tiene limitaciones

*   Economista, División de Desarrollo Productivo y Empresarial, CEPAL, mdirven@eclac.cl.

[1]   Estos apuntes fueron escritos a solicitud de John Durston, en vista de la preparación de la Mesa rural de la Conferencia sobre capital social, organizada por la Comisión Económica para América Latina y el Caribe (CEPAL) y la Universidad Estatal de Michigan, en Santiago de Chile, septiembre de 2001. Él me pidió investigar experiencias y escritos previos que, de alguna manera, estaban relacionados con capital social y desarrollo agrícola y rural (por ello, las muchas autorreferencias). Al hacerlo, me di cuenta que entre el dicho "capital social" y los hechos ¡hay bastante trecho! De allí el título de estos apuntes.
Quisiera agradecer a José Ignacio Porras, Laura Ortiz, Liliana Villanueva, Fernando Rello y Pedro Tejo por sus comentarios a una versión anterior.

serias para explicar las sendas de desarrollo y los éxitos o fracasos de las políticas que se aplicaron en el contexto de la ideología neoliberal dominante, en que los mercados debían jugar el papel preponderante en la asignación de recursos. La relevancia en ello de las relaciones sociales condujo al reconocimiento de la existencia de un "capital social" y a dar énfasis al potencial organizativo que presentan las personas, las comunidades y las asociaciones productivas y gremiales (Bahamondes, 2001; Porras, 2000a).

Los grupos hasta entonces esencialmente excluidos de la toma de decisiones del gobierno, empiezan a ser considerados uno de los pilares en la resolución de sus propios problemas, apoyándose en y fortaleciendo sus sistemas de relaciones socioculturales y vínculos externos —es decir, el capital social. De este modo, se comienza a hablar del "empoderamiento" (o potenciamiento) de los actores sociales frente al mercado y el Estado.

La acción colectiva y las preferencias de los empresarios han sufrido fuertes cambios con la liberalización, la desregulación y la privatización de los mercados agropecuarios en la región. El resultado es la paulatina desactivación de los antiguos mecanismos corporativistas de intermediación de intereses y la emergencia de nuevos arreglos institucionales con mayor capacidad para incentivar el desempeño positivo y sostenible de los mercados del sector (Porras, 2000a).

Existe la idea en América Latina de que quizás éste sea el continente por excelencia donde se expresa la solidaridad, la ayuda mutua, la preocupación y la compasión por el otro. Este fenómeno estaría arraigado en las culturas prehispanas con sus sistemas comunitarios (aunque de lejos, no igualitarios), como los *ayllus* en la cultura andina, por ejemplo, y en la religión católica con su visión de ayuda al prójimo y, en especial, a los pobres y relegados de la sociedad.[2] Esta visión de sí misma se plasma en la literatura, en el ideario popular y en muchos textos analíticos, entre otros, relativos a la cultura campesina. No obstante, este mismo ideario popular también comprende ejemplos de una visión menos positiva, como lo ilustra Lewis.

«Resulta interesante comprobar que algo de esta ambivalencia en la apreciación de los pobres se refleja en los refranes y en la literatura. Algunos consideran a los pobres virtuosos, justos, serenos, independientes, honestos, seguros, bondadosos,

---

[2]   Putnam (1993, p. 176) sin embargo observa que, en Italia por lo menos, los con menor sentido cívico son los católicos más devotos y lo explica por la relación negativa que existiría entre la participación en una organización jerárquica y un "buen gobierno" (democrático), mientras que la participación activa en una organización horizontal conduciría a un "buen gobierno" (aunque Putnam también presenta contraargumentos de otros autores en los párrafos siguientes).

simples y felices mientras que otros los ven malos, maliciosos, violentos, sórdidos y criminales» (Óscar Lewis, introducción a «Los hijos de Sánchez», citado por Lewald, 1973).

Por ahora, son pocos los trabajos que tratan de tender un puente entre la mera enumeración de la palabra "capital social" y los tratados más teóricos. Esta falencia se hace sentir especialmente en lo que se refiere a los aspectos productivos en pos del desarrollo agrícola y rural. A tal punto que Serageldin (1998),[3] después de una revisión de casos, llega a la conclusión de que mientras existe consenso en que el capital social es relevante para el desarrollo, no hay acuerdo entre los investigadores y prácticos acerca de los modos particulares en que él aporta al desarrollo y cómo puede ser operacionalizado y estudiado empíricamente. Ayudar a la construcción del puente es precisamente el propósito de estas "notas para la reflexión".

El mensaje del documento es simple: entre el ideario (utópico) y la realidad existe una brecha considerable. Desafortunadamente, por ahora, muchas políticas y proyectos se han apoyado más en el ideario que en la realidad y ... con los resultados esperables. Miraremos desapasionadamente los resultados de estudios de caso en la región y la opinión de algunos analistas sobre la solidez del tejido social, las relaciones de confianza, la capacidad de emprender acciones conjuntas, sobre todo en cuanto a las relaciones que debieran ayudar en el desarrollo agrícola. En especial, examinaremos las relaciones entre el campesinado y los extensionistas agropecuarios; el empresariado agrícola y sus gremios; los agricultores y las agroempresas; los distintos agentes que participan en complejos productivos; así como la (ex)temporalidad del traspaso de las decisiones de gestión y del patrimonio en el seno familiar. En estos apuntes hemos recurrido a pocos autores, pero de diversas disciplinas, que generalmente suelen desarrollarse en paralelo, sin hacer análisis interdisciplinarios.

---

[3]   Serageldin (1998) (citado en Kliksberg, 2000).

A.   El capital social y sus eslabonamientos

El transcurrir de la historia no siempre es eficiente en el sentido de eliminar prácticas sociales que impiden el progreso y las irracionalidades colectivas. Esta inercia ... es la respuesta racional de individuos respondiendo al contexto social que les fue legado por la historia, la que refuerza las patologías sociales, Putnam, 1993, p. 179.

En particular, algunos opinan que

"... los latinoamericanos fueron maldecidos con el centralismo autoritario, familiarismo y clientelismo que heredaron de la España Medieval", North.[4]

Mientras que otros sostienen que

"La cultura no es un programa rígido, sino una acumulación de repertorios alternativos y hasta contradictorios en constante retroalimentación y redefinición", John Durston, 2001.

Existe literatura reciente que trata de acuñar el término "capital social" con mayor precisión (Morgan, 2000, Portes, 2000, Durston, 2000 y 2001), se pregunta si es lícito utilizar el término "capital" y se empeña en dilucidar las diferencias entre los conceptos introducidos por Bourdieu, por una parte y Putnam, por otra. A su vez, en la literatura y la práctica en torno de los proyectos de desarrollo, el término "capital social" es utilizado de manera más bien difusa al lado de los factores de producción y activos tradicionales (véase el diagrama XIII.1). Una vez enumerado, sin embargo, pocas veces se vuelve a él.

---

[4]   Douglas North, (1993), citado en Putnam, 1993, p. 179.

Diagrama XIII.1

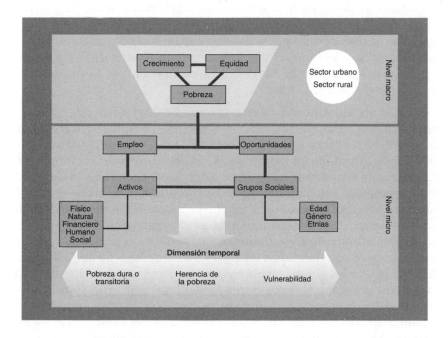

Fuente: Claus Köbrich y Martine Dirven, "Pobreza rural: un desafío de múltiples dimensiones", Proyecto Comisión Económica para América Latina y el Caribe (CEPAL)/Instituto de Desarrollo Agropecuario (INDAP) "Estrategias para la superación de la pobreza", 2001.

Existe también una discusión con respecto a si los distintos activos son intercambiables entre sí, si son más bien complementarios, si se requiere de un mínimo de cada cual para que se puedan potenciar, entre otros puntos de vista.

A partir de la definición del término "capital social", que parece ser la más aceptada hoy en día, iremos viendo dónde y cómo este capital social se vincula al desarrollo agrícola y rural actual. Consideraremos entonces el capital social como las actitudes de confianza y las conductas de reciprocidad y cooperación dentro de una comunidad específica (Durston, 2001), así como la habilidad de la persona o del grupo para obtener recursos y emprender acciones mancomunadas con el fin de reducir costos de transacción por la vía de la asociación, la administración conjunta, la compra o venta en común, el uso compartido de bienes, la obtención y difusión de información, la reivindicación, y otras, mediante sus lazos o redes sociales. Además, compartimos con Kliksberg (2000, p. 8 y 13) que el capital social y la cultura están intrínsecamente relacionados, que las personas, las familias y los grupos son capital social y cultural por esencia y portadores (o no) de actitudes de cooperación, valores, tradiciones y visiones de la realidad que forman parte de su identidad misma. A nuestro modo de ver, las redes y actitudes de confianza se construyen a partir de este "capital social" y cultural, así como del carácter de la persona. Finalmente, se vuelven parte de él y, a veces, la fortaleza de los lazos y de la confianza mutua construida pueden hacer abstracción del "capital" inicial.

Se han identificado cuatro formas básicas de capital social: el individual, el grupal, el comunitario y el externo. El capital social individual se refiere al conjunto de relaciones que "teje" una persona con otros individuos, fundado de preferencia en relaciones de reciprocidad y generalmente basadas en parentesco, identidad o familiaridad y que las personas pueden activar para su beneficio individual. Estas redes también pueden ser verticales y de carácter clientelístico. En el plano económico, estas redes pueden lograr "economías de transacción" por sobre la participación individual y anónima de un mercado. El capital social grupal es el que aparece entre grupos relativamente estables y de alta confianza y cooperación, en los que se combinan lazos horizontales de reciprocidad con lazos verticales, generalmente entre un líder local y un grupo que lo apoya. Algunos jefes de hogar, especialmente los de más edad y mayor patrimonio, lideran grupos (o cuasi grupos) relativamente estables y cerrados de algunos de los parientes y vecinos que los rodean. Estos grupos sirven para acumular tanto bienestar material como prestigio para el líder e, indirectamente, para sus demás integrantes. El alto grado de confianza, su carácter competitivo (con otros grupos e individuos) y el número reducido de integrantes hacen de estos grupos buenas bases para el trabajo en equipos y los emprendimientos productivos. El capital social comunitario alude a las instituciones socioculturales que se ha dado un colectivo. El capital social externo concierne a las conexiones de una persona o de la comunidad con personas o grupos fuera del propio grupo y que tienen otra (mejor) dotación de activos. Es considerado como un poderoso mecanismo para contribuir al éxito de los programas de superación de la pobreza que, además, ayuda a la cohesión social, un elemento crítico para la estabilidad social y el bienestar económico a más largo plazo. A su vez, el empoderamiento es un proceso selectivo consciente e intencionado que tiene como objetivo la igualación de oportunidades entre los actores sociales. El criterio central es transformar en actores a sectores sociales excluidos y nivelar hacia arriba a actores débiles (Bahamondes, 2001 y Durston, 2000).

En general, se puede postular que los ejemplos exitosos de desarrollo alentados por capital social han sido precedidos por prolongados y únicos procesos que requirieron una evolución de años o décadas.

Nayaran (1999) enfatiza que todas las sociedades están conformadas por grupos sociales más que por individuos y que estos grupos determinan las actitudes, creencias, identidades y valores, así como el acceso a recursos y oportunidades y, en última instancia, al poder. En vista de que la mayoría de las sociedades no son homogéneas, los grupos (étnicos, religiosos, clases sociales) difieren en su acceso a recursos y poder. El capital social dentro de un grupo (*bonding social capital*), aun cuando es sólido, no necesariamente le permite construir puentes virtuosos con otros grupos (*bridging social capital*).

Por ejemplo, Fox (1996) muestra que comunidades dispersas geográficamente logran articular demandas en forma exitosa cuando expanden sus redes hacia otras comunidades dispersas, encuentran aliados en las elites políticas o son apoyados por otros grupos o instituciones como la iglesia católica. Es sólo entonces cuando logran obtener suficiente capacidad negociadora para poner en jaque a las estructuras de poder local, sobreponerse a la represión y acceder al poder y los recursos del Estado a fin de satisfacer sus necesidades básicas. Recientemente, el uso estratégico de Internet y de otros medios de comunicación global ha facilitado el éxito de este tipo de acciones de grupos excluidos hasta entonces.

Las instituciones sociales surgen y son parte de las sociedades, pero suelen reflejar los intereses de los más poderosos. A su vez, el poder está distribuido de manera desigual en todas las sociedades, aunque éstas difieran marcadamente en el grado, la extensión y la permanencia de las asimetrías de poder y exclusión social. Gran parte de la exclusión social se explica por el capital social, porque los mismos lazos que unen también son los que excluyen; y la ausencia de sobreposición (*non-overlapping*) de las redes sociales de distintos grupos se traduce en oportunidades desiguales de participación. Por ello, los que pertenecen a redes sociales que ya proporcionan acceso a las decisiones de repartición de recursos, sean del Estado o del sector privado (empleos, permisos para instalar industrias), tienen mayor probabilidad de seguir siendo incluidos que los que no tienen acceso a estas redes. Esto es especialmente relevante para América Latina, por ser el continente con la peor distribución de ingresos y tener un gran número de grupos étnicos sólo parcialmente integrados a la sociedad dominante. Rodrik[5] sostiene que cuando en una sociedad las divisiones sociales (de ingresos, étnicas, lingüísticas y otras) son profundas y las instituciones para mediar los conflictos, débiles, entonces los impactos (*shocks*) exógenos derivan en conflictos en la arena de la distribución. Estos conflictos disminuyen la productividad del uso de los recursos y trasladan actividades desde la esfera productiva a la política (Narayan, 1999).

---

5   Rodrik (1998), citado en Narayan (1999).

Uno de los tópicos que faltan en la bibliografía que consultamos sobre capital social, dice relación con lo que conduce a un individuo a participar (o no) en una acción colectiva para alcanzar un bien común. Los factores que inciden pueden ser paralelos: sin conocer o tomar en consideración la decisión de los demás, o seriales: luego de observar a los demás y después de que un número de precursores ya se hayan comprometido con la acción. Aun frente a una emergencia hay, a menudo, un tiempo de observación de la acción de los demás antes de la acción propia, incluso en circunstancias donde los costos de la inacción o de la no cooperación son altos. A su vez, la densidad de la red de comunicaciones entre los individuos dentro de un grupo, y entre el grupo y los demás, influye en la velocidad con que se transmite una información, en su precisión y en la importancia que se le da. Asimismo, la participación en organizaciones, grupos de interés y movimientos sociales es alentada por la participación de familiares, seres cercanos o de peso en la comunidad. La red de lazos sociales entre los miembros de una colectividad aminorará la posibilidad de que una reacción en cadena muera antes de que se haya llegado a una masa crítica de participación (Dirven, 1993). Al mismo tiempo, tal como lo señala Bahamondes (2001), es necesario reconocer que la agrupación para alcanzar unos fines específicos no necesariamente significa que todos comparten los mismos objetivos.

Otro elemento que hace falta en muchas de las discusiones actuales en torno del capital social, es el papel del líder —o de un grupo cohesionado de líderes— en incentivar y mantener el entusiasmo de una colectividad hacia una meta y acción mancomunada. Tal como lo menciona Kliksberg (2000), el ejemplo de la Villa Salvador en Lima se explica por el capital social contenido (*embedded*) en la cultura ancestral y que los inmigrantes de la sierra peruana llevaron consigo. Sin embargo, Kliksberg no menciona por qué esta Villa es un ejemplo bastante único de organización y logros, mientras otras villas limeñas cuyos habitantes tienen un perfil similar a los de la Villa, están en condiciones muy diferentes de desarrollo comunitario y otro. A nuestro juicio, es el elemento orientador, aglutinador y motivador de la dirigencia de la Villa lo que hizo la diferencia.

Otro de los ejemplos destacados por Kliksberg (2000), es el movimiento participativo y los efectos positivos que logró desatar el Alcalde de Porto Alegre. Allí, sin embargo, faltó explicar por qué este Alcalde entre todos los alcaldes de Brasil decidió jugársela por la participación popular en la discusión de los programas prioritarios y del presupuesto de la ciudad. Un elemento explicativo puede ser —pero Kliksberg no lo menciona— su posible participación desde joven en actividades voluntarias y comunitarias. Esta participación es considerada como un factor primordial en la toma de responsabilidades en tales actividades o en la política en la vida adulta.

Schneider (2000) describe los casos de dos alcaldes en Chile, cada uno muy entregado a la causa del desarrollo municipal participativo, ambos con fuerte formación comunitaria en su juventud.[6]

Es necesario enfatizar que el capital social también puede tener consecuencias negativas como la exclusión de los afuerinos, excesivas demandas sobre los miembros del grupo, restricciones en la libertad individual y normas que nivelan hacia abajo (Portes y Landholt, 2000). Del mismo modo, el capital social puede servir a intereses negativos para la sociedad. En efecto, Mauricio Rubio (1997) muestra cómo la existencia en Colombia de una economía ilegal importante y creciente, conducida por organizaciones criminales de mucho poder, ha dado origen a una institucionalidad paralela que retribuye y favorece comportamientos oportunistas y criminales. Hace notar cómo altos niveles de capital social dentro de las organizaciones criminales son dirigidos hacia actividades extralegales que reditúan altos beneficios, pero sólo para aquellos involucrados en estas actividades. De hecho, los que trabajan para estas organizaciones perciben ingresos sustancialmente mayores que los que tienen un trabajo regular. Rubio estima que entre 1980 y 1993, la remuneración promedio para actividades criminales menores —excluyendo el tráfico de drogas y el secuestro— se triplicó en términos reales, mientras que los ingresos del sector formal se quedaron estancados. Actualmente, el ingreso anual de un criminal menor (*petty criminal*) en Colombia es de unos 20 000 dólares, aproximadamente 10 veces más que el ingreso per cápita (Narayan, 1999).

Una de las razones para descentralizar es poder acercar los recursos públicos a la gente y mejorar la gobernanza. Una de sus metas es llegar a tener gobiernos, programas, proyectos y funcionarios que respondan a las necesidades locales y rindan cuentas a los ciudadanos locales. Esto solamente puede funcionar si existen mecanismos que permitan conectar a los ciudadanos comunes con un doble flujo de información (en cuanto a los recursos, por una parte, y a las preferencias de las personas, por otra), sin que ello repercuta negativamente sobre ellas, sus familiares o grupos sociales. Por ahora, pocos países tienen estos mecanismos en funcionamiento o están invirtiendo recursos para educar y movilizar a la población local, con el fin de que puedan ejercer su nuevo papel de ciudadanos informados y velar por sus nuevos derechos (Narayan, 1999).

---

[6]　Uno en las juventudes demócrata cristianas y otro en las juventudes socialistas. Ambos se confrontaron con problemas en su gestión. En uno de los casos, la gestión y continuación del proceso participativo fueron delegadas en otras instancias, lo que fue interpretado por la comunidad como un desentendimiento por parte del alcalde. En el otro caso, fueron los demás comités de la comuna, con integrantes de otras orientaciones políticas que las del alcalde, los que sintieron que se les estaba socavando su cuota de poder (actual y potencial futura).

Introducir la participación y la acción colectiva en la gerencia de los recursos locales, generalmente requiere de cambios fundamentales en la misión de las agencias, en los papeles asumidos, en los valores y en los indicadores de éxito. Al igual que los agentes de extensión rural, como se verá más adelante, las agencias deben dejar de verse como meros proveedores de insumos y pasar a ser potenciadores de las organizaciones y habilidades locales. Esto requiere de un viraje en la cultura interna de las agencias y de sus incentivos internos que es difícil de lograr, pero que resulta esencial si los cambios tienen que sostenerse a largo plazo. La apropiación (*ownership*) de la acción y de sus resultados por parte de la población local es también un ingrediente esencial para proyectos sostenibles.

B.   Capital social y conflictos, atracción o rechazo

En todo momento es necesario cerciorarse de la complejidad de las instituciones económicas y sociales y de que no son un producto de la planificación ni de la tendencia al equilibrio, sino que derivan de la evolución simultánea de las estrategias de numerosos agentes que interactúan tanto en términos de colaboración como de competencia. Por lo tanto, un sistema puede mantenerse estable por un tiempo, hasta que una masa crítica de agentes perciba un cambio, opte por nuevas estrategias y descubra cómo aplicarlas para que se adecúen a las estrategias de los demás. Esto puede dar origen a una etapa de transición gradual dentro del sistema o a un cambio institucional muy rápido que abre nuevos caminos. Esto resulta de particular relevancia en la discusión sobre la factibilidad de crear y fortalecer capital social (Bahamondes, 2001).

Para fines prácticos, se puede postular que las bases para emprender acciones que requieren el concurso de una buena parte de los integrantes de un grupo y que finalmente redituarán en un beneficio para el colectivo, están dadas en aquellos grupos humanos donde la reciprocidad, la cooperación y la confianza se presentan con una mayor intensidad o periodicidad. A la inversa, en la medida en que estos atributos son débiles en un grupo, las posibilidades de alcanzar éxito en acciones conjuntas son muy limitadas; en este caso se estaría en presencia de un grupo con bajo capital social. En este marco, es importante superar el modelo simple que distingue entre "comunidades" o localidades conflictivas y cooperativas. Esto es así porque los mismos precursores de la confianza y la cooperación —parentesco, identidad étnica, prestigio del servicio comunitario— pueden dar lugar a conflictos severos entre individuos y entre facciones. La competencia y rivalidad entre hermanos es un fenómeno universal; la competencia por ser el máximo líder de una comunidad traslada esta rivalidad al plano social y activa confrontaciones entre grupos de parentesco y amistad (Bahamondes, 2001).

Junto con la identificación de los ámbitos del conflicto (véase la matriz correspondiente) y de sus niveles de ocurrencia, se deben señalar las modalidades y formas de su resolución. En el caso de los primeros, se debe discriminar entre la violencia y el consenso, y en el caso de los segundos, hacerlo entre lo individual, lo grupal o lo "comunal" (Bahamondes, 2001).

MATRIZ DE ANÁLISIS DE CONFLICTO

Nivel de ocurrencia	Ámbito del conflicto						
	Tierra	Agua	Pastos	Bosques	Animales	Servicios	Infraestructura
Hogar							
Parientes							
Grupos							
Vecinos							
Segmentos							
Exterior							

Fuente: Miguel Bahamondes, "Evaluación y fortalecimiento del capital social campesino", informe final de consultoría, Comisión Económica para América Latina y el Caribe (CEPAL)/Instituto de Desarrollo Agropecuario (INDAP)/Instituto Interamericano de Cooperación para la Agricultura (IICA)/Proyecto de Desarrollo de Comunidades Campesinas y Pequeños Productores (PRODECOP), Santiago de Chile, 2001.

El número de habitantes, la estructura de la población por sexo y edad, y las corrientes migratorias existentes en un territorio permiten plantear hipótesis respecto de la constitución de relaciones sociales o, por el contrario, de su bloqueo. Por ejemplo, una baja densidad de población en un vasto territorio afecta a la conformación de relaciones estrechas; la situación inversa la refuerza, y además genera fuertes presiones exigiendo normativas más explícitas y control efectivo sobre los individuos. Cuando existen prácticas productivas en territorios compartidos, la mayor densidad conduce a una explicitación más acabada de la relación entre los miembros del grupo. Finalmente, la homogeneidad de los núcleos hogareños en cuanto a su estructura etárea y sexual es más propicia para intercambios equilibrados entre los hogares, que la heterogeneidad. Por otra parte, estadísticas sobre "patologías" sociales son un importante insumo para formular hipótesis sobre niveles de conflictividad social o confianza (Bahamondes, 2001). Ahora, muchas regiones de América Latina se caracterizan por tener una baja densidad poblacional y malas comunicaciones viales entre comunidades. De hecho, para dar sólo el ejemplo de México, en 1995, el 84% de las localidades[7] tenían una población de menos de 500 habitantes y más de un tercio de estas últimas (37%) eran consideradas como aisladas por estar a más de tres kilómetros de un camino pavimentado (Rubalcava, 2001).

---

[7]   Todo lugar ocupado por una o más viviendas habitadas, que es reconocido por un nombre dado por la ley o la costumbre. En total se identificaron 201 138 localidades en el censo de 1995 (Rubalcava, 2001, p. 6).

Si bien es cierto que la existencia de organizaciones puede ser empleada como un indicador de capital social, en el sentido que su presencia y número son una muestra de los vínculos que se establecen entre los individuos de una localidad para intentar resolver en forma conjunta una serie de carencias o lograr ciertos objetivos compartidos, el análisis no puede limitarse solamente a ello. Se debe avanzar en una caracterización de las relaciones sobre las que se funda la organización así como de sus objetivos. Un primer paso en este sentido es identificar las organizaciones más importantes de la localidad. Su relevancia se derivará del número de personas involucradas, su trayectoria, el número de vínculos que mantienen con el exterior, la importancia de los actores con los que se vincula, entre otros. La calidad del liderazgo, su persistencia en el tiempo, la participación activa de los demás miembros y la historia de la organización, con sus altibajos en el tiempo, son aspectos importantes de resaltar. Con respecto a los no miembros, se debe distinguir entre los motivos que frenan a los que quisieran ser miembros y los motivos del desinterés de los que no quieren ser miembros (ver Bahamondes, 2001, para una guía exhaustiva de preguntas a formular a distintos grupos con el fin de tener una imagen cabal de estos tópicos).

Un punto crítico, que la mayoría de los autores no enfatiza, es que al medir la atracción o el rechazo de las personas hacia otros miembros de la comunidad o su disposición de colaborar —a través de un sociograma, por ejemplo—, es importante identificar el tipo o fin de la colaboración buscada. Muy bien puede ser que uno prefiera una interacción social con cierta persona por sobre otra (por ejemplo: jugar fútbol o tomar té), pero que en el caso de compartir un objetivo de trabajo o la gestión de bienes en común, las preferencias para establecer alianzas (colaboración/rechazo) cambien completamente.

C. El capital social en el campesinado, en extensión y en demás servicios

La estabilidad relativa de relaciones interpersonales cruzadas por parentesco, en un espacio local durante toda la vida, promete ser un tipo de precursor del capital social. Pero es importante no caer en un romanticismo bucólico acerca de la vida rural, evitando el «comunitarismo» y el «campesinismo» como visión idealizada. Las relaciones sociales en la comunidad rural son, ciertamente, complejas, pero no necesariamente densas ... Además, muchas comunidades rurales se encuentran traspasadas por diversas formas de rivalidad entre facciones, a veces producto de la competencia por recursos escasos, a veces exacerbadas por cacicazgos de las elites regionales y por el clientelismo autoritario provinciano, que reprimen o distorsionan las instituciones de base que fomentan la confianza y la cooperación (Durston, 2000, p. 27).

En el ideario latinoamericano, la población campesina y más aún la indígena, son consideradas como los grupos donde el capital social se da por excelencia. Sin embargo, los que trabajan directamente con ellos tienen una visión menos idealizada, en donde el individualismo, los conflictos, las relaciones de poder y de clientelismo prevalecen o son suficientemente frecuentes para no ignorarlas.

En numerosas comunidades campesinas de América Latina las oposiciones internas son un elemento permanente de la estructura de la comunidad. Gran parte de la cooperación entre un grupo de parientes y vecinos es motivado por el espíritu unificador e identificador del conflicto contra "los otros" (los vecinos o los miembros de la comunidad contigua). Pero, de esta situación es factible pasar a otra en la que los grupos rivales o enemigos, unidos por la misma identidad local, responden como cuerpo cuando el conflicto se hace presente en un espacio territorial más amplio (Bahamondes, 2001).

En muchos casos, el vínculo patrón-cliente permea las relaciones comunitarias/locales y los líderes tipo cacique son valorados por sus capacidades para movilizar y gestionar recursos humanos y materiales, y constituirse en una autoridad capaz de dirimir conflictos, operar como agente de resguardo o seguro en caso de emergencia, y de acceso a prebendas. Muchas municipalidades funcionan en respuesta a esta "demanda" campesina. La reciprocidad en el nivel comunitario se expresa con respecto a un trabajo, un conflicto o un negocio. El capital social de la comunidad se extiende en el territorio a través de estos lazos de reciprocidad vertical (Bahamondes, 2001).

La mayor o menor presencia que puedan tener los grupos de individuos en la sociedad pasa por la forma cómo ellos se sitúen frente a los otros grupos y la capacidad que tengan de concertar sus acciones para alcanzar los objetivos que se han planteado. De aquí se desprende la necesidad que tienen los grupos de adquirir cuotas de poder dentro del escenario social. En la medida en que el grupo haya logrado controlar cuotas de poder, el carácter de la relación que establezca con otros grupos de la sociedad se modificará significativamente: de una relación en que los grupos se sitúan verticalmente se transita a otra donde tienden a predominar relaciones horizontales (Bahamondes, 2001).

Por ello, una de las acciones centrales a ejecutar en la relación técnico-campesino debiera pasar por el fortalecimiento de los órganos de representación de los últimos y sustraerla del fuerte contenido clientelista en que se debate actualmente. Buena parte de la existencia de las relaciones clientelísticas se basa justamente en no permitir la constitución o manifestación de una visión de los grupos "subordinados", y la "adhesión" de la población se logra con el manejo discrecional de los recursos que hacen las instancias administrativas (Bahamondes, 2001).

En parte por contravenir aquello, en los años noventa se ha cambiado el énfasis de muchas políticas sociales y otras, desde una oferta de corte paternalista o clientelista a una respuesta sobre la base de demandas grupales, presentadas y articuladas según los requerimientos específicos de cada programa. Sin embargo, esperar que grupos relativamente aislados, de bajo capital humano y capital social no siempre tan fuerte, logren articular una demanda grupal por recursos y programas, por infraestructura o por servicios, y consigan además presentarla en la forma y en los tiempos requeridos por la administración pública, nos parece que forma parte de los sueños intelectuales alejados de la realidad cotidiana de estos grupos. Es más, los resultados de estas políticas que aparentan ser neutras, pero que de hecho son marcadamente excluyentes, han sido política y moralmente justificados por "responder a la demanda" de algunos sectores o por "no existir demanda" en los demás sectores, en el caso de que éstos no la hayan logrado formular o no hayan sido capaces de presentarla de manera adecuada.

Es necesario enfatizar la cuasi ausencia de la administración pública y de los partidos políticos en muchas áreas rurales. Esto ha fomentado una serie de organizaciones heterogéneas que escapan al control del poder local (notables, comerciantes u otros) y del Estado. Por otra parte, el sufragio universal y más recientemente, la libertad de organización, así como la multiplicación de escrutinios municipales, regionales, parlamentarios y presidenciales, han significado para la mayoría una verdadera iniciación política. Esto ha sido ampliado incluso por la participación individual en el campo civil y público a través de las asociaciones de padres, comités de riego, de producción o de comercialización, entre otros, con sus respectivos directorios elegidos (Revesz, 1991).

Autores como E. Thompson han empleado el concepto de "experiencia" (como categoría científica) para dar cuenta de la síntesis entre la cognición y la afectividad y su incidencia en el proceder de grupos sociales. En la experiencia estaría contenido un conocimiento que se transmite de generación en generación y junto con él, los estados emocionales que se desprenden o se asocian con aquellas situaciones. Se trata entonces no sólo de una secuencia de hechos, sino de hechos significativos en virtud de las alegrías o dramas que ellos desencadenaron. El carácter doble de la experiencia, como hecho y emoción, tiene importantes consecuencias en la forma cómo los individuos enfrentan el presente y lo que "puede ocurrir". Lo que un grupo se puede proponer como futuro estará en buena medida condicionado por lo que ha sido su pasado. Esto tiene importantes consecuencias para el trabajo del agente. La intervención debe ser asumida como el encuentro entre dos esquemas cognitivos/afectivos, uno de los cuales (el extensionista) lo hace desde una posición "activa" de ofertante, mientras que el otro lo hace desde la posición, aparentemente pasiva, de receptor. La imagen que el extensionista elabora de sí ("sujeto que viabiliza el cambio") y de su "contraparte" campesino, no tiene por qué coincidir —y lo más probable es que ello no ocurra— con la imagen que el campesino tiene de sí y la que tiene de su "contraparte" extensionista (Bahamondes, 2001).

De manera gráfica el encuentro entre dos esquemas cognitivos/ afectivos quedaría representado de la siguiente forma:

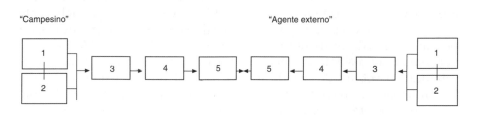

"Campesino"   "Agente externo"

1= Cognición; 2= Afectividad; 3= Posición; 4= Actitud; 5= Conducta

Fuente: Miguel Bahamondes, "Evaluación y fortalecimiento del capital social campesino", informe final de consultoría, Comisión Económica para América Latina y el Caribe (CEPAL)/Instituto de Desarrollo Agropecuario (INDAP)/Instituto Interamericano de Cooperación para la Agricultura (IICA)/Proyecto de Desarrollo de Comunidades Campesinas y Pequeños Productores (PRODECOP), Santiago de Chile, 2001.

En consecuencia, la relación entre el extensionista y la población local no puede ser considerada como un punto de partida desde el cual se debe decidir cómo operar y proceder, sino como el punto de llegada de dos orientaciones que definen su posición y la del otro a partir de sus coordenadas respectivas. Sin embargo, la mayoría de las nuevas orientaciones ponen énfasis en el registro y análisis del proceso que compromete al campesino, pero poco han avanzado en el análisis de cada una de las fases de la construcción de la conducta del agente externo; es más, los esfuerzos han sido puestos en la dimensión instrumental: como debe ser enfrentado el contacto con la población local para optimizar la relación. Pero no hay un análisis más detenido de los referentes cognitivos y afectivos que forman parte central de la conducta de los agentes de intervención (Bahamondes, 2001).

El hecho concreto de que la relación se traduzca, por ejemplo, en la aceptación de una práctica por parte de la población local, no puede ser interpretado como una muestra del reconocimiento de los objetivos que inspiran la acción desde el agente externo, ni de que los principios que están tras la propuesta y que la fundamentan sean aprehendidos en su lógica por la población local. De igual modo, el extensionista no puede suponer que la adopción sea efectuada en virtud de las razones explicitadas por los sujetos sobre los que se interviene; buena parte del análisis y seguimiento de la intervención debería estar orientada a develar las razones últimas que tiene una persona o grupo para aceptar o rechazar una iniciativa foránea (Bahamondes, 2001).

Resulta fundamental repensar y redefinir el papel que juega la figura del agente externo en el proceso de intervención. En la actualidad, de manera consciente o inconsciente, el agente externo hace su lectura de las situaciones económicas, productivas y sociales desde los parámetros definidos en el espacio de la institución que representa. Sin embargo, la figura del agente adquiere relevancia para la población objetivo en la medida en que él es la personificación de un aparato (estatal, por lo general) que la población suele ver como muy distante y anónimo. El poder que ello otorga al agente es significativo, sobre todo cuando aparece como el individuo que intermedia la transferencia de bienes y servicios desde el Estado a la población. En este proceso no es fácil distinguir entre lo que puede ser una estrategia institucional y otra de tipo más personal, y a menudo el agente externo está sometido a una fuerte presión para transformar su acción institucional en un proceder clientelístico. Esto, a su vez, repercute notablemente cómo la población se relaciona con este "intermediario" (Bahamondes, 2001).

Los funcionarios públicos siempre han tenido que rendir cuentas a alguien de su desempeño laboral. Tradicionalmente, esto se hacía mediante una suerte de "triangulación", en que los funcionarios entregaban un servicio a la sociedad civil, pero eran contratados, evaluados y pagados por agentes del gobierno central, regional o local.[8] En el último tiempo se ha tratado de redefinir la relación, poniendo el acento en la idea de un contrato entre los funcionarios y los beneficiarios. El contrato es asumido como una transacción en que se produce el intercambio de un servicio por un pago. Bajo esta óptica se genera un desplazamiento en el control del sueldo del funcionario desde la esfera gubernamental a la comunidad organizada; ésta debe certificar el desempeño satisfactorio del funcionario. La rendición de cuentas ya no tiene como principal destinatario al Estado, el partido político o el sindicato, sino que a los beneficiarios. La transacción no exige, como precondición, la existencia de confianza entre las partes, sino que el peso legal del contrato es la base de la confianza. No obstante, se debe enfatizar que la comunidad no juega el papel de una empresa privada, sino de actor social, integrante del tercer sector (la sociedad civil), o sea, forma parte del sector público no estatal (Bahamondes, 2001).

---

[8]   Esto es intensamente sentido (y también resentido) por los usuarios de los proyectos, como lo expresaron claramente habitantes de la IV Región en Chile (Maffei, Monzó y Pedroni, 2000a y b).

La descentralización administrativa y la formulación de proyectos sobre la base de la participación de la población local —siempre y cuando no reposen 100% en "respuesta a la demanda", con los vicios ya indicados anteriormente— son promisorias para una mejor identificación de los problemas y cuellos de botella y para una más acertada solución de éstos. Asimismo, las "alianzas estratégicas" entre distintos agentes locales, como empresas privadas, distintas entidades públicas, organizaciones no gubernamentales (ONG) y pequeños productores, pueden traducirse en iniciativas novedosas para el desarrollo de la agricultura, la agroindustria y la articulación de ambas. En efecto, la actuación de un agente público o privado, restringido por su mandato, conocimientos, organización, forma de trabajar, intereses y capacidad financiera, a menudo no puede dar respuesta a la compleja problemática del desarrollo rural, ni llenar todos los vacíos que impiden el despegue de una actividad productiva. Muchas veces es sólo gracias a las alianzas de distintos agentes, cada uno con su especificidad, interés propio y aporte, que logran potenciar un cambio.

En cuanto a los puentes entre la población local y la administración pública, Bey (1993) resalta la importancia que tienen los familiares que migraron a la ciudad y aprendieron a manejar mejor los códigos e idioma de los funcionarios. Indica que, en Perú por lo menos, éstos tienen a veces una participación activa en los asuntos de su comunidad de origen, en particular como intermediarios con las autoridades.

Por otra parte, sin duda también existe pérdida de capital social con las migraciones y éstas siguen siendo importantes. De hecho, cerca de un tercio de la juventud rural latinoamericana migra desde áreas rurales hacia áreas urbanas (Dirven, 2000b). Los problemas de seguridad también inciden poderosamente en las migraciones (en Colombia, El Salvador, Guatemala, México y Perú, sólo para nombrar casos recientes). A todo ello, se añaden las migraciones laborales temporales.

Simultáneamente, se puede observar un relevante y creciente fenómeno de personas activas en la agricultura residentes en áreas urbanas, y de personas no ligadas a la agricultura con residencia en áreas rurales. A raíz de ello, se ha acuñado el término "rururbano".[9] En España ocurren fenómenos parecidos y Moyano (2000) analiza cómo los distintos grupos sociales de este país se adaptan a estas nuevas realidades de la sociedad rural. Llega a la conclusión de que mientras algunos grupos —la mayor parte de los agricultores y asalariados agrícolas— perciben estos cambios

---

[9]   Incluso, desde hace varios años ya, José Graziano da Silva, de la Universidad de São Paulo, Brasil, dirige un centro abocado al estudio de este tema.

en términos de crisis, de final de una época, de pérdida de derechos adquiridos, otros —sobre todo grupos de intereses no agrarios, pero también grupos innovadores de agricultores— lo perciben como el inicio de una etapa nueva. En ella, el espacio rural —con nuevas oportunidades económicas, culturales y políticas— comienza a ser gestionado en consonancia con la pluralidad de intereses que en él confluyen. Moyano también observa una ruptura de la idea de pertenecer a un cuerpo social enraizado en un sistema común de valores, el que antaño había servido para cohesionar a los agricultores.

Según Ostrom (1999),[10] las comunidades tienen una capacidad de adaptación que es adecuada al cambio lento, pero no a cambios muy rápidos, ni a cambios en todos los parámetros a la vez. Por ello, los cambios externos bruscos (en tecnología, población, disponibilidad de factores, monetarización, heterogeneidad de participantes, u otros) afectarán negativamente su institucionalidad. Mientras más variables cambien más rápido, más exigido estará el sistema social comunitario.

Una demanda repetitiva por parte de los que están en la práctica (*practitioners*) del desarrollo rural es que, en el diseño de los proyectos, se deje el tiempo y se destinen los recursos necesarios a fin de que los participantes se preparen y habiliten para el trabajo en grupo, para fortalecer la confianza mutua, para la toma de decisiones consensuadas y para la acción conjunta.[11] En palabras de la presidente de la Red de Agroturismo de Chiloé: "ahora que los integrantes de la Red están desarrollando poco a poco lazos de amistad, las cosas van a ir mejor y será más fácil de actuar como Uno" (María Luisa Maldonado, citada en Dirven, 2000a).

D.   El capital social en las familias y el problema del relevo generacional

Algunas de las características sociales y sicológicas incluyen: vivir incómodos y apretados, falta de vida privada, sentido gregario, alta incidencia de alcoholismo, recurso frecuente a la violencia al zanjar dificultades, uso frecuente de la violencia física en la formación de los niños, golpear a la esposa, temprana iniciación en la vida sexual, uniones libres o matrimonios no legalizados, incidencia relativamente alta de abandono de madres e hijos, tendencia hacia familias centradas en la madre y conocimiento mucho más amplio de los parientes maternales, predominio de la familia nuclear, fuerte

---

[10]   Ostrom (1999), citada en Durston, 2000.
[11]   Es una de las conclusiones del taller CEPAL/INDAP/IICA: Estrategias para la superación de la pobreza: visión desde distintas experiencias, Santiago, 24 y 25 de julio, 2001.

> *predisposición al autoritarismo y gran insistencia en la solidaridad familiar,*
> *ideal que raras veces se alcanza (Oscar Lewis, introducción a «Los hijos de*
> *Sánchez», citado por Lewald, 1973).*

La cita de Lewis no sólo es válida para el México de los años setenta. Hoy en día, en Chile por ejemplo, adolescentes y jóvenes rurales, hijos de pequeños agricultores, experimentan problemas parecidos en el seno de su familia y, en particular, la falta de diálogo y de cariño (Zapata, 2000).

La disponibilidad y composición de la fuerza de trabajo que posee la unidad familiar campesina está determinada por la etapa del ciclo biológico por la que atraviesa —expansión, fisión y reemplazo[12]— y por factores culturales y económicos que inciden en la forma como se agrupan los parientes en unidades domésticas. La migración también influye al provocar la abundancia o escasez de miembros de determinadas edades y sexo (Bahamondes, 2001). A diferencia de otros negocios, la agricultura familiar tiene una característica particular: por una parte, exige la continuidad de la gestión y del trabajo familiar, pero por otra, sus dimensiones (por lo general más bien reducidas y fijas) no permiten —sin un vuelco decisivo en la organización, o la tecnología empleada en el rubro— que de ella dependa más de una familia sin pauperizarla. Al mismo tiempo —y es así a nivel mundial—, la transmisión de la ocupación de "agricultor familiar" de padre a hijo(s) es probablemente más frecuente que en cualquier otro oficio.

Actualmente, sin embargo, los procesos tradicionales de sucesión se enfrentan a una doble ruptura. Por una parte, existe una reducción objetiva de posibilidades de formación de nuevas unidades de producción, debido al límite a la expansión de la frontera agrícola y, por otra, muchas familias (por parte de los padres, pero sobre todo de los jóvenes) ya no ven inexorablemente el futuro de los hijos en la reproducción del papel de los padres. En consecuencia, surge la "cuestión de la sucesión", por cuanto la formación de una nueva generación de agricultores pierde la naturalidad que tenía antaño. Llama la atención que un tercio de los padres entrevistados en el sur de Brasil por Abramovay (coord., 1998) no tienen claro si alguien los sucederá, con una fuerte correlación según el éxito de la empresa familiar. Es importante notar que en esta misma región existe un vacío de criterios nuevos de sucesión para reemplazar los tradicionales que perdieron vigencia. Abramovay también nota que no hay discusión intrafamiliar sobre el tema de la sucesión y sí una fuerte incomodidad frente a éste. Respecto al tema de

---

[12] La etapa de expansión comprende desde el momento de unión de la pareja hasta el nacimiento del último hijo, la de fisión desde el momento en que uno de los hijos migra o se casa, y la de reemplazo cuando todos los hijos se han casado o han dejado al grupo doméstico paterno (Bahamondes, 2001).

la sucesión temprana, que tratamos a continuación, hemos podido constatar en varios foros que el punto despierta reacciones fuertes (en contra en su mayoría, excepto entre los jóvenes rurales y los que trabajan con ellos), y no sólo entre los productores agrícolas mismos, sino también entre académicos, funcionarios de gobierno y otros.

El relevo generacional presupone dos actores sociales: el que releva o trata de relevar al otro y el que es relevado, resulta desplazado o lucha para no serlo (Campos, 1995). Por ahora, en la región, lo común es que el proceso de sucesión esté estrechamente articulado en torno del padre, quien decide cuándo y cómo se transferirán las responsabilidades de la gestión del establecimiento a la próxima generación. Esta transición suele estar mucho más ligada a las capacidades y disposición de trabajar del padre que a las necesidades del sucesor, su preparación para asumir la gestión o las exigencias mismas de ésta. Tampoco parece necesariamente estar vinculada a las posibilidades de sustento económico de los "viejos".[13] Mientras tanto, los hijos suelen tener poca voz en la conducción del predio y, en su mayoría, no reciben una remuneración por las horas trabajadas en el predio familiar. Así, muchos hijos de campesinos permanecen dependientes económicamente de sus padres por muchos años, después de haber terminado sus estudios e iniciado su vida laboral y también a menudo matrimonial (véase el esquema XIII.1). Sólo entre algunos grupos y en algunas regiones existe la costumbre de una partición de la propiedad paterna en dos momentos, una en vida y una después de la muerte. Por ello, el relevo por lo general no se hace entre jóvenes y personas mayores, sino entre las personas de mediana edad y las de tercera edad. Esto se ejemplifica en la siguiente observación de un poblador de la IV Región de Chile: "El área más conflictiva en materia generacional se expresa entre los adultos mayores y los adultos. Muchos de los primeros son comuneros y líderes de la Comunidad Agrícola, en el presente y en el pasado. Los adultos en cambio, a pesar de tener que enfrentar las mayores exigencias económicas del ciclo de vida, no son comuneros y deben construir sus hogares en los terrenos de sus padres" (citado en Maffei, Monzó y Pedroni, 2000a).

Por todo lo anterior y debido a la falta de cobertura de los sistemas de seguridad social, la tasa de actividad de la gente mayor en el área rural es mucho más alta que para grupos etarios equivalentes en el área urbana, y llega a 83.1% entre los hombres rurales de 60 a 65 años de edad y a 43.9% entre los de 75 a 79 años de edad (CEPAL, 1999). Y si la proporción de personas mayores de 60 años representa actualmente un 11% de la población

---

[13] Sólo un pequeño porcentaje de los encuestados en el sur de Brasil respondieron que estarían dispuestos a traspasar la gestión/propiedad cuando estuviera asegurado su sustento (Abramovay, coord., 1998).

económicamente activa (PEA) agrícola total, esta proporción es mucho más pronunciada entre los que se declaran responsables de la conducción del predio, estimándose en más de 20%, con además una clara relación entre edad y tamaño de la explotación.

La educación escolar entrega conocimientos específicos, pero también tiene efectos no cognitivos, como la capacidad de asimilación de nuevas ideas, el carácter competitivo y la voluntad de someterse a una disciplina, que son directamente aplicables a la actividad económica productiva. Asimismo, la educación favorece la capacidad de búsqueda de información y su ordenamiento y sistematización, y acorta el tiempo entre el descubrimiento de que existe una tecnología distinta y su uso, reduciendo a la vez los riesgos asociados a su utilización y creando la posibilidad de experimentar y adaptarla a los requerimientos del propio predio, la disponibilidad de factores de producción y las condiciones del mercado. Los años de educación formal cursada por la juventud rural duplican el promedio alcanzado por sus padres en la mayoría de los países de la región. Y aunque existe consenso en que este nivel dista mucho de ser suficiente (en años y en calidad) para enfrentar los retos de una agricultura inserta en un mundo globalizado, debiera constituir un capital invaluable para las familias. Sin embargo, debido a problemas surgidos de una idiosincracia marcadamente basada en el autoritarismo paterno, este potencial no es suficientemente utilizado en la finca familiar. Es más, la participación del (y más aún, de la) joven en las decisiones de producción y comercialización es hoy en día casi nula en la mayoría de las familias. Y aunque de lejos no son éstos los únicos factores que explican el significativo éxodo de los jóvenes hacia empleos no agrícolas (urbanos o rurales), se vienen a añadir a los demás.

Uno se puede preguntar por qué para la mayoría de los padres urbanos actuales, el tener confianza en las capacidades de sus hijos adultos es bastante común y verlos como seres independientes económicamente es un motivo de orgullo, mientras que esto mismo no ocurriría en el campo.

Esquema XIII.1
EL CICLO DE LA TENENCIA DE LA TIERRA: SITUACIÓN ACTUAL

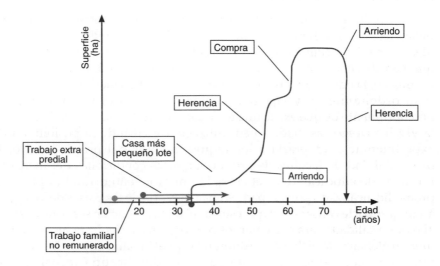

EL CICLO DE LA TENENCIA DE LA TIERRA: SITUACIÓN «IDEAL»

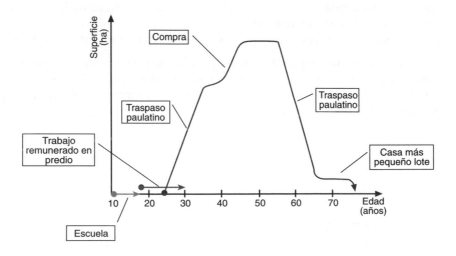

Fuente: Martine Dirven, "El mercado de tierras y la necesidad de rejuvenecimiento del campo en América Latina: un primer esbozo de propuestas", por aparecer en el marco del proyecto "Opciones de políticas para el fomento del desarrollo de mercados de tierras agrícolas, con el fin de facilitar la transferencia de tierras a pequeños productores", 2001.

De hecho, las barreras a la inserción productiva y social de la juventud rural son muy altas y se concretizan a través de trabas en el acceso a la tierra familiar, las consiguientes dificultades de obtener crédito por falta de garantías, insuficientes posibilidades de arrendar tierras y, generalmente, el requisito de ser el propietario o productor a cargo de la gerencia del predio para ser sujeto de asistencia técnica y poder participar activamente en las organizaciones productivas y comunitarias (Castillo, 2000).[14] Además del desaprovechamiento de capital humano escaso, estas barreras significan una pérdida del esfuerzo que pusieron en la educación estos mismos jóvenes, sus padres y el Estado.

Incentivar un acceso preferencial a los medios de producción y decisión de la población rural joven y de mediana edad, que cuenta —como condición adicional— con mayores niveles de educación formal, debiera constituir a nuestro juicio uno de los pilares de cualquiera estrategia de desarrollo rural. Es importante enfatizar que, debido a la temprana inserción laboral de muchos jóvenes rurales, a los 30 años muchos ya cuentan con unos 15 años de experiencia laboral y que, aun en las profesiones de más alta responsabilidad, es poco frecuente que se pida más de 15 años de experiencia laboral para ejercer un cargo de gerencia. Las leyes y costumbres de herencia que prevalecen en la región y que inciden en que tanto la propiedad como generalmente su gerencia se traspasen después de la muerte, hacen que los herederos accedan a la conducción del predio familiar a una edad cada vez más tardía que, la mayoría de las veces, los encuentra desenvolviéndose fuera del predio, en otra localidad y otro oficio, con sus redes y costumbres familiares y sociales ya adaptados a esa otra realidad.[15] Esto aumenta la probabilidad de que al momento de la herencia no haya sucesores y que, finalmente, se decida vender el predio muchas veces a interesados que son "afuerinos" —por pertenecer a otro grupo socioeconómico, con otros intereses y otras redes de capital social—, con sus potenciales efectos positivos, pero también negativos, según el caso, sobre la producción silvoagropecuaria y la comunidad.

---

[14] La masculinización del campo —contrapartida del mayor éxodo femenino que, en América Latina, llega a representar 12% más de mujeres que de hombres para las edades entre 15 y 29 años— tiene mucho que ver con el fuerte sesgo hacia los hombres mayores en la distribución de las tareas, el poder y el reconocimiento social dentro de las instituciones rurales (pareja, familia, grupos sociales, organizaciones productivas, gremios, y otras), lo que le da una perspectiva futura a los jóvenes, pero muy poca a las jóvenes (Dirven, 1995; Durston, 1996; Abramovay, coord., 1998).

[15] La experiencia europea ha mostrado que el éxito de la aplicación de los programas de traspaso temprano de tierras depende de dos factores primordiales: la voluntad del poder público de emprender de forma activa una política de intervención socioestructural agraria y la presencia en la sociedad rural de grupos intermedios, tanto en su papel de agentes reivindicativos para influir en los contenidos de la intervención estatal, como en su papel de agentes capaces de actuar como eficaces colaboradores en dichos programas (Moyano y Fernández, 1990).

E.   El capital social a nivel del empresariado

Las lagunas en el conocimiento sobre el papel que asumen en la actualidad las organizaciones empresariales en la agricultura de la región son muy grandes. La literatura sobre los sistemas de intermediación de intereses había identificado a la agricultura como un caso paradigmático de aplicación del modelo corporatista.[16] No obstante, la capacidad explicativa del modelo corporatista ha empezado a tener falencias ante los cambios que se han producido en los últimos tiempos. En efecto, el repertorio de arreglos institucionales por medio de los cuales se vinculan los agentes públicos y privados en el sector, se amplía notablemente ante la acelerada diferenciación y complejización de la estructura agraria, con una creciente participación de intereses privados en la definición de las políticas aplicadas al sector y un gobierno central que transfiere gran parte de sus competencias y recursos respecto de la agricultura a entidades subnacionales y supranacionales (Porras, 2000a).

Se hace imprescindible potenciar la capacidad de gobernabilidad y de gobernanza de la sociedad civil en el nuevo escenario actual. En él se combinan el relevo de las funciones operativas del sector público al sector privado, con el desafío de transitar desde mercados insuficientemente desarrollados a mercados productivos. Estos últimos deben, además, estar insertos plenamente en los flujos de capital, información, tecnologías e ideas que se mueven a escala mundial y ser capaces de ofrecer igualdad de oportunidades a todos los operadores. Los empresarios y sus organizaciones están llamados a asumir un papel clave en este proceso, desarrollando nuevas estructuras para coordinar esfuerzos y recursos con el fin de enfrentar positivamente los desafíos planteados en un contexto en que el poder se encuentra fragmentado entre una multiplicidad de actores (Porras, 2000a).

Si la definición de empresario agrícola se refiere a aquel que es propietario o arrendatario de una unidad de producción, que basa gran parte de su actividad en el trabajo asalariado y orienta su producción mayoritariamente al mercado, entonces ella abarca a actores tan distantes como aquel en cuya propiedad perduran los métodos artesanales de

---

[16]   Un modelo en el cual "las unidades constitutivas están organizadas en un número limitado de categorías singulares, obligatorias, no competitivas, jerárquicamente ordenadas y funcionalmente diferenciadas, reconocidas o autorizadas —si no creadas— por el Estado, y a las que ha otorgado un monopolio deliberado de representación dentro de sus respectivas categorías, a cambio de observar ciertos controles en la selección de líderes y en la articulación de demandas y apoyos", Schmitter (1974), p. 92, citado en Porras, 2000a.

producción y relaciones paternalistas con sus trabajadores y el empresario competitivo inserto en las tendencias que marcan los mercados nacionales e internacionales. Se trata, por lo tanto, de un grupo extremadamente heterogéneo y, por ende, con intereses muy diversos (Porras, 2000a).

La dificultad de alcanzar la satisfacción de sus demandas en forma individual los conduce a agruparse en estructuras estables con el propósito de defender colectivamente sus intereses. Esto es así, porque la mayoría de las empresas agrícolas (no integradas verticalmente), por grandes que sean en el ámbito agrícola, son pequeñas en el ámbito nacional y, aún más en el internacional. Las organizaciones empresariales de la agricultura han desarrollado, principalmente, dos líneas de acción. Por una parte, acciones de carácter reivindicativo con el fin de obtener de las autoridades las reglas del juego de mercado que favorezcan a su colectivo de referencia. Esta función es propia de sindicatos agrarios, federaciones de cooperativas o de algunas organizaciones de productores. Por otra parte, acciones de carácter económico que tienen como fin producir servicios para sus afiliados. En esta categoría se incluirían las cooperativas, mutuales rurales de seguros o las asociaciones de transferencia tecnológica (Porras, 2000a).

Con el término del proteccionismo estatal y en la medida en que la competencia se convierte en la principal norma de participación en el mercado, el segmento productivo se dualiza entre aquellos con capacidad para afrontar las nuevas exigencias y los que no la tienen. Una capacidad competitiva que está en función, en gran medida, de la posibilidad y habilidad de aliarse estratégicamente con los otros actores que actúan en el sector, en el marco de los nuevos canales para la participación que trae consigo la democratización y descentralización de los países de la región. Bajo estos parámetros, el reto que se impone de aquí en adelante es cómo avanzar hacia nuevos arreglos institucionales eficientes y equitativos que permitan gobernar un sector cada vez más heterogéneo y en el que ningún grupo puede forzar a los demás a cooperar (Porras, 2000a).

Uno de los enfoques más promisorios de análisis gira alrededor de la noción de red de políticas (*policy networks*).[17] Sin embargo, su carácter básicamente estático y descriptivo no permite mayor comprensión de la lógica sistémica en el interior de las redes y su evolución a lo largo del tiempo. Para ello es preciso tomar como unidad de análisis la idea de red bajo el marco teórico del neoinstitucionalismo. Desde esta perspectiva, la idea de red de políticas pasa a ser entendida como un sistema de convicciones,

---

[17]   Algunos textos básicos en el estudio de las redes de política (*policy networks*) son Knoke y Kulinski (1982); Powell (1990); Marin y Mayntz (1991), y Castells (1997).

valores, principios y normas, ya sean formales o informales, que dan paso a la interacción entre las organizaciones, públicas y privadas, que integran dicha red (Porras, 2000a). En Perú, por ejemplo, se constata un alto grado de fragmentación en la red configurada por las organizaciones y una falta de correspondencia entre el número de lazos y la posición cn que los actores se encuentran dentro de la red. Así, por ejemplo, a pesar de que la Junta Nacional del Café es la segunda organización con mayor número de lazos en la red, su rentabilidad en términos de centralidad es limitada (cercana al 80%), debido a que se encuentra escasamente diversificada y los lazos con los actores centrales son débiles (Porras, 2000b).

El cambio institucional es un acto voluntarista de las organizaciones; más concretamente, de los emprendedores o líderes que se ponen al frente de ellas. Para llevarlo a cabo se someterá a prueba su habilidad y capacidad para formar grandes coaliciones en torno de este propósito, con el fin no sólo de lograrlo, sino también de consolidarlo.[18] Cualquier cambio institucional, sin embargo, tendrá un carácter inevitablemente incremental al encontrarse constreñido por el orden institucional precedente[19] (Porras, 2000a).

Sobre la base del enfoque teórico del corporativismo y del neoinstitucionalismo histórico, por una parte, y del análisis de estudios de caso (Bolivia, Brasil, México y Perú), por otra, se puede concluir que las reformas estructurales de mercado aplicadas en el sector agroalimentario han acelerado el proceso de cambio organizacional en los mecanismos de interlocución público-privada, ya iniciado en décadas anteriores. En la lógica de la intervención del Estado desarrollista, un amplio número de empresarios agrícolas pasaron a agruparse en organizaciones que buscaban soluciones a problemas específicos y actuaban al margen del mecanismo de representación de intereses corporativos creado por el Estado, como en los casos brasileño y mexicano, o inducidos por él, como en los casos boliviano y peruano. El resultado de ello fue la configuración de un modelo en el que se combinaba

---

[18] Tal como apunta Joan Prats (1998): "La reforma institucional es un proceso extraordinariamente difícil porque supone cambios en los actores, en las relaciones de poder y en los modelos mentales, es decir, un proceso de aprendizaje social normalmente tensionado porque, aunque se traduzca en beneficios para el conjunto de la sociedad, está lleno de incertidumbres y esfuerzos costosos para los ganadores y de sacrificios inevitables para los perdedores" (citado en Porras, 2000a).

[19] Según Douglas North (1993) «En cada sociedad el cambio dará como resultado adaptaciones marginales, y los márgenes afectados serán aquellos en que los problemas inmediatos requieran solución, la cual será determinada por el poder relativo de negociación de los participantes, es decir, de las organizaciones que han evolucionado en un contexto general y específico. Pero obsérvese que será un ajuste marginal, edificado sobre los acuerdos institucionales precedentes. Debido a que el poder de negociación de grupos en una sociedad diferirá claramente del poder en otra sociedad, los ajustes marginales de cada una serán también particularmente diferentes» (citado en Porras, 2000a).

la autoridad y control del Estado sobre la organización y funcionamiento de los mercados sectoriales con la permeabilización selectiva de sus organismos a los intereses privados (Porras, 2000a).

En Bolivia se advierte este proceso durante el régimen cívico-militar del entonces coronel Hugo Banzer (1970-1978). Con el objetivo de reestructurar las relaciones de poder heredadas de la revolución de 1952, las nuevas autoridades gubernamentales privilegiaron sus vínculos con el emergente poder económico cruceño. Como parte de esta estrategia, la Cámara Agropecuaria del Oriente (CAO) fue privilegiada como interlocutor de los intereses sectoriales en detrimento de los gremios de productores de la región occidental. De hecho, a partir de ese momento, la presencia de personajes vinculados al gremio cruceño fue constante en las principales instancias del Ministerio de Agricultura, Ganadería y Desarrollo Rural. El mismo proceso se da en Perú desde la segunda mitad de los años setenta, cuando los gobiernos de Morales Bermúdez (1975-1980) y Belaúnde Terry (1980-1985) dan un acceso privilegiado a los centros de decisión de la política agraria a las diferentes organizaciones de productores de la región central, con el fin de limitar la conflictividad en el campo y favorecer su estrategia productivista basada en la mediana agricultura capitalista. En Brasil, la llamada modernización conservadora impulsada por el gobierno militar (1964-1985) es la que desborda las estructuras corporativas de la Confederação Nacional da Agricultura (CNA). La incapacidad de este gremio de ejercer eficazmente la representación de los intereses de sus afiliados indujo la aparición de organizaciones de interés de adhesión voluntaria en los segmentos más dinámicos y modernos del sector, como fue la avicultura o la citricultura. Las autoridades no sólo dieron un reconocimiento explícito a estas organizaciones, sino que se abrieron a su influencia en la formulación de políticas sectoriales. Finalmente, en México, el intento de los presidentes que sucedieron a Lázaro Cárdenas (1934-1940) de profundizar en el desarrollo capitalista de la agricultura no tardó en dar origen a un tejido plural de organizaciones alrededor de intereses específicos, que erosionaron el corporativismo agrario creado durante el período cardenista. Los canales oficiales para la interlocución público-privada entre representantes gubernamentales y líderes gremiales perdieron todo tipo de importancia en favor de las negociaciones personales y directas (Porras, 2000a).

A fines de los años setenta y principios de los ochenta resulta evidente el quiebre de este modelo dual de representación de intereses en la agricultura. Se registra, entonces, un proceso paralelo al tránsito hacia una economía abierta y competitiva, en que los gobiernos asumen el reto de reformar el sector público siguiendo las directrices de la escuela de la elección pública (*public choice*) emanadas del llamado "Consenso de Washington", aunque con injerencias de los organismos multilaterales, el capital transnacional y los grandes consorcios empresariales nacionales, y una permeabilización selectiva de algunos grupos de intereses locales, en representación de los intereses de los segmentos más modernos y dinámicos de la agricultura empresarial, segmentos agroindustriales y comerciales de la cadena agroalimentaria, en particular aquellos con mayor compromiso con el modelo de desarrollo primario-exportador (Porras, 2000a).

Es el caso del grupo de los soyeros en el interior de la CAO en Bolivia, de la Asociación de Empresarios Agrarios del Perú (AEPA), de la Associação Brasileira de Agribusiness (ABAG) en Brasil o del Consejo Nacional Agropecuario de México. Las relaciones entre sus representantes y los de la administración han reproducido las estructuras clientelares y corporativas del pasado. Se trata de redes formadas por un grupo limitado de actores que intercambian frecuente e intensamente información y recursos y donde se da un amplio grado de consenso. La marginalidad del resto de los gremios y organizaciones de productores en la competencia distributiva de rentas ha ahondado la desigualdad estructural ya existente al inicio de las reformas. Ante la constatación de esta marginalidad, la mayoría de estas organizaciones han pasado a tener una existencia testimonial en sus estructuras centrales, mientras que las territoriales han ganado importancia en la medida en que los gobiernos locales asumen competencias y recursos en la operacionalización de las políticas públicas del sector. También en los niveles locales, estas relaciones han adquirido la forma de vínculos clientelares basados en un intercambio de rentas por apoyos y compromisos con las estrategias de los políticos locales; situación favorecida por la ausencia de sistemas fiscalizadores adecuados que acompañaran a los procesos de descentralización o federalización de la política agrícola (Porras, 2000a).

En total coherencia con lo anterior, también en Chile existe la percepción de que las entidades gremiales empresariales han ganado en poder y cohesión, mientras que las organizaciones campesinas se debaten en un círculo vicioso de debilitamiento del tejido social, carencia de programas, insuficiencia de miembros, falta de poder, escasez de fondos y magra renovación de sus dirigentes.[20]

La seguridad jurídica o el acceso a la información aparecen como un derecho privativo de los grandes consorcios empresariales del sistema agroalimentario, quedando al margen el resto de los operadores del sector. En definitiva, todo lo expuesto conduce a sostener que el tránsito hacia un ordenamiento institucional de cuño liberal, que postulaban los hacedores

---

[20] Conclusiones del seminario CEPAL/INDAP/IICA: "Estrategias para la superación de la pobreza rural: visión desde distintas experiencias", Santiago, 24 y 25 de julio de 2001.

de las reformas, se ha quedado en un mero cambio organizacional de carácter formal en la medida en que el legado corporativo, clientelar y patrimonialista del pasado sigue estando muy presente en los actuales mecanismos de intermediación público-privada de la agricultura empresarial en América Latina (Porras, 2000a).

Los gobiernos de la región presentan nítidas carencias como para inducir por sí solos el tránsito desde una agricultura con mercados insuficientemente desarrollados y, por tanto, con un mediocre desempeño, hacia una agricultura productiva, acorde con la sustentabilidad medioambiental, con mercados eficientes y que tienda a ofrecer igualdad de oportunidades a todos los operadores. De la otra parte, no cuentan con interlocutores válidos —es decir, entidades verdaderamente representativas y con capacidad para hacer efectivos los compromisos aceptados— en todos los espectros del sector privado de la agricultura con quienes gobernar conjuntamente. Confiar en que el propio voluntarismo de los interesados y el desarrollo de sus capacidades asociativas, acompañados de algunas ayudas coyunturales externas, permitan en algunos años contar con un tejido renovado y plural en el medio rural aparece como una posibilidad bastante utópica. Así lo prueba la experiencia de los países con un movimiento asociativo más avanzado. Por ende, la acción positiva del Estado aparece como imperativa, acción que debe orientarse en tres ámbitos de actuación:

- **Marco jurídico:** El Estado debe utilizar su potestad legislativa para generar el marco de normas formales que cree las condiciones para el desarrollo asociativo agropecuario. En concreto, por vía legal se debe reconocer el carácter de "organismo privado de interés público" a las organizaciones de productores y, por tanto: i) otorgarles competencias para participar en la gestación, aplicación y fiscalización de las políticas sectoriales; ii) regular su gestión democrática y transparente; y iii) asegurar su subsistencia financiera mediante gravámenes obligatorios que deberán ser pagados por todos aquellos que componen su colectivo de referencia.

- **Apertura de espacios:** Décadas de injerencia partidista y conflictividad han dado origen a un clima de gran desconfianza mutua entre los diferentes componentes de la agricultura en América Latina, y de éstos con los distintos componentes de la cadena agroalimentaria. Si se quiere avanzar hacia la recomposición de las relaciones cooperativas que son propias del medio rural, se precisa abrir espacios donde los potenciales interlocutores se encuentren, intercambien opiniones, debatan sobre sus problemas comunes y puedan alcanzar compromisos referentes a la distribución de recursos o al establecimiento de normas para regular la actividad agropecuaria. Esto implica, a su vez, el establecimiento de un sistema de sanciones que asegure el cumplimiento de los compromisos por todas las partes.

- **Asistencia técnica:** Para la constitución y el desarrollo de nuevas organizaciones y, principalmente, para impulsar cambios en las ya existentes, se requiere que sean asistidas técnicamente dadas sus notables carencias. La constatación empírica revela que son muchos los temas que pudieran formar parte de una agenda de asistencia técnica para las organizaciones. No obstante, aquí se postula priorizar la capacitación del liderazgo en la medida en que los líderes son una de las variables determinantes en el éxito de las organizaciones. En efecto, los estudios de caso han mostrado el débil liderazgo de los gremios y su incapacidad de asimilar los cambios que se están produciendo en la agricultura latinoamericana, llevándolos a optar por estrategias "cortoplazistas" con pocos beneficios para sus representados (Porras, 2000a).

F.   La agricultura y los agronegocios

La colaboración voluntaria se dará más fácilmente en una comunidad que ha heredado un acervo sustancial de capital social en la forma de normas de reciprocidad y redes de participación civil, Putnam, 1993, p. 167.

Por otra parte:

"Una desconfianza profunda es muy difícil de invalidar a través de la experiencia, porque o no permite que las personas tengan la experiencia social apropiada o, peor, lleva a un comportamiento que refuerza la validez de la desconfianza, Gambetta, Diego: *"Can we trust trust?"*, citado en Putnam, 1993, p. 170.

El abanico de agentes que emplean mecanismos de contratación (o coordinación vertical) con los agricultores tiende a expandirse y la frecuencia de su uso a aumentar a medida que crecen las exigencias de la legislación y de los consumidores respecto del rotulado, la apariencia y la calidad de los productos y de sus ingredientes, y a medida que se diferencian los productos mediante marcas, calibres y calidades.[21] En principio, se utilizará el mercado al contado (*spot market*) para organizar transacciones donde concurren muchos compradores y muchos vendedores "anónimos" y donde cada agente, autónomamente, hace las adaptaciones a su producto que estime pertinentes. En cambio, se utilizarán mecanismos de coordinación vertical para transacciones frecuentes, entrega justo a tiempo (*just-in-time*) o transacciones donde la adaptación cooperativa predomina. Cuando, para

---

[21]   Por lo menos en una primera instancia, hasta que los cambios sean internalizados por un número suficiente de los agentes.

proveer a sus requerimientos, los compradores piden que los suministradores hagan inversiones especializadas durables, se crean condiciones de dependencia bilateral, ya que los suministradores no pueden reorientar sus activos sin pérdida de valor productivo y los compradores no pueden abastecerse fácilmente en caso de ruptura de contrato.[22] En estas circunstancias, la norma general es la suscripción de un contrato de compraventa por una o más temporadas, que incluye una serie de cláusulas de seguridad, provisiones para revelación de información y mecanismos para conciliar disputas (*dispute settlement*). Finalmente, la integración vertical se verificará en casos de elevada especificidad y altos requerimientos del producto, cuando existen economías de escala o condiciones de cercanía del lugar de producción con respecto al lugar de procesamiento y cuando los costos de producción y administración propia son menores que los costos de producción y transacción de la producción ajena (Williamson, 1994).

Las modalidades de coordinación vertical entonces pueden variar desde: i) inexistente mercado al contado o integración vertical bajo la misma propiedad; ii) contratos de compraventa que especifican cantidad, calidad, forma de pago y, a veces, momento de entrega del producto; iii) contratos de compraventa que incluyen la provisión de insumos (semillas, fertilizantes, pesticidas), crédito y asistencia técnica; iv) contratos de gerencia de producción, en que el comprador también estipula cómo y cuándo se deben hacer las distintas faenas. Los contratos, además, pueden estipular una serie de prohibiciones, entre otras: la venta a terceros de excedentes de producción sobre lo pactado, o la visita al predio por personas no autorizadas.

La falta de confianza en las instituciones que apoyan a los mecanismos de coordinación vertical —la calidad de las leyes contractuales y de los esfuerzos para su cumplimiento, incluyendo las posibilidades de arbitraje—, o las dudas sobre la posibilidad de contar con contratistas fiables, hacen que lo que habría podido ser un arreglo contractual, se mueva hacia los extremos, o sea, la transacción se efectúa en el mercado (sacrificando la especificidad del producto y, por lo tanto, perdiendo valor productivo) o hacia la integración vertical (aumentando la inversión y los costos de administración, enfrentando rigideces de tamaño y ubicación —excepto en el caso de tierras arrendadas— y asumiendo el total de los riesgos).

La existencia de mercados imperfectos (tierra, agua, crédito, información tecnológica y comercial) y la falta de acceso a medios de producción y mercados, hacen que, contrariamente, lo que hubiera podido ser una transacción en el mercado al contado o un caso de integración vertical se

---

[22]   En el caso de la producción agrícola se puede extender el concepto de inversión durable a la siembra de cultivos (incluso de ciclo corto) de características o en cantidades aprovechables sólo por la agroindustria o por los cuales la agroindustria paga un precio mayor.

traslade hacia mecanismos de coordinación vertical, con la ocurrencia de transacciones eslabonadas —el compromiso de compraventa se complementa con crédito, asistencia técnica, venta de insumos, y otros—, posible falta de transparencia en la contabilización de los costos[23] (y riesgos) y relaciones de dependencia que van más allá de las relaciones entre comprador y vendedor de un bien específico. La aversión al riesgo de los pequeños productores los hace a menudo preferir la negociación de un precio fijo por sobre el precio de mercado en el momento de la transacción, o por sobre un precio fijo (más bajo) más un porcentaje de las ganancias. Esta actitud, por supuesto, aumenta la posible diferencia entre precio prefijado y precio del mercado en el momento de la transacción y, por ende, la probabilidad de incumplimiento; especialmente para productos agrícolas, no es extraordinario ver fluctuaciones que van de 1 a 10, según el momento o lugar.

Existe un cierto consenso de que existen deseconomías de escala para cultivos intensivos en mano de obra y cuidado. El óptimo para estos cultivos sería la pequeña empresa familiar. Esto se explica porque la familia no tiene que incurrir en los altos costos de supervisión —se supone que la mano de obra familiar es leal a la empresa—, que sus costos son menores debido a la utilización de mano de obra que no tiene otras alternativas de trabajo remunerado (niños, ancianos, mujeres), porque su tiempo de ocio no se valora de la misma manera que la ley impone para personal contratado (es decir, la empresa familiar no paga horas extras a sus familiares) y porque no paga seguridad social. En consecuencia, le es posible vender sus productos a un costo menor de lo que le cuesta producir a una empresa comercial.

A los costos de producción, sin embargo, se añaden los costos de transacción y, allí, los costos de tratar con muchos pequeños agentes, dispersos geográficamente y a menudo aislados de la red vial y de telecomunicaciones, se elevan rápidamente.[24]

A principios de los años noventa, la CEPAL[25] se propuso entender los mecanismos de coordinación vertical con agricultores, en especial familiares,

---

[23] Por ejemplo, un estudio en México mostró que ninguno de los pequeños productores era capaz de calcular el interés implícito cobrado por la agroindustria para el crédito otorgado.

[24] Un empresario mexicano resumió así los costos adicionales por tratar con pequeños productores: i) mayor tiempo y costo en la planta por tener que pesar y descargar productos de camiones pequeños; ii) incremento en el número de procedimientos contables y en los costos administrativos debido al alto número de productores que trabajan por contrato; iii) necesidad de mayor asistencia técnica, lo que requiere de más visitas de campo; iv) imposibilidad de llamar a los productores por teléfono, por lo que es necesario visitarlos cuando se requiere comunicarse con ellos; v) necesidad de prestarles o alquilarles maquinaria especializada; vi) necesidad de adelantarles capital de operación o de inversión, lo que reduce el capital disponible para la agroindustria; y vii) mayor dificultad en convencerles de la importancia de utilizar sólo los pesticidas autorizados en las cantidades recomendadas, con lo que se incurre en violaciones por presencia de residuos no autorizados.

[25] Proyectos CEPAL/Gobierno de los Países Bajos y CEPAL/GTZ/FAO.

en la región. Se logró explicar gran parte de los 64 estudios de caso en 13 países de la región, mediante el esquema XIII.2, siempre y cuando un peso suficiente fuera dado a los "factores de desplazamiento" y a los costos de transacción.

Esquema XIII.2
FACTORES QUE ALIENTAN O FRENAN LA COORDINACIÓN VERTICAL

Mercado	Coordinación vertical	Integración vertical
Características	- dependencia mutua	- alta especificidad y
- baja especificidad y	(inversiones y producto	requerimientos producto
requerimientos producto	específicos)	- ventajas de escala
- adaptación autónoma	- necesidad de adaptación	
	cooperativa	
	- interacción frecuente	
Consecuencias	- costos de transacción	- costo de administración,
- cada agente corre con	- juego de fuerzas para riesgo	supervisión, capital y tierra
totalidad de costos, riesgos,	y ganancias	- absorción total de riesgos
información y ganancia	- posibilidad de *free-riding*	y ganancias
	- posibilidad de relaciones	- rigidez de tamaño y
	agente principal y de	ubicación
	transacciones eslabonadas	
Factores de desplazamiento		
- poca diferenciación	- falta de confianza en	
precio/calidad	instituciones	
<————————-	<——————— ————————>	
- altas variaciones de precio		
(fomentan el *free-riding* y el	- incremento confianza mutua	
no cumplimiento de ambas	————————> <————————	
partes)		
<———————-		
- perecibilidad del producto	- mercados imperfectos/ falta	
————————>	de acceso a medios de producción	
- creciente protagonismo del	————————> <————————	
consumidor		
————————>		
- aumento del número de		
agentes y volúmenes		
transados		
<————————-		

Fuente: Martine Dirven, "Las relaciones de coordinación vertical entre productores agrícolas y agroindustria: esquema basado en 60 estudios de caso en América Latina", *Transnacionalización de los agronegocios y sistemas agroalimentarios*, San José de Costa Rica, Asociación de Latinoamérica y del Caribe de Economistas Agrícolas (ALACEA), 1996.

Sin embargo, con la excepción de Chile, hemos podido observar muy pocas relaciones contractuales espontáneas entre pequeños productores y agronegocios importantes. Casi siempre hubo la intervención de alguna organización gubernamental o no gubernamental que se hizo cargo —por lo menos en un inicio— de los costos de transacción, de fomentar la organización de los productores, de su administración y contabilidad, de la capacitación, de la negociación con el agronegocio, y de otros (véase el recuadro XIII.1). En cambio, a menudo, los agronegocios miran la organización de los proveedores con recelo, temiendo que una vez organizados estarán en mejor posición de negociar los términos de los acuerdos, no dándose cuenta de que la organización de los proveedores también puede traerles una serie de beneficios, entre ellos una reducción importante de los costos de transacción sin olvidar que éstos no desaparecen, sino que son, en gran parte, absorbidos por las organizaciones de proveedores.

Recuadro XIII.1
ACERTADA INTERVENCIÓN DEL SECTOR PÚBLICO EN EL ESLABÓN
MÁS DÉBIL

Los campesinos del Municipio Carmen del Viboral, en Colombia, dispersos en pequeños poblados rurales y anteriormente sumergidos en una economía de subsistencia, se convirtieron en pocos años en productores con altos niveles de rendimiento en el cultivo de frijol y con amplios conocimientos técnicos y de manejo de mercado. En la actualidad comercializan más del 90% de su producción.

Estos cambios son el resultado de una política pública capaz de determinar el factor que entorpecía la incorporación de los campesinos al mercado: los costos de transacción. La correcta interpretación de la realidad fue posible gracias a la descentralización hasta el nivel municipal de la institucionalidad pública agropecuaria realizada en Colombia desde 1987. En efecto, durante 10 años (hasta 1988), los campesinos habían sido objeto de la atención de entidades públicas con el fin de organizarlos en empresas cooperativas para intervenir en la comercialización de sus propios productos y en la distribución de insumos agropecuarios, pero los resultados fueron siempre magros.

Lo acertado de la nueva política pública consistió en invertir el enfoque de la solución: promover la comercialización primero para lograr la organización de los productores después; identificar organizaciones empresariales dispuestas a comercializar los productos de pequeños productores con condiciones atractivas para éstos y propiciando al mismo tiempo su organización; proceder a la construcción y organización de un Centro de Acopio y al establecimiento de un sistema regional de información de mercado una

Continúa

Recuadro XIII.1 (conclusión)

vez establecida la vinculación empresa-productor. Ahora bien, lograr la vinculación comercializadora-productores sólo era posible si la primera obtenía un beneficio tangible que la estimulara a asumir las funciones propuestas. Ello se consiguió ofreciendo asistencia técnica institucional a la empresa identificada y crédito de fomento para capital de trabajo e inversión para la economía campesina.

La Cooperativa de Consumo y Mercadeo de Antioquia Ltda. (CONSUMO) fue la empresa que accedió a participar en el proyecto de comercialización del frijol cargamento. La entidad cuenta con 5 500 asociados y tenía a 1988, 23 años de experiencia en la distribución urbana de bienes básicos mediante una red de 6 supermercados. Para lograr su cometido, la Cooperativa reformuló sus estatutos incorporando como socios a los productores de frijol. Hasta el presente se han afiliado 600 campesinos organizados en 16 comités veredales representados en el Comité Municipal de productores. Este último establece un acuerdo mutuo con la Cooperativa, sin que exista contrato escrito. El acuerdo comprende la compra de frijol cargamento a los productores asociados y la distribución de insumos agrícolas. La compra promedio anual por la Cooperativa en el período 1988-1993 fue de 420 toneladas, lo que representa el 27% de la producción total del Municipio.

Las ventajas obtenidas por los productores son: mercado y márgenes mayores de utilidad con el establecimiento del canal corto de comercialización que obvia al intermediario; incremento en el precio pagado al productor socio en 75% en el período 1990-1993 y, actualmente, precio estable a pesar de fuertes importaciones de frijol; regulación del precio, que favorece también a los productores no socios, por cuanto la cooperativa interviene con el 24% de la oferta de frijol y el precio de compra de CONSUMO se toma como referencia para las transacciones; peso exacto y pago al contado; acceso a los servicios del Centro de Acopio construido por cofinanciamiento Municipio/Fondo de Desarrollo Rural Integrado/Cooperativa; servicios de capacitación y suministro de insumos agrícolas a precios normales.

Fuente: Martine Dirven y Liudmila Ortega, Agroindustria y pequeña agricultura: síntesis comparativa de distintas experiencias (LC/R.1663), Santiago de Chile, Comisión Económica para América Latina y el Caribe (CEPAL), 1996.

Frente a la atomización de los productores y el costo de transportar la propia mercancía al mercado, combinado a menudo con el desconocimiento del mercado y su funcionamiento, los intermediarios siguen jugando un papel fundamental en la economía rural. Si bien es cierto que se aprovechan de su posición de monopsonio, también lo es que los costos de acopio de pequeñas cantidades en lugares aislados son muy altos. Además, los intermediarios a menudo juegan el papel fundamental de prestamistas frente a mercados crediticios formales inexistentes, inaccesibles debido a las insuficientes garantías o caros por los trámites que implican. También aquí se aprovechan de su posición monopsónica. Es esta posición la que permite que funcione este mercado informal, ya que el intermediario se asegura del reembolso con la amenaza de no comprar o no prestar más a futuro. Si el agronegocio no está en capacidad (o no ha detectado la necesidad) de ofrecer financiamiento en condiciones equivalentes o si el agronegocio es percibido como una alternativa no segura a plazo, el agricultor bien puede preferir seguir comerciando con el intermediario, aun si el precio ofrecido es menor al que ofrece el agronegocio e incluso si el interés cobrado por el intermediario es muy alto.

G.   Los complejos productivos (*clusters*) de pequeñas empresas y sus encadenamientos y redes

En general, observamos conducta cooperativa cuando los individuos interactúan repetidamente, cuando tienen mucha información recíproca y cuando el grupo está caracterizado por pocos participantes[26] *(North 1993, p. 24).*

Pero, no se puede olvidar que

"Las relaciones, normas e instituciones de confianza, reciprocidad y cooperación son recursos que pueden contribuir al desarrollo productivo …. No se plantea que siempre lo harán ya que, al igual que otras formas de capital, es una variable entre muchas necesarias para lograr los resultados deseados, de la misma manera en que el capital productivo es una de varias condiciones necesarias para que una empresa realice ganancias" (Durston, 2000, p. 13).

La mayoría de las empresas tienen algún tipo de encadenamiento productivo hacia atrás para conseguir insumos y hacia adelante para ofrecer insumos, servicios o consumo a otras empresas o particulares. Una excepción a esta "regla general" son las empresas u hogares autárquicos, es decir, los que producen y consumen sin comprar, vender o trocar bienes o servicios. Los encadenamientos de los hogares por consumo se producen gracias a los

---

[26]   ¿Y una cierta homogeneidad cultural? (entendida como valores compartidos). North lo menciona más adelante (p. 52) en el contexto de las relaciones comerciales simples. En Perú, por ejemplo, el peso de esta falta de homogeneidad cultural, junto con el peso de engaños repetidos y desconfianza a través de 500 años de historia, nos pareció que forma parte por lo menos de la explicación de la no colaboración entre agroindustriales y productores (casos del espárrago, del mango y otros) (Estudios de caso y seminarios, proyecto CEPAL/Gobierno de los Países Bajos: "Las relaciones agroindustriales y la transformación de la agricultura"), 1996.

ingresos de su trabajo por cuenta propia, como empleado o empleador, o merced a las transferencias recibidas desde otros hogares, empresas o gobierno, como remesas, jubilaciones y pensiones.

En América Latina, los complejos productivos (*clusters*) que se desarrollan en torno de las actividades productivas y sus encadenamientos, son muy heterogéneos. Además, distan bastante de la imagen estilizada que se tiene de ellos y que se apoya en la experiencia y las discusiones académicas y políticas en Europa y en los Estados Unidos. También aquí, el apoyarse en una imagen estilizada que no concuerda con el grueso de la realidad local ha conducido a manejar supuestos erróneos sobre los potenciales de desarrollo de grupos de empresas, a ignorar la lógica específica que guía la toma de decisiones empresariales en la región y a subestimar la inercia del medio sociocultural local. De hecho, la carencia de espíritu empresarial, la falta de confianza mutua, las barreras para compartir información e impedimentos similares constituyen fuertes cuellos de botella para el desarrollo de complejos productivos virtuosos, es decir, innovadores, dinámicos y competitivos.

Altenburg y Meyer-Stramer (1999) identifican tres grandes tipos de complejos productivos en América Latina, requiriendo cada uno políticas específicas: i) los complejos de sobrevivencia; ii) los orientados a productos producidos en masa, tipo *commodity*, forzados, para poder sobrevivir, a hacer una reorganización profunda ante la apertura y la competencia internacional; iii) los organizados en torno de empresas transnacionales, que habitualmente disponen de tecnologías más complejas y están orientados tanto al mercado doméstico como al internacional, pero suelen tener relativamente pocos encadenamientos con las pequeñas y medianas empresas (pyme) y con instituciones locales.

El grupo más numeroso es el de los complejos productivos de "sobrevivencia" de micro y pequeñas empresas que producen productos o servicios de baja calidad para el mercado local. Estas empresas suelen compartir muchas características del sector informal. El grado de especialización y de cooperación entre las firmas suele ser bajo, y refleja la falta de especialistas en la fuerza laboral local y también un tejido social frágil. Los complejos de sobrevivencia generalmente están ubicados en áreas pobres con altos niveles de subempleo, ya sea en pueblos rurales o zonas marginales urbanas. La razón por la que estas empresas están geográficamente cercanas tiene mucho que ver con la imitación. Se puede encontrar el origen de casi todas en un empresario pionero que aprendió una habilidad relevante fuera de la localidad, inició una empresa y capacitó a sus familiares y otros trabajadores. Éstos, al acceder al capital semilla necesario, se independizaron para hacer lo mismo. Estas agrupaciones de empresas, si bien distan bastante de las características de complejos (*clusters*) "ideales" —en donde una rivalidad virtuosa se traduce en mejoramiento del producto o servicio mediante la innovación— sin duda tienen también externalidades positivas, tales como "rebalses" de información (*information spillovers*) en cuanto a proveedores; comercialización; diseño de productos de competidores; mano de obra semicalificada y en contacto con el producto o servicio desde su infancia; provisión fácil de insumos y maquinaria porque, debido a la demanda, los proveedores se instalan en la cercanía; costos de transacción bajos para la venta ya que, una vez que el lugar ha ganado una cierta reputación, los intermediarios vienen de todas partes y tienen a su alcance decenas, a veces centenares, de proveedores y estilos.

La mayoría de estos microempresarios funcionan en un entorno social que no está conectado con la comunidad empresarial del sector formal.

Además, la extensión espacial de las redes parece diferenciarse según la localización y el sector de la empresa (Stöhr, 1998). Estudios de caso indican que empresas en "regiones centrales" muestran una mayor probabilidad de interacciones interregionales, mientras que para las empresas rurales son las relaciones locales o intrarregionales las que dominan. A su vez, las empresas intensivas en innovaciones muestran un mayor énfasis en la formación de redes interregionales, mientras que el acceso a fuentes externas de conocimiento parece ser más importante para empresas en el área de servicios que para las manufactureras. La actividad de la pequeña empresa presenta a menudo características muy locales, tanto porque su mercado final generalmente es local, como porque sus recursos humanos tienen características eminentemente locales. A su vez, Porter (1998) observa que en los países en vías de desarrollo, las empresas más grandes y los complejos productivos ligados a ellas tienden a concentrarse alrededor de la(s) ciudad(es) principal(es), porque en las otras regiones se carece de la mínima cobertura necesaria de infraestructura, instituciones y proveedores.

Para explicar el acercamiento de las empresas a la frontera tecnológica, Di Tommaso y Dubbini (2000) le asignan una importancia fundamental a los factores sociales y culturales, y a la mezcla de conocimientos exógenos con conocimientos endógenos (resultado del aprendizaje en la empresa), en lugar de los mecanismos marginalistas de asignación de recursos como lo explica la teoría neoclásica. Stöhr (1998), además, detecta una laguna en la competencia (*competence gap*), que se debe a la habilidad limitada de algunas empresas para "decodificar" información externa y traducirla a un lenguaje que la empresa entiende. Esta (in)capacidad de las empresas de asimilar información junto con la (in)existencia de redes externas (interregionales) tendrán su efecto en la competitividad y las ventajas comparativas y podrán producir una laguna en la competencia a escala de las localidades o regiones, en un contexto nacional y global.

Schmitz (1997) enfatiza que, a partir de un complejo formado por empresas de un mismo rubro o rubros complementarios y geográficamente cercanas, pueden surgir acciones colectivas. Nuestra experiencia en el tema de los lácteos mostró que los productores chilenos pasaron por tres años de crisis grave. Según algunos estudios, cerca de un tercio de los productores de leche se vieron forzados a vender a precios que no cubrían sus costos, para finalmente emprender acciones colectivas en pos de mejorar su situación (Dirven y Ortega, 2001).

Propuestas de acción en los distintos niveles

Quisimos demostrar a través de estos apuntes para la reflexión, que el capital social —a nivel del campesinado, a nivel empresarial, entre ambos y dentro de las familias— no es tan evidente como el ideario y muchos estudiosos pretendían. Varias políticas, como las que incentivaban las cooperativas de producción y, más recientemente, las basadas en la demanda organizada para crédito, asistencia técnica, servicios, construcción de infraestructura, y otras, o las basadas en las sinergias que debían derivar de actividades similares o complementarias en una misma localidad (*clusters*), partieron de una visión idealizada del capital social existente y por lo tanto tuvieron resultados mucho menos alentadores de los esperados.

Estamos de acuerdo con Kliksberg, Durston y varios otros autores, en que existe un potencial latente en la región en materia de asociatividad, confianza mutua y otras dimensiones del capital social. Por lo tanto, el contrapunto y los ejemplos sacados de la realidad latinoamericana no quieren decir que no existe capital social en el campo, que no es posible construirlo ni que, cuando existe, no constituye una real diferencia positiva. Sí se quiso expresar que es necesario aquilatarlo correctamente y que la acción pragmática es una mejor guía para el éxito que sueños irreales.

El capital social, entendido como las normas, instituciones y organizaciones que promueven la confianza, la ayuda recíproca y la cooperación, es un recurso que puede contribuir al logro de beneficios como: reducir los costos de transacción, producir bienes públicos y facilitar la constitución de organizaciones de gestión de base efectivas, de actores sociales y de sociedades civiles saludables. Pero es sólo un factor entre varios necesarios. Su institucionalidad puede surgir por la vía de la coevolución de estrategias de las personas, de decisiones racionales y conscientes de los individuos que componen una comunidad, de la socialización de las normas relevantes de una cultura en la infancia y la niñez; y también puede ser inducida por una agencia externa que aplica una metodología de desarrollo de capacidades de gestión comunitaria (Durston, 2000).

Sobre la base de todo lo anterior, se sugiere:

A nivel de la construcción de capital social:[27]

-   es necesario contar con definiciones más operativas del capital social, o sea, aquellas que permitan detectar el capital donde existe y evaluar empíricamente las hipótesis de trabajo en torno de ellas;

-   es importante llevar a cabo estudios que den cuenta de la relevancia de las sociedades civiles en las zonas rurales (y en otros contextos), cuando el capital social puede ser la clave de políticas de superación de la pobreza y exclusión, u otras;

-   el Estado puede subsumir las formas propias de capital social comunitario en relaciones clientelistas de carácter autoritario y paternalista o, por el contrario, reforzarlas por medio de sinergias y "coproducción" de institucionalidad;

-   las relaciones entre individuos basadas en capital social o en la existencia de instituciones comunitarias sustentadas en él, pueden ser los factores necesarios para que, mediante la asociatividad, muchos hogares salgan de la pobreza y también se constituyan como actores sociales en una sociedad civil democrática;

-   las políticas públicas destinadas a fortalecer el capital social local requieren de una visión estratégica para, entre otros objetivos, superar la oposición de intereses tradicionales a las embrionarias organizaciones comunitarias y microrregionales, y apoyar a los funcionarios gubernamentales de terreno;

-   una política de empoderamiento de los sectores sociales excluidos y de extrema pobreza que cuentan con capital social tenue o inexistente, debe promover la búsqueda de los precursores del capital social que existieron en el pasado, pero que fueron debilitados por rivalidades internas o reprimidos por fuerzas externas, así como impulsar la búsqueda del capital social conservado en la memoria histórica de los grupos;

-   la construcción intencional de capital social puede traducirse en mayores tasas de éxito en los programas de superación de la pobreza que incorporan elementos de autogestión y de

---

[27] Basado sobre todo en Durston (2000) y Kliksberg (2000), así como en las conclusiones de varios talleres sobre el desarrollo rural y la superación de la pobreza.

fiscalización de servicios por parte de la sociedad civil. Puede incluso cambiar la visión que se tiene de la extrema pobreza rural, producto de la omisión que se hace del capital social como un activo de las empresas familiares de productores rurales y que conduce a concluir que no serán rentables;

- existen comunidades con redes de capital social individual, pero sin las instituciones y sistemas del capital social comunitario; para activar el segundo se debe empezar por restablecer la confianza entre individuos y la coordinación intrafamiliar para pasar al nivel de pequeños núcleos de vecinos y sólo posteriormente al nivel comunitario, para finalmente desembocar en un "aumento de escala" territorial; no obstante, esta construcción no implica detenerse en cada etapa secuencial, sino que se puede avanzar simultáneamente con la convocatoria y capacitación comunitarias y la reconstitución de redes interpersonales en la base; sólo la constitución de la asociación regional de comunidades ha de realizarse en una etapa posterior;

- en todos los proyectos que pretenden apoyarse en la confianza y la acción conjunta de los participantes es imprescindible dejar un lapso de varios meses para la "habilitación" del grupo y la construcción de confianzas; asimismo, es necesario dotar a los proyectos de los recursos necesarios para ello, incluyendo los recursos humanos;

- en el currículum de las distintas disciplinas que suelen trabajar con población rural (asistentes sociales, profesionales en salud, educación, administración pública y, en especial, ingenieros y técnicos agrónomos, veterinarios y forestales), se debería incluir los temas de identificación, fortalecimiento y uso de capital social, uso de lenguaje y códigos comprensibles para los participantes de los proyectos de desarrollo; o en su defecto, abrir una especialización o desarrollar cursos cortos para ello;

- el cultivo de valores, desde la niñez, mediante la participación en actividades voluntarias y tareas comunitarias es también importante, ya que se ha observado una correlación entre ello y el involucrarse activamente en la sociedad como adulto;

- las políticas sociales y educacionales deberían tener como uno de sus objetivos el elevar la autoestima personal y grupal de las poblaciones desfavorecidas, ya que se ha demostrado que la autoestima es fundamental como trampolín para la creatividad y la acción positiva; asimismo, deberían motivar el trabajo grupal y ejercitar el intercambio constructivo de opiniones.

A nivel del relevo generacional:[28]

-   iniciar un debate amplio sobre la necesidad de lograr un rejuvenecimiento del campo latinoamericano;

-   incentivar discusiones sobre las posibilidades de ampliar la cobertura de los sistemas de pensiones y jubilaciones a la población agrícola y, por lo menos en el caso de las pensiones por vejez, el requerimiento de atar el derecho a pensión con el deber de traspaso de la gerencia del predio; paralelamente, se requieren acciones que inserten al adulto mayor en otras actividades (ocupacionales, recreativas, educativas o de orientación), que se apoyen en sus conocimientos, habilidades y experiencias acumuladas a lo largo de la vida;

-   idear fórmulas de traspaso paulatino de la gerencia —acompañado o no de un traspaso de la propiedad— de las fincas a las generaciones más jóvenes en consonancia con las leyes, tradiciones y usos locales;

-   idear "contratos intergeneracionales" con estipulación de derechos y deberes a lo largo del tiempo, también en sintonía con las leyes, tradiciones y usos locales;

-   incentivar a las organizaciones de base a participar activamente en los puntos anteriores, así como en la vigilancia de que los términos pactados de los contratos intergeneracionales y otros resguardos convenidos se cumplan;

-   incentivar a las organizaciones de base a hacer el papel de intermediarios entre los eventuales interesados en gerenciar una finca y los que quieren traspasar la gerencia —acompañado o no de un traspaso de la propiedad— y no tienen herederos u otros conocidos que estén interesados en ello;

-   introducir paulatinamente topes de edad u otros desincentivos para personas que han pasado una cierta edad, e incentivos para personas debajo de cierta edad, posiblemente combinados con requerimientos de formación u otros, en los programas gubernamentales orientados hacia la producción agrícola (créditos, asistencia técnica, capacitación, titulación);

---

[28]   Basado en Dirven (2001a).

- ver la posibilidad de introducir desincentivos o no acceso a programas de transferencias de ingresos para las personas que no han llegado a la tercera edad (con excepción de los discapacitados) y ampliar la cobertura de las personas de tercera edad;

- introducir o ampliar los créditos y subsidios a la vivienda rural, y establecer consideraciones especiales para estos casos que requieren de una nueva vivienda, con el fin de posibilitar el traspaso intergeneracional de la gerencia del predio;

- organizar pasantías y cursos de gerencia con el fin de preparar mejor a los jóvenes que se inician con la gerencia de un predio.

A nivel de los gremios empresariales:[29]

- generar el marco de normas formales a objeto de otorgar las competencias necesarias para que los gremios empresariales puedan participar en la gestación, aplicación y fiscalización de las políticas sectoriales; regular su gestión democrática y transparente y asegurar su subsistencia financiera a través de gravámenes obligatorios;

- abrir espacios donde los potenciales interlocutores se encuentren, intercambien opiniones, debatan sobre sus problemas comunes y puedan alcanzar compromisos referentes a la distribución de recursos o al establecimiento de normas para regular la actividad agropecuaria, velando al mismo tiempo porque el clima de gran desconfianza mutua entre los diferentes componentes de la agricultura en América Latina, y de éstos con los distintos componentes de la cadena agroalimentaria, mejore;

- establecer un sistema de sanciones que asegure el cumplimiento por todas las partes de los compromisos alcanzados;

- entre las muchas necesidades de asistencia técnica, priorizar la capacitación del liderazgo en la medida en que los líderes son una de las variables determinantes en el éxito de las organizaciones.

---

[29]   Basado en Porras (2000a).

A nivel de las relaciones de coordinación vertical entre los agronegocios y los agricultores:[30]

- en vista de que algunos agronegocios tienen una capacidad considerable de promover el progreso técnico en su entorno, en general y, en el segmento de pequeños productores, en particular, la acción concertada entre el sector público y estos agronegocios es un camino apropiado para concretar este potencial de una manera mucho más efectiva de lo que puede ser logrado mediante iniciativas espontáneas;

- la organización de foros locales para la acción conjunta entre los sectores público y privado, con el fin de asegurar la transparencia y simetría de las relaciones entre productores agrícolas y agronegocios —especialmente en cuanto a información actualizada sobre precios y condiciones de mercado— y mejorar las condiciones para la confianza mutua;

- incentivar a los agronegocios para que capaciten y transfieran tecnología a los pequeños productores que tienen el potencial de convertirse en proveedores estables; es probable que estos incentivos tengan que incluir subsidios para compensar los mayores costos de transacción y capacitación que implica este grupo de proveedores;

- fomentar la organización de los productores, en especial de los de escala menor, asegurando un grado razonable de homogeneidad entre ellos, en términos de potencial, expectativas y motivación, ya que las organizaciones de productores reducen los costos de transacción y, al facilitar la comunicación y cooperación entre ellos, les permiten negociar mejores condiciones con el agronegocio;

- establecer o mejorar instituciones públicas, privadas o mixtas destinadas a la fijación de estándares para los productos, su clasificación y control de calidad, y el marco legal para contratos comerciales entre agronegocios y productores, haciendo hincapié en las relaciones eslabonadas y en los requerimientos específicos de transacciones que involucran productos agrícolas y pecuarios —por lo general perecibles—; asimismo, ayudar a los pequeños productores a analizar los términos del contrato; ambas medidas están orientadas a disminuir la discreción, aumentar la transparencia y, finalmente, ayudar a construir confianza mutua;

---

[30] Basado en Dirven y Schejtman (1998).

-　crear mecanismos de arbitraje aceptados por todas las partes y reconocidos por el sistema judicial nacional, con el fin de que los conflictos puedan ser resueltos de manera más expedita y, al mismo tiempo, manejados por especialistas con un conocimiento de las leyes que rigen los contratos y también de las especificidades de los productos, mercados, agentes y condiciones locales;

-　crear modalidades de crédito donde la agroindustria juega el papel de intermediario y administrador —porque tiene ventajas significativas en cuanto a conocimiento sobre los requerimientos relativos a inversión y capital de trabajo del producto, monitoreo de las faenas y uso de los insumos y, finalmente puede deducir el costo financiero del precio de compra—, en lugar de que la agroindustria tenga que asumir el costo del préstamo y del empeoramiento de su relación capital/ endeudamiento cuando mercados alternativos de crédito no existen o los costos de transacción son prohibitivos para las instituciones formales de crédito;

-　mejorar los caminos y otra infraestructura (riego, energía, comunicaciones), dado que la infraestructura deficiente limita la competencia y reduce las posibilidades de participación de los productores agrícolas, las agroindustrias y los mercados que en otras circunstancias serían de alto potencial.

A nivel de los complejos productivos:[31]

-　en general, con el fin de fortalecer los complejos productivos de las pymes y otras empresas, se recomienda —empezando por el ámbito gubernamental y académico— reemplazar en todo tipo de mensajes el sesgo actual de "lo extranjero es lindo" (*foreign is beautiful*) por una posición neutra o ¿por qué no? un ligero sesgo hacia "lo local es lindo" (*local is beautiful*), para que todos los agentes reaprendan a agotar primero las opciones en su alrededor;

-　reservar un mayor "espacio" para políticas gubernamentales de desarrollo de competitividad y transformación estructural de las economías que el previsto actualmente por gran parte de los países de América Latina en sus negociaciones bilaterales, multilaterales y en el seno de la Organización Mundial del Comercio (OMC); esto con el fin de reorientar la tendencia actual hacia una de progreso y desarrollo más deseable y equitativo;

---

[31]　Basado en Dirven (2001b).

-   organizar reuniones entre los distintos agentes que intervienen a lo largo de una cadena agroalimentaria (incluyendo el Estado), para conversar sobre posibles estrategias conjuntas orientadas a aumentar la eficiencia a lo largo de cada cadena y, paulatinamente y de común acuerdo, emprender acciones dirigidas a incrementar su competitividad externa y, paralelamente, acrecentar el consumo interno, especialmente de las poblaciones más pobres en el caso de los alimentos básicos;

-   negociar con las distintas cadenas de supermercados la habilitación de un «rincón» con productos locales libre de las exigencias que imponen a los demás productos (cuotas, volumen mínimo de ventas, apariencia, y otros), con el fin de mantenerles un espacio (a estos productos y a sus proveedores) ante el avance de la gran distribución y sus tendencias hacia la oferta de productos "globalizados" producidos a gran escala;

-   incentivar las relaciones (contractuales o no) de las pymes con empresas más pequeñas, para la compra de productos semielaborados y vendidos bajo la marca de la pyme, lo que permitiría a las pymes aumentar el volumen de ventas sin incurrir en inversiones, mientras las empresas más pequeñas encuentran un canal de ventas más o menos seguro;

-   incentivar relaciones más permanentes de las pymes con compradores industriales, hoteles y restaurantes;

-   aunque no tengan tradición de asociarse, incentivar la asociación como una forma de posicionarse mejor en el mercado y enfrentar mejor la concentración creciente de las grandes empresas, tanto agroindustriales como de distribución;

-   incentivar un mayor intercambio entre las pymes, tanto en el sector primario como agroindustrial, y los fabricantes locales de máquinas, herramientas e insumos, para que encuentren soluciones a sus problemas y necesidades específicas, y que estas soluciones —a veces muy ingeniosas— sean difundidas.

En todas las propuestas anteriores, los gobiernos locales podrían jugar un papel muy activo. También es necesario tener presente que las sociedades rurales están cambiando rápidamente, volviéndose más complejas, con mayor cantidad de actores distintos y que lo «rururbano» (o el desdibujamiento de límites claros entre lo rural y lo urbano) es un fenómeno creciente.

Bibliografía

Abramovay, Ricardo (coord.) con la colaboración de Milton Silvestro y otros (1998), *Juventude e agricultura familiar: desafios dos novos padrões sucesórios*, Ediciones UNESCO.

Altenburg, Tilman y Jörg Meyer-Stramer (1999), "How to promote clusters: policy experiences from Latin America", *World Development*, vol. 27, Nº 9, septiembre.

Bahamondes Parrao, Miguel (2001), *Evaluación y fortalecimiento del capital social campesino*, Informe final de consultoría, Comisión Económica para América Latina y el Caribe (CEPAL)/Instituto de Desarrollo Agropecuario (INDAP)/Instituto Interamericano de Cooperación para la Agricultura (IICA)/Proyecto de Desarrollo de Comunidades Campesinas y Pequeños Productores (PRODECOP), Santiago de Chile, enero.

Bey, Marguerite (1993), "De campesinos a citadinos: una nueva estructuración en comunidades campesinas del Perú", *Cuadernos de agroindustria y economía rural*, Nº 31, Bogotá, D.C., Facultad de Ciencias Económicas y Administrativas, Universidad Javeriana.

Campos Santelices, Armando (1995), "Relevo generacional: ¿a la búsqueda de un tema perdido?", San José de Costa Rica, Centro de Documentación del Instituto Interamericano de Derechos Humanos (IIDH), inédito.

Castells, Manuel (1997), *La era de la información. Economía, sociedad y cultura. La sociedad en red*, vol. 1, 2 y 3, Madrid, Alianza Editorial.

Castillo Peña, Patricio Alejandro (2000), "Juventudes rurales como agentes de desarrollo del sector: ventajas y barreras para la acción", Tesis de grado, Santiago de Chile, Facultad de Agronomía, Universidad de Chile.

CEPAL (Comisión Económica para América Latina y el Caribe) (1999), "América Latina: Población Económicamente Activa 1980-2025", *Boletín demográfico*, año 32, Nº 64 (LC/DEM/G.188; LC/G.2059), Santiago de Chile, División de Población de la CEPAL - Centro Latinoamericano y Caribeño de Demografía (CELADE), julio.

Dirven, Martine (2001a), "El mercado de tierras y la necesidad de rejuvenecimiento del campo en América Latina: un primer esbozo de propuestas", por aparecer en el marco del proyecto "Opciones de políticas para el fomento del desarrollo de mercados de tierras agrícolas, con el fin de facilitar la transferencia de tierras a pequeños productores".

___(2001b), "Complejos productivos, apertura y disolución de cadenas", *Apertura económica y desencadenamientos productivos. Reflexiones sobre el complejo lácteo en América Latina*, Martine Dirven (coord.), serie Libros de la CEPAL, Nº 61 (LC/G.2122-P), Santiago de Chile. Publicación de las Naciones Unidas, Nº de venta: S.01.II.G.23.

___(2000a), *Análisis del "cluster" en torno a la Red de Agroturismo de Chiloé, Chile*, documento elaborado en el marco del Proyecto Comisión Económica para América Latina y el Caribe (CEPAL)/Instituto de Desarrollo Agropecuario (INDAP)/Ministerio de Agricultura "Evaluación de programas de fomento productivo en combate a la pobreza rural".

___(2000b), "Estrategias para mitigar la migración rural-urbana, basado en la realidad latinoamericana", *Entwicklung und ländlicher raum*, vol. 5.

___(1996), "Las relaciones de coordinación vertical entre productores agrícolas y agroindustria: esquema basado en 60 estudios de caso en América Latina", *Transnacionalización de los agronegocios y sistemas agroalimentarios*, San José de Costa Rica, Asociación de Latinoamérica y del Caribe de Economistas Agrícolas (ALACEA).

___(1995), "Expectativas de la juventud y el desarrollo rural", *Revista de la CEPAL*, Nº 55 (LC/G.1858-P), Santiago de Chile, abril.

___(1993), "Integración y desintegración social rural", *Revista de la CEPAL*, Nº 51 (LC/G.1792-P), Santiago de Chile, diciembre.

Dirven, Martine y Alexander Schejtman (1998), "Policies and programmes to promote agro-industrialization in Latin America", documento presentado en el seminario "Strategies for stimulating growth of the rural non-farm economy in developing countries" (Virginia, Washington, D.C., 17 al 21 de mayo), Washington D.C., Instituto Internacional de Investigaciones sobre Políticas Alimentarias (IFPRI).

Dirven, Martine y Liudmila Ortega (2001), "El complejo productivo lácteo en Chile", *Apertura económica y (des)encadenamientos productivos: reflexiones sobre el complejo lácteo en América Latina*, serie Libros de la CEPAL, Nº 61 (LC/G.2122-P), Martine Dirven (coord.), Santiago de Chile. Publicación de las Naciones Unidas, Nº de venta: S.01.II.G.23.

___(1996), Agroindustria y pequeña agricultura: síntesis comparativa de distintas experiencias (LC/R.1663), Santiago de Chile, Comisión Económica para América Latina y el Caribe (CEPAL).

Di Tommaso, Marco R. y Sabrina Dubbini (2000), *Towards a Theory of the Small Firm: Theoretical Aspects and Some Policy Implications*, serie Desarrollo productivo, Nº 87 (LC/L.1415-P), Santiago de Chile, Comisión Económica para América Latina y el Caribe (CEPAL). Publicación de las Naciones Unidas, Nº de venta: E.00.II.G.86.

Durston, John (2001), "Parte del problema, parte de la solución: el capital social en la superación de la pobreza en América Latina y el Caribe", Santiago de Chile, Comisión Económica para América Latina y el Caribe (CEPAL), inédito.

___(2000), *¿Qué es el capital social comunitario?*, serie Políticas sociales, Nº 38 (LC/L.1400-P), Santiago de Chile, Comisión Económica para América Latina y el Caribe (CEPAL), julio. Publicación de las Naciones Unidas, Nº de venta: S.00.II.G.38.

___(1996), "Estrategias de vida de los jóvenes rurales en América Latina", *Juventud rural, modernidad y democracia en América Latina* (LC/L.931), Santiago de Chile, Comisión Económica para América Latina y el Caribe (CEPAL).

Fox, Jonathan (1996), "How does civil society thicken? The political construction of social capital in rural Mexico", *World Development*, vol. 24, Nº 6.

Kliksberg, Bernardo (2000), "Capital social y cultura, claves esenciales del desarrollo", Documento de divulgación, Nº 7, Buenos Aires, Banco Interamericano de Desarrollo (BID)/Instituto para la Integración de América Latina y el Caribe (INTAL).

Knoke, David y James H. Kulinski (1982), *Network Analysis*, Londres, Newbury Parks.

Lewald, Ernest (1973), *Latino-América: sus culturas y sociedades*, Nueva York, McGraw-Hill Book Company.

Maffei, Teresa, Evelyn Monzó y Guillermo Pedroni (2000a), "Organización y formas de cooperación y reciprocidad en la Comunidad Cerro Blanco, IV Región de Coquimbo", inédito.

___(2000b), "Organización y formas de cooperación y reciprocidad en la localidad de Ajial de Quiles, IV Región de Coquimbo", inédito.

Marin, B. y Mayntz, R. (comps.) (1991), *Policy Networks, Empirical Evidence and Theoretical Considerations*, Frankfurt Campus.

Morgan, Stephen L. (2000), "Social capital, capital goods, and the production of learning", *Journal of Socio-Economics*, vol. 29, North-Holland.

Moyano, Eduardo (2000), "Procesos de cambio en la sociedad rural española. Pluralidad de intereses en una nueva estructura de oportunidades", Córdoba, Instituto de Estudios Sociales de Andalucía (IESA)-Consejo Superior de Investigaciones Científicas (CSIC) de Andalucía.

Moyano, Eduardo y Mari Cruz Fernandez Durantez (1990), "Teoría y práctica de la instalación de jóvenes en la agricultura", *Revista de estudios agro-sociales*, N° 154, Madrid, Ministerio de Agricultura, Pesca y Alimentación.

Narayan, Deepa (1999), *Bonds and Bridges: Social Capital and Poverty*, Washington, D.C., Banco Mundial.

North, Douglas C. (1993), *Instituciones, cambio institucional y desempeño económico*, México, D.F., Fondo de Cultura Económica.

Ostrom, Elinor (1999), "Principios de diseño y amenazas a las organizaciones sustentables que administran recursos comunes" (www.fidamerica.cl).

Porras Martínez, José Ignacio (2000a), "Reformas estructurales de mercado, institucionalidad y dilemas en la acción colectiva del empresariado en América Latina", Santiago de Chile (www.rlc.fao.org).

___(2000a), "Reformas estructurales de mercado, institucionalidad y dilemas en la acción colectiva del empresariado en la agricultura de Bolivia y Perú", Santiago de Chile (www.rlc.fao.org).

Porter, Michael E. (1998), "Clusters and the new economics of competition", *Harvard Business Review*, noviembre-diciembre.

Portes, Alejandro y Patricia Landholt (2000), "Social capital: promise and pitfalls of its role in development", *Journal of Latin American Studies*, vol. 32, Cambridge, Cambridge University Press.

Powell, Walter W. (1990), "Neither market nor hierarchy: networks form of organization", *Research in Organizational Behaviour*, N° 12, Londres.

Prats, Joan (1998), *¿Quién se pondrá al frente? Liderazgos para reinventar y revalorizar la política*, Instituto Internacional de Gobernabilidad (IIG).

Putnam, Robert (1993), *Making Democracy Work. Civic Traditions in Modern Italy*, Princeton, Nueva Jersey, Princeton University Press.

Revesz, Bruno (1991), "Pérou: vingt ans après la réforme de la périphérie agraire, les impuissances de l'État", *Problèmes d'Amérique latine. Fin des réformes agraires et nouvelles stratégies paysannes*, Trimestriel, N° 3, nouvelle série, París, La Documentation Française.

Rodrik, Dani (1998), *Where Did All the Growth Go? External Shocks, Social Conflict and Growth Collapses*, Cambridge, Massachusetts, Oficina Nacional de Investigaciones Económicas (NBER).

Rubalcava, Rosa María (2001), "Localidades y hogares en un mundo de propensiones", documento presentado en el seminario internacional "Las diferentes expresiones de la vulnerabilidad social en América Latina y el Caribe" (Santiago de Chile, 20 y 21 de junio), Santiago de Chile, División de Población de la CEPAL - Centro Latinoamericano y Caribeño de Demografía (CELADE).

Rubio, Mauricio (1997), "Perverse social capital. Some evidence from Colombia", *Journal of Economic Issues*, vol. 21, Nº 3.

Schmitter, Philippe (1974), "Still the century of corporatism?", *The Review of Politics*, vol. 36, Nº 1, Londres.

Schmitz, Hubert (1997), "Collective Efficiency and Increasing Returns", Institute of Development (IDS), Working Paper, Nº 50, Universidad de Sussex, marzo.

Schmitz, Hubert y Khalid Nadvi (1999), "Clustering and industrialization: introduction", *World Development*, vol. 27.

Schneider, Heloïsa (2000), "El municipio como articulador del fomento productivo: el caso de las comunas de Canela y Putaendo", Convenio Instituto Interamericano de Cooperación para la Agricultura (IICA)/Comisión Económica para América Latina y el Caribe (CEPAL)/Ministerio de Agricultura "Estrategias para la superación de la pobreza rural".

Serageldin, Ismail (1998), "The Initiative of Defining, Monitoring and Measuring Social Capital: An Overview and Program Description", Social Capital Initiative, Working Paper, Nº 1, Washington, D.C., Banco Mundial.

Stöhr, Walter B. (1998), "Subsidiarity: a key concept for regional development policy", documento presentado en la Conferencia magistral del Foro Global sobre Desarrollo Regional, Nagoya, Japón, Centro de las Naciones Unidas para el Desarrollo Regional (UNCRD).

Thompson, Edward P. (1981), *Miseria de la teoría*, Barcelona, Editorial Crítica, Grijalbo.

Williamson, Oliver E. (1994), "Institutions and Economic Organization: The Governance Perspective", documento presentado en la Conferencia anual sobre economía del desarrollo del Banco Mundial, Washington, D.C.

Zapata, Sonia (2000), *Al encuentro del joven rural*, Santiago de Chile, Instituto Interamericano de Cooperación para la Agricultura (IICA).

Capítulo XIV

El capital social y las políticas de desarrollo rural. ¿Punto de partida o punto de llegada?

M. Beatriz de A. David[*]

Laura M. Ortiz Malavassi[**]

Introducción

Después de más de dos décadas de ajustes estructurales y crecientes cambios tecnológicos, la intensidad de la pobreza permanece aguda y aun se ha agravado en muchos países de América Latina y el Caribe. Es más, a sus causas estructurales se agregan las consecuencias del modelo económico resultante del «Consenso de Washington», que profundiza la heterogeneidad estructural y la exclusión de los pequeños productores y trabajadores rurales menos calificados.

La necesidad de estimular la participación y el asociativismo ha sido establecida por los organismos financieros internacionales como condición

[*]   Economista.
[**]   Consultora de la Unidad de Desarrollo Agrícola, División de Desarrollo Productivo y
       Empresarial de CEPAL, lortiz@eclac.cl.

para llevar a cabo sus proyectos de inversión y contribuir a la superación de la pobreza. En este contexto, el concepto de capital social se consolida como una síntesis de todas las formas de cooperación e interrelación social, cultural, política y económica —Stiglitz (2000a); Fukuyama (2000a); Sarris (2001); Véron (2001); Morgan (2000); Fine (1999); Robison, Schmid y Siles (2000), y Knack (2000). Esta perspectiva es coherente con la idea de un Estado mínimo y descentralizado. La estrategia contiene aspectos bastante positivos, entre ellos el de estimular la democratización de las decisiones y la sociedad. Entre tanto, al abandonar la visión integral de desarrollo y tratar los problemas solamente de manera focalizada, en el nivel micro no se promueve una integración de las acciones y, por el contrario, se duplican las intervenciones y las políticas y no hay elementos de coordinación ni de ordenamiento institucional. Más aún, muchas veces los logros de la política social, o de proyectos focalizados, son totalmente eliminados por los efectos de la política macroeconómica.

En ese contexto, la complementariedad de las políticas y de las acciones de las instituciones públicas, privadas y no gubernamentales fue abandonada por una suposición imaginaria de que la suma de pequeños proyectos o acciones localizadas sería suficiente para transformar el conjunto de la economía o la sociedad. Junto con esto, se espera además que los pobres sean organizados, solidarios, eficientes, extremadamente adaptativos y que consigan superar autónomamente, a falta de institucionalidad, su condición de pobreza. Sin embargo, con frecuencia los esfuerzos de los pequeños agricultores por incorporar tecnologías y adaptarse a las nuevas condiciones de competitividad se ven frustrados o superados en lapsos cortos de tiempo, como consecuencia de la velocidad de los cambios tecnológicos y la rápida saturación de los nichos de mercado, para los que se especializaron.

Una de las principales interrogantes que guía este trabajo es comprender el papel del capital social y de las organizaciones sociales como motores del desarrollo e instrumentos de superación de la pobreza en el marco de las políticas sociales. Además, se pretende examinar si la existencia de capital social sería una condición previa, o «punto de partida», para el éxito de los proyectos y programas, o si, por el contrario, el capital social sería un resultado o subproducto de la efectividad de tales políticas («punto de llegada»).

Otra inquietud presente en el documento es cómo se establece la relación entre el capital social y el Estado en la aplicación de las políticas y los programas de desarrollo económico y social en el medio rural. ¿Juegan ellos papeles independientes y competitivos, o son parte de una sola causa? Además, cabe preguntarse si la introducción del concepto de capital social en los programas y proyectos conduce o debe conducir a una suerte de nueva institucionalidad y de nuevos liderazgos en un mundo más democrático, cambiante, abierto y competitivo.

En el presente trabajo se entregan, en primer lugar, algunos antecedentes relevantes acerca de las políticas sociales y sus efectos en la superación de la pobreza, y se discuten algunos aspectos del concepto de capital social. En la sección 2 se describen las características que ha asumido el capital social en las comunidades rurales. En la sección 3 se analiza la importancia del concepto como factor de integración social en el ámbito rural. En las secciones siguientes se revisa un conjunto de estudios empíricos en los que se dimensiona la relevancia del capital social como un elemento que contribuye o limita el éxito de proyectos de desarrollo rural destinados a superar la pobreza (sección 4), seguido por un examen de las distintas formas existentes de asociatividad y dimensiones del capital social (sección 5). El documento finaliza entregando algunas consideraciones y reflexiones acerca del papel del capital social en la formulación y aplicación de las políticas sociales orientadas a las comunidades rurales.

1.   Antecedentes

a)   Acerca de las políticas sociales y la pobreza rural

Para superar la pobreza rural es necesario un aumento sostenido en el ingreso de las familias rurales pobres. Esta meta requiere, necesariamente, de coordinación entre las políticas macroeconómicas —que por lo general tienen un efecto más notorio que los proyectos focalizados directamente en los pobres (Morley, 2000)— y las políticas públicas, en particular las políticas sociales. En este contexto, la función del gobierno es proporcionar condiciones para que los hogares pobres aumenten sus ingresos mediante actividades autónomas o relacionadas con el sector privado, y minimizar la dependencia de la población pobre rural respecto de los subsidios estatales. Para esto, las políticas sociales deben poner un marcado énfasis en el desarrollo de proyectos productivos.

En todos los países latinoamericanos se desarrollan, con distinta intensidad, programas para reducir la pobreza rural; en conjunto no siguen un patrón estratégico común, pero las necesidades son las mismas. Las prioridades de las acciones varían de acuerdo a la importancia del sector agrícola, el tamaño de la población rural y la intensidad de los conflictos existentes en torno de la distribución de la tierra, y la posición de las comunidades indígenas en el medio rural.

Pero todos los países se enfrentan con mayor o menor grado de dificultad a la reconstitución del papel del Estado en relación con el desarrollo rural y especialmente con construir una nueva institucionalidad capaz de superar la exclusión social de una parte significativa de la población rural.

Este esfuerzo se produce en un marco de privatización y ajustes presupuestarios para reducir el déficit fiscal, que ha significado una menor intervención del Estado en el sector rural. Asimismo, se observa un «desmantelamiento institucional que dificulta las iniciativas de desarrollo rural en la medida que aún no surge en su reemplazo una institucionalidad emanada de la sociedad civil especialmente a nivel local» (BID, 1998).

En este escenario, los países se esfuerzan significativamente por recrear una institucionalidad que ofrezca una mayor sostenibilidad a los programas de reducción de la pobreza rural, prestando una atención especial a su democratización y a la protección del medio ambiente. «Sin embargo, el tránsito de un Estado interventor y ejecutivo a uno regulador y normativo, junto a la participación más activa de la sociedad y del sector privado en favor de los intereses de los más pobres, es una tendencia que se manifiesta con debilidad» (ibíd., 1998). Este hecho se origina, en gran medida, en que la «gobernabilidad del Estado» para la gestión eficaz de las políticas públicas en democracia en el contexto económico pos ajuste estructural, no se ha facilitado, ya que el peso relativo de los actores rurales —comunidad, poder local, sector privado— no está dado en función de un patrón de articulación «Estado-sociedad». Esto afecta significativamente a la equidad y transparencia de los mecanismos de toma de decisiones (Bravo y Tapia, 2000) e instala en la cultura popular la deslegitimación del Estado nacional, regional y local.

Tales hechos se traducen, en general, en un bajo impacto de los programas destinados a reducir la pobreza rural, que surgen en el marco de racionalización del gasto social, externalización de los servicios, descentralización, focalización y participación ciudadana. Las limitaciones de los programas se relacionan, en gran parte, con problemas en su ejecución interna, a pesar de su ajuste a nuevos objetivos y estrategias de desarrollo en las zonas rurales a lo largo del tiempo.

La experiencia de los programas[1] antipobreza en varios países latinoamericanos —y en particular, la de los fondos de inversión social— ha mostrado su ineficacia principalmente para implementar proyectos productivos. La explicación radica en su constitución orgánica y en los

---

[1]   Programa de Desarrollo Integral Campesino (PDIC) (1991-1996), Colombia.
      - La Red de Solidaridad Social (RED) (1994), Colombia.
      - Programa Nacional de Solidaridad (PRONASOL) (1988-1994), México.
      - Programa de Educación, Salud y Alimentación (PROGRESA) (1997), México.
      - Fondo Nacional de Compensación y Desarrollo Social (FONCODES), Perú.
      - Programa Nacional de Manejo de Cuencas Hidrográficas y Conservación de Suelos (PRONAMACHS), Perú.
      - Instituto de Desarrollo Rural (IDR).
      - Programas Fondo de Solidaridad e Inversión Social (FOSIS), Instituto de Desarrollo Agropecuario (INDAP) (DAR), Chile.

mecanismos de racionalidad y control de la eficacia de dichos proyectos, como son los ciclos de inversión. Los proyectos productivos se caracterizan por una demanda continua, que está fuera de la lógica de acción de los programas de inversión que, por lo general, privilegian inversiones de corto plazo. A su vez, la falta de «propiedad de los proyectos» por parte de los pobres y su carencia de capacidad de asociación, les resta poder de negociación para que sus intereses sean priorizados. Así, existe una carencia de coordinación y movilización de esfuerzos, tanto a nivel del ejercicio del poder organizativo de los pobres en la zona rural como en la gobernabilidad institucionalizada en los programas sociales para superar la pobreza.

Las evaluaciones de los programas señalan, recurrentemente, su imposibilidad de insertarse en los mecanismos (estructuras y redes) de la comunidad, perpetuando situaciones subsidiarias que en la práctica sólo denotan la baja eficiencia en la gestión para lograr el impacto esperado: reducir la pobreza rural. De manera tal, que los hechos apuntan a una tarea que no es simple y todo parece indicar que la superación de la pobreza rural no puede quedar sujeta sólo a iniciativas locales focalizadas, ya que la falta de coordinación de las acciones y la gravedad y amplitud del problema justifican en el corto plazo la necesidad de acciones universales con efecto directo sobre el ingreso, consista éste en subsidios o transferencias. Como por ejemplo, las jubilaciones rurales implementadas en Brasil, que han tenido un efecto considerable en la reducción del número de pobres y proporcionado un aumento del bienestar de la población rural, así como efectos positivos en la productividad agrícola (David Dias, 2000). Otras experiencias son las de México y Brasil, con la entrega de dinero a las familias para que envíen a sus hijos a la escuela y, finalmente, el subsidio familiar que se entrega en México si los niños son sometidos a control médico (Scott, 2000).

## b)	Acerca del concepto de capital social

El éxito de los proyectos para la superación de la pobreza requiere, por tanto, de algo más que el suministro de activos físicos y naturales a la población pobre rural. Este algo más, un tanto difuso en su definición conceptual inicial, se orienta a superar una falencia en el tejido social, en las relaciones sociales de los individuos y grupos y en la consolidación de un nexo de intereses mutuos entre el Estado y los intereses particulares.

Este vacío operativo de las políticas sociales, que los evaluadores sociales adjudican a la carencia de una participación organizada efectiva, al clientelismo y a la falta de coordinación institucional y sectorial con relación al mundo rural, remite al mismo tiempo a la ausencia de un conjunto de elementos ligados estrechamente con las definiciones de Coleman (1994), Bourdieu (1999), Narayan (2001) y Durston (2001a y b) sobre el concepto de capital social, «contenido de ciertas relaciones sociales, basadas en relaciones de confianza y comportamientos de reciprocidad y cooperación». La síntesis más inmediata se expresaría en la capacidad asociativa de los individuos, grupos y comunidades para activar acciones comunes, y además, en la urgencia de una «gobernabilidad» efectiva, capaz de movilizar esfuerzos coordinados de las poblaciones locales para el desarrollo rural.

Lo anterior indica que se pueden distinguir tres dimensiones de interés en el concepto de capital social, estrechamente vinculadas entre sí: las relaciones entre los campesinos, o sea las relaciones en el interior de una comunidad (*bonding*); las relaciones entre comunidades (*bridging*) y las relaciones externas (*linking*). Estas últimas identifican a aquellas que mantienen las comunidades locales y las asociaciones productivas con agentes externos, como son las organizaciones no gubernamentales (ONG) y el Estado en sus distintas entidades descentralizadas (Woolcock, 1998; Molinas, 2001).

Es así como el contenido y la dinámica adscritos al concepto de «capital social», en el marco de las políticas sociales y la intencionalidad propuesta —un mayor éxito de programas y proyectos—, han sido sugeridos recurrentemente por círculos académicos y cada vez más por organismos internacionales como una posibilidad interpretativa y diferenciadora de vías o alternativas de intervención social positiva para el desarrollo rural y la disminución de la pobreza rural. Sin embargo, siendo plausible la evidencia de la ausencia de éxito de los programas sociales destinados a disminuir la pobreza rural, debido al estado de esta base social e institucional que denominamos «capital social», no es posible sostener que su sola existencia redunde en un mayor impacto de los proyectos. Y, tal como expresan North (1993) y Portes y Landlot (2000), es necesario trabajar en la evidencia empírica de las relaciones y superar el exceso teórico hipotético e idealista que invade actualmente la adjudicación ex ante de utilidad al concepto, situación que podría sesgar la discusión hacia aspectos marginales del desarrollo, dejando de lado otros de carácter estructural como el acceso a la tierra, los derechos de agua y la discriminación étnica que predominan en las zonas rurales.

En este contexto, con el fin de institucionalizar el concepto de capital social como un instrumento útil para el éxito de las políticas sociales, se requiere avanzar en el contenido teórico del concepto. Además, se necesita de un marco interpretativo útil a las políticas sociales en general, y específicamente, a las orientadas al mundo rural para la disminución de la pobreza, que considere la interrelación entre el Estado y la sociedad civil, y el contexto económico, social y cultural en que está inmerso. Por consiguiente, es indispensable darle contenido empírico en el marco de las relaciones sociales, culturales y económicas del mundo rural y sus vínculos con el mercado, el sector informal (ONG) y el sector público.

En las secciones siguientes se pretende seguir en esta dirección y para ello se examinan las características y la dinámica de la movilización del capital social en las comunidades rurales, junto con sus posibles efectos en la integración social, contrastando estas premisas conceptuales con algunas experiencias de proyectos de desarrollo rural en América Latina, con el propósito de destacar lo positivo y lo negativo que circunscriben al capital social en las políticas de desarrollo rural.

2. Características del capital social en las comunidades rurales

En un plano propositivo «hipotético», para Bahamondes (2001) y en una reinterpretación de Putnam, las «normas de reciprocidad y confianza social» serían los elementos facilitadores de la coordinación y cooperación para el beneficio mutuo; por consiguiente, la existencia de tales relaciones de manera estable en un grupo social se traduciría en un conjunto de beneficios que, indudablemente, se enmarcan en las necesidades de los actuales proyectos y en los requisitos de optimización del gasto de las políticas sociales pos ajuste estructural.

El marco interpretativo derivado de esta premisa en lo que se refiere a la población rural sería, para fines prácticos, el siguiente: «en aquellos grupos humanos donde la reciprocidad, la cooperación y la confianza se presentan con mayor intensidad o recurrencia, estarían dadas las bases para emprender acciones que requieren el concurso de buena parte de los integrantes del grupo, que al mismo tiempo redundarían en beneficios para el colectivo» (Bahamondes, 2001, p. 35).

En este sentido, la existencia de cierta capacidad asociativa y organizativa entre los habitantes pobres de las zonas rurales —a nivel de las familias, grupos de éstas y comunidades— junto con todas aquellas relaciones internas y externas —horizontales y verticales— simétricas, serían necesariamente elementos positivos para superar la pobreza rural. Esto debe ocurrir en un contexto propicio, en términos de normas legales, régimen de poder e institucionalidad estatal dirigida a proveer a los sectores rurales de los activos de que carecen.

En las zonas rurales, las características de la pobreza se derivan fundamentalmente de limitaciones al acceso de recursos productivos —tierra, agua, tecnología, trabajo, mercados. Los diferentes grados de acceso a estos recursos conducen a que la pobreza rural sea heterogénea y, consecuentemente, en términos analíticos, describa grupos con diferentes perfiles. Un primer grupo a destacar corresponde a los pequeños productores que poseen tierra y otros recursos productivos, pero cuya cantidad y calidad no resulta suficiente para satisfacer sus necesidades básicas. Otro grupo importante incluye a los trabajadores agrícolas sin tierra, que dependen necesariamente, para superar su condición de pobreza, del acceso a la tierra y del trabajo asalariado.

Un acercamiento del marco interpretativo de Bahamondes a la realidad de estos grupos implica, a manera de hipótesis, dos posibles resultados de acción.

Por una parte, es una realidad que los pequeños productores agrícolas —con potencial productivo y en riesgo de marginalidad social debido a las limitaciones de acceso a tales recursos— requerirían de una organización fuerte que les permitiera no sólo competir, sino también entablar negocios con el sector privado en términos de intercambio favorable. Por su parte, los trabajadores rurales sin tierra podrían tener en el esfuerzo unificado una posibilidad de mejorar su condición de ingreso. Además, la organización para ambos grupos permitiría canalizar las demandas de beneficios que el Estado les pueda brindar, sean éstos información, crédito, tecnología o infraestructura vial, entre otros.

El corolario que se deriva de este marco interpretativo del capital social es «atractivo» para la población rural, como un instrumento para enfrentar los desafíos que impone un sector agrícola muy dinámico y heterogéneo. Sin embargo, es importante destacar que la aplicabilidad de este «modelo» de capital social presupone que el capital social que poseen los pobres rurales sea capaz de institucionalizarse de manera autónoma y adquirir una capacidad de diálogo con un Estado que ha permanecido un tanto marginal a las actividades e iniciativas de intervención necesarias para alcanzar el desarrollo rural y aliviar la pobreza. Esto conduce a algunas interrogantes de importancia: «¿Cuáles son las características de capital social en las zonas rurales?», «¿cómo se moviliza este capital social en las zonas rurales?» y «¿cómo se puede aprovechar el capital social para superar la pobreza rural?».

En relación con la primera pregunta, autores como Durston (2000, p. 27) y Bahamondes (2001) exploran algunas líneas de interés que describen la estructura y las características del capital social en la población rural en América Latina. Si bien estos autores reconocen la existencia de grupos donde el capital social se constituye en su fortaleza y autodefinición cultural (como por ejemplo, los grupos indígenas), las contradicciones y oposiciones tanto en su interior como con respecto a otros actores del mundo rural señalan la necesidad de relativizar su rol como un elemento «precursor de capital social», ya que la activación de capital social exige necesariamente la capacidad de establecer redes de intercambio de «bienes socioemocionales» (Robison y Siles, 2001) en términos de reciprocidad y confianza con otros grupos, que evidentemente son limitados.

Durston (2000), en particular, expone esta realidad en un acercamiento a la caracterización de las relaciones sociales del campesinado y explicita que: «Las relaciones sociales en la comunidad rural son ciertamente muy complejas, pero no necesariamente densas. Es decir, el espacio social es afectado por el espacio geográfico, y los medios de transporte juegan en contra de la emergencia de una institucionalidad rural de capital social, sea éste individual en redes o comunitario en instituciones» y «muchas comunidades rurales se encuentran traspasadas por rivalidades entre facciones, a veces producto de la competencia por recursos escasos, a veces exacerbadas por cacicazgos de las elites regionales y por el clientelismo autoritario provinciano, que reprimen o distorsionan las instituciones de base que fomentan la confianza y la cooperación».

Sin embargo, y tal como lo expresa Bahamondes (2001), en la realidad campesina latinoamericana las oposiciones internas y el conflicto son dos aspectos recurrentes en las redes sociales de las comunidades rurales. La realidad conjuga alianzas entre parientes, vecinos y amigos en oposición contra «los otros», pero al mismo tiempo es factible que esta misma fuerza de oposición se modifique y grupos rivales o enemigos unidos por un interés común se agrupen, «cuando el conflicto se hace presente en un espacio territorial más amplio». O bien, agregaríamos nosotros, cuando éstos se unifican como movimiento en una acción organizada contra el control, o se dirigen hacia un cambio en las «distribuciones de bienes o la influencia de la autoridad» (Touraine, 1987), como es el caso de los movimientos de defensa de la tierra que han surgido a lo largo de la historia, siendo, por excelencia, el movimiento zapatista el referente más claro. Con diferente intensidad se manifiestan otros movimientos sociales de campesinos por el acceso a la tierra, que no alcanzan la envergadura del zapatismo; sin embargo, muchas de estas luchas, a pesar de su debilidad relativa, aún existen en la actualidad como expresiones vivas del movimiento social y se acentúan o debilitan en la contingencia de poder de la modernización inducida de reformas agrarias inoperantes o por la influencia de sectores políticos más urbanos que rurales (Touraine, 1987, p. 172). Ejemplo de éstos son los movimientos permanentes de los trabajadores sin tierra en Paraguay, Brasil y los del sur de México.

Los movimientos sociales, si bien cuestionan el control y acceso a recursos materiales o esgrimen la defensa de una identidad étnica o regional, como es el caso de la demanda por tierras, o los movimientos indigenistas, realmente ponen en duda el poder detentado por la institucionalidad política y ahí reside su importancia como actores sociopolíticos. Por eso, Touraine sostiene que la condición para que se forme un movimiento social en la ruralidad es la penetración del capitalismo agrario (agente externo), ahí donde existen pequeños propietarios, sean individuales o comunitarios; éstos se articulan como movimiento si el adversario (que debe ser identificado) transforma las leyes y el poder político y ello redunda en cambios en la posesión de la tierra (no específicamente en su propiedad) (Touraine, 1987, p. 172). En este sentido, el capital social «inherente a estas estructuras» traduce, en su síntesis más extrema, el conflicto de poder inherente al concepto de capital social, en relación con la acción organizada frente al poder político o económico.

Además, en la realidad campesina existen otras manifestaciones atinentes a relaciones internas y externas entre personas, familias y grupos, que atestiguan de alguna manera qué relaciones de contingencia pueden surgir a raíz de cambios económicos y sociales a los que éstos se ven expuestos. Dos ejemplos ilustrativos de ello son el pluriempleo y el uso compartido de tierra.

El pluriempleo creciente en los hogares rurales, que combina en una misma unidad productiva el empleo agrícola y el no agrícola, puede verse como una expresión de movilización de capital social de los hogares rurales sin tierra o con bajo potencial productivo, con el objeto de mejorar su nivel de ingreso. Esta acción es una apertura de los hogares hacia el medio externo, lo que implica lazos (*bonding*) en el interior del grupo familiar y nuevas relaciones con otros actores del entorno rural (*linking*), como son la agroindustria, la industria manufacturera y la del turismo.

Por otra parte, las tradicionales iniciativas de uso compartido de la tierra mediante el arriendo informal, la mediería o la aparcería, son alternativas que surgen en respuesta a la carencia de tierra y se concretizan mediante contratos informales basados en relaciones de confianza.

Los datos estadísticos existentes de las últimas dos décadas sobre el uso compartido de la tierra y el aumento del pluriempleo en las zonas rurales son un indicio de que la transformación producida por la modernización de la agricultura ha obligado, aunque de manera «inconsciente», a que muchas familias rurales movilicen su capital social de manera complementaria con otros activos. Esto no quiere decir que esta movilización haya significado necesariamente una disminución de la pobreza rural, ya que dicha movilización se ha producido en un marco de precariedad del empleo y carencia de otros capitales (como el financiero y el físico), que son indispensables para incrementar el ingreso y la productividad de las familias rurales.

En síntesis, hechos concretos como el pluriempleo, el uso compartido de la tierra y el surgimiento de organizaciones productivas y sociales en las zonas rurales permiten apoyar la tesis de Durston (2001d), en cuanto a que en las zonas rurales existe un conjunto de relaciones sociales que se identifican como capital social. La reserva (*stock*) de los capitales sociales conjuga elementos tanto positivos «simétricos» como negativos «asimétricos», en lo referente a mejorar sus condiciones de vida y superar la pobreza en el marco del desarrollo económico presente en las zonas rurales. En esta línea, los contratos informales de uso de la tierra y la movilización de la mano de obra familiar hacia actividades no agrícolas son dos formas claras de movilización de capital social que apuntan a una estrategia destinada a mejorar la productividad y el ingreso familiar. Como contraparte, las estructuras familiares y grupales egocéntricas, las relaciones de «clientelismo» y el asistencialismo injustificado pueden constituirse en relaciones sociales «asimétricas» con respecto a la superación de la pobreza.

Por consiguiente, la población pobre rural, en su condición de «exclusión», es un grupo heterogéneo no sólo en cuanto a la reserva (*stock*) de capitales naturales, físicos y humanos que posee, sino también en lo relativo a la reserva de capital social que puede movilizarse en niveles micro, como la familia y la comunidad, hasta en niveles más amplios (medio y macro), en la lucha con una institucionalidad que atenta en contra de sus intereses, como los movimientos sociales. Hechos que ponen en evidencia que, inmersas en las relaciones que definen el capital social, se entremezclan relaciones de poder que se acentúan en la contingencia de influencias de factores externos.

3.   Capital social y su efecto de integración social

Bajo esta perspectiva, es posible sostener que en las comunidades rurales existe capital social y que éste se manifiesta en diferentes formas y a distintos niveles. Sin embargo, este capital social no necesariamente se da en función de los requerimientos del desarrollo rural y la superación de la pobreza, tal como lo presupone la filosofía de las políticas sociales propuestas: autonomía y participación democrática de los pobres en los programas de desarrollo.

De manera tal que la apuesta por el cambio y la superación de la pobreza rural, bajo el «modelo» de capital social, radica en que la diversidad de capital social —manifiesta en redes sociales de diferente naturaleza— se pueda potenciar, modificar y acumular en «formas colectivas» que activen redes de intercambio horizontales y verticales, y posibiliten el acceso a otros tipos de capitales. Todo esto debe tender a aumentar los beneficios y, concretamente, a incrementar los ingresos de los más pobres.

Existe un sinnúmero de interrogantes sobre el camino que podría seguirse en las zonas rurales para movilizar y fomentar los diferentes tipos de capital social. Plantear algunas respuestas exige reconocer que el capital social se halla inmerso en una sociedad rural cuya acción es el resultado de un conjunto de estrategias múltiples, de actores que evolucionan constantemente a ritmos diferentes. En particular, en torno del acceso a la tierra existe una contingencia latente hacia «movimientos sociales» que, en términos de la sinergia del sistema social en su totalidad, deberían tender a una «alianza instrumental» que el Estado, como principal agente de modernización, tendría que maximizar.

Todo esto precisa, necesariamente, de la institucionalización del capital social, no sólo en el nivel de la comunidad rural —campesinos, pequeños productores y trabajadores rurales—, sino también en el de las instancias gubernamentales y privadas que se vinculan a lo rural y agrícola.

En este sentido, y tal como lo expresa Bahamondes (2001, p. 115), comparando la sociedad rural con un sistema adaptativo y de complejos agentes, pero factibles de modificar «...la dependencia de la trayectoria sólo se mantiene hasta que el sistema reciba un nuevo impacto. En un comienzo, éste puede ser limitado, pero si se modifica la estructura de oportunidades de los distintos actores, los cambios resultantes de su conducta pueden terminar borrando las antiguas trayectorias y creando otras nuevas».

Por otra parte, Ostrom (1999) sostiene que la capacidad de adaptación a los cambios externos, sean éstos tecnológicos, económicos o productivos, es lenta y no simultánea, destacándose una asincronía en los mecanismos de adaptación de los distintos actores sociales y, en muchos casos, un conflicto de intereses que requiere de un proceso de maduración y readecuación de las trayectorias sociales hacia un equilibrio consensual.

En este contexto, el impulso externo a la reorientación de las acciones es un elemento fundamental, ya que constituye el mecanismo de cambio y regulación en la coevolución simultánea de estrategias de los diferentes agentes que interactúan en la sociedad rural, sea en términos de colaboración o de competencia.

Este último punto es central en relación con las posibilidades de generar y recuperar «formas colectivas» de capital social y en su activación como una herramienta útil en las estrategias de superación de la pobreza rural y de integración de los sectores excluidos, ya que pone de relieve la importancia del Estado como actor externo y gestor de cambio y readecuación; pero también en términos de los proyectos productivos en que intervienen otros actores, tales como las ONG, federaciones y gobiernos regionales y locales que, en alianza con el Estado, harían posibles las sinergias necesarias para lograr una mayor efectividad de los proyectos.

A este nivel del análisis concurren un conjunto de aspectos que es preciso interrelacionar y confrontar con respecto a cómo se puede aprovechar el capital social para superar la pobreza rural, si se tiene como referente empírico que la sociedad rural es compleja en sus relaciones sociales y posee una gran diversidad cultural. Lo que conduce también a sostener que el desarrollo rural y la superación de la pobreza sólo pueden visualizarse en la medida en que se logren articular las relaciones entre los individuos, familias, comunidades, gobiernos locales y regionales, instituciones estatales, ONG, sindicatos, movimientos sociales y sector privado. Todos ellos conforman una red de agentes sociales, a través de los cuales se canaliza información, y la calidad de estas relaciones se define por los grados de confianza y su reciprocidad.

La interacción entre las diferentes dimensiones de capital social —es decir, entre los campesinos, pequeños productores y trabajadores rurales y comunidades— puede verse de este modo como parte de un proceso que debe conducir a un círculo «virtuoso», en el que las relaciones de retroalimentación resultan decisivas (Molinas, 2001). Así, por ejemplo, un estímulo para que los campesinos se incorporen a un grupo comunitario puede repercutir positivamente en la intensidad y calidad de sus relaciones y negociaciones con otras asociaciones. A su vez, el aumento de las actividades y los mejores resultados de las relaciones harán que más campesinos se asocien al grupo comunitario, tornándolo más grande y con mayores posibilidades de seguir incrementando las actividades, generándose realmente un proceso de círculo «virtuoso». Por el contrario, si surge alguna influencia negativa en una de las dimensiones del capital social, las relaciones de confianza se verán afectadas, con el riesgo de entrar en un proceso negativo, es decir, en un círculo «vicioso» de pobreza.

Por consiguiente, el capital social que se requiere no se limita solamente a las «formas colectivas de la comunidad campesina», sino que involucra a un conjunto de agentes sociales en diversos niveles, que se pueden clasificar de la siguiente manera: asociaciones horizontales entre individuos o familias (nivel micro), y asociaciones verticales con relaciones jerárquicas y el ambiente social y político (niveles medio y macro), que forman la estructura social (Ruerd y van Strien, 1999). De esta manera, el capital social funcional, útil al proceso de desarrollo, no se constituye simplemente en una suma de instituciones, sino que incluye la calidad de interrelaciones que las une.

En el contexto del desarrollo rural y la superación de la pobreza, las políticas sociales impulsadas por el gobierno, directa o indirectamente, por la vía del mercado, los organismos no gubernamentales o sus actores descentralizados, cumplen un papel importante en el fomento de la creación y fortalecimiento de estos capitales y, en última instancia, en lograr que los pobres adquieran el poder de intercambio y diálogo con las instituciones del Estado y del mercado, tratando al mismo tiempo de minimizar el riesgo de que sus acciones generen conflictos de poder y exclusión social, que ha sido uno de los principales motivos de surgimiento de movimientos sociales.

En términos operativos, este papel implica abordar el fortalecimiento de las organizaciones existentes, la creación de nuevas asociaciones y el fomento de las sinergias positivas entre ellas, actividades que se plantean como complejas dada la débil experiencia de los organismos estatales en esta función y el desequilibrio de poder entre el Estado y la sociedad civil.

En América Latina existen varias evidencias de iniciativas de proyectos sociales que han surgido privilegiando la acción organizada de los grupos sociales pobres en las comunidades rurales —sea mediante la creación de organizaciones o la incorporación de las ya existentes— y estimulando el fortalecimiento de relaciones de intercambio.[2] Estas experiencias permiten un primer acercamiento empírico para abordar la evaluación de las ventajas y posibilidades de uso del capital social y valorizar el «optimismo recurrente instalado» de su utilidad como una categoría de éxito en los proyectos destinados a disminuir la pobreza rural.

4.   Estudios empíricos acerca del capital social en proyectos de desarrollo rural

Cada vez son más frecuentes los estudios que hacen referencia al papel del capital social en proyectos específicos del desarrollo rural; asimismo, existen más trabajos que vinculan el capital social con características de ciertos tipos de asociaciones, y con relaciones sociales y culturales que surgen entre éstas en torno de actividades de interés mutuo, tales como las actividades productivas y de bienestar social.

Una dificultad que existe en la comparación de estos estudios y experiencias es la diversidad con que los autores usan el concepto de capital social. Algunos lo limitan a las organizaciones de base, pero también los hay que incluyen dentro del concepto de capital social lo que otros podrían llamar capital organizacional, capital institucional o capital político de carácter más estructural, lo que hace difícil interpretar expresiones como «el proyecto ha ayudado a crear y fortalecer el capital social». Por otra parte, las comparaciones también se dificultan por tratarse de proyectos con dimensiones muy variadas, tanto en sus objetivos como en sus alcances geográficos y número de beneficiarios.

Sin embargo —independientemente de los diferentes énfasis que la creciente experiencia empírica pone en torno del capital social y de su importancia en las comunidades rurales—, el núcleo en que se centran las definiciones apunta siempre a la conformación de «formas colectivas» con

---

[2]   Relaciones de intercambio que, de acuerdo a Robison y Siles (2001), son fundamentalmente de intercambio socioemocional, y deben entenderse como inversiones en términos de reciprocidad y confianza.

relaciones simétricas o asimétricas, entre las que predominan relaciones de «confianza y comportamientos de reciprocidad y cooperación», que son propuestas como un posible instrumento para neutralizar el conflicto inherente a la sociedad rural heterogénea y faccional.

La revisión de un conjunto de estudios ejemplifica con experiencias concretas cómo opera, surge y se moviliza el capital social en torno del desarrollo rural, para superar la exclusión de grupos amplios de la población rural.

Un primer caso de los estudios considerados corresponde al examen de las posibilidades de fomentar el desarrollo rural en el Altiplano de Bolivia, analizadas por Bebbington (1998a). Estas iniciativas surgieron como alternativas para aliviar la pobreza y reducir la emigración hacia áreas urbanas, que se habían intensificado después de la crisis de la minería en la década de 1980. Este estudio resalta la importancia y los impedimentos de trabajar con asociaciones ya existentes y demuestra la dificultad de alcanzar situaciones autosostenibles.

Las experiencias concretas que analiza Bebbington se refieren a cuatro organizaciones campesinas, que parten de una infraestructura institucional organizativa cuyo origen data de la década de 1950, y continúan con la formación de los sindicatos y las corporaciones agropecuarias campesinas (CORACA) creadas en los años ochenta. Esas asociaciones forman parte de estructuras verticales con un carácter pronunciadamente político, como los sindicatos, mientras que las corporaciones fueron creadas como el brazo técnico y económico de los sindicatos, con una relativa independencia para atender la producción y generación de ingresos de la población. En general, las CORACA no dieron el resultado esperado, debido a la falta de capacidad interna (organizativa) para manejar los recursos económicos y a la interferencia de los procesos políticos ligados a los sindicatos.

Sin embargo, de acuerdo a Bebbington, la CORACA de Potosí logró transformarse en una organización fuerte y económicamente más funcional, con capacidad para promover el desarrollo rural. Un elemento crucial, según el autor, fue la participación de jóvenes con mayor capacitación. Desde un punto de vista productivo, logró, con pocos recursos, nuevos mercados para los productos de la zona y progresivamente una mejor organización interna.

Para Bebbington, el capital social de esta experiencia corresponde a la organización impulsada por el capital humano existente, por medio del cual fue posible aumentar los ingresos de los hogares y expandir sus actividades, sobre todo introduciendo nuevas tecnologías y ampliando su red de relaciones con otros agentes de desarrollo en la región.

A pesar de los logros de esta organización, el autor también señala algunas dificultades en su funcionamiento: debilidad en la gestión de sus programas, sensibilidad a influencias políticas de las federaciones de sindicatos, y una dependencia continua de recursos externos. Por lo tanto, y a pesar de un relativo éxito al generar recursos propios, no logró autonomía financiera ni política, lo que la hace una organización económicamente no sostenible.

En relación con la Federación Sindical Única de Trabajadores Campesinos del Norte de Potosí, su participación en actividades de desarrollo surge por invitación del Programa Subregional Andino de Servicios Básicos contra la Pobreza (PROANDES). Para ello, la Federación creó un brazo económico en su interior, en lugar de utilizar la CORACA. De acuerdo con Bebbington, la Federación no deseaba perder el impacto político indirecto que significaba dicha actividad, y mediante la cual, como organización política, probablemente podría afiatar su posición y liderazgo en la comunidad.

Las actividades de esta Federación, como ha sucedido en general con los programas de inversión social, se concentraron más en la inversión en infraestructura que en actividades productivas. Una limitación importante del Programa, según el autor, fue que no se contemplaban acciones dirigidas a generar ingresos para la Federación, dejándola totalmente dependiente de los recursos del proyecto. De tal manera, la Federación, como organización, resultó ser solamente un facilitador de servicios y, en consecuencia, cualquiera mejora en la vida rural derivada de su asociación con PROANDES debería adjudicarse a los recursos del proyecto y no directamente al capital social creado en el proceso.

De acuerdo con Bebbington, en resumidas cuentas, las actividades de estas dos asociaciones de Potosí (la CORACA y la Federación) tuvieron un efecto mínimo en la disminución de la pobreza, la reducción de la emigración y el uso de recursos naturales. Según el autor, gran parte de ello obedece a la falta de autonomía de las asociaciones y la escasa creatividad de los proyectos, como, por ejemplo, la realización de programas de riego o creación de mecanismos para mejorar el acceso a créditos.

Los otros dos casos que analiza Bebbington (1998a) se sitúan en el Departamento de la Paz, en zonas con mayores opciones de producción agrícola: la Central de Cooperativas El Ceibo, que se dedica a la producción de cacao, y la CORACA Irupana de los Yungas, en procura de generar alternativas a la producción de coca. En ambos casos, el proyecto se propuso impulsar el cultivo de productos comerciales y agregarles valor mediante el aumento de la productividad y la calidad.

El Ceibo es probablemente la organización económica campesina más exitosa de Bolivia y quizás de los Andes enteros; esa Central de Cooperativas tuvo su origen en 1977, como un intento de enfrentar los problemas de mercado de los productores de cacao en la región; en 1989 alcanzó a ser el séptimo exportador más grande de Bolivia de productos no tradicionales; y en 1995 contaba con más de 800 familias miembros. La Central, además de recolectar, procesar y vender cacao, se preocupó de dar asistencia técnica a sus miembros —mediante la cual, y con apoyo externo, fue capaz de evitar el impacto que una plaga podría haber tenido sobre sus plantaciones— y lograr certificar su cacao como producto orgánico para ciertos mercados internacionales.

Una parte muy importante de sus actividades fue la capacitación. Así, El Ceibo logró mejorar la producción y calidad de sus productos de manera ambientalmente sostenible, facilitando el acceso a mercados con mejores precios y, consecuentemente, aumentando los ingresos en la región.

Cabe recalcar que, incluso en la actualidad, esta Central depende del apoyo financiero externo y no es aún una organización económica sostenible por sí misma. De alguna manera, esto sugiere que en complemento con el capital social que puede existir en El Ceibo como organización y con su capacidad de propiciar relaciones de coordinación vertical con el medio externo, el acceso a nuevos recursos y capitales es indispensable para su funcionamiento. Hace falta también un contexto económico que posibilite su autonomía productiva y económica, como son las políticas públicas en favor de —o de protección de— los sistemas productivos campesinos.

En el Municipio de Irupana la producción de coca es importante, pero también existen otros productos, como el café. El énfasis puesto en la promoción de productos distintos a la coca ayudó a fortalecer la economía de la región por la vía de la diversificación de la producción. El actor principal ha sido la CORACA, que inició sus actividades combatiendo los problemas de mercadeo mediante la compra del café a mejores precios. Al igual que en el caso de El Ceibo, posteriormente las actividades se orientaron a la introducción de nuevas tecnologías y la producción de café orgánico, todo esto con el apoyo de una ONG.

En ambos casos (la Central de Cooperativas El Ceibo y la CORACA Irupana), el capital social que se activó y surgió como parte del proyecto (organización productiva) ayudó a movilizar recursos para sus respectivas zonas, creando redes de contactos con mercados y fuentes de asesoría técnica, y mejorando los ingresos de sus miembros. Esto ha sido posible gracias al énfasis puesto en la inversión en capital humano mediante capacitación en mercadeo y tecnología.

Con respecto a todas estas experiencias en Potosí y La Paz, Bebbington concluye que en las comunidades hubo cierto progreso, por ejemplo, en términos de mejoras tecnológicas, capacidad de gestión y nuevas relaciones con otros agentes, lo que fue un insumo importante dentro de las posibilidades de superar la pobreza. El autor señala, además, que las organizaciones con mayor capacidad de gestión, objetivos más claros y simples y una orientación más pragmática, tienen un impacto más significativo en el desarrollo rural sostenible, que aquellas organizaciones con características de índole política y representativa, como las Federaciones.

Sin embargo, en todos los casos, pero más claramente en Potosí, las asociaciones no se transformaron en organizaciones económicas sostenibles, ni tampoco fue posible evitar la emigración, en particular de los más jóvenes. La dependencia de recursos externos, especialmente de las ONG, se hace particularmente sensible en la actualidad, debido a la reducción de los recursos financieros disponibles para las ONG, y pone de relieve, como una de las principales limitaciones para el desarrollo de sus actividades, la falta de autonomía.

Finalmente, y tal como lo muestra el caso de la Federación Sindical Única de Trabajadores Campesinos del Norte de Potosí, es frecuente que el inicio de las actividades organizativas requiera de un impulso externo, como fue en este caso PROANDES. En el caso de la CORACA de Potosí, esto se dio de manera indirecta por medio del retorno de jóvenes que habían estudiado en otros lugares.

En muchos otros contextos, el impulso de agentes externos ha sido fundamental para la creación de organizaciones productivas y la generación de relaciones virtuosas con otros agentes. Los siguientes casos ilustran este mismo hecho, pero, esta vez, con un componente de desarrollo productivo importante, en que los agentes externos «impulsores» son el Estado y el sector privado, en particular, la agroindustria. Es evidente también la importancia de la capacitación y asesoría técnica.

Este es, por ejemplo, el caso de la experiencia analizada por Dirven y Ortega (1996), en un estudio de la CEPAL que hace referencia a las experiencias de los campesinos del Municipio Carmen del Viboral, en **Colombia**, que residen en pequeños poblados dispersos en la zona rural y que en pocos años lograron convertirse en productores con altos niveles de rendimiento en el cultivo de frijol, adquiriendo en el proceso amplios conocimientos técnicos y de manejo de mercado; eso los proyectó desde una economía tradicional de subsistencia a una de pequeños empresarios agrícolas.

Hasta 1988, los campesinos habían sido objeto de atención por parte de entidades públicas con el fin de organizarlos en empresas cooperativas para intervenir en la comercialización de sus propios productos y en la distribución de insumos agropecuarios, pero los resultados fueron siempre mediocres. La nueva política pública, en el marco de la descentralización hasta el nivel municipal de la institucionalidad pública agropecuaria, permitió determinar y controlar el factor que entorpecía la incorporación de los pequeños productores al mercado: los costos de transacción. Para ello, se invirtieron los enfoques anteriores, promoviendo primero la comercialización para luego organizar a los productores.

Esta experiencia pone en evidencia cuán importante es promover la acción productiva (controlando las imperfecciones del mercado), y además ilustra claramente la factibilidad de que los agentes públicos puedan promover las relaciones productivas, facilitando el contexto económico e institucional en que surjan los proyectos.

Otro ejemplo que ofrece el mismo estudio y que valora la importancia de contar, en primera instancia, con un agente externo en el desarrollo de proyectos productivos, es el de **El Salvador**, donde pequeños productores pertenecientes a una cooperativa formada tras la reforma agraria de 1980 se asociaron con la Empresa Tropic Foods para la producción de ocra y frijol.

Esta iniciativa surgió de la empresa y se concretó en un contrato con los parceleros destinado a asegurar la producción para la exportación de vegetales congelados a los Estados Unidos y Europa, que alcanza anualmente a cerca de 5 000 toneladas métricas. El 30% del área total que generan estas exportaciones corresponde a pequeños y medianos productores.

La asociación con la empresa aseguró a los pequeños agricultores la venta de su producción y también incentivó una mayor diversificación de cultivos y uso del suelo. En consecuencia, hubo un aumento de los ingresos y del empleo para sus familias y la población rural aledaña.

Las instancias de negociación de los productores con la empresa se traducen en un contrato ex ante de la producción, en el que se conviene un precio, la compra de insumos a precios preferenciales y asistencia técnica.

El efecto de este tipo de experiencias en el nivel de ingreso de la población aparece prometedor para los pequeños productores; lo mismo sucede con experiencias similares desarrolladas en otros países latinoamericanos (Chile, Colombia, Ecuador, Guatemala, Perú). Sin embargo, es importante destacar que, si bien la asociación de los pequeños productores con la cadena agroindustrial internacional implica una disminución de los costos de transacción y comercialización de los productos, los contratos de producción —específicamente en cuanto a la determinación de los precios— escapan al control de dichos productores, debido a la poca experiencia que ellos pueden tener en la auditoría de costos de producción y el manejo del mercado internacional de los productos agrícolas.

Un mayor control sobre los costos y precios de compra y venta de los productos, se obtiene mediante la organización de los productores en asociaciones productivas que posean una infraestructura mínima de gestión y negociación con las empresas agroindustriales de los precios y de prevención de riesgos de degradación y contaminación de suelos, consecuencia indirecta del uso excesivo de fertilizantes y cultivo de un mismo producto (monocultivo).

Gran parte de las experiencias de asociación productiva entre pequeños productores agrícolas y empresas agroindustriales han sido de suma importancia tanto para los productores como para las empresas, ya que con ello disminuyen significativamente sus costos de transacción. En el estudio realizado por la CEPAL (1996), se presenta una exhaustiva ejemplificación de estas situaciones. Una experiencia que ilustra ampliamente esta ventaja es la de la Cooperativa Cuatro Pinos de **Guatemala**, que logró articular a cerca de 1 900 socios —indígenas en este caso— en la producción de hortalizas para la exportación. Otra experiencia que se analiza en el mismo documento es la de los productores de granadina del Municipio de Urrao en el Departamento de Antioquia, en **Colombia**, que decidieron organizar la Cooperativa Integral de Urrao, en 1994, con el objeto de evitar pérdidas en los márgenes de utilidad que acarreaba el mercadeo de la fruta a través de intermediarios.

En este tipo de experiencias, es ostensible la importancia de los impulsos provenientes de agentes externos (sea el Estado, una ONG o el sector privado) para establecer relaciones productivas que impliquen una disminución de costos de transacción, tanto para los productores como para las empresas agroindustriales. Un papel relevante en esta función han desempeñado las ONG, por ejemplo, en **Chile**, en la producción de uva de exportación en el norte del país, incentivando la organización de campesinos pobres, en primera instancia, y ejerciendo un papel de control, supervisión y negociación con las empresas para garantizar el precio adecuado del producto.

Por otra parte, en muchas de las experiencias comentadas, como por ejemplo, en el caso de los productores de granadilla de Colombia, la intervención de instituciones públicas ha sido de gran importancia tanto en la introducción del cultivo como en su posterior expansión. Otro papel relevante de las instituciones públicas dice relación con disminuir los factores que frenan la articulación de los mercados, como serían el acceso a tierra, el crédito y la conformación de una infraestructura mínima para incorporar nuevas tecnologías, electricidad y caminos.

Asimismo, es importante reconocer que estos impulsos externos solamente dan fruto si existe una mínima organización de base capaz de responder. Y es en este sentido que la realidad impone un proceso más lento, ya que la creación de asociaciones productivas como «formaciones colectivas de capital social» de manera espontánea es poco frecuente entre los pequeños agricultores debido, indudablemente, a la diversidad y estructura social en que están insertos. De forma tal que, el acuñamiento de intereses en asociaciones y organizaciones es quizás su mayor fragilidad para fomentar capital social y, a partir de esto, establecer relaciones verticalizadas.

En este escenario, la promoción y creación de asociaciones productivas como unidades de negociación, a pesar de tener amplias ventajas comparativas para las empresas agroindustriales en lo que respecta a los costos de transacción, son poco atractivas para las empresas, dado que existe desconfianza y temor por la presión que éstas pueden ejercer. Este hecho nos remite a otra falencia significativa en términos del concepto de capital social, que se refiere a la carencia de relaciones sociales de «confianza mutua, reciprocidad y cooperación» y al predominio de una relación de poder del sector agroindustrial sobre los productores. Sin embargo, en este sentido es importante recalcar el beneficio de la asociación organizada como mecanismo de negociación y defensa de los intereses de los productores, que constituye un hecho concreto de movilización de capital social. Una experiencia en tal sentido es la del conflicto entre los productores de espárragos en **Perú** y la empresa ASGRO, surgido de los profundos desacuerdos por el no reajuste del precio del espárrago, en consonancia con el incremento de la inflación y las tasas de interés.

Sin embargo, las nuevas exigencias de la competitividad —en el marco de liberalización de mercados—, han modificado sustantivamente el carácter de los contratos pactados entre las agroindustrias y los proveedores. Las agroindustrias se ven obligadas a bajar costos y minimizar riesgos para mantener su competitividad, tanto en el mercado interno como externo. Éstas deben ocuparse ahora no sólo de los aspectos referentes a la generación de economías de escala y del traslado de los riesgos inherentes al proceso productivo, sino también de cómo compartir con sus proveedores los costos y riesgos de la inversión inicial. Tales hechos han motivado la transformación de los mecanismos de negociación, demandando socios mucho más capitalizados que hace una o dos décadas.

Todo parece indicar que las experiencias de organizaciones productivas expuestas anteriormente tendrían hoy en día menos oportunidades de insertarse en el proceso agroindustrial, que aparece asociado más bien a grandes empresas. De modo que, en este nuevo contexto, la mayoría de los ejemplos presentados anteriormente carecerían de las condiciones de negociación y requerirían, en una u otra forma, del apoyo financiero y técnico del Estado para insertarse en esta nueva escala productiva o abrir nuevos mercados y diversificar sus actividades. Sin embargo, conviene mencionar que, independientemente de este nuevo contexto, el valor de la organización así como el acceso a redes externas sigue siendo un elemento indispensable tanto para acceder al crédito como para alcanzar los volúmenes mínimos de producción que permitan ingresar a otros mercados.

Una estrategia exitosa en captar nuevos mercados con precios justos para este tipo de organizaciones, es el sello social. A título de ejemplo está la producción ligada a los movimientos sociales, como son los trabajadores rurales sin tierra de **México**, poseedores de una marca propia, el café orgánico de Chiapas, que sale al mercado externo identificado como proveniente de estas organizaciones.

Otro grupo interesante de proyectos son los analizados por Escobar, Reardon y Berdegué (2001), ya que se orientan a promover la generación de empleo no agrícola en la zona rural, actividad considerada como un camino esencial de desarrollo y superación de la pobreza rural en la actualidad. Los autores, mediante el análisis de estos proyectos, apuntan a diferenciar las estrategias y consideraciones que la experiencia indica como exitosas en la generación de empleo no agrícola. Los seis proyectos que estos autores analizan son los siguientes:

- «Proyecto México»: se ejecuta en la región de Chiapas; fue iniciado por la Iglesia Católica y luego apoyado por ella y el Gobierno. Se formó una gran cooperativa que produce café orgánico, lo procesa y lo vende en centros urbanos nacionales y en Europa (desde 1985).

- «Proyecto Perú»: forma parte de un programa mucho mayor, y crea centros económicos de servicio para promover la inversión privada en corredores económicos, por medio de vínculos de mercado dentro y fuera de las zonas del proyecto. En este estudio se tomó el caso de Huancayo, donde se producen y procesan truchas para el mercado urbano y la exportación (desde 1998).

- «Proyecto Chile» de turismo rural: es un programa nacional del INDAP, que consiste en dar asistencia técnica y financiera a diversas actividades de turismo rural emprendidas por familias y pequeñas empresas, que captan turistas de las zonas urbanas y el extranjero (desde 1995).

- «Proyecto Brasil Sureste»: se localiza en Paraná, es ejecutado por distintos niveles del Gobierno y financiado parcialmente por el Banco Mundial. Se concentra en el procesamiento de verduras y frutas para el mercado local y urbano (desde 2000).

- «Proyecto Brasil Noreste»: de Rio Grande do Norte del Gobierno Federal de Brasil; se centra en la producción de ropa por parte de cooperativas bajo contrato con grandes empresas, para el mercado del sur de Brasil (desde 1997).

- «Proyecto Honduras»: es ejecutado por el Gobierno y la Organización de las Naciones Unidas para la Agricultura y la Alimentación (FAO). En su inicio, en 1988, era solamente un proyecto de desarrollo rural centrado en agricultura y gestión de recursos naturales, pero en los últimos años se agregó la promoción de actividades no agrícolas en apoyo de la agricultura (construcción de materiales agrícolas y producción de queso) y del espacio rural-urbano (materiales de construcción y para los hogares).

Estos proyectos —casi todos de reciente origen— presentan varias características en común. Además de tener entre sus objetivos la promoción de empleo no agrícola, con excepción del «proyecto Brasil Sureste», todos se sitúan en áreas pobres marginales, y cuentan con una considerable participación de mujeres, campesinos pobres y grupos étnicos minoritarios. Así, los proyectos tienen un enfoque de desarrollo rural y de alivio a la pobreza. Por otra parte, se trata de proyectos relativamente grandes en comparación con las pequeñas economías locales, que involucran a un número importante de personas que trabajan por cuenta propia en empresas pequeñas o como actividad hogareña, sea de forma individual o en cooperativas.

Todos los proyectos que se discuten en este estudio trabajan con asociaciones. Únicamente en dos de ellos se trabaja de manera explícita también con individuos (Chile y Brasil Sureste). Entre las ventajas que señalan los autores de trabajar con asociaciones/cooperativas se destacan: i) la importancia de planificar los proyectos conjuntamente con las asociaciones, lo que asegura un mayor compromiso de los participantes en la ejecución de las actividades; ii) lograr economías de escala, tomando en cuenta que solamente grupos y no individuos tienen la posibilidad de sobrevivir en un mercado abierto y competitivo; iii) reducir los costos de transacción; iv) posibilitar un mayor flujo de información; y v) crear una mayor masa crítica para aumentar las posibilidades de atraer nuevas inversiones y acceso al crédito.

En el esquema de diseño de estos proyectos, las organizaciones ejecutoras tienen diferentes tipos de funciones, tanto a nivel organizativo como productivo. En relación con lo organizativo, deben identificar posibles mercados, estimular la apertura de nuevos mercados potenciales y, además, asegurar producción de calidad por parte de los participantes del proyecto. En lo atinente a la producción, deben asegurar a los productores la obtención de beneficios a corto plazo, que afiancen el proceso productivo. De esta forma, el proyecto bien puede dar algunos subsidios-incentivos iniciales hasta que los productores sean autosuficientes, y proveer algunos bienes —incluyendo capacitación— que afectan directamente a la cadena de producción, o de manera indirecta por la vía de acciones «meta», entendiéndose por estas últimas aquellas que mejoran las condiciones generales, como son las que tienen que ver con la infraestructura (capital físico, caminos, electrificación, y otras).

De las experiencias analizadas en relación con los proyectos de generación de empleo no agrícola y los proyectos de desarrollo agrícola, se puede deducir que si bien ellos, por sí mismos, no han logrado sacar a la población rural de su condición de pobreza, un elemento positivo que se reitera al evaluar su impacto es el aumento de las relaciones con otros agentes sociales. Este incremento del capital social les entrega mayores posibilidades para salir, a mediano o largo plazo, de su situación de pobreza. Tal como demuestran Ruerd, Ruben y Danielle van Strien (1999), el capital social —o la densidad e intensidad de sus relaciones— con que cuenta un hogar rural en **Nicaragua**, tiene un efecto muy positivo en su ingreso, así como en las posibilidades de acceder a créditos.

Ruerd, Ruben y Danielle van Strien (1999) también señalan un punto importante y carente en el desarrollo de los proyectos productivos, como es el papel del Estado. Estos autores argumentan que debido a la fuerte reducción de las actividades estatales en los procesos de desarrollo rural en Nicaragua, como puede ser también el caso de otros países, se ha producido un crecimiento desproporcionado del sector de voluntarios, principalmente las ONG, en torno de los proyectos de desarrollo regional y local, y advierten que la dependencia de este sector voluntarista no es sostenible a mediano y largo plazo. Por ello, se sugiere un mayor compromiso del Estado en los servicios y la generación de infraestructura, y una política dirigida a la privatización de las actividades productivas.

Debido a su reiterada relevancia, y a pesar de las dificultades (algunas de ellas ya identificadas), es cada vez más común —y muchas veces por exigencia de los donantes— que en los proyectos se haga referencia explícita a la necesidad de capital social. En consecuencia, deben identificarse al menos las asociaciones de base o de segundo orden que participarían en la definición y ejecución de las actividades. Un ejemplo de esto es el proyecto de cultivo de ostras en la Provincia de Pernambuco en **Brasil**, en el que se plantea como requerimiento de aplicación la participación activa de un conjunto de 30 familias de pescadores artesanales, con la finalidad de aumentar —de manera sostenible— sus ingresos y asimismo proteger el medio ambiente por medio de un mejoramiento de la calidad del agua. En este proyecto, todas las unidades implantadas lograron incrementar sustancialmente los ingresos de los pescadores.

Otro ejemplo que se ha revisado es el programa piloto Cédula da Terra en **Brasil** (Navarro, 1998), en el que un componente esencial es la definición del papel de las asociaciones como instrumento eje para viabilizar el proyecto y lograr sostenibilidad. Este proyecto se concibe como complementario de la reforma agraria tradicional, y en su formulación existe un interés particular por diferenciarlo de otras alternativas de reforma, evitando con ello el riesgo de presiones sociales e incluso de ocupaciones de propiedades destinadas al proyecto.

La construcción de asociaciones obedece en este proyecto a varios objetivos. El primero es que grupos de agricultores puedan acceder a créditos, aumentando así la posibilidad de que éstos sean cancelados, lo que resulta mucho más incierto con créditos individuales. Por otra parte, el trabajo en cooperativa permite hacer mejor uso de los nuevos recursos productivos, lograr economías de escala y, en consecuencia, mejores ingresos. Además, se espera que la creación de una cultura asociativa conduzca a más largo plazo a una democratización de los espacios sociales, con una participación activa y efectiva de los agricultores más pobres, lo que a su vez permitiría el acceso a recursos adicionales y oportunidades de nuevas actividades económicas y comerciales.

Para la formación de asociaciones (de hasta 30 familias) se requiere de al menos un año, antes de iniciar las actividades agrícolas. Para lograr (durante la formación de la asociación) el consenso entre los miembros, se necesita apoyo técnico, particularmente debido a las características de la población rural pobre (desconocimiento y desconfianza). Además, resulta importante incorporar a los agricultores jóvenes, que tienen mayor disposición a actividades innovadoras, y a las mujeres, permitiendo así una mayor interacción (socialización) de los acuerdos obtenidos entre los miembros de la asociación. Otro aspecto relevante digno de considerar es que, debido a las grandes diferencias regionales que hay en Brasil, no existen recetas universales y deben tenerse siempre en cuenta las condiciones locales particulares.

Uno de los problemas más serios que surgen al conformar las asociaciones se relaciona con la decisión de cómo trabajar la tierra: de manera colectiva, parcelizada o alguna variante intermedia. De acuerdo al autor (Navarro, 1998), lo que debe evitarse es la individualización de la producción, ya que es importante mantener las ventajas de escala para poder ser competitivo, y así lograr que los créditos se cancelen y el programa resulte sostenible.

En relación con la sostenibilidad de la asociación, Navarro sugiere la necesidad de que las asociaciones prevean mecanismos para sancionar a los miembros que no cumplen con lo acordado. Otro aspecto que el autor destaca como esencial es contar con líderes democráticos, pero advierte al mismo tiempo que esto es una tarea difícil en ambientes tradicionalmente autoritarios.

En este programa, la asociación más exitosa está compuesta por moradores de una zona urbana del municipio de Goiana. Éstos eran arrendatarios de tierras para cultivar híñame, un cultivo de alto costo por hectárea, y se dedicaban en paralelo a otras actividades no agrícolas relacionadas con servicios en esta región turística.

La experiencia de esta asociación ofrece algunos resultados interesantes en cuanto a cómo se formó su organización y los costos que significó el acceso a la tierra.

Para la formación de la asociación se realizó un proceso de selección entre los probables beneficiarios, privilegiando a los más capacitados, a los jóvenes y a los con mayores posibilidades de éxito. El proceso de selección adversa, común en muchas formas de asociación, se confirmó con la exclusión de los menos aptos, que probablemente corresponden a aquellos trabajadores con menos recursos.

Más de dos años emplearon en formar la asociación y lograr el acceso a la tierra, y durante ese período recibieron asistencia técnica continua del proyecto Promoción del Desarrollo Local Sustentable (PRORENDA) de Pernambuco, programa de cooperación entre la Sociedad Alemana de Cooperación Técnica (GTZ) y el Gobierno del Estado de Pernambuco.

Desde el punto de vista económico, esta experiencia reveló que el costo de adquisición de la tierra era equivalente al pago de dos años de arriendo, lo que justificaba ampliamente la operación de compra.

Entre las dificultades que enfrentaron los miembros de esta asociación se destaca la baja oferta de tierras para la venta en el sector donde habitualmente viven y arriendan, debido a que la región en que se desarrolla la experiencia se caracteriza por el predominio de grandes propiedades, con tierras de muy buena calidad y cuyos propietarios las mantienen como reserva de valor y de estatus.

Otro problema fue que inicialmente sólo una parte de los arrendatarios tuvieron acceso al crédito para la compra de tierra, ya que el número de miembros del grupo sobrepasaba el máximo de asociados permitido en cada organización para acceder al crédito (de hasta 30 miembros).

5.   Estudios empíricos acerca de distintas dimensiones del capital social

Los casos expuestos hasta ahora indican de manera explícita o implícita —y tal como se había señalado inicialmente— un énfasis importante en la «formación de capital colectivo» y el impulso de sus relaciones verticales u horizontales con otras formas de capital colectivo.

Sin embargo, en el seno de la estructura social campesina es posible identificar distintos tipos de organización, que se vinculan a diferentes niveles y tienen su origen en intereses sociales, productivos y políticos.

Un ejemplo de estos tipos de organización son las organizaciones de segundo grado (OSG), las de tercer orden y los movimientos sociales. Una

OSG (Bebbington y Carroll, 1999) es una organización autogestionada relativamente democrática, basada en distintos niveles de acción colectiva, y refleja una suerte de interés colectivo (es decir, considera no solamente los intereses de una comunidad, sino de varias al mismo tiempo). El surgimiento y fortalecimiento de las OSG puede verse como una oportunidad para promover y fortalecer a un actor especial de la sociedad civil, que puede ser una «voz», un servicio o un sistema de mediación efectiva y representativa para los pobres y los grupos excluidos socialmente.

Este tipo de organización es una manifestación de capital social estructural, que de acuerdo a los autores (Bebbington y Carroll, 1999) puede ser construido y, una vez que existe, fortalecido mediante intervenciones y políticas de desarrollo rural. La ventaja de este tipo de estructuras sobre las organizaciones/asociaciones locales es su mayor capacidad de beneficiar a varias comunidades al mismo tiempo. Estos beneficios comunes se materializan, por ejemplo, en la construcción de infraestructura física, nuevas instituciones, nuevos mercados, o cambio político, entre otros. De manera tal que este tipo de organizaciones se proponen una forma de acumulación de capital social capaz de promover o propiciar un impacto más amplio sobre la población rural pobre, debido, fundamentalmente, a que ellas brindan la posibilidad de coordinar acciones de mayor magnitud o alcance, a pesar de los problemas de coordinación y gestión interna que suelen tener.

Por su carácter, las OSG deben preocuparse de las relaciones internas (entre las distintas asociaciones que representan) y de las externas, como puente entre las asociaciones de base y las organizaciones más grandes, tales como donantes, agencias, mercado, Estado y organizaciones nacionales. De esta forma, las OSG se vinculan a cinco subsistemas o «circuitos de relaciones» y cada uno de ellos representa una variante de capital social:

i)   redes basadas en relaciones de parentesco o de vecindad. Durston (2000) los llama grupos descendientes locales, son bastante homogéneos y presentan reciprocidad horizontal y vertical. Un tipo relevante es el compadrazgo;

ii)   redes intercomunitarias (ejemplo: juntas de aguas): son más difíciles de construir a causa de los diferentes intereses existentes, pero según Putnam tienen un valor cívico mayor. Puesto que éste corresponde al nivel de OSG, es importante señalar que las diferencias de intereses —y el clientelismo— deben ser superados. En las OSG tradicionales, el enfoque común debe radicar en la identidad étnica y los ritos culturales unificadores; mientras que en las más nuevas, el énfasis debe ponerse en los intereses económicos comunes y la búsqueda de servicios comunes;

iii)   vínculos con las organizaciones superiores (por ejemplo, organizaciones nacionales de indígenas) para asegurar que representan y responden a los intereses de las OSG;

iv)   relaciones con entes municipales y regionales, que resultan cada vez más importantes; y

v)   relaciones interinstitucionales con agencias de ayuda (ONG y donantes externos), sindicatos, federaciones y movimientos sociales.

Un ejemplo de la manera cómo se desarrollan y funcionan estos «capitales sociales», se puede abordar con el examen de los cambios profundos ocurridos en el Guamote de **Ecuador**. En esta región, en los últimos 40 años, un número reducido de haciendas se transformaron en minifundios y tuvieron una participación activa en confederaciones, alcanzando una influencia considerable en los gobiernos locales. Estas organizaciones promovieron cambios no solamente en la inversión de capital físico, sino también en el conjunto de redes, relaciones y organizaciones que, junto con incentivos de capital humano, motivaron un aumento significativo de la participación de la juventud en las organizaciones. Esta combinación de capital social y humano permitió un mayor acceso a capital natural y a recursos financieros por medio de las federaciones y sus redes, y recientemente con el apoyo del Estado/gobierno local. Entre todos los capitales a que estas organizaciones tuvieron acceso, el capital social resultó crucial, pues es el que ha permitido acceder a otros capitales, empezando por la tierra que antes estaba en manos de unos pocos hacendados.

Bebbington (1998b), al comparar varias OSG en Ecuador y Perú, concluye, además, que aquellas que alcanzaron un éxito relativo habían recibido una asistencia técnica de agencias externas durante unos 10 años. Por otra parte, el apoyo intensivo del gobierno sobre la base de motivación política había sido una fuente de debilidad e inestabilidad, puesto que los cambios abruptos en las políticas resultaron dañinos para el crecimiento y la continuidad de las organizaciones.

El autor agrega a lo anterior que, en términos de coordinación vertical, junto con las OSG y las organizaciones de base, en el proceso de construcción de capacidades surgen en muchos contextos «terceras instituciones» —pueden ser iglesias, ONG, proyectos de desarrollo u organizaciones de asistencia técnica— que, de acuerdo a la experiencia, han tenido un papel muy importante como «agentes externos» para acceder a recursos y aprovecharlos; especialmente, en el caso de las inversiones estratégicas en la formación de capital humano, infraestructura y capacitación. Pero quizás la función más importante de las «terceras instituciones» ha sido el papel de árbitro para asegurar la transparencia y una buena gestión de la OSG y de sus relaciones con las organizaciones de base, aumentando así los lazos de confianza entre sus líderes y miembros.

Un estudio interesante en relación con los tipos de organización en **Paraguay**, es el de Molinas (2001), en el que se refieren las diferencias entre las organizaciones campesinas y las cooperativas, constatándose que las primeras resultan mucho más exitosas, en su calidad de asociación, que las segundas. Este resultado coincide con la apreciación de Bebbington y Carroll (1999) al analizar varias OSG, en cuanto a que las organizaciones vinculadas al gobierno —las cooperativas, en el caso de Paraguay— muestran mayores problemas de estabilidad.

Por otra parte, aunque Bebbington (1998a) señala que las asociaciones con carácter político suelen jugar un papel menos activo en iniciativas de desarrollo rural, resulta llamativo que, según Molinas, éstas se destaquen como más exitosas en cuanto a asociación, lo que se explica por la total autonomía de las organizaciones campesinas y su carácter de movimiento social, que dan lugar a una relación más comprometida entre sus miembros. Además, la mayor variedad de actividades de las asociaciones se traduce en que existan en ella más relaciones de dependencia mutua que en el caso de las cooperativas. Finalmente, cabe destacar que las asociaciones demuestran una mayor identidad como grupo, pues entre sus miembros sólo cuentan con los campesinos, mientras que las cooperativas presentan una composición mucho más heterogénea, y tienen entre sus miembros y líderes a profesionales urbanos.

Entre los agentes externos de las OSG y organizaciones de base, las ONG han jugado un papel muy importante en los programas y proyectos de desarrollo rural en las últimas décadas. Sin embargo, tal como señala Bebbington (1997), estas organizaciones están experimentando en la actualidad numerosos cambios. Muchas ONG latinoamericanas surgieron como un movimiento capaz de ofrecer un desarrollo alternativo. No obstante, después de dos o tres décadas de trabajo en desarrollo rural, las actividades de estas organizaciones han perdido influencia.

En el contexto económico y político actual, las ONG deben reconsiderar su papel en el proceso de desarrollo, junto con definir sus relaciones con otros actores y buscar nuevas formas de financiamiento para sus actividades. Es así como varias ONG se han transformado en empresas sociales que trabajan para el Estado en programas y proyectos ya no diseñados por ellas mismas, dejando de lado de este modo sus nociones de desarrollo alternativo, puesto que en el escenario actual las alternativas de mejoramiento del bienestar de la población rural deben enmarcarse en un contexto de mercados cada vez más abiertos y competitivos.

Por otra parte, el proceso de democratización y descentralización en América Latina ha conducido a fomentar la participación popular por medio de la creación de nuevas organizaciones de base (como en Colombia y Nicaragua). En el caso de Brasil, se han instalado —a nivel de los municipios— consejos comunitarios para ampliar el circuito social en las discusiones sobre el uso de recursos públicos (Abramovay, 2001). Entre estos consejos municipales se hallan aquellos que tratan los temas de desarrollo rural, que empezaron a formarse después de 1997 como una condición para que los municipios pudiesen recibir recursos del Programa Nacional de Fortalecimiento da Agricultura Familiar (PRONAF), destinados a infraestructura y servicios, constituyendo un cambio radical en las políticas sociales y abriendo nuevas puertas (como el acceso al crédito) a los más necesitados. El desafío de estos consejos —además de representar un fortalecimiento de la sociedad civil— es fomentar la generación de nuevos y mayores ingresos y crear las condiciones para un desarrollo rural sostenible. Así, su misión fundamental es descubrir las potencialidades para el desarrollo rural que los mecanismos tradicionales de mercado no fueron capaces de encontrar. Sin embargo, entre los problemas con que se enfrentan estos consejos (además de su conformación) están su falta de capacidad técnica y el riesgo de burocratizarse, al transformarse en otra instancia más requerida para acceder a recursos públicos.

En contraste con la acción organizada de las asociaciones de carácter institucional examinadas en los estudios empíricos, que cuentan además con una relativa permanencia en el tiempo, se encuentran los «movimientos sociales». Estos movimientos, expresión *sui generis* de capital social, justifican su existencia en las zonas rurales ante la inoperancia del Estado en la resolución de los conflictos de distribución de la tierra y reducción de la pobreza. Trascienden la organización institucionalizada y en lugar del diálogo con las políticas sociales, ejercen, por el contrario, una presión organizada sobre temas muchas veces no viables a través de los mecanismos que el Estado dispone, como son el reclamo de tierras de propiedad indígena y de las tierras de calidad inexploradas por sus dueños.

En un sentido utópico, en el marco de las políticas sociales en que la demanda debe surgir de una participación organizada, los movimientos sociales tienen la opción de diálogo con el Estado y el sector privado, y por consiguiente, la instancia de presión podría ser superada. Sin embargo, lo cierto es que la selectividad de la oferta que existe en muchos de los programas para superar la pobreza rural, discrimina los intereses de los pequeños agricultores en temas centrales y responsables en gran parte de la pobreza rural, como son el acceso a la tierra y el agua. Temas que, además, se tratan aún muy marginalmente en los programas nacionales de reducción de la pobreza rural de gran parte de los países.

Éste era el caso, por ejemplo, de Brasil, donde surgieron numerosos movimientos sociales en la década de 1980, entre los que se encuentran los movimientos de los trabajadores rurales sin tierra, que nacieron en respuesta al cada vez más difícil acceso a ella, debido ya sea a cambios estructurales para modernizar la economía agropecuaria o a la falta de acceso a créditos en los períodos de los ajustes macroeconómicos.

Esta asociaciones se destacan como movimientos de lucha social y por su gran capacidad de movilización de masas, transformándose así en fuerzas políticas de consideración. Tal como señala Navarro (2001), a pesar de haber surgido como asociaciones informales, estos movimientos se han transformado, a lo largo del tiempo, en organizaciones formales con sus normas internas y su propia lógica constitucional. Sin bien sus normativas son consideradas por algunos analistas como poco democráticas, de hecho han surgido como instrumentos de adaptación a las condiciones adversas de lucha que enfrentan estos grupos.

Por sus características específicas, los movimientos sociales congregan a los sectores más marginales de la sociedad, quienes comparten algunos intereses comunes: los sin tierra, los sin techo y los sin empleo. Todos ellos son contestatarios del *statu quo* justamente por ser excluidos. Su importancia en Brasil fue la de colocar el acceso a la tierra en la agenda política e impulsar las acciones del Gobierno en lo que se refiere a la política agraria.

El movimiento hoy en día no se limita a la lucha por la tierra, sino que congrega a varias otras organizaciones de pequeños agricultores que ya lograron tierra, y realiza diversas actividades de apoyo a sus miembros, tales como programas de formación y educación, cooperativas, agroindustrias, y el sello social en la producción de semillas y productos orgánicos, entre otras.

Otras asociaciones con características de movimientos sociales, identificadas por Bebbington (1998b) y Molinas (2001), han sido por el contrario poco participativas en las actividades del desarrollo rural y en los programas para aliviar la pobreza. La pregunta que surge automáticamente es ¿cómo involucrar o hacer partícipes a estas asociaciones en el desarrollo rural, tal como ha venido ocurriendo con los movimientos sociales de trabajadores sin tierra en Brasil?

Existe alguna evidencia que permite pensar que organizaciones tales como sindicatos y movimientos sociales pueden ser discriminados por algunos organismos financieros internacionales y gobiernos, cuando demandan participación en los proyectos de inversión o en las políticas públicas, debido probablemente al temor a presiones de carácter político, como lo ejemplifica la formulación del proyecto Cédula da Terra.

Ello se explica por la oposición de los movimientos y sindicatos a ciertos aspectos estratégicos de las políticas y la dificultad de compatibilizar una política focalizada con el punto de vista de esas organizaciones verticalizadas, pero con fuertes bases sociales, que comúnmente tienen una visión propia e integralizada del desarrollo. Las ventajas de procurar un mayor intercambio de experiencias y cooperación, aunque sea limitado, no debe ser despreciado y puede contribuir enormemente a la superación de la pobreza.

6.   Implicaciones del capital social para las políticas sociales

Las experiencias acumuladas en las últimas décadas, a través de los programas y políticas dirigidos a mejorar las condiciones de vida en las zonas rurales, señalan la necesidad de mejorar las estrategias y los contenidos de las políticas sociales. Por lo general, una vez que tales políticas y programas no han alcanzado el éxito esperado: reducir significativamente la pobreza, la discusión acerca de las causas de los escasos resultados se centra en la gestión de los proyectos y la falta de gobernabilidad sectorial y de una institucionalidad adecuada. En consecuencia, no se hacen las inversiones necesarias en los diferentes tipos de capital, lo que impide que los programas se inserten efectivamente en la estructura de redes de la comunidad, no lográndose así una participación comunitaria ni una descentralización efectiva del Estado.

La «asociatividad» y la existencia de «redes», tanto en comunidades rurales como a nivel nacional, constituyen puntos centrales en este contexto, y ponen de relieve el concepto de capital social como una categoría analítica, que sintetiza y vincula estos dos elementos. Este concepto aparece como un componente necesario para mejorar el impacto y la sostenibilidad de las políticas y los programas. Para esto es indispensable la constitución de relaciones de confianza y reciprocidad, en un mundo rural donde las estructuras de poder dificultan enormemente la aplicación de las políticas sociales una vez que éstas se proponen, en última instancia, transformar las estructuras sociales.

De las experiencias presentadas sobre el papel de las distintas formas de capital social en un grupo seleccionado de proyectos de desarrollo rural, se derivan una serie de consideraciones y hechos que deben ser tomados en cuenta para el diseño, aplicación y monitoreo de programas y proyectos de desarrollo rural sostenible:

- La asociatividad entre individuos, familias, comunidades e instituciones está surgiendo cada vez más como una necesidad primordial en un escenario globalizante y competitivo, acompañada de un proceso de descentralización y democratización de la sociedad, que se está intensificando. En este contexto, el mundo rural se encuentra en desventaja si se compara con las zonas más urbanas, pues cuenta con menos medios de comunicación, estructuras sociales tradicionales de carácter vertical, poblaciones más pobres, más analfabetismo, más emigración, y otros. Estos elementos surgen con frecuencia en las evaluaciones de proyectos, como hechos que dificultan la asociatividad y la posibilidad de contar con instituciones eficientes para alcanzar un desarrollo rural sostenible y una disminución de la pobreza rural.

- En todos los proyectos analizados se destaca la necesidad de trabajar con asociaciones de base, como son las cooperativas, para lograr un desarrollo productivo sostenible. Al asociarse, los productores pasan a tener mayores posibilidades de sobrevivir y mantenerse competitivos, logrando generar economías de escala y asegurar la calidad de la producción. Aun cuando se enfatiza generalmente la asociación de individuos, no debe olvidarse la necesidad de promover alianzas, o relaciones de confianza, entre todos los agentes sociales involucrados en el proceso de desarrollo rural. Es en la ausencia de alianzas y de cooperación donde se originan muchos de los problemas que enfrentan los proyectos, como por ejemplo, la conocida descoordinación de las acciones emprendidas por instituciones públicas sectoriales y descentralizadas. Otra contradicción —o mejor dicho, ausencia de cooperación— se produce con el trabajo y las acciones de organizaciones autónomas —como las que tienen un carácter político, los movimientos sociales, los sindicatos o las tradicionales ONG— que promueven modelos de desarrollo alternativos y no siempre coincidentes con los propósitos de los proyectos o de los gobiernos.

- Generalmente se evalúan como insuficientes los efectos de los programas y proyectos en el bienestar de la población rural. Esas conclusiones normalmente no se basan en una evaluación detallada y consistente de proyectos y programas. Con relación a la sostenibilidad de los proyectos, los comentarios son más negativos aún. Las razones presentadas son bastante diversificadas, aunque se relacionan generalmente con el diseño y la aplicación. Entre ellas está el hecho de no considerar el período necesario para que las inversiones maduren y se logre un desarrollo productivo sostenible, y la falta de capacidad técnica y de gestión de los proyectos y de las asociaciones.

- Lo anterior, y así lo indican algunos de los casos estudiados, señala la necesidad de que en los programas y proyectos se enfatice la capacitación, o dicho de otro modo, el aumento de las inversiones en entrenamiento. Ese aspecto gana mayor relevancia en el marco de la descentralización, que requiere que las acciones previstas por las políticas sociales pasen a ser ejecutadas y autogestionadas a nivel local.

- Las experiencias analizadas sugieren que asociaciones locales, tales como las cooperativas, pueden crearse si existen objetivos claros, intereses comunes para ser defendidos y cuando las ventajas para sus futuros miembros son evidentes y proporcionan beneficios a corto plazo. Sin embargo, para otro tipo de organizaciones, como las de segundo orden, la experiencia en los Andes indica que para llegar a una asociación durable se precisa al menos de un período de 10 años con un apoyo externo constante. Por otra parte, las asociaciones vinculadas a los gobiernos han resultado poco estables debido a influencias políticas coyunturales, lo que refleja una incomprensión entre los papeles del Estado y del gobierno.

- Por su parte, las asociaciones existentes, que son las que más participan en los proyectos, generalmente requieren de un «empujón» fuerte de algún agente externo para que inicien su papel de gestor o actor de actividades de desarrollo, y así pasan a contribuir con el proceso virtuoso para aliviar la pobreza. Esta necesidad de contar con apoyo externo denota también la falta de capacidad de autogestión de las asociaciones existentes. Es decir, lo más complicado es llegar a una situación en que una asociación pueda generar de manera endógena nuevas actividades productivas, dado que no existe mucha evidencia sobre cuáles proyectos conducen a situaciones totalmente sostenibles, y en casi todos los casos presentados los proyectos y asociaciones siguen dependiendo de asistencia financiera y técnica externa.

- Independientemente de los resultados inherentes al impacto de los proyectos, siempre se evalúa de manera positiva el aumento de las relaciones con otros agentes, permitiendo —en teoría— un mayor acceso a información, mercados, créditos, y otros. Sin embargo, los estudios no califican la calidad de estas relaciones. O sea, en términos de capital social, no hay una evaluación del nivel de confianza de todas estas relaciones. Para lograr relaciones de confianza se requiere de acciones transparentes y sistemas de control externo. En este sentido, se señala la importancia de agentes externos como «auditores» de la gestión de las asociaciones, promoviendo así una cultura de rendición de cuentas (*accountability*). Los niveles de confianza también pueden incrementarse por la vía de mejorar la capacidad técnica y profesional de la asociación, lo que al mismo tiempo puede reducir posibles conflictos verticales.

- Cabe recalcar la importancia del papel del Estado, como uno de los agentes sociales para cierto tipo de actividades, como la provisión de servicios e infraestructura, las acciones «meta» con propósitos múltiples, y el envolvimiento del sector privado con el fin de lograr un desarrollo rural sostenible. En este marco, también cabe señalar la necesidad de redefinir el papel de las ONG en el desarrollo rural, si se considera que el voluntarismo no es duradero y el financiamiento para las ONG y la ejecución de modelos alternativos de desarrollo es cada vez menor. En efecto, se observa en la actualidad que algunas ONG se involucran en la ejecución de proyectos —no diseñados por ellas— en carácter de una empresa social.

A pesar de todos los riesgos y costos que lo anterior implica, los programas requieren de la creación, la utilización y el fortalecimiento de redes sociales de reciprocidad, cooperación y confianza en el territorio rural, sin descuidar todas las otras inversiones de capital que demandan las políticas y programas de desarrollo dirigidos a la superación de la pobreza rural.

En las zonas rurales, la evidencia de «capital social» funcional al desarrollo y a la superación de la pobreza se expresa a nivel de alianzas familiares, por ejemplo, por medio del pluriempleo de los miembros de los hogares de pequeños productores, así como en las alianzas de los pequeños productores para el uso compartido de la tierra y el desarrollo de actividades productivas. En los niveles medio y macro, esto se expresa por intermedio de movimientos sociales, movimientos cooperativos, comunidades indígenas y sindicatos. Por tanto, es indiscutible que existe capital social en el ámbito rural. Su captura y activación en la consolidación de una asociatividad que represente un insumo para una mayor productividad, se ve condicionada por la realidad de una estructura rural faccional, vertical e inmersa en una «diferenciación» de intereses heterogéneos y objetivos disímiles, cuyos ejes centrales giran en torno del acceso al recurso tierra y de las posibilidades de un uso rentable de éste.

Por ello, la utilización de estos recursos para la reducción de la pobreza requiere de su adaptación y activación en la perspectiva de los objetivos de los programas. En consecuencia, el capital social debe construirse o adaptarse sobre la base de lo existente, en función de los nuevos desafíos, minimizando los posibles conflictos de intereses, y con miras a una «alianza instrumental» entre los distintos grupos de poder, es decir, Estado, sector privado, campesinos, pequeños propietarios y trabajadores rurales. Ésta se debe producir en un contexto de construcción de «gobernabilidad del espacio rural» en torno de lo rural y lo agrícola, que implica una mayor coordinación nacional e institucional para asegurar la complementariedad de los programas destinados al mundo rural.

Finalmente, y volviendo a las inquietudes planteadas inicialmente, es claro que el capital social no constituye un fin en sí mismo, sino que es una condición necesaria para ejecutar ciertas actividades de manera eficiente y lograr la sostenibilidad de las asociaciones y actividades que alivian la pobreza. Dentro de ese marco, el capital social puede verse como el aceite que agiliza los mecanismos y las relaciones necesarias para lograr esos objetivos.

Dado que el capital social nunca está ausente y, que por otra parte, no tiene límites, los programas y proyectos deben activar al máximo posible el capital social existente, y modelarlo de forma tal que sea lo más funcional a los propósitos establecidos. En este sentido, el capital social es tanto un insumo inicial («punto de partida») como un resultado de los programas y proyectos («punto de llegada»). Mientras más capital social exista, mayores posibilidades habrá de que se logre un desarrollo rural sostenible, ya que mayores relaciones de confianza en todos los niveles permiten un mayor acceso a información tan necesaria para poder adaptarse a los cada vez más frecuentes cambios socioeconómicos, tecnológicos, políticos, entre otros.

En consecuencia, los programas y proyectos de desarrollo para reducir la pobreza rural deben contemplar en su diseño tanto la captura y activación del capital social existente, como su fomento y adecuación a lo largo del período de aplicación y ejecución de los proyectos. De esta forma, el capital social constituye, junto con la reducción de la pobreza rural, un resultado de las acciones propuestas, aumentando así las posibilidades de un desarrollo rural sostenible.

En tal escenario, y considerando las distintas dimensiones del capital social del que todas las instituciones estatales forman parte, de una u otra manera, el Estado tiene un papel importantísimo y continuo que jugar, proveyendo todos los elementos necesarios —particularmente en un marco de descentralización y democratización— para que se fomenten las relaciones de confianza en todos los niveles. En esta acción debe darse prioridad al acceso a la información, educación y capacitación de los más necesitados, actividad que no puede ser efectuada de manera organizada y continua por organizaciones voluntarias (como las ONG), ni por el sector privado, cuyos intereses no son necesariamente compatibles con las políticas sociales y económicas dirigidas a la reducción de la pobreza. Aun cuando en la realidad ciertos tipos de capital social se oponen o compiten con el Estado, éste debe verse como complementario y formando parte del capital social de que dispone una sociedad y, por tanto, es un actor esencial de fomentar. Asimismo, esto supone una nueva institucionalidad que una todas las dimensiones del capital social, desde los individuos hasta el Estado nacional, y donde las relaciones sean transparentes, de confianza y recíprocas.

Por último, conviene resaltar dos elementos clave para aumentar el capital social en una sociedad rural: la capacitación y la participación democrática, destinadas a asegurar un mejor aprovechamiento de toda la información que reciben los miembros de asociaciones a través de las redes de comunicación, y a fomentar estructuras verticales transparentes y de confianza. La combinación de estos dos elementos, conduciría además a asociaciones más técnicas y democráticas y con mayores posibilidades de adaptación a los cada vez más frecuentes cambios socioeconómicos y tecnológicos.

7. Reflexiones finales

Las interrogantes planteadas, tanto en el subtítulo como en las secciones introductorias, y que se discuten en las secciones centrales a partir de la literatura existente, no todas obtuvieron respuestas contundentes y claras, sino más bien indujeron nuevas preguntas e inquietudes.

Aun cuando el concepto de capital social especifica un aspecto crucial a considerar en las políticas, programas y proyectos de desarrollo rural sostenible y con miras a la reducción de la pobreza rural, es necesario no restringir el concepto a la asociatividad de los campesinos pobres, sino considerar también las otras dimensiones del capital social. Es decir, no es suficiente construir y fomentar relaciones de confianza entre individuos o entre organizaciones de base, pues éstas se insertan y se relacionan con otras asociaciones/organizaciones de orden superior, sobre todo con el sector privado y el Estado a diferentes niveles. Esto implica, necesariamente, crear y fomentar la confianza en estos niveles del capital social, hecho que resulta mucho más complejo que gestar asociaciones a nivel local en sociedades donde la desconfianza hacia el sector público (y en menor medida, el sector privado) es abrumadora.

Si bien se reconoce la importancia, utilidad y necesidad de procurar una mayor asociatividad entre los miembros de una comunidad, la práctica señala que ésa no es una tarea menor, y que se requiere de varios años para construir asociaciones estables —pero no necesariamente sostenibles y autónomas—, período durante el cual se precisa, además, de apoyo externo intensivo —tanto recursos financieros como asistencia técnica. Así, el fomento al capital social es un esfuerzo de largo plazo, que parece estar en contradicción con las necesidades apremiantes de los pobres rurales, lo que obliga a prestar atención al conjunto de demandas, tanto las inmediatas como de largo plazo.

Las asociaciones más exitosas han sido, generalmente, aquellas que contaban con objetivos específicos y claros, beneficios tangibles en el corto plazo, y una buena gestión empresarial. Sin embargo, algunas de estas experiencias también señalan que estas asociaciones tienden a ser exclusivas, y no benefician a los más pobres, lo que remite a la reflexión de cómo lograr la inclusión social de los más desprotegidos o carentes de todo tipo de capital.

Por otra parte, resulta evidente que lograr una autogestión de asociaciones que puedan generar su propia demanda es casi una utopía. La experiencia expuesta muestra que se requiere de impulsos externos (Estado, ONG, sector privado), principalmente si el objetivo es que estas organizaciones entren en un círculo virtuoso de desarrollo. Contrariamente, también existe el riesgo de que, al disminuir el apoyo externo, las asociaciones entren en un circulo «vicioso». Aunque la literatura que se ha examinado no resalta dichos riesgos, éstos son muy relevantes. Entre ellos, están los efectos que las políticas macroeconómicas pueden tener sobre los pobres rurales, impactos que superan, en la mayoría de los casos, los logros de las políticas sociales.

Bibliografía

Abramovay, Ricardo (2001), "Conselhos além dos limites", documento preparado para el Seminario "Desarrollo local y consejos municipales de desarrollo rural" (Porto Alegre, Brasil, 20 y 21 de junio).

Agrawal, Arun y Elinor Ostrom (1999), "Collective Action, Property Rights, and Devolution of Forest and Protected Area Management", inédito.

Aguilar, Omar (1996), "Campo y sistema en la teoría sociológica. Notas sobre una convergencia", inédito.

Bahamondes Parrao, Miguel (2001), *Evaluación y fortalecimiento del capital social campesino*, Informe final de consultoría, Comisión Económica para América Latina y el Caribe (CEPAL)/Instituto de Desarrollo Agropecuario (INDAP)/Instituto Interamericano de Cooperación para la Agricultura (IICA)/Proyecto de Desarrollo de Comunidades Campesinas y Pequeños Productores (PRODECOP), Santiago de Chile, enero.

Barros, Ricardo Paes de y Miguel Nathan Foguel (2001), "Focalização dos gastos públicos sociais e erradicação da pobreza no Brasil", inédito.

Bebbington, Anthony J. (1998a), "Reinventing NGOs and rethinking alternatives in the Andes", *The Annals of the american Academy of Political and Social Science*, Nº 554, noviembre.

___ (1998b), "Social capital and political ecological change in highland Ecuador: resource access and livehoods", documento presentado en la Conferencia anual de la Asociación Americana de Geógrafos (AAG) (Boston, Massachusetts, 25 al 29 de marzo).

___ (1997), "Reinventing NGOs and rethinking alternatives in the Andes", *The Annals of the American Academy of Political and Social Science*, Nº 544, Alan W. Heston (comp.), noviembre.

___ (s/f), "Sustaining the Andes? Social Capital and policies for rural regeneration in Bolivia", inédito.

Bebbington, Anthony J. y Thomas Carroll (1999), "Induced social capital formation in the Andes: indigenous federations and development", documento presentado en la Conferencia sobre Capital social y reducción de la pobreza, Banco Mundial (Washington, D.C., 22 al 24 de junio).

___(s/f), "Constructed social capital and federations of the rural poor", inédito.

Bebbington, Anthony J. y Octavio Sotomayor (1998), "Demand-led and poverty-oriented...or just subcontracted and efficient? Learning from (semi-)privatized technology transfer programmes in Chile", *Journal of International Development*, vol. 10, Nº 1.

BID (Banco Interamericano de Desarrollo) (2000), *Informe anual sobre desarrollo rural*, Washington, D.C., Divisiones de Medio Ambiente de los Departamentos Regionales y Unidad de desarrollo Rural del Departamento de Desarrollo Sostenible.

___(1998), *Estrategia para la reducción de la pobreza rural*, Washington, D.C.

Bourdieu, Pierre (1999), *Razones prácticas. Sobre la teoría de la Acción*, Barcelona, Editorial Anagrama.

___(1998), *Escritos de educação*, Petrópolis, Editora Vozes.

___(1987), "What makes a social class? On the theoretical and practical existence of groups", *Berkeley Journal of Sociology*, vol. 32.

Bravo, Rodrigo y Leonel Tapia (2000), "Modernización del Estado y su implicancia con Gobernabilidad: algunas interrogantes y consideraciones", inédito.

Brede, Dunja (2001), "A consultoria organizacional participativa. Um instrumento de trabalho junto às organizações de agricultores familiares e pescadores artesanais", Recife, inédito.

CEPAL (Comisión Económica para América Latina y el Caribe) (2001), "Minuta de antecedentes adicionales par el Banco Interamericano de desarrollo", Propuesta de la CEPAL para una Conferencia Regional sobre capital social y pobreza (Santiago de Chile, 24 al 26 de septiembre).

___(2001), *Capital social y políticas públicas. Investigaciones recientes*, serie Políticas sociales, Nº 55 (LC/L.1606/Add.1-P), Santiago de Chile. Publicación de las Naciones Unidas, Nº de venta: S.01.II.G.147.

___(2000a), *La brecha de la equidad: una segunda evaluación* (LC/G.2096), mayo.

___(2000b), *La brecha de la equidad: América Latina, el Caribe y la Cumbre Social*, serie Libros de la CEPAL, Nº 44 (LC/G.1954/Rev.1-P), diciembre. Publicación de las Naciones Unidas, Nº de venta: S.97.II.G.11.

___ (1998a), "Gestión de programas sociales en América Latina", Volumen 1, serie Políticas sociales, Nº 25 (LC/L.1114), julio.

___(1998b), "Metodología para el análisis de la gestión de programas sociales", Volumen II, serie Políticas sociales, Nº 25 (LC/L.1114/Add.1-P), Santiago de Chile, junio.

___(1997), Institucionalidad social para la superación de la pobreza y la equidad (LC/R.1768/Add.1), Santiago de Chile, diciembre.

___(1996), Los paradigmas de la política social en América Latina (LC/R.1625), Santiago de Chile, febrero.

___(1995), Las relaciones agroindustriales y la transformación de la agricultura (LC/L.919), Santiago de Chile, octubre.

CEPAL (Comisión Económica para América Latina y el Caribe)/Oficina Regional para América Latina y el Caribe de la FAO (1988), Reforma Agraria y Empresas Asociativas (LC/L.497), Santiago de Chile, diciembre.

CLAD (Centro Latinoamericano de Administración para el desarrollo) (1999), *Reforma y democracia*, Nº 13, febrero.

Coleman, James (1994), Foundations of Social Theory, Cambridge, Massachusetts, Harvard University Press.

Collier, Paul (2000), "Social capital in the creation of human capital", *Social Capital, A Multifaceted and Perspective*, Washington, D.C., Banco Mundial.

(1998), "Social Capital and Poverty", Social Capital Initiative Working Paper, Nº 4, Washington, D.C., Banco Mundial, noviembre.

Crozier, Michel (1989), *Estado modesto, Estado moderno: estrategia para el cambio*, México, D.F., Fondo de Cultura Económica.

Datt, Gaurav y Martin Ravallion (1992), "Growth and redistribution components of changes in poverty measures, a decomposition with applications to Brazil and India in the 1980s", *Journal of Development Economics*, vol. 38, abril.

De Janvry, Alain y Elisabeth Sadoulet (2000a), "New Approaches to Rural Development in Latin America", documento preparado para el Seminario Comisión Económica para América Latina y el Caribe (CEPAL)/Organización de las Naciones Unidas para la Agricultura y la Alimentación (FAO) "Experiencias exitosas para la reducción de la pobreza rural: lecciones para la reorientación de políticas" (Santiago de Chile, 27 y 28 de enero).

___(2000b), "Cómo transformar en un buen negocio la inversión en el campesinado pobre: nuevas perspectivas de desarrollo rural en América Latina", documento preparado para la Conferencia sobre Desarrollo de la Economía Rural y Reducción de la Pobreza en América Latina y el Caribe (Nueva Orleans, marzo).

David Dias, Mauricio y otros (2000), "Previsión rural en Brasil: análisis de su impacto y eficacia como instrumento de lucha contra la pobreza rural", documento preparado para el Seminario Comisión Económica para América Latina y el Caribe (CEPAL)/Organización de las Naciones Unidas para la Agricultura y la Alimentación (FAO) "Experiencias exitosas para la reducción de la pobreza rural: lecciones para la reorientación de políticas" (Santiago de Chile, 27 y 28 de enero).

Dirven, Martine (2001), "Entre el ideario y la realidad: capital social y desarrollo agrícola: algunos apuntes para la reflexión", documento preparado para la Conferencia "En busca de un nuevo paradigma: capital social y reducción de la pobreza en América Latina y el Caribe" (Santiago de Chile, 24 al 26 de septiembre).

Dirven, Martine y Liudmila Ortega (1996), Agroindustria y pequeña agricultura: síntesis comparativa de distintas experiencias (LC/R.1663), Santiago de Chile, agosto.

Durston, John (2001a), "Parte del problema, parte de la solución: el capital social en la superación de la pobreza en América Latina y el Caribe", Santiago de Chile, Comisión Económica para América Latina y el Caribe (CEPAL), inédito.

___(2001b), "Evaluando el capital social rural en una visión prospectiva del desarrollo rural chileno", Revista del Centro de Estudios del Desarrollo, Santiago de Chile.

___ (2001c), "Evaluando capital social en comunidades campesinas en Chile", inédito.

___(2001d), "Capital social y políticas públicas, transcripción ponencia reunión de los jueves", 21 de junio.

___(2000), ¿Qué es el capital social comunitario?, serie Políticas sociales, Nº 38 (LC/L.1400-P), Santiago de Chile, Comisión Económica para América Latina y el Caribe (CEPAL), julio. Publicación de las Naciones Unidas, Nº de venta: S.00.II.G.38.

Echeverría, Rubén (1998), "Estrategia para la reducción de la pobreza rural", inédito.

Escobal, Javier (2000), "Innovaciones recientes en la lucha contra la pobreza rural en América Latina: potencialidades y limitaciones", documento preparado para el Seminario Comisión Económica para América Latina y el Caribe (CEPAL)/Organización de las Naciones Unidas para la Agricultura y la Alimentación (FAO) "Experiencias exitosas para la reducción de la pobreza rural: lecciones para la reorientación de políticas" (Santiago de Chile, 27 y 28 de enero).

Escobar, Germán, Thomas Reardon y Julio A. Berdegué (2001), "Best practices and strategies for promoting non farm employment creation in rural development in Latin America", junio, inédito.

Espinoza, Vicente (1999), "El capital social", Documento de trabajo SUR, Nº 170, Santiago de Chile, octubre.

Fine, Ben (2001), Social Capital vs. Social Theory: Political Economy and Social Science at the Turn of the Millennium, Londres, Routledge.

___(1999), The development State is dead. Long live social capital?", Development and Change, vol. 30, La Haya, Instituto de Estudios Sociales (ISS).

Firth, Raymond (1961), *Elements of Social Organization*, Boston, Massachusetts, Beacon Press.

Franco de, Augusto (2001), *Capital social*, Brasilia, Instituto de Política Millennium.

Franulic D., Fernando (2000), *Documento de discusión interna sobre capital social: distinciones conceptuales básicas*, julio.

Fukuyama, Francis (2000a), "Social Capital and Civil Society", IMF Working Paper, Nº 00-74, documento presentado en la Conferencia del Instituto del FMI sobre la segunda generación de reformas (Washington, D.C., 8 y 9 de noviembre), Washington, D.C., Fondo Monetario Internacional (FMI), abril.

___(2000b), "Social Capital: The Problem of Measurement" (http://www.worldbank.org/wbi/mdf/mdf1/socicap.htm).

Fukuyama, Francis y Bernard Schwartz (2001), "Social Capital and Development: The Coming Agenda", discurso preparado para la conferencia "En busca de un nuevo paradigma: capital social y reducción de la pobreza en América Latina y el Caribe" (Santiago de Chile, 24 al 26 de septiembre).

Granovetter, Mark S. (1985), "Economic action and social structure: the problem of groups", *American Journal of Sociology*, vol. 91, Nº 3.

___(1973), "The strength of weak ties", *American Journal of Sociology*, vol. 78, Nº 6.

Hechter, M. (1990), "El logro de solidaridad en comunidades intencionales", *La racionalidad y sociedad*, vol. 2, Nº 2.

INDAP (Instituto de Desarrollo Agropecuario de Chile) (2001), "Texto de apoyo para abordar el estudio de capital social", versión preliminar, preparado para el curso "Evaluación y Fortalecimiento del Capital social en Comunidades Campesinas", Santiago de Chile, enero.

Kanbur, Ravi y Nora Lustig (1999), "Why is Inequity Back on the Agenda", documento preparado para la Conferencia Anual de Economías en Desarrollo del Banco Mundial, abril.

Kliksberg, Bernardo (2000), "Capital social y cultura, claves esenciales del desarrollo", Documento de divulgación, Nº 7, Buenos Aires, Banco Interamericano de Desarrollo (BID)/Instituto para la Integración de América Latina y el Caribe (INTAL).

___(1999), "Capital social y cultura, claves esenciales del desarrollo", *Revista de la CEPAL*, Nº 69 (LC/G.2067-P), Santiago de Chile, diciembre.

Knack, Stephen (2000), "Social Capital and the Quality of Government: Evidence from the U.S. States", Policy Research Working Paper, Nº 2504, Washington, D.C., Banco Mundial, diciembre.

Molinas, José R. (2001), "The interplay of the bonding, bridging, and linking dimensions of social capital. Evidence from rural Paraguay", documento inédito para la conferencia "En busca de un nuevo paradigma: capital social y reducción de la pobreza en América Latina y el Caribe" (Santiago de Chile, 24 al 26 de septiembre).

Morgan, Stephen L. (2000), "Social capital, capital goods, and the production of learning", *Journal of Social-Economics*, Nº 29, Elsevier Science Inc.

Morley, Samuel (2000), "Case studies of programs to combat rural poverty in Latin America", documento preparado para el Seminario Comisión Económica para América Latina y el Caribe (CEPAL)/Organización de las Naciones Unidas para la Agricultura y la Alimentación (FAO) "Experiencias exitosas para la reducción de la pobreza rural: lecciones para la reorientación de políticas" (Santiago de Chile, 27 y 28 de enero).

Narayan, Deepa (2001), *Bonds and Bridges: Social Capital and Poverty*, Washington, D.C., Banco Mundial.

Navarro, Zander (2001), *Mobilização sem emancipação: as lutas sociais dos sem-terrano Brasil. Produzir para viver. Os caminhos da produção não capitalista*, Rio de Janeiro, Civilização Brasileira.

___(1998), "O Projeto-Piloto "Cedula da Terra". Comentario sobre as condições sociais e político-institucionais de seu desenvolvimiento recente", documento preparado para el Banco mundial, noviembre.

North, Douglas C. (1993), *Instituciones, cambio institucional y desempeño económico*, México, D.F., Fondo de Cultura Económica.

OCDE (Organización de Cooperación y Desarrollo Económicos) (2001), *Du bien-être des nations. Le rôle du capital humain et social, Résumé*, París, mayo.

Ostrom, Elionor (1999), "Principios de diseño y amenazas a las organizaciones sustentables que administran recursos comunes" (www.fidamerica.cl).

___(1996), "Crossing the great divide: coproduction, synergy and development", *World Development*, vol. 24, Nº 6.

Parker, Cristián (2001), "Capital social en las representaciones juveniles: Un estudio en jóvenes secundarios", Capital social y políticas públicas en Chile: Investigaciones recientes, serie Políticas sociales, Nº 55 (LC/L.1606-P), Santiago de Chile. Publicación de las Naciones Unidas, Nº de venta: S.01.II.G.147.

Porter, Michael E. (1998), "Clusters and the new economics of competition", *Harvard Business Review,* noviembre-diciembre.

Portes, Alejandro y Patricia Landlot (2000), "Social capital: promise and pitfalls of its role in development", *Journal of Latin American Studies*, vol. 32, Cambridge University Press.

Putnam, Robert D. (1996), *Comunidade e democracia: a experiência da Itália Moderna*, Rio de Janeiro, Editora da Fundação Getúlio Vargas.

___(1993a), *Making Democracy Work. Civic Traditions in Modern Italy*, Princeton, Nueva Jersey, Princeton University Press.

___(1993b), "The prosperous community: social capital and public life", *The American Prospect*, Nº 13.

Reardon, Thomas (2000), "Challenges in fighting rural poverty in the globalizing economy of Latin America: focus on institutions, markets and projects", documento preparado para el Seminario Comisión Económica para América Latina y el Caribe (CEPAL)/Organización de las Naciones Unidas para la Agricultura y la Alimentación (FAO) "Experiencias exitosas para la reducción de la pobreza rural: lecciones para la reorientación de políticas" (Santiago de Chile, 27 y 28 de enero).

Robison, Lindon y Marcelo Siles (2001), "A social capital paradigm for poverty reduction: the MSU Position", documento preparado para la Conferencia Internacional "En busca de un nuevo paradigma: capital social y reducción de la pobreza en América Latina y el Caribe" (Santiago de Chile, 24 al 26 de septiembre), Santiago de Chile.

___(1999), "Social capital and household income distributions in the United States: 1980, 1990", *The Journal of Socio-Economics*, vol. 28.

Robison, Lindon, Allan Schmid y Marcelo Siles (2000), "Is Social Capital Really Capital?", noviembre, inédito.

Robison, Lindon y otros (2001), *Social Capital and Household Income distributions: Evidence from Michigan and Illinois*, Michigan State University, deciembre.

Ruerd, Ruben y Van Strien, Danielle (1999), "Social Capital and Household Income in Nicaragua. The Economic Role of Rural Organisation and Farmer's Networks", inédito.

Sarris, Alexander H. (2001), "The role of Agriculture in Economic Development and Poverty Reduction: an Empirical and Conceptual Foundation", enero, inédito.

Scott, John (2000), "Programa de Educación, Salud y Alimentación (PROGRESA)", documento preparado para el Seminario Comisión Económica para América Latina y el Caribe (CEPAL)/Organización de las Naciones Unidas para la Agricultura y la Alimentación (FAO) "Experiencias exitosas para la reducción de la pobreza rural: lecciones para la reorientación de políticas" (Santiago de Chile, 27 y 28 de enero).

Standing, Guy (2000), "Brave new words? A critique of Stiglitz's bank rethink", *Development and Change*, vol. 31, Nº 4, La Haya, Instituto de Estudios Sociales (ISS), septiembre.

Stiglitz, Joseph (2000a), "Formal and informal institutions", *Social Capital: A Multifaceted Perspective*, Partha Dasgupta e Ismail Serageldin (comps.), Washington, D.C., Banco Mundial.

___(2000b), *Democratic Development as the Fruits of Labour. Keynote Address*, Boston, Massachusetts, Asociación de Investigación de las Relaciones Industriales (IRRA), enero.

___(1999), "Whither Reform? Ten Years of the Transition. Keynote Address", documento presentado en la Conferencia anual del Banco Mundial sobre economía del desarrollo (Washington, D.C., 28 al 30 de abril).

Sudarsky, John (s/f), "Colombia's Social capital the National Measurement with the BARCAS", inédito.

Tapia, Leonel (1999), "Gestión y externalización de programas sociales: caso del Fondo de Inversión social del Paraguay", *Revista Paraguaya de Sociología*, año 36, Nº 106, septiembre-diciembre.

Touraine, Alain (1987), *Actores sociales y sistemas políticos en América Latina*, Santiago de Chile, Programa Regional del Empleo para América Latina y el Caribe (PREALC), Organización Internacional del Trabajo (OIT).

Tyler, William (2000), "Rural Land Markets in Latin America: Issues and Perspectives", versión preliminar, inédito.

Uslaner, Eric M. (2001), "Trust and Corruption: their Effects on Poverty", documento preparado para la Conferencia "En busca de un nuevo paradigma: capital social y reducción de la pobreza en América Latina y el Caribe" (Santiago de Chile, 24 al 26 de septiembre).

Véron, René (2001), "The New Kerala Model: lessons for sustainable development", *World Development*, vol. 29, Nº 4, abril.

Viales Hurtado, Ronny (2000), "Desarrollo rural y pobreza en Centroamérica en la década de 1990. Las políticas y algunos límites del modelo 'neoliberal'", *Anuario de Estudios Centroamericanos*, vol. 25, Nº 2, San José de Costa Rica, Universidad de Costa Rica.

Woolcock, Michael (1998), "Social capital and economic development: toward a theoretical synthesis and policy framework", *Theory and Society*, vol. 27, Nº 2.

Capítulo XV

Capital social e intensificación de las estrategias de vida: organizaciones locales e islas de sostenibilidad en los Andes rurales[1]

*Anthony Bebbington**

Introducción

Este trabajo abarca dos temas: i) una reflexión sobre las diversas tendencias de cambio ambiental y socioeconómico que se encuentran en la región andina; y ii) una reflexión acerca de los papeles de los actores de la sociedad civil —sobre todo las organizaciones indígenas y campesinas— en el proceso de intensificar la agricultura, el uso de recursos y las estrategias de vida. El objetivo es enfatizar tanto la diversidad local como las convergencias regionales en los procesos de transformación andina.

[1]   Este trabajo fue publicado en inglés bajo el título: "Social capital and rural intensification: local organizations and islands of sustainability in the rural Andes", *Geographical Journal 1997*, vol. 163, Nº 2, pp. 189-197, y se reproduce aquí con el permiso de la Royal Geographical Society de Gran Bretaña. Se basa en diferentes trabajos apoyados por la Fundación Inter-Americana (Estados Unidos), el Departamento para el Desarrollo Internacional (Reino Unido), la Fundación para el Desarrollo Agropecuario (FUNDAGRO) (Ecuador) y el Departamento de Desarrollo Social del Banco Mundial. Quisiera agradecer a Jim Robb, Simon Batterbury, Denise Bebbington, Scott Guggenheim, Galo Ramón, Víctor Hugo Torres, y B.L. Turner por todo lo que me han enseñado sobre estos procesos de organización social y desarrollo local.
*   Profesor Asociado del Departamento de Geografía, Codirector del Programa de Investigación y Enseñanza en Estudios para el Desarrollo, Universidad de Colorado, Boulder, tonyb@spot.colorado.edu.

Interesa aquí enfatizar la diversidad, no tanto para criticar las ortodoxias que insisten en que existe una crisis ambiental en los Andes (Leach y Mearns, 1996; Leach, Mearns y Scoones, 1998), sino para destacar la gran diversidad que hay entre las diferentes trayectorias ambientales en la región, y sugerir que de hecho existen islas de sostenibilidad en los Andes, aunque rodeadas de mares de desarrollo no sostenible. Sobre la base de esta observación, interesa averiguar cómo surgen estas "islas". Ese análisis permitirá identificar los factores que explican cómo, y porqué, ciertas localidades logran procesos de intensificación basados en procesos de acumulación local, que permiten un desarrollo más sostenible e incluyente. Nuestro interés en los patrones de este fenómeno descansa en el supuesto de que un análisis de los factores que han permitido frenar procesos de degradación y exclusión, y conducido a procesos más incluyentes, puede dar pautas para reflexionar sobre la promoción de procesos más sostenibles e incluyentes en las numerosas localidades donde aún prevalece un desarrollo no sostenible y poco equitativo.

La búsqueda de esos factores comunes es lo que nos sitúa frente a nuestro segundo tema, que son las organizaciones e instituciones de la sociedad civil. Trabajos anteriores estuvieron enfocados específicamente en el papel de las organizaciones de segundo grado en el desarrollo rural (Bebbington y otros, 1993). Aunque es evidente que estas organizaciones han desempeñado papeles relevantes en varias localidades, y podrían hacerlo igualmente en otras, al parecer es posible aprender una lección más general que se extrae de una revisión de la experiencia andina, cual es que las organizaciones e instituciones que pueden contribuir a la sostenibilidad local son de diferentes tipos y escalas. Pareciera que cuando las familias se relacionan con alguna otra institución, tienen más posibilidades de acceder a otros actores y organizaciones que influyen en las oportunidades locales y negociar con ellos.

El trabajo se inicia con una breve discusión acerca de un marco conceptual que permita trazar las relaciones entre el capital social y el manejo de recursos. Se presenta a continuación un esbozo analítico de seis trayectorias microrregionales de diferentes partes de los Andes, organizado en tres pares por razones analíticas. Sobre la base de estos casos, se elaboran las lecciones generales en cuanto a los factores que favorecen el surgimiento de las islas de sostenibilidad, y las lecciones más específicas sobre los papeles que, al respecto, pueden asumir el capital social y las organizaciones locales.

1.   El capital social y la gestión de los recursos naturales

El concepto del capital social se popularizó con el trabajo del politólogo Robert Putnam sobre el funcionamiento de la democracia en la Italia moderna (Putnam, Leonardi y Nanetti, 1993; también véase Coleman, 1990). Desde la publicación de este trabajo, el mundo en desarrollo muestra un creciente entusiasmo respecto del concepto y su posible utilidad (Serageldin y Steer, 1994). Un principio general, que surge de los debates sobre el capital social, es que las redes sociales y las formas asociativas que se encuentran en la sociedad civil pueden tener efectos muy profundos sobre el funcionamiento de los mercados y los Estados (Evans, 1995; 1996a, 1996b) y ser, a la vez, afectadas por los mismos Estados y mercados, o sea, por la economía política (Fox, 1996). En consecuencia, estas redes influyen sobre las tasas y la distribución social de los beneficios del crecimiento económico (ésta es una observación que tiene sus ecos en la economía institucional: por ejemplo, Klitgaard, 1995). En el caso de Italia, Putnam (1993) sugiere que la existencia de asociaciones cívicas fuertes conduce a una forma de gobierno más transparente y eficaz, y por consiguiente, a mejores indicadores de desarrollo socioeconómico. Por otra parte, además de su influencia sobre el Estado y el mercado, las organizaciones cívicas pueden ser importantes en cuanto actores del desarrollo (Bebbington, Quisbert y Trujillo, 1996).

Estas observaciones más generales son relevantes en el contexto de la gestión de los recursos naturales y la intensificación de la economía rural. En las discusiones sobre las transformaciones ambientales en tierras frágiles, se ha reconocido que las relaciones del mercado, las jerarquías sociopolíticas, el ejercicio del poder y el control social de los derechos (*entitlements*) y los patrimonios (*endowments*) en materia de recursos naturales se cuentan entre los factores más críticos para determinar si el capital natural se usa de una manera sostenible o no (Turner y Benjamin, 1994; Leach y Mearns, 1991; Mearns, 1996; Peet y Watts, 1996). En este sentido, habría que suponer que la existencia y la naturaleza de las instituciones locales —el capital social disponible para las poblaciones locales en sus interacciones con las esferas del mercado, el Estado y la sociedad civil— también serían importantes como factores para entender los procesos y patrones geográficos de intensificación, desintensificación y degradación. Una hipótesis sería que estas instituciones fortalecen la capacidad existente en el nivel de base para negociar con otros actores que regulan: el funcionamiento de diferentes mercados (de insumos, productos, servicios y recursos naturales); la generación de la tecnología; la información y el conocimiento; y la determinación de aquellas reglas que definen el acceso social a los medios de producción (sobre todo, tierras, bosques, aguas y otros recursos naturales). En consecuencia, pueden influir en los procesos que definen la distribución social de los derechos a través de los cuales se genera, se distribuye y se usa el valor que surge de la producción rural. A su vez, esto influye en la posibilidad y naturaleza de los procesos de intensificación local y en la distribución social de los beneficios de esta intensificación (Mearns, 1996; Leach y Mearns, 1991). Los estudios de caso presentados aquí sugieren elementos para explicar el desarrollo de estos procesos en los Andes.

2.   El contexto: ¿crisis en los Andes?

En el año 1991, el antropólogo William Mitchell publicó un libro con el título *Los campesinos vulnerables: cultivo, culto y crisis en los Andes,*[2] que era un estudio de comunidades en el departamento peruano de Ayacucho con las que el autor había mantenido contacto durante más de una década. Se trataba de un caso extremo, una de las zonas más pobres de Perú donde Sendero Luminoso había tenido mucha actividad. A pesar de que el trabajo adoleció de problemas metodológicos a consecuencia de la violencia, su análisis materialista del crecimiento demográfico, la degradación de recursos y la lenta estrangulación económica[3] del campesinado fue muy llamativo. Mediante un estudio etnográfico, Mitchell abordó la interrogante de si acaso muchas comunidades andinas como las de Ayacucho tenían realmente un futuro rural a largo plazo.

Mitchell no es el único en abordar este tema inquietante. Cada vez con mayor frecuencia se escuchan, o se leen, observaciones de diferentes partes de los Andes que sugieren que la economía campesina no sería viable (Painter, 1995; VMPPFM-Banco Mundial, 1998; van Niekerk, 1994). "Mirando el pasado, en la historia de la cooperación internacional en los Andes Bolivianos surge constantemente un tema dominante: la decepción sobre los resultados de los programas de desarrollo rural" (van Niekerk, 1997, p. 2). La pobreza sigue siendo grave y se concentra en las áreas rurales, sobre todo, entre grupos indígenas como puede verse en el cuadro XV.1 (véase también Psacharopoulos y Patrinos, 1994). En parte, esta situación se debe al hecho de que las instituciones que dominaban (y dominan) las sociedades andinas hacían que los grupos indígenas se concentraran en las tierras más frágiles y pobres —una observación que aun los analistas más cautos están dispuestos a aceptar (Denevan, 1989). Los datos que se presentan en el cuadro XV.1 sugieren, también, que existe una relación entre la pobreza, los problemas de productividad agrícola y el escaso acceso de los grupos indígenas a las tierras con menos limitaciones ecológicas.

---

[2]   En inglés: *Peasants on the Edge: Crops, Cult and Crisis in the Andes.*
[3]   En inglés, Henry Bernstein (1979) usa la frase *simple reproduction squeeze* para denotar, muy llamativamente, esta presión sobre el campesinado.

Cuadro XV.1
DIMENSIONES DE LA POBREZA RURAL EN LOS PAÍSES ANDINOS

	Bolivia	Ecuador	Perú	Colombia
Población rural como porcentaje de la población total	41	43	29	28
Pobreza rural como porcentaje de la pobreza total	55	60	39	70
Población indígena como porcentaje de la población total	57	30	41	...
Porcentaje de la población indígena por debajo de la línea de pobreza	90	85	79	...
Participación de la agricultura en el PIB	18	12	11	34
Fuerza de trabajo rural como porcentaje de la fuerza de trabajo total	40	35	34	20
Porcentaje de tierras libres de restricciones	14	8	12	5

Fuente: Elaboración del autor sobre la base de datos del Departamento LA3NR, Washington, D.C., Banco Mundial, 1996.

Dada esta situación, algunos comentaristas sugieren que las opciones futuras en los Andes son efectivamente dos, con trayectorias socioeconómicas y ecológicas muy diferentes (van Niekerk, 1994; Southgate y Whitaker, 1994). En la primera opción, se prevé una mantención de los niveles de emigración del campo, que conducirá finalmente a un decaimiento de las organizaciones, estructuras y formaciones económicas "tradicionales" en la zona andina. No obstante, habría una cierta recuperación ecológica como consecuencia de la disminución de la presión demográfica y la disponibilidad de retorno de ingresos que provienen de la emigración, permitiendo un uso menos intensivo de la tierra (Preston, 1998, lo describe para una región de Tarija en Bolivia). La otra opción gira alrededor de una intensificación significativa del uso productivo de los recursos naturales, fortaleciendo la productividad de la tierra y de la mano de obra, aumentando los ingresos que provienen de la agricultura y de otras actividades relacionadas con el uso de los recursos naturales y restaurando el capital natural para que vuelva a ser productivo. Esa restauración puede ser directa (por ejemplo, cultivos en terrazas (andenería), mejoramiento de suelos, riego, y otros), o indirecta (por ejemplo, una intensificación en una localidad permite un uso menos intensivo en otros lugares). Para comprender cuán posible es esta segunda opción —y cuán posible sería difundirla a otros lugares— resulta útil analizar aquellas áreas donde se ha observado un proceso de intensificación medianamente incluyente y sostenible, para ver qué clases de estrategia de vida y relaciones institucionales han sido adoptadas, y cómo estas poblaciones (y quiénes dentro de ellas) han logrado renegociar sus relaciones con los diversos mercados, actores e instituciones que históricamente las han excluido y desfavorecido, tanto a ellas como a sus ecologías, frente a la sociedad más amplia.

3.   ¿Islas de intensificación sostenible en los Andes?

Existen suficientes afirmaciones de la degradación ambiental en la literatura sobre la región andina, como para concluir que tales generalizaciones no son simplemente construcciones sociales que se deben a las interpretaciones sesgadas y equivocadas de los observadores occidentales (aunque sin duda hay muestras de ello: véase por ejemplo, el caso discutido por Preston, 1998). Sin embargo, es cierto que algunas de estas generalizaciones ocultan variaciones locales que podrían sugerir elementos para construir escenarios futuros alternativos y más optimistas. De hecho, más allá de las imágenes de crisis ecológica y social, sea en Cochabamba (Painter, 1995), Ayacucho (Mitchell, 1991), Puno (Collins, 1988) o Chimborazo, se encuentran también islas de esperanza. Son islas donde los círculos viciosos de pobreza, degradación y emigración han sido transformados en círculos virtuosos, en que el crecimiento, la acumulación, la intensificación, el mejoramiento de recursos degradados y la organización social parecen interactuar de manera sinérgica. En esta sección, se hace una breve presentación de seis casos de cambio microrregional, organizados en tres pares que, al ser comparados, arrojan luces en cuanto a los factores más importantes que podrían facilitar un mejoramiento de la economía rural. Los casos provienen de Ecuador y Bolivia (véanse los cuadros XV.1, XV.2 y XV.3).

Sablog y Gatazo

Tanto Sablog como Gatazo se ubican en los Andes centrales de Ecuador, específicamente en los cantones de Colta y Guamote, provincia de Chimborazo. En el imaginario general y popular, estos cantones se perciben como pobres y caracterizados por la emigración, la degradación de los suelos y el fracaso de la intervención en pro de su desarrollo. Hasta cierto punto, el caso de Sablog justifica tales percepciones. Esta es un área de suelos fértiles, aunque frágiles, que fue afectada por la Reforma Agraria (en realidad, las haciendas empezaron a dividirse antes de la Reforma). Desde entonces ha habido una presencia casi permanente de instituciones de desarrollo. En 1989, sin embargo, una encuesta que abarcó a 50 familias demostró que sólo 8 de ellas podían sostenerse sin tener que migrar, siendo la pérdida de suelos algo tangible y visible (Bebbington, 1990). Sin embargo, en otras áreas de Chimborazo, los procesos de migración y degradación parecen haber sido hasta cierto punto revertidos. Por ejemplo, la trayectoria de Gatazo es bastante diferente de la de Sablog, de la que no está muy distante (véase el cuadro XV.2). Gatazo también ha sido una zona de emigración, pero allí un proceso de intensificación agrícola basado en la horticultura ha frenado ese proceso, y de hecho hay migrantes que han retornado a la comunidad (Allen, 1993). Además, como la producción se concentra en las tierras húmedas y regadas de la pampa del valle, es posible que esto derive en una disminución de la presión sobre las tierras más frágiles, en la pendiente.

Cuadro XV.2
SABLOG Y GATAZO: INTENSIFICACIÓN BASADA EN LA COMUNIDAD

Sablog	Gatazo
Sistema de haciendas relativamente sostenible.	Sistema de haciendas relativamente sostenible.
Pequeñas zonas de "pampas", con tierras mayormente en pendiente. Agricultura en las pampas y ganadería en las pendientes.	Zonas de "pampas" importantes, principalmente en pendiente. Agricultura en las pampas y ganadería en las pendientes.
Años 1950-1960: las tierras se subdividieron como resultado de las ventas y de la reforma agraria.	Años 1950-1960: las tierras se subdividieron como resultado de las ventas y de la reforma agraria.
Se crearon siete organizaciones de base.	Se crearon organizaciones de base.
Los sistemas de cultivo trepan por las laderas a las zonas de gradientes más elevados.	Los sistemas de cultivo trepan por las laderas a las zonas de gradientes más elevados.
Tasa de emigración interna aumenta.	Tasa de emigración interna aumenta.
Años 1970-1980: comienzan las iniciativas agrícolas integradas con el desarrollo rural.	Años 1970-1980: mejoramiento de los caminos; comienzan a utilizarse tecnologías de la revolución verde.
Incorporación de las tecnologías de la revolución verde en los cultivos andinos tradicionales.	Un profesor universitario compra tierras adyacentes y comienza a experimentar con la producción hortícola intensiva; apoya las actividades hortícolas de las organizaciones de la "pampa".
Muy poco éxito en la introducción de tecnologías de conservación; la erosión se hace manifiesta.	
1989: sólo 8 familias de un total de 50, pertenecientes a dos comunidades, logran subsistir mediante la explotación de la tierra; el resto emigra. Reproducción social mediante la migración.	Los cultivos en la "pampa" se intensifican: sistema de gran densidad de insumos externos; acumulación; la emigración se interrumpe.
	La productividad de los cultivos en las laderas sigue siendo muy baja; la emigración continúa.

Fuente: Elaboración propia

Centro-sur Potosí y Quiwi Quiwi

Un contraste parecido, y quizás más dramático, proviene del centro-sur del Departamento de Potosí en Bolivia, en el área de influencia de una organización de segundo grado, Corporación Agropecuaria Campesina

(CORACA)-Potosí.[4] Potosí es una zona de altura, donde las opciones agrícolas son limitadas, sobre todo en los sectores más altos donde, históricamente, la economía minera ha tenido mucha importancia. Con la lenta crisis y el cierre que sobrevino de muchas minas y las limitaciones del sector agrícola, Potosí ha mostrado tasas de migración de tal magnitud que ha habido un cierto despoblamiento del Departamento (UNITAS, 1992). No obstante, en este contexto de estancamiento, se ha desarrollado en la comunidad de Quiwi Quiwi un sistema de producción intensiva, basado en el manejo colectivo de aguas de riego y la producción de cultivos hortícolas. Este proceso ha ido acompañado de la acumulación de capital en el nivel local, inversión productiva y social, inversión en sistemas de terrazas (andenería) y de una disminución en las presiones migratorias (véase el cuadro XV.3).

Cuadro XV.3
POTOSÍ Y QUIWI QUIWI: ¿ISLA O ESPEJISMO?

Potosí central	Quiwi Quiwi
Altitud: aproximadamente 3600 a 4200 m sobre el nivel del mar.	Ubicada también en Potosí central.
Clima frío y seco.	Altitud: aproximadamente 3 800 m sobre el nivel del mar; clima frío y seco.
Economía minera y agraria.	Economía agraria.
Las haciendas se subdividen a partir de los años cincuenta; economía minera en decadencia acelerada en los años ochenta.	Llega un cura. Facilita los vínculos con organismos de asistencia técnica y financiera.
Alternativas económicas: la emigración interna o la agricultura.	Se inicia un proceso de intensificación basado en la gestión organizada de los recursos hídricos.

Continúa

---

[4] Las CORACA (corporaciones agropecuarias campesinas) constituyen los brazos económicos de las federaciones sindicales de Bolivia.

Cuadro XV. 3 (conclusión)

Potosí central	Quiwi Quiwi
En 1983 la CSUTCB a/ crea una CORACA; b/ se trata de una empresa social, propiedad de los campesinos; al iniciarse el proceso impera la corrupción y la Corporación está a punto de desaparecer.	Alternativa basada en cultivos de gran valor, destinados a los mercados no locales.
Los migrantes radicados en Santa Cruz deciden volver a Potosí y recuperar la CORACA.	"Isla" de intensificación: acumulación evidente; poca emigración interna.
A fines de los años ochenta, la CORACA crea mercados periódicos y compite con los intermediarios.	
A principios de la década de 1990, la CORACA empieza a apoyar a los miembros en la producción de tubérculos y ganado.	
Emigración interna; declinación de la población en términos absolutos.	

Fuente: Elaboración propia
a/ Confederación Sindical Única de Trabajadores Campesinos de Bolivia.
b/ Corporación Agropecuaria Campesina.

Salinas y el Alto Beni

La parroquia de Salinas se encuentra en la provincia de Bolívar en las tierras altas de Ecuador, mientras que el Alto Beni se ubica en la ceja de selva en el Departamento de La Paz, Bolivia. Las dos regiones —aunque ecológicamente diferentes— presentan dos casos de intensificación agrícola muy importante: en Salinas, el proceso se basa en productos lácteos, y en el Alto Beni, en el cultivo de cacao. En ambas zonas, sus condiciones anteriores no habían sido muy favorables. En Salinas, la emigración fue significativa, y en el Alto Beni, los colonos provenientes del altiplano habían empezado a abandonar sus parcelas como consecuencia de fracasos productivos y problemas con la comercialización de los productos (Bebbington y otros, 1993; Bebbington, Quisbert y Trujillo 1996). En ambas localidades, una federación de organizaciones de base ha desempeñado un papel importante en el proceso de innovación e intensificación (en los dos casos, por más de 20 años). En Salinas, la federación se llama Fundación de Organizaciones Campesinas de Salinas (FUNORSAL) y en el Alto Beni, El Ceibo. En cada región, se ha dado prioridad a la producción para mercados de alto ingreso (mercados para productos lácteos en el caso de Salinas, y también mercados alternativos y de exportación en el caso de El Ceibo). El proceso de intensificación en estos dos casos ha afectado a un área más extensa que en los casos de Gatazo o Quiwi Quiwi, descritos antes. Más de 30 organizaciones de base (aproximadamente 800 familias) integran El Ceibo y alrededor de 23 organizaciones forman parte de FUNORSAL. En ambos casos, la emigración se ha reducido, la población ha invertido cada vez más en la viabilidad tanto de sus sistemas de producción como de sus localidades y ha habido un mejoramiento de ingresos que ha posibilitado la inversión en vivienda y educación (véase el cuadro XV.4)

Cuadro XV.4
SALINAS Y ALTO BENI: LOS PRODUCTORES SE ORGANIZAN EN FEDERACIONES
PARA INTENSIFICAR LA PRODUCCIÓN

Salinas	Alto Beni
Altitud: 3200 a 4000 m sobre el nivel del mar.	Zona de bosques de niebla húmedos.
Frío y seco.	Colonos llegan en los años sesenta; muchos fracasan; otros se quedan.
Sistema de haciendas, relativamente sostenible.	Los intermediarios restringen las posibilidades de acumulación de los productores locales.
Años cincuenta y sesenta: subdivisión de tierras sin mayores conflictos.	Década de 1970.
Parcelas relativamente grandes.	- El Estado inicia investigaciones sobre el cacao (en muy pequeña escala).
En los años sesenta y setenta comienza la emigración interna: se determina que la zona tiene posibilidades para la producción lechera.	- Primeras experiencias de cooperativismo dirigido por el Estado; éstas fracasan.
Llega un cura: inicia una labor de desarrollo comunitario con orientación empresaria.	- Comienza el apoyo de las ONG al cooperativismo. - La federación de colonos crea la Federación de Cooperativas El Ceibo para la comercialización del cacao.
Se movilizan recursos a través de la Iglesia y las redes de ONG.	1980-1981: llegan voluntarios alemanes.
Los intermediarios limitan la acumulación por parte de los productores locales.	Se desmoronan las investigaciones del Estado acerca del cacao.
Se inicia un proceso de cooperativismo vinculado a la transformación de la producción de productos lácteos.	El Ceibo genera beneficios y realiza pequeñas inversiones en mejoras tecnológicas.

Continúa

Cuadro XV. 4 (conclusión)

Salinas	Alto Beni
La Iglesia y las ONG facilitan el acceso a los mercados de altos ingresos.	Fines de los años ochenta: las redes de voluntarios y donantes fomentan el establecimiento de vínculos con organizaciones comerciales alternativas europeas.
Se inicia el proceso de acumulación.	El mercado empieza a exigir cacao orgánico.
Los beneficios se reinvierten en: actividades complementarias de transformación de productos; mejoras tecnológicas; solucionar los problemas de presión en los arbustales de gran altitud.	El Ceibo invierte en la generación de tecnología orgánica.
Resultado: creación de puestos de trabajo; regreso de migrantes, más de 1 millón de dólares en inversiones en infraestructura.	Resultado: 800 familias integran El Ceibo; se crean 70 puestos de trabajo; los colonos consolidan las tenencias; acumulación.

Fuente: Elaboración propia

4.   Factores que explican la intensificación

Más allá del hecho de que estos casos demuestran cuán diferentes pueden ser las trayectorias microrregionales en los Andes, aunque las microrregiones estén relativamente cercanas, ellos ayudan a identificar factores que explican por qué ha sido posible que algunas poblaciones locales logren revertir procesos de estancamiento socioeconómico vinculados a limitaciones ambientales o a la degradación ecológica.

Nichos ecológicos

Ha habido procesos de intensificación en aquellos contextos ecológicos que ofrecen la posibilidad de cultivar productos especializados de alto valor. En algunos casos, la ecología de tales nichos ha permitido el cultivo de productos de alto valor (por ejemplo, productos hortícolas de bajo riego); en otros casos (por ejemplo, en Salinas y el Alto Beni), ha sido el mismo aislamiento del lugar lo que ha dado paso a un proceso de intensificación, porque entonces hay menos posibilidades de que la inversión externa domine las iniciativas económicas locales.

Productos comerciales de alto valor

La producción de productos para mercados especializados y concentrados en los grupos de ingreso medio y alto, ha facilitado también la intensificación. Los ejemplos son varios: productos hortícolas en Gatazo y Quiwi Quiwi; cacao en el Alto Beni; leche y madera en Salinas. En los casos más exitosos, ha habido una agregación de valor a estos productos por medio de su transformación en queso, muebles, hongos secos, chocolate, y otros. En estos casos, la intensificación depende de relaciones de intercambio que permitan tanto un incremento en los ingresos familiares como una acumulación local de excedentes. Más aún, ello ha sido posible gracias a la renegociación de relaciones económicas existentes, caracterizadas por una dependencia de los comerciantes monopolistas —tal renegociación permite que los productores capten una porción más alta del valor de sus productos. Esto muestra que la existencia de mercados *per se* no es suficiente. Estos mercados tienen que ser renegociados para que ofrezcan un comercio más equitativo, permitan la entrada de más actores, e impulsen un proceso de acumulación y reinversión local.

Las tecnologías

El acceso a la tecnología moderna —no necesariamente a la "revolución verde"— también ha tenido gran importancia en los procesos de intensificación. La transformación hortícola en Gatazo dependió en buena medida de la posibilidad que tuvieron los productores de usar un paquete de tecnología para la producción intensificada. El éxito del modelo de El Ceibo dependió del acceso a nuevo material genético y, más recientemente, al conocimiento de las prácticas de producción orgánica moderna. Tanto en el Alto Beni como en Salinas, el uso de la tecnología para la transformación de productos ha sido un factor crucial. El acceso a una tecnología que permite la transformación de productos básicos en artículos procesados y de alto valor ha sido de suma importancia para entrar a los mercados especializados.

Los actores intermediarios y sus redes sociales

En cada uno de estos casos de "éxito", la intervención externa y los actores clave han desempeñado papeles muy importantes. Estos casos exitosos no se deben a una intensificación agrícola "autóctona" (Richards, 1985). Ellos más bien demuestran que es posible "construir" el capital social de una manera que facilita el desarrollo local (Evans, 1996a y 1996b). En Gatazo, una relación entre la comunidad y un profesor (agrónomo) de la universidad provincial facilitó el acceso a nuevas tecnologías. En Salinas (y otros lugares), la llegada de un sacerdote con una noción progresista y pragmática del desarrollo ayudó a catalizar el proceso de cambio local. En el Alto Beni, varias agencias de desarrollo y un grupo de cooperantes europeos acompañaron y facilitaron el proceso de intensificación por más de una década. En cada caso, estos individuos trajeron no sólo ideas, sino también (y tal vez lo más importante) redes de contactos que permitieron que las localidades expandieran sus redes de interacción e interrelación con otros actores, en otras localidades e instituciones. Tales redes atraviesan las fronteras nacionales e internacionales y hubiera sido muy difícil construirlas sin la relación con estos actores intermediarios.[5]

La organización

La existencia de una organización campesina ha sido importante en todos estos casos, pero su importancia ha variado entre las localidades. Por una parte, la organización social ayudó a crear ambientes favorables para un proceso de intensificación. En áreas como Salinas, Chimborazo y Potosí, las movilizaciones campesinas en los niveles locales, regionales y nacionales desempeñaron un papel relevante para catalizar las reformas agrarias que derivaron en la disolución de muchas haciendas, fomentando así el surgimiento de comunidades y familias independientes y propietarias. En estos procesos, las organizaciones movilizaron la demanda campesina por acceso a la tierra y otros recursos naturales.

Si bien la organización primeramente ayudó a crear las pre-condiciones para la intensificación, luego contribuyó a catalizar los procesos mismos de intensificación. Tanto en Salinas como en el Alto Beni, las federaciones de organizaciones de base han asumido papeles que hubieran sido impracticables para las organizaciones en el nivel de la comunidad. Ellas han introducido y administrado tecnologías para la transformación de productos agrosilvopastoriles; administrado programas para la adaptación y extensión de tecnologías dirigidos a sus miembros; y trabajado con ONG nacionales e internacionales, creando nuevos o mejores canales de comercialización (por ejemplo, mediante su papel en el acopio, la distribución y el control de calidad). En Quiwi Quiwi y Gatazo, la organización ha sido crucial para asegurar un manejo más coordinado y eficaz del agua. En términos más generales, la organización ha permitido que las localidades

---

[5]   Aquí se usa el concepto "intermediario" no de manera peyorativa; más bien el término es positivo y se refiere al papel que estos actores desempeñan en el proceso de expansión de las redes de contactos a las que diferentes localidades tendrán acceso. En este sentido, se usa el término de la misma manera que Thomas Carroll (1992), cuando habla de "las ONG intermediarias" y su importante papel en el desarrollo de base.

accedan a recursos controlados por otros actores e instituciones, y que en algunos casos puedan renegociar sus relaciones con estos actores, sobre todo en la esfera del mercado.

Tanto en el nivel federado como en el de base, la organización ha permitido ciertas economías de escala, mejorando la eficiencia y eficacia de las acciones locales. La existencia de una organización eficaz ha hecho posible que las poblaciones locales puedan actuar de una forma que de otra manera hubiera sido casi impensable: les ha permitido ejercer una presión más tangible sobre otras instituciones públicas y privadas; y asimismo, les ha dado acceso a los recursos controlados por estas instituciones.

5.   Conclusiones

Organizaciones campesino-indígenas: su papel en la transformación local

Es evidente que las organizaciones campesino-indígenas han asumido un papel influyente en las tendencias de cambio socioeconómico y ecológico en los Andes. En parte, han logrado estos impactos por medio de su trabajo de negociación, influencia y presión sobre las instituciones dominantes que históricamente han marginado a las poblaciones campesinas, aunque la manera de desempeñar ese dominio haya cambiado con el transcurso del tiempo. Al comienzo, su influencia se centró en el desafío a ciertas instituciones sociopolíticas, tales como la hacienda, la Iglesia y el Estado. Insistieron en que los campesinos tenían derecho tanto a acceder a recursos naturales y humanos, como a participar en procesos políticos, y produjeron cambios que han gravitado significativamente en la geografía de la relación naturaleza-sociedad en la región. Ahora bien, éstas no eran iniciativas totalmente autogeneradas; dependían mucho del apoyo técnico, logístico, financiero y político de diferentes actores: sacerdotes, ONG, sindicatos, partidos políticos, individuos clave, entre otros. En este sentido, las organizaciones campesinas surgían como consecuencia del contexto político económico más amplio, y no sólo a raíz de sus procesos internos.

Esta relación entre las organizaciones campesino-indígenas, otros actores y el contexto político económico es aún más evidente en las estrategias contemporáneas de estas organizaciones. Se nota que muchas de ellas empiezan a orientar sus acciones hacia las esferas económicas y del mercado, y no sólo hacia los temas políticos y de acceso a recursos. Comienzan a enfrentarse y relacionarse con las instituciones que generan tecnología, o que influyen en el acceso a los mercados, llegando hasta aquellas que influyen en las cadenas de exportación de productos. Lo hacen mediante iniciativas de tipo económico y de desarrollo, con menor énfasis en la retórica política de años anteriores. Tal cambio de énfasis parece reflejar una tendencia más general en los Andes, cual es que las organizaciones populares rurales empiezan a centrarse mucho más en las preocupaciones económicas de sus bases.

En este proceso, hay organizaciones de diversos tipos y de diferente escala que han asumido un papel en:

- la promoción de un mayor acceso campesino a diversos tipos de tecnología

- la generación de tecnologías y la administración de sistemas de generación y transferencia de tecnología

- la provisión de asistencia técnica a sus miembros

- la transformación de productos de mayor calidad para venta en mercados especializados

- el logro de un mayor acceso a nuevos mercados

En la mayoría de los casos, han desempeñado estos papeles conjuntamente con actores externos, a través de las redes de contactos con mercados e instituciones que tienen estos actores y de organizaciones de apoyo.

Bibliografía

Allen, A. (1993), "Dos Gatazos: Indigenous Organization and Political Strategy in Two Andean Communities", Tesis de grado, Departamento de Antropología, Universidad de Kentucky.

Bebbington, Anthony (1996), "Organizations and intensifications: small farmer federations, rural livelihoods and agricultural technology in the Andes and Amazonia", *World Development*, vol. 24, Nº 7.

___(1990), "Indigenous Agriculture in the Central Andes of Ecuador: The Cultural Ecology and Institutional Conditions of Its Construction and Its Change", Tesis de grado, Geografía, Universidad de Clark.

Bebbington, Anthony, Javier Quisbert y Germán Trujillo (1996), "Technology and rural development strategies in a small farmer organisation lessons from Bolivia for rural policy and practice", *Public Administration and Development*, vol. 16, Nº 3.

Bebbington, Anthony y otros (1993), "Fragile lands, fragile organisations. Indian organisations and the politics of sustainability in Ecuador", *Transactions of the Institute of British Geographers*, vol. 18, Nº 2.

Bernstein, Henry (1979), "African peasantries: a theoretical framework", *Journal of Peasant Studies*, vol. 6, Nº 4.

Candela (1995), *Comunicación personal*, Puerto Maldonado, Perú.

Carroll, Thomas (1992), *Intermediary NGOs: The Supporting Link in Grassroots Development*, West Hartford, Connecticut, Kumarian Press.

Coleman, James (1990), "Social capital", *Foundations of Social Theory*, James Coleman (comp.), Cambridge, Massachusetts, The Belknap Press of Harvard University Press.

Collins, Jane (1988), *Unseasonal Migrations: The Effects of Rural Labor Scarcity in Peru*, Princeton, Nueva Jersey, Princeton University Press.

Coomes, Oliver y Bradford Barham (1997), "Rainforest extraction and conservation in Amazonia", *Geographical Journal*, vol. 163, Nº 2.

Denevan, William M. (1989), "The geography of fragile lands in Latin America", *Fragile Lands of Latin America: Strategies for Sustainable Development*, John Browder (comp.), Boulder, Colorado, Westview Press.

Esman, Milton y Norman Uphoff (1984), *Local Organizations: Intermediaries in Rural Development*, Ithaca, Nueva York, Cornell University Press.

Evans, Peter (1996a), "Introduction: development strategies across the public-private divide", *World Development*, vol. 24, Nº 6.

___(1996b) "Government action, social capital and development: creating synergy across the public-private divide", *World Development*, vol. 24, Nº 6.

___(1995), *Embedded Autonomy: States and Industrial Transformation*, Princeton, Princeton University Press.

Fox, Jonathan (1996), "How does civil society thicken? The political construction of social capital in rural Mexico", *World Development*, vol. 24, Nº 6.

IAF (Inter-American Foundation) (s/f), Varios; documentos de proyectos, Arlington, Virginia.

Klitgaard, R. (1995), "Institutional Adjustment and Adjusting to Institutions", World Bank Discussion Paper, Nº 303, Washington, D.C., Banco Mundial.

Leach, Melissa y Robert Mearns (1991), *Poverty and the Environment in Developing Countries. Report to ESRC*, Swindon, Consejo de Investigación Económica y Social (ESRC).

Leach, Melissa y Robert Mearns (comps.) (1996), *The Lie of the Land: Challenging Received Wisdom on the African Environment*, Londres, James Currey.

Leach, Melissa, Robert Mearns e Ian Scoones (1998), "Challenges to community based sustainable development: dynamics, entitlements, institutions", *IDS Bulletin*, vol. 28, Nº 4.

Mearns, Robert (1996), "Environmental Orthodoxies and Environmental Entitlements", documento presentado en la Conferencia sobre transformaciones ambientales en países en desarrollo, Royal Geographical Society (Londres, 16 de octubre).

Mitchell, W. (1991), *Peasants on the Edge. Crops, Cult and Crisis in the Andes*, Austin, Texas, University of Texas Press.

Painter, M. (1995), "Upland-lowland linkages and land degradation in Bolivia", *The Social Causes of Tropical Deforestation in Latin America*, M. Painter y W. Durham (comps.), Ann Arbor, University of Michigan Press.

Peet, Richard y Michael Watts (comps.) (1996), *Liberation Ecologies: Environment, Development, Social Movements*, Londres, Routledge.

Preston, David (1998), "Post-peasant capitalist graziers: the 21st century in southern Bolivia", *Mountain Research and Development*, vol. 18, Nº 2.

Psacharopoulos, George y Harry Patrinos (1994), *Indigenous Peoples and Poverty in Latin America: An Empirical Analysis*, Washington, D.C., Banco Mundial.

Putnam, Robert, Robert Leonardi y Rafaella Nanetti (1993), *Making Democracy Work: Civic Tradition in Modern Italy*, Princeton, Nueva Jersey, Princeton University Press.

Richards, Paul (1985), *Indigenous Agricultural Revolution: Ecology and Food Production in West Africa*, Londres, Hutchinson.

Serageldin, Ismail y Andrew Steer (1994), "Epilogue: expanding the capital stock", *Making Development Sustainable: From Concepts to Action*, Environmentally Sustainable Development, Occasional Paper series, Nº 2, Ismail Serageldin y Andrew Steer (comps.), Washington, D.C., Banco Mundial.

Southgate, Douglas y Morris Whitaker (1994), *Economic Progress and the Environment. One Developing Countries' Policy Crisis*, Nueva York, Oxford University Press.

Turner, B.L. y P. Benjamin (1994), "Fragile lands: identification and use for agriculture", *Agriculture, Environment and Health: Towards Sustainable Development into the 21st Century*, V. Ruttan (comp.), Minneapolis, University of Minnesota Press.

UNITAS (Unión Nacional de Instituciones para el Trabajo de Acción Social) (1992), *Sistematización de las experiencias de CORACA (1984-1991)*, La Paz.

VMPPFM (Vice Ministerio de Participación Popular y Fortalecimiento Municipal)/ Banco Mundial (1998), *Estudio de productividad rural y manejo de recursos naturales: Informe principal*, La Paz, mayo.

van Niekerk, Nico (1997), "La cooperación internacional y las políticas públicas: el caso de las zonas andinas de altura de Bolivia", ponencia presentada en el Seminario Internacional sobre Estrategias Campesinas (Sucre, Bolivia, 3 y 4 de abril).

___(1994), "El desarrollo rural en Los Andes. Un estudio sobre los programas de desarrollo de Organizaciones no Gubernamentales", *Leiden Development Studies*, Nº 13, Universidad de Leiden.

Capítulo XVI

Desarrollo de aldeas rurales y capital social

Linda G. Smith[*]

Cristopher Johnson[**]

Antecedentes y panorama general

Desde 1982, el Center of Humanitarian Outreach and Inter-Cultural Exchange (CHOICE Humanitarian), con sede en Salt Lake City, Utah, Estados Unidos de América, se ha dedicado a prestar servicios humanitarios mediante el desarrollo sostenible de aldeas rurales. En su declaración de objetivos, CHOICE Humanitarian "propone soluciones a los sufrimientos derivados de la pobreza en las aldeas rurales mediante metodologías sencillas, iniciativas autosostenibles y programas de sensibilización de la población".

Los modelos de prácticas de desarrollo de CHOICE Humanitarian se basan principalmente en los escritos y las investigaciones del Dr. James Mayfield, profesor de la Universidad de Utah, que hace poco se acogió a jubilación. El Dr. Mayfield ha cumplido una carrera larga y distinguida en el campo del desarrollo internacional y ha recibido numerosos reconocimientos por sus investigaciones, logros y publicaciones. Durante 30 años se dedicó a la enseñanza de temas relativos al desarrollo en la

---

[*]   Presidenta del Center of Humanitarian Outreach and Inter-Cultural Exchange (CHOICE
        Humanitarian), lsmith@choicehumanitarian.org.
[**]   Director de Operaciones en Terreno del Center of Humanitarian Outreach and Inter-Cultural
        Exchange (CHOICE Humanitarian), cjohnson@choicehumanitarian.org.

Universidad de Utah. Actualmente se desempeña como miembro de la Junta Directiva de Políticas de CHOICE Humanitarian y ha jugado un papel importante en la elaboración del enfoque de la institución sobre el desarrollo sostenible.

CHOICE está implementando proyectos de desarrollo en Bolivia, Guatemala, Kenya, México, Nepal y Viet Nam. Y está considerando la posibilidad de iniciar nuevos proyectos en otros países en la medida en que se disponga de los fondos y recursos necesarios. La mayoría de los miembros de esta organización son ciudadanos del país en que trabajan y muchos de ellos han sido criados en aldeas rurales, donde han podido aprovechar las oportunidades que se les han presentado y dedicarse a ayudar a los habitantes en el logro de sus metas.

Introducción

Para esta presentación se pidió a CHOICE Humanitarian que transmitiera alguna de sus experiencias, a fin de ilustrar la enseñanza del concepto de "capital social" y sus aplicaciones prácticas. Si bien este término es relativamente nuevo para la organización, CHOICE ha empleado el concepto durante los últimos 20 años en muchos proyectos exitosos de desarrollo comunitario en todo el mundo. A pedido de los habitantes de las aldeas, la institución proporciona capacitación y recursos para ayudarlos a desarrollar su capacidad de trabajar en conjunto como comunidad y comenzar a crear redes fuera de ella, a fin de acceder a nuevos recursos. Se pidió al personal en terreno de la organización, y a los facilitadores de algunos de los países en que ésta implementa sus proyectos, que transmitieran sus experiencias y demostraran la labor que realizan para desarrollar el capital social de las aldeas. Estas experiencias se exponen a continuación del siguiente comentario sobre la forma en que CHOICE aborda el tema del capital social.

A.   ¿Cómo concibe CHOICE Humanitarian el "capital social"?

Para el Dr. James Mayfield (1997):

«La impotencia de los pobres de las aldeas rurales aisladas es el resultado de un proceso de negación de identidades y roles valorados, por una parte, y de recursos, por la otra —todos los cuales constituyen un requisito previo para que cada persona pueda ejercer influencia sobre las demás y para un funcionamiento social eficaz...»

Mientras el "mundo exterior" siga estando fuera del alcance de la aldea, la probabilidad de que la comunidad pueda quebrar colectivamente el ciclo de la pobreza es mínima. La adopción aislada de medidas de apoyo no tendrá repercusiones positivas duraderas si aquéllas no pueden consolidarse asegurando un apoyo continuado desde el exterior. Uno de los programas más importantes que puede ser desarrollado con cualquier comunidad es la creación de un sistema integral de redes con la administración pública nacional, las ONG nacionales e internacionales y empresas privadas nacionales e internacionales. Christopher Johnson, Director de Operaciones en Terreno de CHOICE Humanitarian, ha dicho lo siguiente: "Si dejamos a una aldea sin un programa vibrante de creación de redes, la estamos abandonando. Si dejamos a la aldea con un buen sistema de redes, le damos la posibilidad de lograr cosas que nuestra organización jamás hubiera podido ofrecerle".

CHOICE Humanitarian considera que el primer paso para lograr que las aldeas puedan acceder y aprovechar los recursos del mundo exterior consiste en alentarlas a organizarse sobre la base de los principios del desarrollo sostenible. Con la ayuda de un facilitador, los pobladores identifican sus necesidades y las clasifican conforme a sus prioridades, empleando un instrumento de autoevaluación elaborado por Mayfield (1997) y denominado "Veinte Indicadores de Progreso" (véase el anexo final). Un elemento esencial del proceso es alentar y enseñar a la comunidad a trabajar en forma conjunta y establecer metas que beneficien a todos. Luego, los habitantes de la aldea elaboran un plan para lograr las metas definidas. Una vez que comprenden las ventajas de trabajar juntos en beneficio de toda la comunidad, suelen ser muy eficaces para definir sus necesidades y determinar la forma de satisfacerlas; sin embargo, no tienen acceso a quienes poseen los recursos necesarios para lograr sus objetivos.

B.   Desarrollo comunitario

Una vez que la comunidad ha completado la evaluación de los "Veinte Indicadores de Progreso", el paso siguiente en el proceso de desarrollo de CHOICE es la identificación de un proyecto sostenible, elaborado por iniciativa propia. "Las comunidades surgen de la práctica; son grupos unidos por actividades compartidas". Los primeros proyectos decididos por la comunidad se convierten en los cimientos que los facilitadores de desarrollo rural de CHOICE utilizan para desplegar la capacidad comunitaria de emprender nuevos proyectos.

Según Robert Putnam (1993):

«El acervo de capital social, como la confianza, las normas y las redes, generalmente se refuerza a sí mismo y es acumulativo. La posibilidad de colaborar en un proyecto genera vínculos y confianza —un activo social que facilita la colaboración futura en otras tareas. Como ocurre con el capital convencional, quienes poseen capital social suelen acumular más— quienes más tienen, más reciben».

Hace poco, los habitantes de una aldea de Bolivia demostraron este principio comenzando por proyectar y construir un sistema comunitario de abastecimiento de agua. Mediante este sistema se transportaba agua desde un arroyo distante a un lugar central de la aldea al que todos tenían acceso. Sobre la base de la experiencia y el orgullo generados por este logro, decidieron que podían hacer más. En poco tiempo, el nuevo sistema de abastecimiento de agua estaba conectado a todos los hogares de la aldea. Incluso se instaló un grifo al lado de la letrina pública para lavarse las manos.

Los proyectos comunitarios también han servido de catalizadores para incorporar a los miembros más marginados de la comunidad —en muchos casos, las mujeres— a las redes. Valgan como ejemplo los grupos femeninos de ahorro de CHOICE en México, y el banco de microcréditos para mujeres de CHOICE en Kenya. Ambos proyectos unieron a las mujeres que habían vivido en la misma aldea durante años y, sin embargo, nunca antes habían logrado apoyarse mutuamente e interactuar en función de sus intereses comunes. Hoy día, todas sienten la necesidad de apoyarse recíprocamente. Para estas mujeres, este tipo de interacción les ha permitido generar capital social por primera vez en sus vidas.

«Si no existe comprensión en un grupo de gente, es poco probable que éste pueda crear capital social. Si carecen de ideales u objetivos comunes, resulta difícil imaginar por qué habrían de colaborar entre sí o cómo podrían lograrlo» (Adler y Sook-Woo, 2000).

Los «Veinte Indicadores de Progreso» permiten adquirir experiencia en la formulación de metas comunes. Luego, el proyecto en sí aporta una experiencia compartida que contribuirá a fortalecer el sentido comunitario y aumentar el capital social interno.

El desarrollo de capital social «externo» en una aldea generalmente es el resultado de la intervención de una organización ajena a la comunidad. Tradicionalmente, los habitantes de la aldea son excluidos por quienes manejan el poder en las ciudades de los países en desarrollo. Ello se debe a la discriminación racial, religiosa, de clase u otros prejuicios. A esto puede sumarse el hecho de que quienes detentan la autoridad no sienten mayor interés por los habitantes de la aldea. Prestarles atención o hacerles un favor no servirá, necesariamente, para promover la carrera de un político destacado o incrementar su popularidad. Sin embargo, cuando se trata del director de una organización no gubernamental estadounidense, que goza de gran reconocimiento y posee una amplia red de contactos, los políticos suelen hacer lo indecible para satisfacer los pedidos de apoyo.

CHOICE Humanitarian «presta» su capital social a los dirigentes de la aldea. Tras algunas visitas a los políticos, acompañados por un representante de esta organización, estos dirigentes logran desarrollar una relación propia. A la larga, podrán obtener una entrevista con los encargados de adoptar las decisiones sin necesidad de que los acompañe el director de CHOICE o alguno de sus representantes. De esta manera, la aldea acumulará y desarrollará su propio capital social.

C.   Instrumentación y aplicación del capital social de CHOICE y resultados obtenidos

Ejemplo 1: México

Según Juan Luis Alducin, Director Nacional de CHOICE Humanitarian de México:

«La zona de Irapuato, Guanajuato, tiene un clima seco y desértico. El problema del agua potable es grave y afecta a todos. La contaminación de los ríos provoca muchos problemas sanitarios. El régimen alimentario de los habitantes de las aldeas es muy limitado.

«En nuestra ciudad, como en otros lugares de América Latina, generalmente las comunidades más alejadas son las más abandonadas, los servicios son escasos y están plagadas de problemas. Cinco de estas comunidades, geográficamente distantes, trabaron una relación muy estrecha para tratar de solucionar el problema del abastecimiento de agua.

«Antes de comenzar la estación de las lluvias, los dirigentes de estas comunidades se reunieron para tratar esta cuestión, así como la falta de interés del gobierno en ayudarlos. Invitaron a la filial mexicana de CHOICE Humanitarian a participar en una de estas reuniones. Me hice presente y escuché las soluciones propuestas. Recordé que conocía a una persona que podía serles útil.

«Hablé con el jefe del Servicio Médico Municipal de Irapuato y lo invité a visitar las comunidades. Aceptó hacerlo porque nos unía una relación personal. Nos acompañó para escuchar a la gente y las soluciones propuestas.

«Después de la visita, invitó a los líderes de la comunidad a concurrir al Palacio Municipal para hablar con el Presidente Municipal de Irapuato. Se ocupó de concertar una entrevista y presentó a cada uno de los líderes comunitarios al Presidente. Éste los escuchó y los invitó a volver en un plazo de 15 días. Posteriormente, habló con algunos de sus amigos y adquirió muchos elementos para ayudar a la gente de esas comunidades a lograr el objetivo que se habían propuesto, incluso facilitó el uso de un vehículo oruga para construir un dique de tierra, el pago de 600 horas de trabajo para construir filtros para el agua pluvial y un programa de reforestación orientado a recuperar el suelo y detener la erosión».

Un paso importante para desarrollar el capital social de las aldeas es enseñar a sus líderes a determinar cuáles son los recursos potenciales y cómo ubicarlos. Muchas veces los programas y los fondos existen, pero como carecen de capital social, los habitantes de las aldeas no tienen conciencia de las soluciones posibles.

En México también existe la posibilidad de que el Gobierno proporcione el personal y los suministros necesarios si la comunidad construye una escuela o un dispensario en la aldea. El personal en terreno de CHOICE ha ayudado a muchas aldeas a obtener información respecto de los programas auspiciados por el Gobierno. Por ejemplo, existen programas para ayudar a las personas a adquirir animales de cría, como porcinos o pollos, a precios muy rebajados. Sin embargo, muchas aldeas en las que CHOICE Humanitarian ha trabajado están muy alejadas y prácticamente no tienen conexión con los recursos externos y, por lo tanto, carecen de este tipo de información.

En las comunidades rurales la tasa de analfabetismo es muy elevada, tanto para los hombres como para las mujeres. Cuando la filial mexicana de CHOICE trabajaba en la aldea de Garbanzo, las mujeres del Programa de Cajas Alcancías pidieron al personal en terreno de la organización que auspiciara clases de lectura y escritura.

En particular, las mujeres tenían mucha vergüenza porque no podían ayudar a sus niños con las tareas escolares. También querían aprender a sumar y restar para trabajar juntas en el Programa de Cajas Alcancías.

Durante una reunión familiar, Juan Alducin, Director Nacional de la filial mexicana de CHOICE, comentó este problema a sus primos, lo que motivó una discusión sobre las soluciones posibles. Se acababan de plantar las semillas del capital social. Uno de los primos tenía un amigo miembro del Rotary Club. Éste manifestó que tenía sumo interés en hacer algo significativo para las comunidades rurales. Juan Alducin se reunió con él y se enteró de la existencia de un programa de alfabetización, respaldado por el Rotary Club, denominado «Yo Puedo». Se trata de un método muy sencillo que permite aprender a leer y a escribir con ayuda de un pequeño libro con dibujos, letras, palabras y números. Los alumnos pueden estudiar a su propio ritmo.

Juan organizó la visita de 12 miembros del Rotary Club a la aldea. Éstos distribuyeron los manuales de alfabetización, lápices, gomas de borrar y marcadores. Se seleccionó a un poblador de la aldea para que recibiera capacitación en Irapuato y ayudara en la ejecución del programa.

Al cabo de cuatro meses se realizó una clase de graduación. De los 18 pobladores que habían iniciado el curso, se graduaron 12. En este caso el éxito puede atribuirse al tipo de capital social más sencillo: hacer correr la voz entre los amigos.

Ejemplo 2: Bolivia

En el manual de desarrollo titulado *Two Ears of Corn*, Roland Bunch (1982) decía lo siguiente: «Muchas veces, los pobres no tienen suficiente confianza en sí mismos como para acercarse a las grandes organizaciones y carecen de los conocimientos adecuados como para saber qué deben preguntar ... esto puede lograrse mediante programas sencillos, es decir, una infraestructura humana capaz de salvar la brecha entre las grandes organizaciones (o las entidades del Estado) y los pobres».

En un informe del Director Nacional de la filial de CHOICE Humanitarian en Bolivia, Willy Mendosa, se explica cómo procedió la organización para resolver una situación de este tipo. En ese país opera con el nombre de Fundación Andina para la Niñez (FAN). CHOICE ha estado trabajando en Bolivia desde 1982 y goza de una reputación excelente ante las entidades gubernamentales locales y nacionales. Willy Mendosa aprovecha este activo de capital social en beneficio de muchas aldeas pequeñas.

En general, los líderes de las pequeñas aldeas rurales de Bolivia solicitan proyectos a las oficinas de los alcaldes. Éstos se enfrentan con el problema de la falta de fondos y una lista aparentemente interminable de pedidos de las aldeas. A menos que exista un motivo especial para que presten atención a una propuesta determinada, su reacción más probable es agregar la nueva propuesta a la lista y dejar que duerma el sueño de los justos. Además, la legislación prohíbe a los alcaldes financiar más del 50% del costo del proyecto y entregar dinero directamente a la aldea. Los fondos se entregan a los comerciantes, proveedores y contratistas que proporcionarán los insumos, los conocimientos especializados y los materiales necesarios para cada proyecto.

Sin embargo, desde hace muchos años la FAN ha estado trabajando con las oficinas de los alcaldes de la zona y conoce perfectamente los mecanismos de financiamiento del Gobierno. La organización también se ha ganado la reputación de ser muy eficaz en obtener fondos para los proyectos. Esto interesa especialmente a los alcaldes, porque les permite ejecutar mayor número de proyectos en el marco del presupuesto disponible. Para el político, el resultado es una mayor popularidad y más posibilidades de ser reelecto. En consecuencia, cuando se presentan proyectos a la oficina del alcalde con el respaldo de la FAN, reciben inmediata atención y tienen mucho más probabilidades de obtener los fondos necesarios.

Una vez que el líder de una aldea ha logrado conducir a buen término uno o dos proyectos, se convierte en una buena inversión para la oficina del alcalde. Ha adquirido una reputación de persona organizada, responsable y capaz. Así, la aldea puede aprovechar esa reputación cuando presente proyectos en el futuro.

La FAN y la comunidad de Katchiri de Bolivia han trabajado juntas para desarrollar un sistema comunitario de abastecimiento de agua potable. Si bien habían reunido los recursos disponibles, el dinero no alcanzaba para comprar los tubos necesarios para el proyecto. Willy Mendosa, Director Nacional de CHOICE y el líder de la comunidad recurrieron al director de la fábrica de tubos. Tenían todas las especificaciones del proyecto y un detalle del dinero disponible. El director de la fábrica quedó impresionado por el nivel de preparación de sus visitantes, y les otorgó un descuento significativo que permitió a los pobladores comprar los tubos que se requerían.

Willy y Máxima Mendosa han desarrollado un programa denominado Mi Escuelita, que es un buen ejemplo de lo que puede hacer una ONG para actuar de catalizador y reunir a personas de distintas redes con el objeto de apoyar el desarrollo comunitario.

El objetivo del programa Mi Escuelita es:

«Introducir nuevas metodologías en las escuelas de varias aldeas; proporcionar alternativas de educación mediante la higiene, la salud y la capacitación en materia de nutrición; mejorar las expectativas personales de nivel de vida utilizando ejemplos efectivos para la comunidad».

En la región del Altiplano boliviano actúan muchas ONG. Willy y Máxima han observado el fracaso reiterado de los programas de estas organizaciones en la región. Según ellos, esto se debe a la falta de participación de la comunidad en el proyecto. El modelo de Mi Escuelita se desarrolló partiendo de la premisa de que sólo se introducirían en las escuelas diversas metodologías de lucha contra la elevada mortalidad infantil, si la población local aceptaba encabezar los trabajos de construcción y mantenimiento.

Las comunidades que deciden apoyar el proyecto Mi Escuelita aceptan proporcionar la mano de obra y los materiales disponibles para la construcción de un invernadero, un pozo y una letrina en la escuela comunitaria. Por su parte, la FAN aporta la experiencia y los demás materiales necesarios. También trabajan con las instituciones del gobierno local y los profesionales de la zona para proporcionar capacitación en atención de salud, odontólogos, médicos y maestros a la comunidad. Estos servicios se prestan en la escuela comunitaria.

Los niños que concurren a la escuela aprenden a cultivar hortalizas en el invernadero. A su vez, estos productos se incluyen en el almuerzo que se proporciona a los niños como parte del programa. Asimismo, se les enseña higiene dental y reciben tratamiento odontológico por parte de los profesionales traídos por la FAN. Como parte de las actividades escolares cotidianas, aprenden a utilizar las letrinas y el agua potable. También plantan árboles y aprenden el valor de recuperar los ecosistemas de la comunidad.

Por medio de la red creada por el programa Mi Escuelita, los niños de las aldeas rurales adquieren nuevos conocimientos prácticos, reciben mejor atención médica y odontológica e incorporan nuevas ideas sobre cómo mejorar su calidad de vida. Los maestros reciben un apoyo y una capacitación que nunca habían recibido antes. Los padres tienen la posibilidad de hacer planes y trabajar para mejorar la calidad de vida de sus hijos, aprendiendo a identificar objetivos y ejecutar los proyectos previstos. Por medio del programa Mi Escuelita, la aldea rural logra desarrollar redes de capital social con recursos gubernamentales, no gubernamentales y profesionales, a los que de otra manera no hubiera tenido acceso. Estas redes están permitiendo a muchas comunidades de Bolivia mejorar la salud y calidad de vida de sus hijos.

Ejemplo 3: Kenya

Además de los recursos del Estado, la comunidad de empresas privadas de Kenya puede proporcionar muchos recursos que podrían beneficiar a las aldeas. Sin embargo, existen barreras que impiden a los pobladores enterarse de estos recursos o acceder a ellos. La red de contactos o «capital social externo» desarrollada por CHOICE Humanitarian es compartida activamente con las aldeas.

Generalmente, los pobladores de Kenya no tienen acceso a diversos comerciantes y servicios en la zona donde viven. Durante muchos años, CHOICE Humanitarian ha hecho esfuerzos por desarrollar buenas relaciones de trabajo con estos comerciantes y otros vendedores. Gracias a estas relaciones, muchas veces CHOICE obtiene descuentos. Al hacer participar a los pobladores en las transacciones con estas empresas en nombre de CHOICE, aquéllos reciben los mismos beneficios. Una vez que un poblador demuestra estar vinculado a CHOICE en su primera visita, conserva la credibilidad a nivel personal y puede seguir aprovechando las ventajas por su propia cuenta sin mencionar a la organización.

CHOICE Humanitarian también contribuye a que los pobladores puedan acceder a diversas oportunidades de negocios. Una de las nuevas microindustrias apoyada por CHOICE es el rociado de los árboles de almendras de acajú en crecimiento con fertilizantes y plaguicidas, a fin de mejorar el rendimiento de la cosecha que luego se vende en las ciudades. El primer paso de CHOICE fue comunicarse con la empresa Bayer, que fabrica estos productos químicos, logrando su apoyo al programa. Desde entonces, los «equipos de rociado» han recibido de Bayer capacitación y vestimenta de protección en forma gratuita.

CHOICE y Bayer también han realizado visitas conjuntas a los principales compradores de achiote, otro cultivo natural de la zona. El producto cosechado por los lugareños se vende en los mercados urbanos. CHOICE y Bayer lograron que los equipos de rociado y los principales compradores de achiote concertaran un acuerdo de trabajo conjunto, por el cual éstos adquieren la mayor producción a un precio fijo. Los compradores confían en los equipos de rociado porque cuentan con el aval de CHOICE y de Bayer. Por su parte, los equipos de rociado pueden invertir con confianza en su actividad, ya que tienen compradores garantizados para la producción adicional.

Ejemplo 4: Misiones humanitarias

Un aspecto de algún modo singular del capital social utilizado por CHOICE Humanitarian son las misiones de voluntarios estadounidenses que trabajan a la par con los lugareños, ayudándolos a conducir a feliz término los proyectos iniciados por la comunidad. Estas misiones no son sino uno de los instrumentos de desarrollo de que disponen los facilitadores de desarrollo rural de CHOICE, quienes ofrecen la asistencia de los voluntarios a los pobladores con la condición de que éstos se comprometan a finalizar determinados componentes del proyecto. Así, las misiones de los voluntarios sirven de catalizador o incentivo para que la comunidad trabaje mancomunadamente.

Las misiones también son otra forma de capital social coherente con la definición de Boxman y otros (1991), según los cuales éste se determina por "el número de personas que está en condiciones de brindar apoyo y los recursos que tienen a su disposición". Los participantes de las misiones no sólo aportan trabajo y dinero al proyecto. Muchas veces brindan apoyo permanente a estas comunidades. A lo largo de la trayectoria de nuestra organización, nuestro mayor respaldo institucional provino de los participantes de estas misiones.

La presencia de personal estadounidense en una aldea también puede contribuir a su capital social en la región. Los funcionarios de los gobiernos locales toman conocimiento de la labor que se está realizando, por lo que otras aldeas disponen de un incentivo para analizar sus propias autoevaluaciones con los facilitadores de desarrollo rural de CHOICE.

Conclusión

Éstos no son más que algunos ejemplos útiles para ilustrar de qué manera CHOICE ha implementado un activo tan valioso como el capital social; activo que, además de poder ser compartido, permite abrir muchas puertas y constituye una oportunidad para las personas de cualquier lugar del mundo que desean ayudarse a sí mismas y mejorar el nivel de vida de su familia.

Lo más importante que podemos aportar en beneficio de los pobladores es nuestra contribución al desarrollo de redes comunitarias con quienes manejan los recursos. Nuestras posibilidades de acceso a una gran diversidad de recursos, con inclusión del capital social, nos brindan una excelente oportunidad e imponen la obligación de ayudar a otros para permitir que desarrollen al máximo sus posibilidades.

Anexo

Programa de los «Veinte Indicadores de Progreso»

En la primavera de 1996, CHOICE Humanitarian, una organización humanitaria sin fines de lucro, comprometida con la ejecución de programas de desarrollo de aldeas en varios lugares del mundo, anunció la creación del Programa de los "Veinte Indicadores de Progreso" que, a la fecha, ha sido puesto a prueba en terreno en Bolivia, Egipto, India, Kenya y México. El programa tiene por objeto proporcionar una metodología muy sencilla destinada a estimular el compromiso de las comunidades y su participación y a medir y evaluar el impacto de los programas de desarrollo de las aldeas que se están ejecutando en todo el mundo. Los grupos de destinatarios de este programa son los cientos de miles de comunidades que habitan en aldeas aisladas y desfavorecidas (generalmente con una población de menos de 10 000 habitantes), y que componen cerca del 50% de la población mundial. En muchos casos, estas comunidades carecen de escuelas e instalaciones sanitarias adecuadas y de sistemas de agua potable, y se caracterizan por vivir en condiciones extremas de pobreza y en un medio ambiente deteriorado.

Si bien muchas organizaciones han destinado miles de millones de dólares al desarrollo de las aldeas en los últimos 50 años, no existe una metodología universalmente aceptada para determinar si en realidad se están logrando resultados positivos. Aunque se han probado varias metodologías, la mayoría han fracasado ya que resultaron demasiado complicadas como para que los pobladores pudieran comprenderlas y valorarlas (por ejemplo: la medición de los niveles de nutrición, el cálculo de las tasas de mortalidad infantil, la determinación de los niveles de desigualdad en una comunidad, entre otras), o porque los datos solicitados —aunque significativos e importantes para los investigadores— podían resultar polémicos y favorecer los conflictos y las divisiones en una comunidad (por ejemplo: los datos sobre la planificación familiar, la circuncisión de las mujeres, las dotes excesivas, los matrimonios infantiles, la asistencia de las mujeres a la escuela, entre otros).

Hace varios años, el Fondo de las Naciones Unidas para la Infancia (UNICEF) solicitó a James Mayfield, Ph.D., que desarrollara una metodología sencilla para medir los progresos de las aldeas en materia de desarrollo en función del tiempo. Tras un período de dos años de pruebas en terreno, pudo comprobarse fácilmente que cualquiera organización que se propusiera institucionalizar un sistema de evaluación permanente se enfrentaría con dos tipos de dilemas. En primer lugar, resultó evidente que para que el sistema de participación comunitaria y recopilación de datos fuera eficaz, el número de indicadores utilizados debía ser reducido. Al principio intentamos pasar revista a la bibliografía que, en su conjunto, hacía referencia a varios centenares de indicadores posibles. Tratar de determinar cuáles serían los más adecuados para proporcionar una visión integral de la comunidad resultó poco menos que imposible, por una parte, porque prácticamente cualquier conjunto de indicadores podía considerarse adecuado, según cuáles fueran la orientación y los intereses sectoriales de quienes hicieran la evaluación, y por otra, porque lo que hacía falta en realidad era un conjunto de indicadores suficientemente diversos como para ayudar a los campesinos a visualizar una cantidad más amplia de problemas de lo que están acostumbrados a analizar, pero cuyo número fuera suficientemente pequeño como para no resultar excesivamente complejo o confuso para un grupo de campesinos desfavorecidos. Mediante un proceso iterativo de prueba de varios indicadores posibles, descubrimos gradualmente que si realmente queríamos que un grupo de pobladores analizara seriamente los indicadores elegidos, su número debería permitir que fuera examinado con facilidad en un tiempo que no superara los 40 ó 60 minutos, ya que cuando las conversaciones se extienden durante un período más prolongado, el interés suele decaer rápidamente y se malogra un objetivo importante del proceso. También quedó claro que ningún conjunto de indicadores podía reflejar la diversidad de intereses y problemas que suelen encontrarse en las aldeas de África, América Latina y Asia.

Mediante el Programa de los "Veinte Indicadores de Progreso" se intenta en primer lugar, alentar el compromiso y la participación de todos los miembros de la comunidad de una aldea; en segundo lugar, enseñar a los pobladores a establecer las prioridades de los proyectos, planificar las actividades y desarrollar los conocimientos especializados necesarios; y en tercer lugar, implementar algunos indicadores de base que ayudarán, tanto a los pobladores como a los organismos de donantes externos, a monitorear más fácilmente y en forma sistemática los progresos alcanzados gracias a los esfuerzos por mejorar la calidad de vida en las aldeas rurales y los motivos por los cuales dichos proyectos han resultado exitosos. El Programa de los "Veinte Indicadores de Progreso" es una metodología sencilla, en la que se emplea un número limitado de indicadores que pueden ser utilizados por cualquier comunidad; éstos proporcionan un conjunto bastante variado de alternativas programáticas, que sugieren áreas en las que es preciso hacer hincapié y definir las prioridades de la comunidad decidida a tomar las riendas de su propio desarrollo.

Planilla de los "Veinte Indicadores de Progreso" (IV)

País_____   Provincia_____

Distrito_____

Nombre de la aldea_____   Población_____

** Sírvase utilizar los criterios siguientes para asignar el puntaje:
1 = menos de 19% (sólo unos pocos)
2 = 20% a 39% (algunos, pero menos de la mitad)
3 = 40% a 59% (aproximadamente la mitad)
4 = 60% a 79% (la gran mayoría, pero no todos)
5 = 80% a 100% (prácticamente todos)

Sírvase emplear las definiciones de los indicadores que figuran en la parte posterior de esta hoja

I. Educación básica o alfabetismo   Puntaje
    1. Porcentaje de niños que asisten a la escuela
        primaria (de 5 a 12 años de edad)   _____
    2. Porcentaje de adultos (18 o más años de edad)
        que saben leer y escribir   _____
    3. Porcentaje de niños y niñas egresados de
        la escuela primaria   _____
    4. Porcentaje de padres que se reúnen con los
        docentes periódicamente   _____

    Puntaje de educación_____ (puntaje de 4 a 20)

II. Atención primaria de salud   Puntaje
    5. Porcentaje de niños vacunados contra las
        enfermedades más comunes   _____
    6. Porcentaje de padres que conocen la terapia de
        rehidratación oral, y son conscientes de la
        importancia del peso de los niños y de una nutrición
        adecuada   _____
    7. Porcentaje de familias que poseen y utilizan
        una letrina   _____
    8. Porcentaje de familias que pueden acceder a un
        trabajador de atención de salud y recurren a él   _____

    Puntaje de salud_____ (puntaje de 4 a 20)

III. Ingresos, agricultura y mitigación de la pobreza   Puntaje
  9. Porcentaje de familias que poseen una huerta _____
  10. Porcentaje de familias que pertenecen a grupos
    de ahorro o de crédito _____
  11. Porcentaje de familias que han puesto en marcha
    microempresas _____
  12. Porcentaje de familias cuyos ingresos son
    superiores a la línea de pobreza _____

  Puntaje de ingresos o pobreza_____ **(puntaje de 4 a 20)**

IV. Ambiente comunitario   Puntaje
  13. Porcentaje de familias con vivienda adecuada _____
  14. Porcentaje de familias que participan en un
    programa de conservación del medio ambiente _____
  15. Porcentaje de familias que tienen acceso al
    agua potable _____
  16. Porcentaje de familias que participan en un
    programa sanitario en la aldea _____

  Puntaje en materia ambiental_____ **(puntaje de 4 a 20)**

V. Líderes locales y mejoramiento sociocultural   Puntaje
  17. Porcentaje de familias que realizan donaciones
    para proyectos que benefician a la aldea _____
  18. Porcentaje de familias que apoyan programas
    de mejoramiento cultural _____
  19. Porcentaje de jóvenes (16 a 30 años de edad)
    que participan en programas para jóvenes _____
  20. Porcentaje de familias que participan en
    un programa de "Veinte Indicadores de Progreso" _____

  Puntaje de mejoramiento comunitario_____ **(puntaje de 4 a 20)**

  Puntaje total_____ **(puntaje de 20 a 100)**

Definición de los indicadores

1. **Asistencia a las escuelas de la aldea:** Obtenga la cifra de niños de 5 a 12 años de edad y determine cuántos concurren realmente a las escuelas locales preguntando a los docentes.

2. **Alfabetización de adultos:** Determine el número de adultos (hombres y mujeres de 16 o más años de edad) que tienen la capacidad de leer información básica en los periódicos, los carteles colocados en la calle, los ómnibus y los formularios sencillos de la administración pública, y que saben firmar y realizar cálculos aritméticos elementales.

3. **Porcentaje de niños y niñas que egresan de la escuela primaria:** Obtenga la cifra de niños y niñas de 12 años de edad que viven en la aldea y luego determine la cifra exacta de los que egresaron el año anterior.

4. **Colaboración entre padres y docentes:** Porcentaje de padres que se reúnen periódicamente con los docentes para conversar sobre la asistencia de los alumnos, los planes de estudio, los costos de la educación, los progresos de los estudiantes, u otros temas.

5. **Vacunación de los niños:** Porcentaje de niños vacunados contra las enfermedades más frecuentes (tuberculosis, sarampión, poliomielitis, difteria, tos ferina y tétanos).

6. **Conocimientos de los padres sobre temas de salud:** Porcentaje de padres que entienden la función de la rehidratación oral para el tratamiento de la diarrea, pesan a sus hijos periódicamente, comprenden el significado de una nutrición adecuada, alientan a sus hijos a que se cepillen los dientes y comprenden lo que deben hacer para cuidar la salud de sus hijos.

7. **Letrinas familiares:** Familias de la aldea que utilizan una letrina de construcción adecuada.

8. **Presencia permanente de trabajadores de salud en la aldea:** Porcentaje de familias que pueden acceder a un trabajador de salud capacitado, recurren a él y le pagan o le dan algo a cambio de los servicios prestados.

9. **Seguridad alimentaria:** ¿Cuántas familias tienen una huerta y han recibido capacitación para mejorar la productividad de las labores agrícolas?

10. **Grupos de ahorro y de créditos.** Porcentaje de familias que participan en programas formales de ahorro, han solicitado y obtenido créditos y los están pagando con regularidad y puntualidad.

11. **Fuentes de ingresos distintas de la agricultura:** Número de familias que han puesto en marcha algún tipo de empresa para complementar el ingreso familiar, comprando ganado (vacunos, caprinos, porcinos, pollos o patos), organizando empresas para vender sus productos en el mercado, comprando herramientas u otros activos que puedan mejorar su capacidad de generar ingresos.

12. **Situación de la familia en materia de ingresos:** Porcentaje de familias que todavía viven con un nivel de ingresos cercano al de la subsistencia; que a menudo carecen de dinero para comprar los alimentos, los medicamentos y la vestimenta que necesitan; que muchas veces están malnutridos o enfermizos; y que gastan aproximadamente 70% a 80% de sus ingresos sólo en alimentos.

13. **Disponibilidad de viviendas adecuadas:** Porcentaje de la población que dispone de vivienda adecuada que la proteja de los factores climáticos; posee un techo que la proteja de la lluvia; cuenta con una cocina con chimenea para eliminar el humo, y que tenga la solidez suficiente para ser segura. Es preciso dejar que los pobladores decidan qué significa "adecuada".

14. **Conservación del medio ambiente:** Familias que participan en programas dirigidos a mejorar el medio ambiente (que plantan árboles, evitan la erosión del suelo y usan paneles solares y cocinas "Lorena", de bajo consumo de combustible).

15.   **Acceso al agua potable:** Familias que tengan acceso a agua potable (libre de enfermedades).

16.   **Saneamiento en la comunidad:** Número de familias que participan en programas de saneamiento para reducir la proliferación de moscas y mosquitos, eliminar el agua estancada y los desechos de origen humano y animal de los lugares cercanos a las viviendas de los pobladores, y establecer algún tipo de sistema de recolección de residuos.

17.   **Organización de proyectos comunitarios por parte de los dirigentes locales:** Número de familias que han participado en la movilización de sus propios recursos con el fin de ayudar a ejecutar proyectos para la toda la aldea.

18.   **Actividades comunitarias y culturales:** Porcentaje de familias que participan en un programa de desarrollo cultural: grupos de danza o de canto, festivales y programas culturales y religiosos tradicionales, y preservación de las artes y oficios tradicionales, entre otros.

19.   **Programas y actividades para la juventud:** Porcentaje de jóvenes que participan en un programa que les brinda la posibilidad de realizar actividades deportivas, culturales y sociales, de capacitación para el empleo y de elaboración de proyectos para generar ingresos.

20.   **Establecimiento de un sistema creación de redes:** Porcentaje de familias familiarizadas con el Programa de los "Veinte Indicadores de Progreso", que han participado en reuniones para determinar de qué manera se pueden introducir mejoras en la aldea, realizan actividades concretas dirigidas a mejorar la calidad de vida en la aldea y contribuyen a crear una red significativa de relaciones con otras aldeas vecinas y organismos de la administración pública, organizaciones no gubernamentales y el sector privado, tales como empresas y empresarios dispuestos a apoyar los esfuerzos colectivos de los mismos pobladores.

Bibliografía

Adler, Paul S. y Kwon Sook-Woo (2000), "Social capital: the good, the bad, and the ugly", *Knowledge and Social Capital*, E. Lesser (comp.), Woburn, Massachusetts, Butterworth Heinemann Publisher Ltd.

Boxman, E.A.W., P.M.D. Graaf y H.D. Flap (1991), "The impact of social and human capital on the income attainment of Dutch managers", *Social Networks*, vol. 18.

Bunch, Roland (1982), *Two Ears of Corn*, Oklahoma, World Neighbors.

Mayfield, James B. (1997), *One Can Make a difference*, Lanham, Maryland, University Press of America, Inc.

Putnam, Robert D. (1993), "The prosperous community", *The American Prospect*, vol. 4, Nº 13, The American Prospect, Inc., marzo.

Capítulo XVII

Capital social y pequeños productores de leche en México: los casos de los Altos de Jalisco y Aguascalientes

Manuel Ángel Gómez Cruz[*]

Rita Schwentesius Rindermann[**]

Fernando Cervantes Escoto[***]

Scott Whiteford[****]

Manuel Chávez Márquez[*****]

[*] Coordinador del Programa Integración Agricultura-Industria (PIAI) del Centro de Investigaciones Económicas, Sociales y Tecnológicas de la Agroindustria y la Agricultura Mundial (CIESTAAM), Universidad Autónoma Chapingo (UACh), México, E-mail: ciestaam@avantel.net.

[**] Directora del Centro de Investigaciones Económicas, Sociales y Tecnológicas de la Agroindustria y la Agricultura Mundial (CIESTAAM), UACh, México, E-mail: rsr@avantel.net.

[***] Investigador del CIESTAAM, UACh, México, E-mail: ciestaam@avantel.net.

[****] Director del Centro de Estudios Latinoamericanos y Caribeños (CLACS), Universidad del Estado de Michigan, Estados Unidos, E-mail: whitefo1@msu.edu.

[*****] Director asociado del CLACS, Universidad del Estado de Michigan, Estados Unidos, E-mail: chavezm1@msu.edu.

oducción

El significado del capital social como generador de desarrollo ha provocado un considerable debate. El concepto ha sido usado por algunos científicos sociales para definir cuestiones económicas y por algunos economistas para definir cuestiones socioculturales. Sociólogos y antropólogos han descrito al capital social como una fuerza clave que facilita la acción colectiva a través de redes o comunidades, pero que éstas no sustituyen al entrenamiento o la educación formal, la infraestructura o el capital (Portes y Landolt, 1990). Otros definen al capital social en forma menos estructural y funcional, como una persona o grupo con sentimientos de simpatía, admiración, comprensión, respeto, consideración, sentido de obligación y confianza hacia otra persona o comunidad (Robison, Schmid y Siles; 1999, p. 4). Ambas descripciones asumen que el capital social puede ser creado dentro y entre clases sociales y, si se canaliza adecuadamente, constituir una fuerza adicional e importante en el alivio de la pobreza. Otros autores que han estudiado y teorizado el capital social en su concepto de beneficio colectivo son Woolcock (1998), Fukuyama (1995), y Putnam (2000).

Nuestro enfoque postula que el capital social es contextualizado en una situación donde los actores se encuentran vinculados en relaciones de poder, que frecuentemente son desiguales y confrontadas, y que se dan en redes sociales simples o múltiples. El no incluir el poder en la ecuación analítica hace difícil entender el capital social en una sociedad altamente estratificada y con relaciones de poder desiguales.

Funcionarios corporativos y de gobierno concentran altos grados de capital social basado en sus relaciones y redes familiares y de amistad, que a menudo ligan horizontalmente a los miembros de los sectores privado y público. Cuando estos miembros se relacionan con personas o grupos de escasos recursos o poder, los vínculos son verticales y las relaciones de poder, asimétricas. Las relaciones desiguales de poder impulsan a personas y compañías a promover diferentes formas de clientelismo, vinculando individuos mediante líneas sociales o de clase. A lo largo de este trabajo, se trata de establecer la relación entre diferentes tipos de clientelismo, generados por desigualdad, y cómo éstos se relacionan con el capital social.

En este trabajo se define el poder social como la habilidad de influenciar las decisiones de otros, induciéndolos a que hagan algo que de otra manera no harían. El poder social tiene dimensiones múltiples. Éstas comprenden la habilidad de excluir a otros participantes y temas, así como la capacidad de influir en la conformación y determinación de necesidades y deseos. Asimismo, se examinan aquí dos tipos diferentes de vínculos, que se caracterizan por tener relaciones desiguales de poder. En el caso presentado en este trabajo, los vínculos entre pequeños productores y las compañías transnacionales son una forma de relación desigual, tal como lo son las relaciones de los productores con el gobierno. Si bien la movilización grupal no proporciona por sí sola acceso al poder, como se presentará en este trabajo, el fracaso del pequeño productor en agruparse y movilizarse lo ha vuelto más vulnerable a las compañías privadas. El papel del Estado (entidad federativa) parece tener una importancia clave, pues en la medida en que éste crea relaciones verticales que facilitan a los productores el acceso a recursos para hacer frente a las transnacionales, es posible que los pequeños productores al organizarse incrementen su capacidad de negociación y poder. De esta manera, los productores serán capaces de negociar con los sectores público y privado.

Los vínculos horizontales tienden a crear relaciones comunitarias, y generan derechos y obligaciones que pueden tener una importancia crítica para la sobrevivencia económica. Mientras que estas relaciones aparecieron en los dos grupos, en Jalisco se encontró que ellas son usadas para sobrevivir económicamente, al proporcionar respaldos para encontrar alternativas de ingreso como la migración a los Estados Unidos. Sin embargo, en Aguascalientes, las relaciones horizontales fueron usadas para el bienestar colectivo y no para el interés individual o de algunas familias.

La presente ponencia se centra en la descripción de la presencia de capital social y de su diferenciación en dos regiones rurales productoras de leche del centro-occidente de México: los Altos de Jalisco y Aguascalientes, con el fin de averiguar si el desarrollo del capital social pudiera ayudar a reducir la pobreza en esta zona.

México es un país en el que las estadísticas más conservadoras sobre la magnitud de la pobreza indican al 50% de la población. En tanto que las cifras de los investigadores destacados en el tema rebasan el 75% de la población nacional (Boltvinik y Hernández, 1999). Para el sector rural los datos ascienden al 92%; 78% de la población del campo vive en pobreza extrema y 14% en pobreza moderada. Las dos regiones estudiadas, en su ámbito rural, son un reflejo de esta precaria situación de bienestar social.

En las dos regiones viven aproximadamente 18 000 ganaderos lecheros de un total de 150 000 productores a nivel nacional. La zona representa la cuenca lechera más importante de México, que descansa sobre el sistema de producción familiar y aporta el 15% del total nacional. Se caracteriza por el predominio de pequeños productores que disponen de 30 vacas como máximo y casi no contratan fuerza de trabajo. Cabe resaltar que por las condiciones ambientales la producción lechera es casi la única actividad económica viable hasta el momento. El grueso de la población, por falta de alternativas que permitan la reproducción social, emigran a los Estados Unidos. La zona es, dentro de México, una de la más relevantes en la expulsión de la fuerza de trabajo rural.

A pesar de una problemática socioeconómica similar en ambas regiones, existen diferencias que permiten realizar una comparación entre los niveles de capital social logrados en la última década y conocer opciones para su fomento. Se toma como estudio de caso la organización de los ganaderos en torno de la venta colectiva de la producción de leche a empresas agroindustriales, en particular a la transnacional Nestlé y la nacional Sello Rojo.

La presentación se organiza en cuatro apartados: primero, se plantea el marco metodológico y el problema central abordado; segundo, se contextualizan las dos regiones a partir de los niveles de bienestar socioeconómico según indicadores seleccionados como ingreso, alfabetismo, vivienda, y otros; en seguida, se caracterizan la producción de leche regional y las dos empresas principales compradoras de leche; posteriormente, se narra el contenido del programa de tanques de enfriamiento en los Altos de Jalisco, en donde las empresas obligan a los productores a asociarse para ser merecedores de comprarles la leche; en tercer término, se analiza la diferenciación del capital social, resaltando la importancia del origen de la conformación de los grupos y sus características y el papel que desempeñó el Estado en su relativa consolidación; finalmente, se presentan las reflexiones y las conclusiones.

1. Marco teórico-metodológico

Para los fines de este trabajo se define el capital social como "contenido de ciertas relaciones y estructuras (redes) sociales, aquéllas caracterizadas por actitudes de confianza y comportamientos de reciprocidad y cooperación" (Durston, 2001). El capital social es un recurso o una capacidad (Flores y Rello, 2001) que reside en las conductas de las personas (Durston, 2001) y que permite obtener un beneficio a partir de su desarrollo y aprovechamiento. Para entender las relaciones de los grupos de productores con las agroindustrias y el Estado se retoma la propuesta de Durston (2001, p. 15) sobre tipos de capital social y clientelismo (véase el recuadro XVII.1).

Recuadro XVII.1
TIPOLOGÍA DE LAS RELACIONES ENTRE EL ESTADO Y EL CAPITAL SOCIAL COLECTIVO

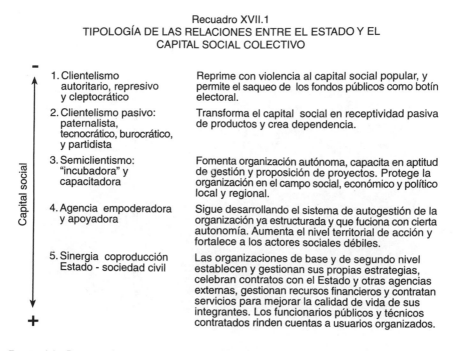

— ↑	1. Clientelismo autoritario, represivo y cleptocrático	Reprime con violencia al capital social popular, y permite el saqueo de los fondos públicos como botín electoral.
	2. Clientelismo pasivo: paternalista, tecnocrático, burocrático, y partidista	Transforma el capital social en receptividad pasiva de productos y crea dependencia.
Capital social	3. Semiclientismo: "incubadora" y capacitadora	Fomenta organización autónoma, capacita en aptitud de gestión y proposición de proyectos. Protege la organización en el campo social, económico y político local y regional.
	4. Agencia empoderadora y apoyadora	Sigue desarrollando el sistema de autogestión de la organización ya estructurada y que fuciona con cierta autonomía. Aumenta el nivel territorial de acción y fortalece a los actores sociales débiles.
↓ +	5. Sinergia coproducción Estado - sociedad civil	Las organizaciones de base y de segundo nivel establecen y gestionan sus propias estrategias, celebran contratos con el Estado y otras agencias externas, gestionan recursos financieros y contratan servicios para mejorar la calidad de vida de sus integrantes. Los funcionarios públicos y técnicos contratados rinden cuentas a usuarios organizados.

Fuente: John Durston, «Capital social: parte del problema, parte de la solución. Su papel en la persistencia y en la superación de la pobreza en América Latina y el Caribe», documento presentado en la conferencia «En busca de un nuevo paradigma: capital social y reducción de la pobreza en América Latina y el Caribe», Santiago de Chile, Comisión Económica para América Latina y el Caribe (CEPAL)/ Universidad de Michigan, 24 al 26 de septiembre de 2001.

La hipótesis es que el capital social es mayor en los grupos lecheros de Aguascalientes, a pesar de tener menor tradición lechera, porque este estado cuenta con capital humano y un nivel de vida mayores que los de la región de los Altos de Jalisco. Además, ambas regiones se diferencian, principalmente, por el origen de la asociación de los grupos lecheros, la importancia que le atribuyen al trabajo colectivo y el papel que asumió el estado en la conformación y apoyo a dichos grupos.

El presente trabajo se basa en dos investigaciones que se realizaron sobre la lechería en las regiones mencionadas entre 1997 y 2000. Aunque éstas tuvieron como objetivo estudiar la situación y las relaciones meramente económicas entre los diferentes agentes involucrados en el sistema lechero (Álvarez y Montaño, 2001; Cervantes, 2001), sus bases de datos resultaron lo suficientemente útiles para continuar el análisis bajo la óptica del capital social. En julio de 2001 se realizó un nuevo recorrido por la zona, efectuando entrevistas a informantes clave con el objetivo de conocer los cambios recientes y precisar la información relacionada con el capital social y humano.

Mapa XVII.1
UBICACIÓN DE LA REGIÓN DE LOS ALTOS DE JALISCO Y DEL
ESTADO DE AGUASCALIENTES

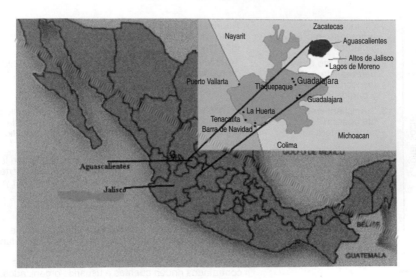

Nota: Los límites y los nombres que figuran en este mapa no implican su apoyo o aceptación oficial por las Naciones Unidas.

2.   Antecedentes

Características socioeconómicas de las regiones lecheras en los Altos de Jalisco y Aguascalientes

Los Altos de Jalisco y Aguascalientes representan regiones de bajo nivel socioeconómico en México. Los datos del cuadro XVII.1 resumen algunos de los indicadores del bienestar social.[1] Resalta que en una zona de los Altos de Jalisco la población no supera los 5 años de escolaridad y que un tercio de ella tiene ingresos inferiores a un salario mínimo.[2]

---

[1]   El cuadro XVII.1 presenta datos del año 1991, porque los de 2000 ya no permiten una separación por municipio, hecho importante para caracterizar la región de los Altos de Jalisco. Además, en esencia no se advierten cambios importantes entre ambas fuentes.

[2]   Un salario mínimo representa aproximadamente 100 dólares por mes.

Cuadro XVII.1
MÉXICO: CARACTERÍSTICAS SOCIOECONÓMICAS DE LAS REGIONES LECHERAS EN
LOS ALTOS DE JALISCO Y AGUASCALIENTES, 1991

Características socioeconómicas	Región - Municipio los Altos de Jalisco		Aguascalientes
	Encarnación de Díaz	Lagos de Moreno	
Población (en miles)	42 341	106 157	506 274
Nivel de bienestar	3	5	7
Alfabetismo	84.8	84.1	93.8
Escolaridad	4.4	5.1	7.4
Ingresos < salario mínimo	33.4	25.7	14.9
Ingresos > 5 salarios mínimo	4.5	5.8	8.7
Disponibilidad de drenaje	60.4	62.8	91.2
Disponibilidad de agua	80.5	73.9	96.9
Electricidad	81.3	84.8	96.5
Uso de leña	14.1	15.8	2.2

Fuente: Instituto Nacional de Estadística, Geografía e Informática (INEGI), *Niveles de bienestar en México*, México, D.F., 1993, pp. 158-159.

Caracterización de los productores

El número de ganaderos y explotaciones lecheras en la región de los Altos, según la SAGAR, en 1998 era de aproximadamente 15 000 productores clasificados fundamentalmente en dos tipos de sistemas de producción, de acuerdo al origen de la mano de obra y el uso de tecnología. Existe un grupo mayoritario, que posee entre 10 y 30 vacas, caracterizado como lechería familiar, ya que el origen de la mano de obra y otros recursos como tierra, agua y capital, es básicamente el mismo hogar, constituyendo entre el 70% y 80% de las explotaciones en la zona. El otro grupo representa del 20% al 30% de las unidades de producción en la región y se caracteriza como sistema de producción empresarial, ya que utiliza fundamentalmente mano de obra contratada, sistema de ordeño mecanizado, mejores instalaciones, y posee capacidad empresarial.

En los Altos de Jalisco existían en 1998 casi 400 grupos lecheros organizados para enfriar y comercializar el líquido, distribuidos en 19 municipios; el tamaño promedio de los grupos era de 20 socios, aunque puede ir desde 2 productores hasta más de 60 (véase el cuadro XVII.2); la producción diaria era de alrededor de 1 200 000 litros de leche (Rodríguez, 1998).

Cuadro XVII.2
LOS ALTOS DE JALISCO: TIPOS DE GRUPOS DE PRODUCTORES LECHEROS, 1998

Grupo	Número de socios	Número de centros de acopio	Participación (porcentaje)
I	1	100	27
II	2-20	170	46
III	21-60	96	26
IV	Más de 60	4	1
Total		370	100

Fuente: Fernando Cervantes Escoto, "Modernización de la ganadería lechera familiar en los Altos de Jalisco. Problemática y perspectivas", Tesis de Doctorado, Chapingo, Centro de Investigaciones Económicas, Sociales y Tecnológicas de la Agroindustria y la Agricultura Mundial (CIESTAAM), Universidad Autónoma Chapingo, 2001.

Por su parte, en Aguascalientes, en la estructura de la producción primaria se identifican dos modelos principales, por una parte el sector social también conocido como lechería familiar, con ganaderos que poseen entre 1 y 40 animales, que comprende a alrededor del 70% de un padrón de 2 280 productores de la entidad y que se han organizado en 84 grupos lecheros distribuidos en 11 municipios. En contraparte, se ubican los ganaderos de tipo empresarial (30% del total de productores), entre los que se identifican unidades de producción con alto nivel tecnológico, cuya mayoría son socios del Grupo Industrial de la Leche (GILSA), que agrupa aproximadamente a 250 ganaderos y procesa en promedio 550 000 litros diarios (Álvarez, Bofill y Montaño, 2000).

Aguascalientes, a pesar de ser uno de los estados más pequeños, con apenas el 0.3% del territorio nacional, aporta casi el 5% de la producción lechera del país con alrededor de 400 millones de litros en 1999 (8º lugar nacional por entidad), y registra un crecimiento medio anual para los años noventa de 10%, que lo ubica como uno de los estados más dinámicos en este rubro; además, alberga al 7.3% de la capacidad nacional instalada de pasteurización de leche, lo que hace de él la sexta potencia nacional en este caso (SAGAR-INEGI, 1997).

Caracterización de las empresas

La zona de los Altos es la que tiene más antigüedad en la producción, y su desarrollo está muy ligado a la transnacional Nestlé, que en 1940 instaló plantas enfriadoras y pasteurizadoras en Lagos de Moreno (de Leonardo, 1978; Gallart, 1975).

Actualmente, es la empresa de lácteos y derivados más importante en México, y en la región "posee" 186 tanques de enfriamiento, logrando captar el 14% de la producción. La empresa Sello Rojo es más reciente, de capital nacional, inició su actividad en 1961. Su actividad primordial es la pasteurización de la leche, pero su proceso de expansión en la región es más agresivo. Actualmente, "posee" 282 tanques de enfriamiento y controla el 35% de la producción. Es decir, estas dos empresas captan alrededor del 50% del volumen regional aunque compiten con 272 empresas (véase el cuadro XVII.3).

Cuadro XVII.3
LOS ALTOS DE JALISCO: CARACTERIZACIÓN DE DOS
AGROINDUSTRIAS LECHERAS

Nestlé de México	Empresa Lechera (Guadalajara) Sello Rojo a/
Inicia en 1935 en México 17 empresas; 500 productos diferentes; 6 200 empleados directos, 130 000 empleados indirectos	Empresa de capital nacional, comenzó en 1961 De 1961 a 1988 creció y se consolidó en los Altos de Jalisco; actividad principal: la pasteurización
6 empresas de lácteos en México; 1 empresa en los Altos de Jalisco	
2 enfriadoras de leche, 186 tanques de enfriamiento	Opera con 9 enfriadoras y 282 tanques de enfriamiento (148 colectivos y 134 individuales)
Capta 14% de la leche regional	La empresa más importante en captación regional (35% del mercado)
Ambos compiten con 270 empresas industrializadoras de leche en la región	

Fuente: Elaboración propia.
a/ El nombre actual es Lechera Guadalajara, pero se conoce más como Sello Rojo.

El programa de tanques de enfriamiento

La organización en grupos para comercializar leche fría en el Altiplano mexicano, es un fenómeno relativamente reciente. En los inicios de los años noventa (1991-1995), las empresas industrializadoras empezaron a promover entre los productores la estandarización y el mejoramiento en la calidad de la leche.[3] Sin embargo, dado que México es un país importador neto de

---

[3] La calidad de la leche se mide a través de un conjunto de indicadores, formados por: proteína, grasa, carga bacteriana, grado de acidez, temperatura, y otros.

productos lácteos, lo que no se decía, y que en realidad se estaba buscando, era que se deseaba lograr la competitividad de los productos lácteos nacionales en el mercado interno para evitar que fuesen desplazados por los productos importados, los que comenzaron a llegar al país en grandes cantidades y algunos mucho más baratos. Por esta razón, las empresas procesadoras impulsaron, en algunos casos con el apoyo de los gobiernos estatal y federal, el establecimiento de tanques para el enfriamiento colectivo de la leche en las propias comunidades de los productores, con el objetivo de que éstos enfriaran la leche justo después de la ordeña y la entregaran fría a la industria, mejorando así la calidad del producto. La presión fue tan fuerte que todo aquel productor que no se integraba a los proyectos de tanques quedó excluido como abastecedor de las industrias.

Por la importancia que tienen las empresas Nestlé y Sello Rojo en la captación de leche en la región (50% del total) y por la importación de leche en polvo que presiona al precio doméstico a la baja, las empresas, en procura de mantener su rentabilidad, transfirieron ciertos costos de captación y enfriamiento a los productores. Dicho fenómeno se puede observar en el gráfico XVII.1 que demuestra cómo aumenta la calidad, medida en reductasa, y como bajan los precios reales pagados a los productores. O sea, la mejor calidad no se ha traducido en un mejor precio para los productores.

Gráfico XVII.1
EVOLUCIÓN DEL PRECIO REAL AL PRODUCTOR Y DE LA
REDUCTASA a/ PROMEDIO, 1993-2000

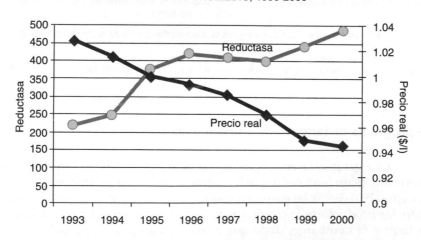

Fuente: Fernando Cervantes Escoto, "Modernización de la ganadería lechera familiar en los Altos de Jalisco. Problemática y perspectivas", Tesis de Doctorado, Chapingo, Centro de Investigaciones Económicas, Sociales y Tecnológicas de la Agroindustria y la Agricultura Mundial (CIESTAAM), Universidad Autónoma Chapingo, 2001 y elaboración propia.
a/ La reductasa es la calidad microbiológica.

Alrededor de 1993, cerca del 95% de los productores comercializaban la leche caliente (Rodríguez, 1998), mientras que en la actualidad ese porcentaje se ha invertido, ya que un 93% comercializan en frío (Cervantes, 2001); esto da una idea del cambio tan drástico que se presentó en la forma de comercializar la leche en un período de tiempo relativamente corto.

Finalmente, cabe mencionar que los grupos lecheros en las dos regiones están soportando, a partir del año 1996, fuertes presiones por parte de la industria para provocar su desintegración, bajo el pretexto de que, como grupo, no alcanzan la calidad suficiente de la leche requerida por la industria; por lo tanto, deben convertirse en proveedores individuales con su propio tanque enfriador en el establo. Las empresas acopiadoras fijaron el mes de marzo de 2002 para la disolución de los grupos que ellas mismas promovieron 10 años atrás (1991-1995).

Para el año 2000, las empresas ya tenían 200 tanques individuales que captaron aproximadamente el 50% de la leche. La estrategia seguida se plantea en el cuadro XVII.4, donde se aprecia que cada vez que se reduce la cantidad de leche requerida para tanques individuales, se paga menos por litro a los productores organizados alrededor de tanques colectivos y se incrementan las presiones de las empresas.

Cuadro XVII 4
LOS ALTOS DE JALISCO: TANQUES COLECTIVOS VERSUS TERMOS INDIVIDUALES

- 1996: las empresas empiezan a promover la instalación de tanques de enfriamiento individuales
- 1998: 270 tanques colectivos + 100 individuales
- El tanque colectivo de menos capacidad es de 5 000 litros
- 2000: 200 termos individuales que captan aproximadamente el 50% de la leche (algunos colectivos empiezan a desaparecer)
- 1996/1997: 1º: requisitos de termos individuales - 1 000 ls/día
- 1998:   2º: requisitos de termos individuales -   800 ls/día
- 1999:   3º: requisitos de termos individuales -   600 ls/día
- 2000:   4º: requisitos de termos individuales -   300 ls/día
- Termo individual: mayor calidad (acidez, crioscopia, reductasa, densidad, grasa)
- Precio termo individual $2.78 por litro y para tanque colectivo $2.60

Fuente: Elaboración propia.

3. Diferenciación entre las regiones según indicadores de capital social y humano

Los grupos con mayor capital social serán los que mejor podrán contrarrestar y resistir estos embates. Creemos que los lecheros de Aguascalientes manifiestan mejor nivel de capital social, por lo que quizás tendrán más posibilidades de continuar unidos y sobrevivir de mejor manera.

Esta afirmación se fundamenta en que, a pesar de tener características muy similares en cuanto a la edad promedio de los productores, la experiencia en el negocio, la cantidad promedio de hectáreas de terreno, y profesar la religión católica, las diferencias en otros aspectos relacionados con la presencia o ausencia de capital social son claras, como se aprecia en el cuadro XVII 5.

Cuadro XVII.5
GRUPOS LECHEROS EN DOS REGIONES DE MÉXICO: ALGUNOS
INDICADORES DE CAPITAL SOCIAL Y HUMANO

Indicador	Los Altos de Jalisco	Aguascalientes
Escolaridad	6.1	8.0
Nivel de confianza en sus representantes	Escaso	Bueno
Los líderes se desligan de la figura de autoridad que representa la empresa	No	Sí
Concepción de los integrantes sobre la importancia del grupo	70% cree en sus ventajas	85% cree en sus ventajas
Otros servicios que proporciona el grupo a sus integrantes	35% de los casos (compra de insumos, financiamiento, y otros)	Casi 100% de los casos
Pertenencia de los grupos a organizaciones de 2º nivel	1.8%	24.9%
Programas de capacitación	Ausentes	Presentes

Fuente: Adolfo Álvarez Macias, Silvia Bofill Poch y Elizabeth Montaño Becerril (2000), "El asociacionismo como factor de competitividad: El caso del sector social en la lechería de Aguascalientes (México)", Memorias del Decimocuarto Congreso Internacional de Administración Agropecuaria (Chapingo, Estado de México, 24 al 26 de mayo), 2000; Fernando Cervantes Escoto, "Modernización de la ganadería lechera familiar en los Altos de Jalisco. Problemática y perspectivas", Tesis de Doctorado, Chapingo, Centro de Investigaciones Económicas, Sociales y Tecnológicas de la Agroindustria y la Agricultura Mundial (CIESTAAM), Universidad Autónoma Chapingo, 2001; e Instituto Nacional de Estadística, Geografía e Informática (INEGI), "Niveles de bienestar en México" (www.inegi.gob.mx/difusion/espanol/niveles/javnb.html), 2000.

- **Capital humano.** Para el año 1990 el Instituto Nacional de Estadística, Geografía e Informática (INEGI) reportaba una diferencia de 3 años en la educación básica entre los habitantes de los Altos de Jalisco y el estado de Aguascalientes. Actualmente, la diferencia sigue siendo importante, y es de casi dos años de escolaridad (INEGI, 2000).

- **Nivel de confianza en los líderes.** En los Altos es escaso, ya que comúnmente los dirigentes (representantes de los grupos) son considerados personas "transas" (corruptas), que lucran con los recursos comunes y la buena fe de los asociados, pero que continúan en el puesto porque nadie de la base está dispuesto o es capaz de asumir el liderazgo, y funcionar de forma diferente. En Aguascalientes el nivel es bueno, ya que aunque se presentan casos de dirigentes "transas" existen bastantes grupos donde los asociados consideran que los líderes son personas honestas que trabajan para el beneficio colectivo.

- **Capacidad de los líderes para desligarse de la figura de autoridad que representa la empresa acopiadora.** Aunque existen excepciones, la mayoría de los líderes de los grupos lecheros en los Altos no han desarrollado esta capacidad, ni tiene el apoyo de las bases para negociar en condiciones de mayor equidad con la industria; esto ha derivado en que sea ésta la que determina las reglas de la relación en las condiciones más ventajosas para ella, sobre todo en lo que se refiere a: fijación de precios, niveles de calidad de la materia prima, y topes a la producción. Algunos dirigentes están más preocupados de cumplir con las exigencias de la empresa, que de representar los intereses de sus asociados, por lo que más parecen empleados de la industria. En Aguascalientes esta situación también se da, pero con menor frecuencia, ya que existen más líderes comprometidos con su grupo, que han logrado desarrollar esa capacidad de reconocer con claridad cuáles son los intereses de la empresa y cuáles los del grupo, y que tienen el apoyo de las bases para negociar en condiciones de mayor equidad con la industria.

- **La concepción del grupo por parte de los socios.** Se hizo una encuesta entre los pequeños y medianos productores lecheros para conocer su opinión acerca de cuáles eran mayores, las ventajas o las desventajas, de estar asociado a un grupo. En Aguascalientes, el 85% de los entrevistados contestó que eran más las ventajas, mientras que en los Altos este porcentaje disminuyó a 70%, lo que refleja que en la primera entidad son más los socios que manifiestan confianza en su organización y tienden a concebirla como algo bueno, reflejando un mayor nivel de capital social.

- **Capacidad del grupo para ir más allá del mero enfriamiento de la leche.** Además de enfriar leche de buena calidad, los grupos pueden aprovechar su organización para realizar otro tipo de cosas, tales como efectuar compras consolidadas de insumos (fertilizante, alimento para el ganado, medicamentos, y otros); o producir su propio alimento balanceado, que es el concepto de costos de producción que más peso tiene. También podrían adoptar tecnología, por ejemplo, la adquisición y uso de equipos para inseminación artificial, máquinas ordeñadoras, equipo para mezclar raciones, entre otros.

  En los Altos, únicamente el 35% de los grupos lecheros ha logrado ir más allá del mero enfriamiento de la leche, ya que han logrado efectuar compras consolidadas de alimento balanceado, fertilizantes y medicamentos. Por el contrario, en Aguascalientes, casi en la totalidad de los grupos se realizan compras consolidadas y otras acciones de tipo colectivo, como la construcción de bodegas para el almacenamiento de insumos, el uso de inseminación artificial, entre otras.

- **Grupos lecheros que están integrados a una organización de 2º nivel.** En Aguascalientes, 20 grupos lecheros, de un total de 84, han creado una organización de 2° nivel o integradora, denominada GLIA (Ganaderos Lecheros Integrados de Aguascalientes, S.A., 1995), que se encarga de negociar en bloque leche fluida y fría, además de gestionar insumos en condiciones más accesibles y apoyos institucionales más amplios.

  En los Altos, sólo 7 grupos de un total de aproximadamente 400 han logrado integrar una organización de 2° nivel; 5 de ellos conforman la empresa de Productores de Leche de Acatic (PROLEA), que es una sociedad cooperativa formada con el objetivo de contar con mejores alternativas de comercialización para la leche; los servicios que ofrece PROLEA son: asistencia técnica, comercialización de productos, venta de refacciones para equipo de ordeña, asesoría destinada a la elaboración de proyectos para financiamiento por parte de los programas de fomento agropecuario, planta procesadora de alimentos balanceados, y centro de "recría" para la producción de reemplazos. Los dos grupos restantes se han asociado con productores individuales a objeto de poner en funcionamiento una planta de alimento balanceado ("forrajera"). Como puede verse, es evidente la mayor cultura de asociacionismo que existe en Aguascalientes.

- **Capacitación en funcionamiento empresarial.** En Aguascalientes, el gobierno del estado se propuso impulsar la iniciativa de los pequeños y medianos productores lecheros de organizarse para enfriar y comercializar su producto, lo que redundó en una cohesión significativa en los diferentes grupos. Para reforzar este proceso se puso en marcha un proceso de capacitación en aspectos tan diversos como cultura empresarial y autoestima; figuras legales y posibilidades de desarrollo; administración y contabilidad; higiene en la ordeña; y pruebas de calidad de la leche. En los Altos, por el contrario, ni el gobierno estatal, ni el federal, ni ninguna otra organización se ha preocupado de capacitar a los grupos en la cultura contractual y empresarial, lo que les confiere una desventaja y una debilidad con respecto a sus similares de Aguascalientes, y los deja en condiciones más desiguales para negociar con la industria.

4.   Fuentes de capital social en los grupos lecheros

A nuestro juicio, la explicación de por qué entre dos regiones cercanas y muy similares en muchos aspectos existen fuertes diferencias de capital social se encuentra en los orígenes, bases o fuentes que han permitido un mayor desarrollo de este recurso en una zona respecto de otra. Es decir, aspectos como antecedentes organizativos, razones de los productores para organizarse, formas en que se seleccionaron los integrantes de cada grupo, relaciones de los grupos hacia el exterior que les permiten mejores condiciones para su desarrollo, y otros, permiten entender con mayor claridad los distintos niveles existentes de capital social entre ambas regiones (véase el cuadro XVII.6).

Cuadro XVII 6
DOS REGIONES DE MÉXICO: FUENTES DE CAPITAL
SOCIAL EN LOS GANADEROS

	Los Altos de Jalisco	**Aguascalientes**
Antecedentes organizativos	Tenencia de la tierra privada, ranchos dispersos y decisiones individuales	Tenencia de tierra ejidal, asambleas mensuales, decisiones colectivas
Origen de los grupos	Por presión de las empresas	Fomento por el gobierno estatal y nacional
Integrantes de los grupos	Según rutas de recolección de leche de las empresas	Por lazos de parentesco, compadrazgo, amistad y honradez reconocida en las comunidades, y además por similar nivel económico
Relación con los gobiernos estatales	Ninguna	Relaciones entre dirigentes de grupos y partidos políticos, y posteriormente con funcionarios estatales
Destrucción de grupos o separación de integrantes de grupos	Por disposición de las empresas	Por problemas de corrupción, mala administración y deshonestidad
Futuro	Incierto. Individualización de los grupos, retiro de la actividad, migración	Depuración de los grupos. Organización de 2º nivel inicia de nuevo, aunque ahora con menos grupos

Fuente: Elaboración propia.

a) Antecedentes organizativos. Aunque ni en los Altos, ni en Aguascalientes existían antecedentes importantes de organización entre los pequeños y medianos productores de leche, se presenta un aspecto que marca la diferencia, y es el tipo de tenencia predominante; en el primer caso es la pequeña propiedad, mientras que en el segundo es el ejido. En los Altos de Jalisco, los pequeños productores se han caracterizado tradicionalmente por su individualismo, es decir, su poco o nulo interés por entrar a un esquema en que el asociacionismo sea el eje de funcionamiento; esto explica en parte los graves problemas internos que están sufriendo todos los grupos lecheros.

Los ejidatarios, por el contrario, se han visto muchas veces en la necesidad de agruparse, en la mayoría de los casos, por coerción gubernamental para recibir apoyos y subsidios de fomento agropecuario; esto les confiere mayores antecedentes en aspectos organizativos, lo que de alguna manera podría significar mayor capital social.

b) El origen en la formación del grupo. Quizá la mayor debilidad de los grupos en los Altos es que no se formaron por iniciativa propia, sino que la industria —con el objetivo de transferir a los productores los costos de enfriamiento de la leche, reducir costos de transacción (eliminando las «rutas»), y proveerse de materia prima de mejor calidad— forzó su creación, bajo el argumento de que a nadie se le recibiría leche caliente. Para este tipo de productores es fundamental contar con un mercado seguro, dada la vulnerabilidad que les confieren la naturaleza perecedera de su producto y sus limitadas condiciones materiales: producción de volúmenes poco significativos, y falta de infraestructura para su almacenamiento y transformación, por lo que respondieron de inmediato agrupándose para el enfriamiento colectivo, de acuerdo a la ruta de recolecta, sin ningún criterio de selección de los participantes.

c) Integrantes de los grupos. En Aguascalientes, aunque también existió presión por parte de la industria, los productores se organizaron por lazos de parentesco, compadrazgo, amistad y honradez reconocida por el resto de los integrantes, y además procurando establecer un nivel económico similar. Más aún, supieron tomar la situación de presión de las industrias transformándola en una iniciativa propia, para exigir apoyo al gobierno del estado. Éste respondió subsidiando medios de producción y proporcionando capacitación, lo que ha dado como resultado grupos más cohesionados, con intereses comunes. En fin, con mejor capital social.

d) Relación con los gobiernos estatales. Cabe aclarar que uno de los principales promotores de dichos grupos en Aguascalientes pertenecía al partido oficial, de modo que la conformación de la organización de 2º nivel (GLIA) y los apoyos recibidos por parte del gobierno se ligan inicialmente con dicho partido.[4] A partir de años recientes, existe un gobernador de un partido diferente, pero igual que antes, el nuevo dirigente de la GLIA mantiene una buena relación con él y sus funcionarios.

Cuando en los Altos de Jalisco las industrias plantearon que no iban a captar leche de tanques colectivos, los grupos se desintegraron o se individualizaron acatando las disposiciones de las empresas. Mientras que en Aguascalientes, con el apoyo del gobierno estatal, los grupos encontraron otras opciones a quienes vender la leche; es más, hoy tienen más demanda de la que pueden cubrir. El nuevo dirigente de la GLIA narró cómo abordaron, sin previa cita, al gobernador, y cómo éste ordenó a sus subordinados que hablaran con todas las empresas compradoras de leche

---

[4]   En la experiencia histórica de México, tales ligazones por lo general han terminado en la politización de los grupos, desviándolos de sus intereses productivos.

en la región y que encontraran mercado rápidamente, pues la leche se obtiene a diario y diariamente los productores tienen que recibir los pagos que destinan a comprar los insumos para alimentar a las vacas.

Sin embargo, la GLIA ha tenido serios problema y se encuentra en un proceso de reestructuración. Después de integrar a 33 grupos en 1999, en 2001 cuenta solamente con 6. El contador malversó los fondos de la organización y también por descuidos técnicos se vio seriamente afectada la producción de su planta de alimentos balanceados. Los grupos, al no recibir el pago diario, se fueron disgregando.

5.   Papel del Estado y capital social

En la literatura existente sobre el capital social se tiende a olvidar el papel tan crítico del Estado. En parte esto se explica, en primer término, por la exclusión del papel del Estado en estudios sobre comunidades u organizaciones sociales, que tradicionalmente es formulado por politólogos y sociólogos. Y en segundo lugar, por la concentración de investigadores, quienes al estudiar los niveles micro de organizaciones no gubernamentales (ONG), los movimientos comunitarios, y la sociedad civil, dejan a un lado el papel de regulador, facilitador y promotor que tiene el Estado. Pero sería un error desconocer que en América Latina el Estado es una fuerza dinámica, que influye en forma determinante —positiva o negativamente— en comunidades, regiones, ciudades y, últimamente, en naciones. El Estado, a fin de cuentas, puede ser soporte y apoyo del capital social, y también receptor de impactos derivados de éste (Chávez, 2002).

En el caso de nuestro estudio, al nivel estatal, ni en Jalisco ni en Aguascalientes el gobierno federal, por medio de sus diferentes departamentos y secretarías, ha jugado un papel importante en organizar y fortalecer las organizaciones de productores. Puede ser que, explícitamente, el Estado haya decidido denominar esta región como marginal, o estimado que en ella no hay organizaciones agrarias lo suficientemente poderosas para aportar recursos. Lo que sí demuestra es que los pequeños productores de esta región mexicana carecen de suficiente capital social como para movilizar al Estado.

Pero aun cuando el Estado federal se ha retraído de la zona, es importante que los estados de Jalisco y Aguascalientes, como entidades gubernamentales, participen más activamente en los problemas de sus pequeños productores. Ésta es una dimensión olvidada por los académicos que estudian políticas de desarrollo. En el caso del estado de Aguascalientes, sus unidades de gobierno han participado mediante asistencia técnica, crédito para almacenamiento, modernización de infraestructura, caminos y electricidad. Asimismo, el Estado ha contribuido a mejorar las relaciones entre productores y compañías lecheras. Aguascalientes, a diferencia de Jalisco, ha tratado de resolver los problemas de los productores creando asociaciones de éstos, incrementando la producción de leche por vaca, y proveyendo inseminación artificial. En el caso de Aguascalientes, es claro que el papel del Estado es fundamental para incrementar la organización de productores y romper con las relaciones de dependencia y clientelismo. Es ostensible en este caso que las redes basadas en capital social, en la medida en que funcionan, incrementan la producción por productor y ulteriormente sus ingresos.

Parte de la explicación de la intervención estatal en Aguascalientes y de la retracción en Jalisco se encuentra en los estilos de gobierno, sus políticas y sus estrategias. Mientras que en Jalisco, el Partido Revolucionario Institucional (PRI) dominaba en las zonas rurales, con un modelo tradicional de clientelismo, el estado de Aguascalientes y sus PRI experimentaban con participación comunitaria. Al producirse cambios de partido en el gobierno del estado, los nuevos gobernadores se encontraron con el problema de que las burocracias eran en parte todavía controladas por el PRI, y a pesar del cambio de políticas, la aplicación no resulta eficiente. De hecho, las organizaciones clientelitas se mantenían al margen, sólo interviniendo cuando había suficiente interés político, generado desde luego por el capital social de una comunidad.

Además, pareciera que existen dos explicaciones con respecto a la diferencia en participación. Primeramente, Jalisco, desde la década de 1970, decidió convertirse en un estado manufacturero industrial, turístico y productor de frutas, dadas las condiciones de riqueza natural en su costa del Pacífico. En el caso de Aguascalientes, a pesar de su tamaño, el estado decidió continuar con una política dividida en dos ejes, el industrial y el agrícola. En segundo lugar, estos dos estados siguieron los lineamientos de ajuste del modelo neoliberal, pero en diferente forma. En Jalisco, dichas políticas fueron aplicadas al pie de la letra, sin mecanismos de protección, mientras que en Aguascalientes la puesta en práctica fue paulatina y con mecanismos de ayuda a los productores; en otras palabras, una aplicación más gradual.

Evidentemente, en el estudio del capital social en las dos regiones observadas, el papel del Estado juega una función diferente y en última instancia nos explica por qué los grupos han sido negativamente impactados en una zona y, en otra, tiene la capacidad de sobrevivir (véase el cuadro XVII.7). En Aguascalientes, el Estado ha asumido la función de desarrollar el capital social tanto horizontal como verticalmente. Mientras que en Jalisco la participación estatal es marginal.

Cuadro XVII.7
DOS REGIONES DE MÉXICO: PAPEL DEL ESTADO Y DE GRUPOS LECHEROS

	Los Altos de Jalisco	Aguascalientes
Apoyos A	Como excepción algunos grupos recibieron parte del financiamiento (30%) para la instalación de tanques de enfriamiento y casetas de electricidad. Algunos representantes, también como excepción, recibieron apoyos para remolques y compra de maquinaria	En forma más general los grupos reciben apoyos para mejoramiento de praderas y ganado, asistencia técnica, inseminación artificial, bodegas, sistemas modernos de riego, infraestructura rural, carreteras, tanques de enfriamiento, plantas eléctricas y crédito
Apoyos B		Cursos de capacitación empresarial, autoestima, administración, contabilidad, mejoramiento de la ordeña, calidad de la leche; elaboración y difusión de boletines sobre compradores y precios, distribuidores de insumos y precios; fomento de relaciones entre compradores de leche y grupos lecheros
Resultados		Creación de 80 grupos y una organización de 2º nivel. Incremento de productividad de leche por vaca de 50% (4 años). 96% de los productores utiliza la inseminación artificial

Fuente: Elaboración propia.

6.   Utilidad del concepto de capital social

Es claro en nuestro análisis que el concepto de capital social es útil para explicar la situación de los pequeños productores y sus posibles alternativas para el combate de la pobreza. El capital social complementa en forma importante las interpretaciones que permiten los análisis meramente económicos (macroprecios, rentabilidad, y otros) o técnicos (calidad de la leche, razas, alimentación, y otros).

En nuestro estudio es también claro que existen diferentes niveles de capital social en dos regiones mexicanas del centro-occidente, a pesar de estar geográficamente muy cercanas y de tener muchas similitudes socioeconómicas. Estas diferencias pueden explicarse por el desarrollo del capital humano, las fuentes internas para el desarrollo del capital social en las comunidades y, particularmente, por el papel del Estado. En este último, resaltan los instrumentos de política descentralizados a nivel regional y adaptados a las necesidades reales de los productores.

Partimos de la hipótesis de que los capitales humano y cultural son fuentes importantes para el desarrollo del capital social. Ésta se confirma en el caso de los Altos de Jalisco, donde el nivel de educación es más bajo y el índice de pobreza es más alto que en el estado de Aguascalientes. O sea, en la región de los Altos un gran número de productores no tienen ningún espíritu de obligación para cumplir con normas de calidad en beneficio del grupo, conducta derivada de la ignorancia, por una parte, y de la situación económica diaria que sobreestima el beneficio inmediato individual[5] por sobre el de largo plazo. El bajo nivel de capital social finalmente causa costos económicos más altos, al verse los productores obligados a financiar tanques individuales, asumiendo los costos de captación, enfriamiento y mejoramiento de la calidad de la leche, sin una compensación por parte de las empresas. Además, pierden las ventajas que para la producción representa el trabajo colectivo.

Observamos que en el estado de Aguascalientes existe un mayor nivel de capital social, expresado en la confianza de los productores en su organización. Esto les permite alcanzar niveles mayores de organización, mejores condiciones de producción y, en general, estar en una mejor posición para defender sus intereses frente a la industria. El mayor volumen de capital social en Aguascalientes, desde la conformación de grupos lecheros con afinidad de familia, compadrazgo, y amistad, les ha permitido lograr mayores niveles de organización.

En esta región, el papel del Estado a nivel regional ha sido importante para marcar la diferencia con la región vecina. Según Durston (2001), el nivel de capital social en esta región permite el surgimiento de un semi-clientelismo que "capacita para la gestión y la proposición de proyectos", y puede pasar a facilitar el fomento de organizaciones autónomas. Esto lo observamos en el caso de Aguascalientes, en que una organización de productores se encuentra funcionando en forma autónoma y con éxito.

Pero además, debido al bajo nivel de capital social en los Altos, las industrias recurren a un clientelismo autoritario para relacionarse con los productores. Primero, obligan a los productores a organizarse según el esquema de rutas de recolección de leche, sin ningún proceso de selección y

---

[5]   El agregar agua a la leche puede permitir un pequeño ingreso mayor. Pero dado que las compañías cuentan con un sistema de control, esta forma de aumentar el ingreso tiene su límite casi inmediato.

sin invertir en el capital social, o sea, sin convencer a los productores y desarrollar su confianza en que los tanques colectivos y la entrega de leche de calidad podrán ser de beneficio mutuo. Y, segundo, cuando los productores aparentemente no cumplen con las exigencias y normas de calidad, las industrias los dividen y obligan a instalar tanques individuales. El estudio indica que las industrias, al no invertir en el capital social, tienen mayores costos de transacción (control de la calidad, inducción al cambio a tanques individuales), y los productores, costos económicos para financiar los tanques individuales (aunque con el atractivo de un precio mayor), que pudieran haberse utilizado para otros fines.

7.   Conclusiones

El capital social tiene que ser contextualizado en situaciones en que los actores de diferentes clases sociales o económicas se hallan ligados por actividades sociales, políticas o económicas. El capital social tiene también que ser contextualizado dentro de los sistemas políticos y económicos en el nivel local y regional. Cuando existen altos grados de desigualdad económica entre miembros de una red, los individuos o grupos son dependientes lo que es característico del clientelismo autoritario, siendo muy bajo el capital social. Donde el Estado tenga un papel activo, y sea capaz de balancear el poder del sector privado, creando un espacio para el capital social que le permita desarrollarse en una forma que cruce las divisiones sociales, el beneficio colectivo y de bienestar de sus miembros podrá ser incrementado y mantenido.

El capital social puede ser creado y fomentado entre los grupos de pequeños productores agrícolas y ganaderos de México, tanto por la industria como por el Estado. Es importante fomentar la sinergia entre la industria y los pequeños productores evitando esquemas de exclusión como ha ocurrido en los Altos de Jalisco. En un esquema de desarrollo incluyente de largo plazo, la industria debe invertir en capital social.

Un objetivo central de los gobiernos de los países en desarrollo es elevar el nivel de educación y capacitación de la población, y diseñar e instrumentar políticas sectoriales de fomento en el nivel regional, porque estas políticas dirigidas a los pequeños productores son más eficientes que las nacionales. Las políticas de fomento del capital social deben ser permanentes y de acuerdo a los niveles concretos de las comunidades. Y finalmente, nuestros resultados indican que las políticas de fomento para crear y fortalecer organizaciones de producción deben usar los lazos naturales de parentesco, compadrazgo y amistad de los integrantes de una comunidad, a fin de maximizar la permanencia y éxito de las redes sociales.

Bibliografía

Álvarez Macias, Adolfo y Elizabeth Montaño Becerril (2001), "Organización agroindustrial y regional del sistema lechero de Aguascalientes, México", *Comercio Exterior*, vol. 51, Nº 7, México, D.F.

Álvarez Macias, Adolfo, Silvia Bofill Poch y Elizabeth Montaño Becerril (2000), "El asociacionismo como factor de competitividad: El caso del sector social en la lechería de Aguascalientes (México)", Memorias del Decimocuarto Congreso Internacional de Administración Agropecuaria (Chapingo, Estado de México, 24 al 26 de mayo).

Boltvinik, Julio y Enrique Hernández Laos (1999), *Pobreza y distribución del ingreso en México*, México, D.F., Siglo Veintiuno Editores.

Bourdieu, Pierre (2001), "El capital social. Apuntes provisionales", *Zona Abierta*, Nº 94/95.

Camp, Roderic A. (1995), *La política en México*, México, D.F., Siglo Veintiuno Editores.

Cervantes Escoto, Fernando (2001), "Modernización de la ganadería lechera familiar en Los Altos de Jalisco. Problemática y perspectivas", Tesis de Doctorado, Chapingo, Centro de Investigaciones Económicas, Sociales y Tecnológicas de la Agroindustria y la Agricultura Mundial (CIESTAAM), Universidad Autónoma Chapingo.

Chávez, Manuel (2002), "Competition and collaboration among foreign and domestic retailers in North America: the case of Mexico", *Development Policy Review*, número especial, Londres, septiembre.

Coleman, James S. (2001), "Capital social y creación de capital humano", *Zona Abierta*, Nº 94/95.

De Leonardo, Patricia (1978), "El impacto del mercado en diferentes unidades de producción", *Economía y sociedad en Los Altos de Jalisco*, Jaime Espin y Patricia de Leonardo (coords.), Jalisco, Municipio de Jalostotitlán, Centro de Investigaciones Superiores (CIS) del Instituto Nacional de Antropología e Historia (INAH), Editorial Nueva Imagen.

Durston, John (2001), "Evaluando capital social en comunidades campesinas en Chile", ponencia presentada en el Vigesimotercer Congreso de LASA (Washington, D.C., 6 al 8 de septiembre).

___(2000), *¿Qué es el capital social comunitario?*, serie Políticas sociales, Nº 38 (LC/L.1400-P), Santiago de Chile, Comisión Económica para América Latina y el Caribe (CEPAL), julio. Publicación de las Naciones Unidas, Nº de venta: S.00.II.G.38.

___(1999), "Construyendo capital social comunitario. Una experiencia de empoderamiento rural en Guatemala", serie Políticas sociales, Nº 30 (LC/L.1177), Santiago de Chile, Comisión Económica para América Latina y el Caribe (CEPAL), abril.

Flores, Margarita y Fernando Rello (2001), "Capital social: virtudes y limitaciones", ponencia presentada en el Congreso de LASA (Washington, D.C., 6 al 8 de septiembre).

Florescano, Enrique (1997), *Ética, estado y nación. Ensayos sobre las identidades colectivas de México*, México, D.F., Nuevo Siglo.

Fukuyama, Francis (1995), *Trust, the Social Virtues & the Creation of Prosperity*, Nueva York, The Free Press.

Gallart, María Antonieta (1975), "El cambio en la orientación ganadera en San Miguel el Alto, Jalisco", Tesis profesional de Licenciatura en Antropología, México, D.F., Universidad Iberoamericana.

Gambetta, Diego (1988), "*Can* we trust trust", *Trust: Making and Breaking Cooperative Relations*, Diego Gambetta (comp.), Oxford, Basil Blackwell.

Haggard, Stephen y Robert Kauman (1995), *The Political Economy of Democratic Transitions*, Princeton University Press.

Iglehart, Ronald (1997), *Modernization and Postmodernization. Cultural, Economic and Political Change in 43 Societies*, Princeton University Press.

INEGI (Instituto Nacional de Estadística, Geografía e Informática) (2000), "Niveles de bienestar en México" (www.inegi.gob.mx/difusion/espanol/niveles/javnb.html).

Knack, Stephen y Philip Keefer (1997), "Does social capital have an economic payoff? A cross-country investigation", *Quarterly Journal of Economic*.

Kreps, Davis (1990), "Corporate culture and economic theory", *Perspectives on Positive Political Economy*, James Alt y Kenneth Shepsle (comps.), Cambridge University Press.

La Porta, Rafael y otros (1997), "Trust in large organizations", *American Economic Association, Papers and Proceedings*, vol. 87, Nº 2, mayo.

Leibenstein, Harvey (1987), *Inside the Firm. The Inefficiencies of Hierarchy*, Harvard University Press.

Lipset, Seymour Martin (1997), *El hombre político. Las bases sociales de la política*, México, D.F., Red Editorial Iberoamericana.

Misztal, Barbara (1996), *Trust in Modern Societies*, Cambridge, Polity Press.

Olson, Mancur (1982), *The Rice and Decline of Nations*, New Haven, Connecticut, Yale University Press.

Pardo, Rosa (1995), "La empresa de la conquista: México, América Central y los territorios del norte", *Historia de América. Temas didácticos*, Carlos Malamud y otros (comps.), Madrid, Editorial Universitas.

Pollak, Robert (1985), "A transaction cost approach to families and households", *Journal of Economic Literature*, vol. 23.

Portes, Alejandro y Patricia Landolt (1996), "The downside of social capital", *The American Prospect*, Nº 26.

Putnam, Robert D. (2000), "La comunidad próspera. El capital social y la vida pública", *Zona Abierta*, Nº 94/95.

Rice, Tom y Jan Feldman (1997), "Civic culture and democracy from Europe to America", *Journal of Politics*, vol. 59, Nº 4.

Robison, Lindon J. (1996), "In Search of Social Capital in Economics", Staff Paper, Nº 96-102, Michigan, Departamento de Economía Agrícola, Universidad del Estado de Michigan.

Robison, Lindon J., Allan Schmid y Marcelo E. Siles (1999), "Is Social Capital Really Capital?", Staff Paper, Nº 99-21, Michigan, Departamento de Economía Agrícola, Universidad del Estado de Michigan.

Rodríguez Gómez, Guadalupe (1998), "La apertura comercial y la actividad lechera en México", *Los rejuegos del poder, globalización y cadenas agroindustriales de la leche en occidente*, Guadalupe Rodríguez Gómez y Patricia Chombo Morales (coords.), Guadalajara, Jalisco, Centro de Investigaciones y Estudios Superiores en Antropología Social.

SAGAR/CEA (Secretaría de Agricultura, Ganadería y Desarrolllo Rural/Centro de Estadística Agropecuaria) (1998), *Boletín bimestral de leche*, noviembre-diciembre.

SAGAR/INEGI (Secretaría de Agricultura, Ganadería y Desarrolllo Rural/Instituto Nacional de Estadística, Geografía e Informática) (1997), *Boletín mensual de leche*, vol. 5, Nº 11, México, D.F.

Staatz, John M. (1998), "The aplication of social capital in understanding economic development", Staff Paper, Nº 98-17, Michigan, Departamento de Economía Agrícola, Universidad del Estado de Michigan.

Woolcock, Michael (1998), "Social capital and economic development: toward a theoretical synthesis and policy framework", *Theory and Society*, vol. 27, Nº 2.

Capítulo XVIII

Desarrollo comunitario en las zonas rurales de los Andes

Jan L. Flora[*]

Cornelia Butler Flora[**]

Introducción

La exclusión social constituye un problema de envergadura en América Latina. Los sectores sociales, políticos y económicos dominantes siguen aplicando a los grupos indígenas, raciales y culturales subordinados, a la clase trabajadora y a los campesinos, a los jóvenes y otros grupos, políticas de exclusión económica, político-institucional y sociocultural que interactúan y se refuerzan entre sí. El resultado neto es el mantenimiento y, en algunos casos, el agravamiento de las situaciones de pobreza y desigualdad (Gacitúa y Sojo, 2001). Las desigualdades de ingresos entre países fue mayor en los años noventa que en los ochenta y la distribución de los ingresos entre las personas en todo el mundo es cada vez más inequitativa, principalmente como resultado del fenómeno señalado (Banco Mundial, 2000, cap. 2). Además, en el proyecto de Informe sobre el Desarrollo Mundial se señala

[*]   Profesor de la Facultad de Sociología, Universidad del Estado de Iowa, floraj@iastate.edu.
[**] Directora del Centro y Profesora de Agricultura y Sociología de la Universidad del Estado de Iowa, cflora@iastate.edu.

que la estabilidad contribuye a reducir las desigualdades (ibíd.), en cambio la globalización[1] contribuye a la inestabilidad (UNRISD, 2000, cap. 2). Asimismo, muchos grupos excluidos están utilizando los sistemas de comunicación que les proporciona un mundo globalizado para hacer oír su voz en los ámbitos nacional e internacional.

En este contexto de globalización y exclusión social, los autores intentan abordar en este trabajo el desarrollo comunitario en los Andes, concretamente en relación con los grupos indígenas de Ecuador y Perú. Para ello, aplican una perspectiva de capital social ubicada en un marco de economía política, que incluye al mercado, el Estado y la sociedad civil, y concluyen con una sugerencia sobre la forma en que los grupos excluidos pueden utilizar métodos de investigación de acción participativa (coaliciones para la promoción), con el objeto de desarrollar un capital social que permita la creación de sinergias entre grupos (*bridging*). Las conclusiones se extraen de dos experiencias realizadas con esta metodología en zonas indígenas o campesinas de la sierra central de Perú y en la sierra del norte de Ecuador.

1. Mercado, Estado y sociedad civil

El mejor modo de comprender los cambios generados por la globalización en los países de América Latina es examinar los principales actores institucionales del mercado, el Estado y la sociedad civil. Todas estas esferas institucionales, que se superponen de varias maneras en distintos lugares y períodos de tiempo, son esenciales para que florezcan las sociedades, tanto urbanas como rurales.

2. El sector del mercado

El mercado está constituido por muchas empresas e instituciones, que intercambian bienes y servicios con fines de lucro. Cuando hay competencia

---

[1] McMichael (1996) considera que las principales características de la globalización son las siguientes:
- la desaparición del Estado benefactor; la "carrera hacia el abismo" en relación con los salarios;
- la contracción del Estado. Los proponentes suponen que el mercado es más eficiente que el Estado;
- la "financialización", es decir, el hecho de que los inversionistas prefieran los activos líquidos al capital fijo;
- la subordinación del principio "territorial" al principio del "capitalismo"; el desplazamiento del equilibrio de poder del Estado-Nación a las empresas transnacionales;
- la reducción de las barreras comerciales y el desarrollo de un mecanismo internacional de fiscalización para el nuevo régimen comercial.

y la información fluye libremente, son sumamente eficientes para distribuir los bienes y servicios a quienes pueden pagarlos. En cambio, lo son mucho menos cuando los destinatarios son los grupos empobrecidos o es preciso proteger el medio ambiente. Además, no es dable esperar que el segmento del mercado se regule a sí mismo para asegurar que no se creen carteles y que las nuevas empresas que ingresan al mercado puedan competir con las empresas existentes en un subsector determinado.

El objetivo de las instituciones de mercado es obtener utilidades para sus propietarios, que pueden ser propietarios individuales, familiares o accionistas. Estos últimos suelen evaluar a las empresas mediante el monto de las utilidades generadas en el último trimestre o el aumento o disminución del valor de las acciones. Si consideran que alguno de estos aspectos es poco satisfactorio, los propietarios tratan de reemplazar a los directivos contratados. La consolidación, la competencia y la cooperación entre empresas del mercado sugieren la existencia de un ámbito muy dinámico en la era de la globalización. En América Latina y otros países del Tercer Mundo, la presencia de empresas transnacionales con sede en el exterior complica aún más la situación, porque si bien pueden contribuir a aumentar la competencia, dada su magnitud también pueden ejercer influencias políticas y económicas indebidas en los países más pequeños (para un ejemplo contemporáneo de este fenómeno en la República Dominicana, véase Raynolds y otros, 1993). Las empresas nacionales pueden tener una influencia similar, como se ha reconocido en varios países en que se privatizaron determinados sectores y las empresas del Estado terminaron en manos de amigos de los dirigentes políticos, a precios de liquidación.

3.   El sector del Estado

El Estado comprende a las organizaciones de la administración pública local, estadual, nacional e internacional, con inclusión (en la mayoría de los países de las Américas) de los tres poderes: el legislativo (que elabora las leyes y asigna los recursos), el ejecutivo (que aplica las leyes y distribuye los recursos) y el judicial (que sanciona a quienes no cumplen las leyes).

El Estado posibilita la existencia de los mercados. Para funcionar adecuadamente, éstos necesitan condiciones relativamente estables, que comprenden la posibilidad de hacer cumplir los contratos mediante un sistema administrativo y judicial eficaces, y una provisión de dinero confiable. Los mercados requieren reglas universales —creadas por el sistema legislativo—, lo que significa que se aplican a todos por igual. En consecuencia, para que el mercado sea eficiente y ordenado es esencial que el Estado tenga un funcionamiento apropiado.

El Estado establece las reglas del funcionamiento de los mercados, a fin de asegurar que se respete el bien común y que al mismo tiempo las empresas sean rentables. Corresponde al Estado proporcionar una red de seguridad a la población y proteger los recursos naturales considerados necesarios para el bien común. Sin embargo, la definición de este concepto es casi siempre cuestionada.

El Estado, al igual que el mercado, es una esfera muy controvertida. Los gobiernos locales y provinciales discrepan con el gobierno nacional, especialmente cuando el sistema es descentralizado y las instituciones de ese nivel carecen de financiación. El poder legislativo discrepa con el ejecutivo, e incluso las burocracias y organismos de la misma institución tratan de asegurar o mantener su hegemonía, influencia y presupuesto. La mayoría de los países latinoamericanos, alentados resueltamente por el Fondo Monetario Internacional (FMI), han restringido los programas sociales a fin de pagar la enorme deuda acumulada tras el aumento de las tasas de interés de los bancos prestadores de los Estados Unidos y la subsiguiente recesión mundial iniciada en 1979. Esto ha generado conflictos entre los gobiernos de América Latina y sus propios pueblos. A fines de los años noventa, el manejo fraudulento del dinero de los depositantes por parte de los bancos de Ecuador precipitó una crisis que culminó con el congelamiento de los depósitos. El Estado ecuatoriano, en el que también había cierto grado de corrupción, no tuvo la voluntad necesaria para imponerse a los directivos de los bancos o asegurar que los depositantes recuperaran sus ahorros.

4.   La sociedad civil

La sociedad civil, que está integrada por grupos formales e informales de ciudadanos, define el bien común. En teoría, estos grupos se unen en función de intereses o valores compartidos, e inciden sobre el mercado y el Estado mediante actividades organizadas. En muchos casos, los funcionarios elegidos son evaluados según el grado en que sirven al bien común. La sociedad civil influye sobre el mercado organizando grupos de consumidores que pueden participar en campañas de información y boicots. En las sociedades muy estratificadas, ciertas organizaciones de la sociedad civil tienen mucho más peso que otras. Así, en América Latina, el Opus Dei ejerce mayor influencia política que las comunidades cristianas de base. Sin embargo, ésta es la vía de que disponen los grupos excluidos. Por ello, no puede sorprender que también existan conflictos entre los grupos de la sociedad civil.

La sociedad civil influye sobre el Estado presionando para que se aprueben determinadas leyes (influencia sobre el poder legislativo), exigiendo que se hagan cumplir determinadas leyes (influencia sobre el poder ejecutivo) e iniciando acciones judiciales (influencia sobre el poder judicial).

Los grupos de la sociedad civil, tanto formales como informales, se aglutinan alrededor de esos escenarios de futuro compartidos y determinadas visiones del mundo, o modelos mentales causales (*mental causal models*). Las personas se vinculan a la sociedad civil por medio de la participación o cuando se convierten en miembros de ésta.

Como es en este ámbito donde se negocia la definición de "consciente colectivo", los grupos hacen todo lo posible por incorporar a nuevos participantes y cooptar a otros grupos. El dinamismo de este sector influye tanto en el mercado como en el Estado.

5. ¿Qué sucede cuando predomina alguno de estos sectores?

Como personas, desempeñamos un papel en cada una de estas esferas (véase el gráfico XVIII.1). Las personas son parte del mercado en su condición de productores y consumidores; parte del Estado en su calidad de ciudadanos, lo que entraña derechos (como el voto o la posibilidad de ser elegido) y responsabilidades (como el pago de impuestos y el respeto a las leyes); y parte de la sociedad civil, en tanto participantes de grupos de interés y grupos que comparten ciertos valores.

Gráfico XVIII.1
SECTORES EQUILIBRADOS Y DINÁMICOS

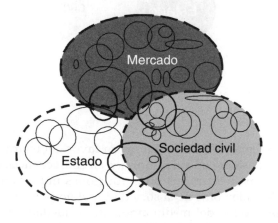

Fuente: Elaboración propia.

Estas esferas no son unidimensionales. Sin embargo, existe cierta tendencia a que alguna predomine sobre las otras. Durante el período de sustitución de importaciones, el Estado desempeñó un papel dominante en América Latina. A partir del período de ajustes estructurales y el advenimiento de la globalización, el mercado ha adquirido un papel más amplio y, en muchos casos, el Estado está demasiado debilitado o comprometido con el sector del mercado para cumplir su función de regulación. La sociedad civil tiene un peso intermedio, pero no está demasiado cohesionada. El poder de los distintos sectores de la sociedad civil es muy desigual, lo que refleja las desigualdades que existen en la sociedad en su sentido más amplio. Esta característica se ilustra en el gráfico XVIII.2 para el caso de Ecuador y Perú.

Gráfico XVIII.2
ECUADOR Y PERÚ: SISTEMA DOMINADO POR EL MERCADO, 2002

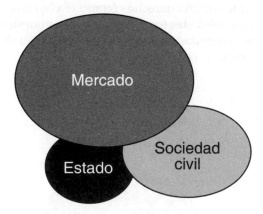

Fuente: Elaboración propia.

Otro problema es el desequilibrio en favor del mercado. Cuando la rentabilidad se considera un valor moral y, en consecuencia, el Estado sólo interviene para favorecerla, sus otras funciones importantes —como la protección de los miembros de la sociedad que no pueden protegerse a sí mismos y la protección del medio ambiente— quedan relegadas. Así, la sociedad civil, a través de los grupos organizados, se convierte en un elemento esencial para ayudar a construir las condiciones futuras deseadas, como la equidad social y la reducción del consumo. El cambio del dominio del Estado al dominio del mercado, sin que exista una sociedad civil fuerte y vibrante, suele ser una invitación a la corrupción del Estado.[2]

6. Las comunidades como contexto del capital social en el Estado, el mercado y la sociedad civil

El capital social está presente en diversos grados y formas —grados de desarrollo de redes de relaciones dentro de un grupo determinado (*bonding*) y grados de sinergia entre grupos (*bridging*)— en las instituciones del Estado, el mercado y la sociedad civil. La forma que adopta el capital social está estrechamente vinculada a las desigualdades y diferencias de poder. Para comprender las formas y el efecto del capital social es preciso entender el contexto histórico además de los procesos en curso. El capital social puede afectar positiva o negativamente a las metas sociales más amplias relativas a la equidad social, la salud de los ecosistemas y la solidez de las economías. Si se comprende tanto la estructura como el contenido del capital social y su relación con otros tipos de capital, se puede contribuir al análisis comunitario y la creación de comunidades. El capital social es sólo uno de los recursos que pueden invertirse en las organizaciones y comunidades y ser invertido por ellas.

7. Capital social: creación de sinergias entre grupos y desarrollo de redes de relaciones en un grupo determinado[3]

El capital social se define a menudo mediante normas de reciprocidad y confianza mutua (Coleman, 1988). Éstas pueden reforzarse por medio de la formación de grupos, la colaboración en los grupos y entre éstos, el desarrollo de una visión unificada del futuro común y la acción colectiva. Según Putnam, el capital social se refiere a "ciertas características de la organización social, como las redes, las normas y la confianza que facilitan la coordinación y la cooperación en beneficio mutuo. El capital social

---

[2] En los Estados Unidos, el predominio del mercado durante el período reciente de auge de la economía ha conducido a la corrupción de las empresas privadas. La falta de rigurosidad en la aplicación de las reformas sobre el financiamiento de las campañas electorales aprobadas a principios de la década de 1970, ha derivado en una forma jurídica peculiar de corrupción del Estado, a través del sistema electoral. Todavía es muy temprano para poder determinar si la nueva reforma aprobada en 2002 logrará revertir esta tendencia.

[3] En adelante, se distinguirá entre capital social intragrupos (*bonding*) y capital social intergrupos (*bridging*).

multiplica los beneficios de las inversiones en capital físico y humano" (Putnam, 1993, pp. 35 y 36).

Las comunidades pueden crear capital social sostenible fortaleciendo las relaciones y la comunicación en toda la comunidad y alentando las iniciativas, la responsabilidad y la adaptabilidad comunitarias (Flora, C. y otros, 1999). Es evidente que el desarrollo de estos procesos y la creación de capital social toma tiempo. El capital social comunitario influye en la situación del Estado, el mercado y la sociedad civil, y éstos a su vez, influyen en aquél.

Si se alientan las interacciones entre grupos que tienen poco en común, dentro y fuera de la comunidad, y se aportan mayores conocimientos e información a sus miembros, pueden llegar a fortalecerse las relaciones y las comunicaciones. Es posible mejorar las iniciativas, la responsabilidad y la adaptabilidad de las comunidades desarrollando una visión común, aprovechando los recursos internos, buscando formas alternativas de responder a los cambios permanentes y eliminando la mentalidad de víctima, que sólo sirve para que la comunidad centre la atención en las injusticias del pasado y no en las posibilidades que ofrece el futuro.

8.   Fuentes de capital social

El impulso para la creación de capital social a menudo se origina en los grupos de la sociedad civil. Sin embargo, el Estado desempeña un papel esencial en la reorientación de los recursos y la modificación de las reglas, a fin de que las entidades no gubernamentales, regidas por un sistema adecuado de rendición de cuentas, puedan recibir fondos estatales. El Estado también brinda un espacio seguro para las interacciones, y esto es esencial, porque cuando se deniegan el espacio y la seguridad el capital social declina. La inflexibilidad de los gobiernos, especialmente cuando defienden su territorio burocrático, tiende a destruir el capital social. Además, éste no reemplaza a los servicios del Estado, especialmente los que contribuyen a que los grupos excluidos puedan participar en la sociedad con cierto grado de dignidad.

9.   Tipos de capital social

El capital social puede dividirse en dos elementos, a semejanza de las formulaciones clásicas de Tönnies (1957) (*gemeinschaft-gessellschaft*) y Durkheim (1947): solidaridad orgánica y mecánica y otras dicotomías más recientes, como los vínculos fuertes y débiles de Granovetter (1973). El capital social intergrupo consiste en las vinculaciones entre personas en grupos homogéneos, establecidas principalmente sobre la base de criterios como la clase, la etnicidad, el género u otras características sociales. Concretamente, esto significa que los miembros de un grupo con una elevada capacidad de creación de redes se conocen entre sí en una multiplicidad de entornos y roles.[4] El capital social de creación de sinergias intergrupos permite conectar entre sí a diversos grupos de la comunidad y también a grupos ajenos a ella.[5]

El capital social intergrupos posibilita el cambio. Pero cuando sólo existe este tipo de capital social, las personas ajenas al grupo o las elites locales son quienes definen la agenda. Narayan (1999) utiliza el término vínculos intersectoriales para explicar el capital social intergrupos y diferenciarlo del de desarrollo de redes en un grupo determinado:

> "La solidaridad de los grupos sociales primarios [capital social de desarrollo de redes] es el cimiento sobre el cual se construyeron las sociedades. La influencia de estos grupos depende de su poder y sus recursos. Pero cuando la distribución del poder entre grupos es asimétrica, lo esencial, tanto en lo que se refiere a las oportunidades económicas como a la cohesión social, son los vínculos intersectoriales, entre grupos sociales" (Narayan, 1999, p. 13).

De este modo, además de incorporar a esta dicotomía los conceptos de mantenimiento de límites y de pertenencia o no pertenencia al grupo,[6] se introduce el concepto de poder:

---

[4]   Véase también el concepto de densidad de relaciones personales (*density of acquaintainceship*) de Freudenburg (1986), y también el concepto de reclusión (*closure*) de Coleman (1988).

[5]   Narayan (1999) establece una distinción entre el capital social de creación de sinergias entre grupos (*bridging*) y de creación de relaciones externas (*linking*). Ambos son vínculos intergrupales, entre grupos que tienen valores distintos; los primeros son horizontales y los segundos verticales. Hemos incluido a los vínculos verticales en el concepto de capital social de creación de sinergias, a fin de subrayar la distinción entre los vínculos íntimos y de propósitos múltiples (desarrollo de redes de relaciones en un grupo determinado) y los vínculos instrumentales, unifuncionales y no redundantes (creación de sinergias entre grupos).

[6]   Young (1970), empleando un enfoque durkheimiano, subrayó los aspectos de exclusión de la solidaridad social, aunque su idea (también durkheimiana) de mantenimiento de límites ejercido por los grupos solidarios no incluía conceptos de poder diferenciado. En realidad, consideró los movimientos solidarios como una estrategia de los grupos excluidos para lograr un reconocimiento simbólico de su propia *Weltanschauung*, y de esta forma producir cambios sociales. El punto de vista adoptado en el presente estudio es que el acceso a la información y los recursos que puede aportar a los grupos, excluidos el capital social de creación de sinergias entre grupos disímiles, también puede ser una fuente importante de cambios sociales desde abajo.

«Si bien es indudable que los grupos primarios y las redes ofrecen oportunidades a quienes pertenecen, también refuerzan la estratificación social preexistente, impiden la movilidad de los grupos excluidos, las minorías y la gente pobre, y se convierten en la base de la corrupción y de la cooptación del poder por los grupos sociales dominantes. Los vínculos transversales, que son densos y voluntarios, aunque no necesariamente fuertes ... contribuyen a poner en contacto a la gente con distintos tipos de información, recursos y oportunidades» (ibíd.).

Así, Narayan (1999) sugiere que el desarrollo de vínculos débiles[7] (Granovetter, 1973) es importante para quebrar las desigualdades en materia de poder y acceso. Estas ideas de exclusión complementan las propuestas por Bourdieu (1986), quien sugiere que, en Francia, las familias de la elite y las familias de clase media con movilidad social ascendente aprovechan el capital económico y cultural familiar para otorgar vínculos estratégicos de clase (capital social) a sus hijos, excluyendo de esta manera a los niños cuyos padres carecen de los recursos e impulsos estratégicos necesarios para promover el ascenso de sus hijos en la escala social.

Narayan (1999) hace hincapié en la relación entre la gobernabilidad del Estado y el carácter global de la sociedad civil, independientemente de que los vínculos intersectoriales sean fuertes o débiles en el plano nacional. Lo que interesa en el presente trabajo es definir de qué manera el capital social intergrupos y el de intragrupo interaccionan en el plano local, a fin de discernir el grado de acción colectiva que se produce en esas comunidades. Se ha empleado una tabla de cuádruple entrada sencilla con el objeto de poder predecir los niveles de acción colectiva (véase el gráfico XVIII.3). Puede argüirse que el capital social intergrupos y el de intragrupo pueden reforzarse mutuamente: cuando ambos son fuertes, el resultado es una acción comunitaria eficaz o una infraestructura social empresarial. Las características de las redes que fortalecen ese tipo de infraestructura (y contribuyen a generar capital social intergrupos) comprenden:

---

[7]   Los vínculos débiles, por su carácter intersectorial, generalmente se usan para un solo fin y, en consecuencia, es probable que sean vínculos más instrumentales que los fuertes, que corresponden al capital social de desarrollo de redes en un grupo determinado.

Gráfico XVIII.3

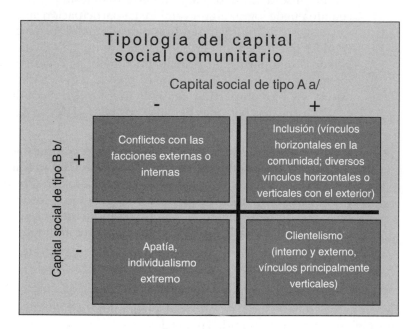

Fuente: Elaboración propia.
a/   Capital social intergrupos.
b/   Capital social intragrupos.

- Horizontalidad: el aprendizaje lateral es esencial para las redes. Una comunidad aprende mejor cuando aprende de otra. En el transcurso del proceso de aprendizaje lateral se crea capital social, tanto en las comunidades como entre ellas.

- Verticalidad: es fundamental que las comunidades estén vinculadas a organizaciones y recursos regionales, provinciales y nacionales. Sin embargo, también es esencial que estos vínculos no se realicen por medio de una sola vía. Los funcionarios electivos y los miembros de las organizaciones deben participar en las reuniones regionales, provinciales y nacionales de modo que no se pueda decir: "Lo que pasa es que no lo permiten las reglas". Es perfectamente posible que otros puntos de vista, válidos en el marco de las reglas vigentes, permitan descubrir otras alternativas.

- Flexibilidad: formar parte de una red no debe ser un compromiso definitivo. La gente está dispuesta a participar cuando puede lograr algún cambio. La participación aumenta y el desgaste disminuye cuando se pide a la gente que participe en redes que tienen un período de vida finito. Se solicita a las personas que participen principalmente en las cosas en que realmente tienen interés, aunque es preciso tener cuidado de que la visión compartida sea más amplia. La flexibilidad significa que más personas tienen la posibilidad de convertirse en líderes.

- Permeabilidad de los límites: se amplía la comunidad de intereses y la comunidad territorial crece a medida que se forman asociaciones y mecanismos de colaboración. Por otra parte, cuando se necesita algo estrictamente local, los límites pueden estrecharse temporalmente. Es esencial contar con redes permeables y flexibles para asegurar la sostenibilidad de la comunidad.

Cuando el capital social intergrupos y el intragrupo son bajos, y no prevalece la infraestructura social empresarial, predomina un individualismo extremo que se refleja en la comunidad por la desorganización social. Cuando la apatía es la forma predominante en que los residentes se vinculan a su comunidad, la acción comunitaria es baja.

Cuando el capital social intergrupos es alto, pero el intragrupo es bajo, se produce el clientelismo y las relaciones creadas en la comunidad y con el exterior son predominantemente verticales. Cuando el capital social intragrupo es alto, pero el intergrupos es bajo, se producen conflictos. La comunidad puede organizarse contra lo externo o contra sí misma. En este último caso, se produce capital social intragrupo en determinados grupos homogéneos de la comunidad que están en conflicto entre sí.

Un componente fundamental de este análisis es el examen de la relación entre las dos dimensiones del capital social y el cambio en la comunidad (véase el gráfico XVIII.4).

Gráfico XVIII.4

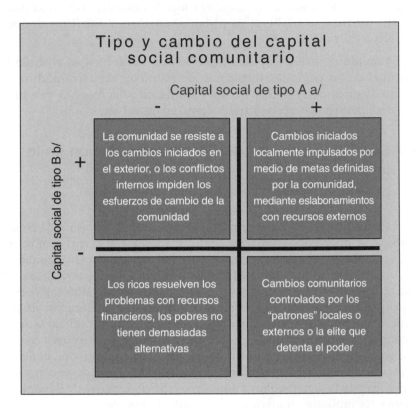

Tipo y cambio del capital social comunitario

Capital social de tipo A a/

Fuente: Elaboración propia.
a/ Capital social intergrupos.
b/ Capital social intragrupo.

10. Carencia de capital social

(creación de sinergias baja; desarrollo de redes bajo)

Las comunidades que carecen de capital social de creación de sinergias (intergrupos) y de desarrollo de redes (intragrupos) también carecen de capacidad de cambio. Las personas que las integran se consideran autosuficientes, o están totalmente a la deriva. Al no existir capital social, algunas personas pueden lograr reemplazarlo con el capital financiero. En las comunidades sin capital financiero la carencia de capital social puede ser fatal, como lo demuestran cada vez más los estudios de salud (Galea, Karpati y Kennedy, 2002; Hyyppa y Maki, 2001; Rose, 2000; Runyan y otros, 1998; Kawachi y otros, 1997).

Cuando no existe capital social, la tasa de delitos es elevada y la seguridad de las personas constituye un problema de envergadura. En muchos lugares de América Latina esto ha adquirido cada vez mayor gravedad, tanto en las zonas rurales como en las urbanas.

11. Conflictos con lo externo y fragmentación en lo interno
(desarrollo de redes alto; creación de sinergias baja)

Cuando el desarrollo de redes (intragrupos) es elevado y la creación de sinergias (intergrupos) baja, las comunidades se resisten al cambio. Esto puede ocurrir de dos maneras: i) la comunidad se organiza en oposición a lo externo, en una suerte de solidaridad reactiva (Young, 1970); en estas comunidades los recién llegados son sospechosos; ii) otra alternativa es que los grupos homogéneos o segmentos de la comunidad tengan distintas opiniones sobre los tipos de cambios que pueden beneficiarla. Existe desconfianza entre los grupos y por lo tanto no están dispuestos a cooperar entre sí; el conflicto con lo externo se convierte en interno y en el atributo dominante en el plano comunitario. Aunque cada grupo de la comunidad geográfica pueda actuar colectivamente, es difícil organizar y llevar a cabo acciones comunitarias si predomina el conflicto interno.

12. Influencia externa a través de elites locales
(creación de sinergias alta; desarrollo de redes bajo)

Cuando el capital social intergrupos es elevado pero el capital intragrupo bajo, se espera cierto grado de control desde fuera de la comunidad, ejercido a través de las elites de ésta o, en su forma más extrema, por los "patrones" locales. Esta situación no excluye la posibilidad de acción colectiva por parte de los residentes de la comunidad, pero es probable que beneficie más a los de afuera o a sus "mandantes" locales. Si bien este esquema de capital social también se construye sobre la base de normas de reciprocidad y confianza mutua (o al menos, de obligaciones mutuas), estas relaciones son verticales más que horizontales. El poder está concentrado ostensiblemente. Las relaciones tradicionales "patrón"-"cliente" (Portes y Sensenbrenner, 1993) son una forma de capital social frecuente en América Latina. Quienes están en la parte inferior de la escala jerárquica —y que evidentemente se sienten obligados hacia los pocos que ocupan la parte superior— constituyen la mayoría de la población de estas comunidades. Como consecuencia, los que han recibido favores del "patrón" le deben absoluta lealtad en el momento de votar por cargos electivos, resistir a otras alternativas de comercialización o expulsar a quienes se oponen a la estructura de poder existente. Como consecuencia, se desalienta activamente la creación de redes horizontales, sobre todo si están fuera de la esfera de influencia del "patrón", creando una situación de dependencia. Este tipo de capital social predomina en muchas comunidades endémicamente empobrecidas de América Latina, en las que ejerce su dominio un cacique que tiene alguna palanca en el ámbito externo.

13. Acción comunitaria participativa
(tanto el capital social de desarrollo de redes como el de creación de sinergias son elevados)

El capital social horizontal o intragrupos supone formas igualitarias de reciprocidad, sin que ello implique, necesariamente, una estructura plana o de igualdad en materia de riqueza, educación o de dotes naturales. Los recursos o capitales comunitarios están definidos en sentido amplio. No sólo se espera que cada miembro de la comunidad dé algo de sí, logrando estatus y satisfacción al hacerlo, sino que cada uno recibe algo también. Se considera que cada integrante de la comunidad es capaz de compartir algo valioso con todos sus miembros, contribuyendo incluso a proyectos colectivos, como las asociaciones de padres, las fiestas comunitarias o los días de trabajo comunitario, tradicionales en muchas comunidades de los Andes. Se hacen cumplir normas de reciprocidad y, muchas veces, quienes no participan son condenados al ostracismo.

Estas comunidades también tienen diversos contactos con el ámbito externo, éste le proporciona la información necesaria que a menudo puede ser utilizada para generar recursos externos sin que se ejerza un control sobre la comunidad.

14. Coaliciones para las acciones de promoción

En muchas comunidades tradicionales de América Latina, el capital social intragrupo es relativamente elevado, mientras que lo contrario ocurre con el capital social intergrupos. La creación de coaliciones para la promoción (*advocacy coalitions*), por medio de la investigación participativa, es una manera de aumentar ambos componentes del capital social. Este proceso se analiza empleando un marco de coaliciones para la promoción (*advocacy coalition framework*). Tales coaliciones se forman en la sociedad civil, mediante eslabonamientos con diversas instituciones del Estado y empresas del mercado para tratar de producir ciertos cambios —o mantener el *statu quo*.

Sabatier y Jenkins-Smith (1993), quienes desarrollaron este marco, argumentan que las organizaciones, los organismos y las empresas constituyen alianzas o coaliciones destinadas a la promoción para abordar problemas concretos, con el objetivo de lograr condiciones futuras deseadas, que sean de interés del conjunto. De este modo, estos actores institucionales, públicos y privados comparten en varios niveles geográficos: i) ciertas creencias básicas que vinculan entre sí a determinadas condiciones futuras deseadas comunes (fines); ii) modelos causales mentales, es decir, medios implícitos o explícitos para alcanzar esas condiciones (medios); y iii) instrumentos de prueba, que permiten a los miembros de la coalición evaluar mutuamente los progresos realizados con respecto al logro de los objetivos. Al evaluar lo que desean hacer los aliados potenciales (su misión explícita e implícita) y cómo lo van a lograr (los medios que consideran viables y eficaces), los grupos locales pueden tratar de establecer alianzas adecuadas durante períodos de tiempo variables —coaliciones para la promoción—, a fin de trabajar en pos de las condiciones futuras deseadas, teniendo en cuenta los riesgos y oportunidades concretos.

Se deduce, entonces, que las coaliciones para la promoción eficaces tienen objetivos comunes y modelos causales mentales,[8] pero asimismo son suficientemente diversas en cuanto a sus contactos y eslabonamientos externos como para poder reunir una variedad de recursos e información o conocimientos. En otras palabras, las coaliciones para la promoción más eficaces son las que poseen tanto capital social intergrupos como capital social intragrupo.

En el marco de las coaliciones para la promoción, la formulación de políticas no es unilineal, sino cuestionada por distintos sectores de diferentes niveles y objeto de maniobras por parte de éstos (Münch y otros, 2000). La formulación de políticas tampoco puede restringirse a una serie de pasos preestablecidos que deben adoptar los encargados de las decisiones, y que si se ejecutan en forma apropiada llevarían casi automáticamente a la adopción de decisiones óptimas. Este elemento excesivamente racionalista muchas veces permea los modelos de adopción de decisiones que aplican un enfoque más bien técnico que político.

---

[8] Un modelo causal mental se basa en una visión determinada del mundo o una forma de discurso que conduce a un tipo especial de solución y no a otras. Define explícita e implícitamente la relación entre los fines y los medios.

El marco de las coaliciones para la promoción se centra explícitamente en los actores institucionales y las coaliciones que se crean entre estos actores o partes interesadas. La metodología imita al proceso de formulación de políticas o de adopción de decisiones, identificando las coaliciones existentes interesadas en un tema específico (y las coaliciones potenciales o incipientes), y reúne a sus miembros en un lugar determinado, ya sea con el objeto de recopilar datos —si se trata estrictamente de un proyecto de investigación— o cohesionar y fortalecer estas coaliciones —si el proyecto tiene un carácter más aplicado.

En el enfoque utilizado en este estudio con respecto a las coaliciones para la promoción, se tomó como punto de partida un problema local y los grupos básicos que se forman para abordarlo. Con éstos se identifican los actores institucionales potenciales en distintos niveles. En este proceso, los investigadores y las organizaciones de base identifican conjuntamente las políticas de varios actores del Estado, el mercado y la sociedad civil, que puedan modificarse o aprovecharse adecuadamente mediante la creación de capital social intergrupos. Y como la formulación y ejecución de políticas es un proceso dialéctico y dinámico, se monitorean los cambios que puedan sufrir estas coaliciones en función del tiempo.

15. Ejemplos concretos de coaliciones para la promoción en Ecuador

En la sección siguiente se ilustra el enfoque de las coaliciones para la promoción, a fin de analizar el capital social intergrupos mediante ejemplos concretos. En el norte de Ecuador, se examinaron las coaliciones para la promoción interesadas en los problemas siguientes: i) la gobernabilidad de la Reserva Ecológica Cotacachi-Cayapas, lindera con el cantón Cotacachi; y ii) la explotación de mineral de cobre a cielo abierto en la región semitropical de Cotacachi, denominada Intag.[9] En ambos ejemplos, se trata una cuestión en la que las condiciones futuras deseadas podían (y quizás todavía puedan) conciliarse mediante una solución de compromiso (la reserva), pero los intereses inmediatos diferían. En el caso de la controversia minera de Intag, encontrar una solución de compromiso es difícil porque las condiciones futuras deseadas de algunos actores fundamentales son muy divergentes y las defienden tenazmente. Además, los vínculos en las distintas coaliciones son muy fuertes, lo que impide lograr un acuerdo. Además, los probables efectos sociales, económicos y ecológicos del tipo de proyecto que está

---

[9]   Intag está ubicada en la vertiente occidental de los Andes, hacia el Océano Pacífico.

proponiendo el Gobierno de Ecuador serían de gran magnitud. Por éste y otros motivos, no es fácil imaginar una solución que satisfaga a todos. Se examina el capital social intergrupos de las coaliciones enfrentadas en función de su participación en organizaciones del mercado, el Estado y la sociedad civil, y la forma en que se utilizan los vínculos con distintos niveles. En otras palabras, las coaliciones integradas por el mercado, el Estado y la sociedad civil, y que abarcan entidades de todos los niveles —local, regional, nacional e internacional—, tienen un capital social intergrupos considerable. Este capital social puede, a su vez, compensar el hecho de que el poder de negociación inicial sea bajo.

16. Contexto

Aunque el sector andino (montañoso) de Cotacachi ocupa sólo un 20% del cantón, alberga a más del 60% de la población. Las zonas montañosas son el hogar ancestral de la población indígena del cantón. Asimismo, ahí están ubicadas las haciendas tradicionales. En Cotacachi no hubo reforma agraria, pero las disputas tienen que ver más con la escasa disponibilidad de agua que con la tierra en sí misma. Como las parcelas son pequeñas, los campesinos indígenas practican la "migración circular", es decir, los jóvenes y jefes de hogar varones van a trabajar a otras zonas de Ecuador, pero vuelven al hogar durante las vacaciones (Flora, G., 1998). En general, las mujeres se ocupan de trabajar las pequeñas parcelas de tierra. La economía de esta microrregión montañosa se basa en tres actividades principales: la agricultura, las artesanías (especialmente los productos de cuero) y el turismo. En la última década, las empresas agroindustriales especializadas en las exportaciones no tradicionales (flores, espárragos y frutas) se han convertido en importantes fuentes de empleo local.

Las actividades turísticas y hoteleras surgieron en los años setenta. La Reserva Ecológica Cotacachi-Cayapas se creó en 1968 y comprende el cerro Cotacachi y la laguna de Cuicocha —formada en un cráter—, un punto turístico importante. La ciudad de Cotacachi dista sólo unas pocas millas de la carretera panamericana y su cercanía al famoso mercado de Otavalo sin duda aumenta la afluencia del turismo.

En Cotacachi existe una intrincada red organizativa (capital social intergrupos), especialmente en el sector rural de la zona andina. La comuna es la forma organizativa tradicional de la población indígena de las zonas montañosas. La población rural de la zona semitropical, constituida principalmente por mestizos, también está organizada en cooperativas, asociaciones agrícolas y ganaderas y en una organización de defensa del medio ambiente que ha encabezado la oposición a la minería.

La organización campesina más importante de la zona montañosa es la Unión de Organizaciones Indígenas Campesinas de Cotacachi (UNORCAC), una organización de segundo nivel que reúne a unas 43 comunidades rurales de la zona andina. Desde la fundación de la Unión en 1978, ésta se ha concentrado en temas culturales y políticos. Ha impulsado un movimiento importante de educación bilingüe y, en todos estos años, ha ejercido presiones políticas sobre los servicios del Estado de las zonas rurales montañosas. También ha tenido bastante éxito en el desarrollo de vínculos con el exterior (capital social intergrupos) y ha logrado obtener donaciones de fundaciones nacionales e internacionales y de organizaciones no gubernamentales (Báez y otros, 1999, pp. 64 y 65).

17. Metodología

Para determinar las condiciones futuras deseadas colectivamente y expresadas en forma pública y los modelos mentales causales que puedan servir de base al capital social intergrupos, se analizaron los documentos elaborados por cada una de las organizaciones que desempeñaban un papel fundamental con respecto a los temas elegidos. Luego se entrevistó a los dirigentes más importantes de las organizaciones, a fin de comprender cómo se había desarrollado el conflicto, el papel de esas organizaciones y de otras en ese proceso y obtener los nombres de otros actores institucionales. Las entrevistas se realizaron en cascada, a medida que se identificaban las organizaciones pertinentes, comenzando con entrevistas con las organizaciones básicas de cada coalición probable. A continuación, se realizaba un trazado de las condiciones futuras deseadas y de los modelos mentales causales, empleando tanto los documentos como las entrevistas. Estas últimas proporcionaban la información básica necesaria para formar grupos de discusión, constituidos por organizaciones locales que son coaliciones para la promoción o tienen posibilidades de serlo. Las evaluaciones con respecto a las condiciones futuras deseadas y la composición de las coaliciones para la promoción se cotejaron con las interpretaciones de los actores relevantes en los grupos de discusión. A medida que avanzaban las conversaciones, las coaliciones se iban modificando en función de las nuevas alternativas que pudieran surgir.

18. Las coaliciones para la promoción en Perú

En Perú se aprovechó la labor participativa de una ONG denominada Grupo Yanapi, que colaboraba en el estudio. En las zonas montañosas que rodean al fértil valle de Mantaro, trabajaron con organizaciones comunitarias que perduran desde el período incaico, para determinar las condiciones futuras deseadas y las diversas formas de lograrlas. Los residentes viven en pequeñas comunidades, realizando labores agrícolas en parcelas individuales y comunales, y a distinta altitud, con el objeto de producir diferentes cultivos (papas y otros cultivos de raíces comestibles y maíz), reducir los riesgos y pastorear ganado (vacunos, ovinos, llamas y alpacas).

Las principales preocupaciones de la comunidad de Quilcas eran la pérdida de tierras y la calidad y cantidad del agua. Si bien había logrado resolver los problemas de límites con las comunidades vecinas, que por mucho tiempo habían sido motivo de disputa, descubrieron que, en las zonas más altas, la explotación de minerales no metálicos estaba reduciendo las tierras necesarias para el pastoreo. En la búsqueda de instituciones que compartieran su interés en la agricultura sostenible y la ordenación de los recursos naturales por parte de las comunidades locales, descubrieron la oficina del procurador general, que les podía ayudar a comprender las leyes de tierras vigentes —que, de hecho, establecían que la minería era ilegal— y hacerlas cumplir.

Comenzaron por citar a una reunión con los propietarios mineros en Lima, lo que les significó un viaje en ómnibus de ocho horas. Los propietarios de las minas no concurrieron. En Quilcas aprovecharon el capital social intergrupos recién adquirido con el procurador general, quien exigió a los propietarios mineros que se reunieran con ellos. En la reunión se debatió el tema, tratando de lograr un acuerdo sobre la destrucción de las tierras necesarias para la comunidad, las indemnizaciones correspondientes y la interrupción de las actividades mineras. No se logró ningún acuerdo. Continuando con el proceso de identificar y analizar a los aliados potenciales, descubrieron una coalición en proceso de crecimiento de comunidades peruanas que se oponían a la degradación de la tierra y el agua mediante la minería, así como al Comité de Oxford para Aliviar el Hambre (Oxfam), una organización no gubernamental internacional que compartía sus objetivos de ordenación de los recursos naturales controlados por la comunidad. Trabajando con estos dos nuevos aliados, han logrado que se interrumpan las actividades mineras y abordar los problemas de sobrepastoreo gracias al alto nivel de capital social intergrupos logrado.

19.   Efectos de la creación de capital social intergrupos por medio de las coaliciones para la promoción

En ambos casos, comunidades locales con un capital social intergrupos elevado (en el caso de Quilcas) y un capital social intragrupo moderado, se enfrentaron con actores externos que se proponían extraer recursos minerales. En los dos casos, existía el riesgo de graves transformaciones de la tierra y, en Quilcas, esto ya había ocurrido hasta cierto punto. Las actividades participativas de investigación de Quilcas alentaron la creación de alianzas entre actores con metas compartidas para el futuro y estrategias comunes para lograrlas, mientras que el diseño de investigación más formal de Ecuador permitió a los investigadores —Fundación Heifer, Ecuador y la Universidad del Estado de Iowa— lograr un panorama amplio de las coaliciones y de su evolución. Los resultados fueron presentados a las comunidades de Cotacachi e Intag y, si bien el elevado capital social intragrupo en el grupo central de oposición a la actividad minera contribuyó inicialmente a reunir una amplia gama de aliados para resistir esta actividad, finalmente quedó reducido a un pequeño grupo aislado, sin capacidad para presentar alternativas válidas.

Las coaliciones para la promoción se desmoronaron porque prestaron excesiva atención al capital social intragrupo y no lograron mantener un capital social intergrupos con los diversos grupos que compartían algunas de las condiciones futuras deseadas, ni tampoco concertar acuerdos sobre, al menos, algunos medios para lograrlas (modelos mentales causales). En estos casos, los que están en el núcleo desconfían de todos aquellos que no comparten la totalidad de las condiciones futuras deseadas y la metodología para lograrlas. Apoyadas por ONG defensoras del medio ambiente, las coaliciones han dejado de lado la negociación y regresado al uso de tácticas menos eficaces para formular demandas, con menos aliados que las apoyen. Así, la destrucción de las coaliciones para la promoción puede deberse tanto a las fuerzas internas como a las externas, aun cuando tengan éxito en modificar las políticas nacionales e internacionales.

En Perú, la creación de capital social intergrupos fue parte del proceso de investigación en cuyo marco los miembros de la comunidad local se entrevistaron con aliados y oponentes potenciales. Su falta de poder les había impedido, sin que se dieran cuenta de ello, ganar aliados, pues se habían acercado a las autoridades ya sea como mendigos ("somos tan pobres que nos deben ayudar") o mediante amenazas ("exigimos que modifiquen su actitud"). El nuevo enfoque les permitió determinar qué condiciones de futuro deseadas y qué modelos mentales causales tenían en común. Sin embargo, esto sólo fue posible gracias al trabajo previo de creación de capital social intragrupo, por medio del cual formularon sus propios modelos mentales causales y condiciones de futuro deseadas. De este modo, este capital social pasó de circunstancial a intencional, lo que les sirvió de base para desarrollar capital social intergrupos. De esta manera, pudieron acercarse a los aliados potenciales en calidad de asociados, aprovechando la capacidad de la comunidad de contribuir a lograr las condiciones de futuro compartidas mediante sus recursos de organización colectiva. A diferencia de lo ocurrido en Ecuador, poder valorar la fortaleza de los vínculos "débiles" les permitió formar coaliciones con instituciones que compartían algunas de sus condiciones de futuro deseadas y modelos mentales causales.

El marco de las coaliciones para la promoción ayuda a las comunidades excluidas a describir, analizar y desarrollar capital social intergrupos. Sin embargo, a menos que estas comunidades hayan podido conformar un capital social de desarrollo de redes, por medio del descubrimiento colectivo de sus propios modelos mentales causales y sus propias condiciones de futuro deseadas, el capital social intergrupos en sí mismo sólo adquiere caracteres de oposición. Cuando las condiciones de futuro no se formulan con un sentido amplio, es muy fácil que, en lugar de determinar cómo alcanzar las metas deseadas, se trate de controlar los medios para lograrlo. El repliegue desde los intereses compartidos a las posiciones estrechas reduce el tamaño y la fuerza de las coaliciones para la promoción y atención que se le presta a los procesos y relaciones, disminuyendo tanto el capital social intragrupo como el de intergrupos.

Bibliografía

Báez, Sara y otros (1999), "Cotacachi: capitales comunitarios y propuestas de desarrollo local", Terranueva, Quito, Instituto de estudios ecuatorianos, Ayuda popular noruega, Centro Andino de Acción Popular (CAAP).

Banco Mundial (2000), *Informe sobre el desarrollo mundial 2000-2001. Lucha contra la pobreza* , Nueva York, Oxford University Press.

Bourdieu, Pierre (1986), "The forms of capital", *Handbook of Theory and Research for the Sociology of Education*, John G. Richardson (comp.), Nueva York, Greenwood Press.

Coleman, James C. (1988), "Social capital in the creation of human capital", *American Journal of Sociology*, N° 94.

Durkheim, Emile (1947), *The Division of Labor in Society*, Glencoe, Illinois, Free Press.

Flora, Cornelia y otros (1999), "Measuring Community Success and Sustainability: An Interactive Workbook", agosto (http://www.ncrcrd.iastate.edu/ Community_Success/ about.html).

Flora, Gabriela (1998), "Circular Migration and Community Attachment in the Highland Indigenous Communities of Cotacachi, Ecuador", tesis, Athens, Universidad de Georgia.

Freudenburg, William R. (1986), "The density of acquaintanceship: an overlooked variable in community research?", *American Journal of Sociology*, N° 92.

Gacitúa, Estanislao y Carlos Sojo (comps.) (2001), *Social Exclusion and Poverty Reduction in Latin America and the Caribbean*, Washington, D.C., Banco Mundial.

Galea, S., A. Karpati y B. Kennedy (2002), "Social capital and violence in the United States, 1974-1993", *Social Science and Medicine*, vol. 55, N° 8.

Granovetter, Mark S. (1973), "The strength of weak ties", *American Journal of Sociology*, vol. 78, N° 6.

Hyyppa, M.T. y J. Maki (2001), "Individual-level relationships between social capital and self-rated health in a bilingual community", *Preventive Medicine*, vol. 32, N° 2.

Kawachi, Ichiro y otros (1997), "Social capital, income inequality, and mortality", *American Journal of Public Health*, vol. 87, N° 9.

McMichael, Philip (1996), "Globalization: myths and realities", *Rural Sociology*, vol. 61, N° 1.

Münch, Richard y otros (2000), *Democracy at Work: A Comparative Sociology of Environmental Regulation in the United Kingdom, France, Germany, and the United States*, Westport, Connecticut, Greenwood Publishing Group.

Narayan, Deepa (1999), *Bonds and Bridges: Social Capital and Poverty*, Washington, D.C., Banco Mundial.

Portes, Alejandro y J. Sensenbrenner (1993), "Embeddedness and immigration: notes on the social determinants of economic action", *American Journal of Sociology*, vol. 98, N° 6.

Putnam, Robert D. (1993), "The prosperous community: social capital and public life", *The American Prospect*, N° 13.

Raynolds, Laura y otros (1993), "The New Internationalization of Agriculture: A Reformulation", *World Development*, vol. 21, N° 7.

Rose, R. (2000), "How much does social capital add to individual health? A survey study of Russians", *Social Science and Medicine*, vol. 51, N° 9.

Runyan, D.K. y otros (1998), "Children who prosper in unfavorable environments: the relationship to social capital", *Pediatrics*, vol. 101, Nº 1.

Sabatier, P.A. y H.C. Jenkins-Smith (comps.) (1993), *Policy Change and Learning: An Advocacy Coalition Approach*, Boulder, Westview Press.

Tönnies, Ferdinand (1957), *Community and Society (Gemeinschaft und Gessellschaft)*, East Lansing, Michigan, Michigan State University Press.

UNRISD (Instituto de Investigaciones de las Naciones Unidas para el Desarrollo Social) (2000), "Visible Hands: Taking Responsibility for Social Development" Informe de UNRISD, Ginebra, Suiza.

Young, Frank W. (1970), "Reactive subsystems", *American Sociological Review*, Nº 35.

Sexta parte

Reflexiones sobre el capital social

Capítulo XIX

Capital social: concepto, dimensiones y estrategias para su desarrollo

*Raúl Atria**

Introducción

En los últimos años se ha iniciado una amplia discusión acerca de la noción de capital social y sus potencialidades para generar nuevos instrumentos o modalidades de acción orientados a apoyar las políticas sociales, en especial aquellas destinadas a enfrentar los problemas de la pobreza. El debate en curso abarca desde los fundamentos teóricos del concepto en las distintas disciplinas de las ciencias sociales, hasta las cuestiones prácticas relacionadas con su operacionalización y medición. Si bien todavía es prematuro pronunciarse sobre el resultado final del debate, resulta interesante destacar la amplitud de las audiencias y el número de participantes en él, así como el apreciable nivel de la investigación que se está produciendo en los correspondientes campos disciplinarios y profesionales.[1]

---

*   Consultor División de Desarrollo Social, ratriab@entelchile.net.
[1]   Para una revisión crítica de la rápida difusión del concepto "capital social", véase Fine (1999), pp. 1-19. También es útil el trabajo de Portes y Landolt (2000), pp. 529-547.

Desde sus inicios, la CEPAL ha destacado la importancia de las perspectivas sociales del desarrollo, involucrándose activamente en el diseño y evaluación de las políticas sociales en la región; por ello, no ha estado al margen de este debate. Una muestra clara del interés de la CEPAL en la temática del capital social y su vinculación a la pobreza, fue la Conferencia regional que organizó, junto con la Universidad del Estado de Michigan, para revisar el estado del conocimiento en la materia y discutir la potencialidad del enfoque del capital social, en orden a contribuir a mejorar la eficacia de las políticas sociales destinadas a combatir la pobreza en la región.[2]

En este capítulo se examinan el concepto de capital social y las dimensiones o ejes principales que lo constituyen, y se discuten algunas estrategias posibles para potenciar su desarrollo, a fin de que los grupos sociales en situación de indigencia y pobreza en la región puedan superar esa condición.

1.   Observaciones sobre el concepto de capital social

La revisión de las formas en que se suele conceptualizar la noción de capital social por parte de los distintos analistas, operadores de campo e investigadores, muestra sin duda que hay un amplio abanico de definiciones y matices tanto respecto del concepto mismo como de sus aplicaciones. Este rasgo es ampliamente reconocido por quienes trabajan en este campo, ya sea desde la academia o desde los centros y las agencias, públicas o privadas, involucradas en los temas de la pobreza.

A partir de diversos trabajos sobre el estado del arte, que se prepararon con ocasión de la Conferencia (CEPAL, 2001), es posible observar que hay dos dimensiones o ejes principales en que se pueden alinear las distintas formas de abordar la definición del concepto.

La primera dimensión se refiere al capital social entendido como una capacidad específica de movilización de determinados recursos por parte de un grupo; la segunda, se remite a la disponibilidad de redes de relaciones sociales. En torno de la capacidad de movilización convergen dos nociones especialmente importantes, como son el liderazgo y su contrapartida, el empoderamiento.

En la dimensión de los recursos aparecen implicados la noción de asociatividad y el carácter de horizontalidad o verticalidad de las redes

---

[2]   CEPAL, 2001, el nexo entre capital social y pobreza ha sido extensamente desarrollado por Deepa Narayan y sus asociados en el Banco Mundial. Véase por ejemplo, Narayan (1999).

sociales. Estas características han dado origen a la distinción entre las redes de relaciones en el interior de un grupo o comunidad (*bonding*), las redes de relaciones entre grupos o comunidades similares (*bridging*) y las redes de relaciones externas (*linking*).[3]

De acuerdo a ello, el capital social de un grupo social podría entenderse como la capacidad efectiva de movilizar productivamente y en beneficio del conjunto, los recursos asociativos que radican en las distintas redes sociales a las que tienen acceso los miembros del grupo en cuestión.

Los recursos asociativos que importan, para dimensionar el capital social de un grupo o comunidad, son las relaciones de confianza, reciprocidad y cooperación. La confianza es el resultado de la iteración de interacciones con otras personas, que demuestran en la experiencia acumulada que responderán con un *quid pro quo* a un acto de generosidad, alimentando un vínculo que combina la aceptación del riesgo con un sentimiento de afectividad o identidad ampliada. La reciprocidad se ha entendido como el principio rector de una lógica de interacción ajena a la lógica del mercado, que involucra intercambios basados en obsequios. La cooperación es la acción complementaria orientada al logro de objetivos compartidos de un emprendimiento común.[4] Si bien es cierto que en la literatura suele hacerse la distinción de capital social individual, entendido como el crédito acumulado por una persona en forma de reciprocidad difusa que puede reclamar en momentos de necesidad, en esta presentación se entiende capital social como un atributo colectivo (o comunitario) de un grupo, que involucra tanto la extensión y el entrecruzamiento de las relaciones individuales de reciprocidad y confianza, como las normas e instituciones para la cooperación en el seno de un grupo o comunidad (Durston, 2000).

Combinando los ejes o dimensiones ya señalados, se tendría el siguiente cuadro, que sirve para ilustrar distintas variantes de formas de capital social.

---

[3]   La distinción proviene de Michael Woolcock (1998), pp. 151-208.
[4]   Véase John Durston, 2001, sección primera.

Cuadro XIX.1
LOS EJES PRINCIPALES DEL CAPITAL SOCIAL

Recursos asociativos	Capacidad de movilización	
	Hacia dentro del grupo (liderazgo en el grupo)	Hacia fuera del grupo (liderazgo para el grupo)
Predominio de redes sociales internas (relaciones hacia adentro del grupo)	CAPITAL SOCIAL RESTRINGIDO (A)	CAPITAL SOCIAL EN DESARROLLO (B)
Predominio de redes sociales externas (relaciones hacia el exterior del grupo)	CAPITAL SOCIAL EN DESARROLLO (B')	CAPITAL SOCIAL AMPLIADO (C)

Fuente: Elaboración propia.

Las diferencias en cuanto al capital social disponible en un grupo o comunidad, hacen que los agentes sociales miembros de éste tengan accesos también diferenciados a la información, los servicios, los recursos materiales y los bienes culturales que circulan en la sociedad. Por ello puede sostenerse, en general, que un capital social ampliado contribuye a mejorar la calidad de la vida social de un grupo y de los individuos que lo componen. Siendo así, el desarrollo del capital social conduce a la disponibilidad de capital social ampliado y, por ende, es un factor que puede ser tratado estratégicamente, lo que equivale a decir que se puede inducir el desarrollo (o la construcción, como señalan algunos autores) del capital social del grupo o comunidad.[5]

Desde el punto de vista de las posibles estrategias para desarrollar el capital social de un grupo, es decir, de las acciones que permitirían que un grupo o comunidad logre convertir capital social restringido en ampliado, habría dos posibles cursos prácticos a seguir:

El primero consiste en una estrategia de empoderamiento, es decir, de acciones tendientes a aumentar la capacidad de movilización del grupo mediante la transformación del liderazgo existente en él, en liderazgo para él. El empoderamiento es, en buenas cuentas, una estrategia que transforma la influencia que detentan algunos miembros del grupo hacia el interior de éste, en organización del grupo que le permite actuar hacia el entorno, o sea, con respecto a otros grupos o agentes externos a él. En relación con el cuadro XIX.1, esta estrategia puede representarse con la secuencia.

A $\longrightarrow$ B $\longrightarrow$ C

---

[5]   Un análisis de este proceso se encuentra en Durston (1999).

El segundo curso de acción consiste en una estrategia de asociatividad, es decir, de acciones tendientes a expandir o fortalecer la trama o alcance de las redes en que participan los miembros del grupo, potenciando la cooperación de éste con otros grupos mediante nuevos enlaces de sus redes. La asociatividad es una estrategia de cooperación y colaboración mediante la identificación, comunicación y acción concertada con aliados. Nuevamente en relación al cuadro precedente, esta estrategia se puede representar por medio de la secuencia

$$A \longrightarrow B' \longrightarrow C$$

Por consiguiente, habría dos estrategias principales de potenciamiento del capital social de un grupo. La primera sería una estrategia de empoderamiento, que consiste en la apertura de un entorno en que el grupo puede aumentar su capacidad de movilización mediante la transformación de la influencia existente dentro del grupo en organización para actuar hacia fuera del grupo, en su beneficio. La segunda forma de potenciamiento del capital social de un grupo es una estrategia de asociatividad, que consiste en la ampliación de las redes de manera que se produzcan acciones de cooperación del grupo con otros grupos identificados como aliados.

2.   Capital social y pobreza

Para establecer la conexión entre el capital social, sus dimensiones y estrategias de potenciamiento con la pobreza, es indispensable abordar el tema de la distribución social del capital social. La literatura especializada sustenta, en general, la hipótesis de que esta forma de capital tiene, al igual que otras formas de capital como es el caso del capital económico o del capital humano, una determinada distribución en la sociedad, de modo tal que no todos los grupos en una sociedad dada tienen la misma dotación de capital social.

Admitiendo la plausibilidad de esta hipótesis y ante la evidencia de que el ingreso y, por ende, la pobreza son variables socialmente distribuidas, sería necesario avanzar en el establecimiento de las relaciones que existirían entre estas dos distribuciones. Demás está decir que estas relaciones constituyen un elemento clave para abrir la discusión acerca de la eficacia que tendrían los instrumentos basados en el capital social para combatir la pobreza. En la literatura tiene una cierta fuerza la idea, sostenida por varios autores, de que los grupos pobres albergarían una no despreciable cuota de capital social, de modo que si se lograse que ellos pudieran usar productivamente ese capital, tendrían a su disposición una herramienta poderosa para mejorar su propia condición económica y, por tanto, dejar las filas de la pobreza.

El gráfico XIX.1 representa, a modo de ejemplo, una distribución plausible de los dos componentes o dimensiones básicos del capital social a lo largo de tramos característicos de la distribución del ingreso. La curva en línea continua representa la distribución de los recursos asociativos, es decir, la disponibilidad de redes a que tienen acceso los miembros de los grupos ubicados en los tramos de que se trate. La curva en línea punteada representa la distribución de la capacidad de movilización de los grupos.

Gráfico XIX.1
DISTRIBUCIÓN DEL CAPITAL SOCIAL Y LA
DISTRIBUCIÓN DEL INGRESO

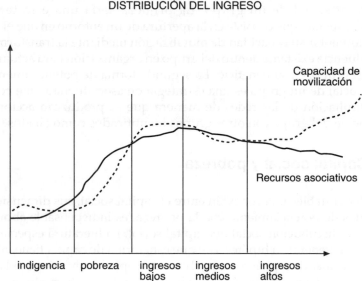

Fuente: Elaboración propia.

En condiciones de indigencia (o pobreza extrema), el ejemplo indicaría que los grupos sociales en este tramo tendrían una escasa pero levemente creciente dotación de recursos asociativos, a medida que se acercan al grupo siguiente en la distribución del ingreso, y una situación ligeramente más favorable en el inicio, pero luego desmejorada en cuanto a su capacidad de movilización.

En los grupos pobres, el ejemplo indica que habría un mejoramiento relativo importante en la dotación de recursos asociativos y también un mejoramiento, pero rezagado, en cuanto a su capacidad de movilización. En los grupos de ingresos bajos hay avances en los dos aspectos, siendo más acentuado, sin embargo, el aumento de la capacidad de movilización. En los grupos de ingresos medios ambas dimensiones son prácticamente convergentes, pero anotan una leve tendencia a la baja respecto de los grupos de ingresos bajos. En los grupos de ingresos altos vuelve a aumentar, ahora considerablemente, la capacidad de movilización y disminuye la importancia de los recursos asociativos. Esta es la situación que explica por qué en la literatura se encuentran frecuentes referencias al hecho de que los grupos más privilegiados, que están en la parte superior de la distribución del ingreso, pueden exitosamente utilizar el importante capital social que poseen (redes de contactos y especialmente capacidad de movilización de sus recursos asociativos) con mucho mayor expedición y eficacia que otros grupos o actores sociales.

La importancia de este ejemplo hipotético es, en primer lugar, mostrar que la relación entre la distribución del capital social y la del ingreso no es lineal, sino que tiene cambios significativos a medida que mejoran las condiciones de ingreso de los grupos y, en segundo lugar, que la disponibilidad de capital social en los grupos más pobres es variable según si se toma en cuenta la capacidad de movilización de estos grupos, o su dotación de recursos asociativos. Hay carencias de capital social que se originan en la escasa disponibilidad o poco acceso a redes que afectaría a estos grupos, especialmente a aquellos en condición de indigencia. Hay también carencias que se deben al escaso grado de liderazgo externo que estos grupos poseen, no obstante que esta capacidad mejora apreciablemente junto con el nivel de ingreso de éstos.

3.   Empoderamiento y asociatividad: implicaciones para las políticas sociales

De lo anterior, y descansando siempre en el ejemplo hipótetico del gráfico XIX.1, surgen algunas implicaciones importantes que contribuyen a perfilar el tipo de políticas que parecerían más adecuadas para potenciar el capital social de los grupos en situación de pobreza.

Respecto de los grupos indigentes, el ejemplo indicaría que la estrategia apropiada tiene que descansar en los dos ejes del capital social, es decir, impulsar la asociatividad de estos grupos mediante acciones cooperativas y, a la vez, crear condiciones y mecanismos para potenciar el liderazgo en el interior de ellos. Si se considera el nivel de debilidad (o vulnerabilidad, si se prefiere esta expresión) del capital social de estos grupos, es altamente probable que una estrategia destinada a potenciar este capital tenga que ser necesariamente un componente de una política social mucho más amplia en sus contenidos. Es incluso posible que la eficacia de este componente esté condicionada a que se alcancen logros significativos en otras áreas, tales como la educación, por ejemplo. En este caso, se estaría supeditando el desarrollo del capital social, especialmente en su dimensión de liderazgo o capacidad de movilización, a los logros educacionales en estos grupos.

En relación con lo anterior, es probable que las demandas de acceso a ciertos servicios sociales básicos (subsidios de diverso tipo, incluyendo prestaciones de salud) puedan constituir un foco de desarrollo del capital social que mejoraría la inserción de los grupos indigentes en la sociedad. En todo caso, aun frente a este posible foco de orientación de la acción colectiva, la estrategia debería incluir asociatividad y empoderamiento a la vez.

Con respecto a los grupos en situación de pobreza, es decir, que han cruzado el umbral de la indigencia, y siguiendo el ejemplo hipotetizado en el gráfico, la estrategia adecuada debería dar prioridad a su empoderamiento, para así cubrir el rezago que esta dimensión tiene con respecto a la considerable mejoría relativa de la asociatividad de estos grupos. Esto no significa que la estrategia ignore o desconozca la necesidad de impulsar la asociatividad, pero parecería claro que en estos grupos la debilidad de capital social tiene más que ver con la capacidad de movilización, y por tanto del liderazgo hacia fuera y la efectividad de las organizaciones, que con la accesibilidad a las redes sociales de diverso tipo.

Siendo ello así, la estrategia de desarrollo y potenciamiento del capital social adquiere un mayor grado de autonomía que la anotada respecto de la estrategia análoga para los grupos indigentes. Esto no implica que ella se desconecte o desvincule de las políticas sociales dirigidas a los grupos en situación de pobreza. El tema del acceso a servicios básicos sigue siendo relevante, en igual o mayor medida que en el caso de los grupos indigentes; sin embargo, la estrategia para potenciar el capital social de los grupos pobres adquiere un mayor grado de autonomía pues, como se ha visto, estaría dando prioridad a su empoderamiento y este factor impulsa el desarrollo de un grupo social en forma genérica y no sólo con referencia a una demanda o reivindicación específica.

Las apreciaciones anteriores son ampliamente pertinentes para examinar las formas en que las estrategias e instrumentos de política derivados del concepto de capital social pueden ser abordados por los agentes públicos en un marco de superación de la pobreza. Desde esa perspectiva, es claro que el abordaje de estas cuestiones desde la esfera del Estado y sus agencias supone un importante grado de flexibilidad en el enfoque de las políticas, de manera tal que ellas puedan ser diseñadas en sintonía fina con las características del concepto de capital social, vale decir, tomando debidamente en cuenta sus dimensiones constitutivas (asociatividad y empoderamiento) y las características de la distribución del capital social que se ajustan a la distribución del ingreso. Si los agentes públicos resuelven aplicar instrumentos derivados del enfoque de capital social para apoyar las políticas de superación de la pobreza, existen consideraciones básicas destinadas a asegurar un mínimo de eficacia en la aplicación de tales instrumentos, que tienen que ver con la forma cómo deben combinarse las dimensiones de asociatividad y empoderamiento, conforme a las situaciones específicas en que se encuentran los grupos sociales en condiciones de pobreza o indigencia, según se ha visto anteriormente.

Es muy probable que la adopción de enfoques de capital social para la superación de la pobreza conduzca a la necesidad de que los agentes públicos manejen un marco de políticas no habitual en las percepciones y definiciones del sector público prevalentes en la región. Desde luego, la incorporación de la dimensión de empoderamiento en ese marco obliga a revisar en profundidad el papel de los servicios públicos, tanto desde el ángulo de su manejo técnico como propiamente político.

En un marco de empoderamiento, en que se ha de reconocer la autonomía de los grupos sociales para fortalecer o destrabar la propia capacidad de movilización de sus recursos asociativos, cambia la forma de definir los grupos objetivo de las políticas sociales. Un grupo "empoderado" es un actor capaz de exigir una cuota importante de participación para definir qué es lo que demanda de los agentes públicos. En otras palabras, la caracterización de qué es lo que constituye un grupo beneficiario de las políticas, en este marco, pasa por admitir que los grupos sociales "destinatarios" serán capaces de definir con algún grado de éxito qué es lo que ellos entienden como beneficios.

Es por cierto pertinente y necesario preguntarse qué ganan los agentes públicos con operar la política social en un marco de desarrollo del capital social, que es más complejo de operar e introduce factores de riesgo ausentes en los enfoques más tradicionales de la política social. La respuesta a esa pregunta está en que el riesgo de transferir a los grupos destinatarios una cuota de poder para definir el contenido de los beneficios de la política, se compensa con el mayor grado de legitimidad, aceptación y, por tanto, sostenibilidad social que tendría la política social diseñada y aplicada en este nuevo marco.

Bibliografía

CEPAL (Comisión Económica para América Latina y el Caribe) (2001), *Capital social y reducción de la pobreza: en busca de un nuevo paradigma*, Santiago de Chile.

Durston, John (2001), *Capital social: parte del problema, parte de la solución*, Santiago de Chile, agosto.

___(2000), *¿Qué es el capital social comunitario?*, serie Políticas sociales, N° 38 (LC/ L.1400-P), Santiago de Chile, Comisión Económica para América Latina y el Caribe (CEPAL), julio. Publicación de las Naciones Unidas, N° de venta: S.00.II.G.38.

___(1999), "Construyendo capital social comunitario. Una experiencia de empoderamiento rural en Guatemala", serie Políticas sociales, N° 30 (LC/L.1177), Santiago de Chile, Comisión Económica para América Latina y el Caribe (CEPAL), abril.

Fine, Ben (1999), "The development State is dead. Long live social capital?", *Development and Change*, vol. 30, La Haya, Instituto de Estudios Sociales.

Narayan, Deepa (1999), "Bonds and Bridges. Social Capital and Poverty", Policy Research Working Paper, N° 2167, Washington, D.C. , Banco Mundial, agosto.

Portes, Alejandro y Patricia Landolt (2000), "Social capital: promise and pitfalls of its role in development", *Journal of Latin American Studies*, vol. 32, Cambridge University Press.

Woolcock, Michael (1998), "Social capital and economic development: toward a theoretical synthesis and policy framework", *Theory and Society*, vol. 27, N° 2.

Publicaciones de la CEPAL

COMISIÓN ECONÓMICA PARA AMÉRICA LATINA Y EL CARIBE
Casilla 179-D   Santiago de Chile

Véalas en: www.eclac.cl/publicaciones

Revista de la CEPAL

La Revista se inició en 1976 como parte del Programa de Publicaciones de la Comisión Económica para América Latina y el Caribe, con el propósito de contribuir al examen de los problemas del desarrollo socioeconómico de la región. Las opiniones expresadas en los artículos firmados, incluidas las colaboraciones de los funcionarios de la Secretaría, son las de los autores y, por lo tanto, no reflejan necesariamente los puntos de vista de la Organización.

La Revista de la CEPAL se publica en español e inglés tres veces por año.

Los precios de subscripción anual vigentes para 2002 son de US$ 30 para la versión en español y de US$ 35 para la versión en inglés. El precio por ejemplar suelto es de US$ 15 para ambas versiones.

Los precios de subscripción por dos años (2002-2003) son de US$ 50 para la versión español y de US$ 60 para la versión inglés.

Revista de la CEPAL, número extraordinario: CEPAL CINCUENTA AÑOS, reflexiones sobre América Latina y el Caribe, 1998, 376 p. (agotado)

Informes periódicos institucionales
Todos disponibles para años anteriores

- *Panorama social de América Latina, 2001-2002,* 272 p.
  Social Panorama of Latin America, 2001-2002, 272 p.

- *Balance preliminar de las economías de América Latina y el Caribe, 2002,* 125 p.
  Preliminary Overview of the Economies of Latin America and the Caribbean, 2002, en preparación.

- *Estudio económico de América Latina y el Caribe 2001-2002,* 311 p.
  Economic Survey of Latin America and the Caribbean 2001-2002, en preparación.

- *Situación y perspectivas, estudio económico de América Latina y el Caribe 2001-2002,* 48 p.
  Current conditions and outlook, Economic Survey of Latin America and the Caribbean 2001-2002, 48 p.

- Anuario estadístico de América Latina y el Caribe /
  Statistical Yearbook for Latin America and the Caribbean (bilingüe). *2001, 778 p.*

- La inversión extranjera en América Latina y el Caribe, 2001, 190 p.
  Foreign investment of Latin America and the Caribbean, 2001, 178 p.

- Panorama de la inserción internacional de América Latina y el Caribe, 2000-2001, 182 p.
  Latin America and the Caribbean in the World Economy, 2000-2001, 174 p.

Libros de la CEPAL

71 Capital social y reducción de la pobreza en América Latina y el Caribe. En busca de un nuevo paradigma, 2003, Raúl Atria y Marcelo Siles, Compiladores, CEPAL/Michigan State University, 590 p.

70 **Meeting the Millenium Poverty Reduction Targets in Latin America and the Caribbean**, 2002, ECLAC/IPEA/UNDP, 70 p.

69 El capital social campesino en la gestión del desarrollo rural. Díadas, equipos, puentes y escaleras, 2002, John Durston, 156 p.

68 La sostenibilidad del desarrollo en América Latina y el Caribe: desafíos y oportunidades, 2002, 146 p.

68 **The sustainability of development in Latin America and the Caribbean: challenges and opportunities**, 2002, 140 p.

67 **Growth with stability, financing for development in the new international context**, 2002, Jürgen Weller, 196 p.

66 **Economic reforms, growth and employment. Labour markets in Latin America and the Caribbean**, 2001, 205 p.

65 **The income distribution problem in Latin America and the Caribbean**, 2001, Samuel Morley, 169 p.

64 **Structural reforms, productivity and technological change in Latin America**, 2001, Jorge Katz, 143 p.

63 **Investment and economic reforms in Latin America**, 2001, Graciela Moguillansky y Ricardo Bielschowsky, 186 p.

62 **Equity, development and citizenship** (abridged edition)

61 Apertura económica y (des)encadenamientos productivos- Reflexiones sobre el complejo lácteo en América Latina, 2001, Martin Dirven (compiladora), 176 p.

60 El espacio regional. Hacia la consolidación de los asentamientos humanos en América Latina (en prensa)

59 Juventud, población y desarrollo en América Latina y el Caribe. Problemas, oportunidades y desafíos, 474 p.

58 La dimensión ambiental en el desarrollo de América Latina, Apertura y (des)encadenamientos–Reflexiones en torno a los lácteos, 2001, 282 p.

57 Las mujeres chilenas en los noventa. Hablan las cifras, 2000, 214 p.

56 Protagonismo juvenil en proyectos locales: lecciones del cono sur, 170 p.

55 **Financial globalization and the emerging economies**, José Antonio Ocampo, Stefano Zamagni, Ricardo Ffrench-Davis y Carlo Pietrobelli, 2000, 328 p.

54 La CEPAL en sus 50 años. Notas de un seminario conmemorativo, 2000, 149 p.

53 Transformaciones recientes en el sector agropecuario brasileño, M. Beatriz de A. David, Philippe Waniez, Violette Brustlein, Enali M. De Biaggi, Paula de Andrade Rollo y Monica dos Santos Rodrigues, 1999, 127 p.

26 *América Latina y el Caribe: opciones para reducir el peso de la deuda*, 1990, 2ª ed. 118 p.
26 **Latin America and the Caribbean: options to reduce the debt burden**, 1990, 110 p.
25 *Transformación productiva con equidad, 1990*, 4ª ed. 1991, 185 p.
25 **Changing production patterns with social equity, *1990*,** 3rd ed. 1991, 177 p.
24 **The environmental dimension in development planning**, 1991, 302 p.
23 *La crisis urbana en América Latina y el Caribe: reflexiones sobre alternativas de solución*, 1990, 197 p.
    (agotado)

Copublicaciones recientes

En ocasiones la CEPAL, establece convenios para la copublicación de algunos textos de especial interés para empresas editoriales, o para otros organismos internacionales. En el caso de las empresas editoriales, éstas tienen exclusividad para su distribución y comercialización.

Capital social rural. Experiencias de México y Centroamérica, Margarita Flores y Fernando Rello, CEPAL/ Plaza y Valdés, 2002.

Eqüidade, desenvolvimento e cidadania, José Antonio Ocampo, CEPAL/Editor Campus, 2002.

Crescimento, emprego e eqüidade; O Impacto das Reformas Econômicas na América Latina e Caribe, Barbara Stallings e Wilson Peres, CEPAL/Editor Campus, 2002.

Crescer com Estabilidade, José Antonio Ocampo, CEPAL/Editora Campus, 2002.

Pequeñas y medianas empresas industriales en América Latina y el Caribe, Wilson Peres y Giovanni Stumpo (coordinadores), CEPAL/Siglo XXI, México.

Aglomeraciones mineras y desarrollo local en América Latina, Rudolf M. Buitelaar (compilador), CEPAL/ Alfaomega, Colombia, 2002.

*Panorama de la agricultura en América Latina y el Caribe 1990-2000 /***Survey of Agriculture in Latin America and the Caribbean 1990-2000**, CEPAL/IICA, 2002.

Reformas, crecimiento y políticas sociales en Chile desde 1973, Ricardo Ffrench-Davis y Barbara Stallings (editores), CEPAL/LOM Ediciones, 2001.

Financial Crises in 'Successful' Emerging Economies, Ricardo Ffrench-Davis (editor), CEPAL/Brookings Institution Press, 2001.

Crecer con estabilidad. El financiamiento del desarrollo en un nuevo contexto internacional, José Antonio Ocampo (coordinador), CEPAL/Alfaomega, Colombia, 2001.

CLAROSCUROS, integración exitosa de las pequeñas y medianas empresas en México, Enrique Dussel Peters (coordinador), CEPAL/JUS, México, 2001.

Sociología del desarrollo, políticas sociales y democracia, Rolando Franco (coordinador), CEPAL/Siglo XXI, México, 2001.

Crisis financieras en países exitosos, Ricardo Ffrench-Davis (compilador), CEPAL/McGraw Hill, Santiago, 2001.

Una década de luces y sombras. América Latina y el Caribe en los noventa, CEPAL/Alfaomega, Colombia, 2001.

Desarrollo Rural en América Latina y el Caribe, Beatriz David, CEPAL/Alfaomega, Colombia, 2001.

Equidad, desarrollo y ciudadanía, Tomos I, II y III, CEPAL/Alfaomega, Colombia, 2000.

La distribución del ingreso en América Latina y el Caribe, Samuel Morley, CEPAL/Fondo de Cultura Económica, Santiago, 2000.

Inversión y reformas económicas en América Latina, Graciela Moguillansky y Ricardo Bielschowsky, CEPAL/ Fondo de Cultura Económica, Santiago, 2000.

Reformas estructurales, productividad y conducta tecnológica en América Latina, Jorge Katz, CEPAL/Fondo de Cultura Económica, Santiago, 2000.

· *Reformas económicas, crecimiento y empleo. Los mercados de trabajo en América Latina y el Caribe*, Jürgen Weller, CEPAL/Fondo de Cultura Económica, Santiago, 2000.

Crecimiento, empleo y equidad. El impacto de las reformas económicas en América Latina y el Caribe, Barbara Stallings y Wilson Peres, CEPAL/Fondo de Cultura Económica, Santiago, 2000.

Growth, employment, and equity. The impact of the Economic Reforms in Latin America and the Caribbean, Barbara Stallings and Wilson Peres, CEPAL/Brookings Institution Press, Washington, D.C., 2000.

Cinqüenta anos de pensamento na CEPAL, Tomos I y II, Ricardo Bielschowsky, CEPAL /RECORD/ COFECOM, Brasil, 2000.

Integración regional, desarrollo y equidad, Armando Di Filippo y Rolando Franco, CEPAL/Siglo XXI, México, 2000.

Ensayo sobre el financiamiento de la seguridad social en salud, Tomos I y II, Daniel Titelman y Andras Uthoff, CEPAL/Fondo de Cultura Económica, Chile, 2000.

Brasil uma década em transição, Renato Baumann, CEPAL/ CAMPUS, Brasil, 2000.

El gran eslabón: educación y desarrollo en el umbral del siglo XXI, Martín Hopenhayn y Ernesto Ottone, CEPAL/Fondo de Cultura Económica, Argentina, 1999.

La modernidad problemática: cuatro ensayos sobre el desarrollo Latinoamericano, ErnestoOttone, CEPAL/JUS, México, 2000.

La inversión en Chile ¿El fin de un ciclo de expansión?, Graciela Mouguillansky, CEPAL/Fondo de Cultura Económica, Santiago, 1999.

La reforma del sistema financiero internacional: un debate en marcha, José Antonio Ocampo, CEPAL/Fondo de Cultura Económica, Santiago, 1999.

Macroeconomía, comercio y finanzas para reformar las reformas en América Latina, Ricardo Ffrench Davis, CEPAL/Mc Graw-Hill, Santiago, 1999.

Cincuenta años de pensamiento en la CEPAL: textos seleccionados, dos volúmenes, CEPAL/Fondo de Cultura Económica, Santiago, 1998.

Grandes empresas y grupos industriales latinoamericanos, Wilson Peres (coordinador), CEPAL/Siglo XXI, Buenos Aires, 1998.

Flujos de Capital e Inversión Productiva. Lecciones para América Latina, Ricardo Ffrench-Davis-Helmut Reisen (compiladores), CEPAL/Mc Graw Hill, Santiago, 1997.

Estrategias empresariales en tiempos de cambio, Bernardo Kosacoff (editor), CEPAL/Universidad Nacional de Quilmes, Argentina, 1998.

La Igualdad de los Modernos: reflexiones acerca de la realización de los derechos económicos, sociales y culturales en América Latina, CEPAL/IIDH, Costa Rica, 1997.

La Economía Cubana. Reformas estructurales y desempeño en los noventa, Comisión Económica para América Latina y el Caribe. CEPAL/Fondo de Cultura Económica, México, 1997.

Políticas para mejorar la inserción en la economía mundial. América y El Caribe, CEPAL/Fondo de Cultura Económica, Santiago, 1997.

América Latina y el Caribe quince años después. De la década perdida a la transformación económica 1980-1995, CEPAL/Fondo de Cultura Económica, Santiago, 1996.

Tendências econômicas e sociais na América Latina e no Caribe / Economic and social trends in Latin America and the Caribbean / *Tendencias económicas y sociales en América Latina y el Caribe*, CEPAL/IBGE/CARECON RIO, Brasil, 1996.

Hacia un nuevo modelo de organización mundial. El sector manufacturero argentino en los años noventa, Jorge Katz, Roberto Bisang, Gustavo Burachick (editores), CEPAL/IDRC/Alianza Editorial, Buenos Aires, 1996.

Las nuevas corrientes financieras hacia América Latina: Fuentes, efectos y políticas, Ricardo Ffrench-Davis y Stephany Griffith-Jones (compiladores), México, CEPAL/Fondo de Cultura Económica, primera edición, 1995.

Cuadernos de la CEPAL

86   *Industria, medio ambiente en México y Centroamérica. Un reto de supervivencia*, 2001, 182 p.
85   *Centroamérica, México y República Dominicana: maquila y transformación productiva*, 1999, 190 p.
84   *El régimen de contratación petrolera de América Latina en la década de los noventa*, 1998, 134 p.
83   *Temas y desafíos de las políticas de población en los años noventa en América Latina y el Caribe*, 1998, 268 p.
82   **A dinámica do Setor Saúde no Brasil**, 1997, 220 p.
81   *La apertura económica y el desarrollo agrícola en América Latina y el Caribe*, 1997, 136 p.
80   *Evolución del gasto público social en América Latina: 1980-1995*, 1998, 200 p.
79   *Ciudadanía y derechos humanos desde la perspectiva de las políticas públicas*, 1997, 124 p.
78   *Centroamérica y el TLC: efectos inmediatos e implicaciones futuras*, 1996, 174 p.
77   *La reforma laboral y la participación privada en los puertos del sector público*, 1996, 168 p.
77   **Labour reform and private participation in public-sector ports**, 1996, 160 p.
76   *Dinámica de la población y desarrollo económico*, 1997, 116 p.
75   *Crecimiento de la población y desarrollo*, 1995, 95 p.
74   *América Latina y el Caribe: dinámica de la población y desarrollo*, 1995, 151 p.
73   *El gasto social en América Latina: un examen cuantitativo y cualitativo*, 1995, 167 p.
72   *Productividad de los pobres rurales y urbanos*, 1995, 318 p. (agotado)
71   *Focalización y pobreza*, 1995, 249 p. (agotado)
70   *Canales, cadenas, corredores y competitividad: un enfoque sistémico y su aplicación a seis productos latinoamericanos de exportación*, 1993, 183 p.
69   *Las finanzas públicas de América Latina en la década de 1980, 1993*, 100 p.
69   **Public finances in Latin America in the 1980s**, 1993, 96 p.
68   *La reestructuración de empresas públicas: el caso de los puertos de América Latina y el Caribe*, 1992, 148 p.
68   **The restructuring of public-sector enterprises: the case of Latin America and Caribbean ports**, 1992, 129 p. (out of stock)
67   *La transferencia de recursos externos de América Latina en la posguerra*, 1991, 92 p.
67   **Postwar transfer of resources abroad by Latin America**, 1992, 90 p.
66   **The Caribbean: one and divisible**, 1994, 207 p.
65   *Cambios estructurales en los puertos y la competitividad del comercio exterior de América Latina y el Caribe*, 1991, 141 p.
65   **Structural changes in ports and the competitiveness of Latin America and Caribbean foreign trade**, 1990, 126 p.
64   *La industria de transporte regular internacional y la competitividad del comercio exterior de los países de América Latina y el Caribe*, 1989, 132 p.
64   **The international common-carrier transportation industry and the competitiveness of the foreign trade of the countries of Latin America and the Caribbean**, 1989, 116 p.
63   *Elementos para el diseño de políticas industriales y tecnológicas en América Latina*, 1990, 2ª ed. 1991, 172 p.

Cuadernos Estadísticos de la CEPAL

Estudios e Informes de la CEPAL

84   *La transformación de la producción en Chile: cuatro ensayos de interpretación*, 1993, 372 p.
83   *Reestructuración y desarrollo de la industria automotriz mexicana en los años ochenta: evolución y perspectivas*, 1992, 191 p.
82   *América Latina y el Caribe: el manejo de la escasez de agua*, 1991, 148 p.
81   *Magnitud de la pobreza en América Latina en los años ochenta*, 1991, 177 p.
80   *Impacto ambiental de la contaminación hídrica producida por la Refinería Estatal Esmeraldas: análisis técnico-económico*, 1991, 190 p.
79   *La industria de bienes de capital en América Latina y el Caribe: su desarrollo en un marco de cooperación regional*, 1991, 235 p.
78   *La apertura financiera en Chile y el comportamiento de los bancos transnacionales*, 1990, 132 p.
77   *Los recursos hídricos de América Latina y del Caribe: planificación, desastres naturales y contaminación*, 1990, 266 p.
77   **The water resources of Latin America and the Caribbean – planning, hazards and pollution**, 1990, 252 p.

Serie INFOPLAN: Temas Especiales del Desarrollo

13   *Políticas sociales: resúmenes de documentos II*, 1997, 80 p.
12   *Gestión de la información: reseñas de documentos*, 1996, 152 p.
11   *Modernización del Estado: resúmenes de documentos*, 1995, 75 p.
10   *Políticas sociales: resúmenes de documentos*, 1995, 95 p.
 9   *MERCOSUR: resúmenes de documentos*, 1993, 219 p.
 8   *Reseñas de documentos sobre desarrollo ambientalmente sustentable*, 1992, 217 p. (agotado)
 7   *Documentos sobre privatización con énfasis en América Latina*, 1991, 82 p.

Boletín demográfico / Demographic Bulletin (bilingual)

Edición bilingüe (español e inglés) que proporciona información estadística actualizada, referente a estimaciones y proyecciones de población de los países de América Latina y el Caribe. Incluye también indicadores demográficos de interés, tales como tasas de natalidad, mortalidad, esperanza de vida al nacer, distribución de la población, etc.

Publicado desde 1968, el Boletín aparece dos veces al año, en los meses de enero y julio.

Suscripción annual: US$ 20.00 Valor por cada ejemplar: US$ 15.00

Notas de población

Revista especializada que publica artículos e informes acerca de las investigaciones más recientes sobre la dinámica demográfica en la región, en español, con resúmenes en español e inglés. También incluye información sobre actividades científicas y profesionales en el campo de población.

La revista se publica desde 1973 y aparece dos veces al año, en junio y diciembre.

Suscripción anual: US$ 20.00 Valor por cada ejemplar: US$ 12.00

Series de la CEPAL

Comercio internacional
Desarrollo productivo
Estudios estadísticos y prospectivos
Financiamiento del desarrollo
Gestión pública
Información y desarrollo
Manuales
Medio ambiente y desarrollo
Población y desarrollo
Política fiscal
Políticas sociales
Recursos naturales e infraestructura
Seminarios y conferencias
Temas de coyuntura
Macroeconomía del desarrollo
Estudios y perspectivas regionales
Informes y estudios especiales

Vea el listado completo en www.eclac.cl/publicaciones